lonely planet

Ecuador & Galapagosinseln

Isabel Albiston, Jade Bremner, Brian Kluepfel,
MaSovaida Morgan, Wendy Yanagihara

REISEPLANUNG

BARNA TANKO/SHUTTERSTOCK ©

KUNSTHANDWERKSMARKT, OTAVALO S.108

WILDESTANIMAL/SHUTTERSTOCK ©

MANTAROCHEN S.387

REISEZIELE IN ECUADOR

Warum ich Ecuador liebe

Von Isabel Albiston, Autorin

Ecuador ist sehr kompakt, was zugleich einer der größten Pluspunkte des Landes ist. Hier gibt es vom üppigen Amazonas-Dschungel über schneebedeckte Vulkane bis hin zu den Sandstränden, der relaxten Küstengegend und den wunderschönen Galápagosinseln so viel zu entdecken, dass man glauben könnte, nie wieder anderswo hinreisen zu müssen. Auch die gastfreundlichen Menschen und die köstliche und abwechslungsreiche Küche sprechen für diesen wunderbaren Ort. Kein Wunder also, dass ich nur sieben Monate nach meinem ersten Besuch zurückkehrte. Eine Reise nach Ecuador ist nie genug.

Mehr über unsere Autoren siehe S. 455

Oben: Inti Raymi, Pujili

Ecuador & Galapagosinseln

Inhalt

Willkommen in Ecuador

Malerische Städte aus der Kolonialzeit, Kichwa-Dörfer, Amazonas-Regenwälder und die atemberaubenden Anden – Ecuador ist eine kompakte Wundertüte voller großer Überraschungen.

Kulturcocktail

Die Altstädte von Quito und Cuenca wimmeln von fotogenen Plazas, Kirchen und Klöstern aus dem 17. Jh. und traumhaft restaurierten Villen. Ein Bummel zwischen den Architekturschätzen der spanischen Kolonialzeit ist wie eine Reise in die Vergangenheit. Außerhalb der Städte lockt die ecuadorianische Landschaft mit all ihrer erstaunlichen Vielfalt. Es warten Andendörfer mit wuselnden Märkten voll bunter Textilien, afro-ecuadorianische Städtchen, wo man zum Sonnenuntergang frische Meeresfrüchte schmaust, und entlegene Siedlungen der Amazonasregion, deren Schamanen heute noch im Regenwald Zutaten für traditionelle Medizin sammeln.

Andenabenteuer

Eine Wanderung in den Anden ist märchenhaft: Wildbäche gurgeln zwischen kleinen Dörfern und Bergweiden, und über allem kreist vielleicht ein Kondor. Aber man muss kein Gipfelstürmer sein, um die Anden zu erleben: Sie sind auch eine tolle Kulisse für Mountainbiketouren, Ausritte oder Wanderungen von Dorf zu Dorf. Dazu bietet Ecuador viele weitere Outdoorabenteuer, vom Wellenreiten an der Pazifikküste bis zum Rafting auf den reißenden Flüssen (Klasse V) des Oriente.

Tiere beobachten

Die berühmten Galapagosinseln mit ihren surrealen Vulkanlandschaften sind ein Traum für Naturfans. Hier begegnet man zu Wasser und zu Land vielerlei wunderlichen Kreaturen wie Riesenschildkröten, den weltweit einzigartigen Meerechsen, Seelöwen und Blaufußtölpeln. Ein ganz anderes Szenario bietet der Amazonas-Regenwald. Wer sich auf seinen Flüssen und Trampelpfaden aufmacht, kann Affen, Faultiere, Tukane und Flussdelfine aufspüren. Einige Lodges haben zudem Dachtürme, von denen man eine herrliche Aussicht genießt.

Bilderbuchlandschaften

Ecuador besitzt viele Orte, an denen sich Besucher inmitten atemberaubender Landschaft von ihren aufregenden Abenteuern erholen können, ob auf einer historischen Hazienda im Hochland oder im zenartigen Ambiente einer Nebelwaldlodge bei Mindo. Aus der Zeit gefallene Bergdörfer wie Vilcabamba und malerische ehemalige Goldgräberstädte wie Zaruma bieten das perfekte Gegenprogramm zum modernen Leben. Ideale Erholungsoasen an der Küste sind winzige Orte am Ende der Straße wie Ayampe und Olón oder schnuckelige Städtchen auf den Galapagosinseln, mit Traumstränden und grandiosen Sonnenuntergängen.

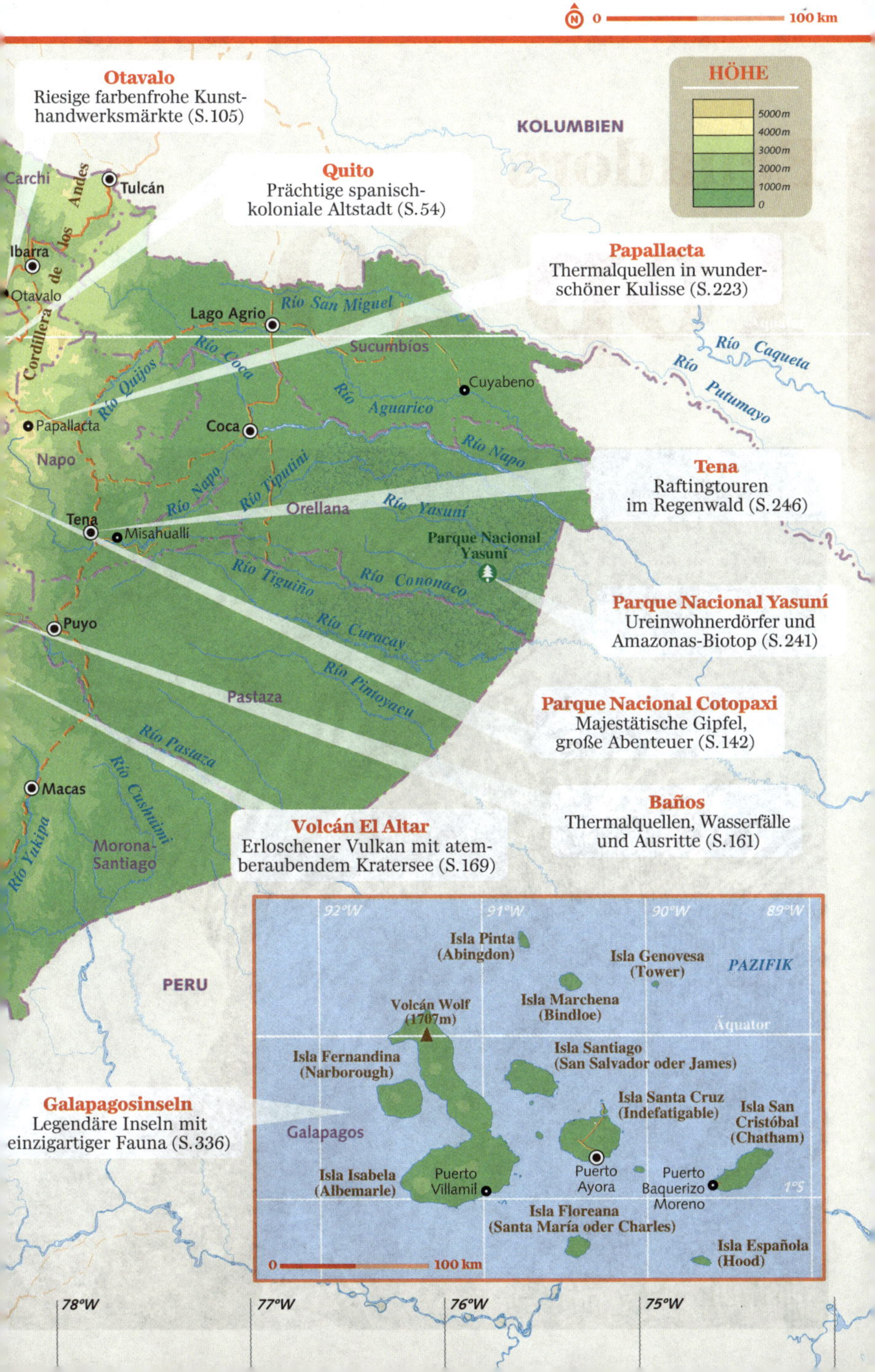

0 100 km
HÖHE
5000 m
4000 m
3000 m
2000 m
1000 m
0
Otavalo
Riesige farbenfrohe Kunsthandwerksmärkte (S. 105)
Quito
Prächtige spanisch-koloniale Altstadt (S. 54)
Papallacta
Thermalquellen in wunderschöner Kulisse (S. 223)
Tena
Raftingtouren im Regenwald (S. 246)
Parque Nacional Yasuní
Ureinwohnerdörfer und Amazonas-Biotop (S. 241)
Parque Nacional Cotopaxi
Majestätische Gipfel, große Abenteuer (S. 142)
Baños
Thermalquellen, Wasserfälle und Ausritte (S. 161)
Volcán El Altar
Erloschener Vulkan mit atemberaubendem Kratersee (S. 169)
Galapagosinseln
Legendäre Inseln mit einzigartiger Fauna (S. 336)
KOLUMBIEN
PERU
Carchi
Tulcán
Cordillera de los Andes
Ibarra
Otavalo
Lago Agrio
Río San Miguel
Sucumbíos
Río Coca
Río Quijos
Cuyabeno
Río Aguarico
Papallacta
Coca
Napo
Río Napo
Río Tiputini
Orellana
Río Yasuní
Tena
Misahuallí
Parque Nacional Yasuní
Río Tiguiño
Río Cononaco
Puyo
Río Curaray
Río Pintoyacu
Pastaza
Río Pastaza
Macas
Río Cushuimi
Río Yukipa
Morona-Santiago
Río Caquetá
Río Putumayo
78°W
77°W
76°W
75°W
92°W
91°W
90°W
89°W
Isla Pinta (Abingdon)
Isla Genovesa (Tower)
PAZIFIK
Volcán Wolf (1707m)
Isla Marchena (Bindloe)
Äquator
Isla Fernandina (Narborough)
Isla Santiago (San Salvador oder James)
Isla Santa Cruz (Indefatigable)
Isla San Cristóbal (Chatham)
Galapagos
Isla Isabela (Albemarle)
Puerto Villamil
Puerto Ayora
Puerto Baquerizo Moreno
1°S
Isla Floreana (Santa María oder Charles)
Isla Española (Hood)
0 100 km

Ecuadors Top 20

1

Leguane beobachten auf den Galapagosinseln

1 Die Galapagosinseln (S. 336) sind ein absolutes Topziel für lebendige Begegnungen mit der Vorgeschichte. Die außergewöhnlichen Leguanarten der Inselgruppe flüchten bei Annäherung menschlicher Besucher nicht, sondern gehen unbeeindruckt von klickenden Kameras ihrer gemächlichen Lebensweise nach. Die dunkelgrauen oder schwarzen Meerechsen lümmeln sich zum Sonnenbad kreuz und quer übereinander wie eine chaotische Cheerleader-Pyramide. Die imposanten gelblichen Galapagos-Landleguane knabbern am liebsten Kakteengewächse.

Quitos Altstadt

2 Quitos lebendiges Centro Histórico (S. 54), ein Schatzkästchen der spanischen Kolonialzeit, strotzt von prächtigen Kirchen und alten Klöstern (deren Bau Jahrhunderte dauerte), geschäftigen Plazas und stolzen Glockentürmen. Jeder Winkel des gut erhaltenen Zentrums trieft vor Geschichte. Wer vom Kopfsteinpflaster in die hervorragend geführten Museen, historischen Villen und atemberaubenden Gotteshäuser tritt, taucht tief in die Vergangenheit ein. Danach speist man in einem der altmodischen Restaurants oder genießt die Party auf der belebten La Ronda, bevor eine der vielen charmanten Pensionen des Viertels zum Ausruhen einlädt.

Unten: Iglesia y Convento de San Francisco (S. 59)

FOTOGRIN/SHUTTERSTOCK ©

PHILIP LEE HARVEY/LONELY PLANET ©

ECUADORPOSTALES/SHUTTERSTOCK ©

Parque Nacional Cotopaxi

3 Als Standort des bekanntesten Vulkans von Ecuador lädt der Parque Nacional Cotopaxi (S. 142) mit traumhafter Aussicht und besonders schönen Gebirgsunterkünften zu einem Abstecher von Quito ein. Die wenigen, die es bis zum Gipfel des Volcán Cotopaxi (5897 m) schaffen (beschrieben auf S. 142), erleben ein Top-Highlight. Alternativ vergisst man Steigeisen und Einspickel und entscheidet sich für tolle Schnappschüsse vom Berg oder Ausritte, Rad- und Wandertouren zu Hochlandseen und nahen Vulkangipfeln.

Parque Nacional Yasuní

4 Die verwirrende Artenvielfalt dieses großen Regenwaldschutzgebiets (S. 241) sucht weltweit ihresgleichen. Bei spannenden Kanutrips auf zugewucherten Bächen und Urwaldwanderungen mit erfahrenen Guides gibt es alle möglichen Pflanzen und Tiere zu entdecken, von denen die meisten Besucher wohl noch nie gehört haben. Außerdem leben hier mehrere indigene Stämme, die bis heute den Kontakt zur Außenwelt meiden. Noch ist dieses Naturwunder intakt.

Cuenca

5 Cuencas (S. 186) märchenhaftes kolonialzeitliches Zentrum betört Besucher schon seit dem 16. Jh. und ist heute als UNESCO-Welterbe geschützt. Gepflasterte Gassen, bunte Fassaden und die wohlerhaltene Kathedrale laden zum Drauflosknipsen ein. Das Schönste sind aber die entspannte Atmosphäre, die freundlichen Einheimischen und das unkonventionelle Flair. Dazu noch ein tolles Nachtleben, diverse Museen und Galerien und ein paar der besten Restaurants des Landes: Kein Wunder, dass Cuenca ein absolutes Top-Highlight ist!
Oben rechts: Catedral de la Inmaculada Concepción (S. 187)

Strände der Nordküste

6 Wer bei Ecuador nicht an Sonne und Sand denkt, sollte noch einmal in sich gehen: Der Nordwesten wimmelt von Fischerdörfern, Ferienorten, Surfertreffs und unberührten goldenen Stränden. Auf dem Weg die Küste hinauf oder hinunter hat man die freie Auswahl. Einer der nettesten Strandorte ist Canoa (S. 286) mit einem langen, von Klippen gesäumten Traumstrand und tollen Surfmöglichkeiten. Bei Sonnenuntergang lässt man den Tag dann in den quirligen Lokalen und Bars des Ortes ausklingen.

FOTOGRIN/SHUTTERSTOCK ©

Der Quilotoa-Loop

7 Das Abenteuer beginnt auf 3000 m mit dem beliebten, rauen Quilotoa-Loop (S. 150). Diese Rundtour führt über indigene Dörfer und Malerkolonien zu einem dunkelblauen Kratersee und ins Herz des zentralen Hochlands von Ecuador. Das Beste daran: Jeder kann sein Abenteuer individuell gestalten. Freiwilligenarbeit bei einem nachhaltigen Landwirtschaftsprojekt? Kein Problem! Oder doch lieber auf vergessenen Pfaden von Dorf zu Dorf wandern? Auch das ist hier möglich.

Thermalbad in Papallacta

8 Die gepflegte öffentliche Badeanlage am Rand des Andendorfs Papallacta (S. 223) verspricht eines der schönsten Wellnesserlebnisse in Ecuador: Umgeben von Bergen wechselt man hier zwischen den Thermalpools, dreht eine Runde im tollen Schwimmbecken, springt ins eiskalt belebende Tauchbecken und kehrt dann zum dampfenden Ausgangspunkt zurück. Noch magischer wird es am Abend, wenn man auf dem Rücken treibend zusieht, wie die Sterne am weiten, schwarzen Himmel aufgehen.

7

8

PAULWOLF/GETTY IMAGES ©

ALL CANADA PHOTOS/ALAMY STOCK PHOTO ©

Fahrt mit dem TeleféριQo

9 Der TeleféριQo (S. 61) ist eine superbequeme Möglichkeit, die Anden zu bezwingen: Die Seilbahn fährt von Quito in atemberaubende 4100 m Höhe hinauf. Von allen tollen Ausblicken der Stadt bietet der Cruz Loma bei klarem Wetter den allertollsten. Von hier betrachtet nimmt Quito das ganze Andental vor majestätischen Bergen (u. a. dem Cotopaxi) in der Ferne ein. Oben lässt sich das Abenteuer durch eine Wanderung oder einen Ritt zum Gipfel des Rucu Pichincha (4680 m) verlängern.

Walbeobachtung vor der Isla de la Plata

10 Aus nächster Nähe mitzuerleben, wie sich ein springender Buckelwal kraftvoll aus dem Wasser wuchtet, ist eine überwältigende Naturerfahrung. Von Juni bis September ziehen jedes Jahr fast 1000 dieser majestätischen Meeressäuger in Ecuadors Küstengewässer. Der Fischerort Puerto López (S. 314) ist der beste Ausgangspunkt für Bootsausflüge, bei denen man auch Delfine, Schwertwale, Grindwale und Cuvier-Schnabelwale zu Gesicht bekommen kann. Auch in Salinas werden Touren angeboten.

Parque Nacional Podocarpus

11 Der Parque Nacional Podocarpus (S. 212) an der peruanischen Grenze ist eines der besucherärmsten Naturschutzgebiete im südlichen Hochland. Zwischen 900 und 3600 m Höhe herrscht hier ein riesiger Artenreichtum – darunter schätzungsweise 3000 endemische Pflanzenarten. Auf Vogelfans wartet eine erstaunliche Vielfalt von 600 außergewöhnlichen Vogelarten. Zusammen mit Wanderwegen, Hochlandseen und weiter Aussicht ergibt dies eine der großartigsten Attraktionen abseits von Ecuadors Touristenpfaden.

Oben rechts: Paradiestangar

Den El Altar besteigen

12 Kletterer erwartet in Ecuador eine enorme Vielfalt an Vulkanen und Bergen, aber der El Altar (S. 169) gilt als der faszinierendste Gipfel von allen. Mit 5319 m Höhe ist der seit Langem erloschene Vulkan im Parque Nacional Sangay der fünfthöchste Berg des Landes. Seine Besteigung ist anspruchsvoll und erfordert großes technisches Können. Eine Alternative ist die leichtere zweitägige Wanderung, die über die Collanes-Ebene zur atemberaubenden jadefarbenen und von neun Felsgipfeln umgebenen Laguna Amarilla (4300 m) führt.

Vilcabamba

13 In Vilcabamba (S. 215) ist die Luft genau richtig – nicht zu heiß, nicht zu kalt. Sie verleiht diesem Magneten im südlichen Hochland einen mystischen Reiz, der viele Traveller fesselt. Vielleicht gibt es hier deshalb mehr von Ausländern geführte Betriebe als sonstwo in Ecuador. Wen wundert es? Die Wandermöglichkeiten sind super, der nahe Nationalpark lädt zu Wildnisabenteuern zu Pferd oder per Mountainbike ein, und die Spa-Resorts lassen keinen Wunsch offen.

14

15

Surfen in Montañita

14 Ein ganzjährig verlässlicher Beach Break und eine freundliche Gemeinde erfahrener Surfer und relaxter Traveller mit Dreadlocks machen dieses Küstendorf (S. 321) zum idealen Zwischenstopp für Wellenreiter. Unerschrockene Anfänger finden hier leicht einheimische Surflehrer und kleinere Breaks im nördlich gelegenen Olón. Wer nicht auf übermannshohen Brechern dahingleiten will, kann solche Heldentaten auch einfach vom Strand aus vor einem herrlichen Sonnenuntergang beobachten.

Punta Suárez

15 Beim Blick über die wilde Steilküste am Westzipfel der Isla Española (S. 366) glaubt man, am Rand der Welt zu stehen: Das weite Meer erstreckt sich bis zum Horizont, während im Vordergrund ein Blowhole rhythmisch Wasser spuckt. Galapagos-Albatrosse und ihre flauschigen Küken nisten im Gebüsch; winzige Finken hüpfen über den Felspfad. Nazca- und Blaufußtölpel (siehe Foto) versammeln sich am Abgrund, über dem Rotschnabel-Tropikvögel und Galapagos-Bussarde ihre grandiosen Flugkünste demonstrieren.

16

JUAN CARLOS VINDAS/GETTY IMAGES ©

17

18

In Mindo wandern & Vögel beobachten

16 Das freundliche Mindo (S. 128) in einem eindrucksvollen Nebelwaldtal zwischen Quito und dem Pazifik ist längst kein Geheimtipp abseits der Touristenpfade mehr, doch seine Topattraktionen – die ungeheuer artenreiche Vogelwelt und die tolle Wanderlandschaft – sind so umwerfend wie eh und je. Vogelfans können hier mit einheimischen Führern tagelang immer wieder neue Vögel entdecken, während Wanderer die nahen Wasserfälle, den dichten Nebelwald und die himmelhohen Felsen bestaunen. Oben: Kammtrogon

Die Uferpromenade von Guayaquil

17 Guayaquils Erfolge bei der Stadterneuerung und der Stolz seiner Bürger werden nirgends deutlicher als auf seiner Uferpromenade (S. 297), einer Parade von Pärchen, Bürohengsten und flanierenden Familien. Der einst heruntergekommene *malecón* vereint nun die oft gegensätzlichen Vorzüge von Park und Platz. Baudenkmäler säumen gepflegte Gartenanlagen; vom modernen Kinderspielplatz ist es nicht weit bis zu einem Spitzenmuseum und einem Kunstfilmkino. Freiluftlokale mit Flussblick lassen das Zentrum ganz weit weg erscheinen.

Baños

18 Das Paradies für Adrenalinjunkies liegt zwischen den Anden und dem Amazonasbecken in einem zauberhaften, kleinen Tal mit Wasserfall und mehreren natürlichen Quellen. Ein Highlight für Equipment-Freaks wie auch Naturfans ist die Mountainbikeabfahrt zum entlegenen Außenposten Puyo im Amazonasbecken. Für Paddler gibt es eine Handvoll Wild- und Flachwasserstrecken. Baños (S. 161) gilt zudem als der populärste Backpackertreff im zentralen Hochland. So ist man hier nie allein – mit allen Vor- und Nachteilen.

Rafting bei Tena

19 Die Umgebung von Tena (S. 246) gehört zu den besten Rafting- und Kajakrevieren in ganz Südamerika. Hier brausen Flüsse durch tropische Täler und Schluchten und laden zu unvergesslichen eintägigen bis mehrwöchigen Wasserabenteuern ein. Erfahrene Veranstalter schulen die Teilnehmer in der Kunst des Paddelns und bieten alles Mögliche von gemächlichen Flussfahrten durch den Regenwald bis zu Touren auf spektakulären Wildwasserstrecken der Klasse V mit Campingübernachtungen im Dschungel.

Kunsthandwerk in Otavalo

20 Samstags scheint sich die ganze Welt im betriebsamen Otavalo (S. 105) zu treffen: Dann wuchert von der Plaza de Ponchos ein riesiger Markt durch die indigene Andenstadt (der die übrige Woche in stark reduzierter Form stattfindet). Die Auswahl ist riesig, die Qualität wechselhaft und das Gedränge manchmal nervig. Dafür sind in dem Angebot aus kunterbunten Teppichen, traditionellem Handwerk, Kleidung, hochwertigen Strohhüten und Volkskunst teils unglaubliche Schnäppchen zu ergattern.

19

20

Gut zu wissen

Mehr Infos unter Praktische Informationen (S. 420)

Währung
US-Dollar (US$)

Sprache
Spanisch

Visa
Deutsche, Österreicher und Schweizer brauchen kein Visum, wenn sie bis zu 90 Tage im Land bleiben wollen.

Geld
Die offizielle Währung ist der US-Dollar. Abgesehen vom Euro, dem peruanischen Sol und dem kolumbianischen Peso ist es in Ecuador schwierig, fremde Währungen zu tauschen.

Handy
Handynummern beginnen mit 09. Man kann das eigene Handy mitbringen und für 5–10 US$ die SIM-Karte eines lokalen Anbieters (ein sog. „chip") kaufen. Das Guthaben kann in Supermärkten aufgeladen werden.

Zeit
In Ecuador MEZ –6 Std./MESZ –7 Std., auf den Galapagosinseln MEZ –7 Std./MESZ –8 Std.

Reisezeit

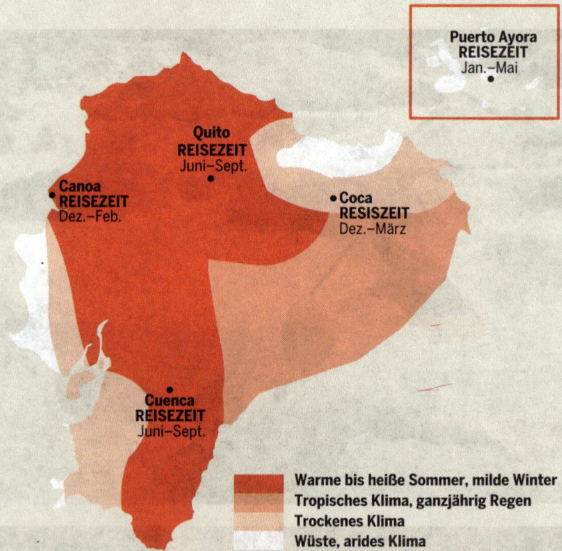

Hauptsaison
(Juni–Sept.)

- Sonnig und klar im Hochland; im Oriente weniger Regen
- Zwischen Dezember und April ist Hochsaison an der Küste; hohe Temperaturen und regelmäßig Regen
- Von Januar bis Mai Hochsaison auf den Galapagosinseln.

Zwischensaison
(Okt.–Nov.)

- Kühler, häufigere Schauer im Hochland (morgens ist es meist sonnig, nachmittags regnet es dann)

Nebensaison
(Dez.–Mai)

- Im Hochland kühler und regnerischer
- Von Juni bis Dezember Nebensaison auf Galapagos: Es ist kühler, trockener, und das Meer ist rau.
- Zwischen April und Juli ist Nebensaison im Oriente, es regnet oft stark.

Websites

Lonely Planet (www.lonelyplanet.com) Infos über Reiseziele, Hotelreservierungen, Traveller-Forum, Fotos

Ministry of Tourism Ecuador (http://ecuador.travel) Highlights, Kulinarisches und Reisetipps fürs ganze Land

Latin American Network Information Center (http://lanic.utexas.edu/la/ecuador) Massenweise nützliche Links zu allem Möglichen, was mit Ecuador zu tun hat

Wichtige Telefonnummern

Für Anrufe ins Festnetz die Ortsvorwahl und dann die siebenstellige Telefonnummer wählen.

Rettungswagen	☎131
Auskunft	☎104
Notruf (nur in größeren Städten)	☎911
Feuerwehr	☎102
Polizei	☎101

Wechselkurse

Eurozone	1 €	1,12 US$
	1 US$	0,89 €
Schweiz	1 SFr	1,07 US$
	1 US$	0,93 SFr

Aktuelle Wechselkurse siehe www.xe.com.

Tagesbudget

Budget: unter 40 US$

- Günstige Gästehäuser: 15–20 US$/Pers.
- Mittagsgerichte: 2,50–3,50 US$
- Leihrad für eintägige Tour von Baños nach Puyo: 10 US$

Mittelklasse: 40–100 US$

- Doppelzimmer im Mittelklassehotel: 40–90 US$
- Abendessen für zwei in einem guten Lokal: 20–30 US$
- Berg-, Rad- und Vogelbeobachtungstouren: 60–80 US$
- Urwald-Lodges: ab 175 US$ für vier Tage

Gehoben: über 100 US$

- Galapagos-Tour: ab 300 US$
- Amazonas-Lodges der Topklasse: um 400 US$
- Haziendas am Cotopaxi: ab 100 US$

Öffnungszeiten

Öffnungszeiten werden angegeben, wenn sie von den folgenden Standardzeiten abweichen:

Restaurants Mo–Sa 10.30–23 Uhr

Bars Mo–Do 18–24, Fr & Sa bis 2 Uhr

Geschäfte Mo–Fr 9–19, Sa 9–12 Uhr

Banken Mo–Fr 8–14 bzw. 8–16 Uhr

Postämter Mo–Fr 8–18, Sa 8–13 Uhr

Callcenter tgl. 8–22 Uhr

Ankunft in Ecuador & auf den Galapagosinseln

Aeropuerto Internacional Mariscal Sucre (Quito) Der Flughafen der Hauptstadt liegt etwa 38 km östlich des Stadtzentrums. Taxis in die Stadt kosten 22–30 US$, oder man nimmt den Shuttlebus (8 US$) ins Zentrum.

Aeropuerto José Joaquín de Olmedo (Guayaquil) Für eine Taxifahrt in die Innenstadt zahlt man ca. 5 US$. Ein Bus von Metrovia hält vor dem Flughafen und fährt ebenfalls in die Innenstadt (0,30 US$).

Unterwegs vor Ort

Ecuador hat ein effizientes öffentliches Verkehrssystem. Da das Land außerdem klein ist, kommt man fast überall ohne größere Probleme hin.

Bus Langstreckenbusse bedienen den Großteil des Landes, lokale Busse sowie Sammeltaxis oder -Trucks binden die kleineren Orte an.

Flugzeug Neben den Galapagosinseln werden von Quito aus auch verschiedene Ziele auf dem Festland angeflogen. Diese Flüge dauern selten länger als eine Stunde.

Schiff/Fähre Auf den Galapagosinseln und in Oriente ist das Reisen per Fähre nicht nur praktisch und notwendig, sondern auch eine der Hauptattraktionen.

Mehr zum Thema **Unterwegs vor Ort** siehe S. 430

Wie wär's mit ...

Kolonialpracht

Ecuador besitzt mit prunkvollen Kirchen, Kathedralen und Klöstern, die fotogene Plätze zieren – einige davon aus dem 16. Jh. –, eine wahre Schatztruhe architektonischer Wunder.

Quito Die Kirchen, Hausmuseen und Galerien mit Kolonialkunst in der Altstadt laden zu einer Reise in die Vergangenheit ein. (S. 52)

Cuenca Hohe Glockentürme ragen über den gepflasterten Gassen und dem rauschenden Fluss auf. (S. 186)

Loja Der malerische Stadtkern mit Gassen und Plätzen aus der Kolonialzeit wird gerade umfassend saniert. (S. 205)

Grandiose Natur

Atemberaubende Gipfel, diesige Nebelwälder, das Grün des Amazonas und die weltfernen Galapagosinseln: Ecuador hat keinen Mangel an Landschaften, die zum Staunen einladen.

Laguna Quilotoa Der topasfarbene See in einem Vulkankrater ist ein herrlicher Ort zum Wandern. (S. 152)

Cascada de San Rafael Zum von Regenwald umgebenen höchsten Wasserfall Ecuadors lohnt ein Abstecher. (S. 227)

Lagunas de Mojanda Diese Bergseen hoch oben im nördlichen Hochland glitzern in den Farben von Edelsteinen. (S. 114)

Parque Nacional Cotopaxi Klettern, wandern oder einfach den Blick auf den Volcán Cotopaxi genießen. (S. 142)

Isla Isabela (Albemarle) Die Aussicht auf den Lago Darwin oder den Volcán Sierra Negra bewundern. (S. 357)

Parque Nacional Sumaco Napo Galeras Auf unvergesslichen Trekkingtouren und in entlegenen Ökolodges Dschungel, Nebelwald sowie *páramo* (Hochgebirgssavanne in den Anden) erleben. (S. 244)

Outdoorabenteuer

Adrenalinjunkies kommen im wilden, wundersamen Andenland voll auf ihre Kosten. Schneebedeckte Gipfel, brausende Flüsse und die tosende Brandung bieten die perfekte Kulisse für lange Tage voller Abenteuer.

Ziplining An mehreren Seilrutschen im Affenzahn durchs Baumkronendach sausen. (S. 129)

Rafting Wildwasserfahrten von Ecuador der Kategorie III bis V – da ist für jeden etwas dabei. (S. 164)

Mountainbiken Die Flanken des 6310 m hohen Chimborazo hinunterfahren (am besten in Riobamba buchen). (S. 175)

Surfen Ordentliche Wellen gibt es überall an der Küste, besonders bei Canoa und Montañita. (S. 286)

Kunsthandwerksmärkte

Viel Platz im Koffer lassen oder vor Ort eine zusätzliche Tasche kaufen: Ecuador ist ideal für alle, die Märkte lieben.

Otavalo Der riesige Markt ist ein Muss für Erstbesucher. (S. 105)

Guamote Jeden Donnerstag findet dieser Markt statt, einer der authentischsten im zentralen Hochland. (S. 180)

Mercado Artesanal La Mariscal Täglicher Markt in Quito mit einer guten Auswahl an Kleidung und Kunsthandwerk – toll, um nach Souvenirs zu schauen. (S. 94)

Saquisilí Der Donnerstagsmarkt wimmelt von Einheimischen und bietet einen faszinierenden Einblick in das Leben im Hochland. (S. 155)

Gualaceo, Chordeleg & Sígsig Diese drei Orte richten reizvolle Sonntagsmärkte aus, auf denen Kunsthandwerker ihre schönen Arbeiten anbieten. (S. 202)

Oben: Loja (S. 205)

Unten: Volcán Chimborazo (S. 173)

Tierwelt

In Ecuadors Regen- und Nebelwäldern, im *páramo* des Hochlands, in tropischen Trockenwäldern und auf den Inseln lebt eine verblüffende Vielfalt an Tieren.

Galapagosinseln Die Heimat von Lebewesen, die so zahm sind, dass man über all die Seelöwen hier förmlich stolpert. (S. 336)

Vogelbeobachtung Die Nebelwälder bei Mindo sind mit über 600 Vogelarten ein Paradies für Vogelfans. (S. 130)

Amazonasgebiet Am unberührten unteren Abschnitt des Río Napo kann man in Urwaldlodges nächtigen, um Affen, Tukane, Kaimane, Flussdelfine und andere Tiere zu beobachten. (S. 236)

Parque Nacional Podocarpus Der gewaltige, aber wenig bekannte Park im südlichen Hochland ist Lebensraum von Tapiren, Bären und fast 600 Vogelarten. (S. 212)

Klettern, Wandern & Trekking

Die Steigeisen anschnallen und auf einen 5000 m hohen Vulkan klettern, durch bedrohte Wälder wandern oder eine Verbindungsroute zwischen Hochlanddörfern erkunden – ob kurze Tageswanderungen oder mehrtägige Touren, Ecuador bietet für jeden etwas.

Quilotoa Panoramatour durch das Hochland von Quilotoa über Chugchilán nach Isinliví. Übernachtet wird in einfachen Dorfgasthöfen. (S. 150)

Cotopaxi Nur etwa jeder Zweite schafft es bis auf den Gipfel des gewaltigen Vulkans, eine der beliebtesten Bergtouren Ecuadors. (S. 142)

Camino del Inca Die dreitägige Wanderung über 40 km nach Ingapirca folgt der einstigen Inkastraße. (S. 202)

Parque Nacional Machalilla In dem Küstenpark bei Puerto López sind tolle Tages- und Mehrtageswanderungen möglich. (S. 317)

Chimborazo Wer den Gipfel besteigt, erreicht den Punkt der Erde, der der Sonne am nächsten ist. (S. 173)

El Altar Eine Wanderung zu dem spektakulären, wie ein Juwel funkelnden See sollte man sich nicht entgehen lassen. (S. 169)

Präkolumbische Geschichte

Schon vor Jahrtausenden siedelten die Vorfahren der heutigen indigenen Bewohner in jeder Ecke des Landes.

Casa del Alabado Das stimmungsvolle Museum zeigt präkolumbische Kunstwerke und erkundet die mystischen Aspekte alter Bräuche. (S. 59)

Ingapirca In der besterhaltenen archäologischen Stätte Ecuadors ist die Steinmetzkunst der Inka zu bestaunen. (S. 201)

Agua Blanca Führer bieten Touren durch dieses faszinierende archäologische Museum und die nahegelegenen Ruinen an. (S. 317)

Strände

Ecuador ist nicht primär für seine Küste bekannt, besitzt aber einige hübsche Strände mit sympathischen Küstendörfern – ideal, um mal alles hinter sich zu lassen und nach strapaziösen Reiseetappen zu entspannen.

Los Frailes Weiß schimmernder Sandstrand mit kurzen Wanderstrecken in der Nähe. (S. 318)

Bahía Tortuga Unweit des atemberaubenden Sandstrands erstreckt sich eine ruhige Lagune. (S. 341)

Canoa Entspannter Küstenort mit einem Strand vor der Tür. (S. 286)

Montañita Ein Lieblingsziel junger Surftouristen mit prima Wellen und regem Nachtleben. (S. 321)

Nordküste Entlegene Strandquartiere warten am Ende der Straßen nach Mompiche oder Same. (S. 283)

La Lobería Wer früh aufsteht, wird mit unvergesslichem Blick auf das Seelöwenkap von Floreana belohnt. (S. 352)

Indigene Kultur

Mit über 3 Mio. Angehörigen verschiedener indigener Gruppen bietet das Land reichlich Möglichkeiten, die indigene Kultur kennenzulernen.

Tsáchila Alles über Traditionen und Glauben der 3000-köpfigen Gemeinschaft der Tsáchila erfahren. (S. 271)

Shuar Traditionelle Shuar-Dörfer besuchen, um dort zu übernachten und Einblick in die traditionelle Lebensweise im Regenwald zu erhalten. (S. 262)

Saraguro Ein wunderbarer Ort, um eine Kichwa sprechende Gemeinde kennenzulernen. (S. 204)

Guamote Inti Sisa veranstaltet ein Bildungsprogramm für Kleinkinder und bietet großartige gemeindebasierte Touren an. (S. 180)

Salinas Ein erfolgreiches Beispiel des gemeindebasierten Tourismus auf großer Höhe erleben. (S. 171)

Monat für Monat

TOP-EVENTS

Karneval, Februar

Semana Santa, März

Inti Raymi, Juni

Fiesta de la Mamá Negra, September

Fiestas de Quito, Dezember

Februar

In Quito und im Hochland sind die Tage oft kühl und regnerisch. Im Oriente ist es dagegen trocken und sonnig. Entlang der Küste wechseln sich sengende Sonne und heftige Regenfälle ab.

Karneval

In den letzten Tagen vor dem Aschermittwoch wird der *carnaval* feuchtfröhlich mit Wasserschlachten gefeiert – manchmal werden den Passanten mit allen möglichen fragwürdigen Flüssigkeiten überschüttet. Guaranda ist berühmt für seinen Karneval mit Tänzen und Paraden. (S. 171)

Fiesta de Frutas y Flores

In Ambato fällt der Karneval mit dem Früchte-und-Blumenfest zusammen, bei dem Früchte- und Blumenshows, Stierkämpfe und Paraden gezeigt werden und die Menschen bis tief in die Nacht auf den Straßen tanzen. Anders als in anderen Teilen Ecuadors sind Wasserschlachten hier verboten. (S. 158)

März

Im Hochland ist die Regensaison noch in vollem Gange (sie dauert etwa von Oktober bis Mai), aber der März ist eine gute Zeit, um den Menschenmassen zu entgehen. Im Oriente gibt es viel Sonne, an der Küste einen Mix aus Unwettern und Sonnenschein.

Fiesta del Durazno

Jedes Jahr am 4. März feiert der kleine Ort Gualaceo im südlichen Hochland eines seiner besten Erzeugnisse beim Pfirsich-Erntefest mit Blumen, Kunsthandwerk und Livemusik. (S. 202)

Semana Santa

In der Woche vor dem Ostersonntag (Ende März oder Anfang April) feiert man in ganz Ecuador die Semana Santa (Karwoche) mit religiösen Prozessionen. Besonders farbenfroh ist die Karfreitagsprozession der in violette Kutten gekleideten Büßer in Quito. (S. 73)

April

Im Hochland hält die Regensaison mit Sonnenschein am Vormittag und Regenschauern am Nachmittag an. Im Oriente und an der Küste ist es meist sonnig; es gibt aber auch immer wieder Regenunwetter.

Gründungstag, Cuenca

Der Jahrestag der Gründung Cuencas wird an mehreren Tagen um den 12. April begangen und ist eines der größten Ereignisse im südlichen Hochland. Es gibt Livebands, Paraden, Festwagen und Feuerwerk. Tagsüber locken Imbissstände am Flussufer die Menschenmassen an. (S. 192)

Batalla de Tapi

Bei der größten Festivität von Riobamba, am 21. April, dreht sich alles um die Unabhängigkeitsschlacht von 1822. Zur Feier gibt es eine Landwirtschaftsausstellung und, wie im Hochland so üblich, Umzüge, Tanz und reichlich Speis und Trank.

Mai

Im Hochland bringt der Beginn der Trockenzeit weniger Regen und mehr Sonne, während im Oriente der Regen Einzug hält. Auf den Galapagosinseln hält die warmfeuchte Zeit (Januar bis Juni) noch an, mit wärmeren Tagen und regelmäßigen Schauern.

Chonta Festival

Das Chonta Festival, das in der letzten Maiwoche in Macas steigt, ist das wichtigste Fest der Shuar. Den Höhepunkt bildet ein Tanz, der bei der Gärung des *chicha* helfen soll (Getränk aus Mais oder Maniok). (S. 263)

Fronleichnam

Der religiöse Feiertag (Ende Mai oder Anfang Juni) wird im Hochland vielerorts zusammen mit einem Erntefest mit Prozessionen und Straßentanz gefeiert, z. B. in Cuenca und Salasaca. (S. 192)

Juni

Die Trockenzeit im Hochland ist Ecuadors Haupttouristensaison. Im Oriente ist es meist regnerisch, auf den Galapagosinseln dagegen kühl und trocken (bis in den August ist mit rauer See zu rechnen).

Inti Raymi

Das jahrtausendealte indigene Fest der Sommersonnenwende und der Ernte wird im ganzen nördlichen Hochland begangen. In Otavalo wird es mit den Feiern zum Johannistag (24. Juni) sowie Peter und Paul (29. Juni) kombiniert.

Oben: Semana Santa (S. 73), Quito

Unten: Karneval (S. 192), Cuenca

Juli

Mit klarem, sonnigem Wetter die ideale Reisezeit fürs Hochland. Im Oriente herrscht eher Regen vor. Die Galapagosinseln und die Küste bleiben trocken und kühl (teils auch bewölkt).

Gründung von Guayaquil

Tänze auf den Straßen, Feuerwerk und Prozessionen sind Teil der Feierlichkeiten in den Nächten vor dem Jahrestag der Gründung Guayaquils (25. Juli). Da zudem der 24. Juli (Simón Bolívars Geburtstag) ein landesweiter Feiertag ist, macht die Stadt in dieser Zeit komplett dicht und feiert voller Hingabe. (S. 304)

August

In der Sierra ist es immer noch warm und trocken; im Oriente gibt es eine kurze Atempause von den heftigen Regenfällen. Ein besucherstarker Monat mit vielen Urlaubern aus Nordamerika und Europa.

Fiestas de San Lorenzo

Im afro-ecuadorianischen San Lorenzo hoch droben im Norden animieren am 10. August traditionelle Marimba- und Salsa-Rhythmen zum Mittanzen. (S. 272)

La Virgen del Cisne

Im südlichen Hochland kommen am 15. August Tausende von Pilgern zu einer Prozession, die die Virgen del Cisne (Schwanenjungfrau) 70 km weit nach Loja trägt. (S. 208)

September

Das Hochland bleibt sonnig und klar; im Oriente herrscht ein Mix aus Regen und Hitze. Mit vielen bedeutenden traditionellen Festen ein interessanter Monat für einen Besuch.

Feria Mundial del Banano

In der dritten Septemberwoche feiert Machala seine gelbe Lieblingsfrucht mit Musik, Paraden und Feuerwerk. Eines der größten Events ist ein Schönheitswettbewerb zur Wahl der Reina del Banano (der Bananenkönigin). (S. 330)

Fiesta de la Mamá Negra

Latacunga richtet zu Ehren der Virgen de la Merced eines der berühmtesten Feste im Hochland aus. La Mamá Negra – ein Mann, der sich als dunkelhäutige Frau kostümiert – erinnert an die Befreiung der afrikanischen Sklaven im 19. Jh. Im frühen November gibt es ein zweites Fest. (S. 147)

Fiesta del Yamor

Das größte Fest der Provinz Imbabura feiert die herbstliche Tagundnachtgleiche und Colla Raimi (das Mondfest) mit Stier- und Hahnenkämpfen, Tanz, Partys, Festessen und *yamor* (alkoholfreies Getränk aus sieben Sorten Mais). (S. 109)

Oktober

Im Oktober lichten sich die Touristenscharen und die Preise sinken etwas. Die See um die Galapagosinseln ist rauer, aber dafür kann man hier und da günstige Angebote abstauben.

Unabhängigkeitstag

Bei der Riesenfete (9. Oktober), mit der Guayaquil seine Unabhängigkeit von Spanien feiert, geht es in der tropischen Stadt hoch her. Menschenhorden drängen sich im Zentrum zu Umzügen, Konzerten, Straßenfesten und Feuerwerk. (S. 304)

Dezember

Trotz der kühleren Temperaturen und dem zunehmenden Regen im Hochland kommen von Dezember bis Mitte Januar zahlreiche Urlauber aus Nordamerika und Europa nach Ecuador.

Silvester

Die Umzüge und Tänze beginnen bereits am 28. Dezember. Als Höhepunkt werden zu Silvester zusätzlich zum Feuerwerk auch lebensgroße Puppen auf den Straßen verbrannt. Am heftigsten wird in Quito und Guayaquil gefeiert (vor allem auf dem *malecón*). (S. 74)

Fiesta de Baños

In Baños ist der 16. Dezember der Tag für alle Feierwütigen. Auf dem Programm stehen Straßenfeste, Konzerte und natürlich Essen und Trinken ohne Ende. (S. 164)

Fiestas de Quito

Bei Quitos großem Stadtfest gibt es die ganze erste Dezemberwoche hindurch Stierkämpfe, Paraden und Straßentanz. Überall stehen Open-Air-Bühnen und erfüllen die Hauptstadt mit Musik. (S. 74)

Reiserouten

2 WOCHEN Ecuadors Highlights

Schätze der Kolonialzeit, Nebel- und Regenwälder, wuselige Märkte und faszinierende Fauna stehen bei diesem Trip quer durch Ecuador auf dem Programm. Los geht es in **Quito**, wo man zwei Tage investieren sollte, um die prachtvolle Architektur der Altstadt zu bestaunen. Dann lockt **Otavalo**, 2½ Stunden weiter nördlich, mit seinem berühmten Markt (am tollsten ist er samstags). Nach der Übernachtung hier steht eine Wanderung zu den atemberaubenden Seen **Laguna de Cuicocha** oder **Lagunas de Mojanda** an. Am vierten Tag geht es (über Quito) nach Westen in die üppigen Nebelwälder um **Mindo**. Übernachtet wird in einer Lodge am Fluss oder am Berghang. Nach der Rückkehr nach Quito besteigt man einen Flug nach **Cuenca**, dem Kolonialjuwel des Südens. Zwei Tage kann man damit verbringen, seine 500 Jahre alten Kirchen und den traumhaften **Parque Nacional Cajas** 30 km westlich zu erkunden. Wer genug Zeit hat, besucht noch die Inkaruinen von **Ingapirca**, bevor von **Guayaquil** der Flieger auf die **Galapagosinseln** geht. Hier sind vier Tage für Tierbeobachtungen und Inselhopping einzuplanen. Für die letzte Etappe fliegt man zurück nach Guayaquil und (über Quito) weiter nach **Coca**, dem Tor zum Amazonas. Drei Nächte in einer Urwald-Lodge am **Bajo Río Napo** bieten beste Chancen, die Tierwelt der Amazonasregion zu erleben.

3 WOCHEN Die Anden

Eine Reise auf dem Rücken der Anden verspricht neben traumhafter Bergszenerie mit beschaulichen Dörfern auch einen Mix aus kolonialen und präkolumbischen Sehenswürdigkeiten und tolle Möglichkeiten zum Wandern, Mountainbikefahren und Klettern. Ausgangspunkt des Hochlandabenteuers (und gut zur Höhenakklimatisierung) ist **Quito**, eine der faszinierendsten Hauptstädte Südamerikas. Nach zwei Nächten fährt man nach Süden, um eine oder zwei Nächte auf einer historischen Hazienda am **Cotopaxi** zu verbringen, auszureiten und zu wandern. Wer fit ist, kann den Vulkan, einen der schönsten Ecuadors, auch erklimmen. Dann geht es weiter gen Süden nach **Latacunga** und in die Berglandschaft des **Quilotoa-Loop**. Die Gegend ist wunderbar für Wanderungen zwischen indigenen Dörfern mit Übernachtungen in einfachen Pensionen.

Nach zwei Tagen „in den Wolken" bei Quilotoa steht das etwas weiter unterhalb gelegene subtropische **Baños** mit seinen natürlichen Quellen und gemütlichen Pensionen mit Aussicht auf dem Programm. Von hier führt eine fantastische Fahrradabfahrt an erfrischenden Wasserfällen vorbei nach **Puyo** im Oriente. Von Baños geht es weiter nach **Riobamba**, eine ideale Basis für adrenalinträchtige Mountainbikefahrten oder Trekking am **Volcán Chimborazo**. In Riobamba setzt man sich in den Bus nach **Alausí** und unternimmt anschließend eine Zugfahrt über die berühmte **Nariz del Diablo** mit tollem Blick auf Chimborazo, El Altar, Laguna de Colta und andere landschaftliche Highlights entlang der „Vulkanstraße". Nach der Rückkehr nach Alausí nimmt man den Bus in die traumhafte Kolonialstadt **Cuenca**, die mit spanischen Kirchen, friedlichen Plazas und einer idyllischen Flusslage aufwartet. Nach ein paar Tagen geht es mit dem Bus, einer geführten Tour oder im Rahmen einer dreitägigen Wanderung entlang des Camino del Inca (Inkapfad) zu den Inkaruinen **Ingapircas**. Ausrüstung und Guides können in Cuenca organisiert werden. Die letzte Station ist wieder Quito. Dort kann man sich noch einmal ins Nachtleben stürzen (das Zazu ist eine gute Wahl, danach Drinks und Tanzen im La Juliana), um den Abschluss des großen Andenabenteuers gebührend zu feiern.

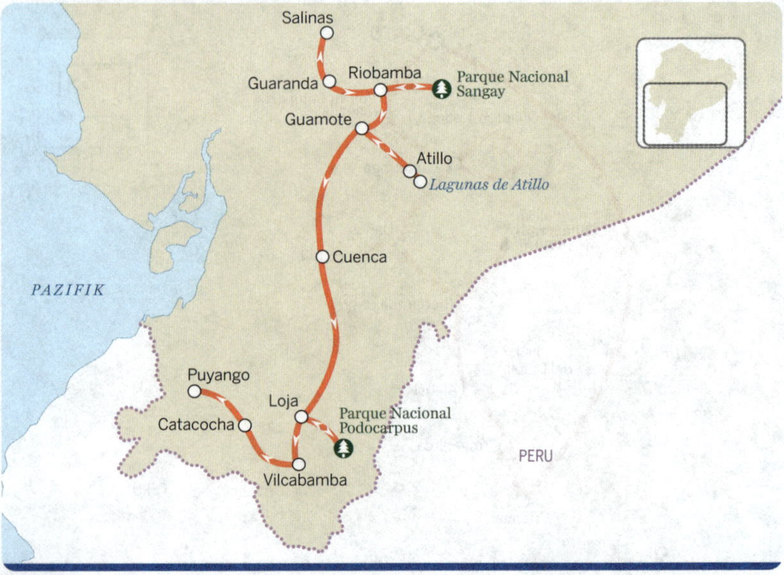

2 WOCHEN

Der Süden

Südlich von Quito findet man sich bald in betriebsamen Marktstädtchen, entlegenen indigenen Dörfern und unberührten Nationalparks wieder, weit weg von den Touristenmassen. Ausgangspunkt ist **Riobamba**, eine ziemlich alltägliche Stadt, in der samstags am meisten los ist: Dann findet ein großer Markt statt. Ein Abstecher führt Richtung Westen ins malerische **Guaranda**, das Tor zu **Salinas**, einem faszinierenden Dörfchen auf dem Land. Dort sind Kooperativen ansässig, die Schokolade, Käse, Pilze und Wollwaren produzieren, und man kann die schöne Umgebung zu Fuß oder zu Pferd erkunden. Nach einer Übernachtung geht es über **Riobamba** nach Osten, in den **Parque Nacional Sangay** mit seinen majestätischen Vulkanen und einer artenreichen Flora und Fauna. Anschließend fährt man wieder zurück nach Riobamba und weiter in den Süden ins niedliche Kichwa-Dorf **Guamote**. Übernachten kann man in dem gemütlichen, von der Gemeinde betriebenen Inti Sisa. Dort werden Aktivitäten wie Ausritte oder Wanderungen in der schönen Umgebung organisiert. Wenn möglich, sollte man donnerstags hier ankommen, wenn der riesige Markt der *indígenas* aufgebaut wird.

Der nächste Abstecher führt Richtung Südosten nach Atillo. Dort locken fantastische Wandermöglichkeiten rund um die kristallklaren **Lagunas de Atillo**. Anschließend geht es zurück nach Guamote und südwärts nach **Cuenca**. Die Stadt bietet sich für ein kleines Verwöhnprogramm mit Übernachtung in einer der schönen Pensionen und leckerem Essen an. Nächste Station ist **Loja**. Zu den kulinarischen Spezialitäten der Stadt gehören *cuy* (Meerschweinchen) sowie Gerichte aus Mais und Kochbananen.

Östlich von Loja erstreckt sich der riesige **Parque Nacional Podocarpus** mit verblüffender Artenvielfalt und Wanderrouten über faszinierende *páramo*-Bergwiesen und durch Nebelwälder. Von Loja geht die Reise dann noch weiter nach Süden, ins hübsche Dorf **Vilcabamba**. Dort kann man wandern, radeln, reiten oder auch einfach nur die friedliche Atmosphäre genießen. Dann verbringt man einen Tag in **Catacocha**, einem reizenden, wenig besuchten Ort an der Westseite der Anden, und besucht zu guter Letzt noch **Puyango** mit einem der größten versteinerten Wälder Südamerikas.

Oben: Ingapirca (S. 201)

Unten: Kathedrale von Riobamba (S. 175)

NORADOA/SHUTTERSTOCK ©

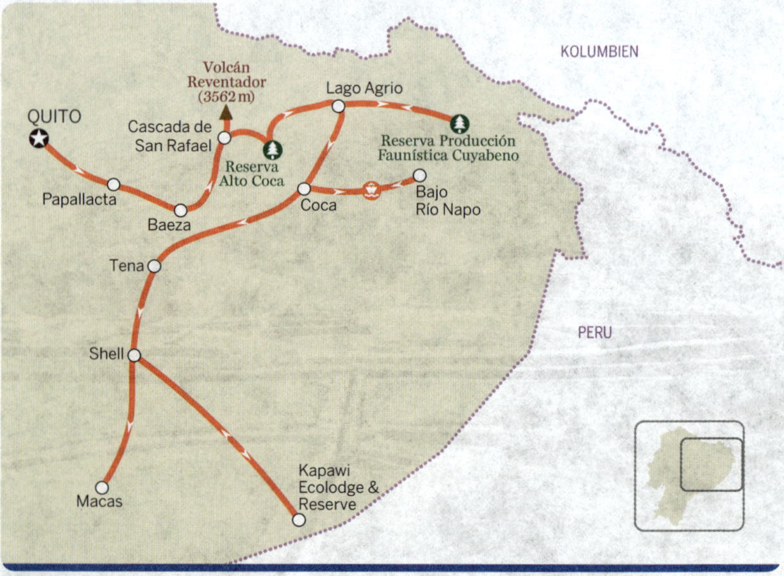

3 WOCHEN

Abenteuer im Oriente

Der Oriente ist der ecuadorianische Teil des Amazonasgebiets und eine der artenreichsten Regionen der Welt. Abenteurer, Naturfreunde und Hobbyanthropologen dürfen sich auf indigene Reservate und Urwaldunterkünfte mit viel Vegetation und „Viehzeug" ringsum freuen. Auch dieser Trip beginnt in **Quito**, wo man die Urwald-Lodges im Voraus buchen und sich mit allem Benötigten eindecken sollte. Dann geht es per Bus nach **Papallacta** mit seinen Thermalbädern und traumhaften Bergpanoramen. Es bietet sich mit Unterkünften aller Kategorien für eine Übernachtung an, bevor man tags darauf die Weiterfahrt gen Osten nach **Baeza** antritt, einem netten Stützpunkt für Wander- und Raftingtouren, Vogelbeobachtungen und andere Aktivitäten. Weiter nördlich wartet die äußerst fotogene **Cascada de San Rafael**, Ecuadors höchster Wasserfall. Wer den aktiven **Volcán Reventador** aus der Nähe bewundern will, sollte in die **Reserva Alto Coca** hinaufwandern. Das entlegene Nebelwald-Schutzgebiet bietet tolle Wanderrouten und Möglichkeiten zur Vogelbeobachtung sowie rustikale Hütten mit umwerfendem Vulkanblick.

Nächste Station ist die Ölstadt **Lago Agrio**. Sie dient als Ausgangspunkt für einen Abstecher in die **Reserva de Producción Faunística Cuyabeno**, ein grandioses Regenwald-Schutzgebiet, das vor Artenvielfalt nur so strotzt. Nach einigen Tagen in der Cuyabeno Lodge führt die Route zurück nach Lago Agrio und weiter nach **Coca** – noch ein einstiges Flussdorf, das sich zur Ölstadt gemausert hat. Mit einem Dschungelführer (am besten vorab von Quito organisieren!) geht es zum **Bajo Río Napo**, wo einige der schönsten Urwald-Lodges des Landes warten. Dort gibt es bei Wanderungen, Kanutouren und Kletterpartien ins Baumkronendach reichlich Gelegenheit, die Tierwelt zu beobachten.

Wer genug Piranhas gefischt und Kaimane und Vögel gesehen hat, kann über Coca nach **Tena** weiterreisen. Die Stadt am Fluss ist *der* Ort, um den Regenwald aus einer neuen Perspektive zu erleben: auf einem Raftingtrip durch spektakuläre Stromschnellen der Klasse IV. Falls noch Zeit bleibt, kann man einen Ausflug über **Macas** in den wenig besuchten südlichen Teil des Oriente anhängen. Oder man steuert das von den Achuar geführte **Kapawi Ecolodge & Reserve** an (per Charterflugzeug vom Städtchen **Shell** zu erreichen), ein wunderbar entlegenes Stückchen Amazonien.

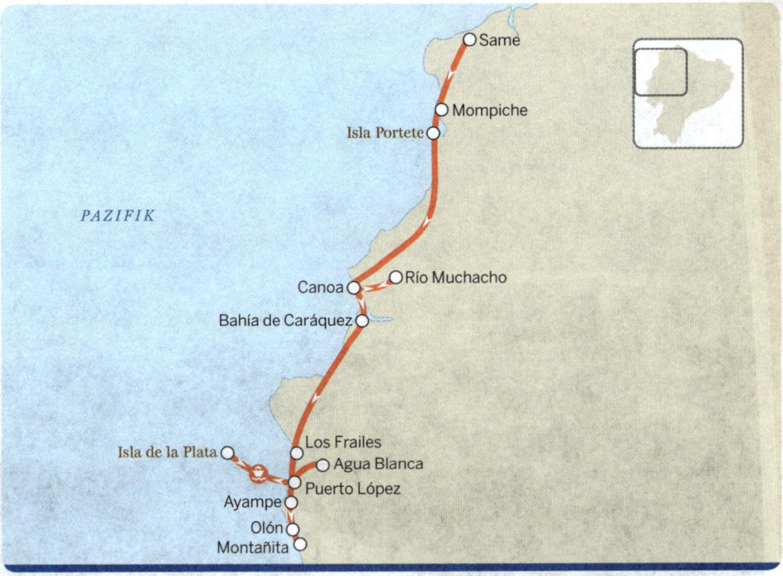

10 TAGE

Surfen & Sonnenbaden

Die hübschen Küstendörfer und schönen Strände von Ecuador locken ein wild gemischtes Publikum aus Sonnenanbetern, Surfern, Seafood-Gourmets u. a. an. Startpunkt sind die relaxten Strände bei **Same** (*sah*-mey) und der Corredor Turistico Galera-San Francisco an der Nordküste. Nach der langen Reise von Quito mietet man sich bei einer Strand-*cabaña* (Hütte) ein, macht einen Strandbummel und schlemmt Meeresfrüchte bis zum Abwinken. Am zweiten Tag setzt man sich in den Bus nach **Mompiche**. Der beliebte, aber noch nicht völlig überlaufene Surfertreff besticht mit einem langen bräunlichen Sandstrand, hohen Wellen und einer netten Travellerszene. Vor der Weiterfahrt nach Süden geht es von hier auf Walbeobachtungstour oder zum entlegenen Inselparadies **Isla Portete**.

Nächste Station ist **Canoa**. Der beschauliche Ort mit langem Sandstrand, hinter dem bewaldete Felsen aufragen, lädt zum Verweilen ein: Besucher können Surf- und Spanischunterricht nehmen und zu einsamen Stränden radeln oder reiten. Es gibt ein paar schöne Strandpensionen und brauchbare Restaurants. Lohnend ist ein Besuch der Biofarm **Río Muchacho** mit Führung, Übernachtung und prima Essen aus eigenem Anbau.

Am sechsten Tag steht die **Bahía de Caráquez** auf dem Programm, wo man Mangroven erkunden, nach Fregattvögeln Ausschau halten und eine Ökostadttour unternehmen kann. Am nächsten Tag geht es nach **Puerto López** (normalerweise mit Umstieg in Manta). Die verschlafene Stadt ist das Tor zur **Isla de la Plata**, auf der sich Blaufußtölpel tummeln. In der Saison (Mitte Juni–Anfang Okt.) werden auch häufig Wale gesichtet. Weitere Attraktionen der Gegend sind der Traumstrand **Los Frailes**, die indigene Gemeinde **Agua Blanca** und der umgebende Regenwald mit tollen Wander- und Reitmöglichkeiten.

Zum Abschluss steht ein zweitägiger Besuch in **Montañita** an, einem Surferort mit fröhlicher Partyatmosphäre. Wer es etwas ruhiger mag, kann auf **Ayampe** oder **Olón** ausweichen.

Parque Nacional Cotopaxi (S. 142)

Reiseplanung

Outdoor-aktivitäten

Ecuador hat ein Riesenangebot an Outdoorabenteuern, die sich dank seiner überschaubaren Größe auch gut kombinieren lassen, von Vogelbeobachtungen in den Nebelwäldern, Wanderungen zwischen Andengipfeln und Schnorcheln bei den Galapagosinseln bis zu Wellenreiten, Mountainbiken und Rafting der Extraklasse.

ROSA ROMERO/500PX ©

Die besten Outdoorabenteuer

Bergtour
Die majestätischen Höhen des Volcán Cotopaxi (5897 m) belohnen ausreichend fitte Gipfelstürmer mit herrlicher Aussicht.

Wanderung
Der mehrtägige Trek auf dem Camino del Inca folgt dem Inkapfad über 40 km zu den großartigen Ruinen von Ingapirca.

Vogelbeobachtung
Mindos artenreicher Nebelwald beherbergt Hunderte von farbenfrohen Vogelarten.

Mountainbike-Tour
Die tollste Abfahrt führt von der kühlen Hochlandstadt Baños über 60 km bergab zum feucht-warmen Puyo im Amazonasbecken.

Rafting
Die Flüsse Tena und Macas laden zu fantastischen ein- oder mehrtägigen Raftingtrips durch die Urwaldlandschaft des Oriente ein.

Surfen
Auf dem Festland bieten Montañita, Mompiche und Canoa gute Breaks. Anspruchsvollere Wellen warten bei der Isla San Cristóbal (Galapagos).

Wandern

Wandermöglichkeiten gibt es hier unendlich viele. Spektakuläre Landschaft ist überall garantiert. Schneebedeckte Gipfel, Nebelwälder oder grüner Tiefland-Urwald bilden das Terrain für Treks und Tierbeobachtungen. Für Wanderungen auf eigene Faust sind die Nationalparks am besten.

Topziele

Parque Nacional Cotopaxi (S. 142) In dem 330 km² großen Nationalpark erhebt sich Ecuadors zweithöchster Berg: der schneebedeckte Gipfel des aktiven Volcán Cotopaxi (5897 m). Park und Umgebung bieten tolle Wandermöglichkeiten, aber es gibt nur wenige markierte Wege; deshalb muss man sich oft selbst eine Route suchen. Dabei sollte man natürlich unbedingt auf seine Sicherheit achten.

Parque Nacional Cajas (S. 200) Im malerischen *páramo* (alpines Anden-Grasland) fällt der Blick von diversen mehr oder weniger gut beschilderten Wegen auf hübsche Bergseen. Mit Regen ist zu rechnen (am trockensten: Aug.–Jan.).

Quilotoa-Loop (S. 150) Beim spektakulären, topasfarbenen Kratersee von Quilotoa warten ein paar tolle Routen – z. B. Wege von Dorf zu Dorf und Abkürzungen durch Hochgebirgsschluchten. Eine schöne, auf eigene Faust zu bewältigende Route führt von Quilotoa nach Isinliví (mit Übernachtung in Chugchilán).

Parque Nacional Podocarpus (S. 212) Der Park bietet unvergessliche Routen durch tropisch grünes Tiefland oder kühles Berghochland, u. a. eine eintägige Nebelwaldwanderung und eine mehrtägige Wandertour zu Andenseen.

Parque Nacional Machalilla (S. 317) Die Wege in Ecuadors einzigem Küstennationalpark (400 km²) verlaufen durch Nebelwald und tropischen Trockenwald. Zum Park gehört die Isla de la Plata mit mehreren Rundrouten. Wegen ihrer Tierwelt (u. a. Blaufußtölpeln) wird sie auch „Galapagos für Arme" genannt.

Camino del Inca (S. 202) Eine beliebte Route folgt einem Teilstück des Inkapfads zwischen Cuzco (Peru) und Quito zur archäologischen Stätte Ingapirca. Die meisten Traveller brauchen für die faszinierende 40 km lange Strecke drei Tage.

Vogelbeobachtung

Kein anderes Land der Welt besitzt eine so unglaubliche Vogelvielfalt auf so kleinem Raum. Auf Ecuadors Festland und den Galapagosinseln wurden rund 1600 Vogelarten (z. T. endemisch) gesichtet. Das größte Problem ist die Qual der Wahl: Inseln, Regen- und Nebelwald haben alle ihren Reiz.

Nebelwald

Ein guter Startpunkt für Erkundungen liegt gleich nördlich von Quito. Die Nebelwälder bei **Mindo** sind ein Paradies für Vogelbeobachter. Zu den Highlights zählen Andenklippenvögel (Rote Felsenhähne), Schuppenschmuckvögel, Goldkopf- und Kammtrogone. Insgesamt wurden in der

Region über 400 Vogelarten registriert. Außerdem gibt es hier ausgezeichnete Guides und Lodges.

Amazonasregion

Mit mehr als 600 registrierten Vogelarten ist der Unterlauf des **Río Napo** im Amazonasbecken ein Topziel. Die Urwald-Lodges dort gehören zu den besten Ecuadors; einige haben Beobachtungstürme auf Baumkronenniveau und Biologen als Führer.

Galapagosinseln

Dank 28 endemischer Spezies mit außergewöhnlicher Evolutionsgeschichte sind auch die Galapagosinseln ein Mekka für Freunde des Federvolks. Die Isla Santa Cruz beherbergt die größte Zahl an Vögeln und ist ein guter Startpunkt für die Suche nach den 13 Darwinfinkenarten. Verschiedene große Arten wie Blaufußtölpel, Fregattvögel und Lavareiher lassen sich oft im Hafenbereich von Puerto Ayora blicken.

Bergsteigen

Die himmelhohen Anden, die sich durchs ganze Land ziehen, sind ein Terrain für echte Abenteuer. Ecuador hat zehn Fünftausender, davon acht im zentralen Hochland. Dort findet man die eindrucksvollsten Gipfel des Landes. Achtung: Ecuadors mächtigste Berge sind oft Vulkane, deren Zustand sich schnell ändern kann. So sind manche in einem Jahr erklimmbar, im nächsten nicht mehr. Wer einen Gipfel ohne spezielle Ausrüstung bezwingen möchte, könnte den **Volcán Imbabura** (4609 m) im nördlichen Hochland ins Auge fassen, eine anspruchsvolle und lohnende Gipfeltour ganz in der Nähe von Ibarras.

NOCH MEHR TOLLE ZIELE FÜR VOGELFANS

- Parque Nacional Cajas (S. 200)
- Parque Nacional Podocarpus (S. 212)
- Naturschutzgebiet Jorupe (S. 220)
- Bosque Protector Cerro Blanco (S. 314)
- Reserva Ecológica Manglares Churute (S. 329)

Laguna de Cuicocha (S. 118)

Grundlegende Infos

Bergsteiger brauchen die Standardschnee- und -eisausrüstung: Seil, Steigeisen, Eispickel, hochgebirgstauglichen Sonnenschutz und Thermobekleidung sind das Minimum. Wer nicht äußerst erfahren ist, sollte unbedingt einen Führer aus Quito oder Riobamba anheuern. Das Andenwetter kann rasch umschlagen; selbst Bergprofis sind hier schon ums Leben gekommen. Mehrere Agenturen bieten Leihausrüstung und Führer. Für eine zweitägige Tour auf einen der hohen Gipfel sind etwa 250 US$ pro Person zu veranschlagen. Die besten Guides haben ein offizielles Zertifikat des ecuadorianischen Bergführerverbands (ASEGUIM).

Klettern ist ganzjährig möglich; als beste Zeit gelten die Monate Juni bis August und Dezember bis Februar.

Bedeutende Gipfel

Volcán Chimborazo (S. 173) Ecuadors höchster Gipfel (6263 m) ist ein erloschener Vulkan. Die Besteigung ist für erfahrene Kletterer relativ problemlos, erfordert aber Eisausrüstung. Von der Schutzhütte folgen die meisten der Normalroute (hin 8–10 Std., zurück 2–4 Std.). Riobamba ist der

Darwinfink (S. 381), Galapagosinseln

beste Ort, um Führer anzuheuern, Ausrüstung zu leihen und nach der Tour zu entspannen.

Volcán Cotopaxi (S. 142) Ecuadors zweithöchster Berg ist ein aktiver Vulkan und einer der beliebtesten Andengipfel für echte Bergsteiger. Ab der Schutzhütte lässt er sich in einem langen Tag bezwingen; wer vernünftig ist, plant besser zwei Tage ein. Vor dem Aufstieg ist eine mehrtägige Akklimatisierung erforderlich. Hierfür sind die Lodges in und rund um Cotopaxi super.

Ilinizas (S. 141) Die Sägezahnspitze des Iliniza Sur (5248 m) ist Ecuadors sechsthöchster Gipfel – und einer der schwierigsten: Nur erfahrene Kletterer kommen hier zurecht. Die strapaziöse Kletterpartie auf den Iliniza Norte (5126 m) ist dagegen auch von akklimatisierten, erfahrenen Bergwanderern zu bewältigen. Das Dörfchen El Chaupi mit einer Handvoll einfacher, aber netter Pensionen ist eine gute Akklimatisierungsbasis für Bergsteiger und Wanderer.

Volcán El Altar (S. 169) Der schon lange erloschene Vulkan (5319 m) gilt vielen als der schönste und technisch anspruchsvollste Berg Ecuadors. Diese Region besucht man am besten zwischen Dezember und März. Im Juli und August ist El Altar oft wolkenverhangen.

Mountainbiken

Ecuador bietet einige ausgezeichnete Ziele für Mountainbiker – insbesondere die adrenalintreibenden Abfahrten an den Flanken des **Cotopaxi** und des **Chimborazo**. Die MTB-Anbieter mit den besten Fahrrädern, Führern und Ausrüstungsteilen gibt es in Quito und Riobamba.

Wegen der beliebten und tollen (Straßen-) Abfahrt nach Puyo werden auch in **Baños** viele mittelteure Mountainbikes vermietet. Entlang der Río-Pastaza-Schlucht führt „La Ruta de las Cascadas“ (Landstraße der Wasserfälle) zwischen Baños im Hochland (1800 m) und der Urwaldsiedlung Puyo (950 m) gleichmäßig bergab. An der 61 km langen Route laden einige Wasserfälle zum erfrischenden Planschen ein.

Tauchen & Schnorcheln

Die **Galapagosinseln** zählen zu den tollsten Tauchrevieren des Planeten. Ihre spektakuläre Unterwasserwelt bevölkern Haie, Rochen, Schildkröten, Pinguine, Seelöwen, Muränen, Seepferdchen, viele Fischarten

FOTOGRIN/SHUTTERSTOCK ©

Surfen, Montañita (S. 321)

und manchmal auch Delfine oder sogar Wale. Die Bedingungen (starke Strömung, kaltes Wasser) sind für Anfänger schwierig. Tauchanbieter sind in **Puerto Ayora** und **Puerto Baquerizo Moreno** ansässig.

Erfahrene und solvente Taucher können bei einer einwöchigen Tour mit einem Spezialboot die Unterwasser-Hotspots rund um die Inselgruppe abklappern. Spontaner lässt sich normalerweise eine Tagestour mit zwei Tauchgängen arrangieren. Galapagos ist auch prima zum Schnorcheln, da sich viele Meeresbewohner nah an der Wasseroberfläche tummeln.

Auf dem Festland kann man Tauchtouren in **Puerto López** und **Montañita buchen.** Der Meeresboden ist ein Mix aus Fels, Korallen und Sand. Zu sehen gibt es u. a. Engelhaie, Trompetenfische, Kugelfische, Muränen, Papageifische, Mantarochen, Geigenrochen und Weißspitzenhaie.

Die Wassertemperatur liegt von Januar bis April um 22 °C, das übrige Jahr um 18 °C. Wer keinen Neoprenanzug dabeihat, kann bei den Tauchanbietern einen ausleihen.

Surfen

Ecuador ist kein Topsurfziel, hat aber ein paar ausgezeichnete Breaks – man muss nur wissen, wo. Die Saison geht von November bis April; die Spitzenmonate sind Januar und Februar. Das Revierverhalten der einheimischen Surfer ist minimal; Ecuadorianer und Ausländer kommen normalerweise friedlich miteinander aus.

Der Klassiker an der Festlandküste ist **Montañita.** Hier türmt ein schneller, kraftvoller Reef Break Wellentunnel auf, die zu den besten des Festlands gehören. Zwischen Dezember und Mai ist er mit oft 2 bis 3 m hohen Wellen am besten. In der Nähe gibt es außerdem ein paar annehmbare Beach Breaks. Als Left Point Break von Weltformat erlaubt **Mompiche** bei Muisne in der Provinz Esmeraldas an Spitzentagen bis zu 500 m lange Gleitphasen. **Canoa** mit seinen Left und Right Beach Breaks bietet sich schon deshalb als prima Surfspot an, weil der kleine Ort so nett zum Abhängen ist und einen echt schönen Strand hat.

Die Galapagosinsel San Cristóbal hat drei Reef Breaks von Weltklasse in der Nähe des Städtchens **Puerto Baquerizo Moreno**. Sie sind extrem schnell und am besten für erfahrene Surfer geeignet. Die teure Anreise hält die Besucherzahlen niedrig. Die optimale Surfsaison auf den Inseln geht von Dezember bis Mai. Auch die **Isla Isabela** lockt bei Puerto Villamil mit ein paar netten Brechern.

Rafting

In Ecuador kann man das ganze Jahr über spitzenmäßig raften und Kajak fahren. Manche Wildwasserflüsse bestehen auf bis zu 100 km Länge durchgängig aus Stromschnellen der Kategorien III bis IV, bevor sie ruhig werden und in Richtung Pazifik oder gen Amazonasbecken auf der anderen Andenseite fließen. Die beste Raftingzeit geht landesweit von Oktober bis Februar.

Ecuadors Flussführer-Verband heißt Asociación de Guías de Águas Rápidas del Ecuador (AGAR). Wir empfehlen nur seriöse Veranstalter. Bei der Anbietersuche sollte man sichergehen, dass die Firma über gute Schwimmwesten, professionelle Führer, Erste-Hilfe-Ausrüstung und Rettungswurfsäcke verfügt. Für längere Raf-

Oben: Ziplining, Baños (S. 161)

Unten: Grüne Meeresschildkröte (S. 384), Galapagosinseln

LFPUNTEL/ GETTY IMAGES ©

NOCH MEHR ABENTEUER

Ecuador hat weit mehr als nur Vulkane und Regenwälder zu bieten: Täler, Höhlen, Flüsse und die Nähe zum Kontinentalschelf ermöglichen außergewöhnliche Abenteuer.

Höhlentouren Die Cueva de los Tayos (Höhle der Fettschwalme) in den östlichen Andenhängen ist ein faszinierendes Wunderland für Höhlenfans. Den Auftakt der Tour bildet der 70 m tiefe Abstieg in den Höhlenschlund.

Tubing Eine spaßige Alternative zu Kajak- und Raftingtouren: bei Mindo bequem in Reifenschläuchen thronend den felsigen Río Mindo hinunterschaukeln. Ein Führer steuert die Flosskonstruktion.

Ziplining Baños und Mindo bieten beide tolle Seilrutschen, an denen man über das Baumkronendach sausen kann.

Whalewatching Während der jährlichen Wanderung der Buckelwale (Juni–September) veranstalten zahlreiche Bootsbetreiber entlang der Küste Walbeobachtungstouren, vor allem von Puerto López und Mompiche aus.

Canyoning & Puentismo Bei Canyoningtouren von Baños aus kann man sich an Wasserfällen abseilen, in Flüssen schwimmen und durch Schluchten wandern. Etwas für Waghalsige ist „Puentismo“, eine Art Bungeespringen von Brücken.

tingstrecken können z. T. auch Neoprenanzüge ausgeliehen werden (zu empfehlen).

Topziele

Tena Ecuadors eigentliche Wildwasser-Hauptstadt; der nahe Oberlauf des Río Napo (Kat. III+) und der Río Misahuallí (Kat. IV+) zählen zu den bekanntesten Flüssen.

Macas Weiter südlich ist der Río Upano (Kat. III–IV+) bei Macas ideal für Mehrtagestrips durch atemberaubende Urwaldlandschaft – z. B. entlang der spektakulären Namangosa-Schlucht, wo über ein Dutzend Wasserfälle in den Fluss stürzt.

Río Blanco Rund zweieinhalb Stunden westlich von Quito bietet der Río Blanco (Kat. III–IV) ganzjährige Raftingmöglichkeiten in den Westanden. Er ist ein beliebtes Ziel für Tagesausflüge von der Hauptstadt aus und von Februar bis ca. Juni am wildesten. Die befahrbare Strecke (fast 200 km) umfasst auch den anspruchsvollen Oberlauf. Auf Anfänger und Familien warten nahe Quito ein paar Trips der Kategorien II bis III.

El Chaco El Chaco an den westlichen Andenhängen ist das Tor zum Río Quijos (Kat. IV–V) in üppig grüner Landschaft.

Río Pastaza & Río Patate Dank der Nähe zum Touristenmekka Baños gehören diese beiden Flüsse zu den beliebtesten im Land. Der Papate ist leider immer noch stark verschmutzt.

Reiten

Ecuador bietet einige tolle Gelegenheiten zum Reiten, vor allem im Hochland. Leider wirken die für Touristentreks eingesetzten Pferde oft vernachlässigt. Es gibt aber einige Veranstalter, die ihre Tiere gut behandeln und daher zu empfehlen sind, auch wenn ihre Preise höher liegen. Haziendas überall im Hochland haben normalerweise gute Pferde und bieten einige der besten Reitmöglichkeiten. Von **Vilcabamba** aus führen einige schöne Reittouren in die umliegenden Berge; die Dauer variiert von einigen Stunden bis zu drei Tagen. Auch in **Baños können halb- oder ganztägige Ausritte gebucht werden.**

Noch ein prima Reitrevier ist die **Reserva Geobotánica Pululahua** bei Quito. Das Naturschutzgebiet in einem Vulkankrater punktet mit Nebelwäldern und faszinierendem Mikroklima. Von hier sind ein- oder mehrtägige Ausritte möglich.

Die teure, dafür seriöse Firma RideAndes (www.rideandes.com) bietet eintägige, mehrtägige und maßgeschneiderte Touren für erfahrene Reiter und Anfänger an.

Ein kleines Boot bringt Passagiere zum Ufer

Reiseplanung

Galapagos-Planer

Wer die Galapagosinseln besuchen will, muss bei der Planung vieles bedenken: Wetter und Jahreszeiten, Hotelübernachtung mit Tagestouren oder Kreuzfahrt, die optimale Reiseroute, Strategien zur Schonung der Reisekasse etc. Individualreisende können die Inseln auch auf eigene Faust besuchen, indem sie Fähren zwischen den Inseln nutzen und in Hotels wohnen, bekommen dafür aber nicht ganz so viel von der Tierwelt und Landschaft zu sehen.

Die besten Outdoorabenteuer

Schnorcheln

Corona del Diablo vor Floreana

Los Túneles vor Isabela

Vogelbeobachtung

Punta Suárez auf Española

Isla Genovesa

Tauchen

Isla Wolf

Isla Darwin

Gordon Rocks vor Santa Cruz

Wandern

Volcán Alcedo und Volcán Sierra Negra auf Isabela

Cerro Crocker auf Santa Cruz

Mountainbiketouren

Hochland von San Cristóbal

Hochland von Santa Cruz

Sonnenbaden

Tortuga Bay bei Puerto Ayora

Cerro Brujo auf San Cristóbal

Surfen

Puerto Baquerizo Moreno

Isla Isabela

Tolle Landschaften

Isla Bartolomé

Isla Rábida

Post Office Bay auf Floreana

Reisezeit

Es gibt keine richtig schlechte Zeit für einen Besuch der Galapagosinseln; bei der Wahl der Reisezeit sind aber einige Faktoren zu berücksichtigten. Auf den Inseln gibt es zwei Jahreszeiten. Die touristische Hauptsaison ist normalerweise von Dezember bis April und Juli bis August.

Warme Regenzeit (Jan.–Mai) Allgemein sonnig und warm (Durchschnittstemperatur 25 °C) mit starken, aber kurzen Regengüssen. Überschneidet sich mit Weihnachts- und Osterferien der USA. Das bedeutet: mehr Boote und mehr Reisegruppen. Der heißeste Monat ist der März (Durchschnittstemperatur 31 °C); von Februar bis April liegen die Wassertemperaturen bei durchschnittlich 25 °C. Blühende Blumen beleben die Landschaft mit ihren Farben, die Meeresschildkröten nisten, und viele Vogelarten haben Paarungszeit.

Kühle Trockenzeit (Juni–Dez.) Wegen des Sprühregens im Hochland auch *garúa* genannt. Die Lufttemperatur ist angenehm (durchschnittlich 22 °C), das Wasser wegen des herrschenden Humboldtstroms aber kälter (18–20 °C). Die See kann bei nächtlichen Überfahrten zwischen den Inseln rau sein. Insgesamt etwas weniger Besucher; dafür ist dies die Lieblingssaison der Taucher (die 6–7 mm dicke Neoprenanzüge mit Kapuzen tragen). Man begegnet mehr Pinguinen, die Galapagos-Albatrosse treffen auf Española ein, und die Blaufußtölpel haben Paarungszeit.

Verschiedene Touren

Galapagos-Besucher haben im Wesentlichen die Wahl zwischen drei Arten von Touren. Die meisten entscheiden sich für Bootstouren mit Übernachtung an Bord. Diese sind auch am empfehlenswertesten, weil sie relativ umweltverträglich sind und man eine riesige Vielfalt an Tieren und Landschaft zu sehen bekommt. Alternativen sind ein festes Quartier auf einer Insel mit Tagesausflügen oder eine Tour mit Hotelübernachtungen auf verschiedenen Inseln.

Bootstouren

Die Bootstouren dauern zwischen drei Tagen und drei Wochen; am beliebtesten sind fünf- bis achttägige Touren. Es ist schwierig, den Galapagosinseln in weniger als einer Woche gerecht zu werden, aber fünf Tage sind gerade noch annehmbar. Wer die abgelegeneren Inseln Isabela und Fernandina besuchen will, sollte mindestens acht Tage einplanen. Am ersten Tag landet das Flugzeug vom Festland gegen Mittag auf dem Archipel, sodass nur ein halber Tag bleibt. Am letzten Tag muss man schon morgens am Flughafen sein. Bei einer fünftägigen Tour verbringt man also nur drei volle Tage auf den Galapagosinseln.

Reiserouten

Fast jede Insel wird von irgendeinem Boot angefahren, wobei die Fahrt zu den abgelegenen Inseln natürlich länger dauert. Die Boote haben feste Reiserouten; wer eine bestimmte Insel besuchen möchte, muss das vorab einplanen. Die Tour sollte nicht mehr als eine Nacht oder einen halben Tag in Puerto Ayora oder Puerto Baquerizo Moreno umfassen, da man dort am Anfang oder Ende immer noch ein paar Tage auf eigene Faust dranhängen kann.

Auf den meisten Booten verläuft der Tag so, dass man morgens mit einem *panga* (kleineres Boot) an Land gebracht wird, um die Tierwelt zu beobachten, und dann in der Nähe schnorcheln geht. Mittagessen und Snacks werden serviert, während das Boot eine andere Insel oder Landestelle ansteuert, wo nachmittags ähnliche Aktivitäten anstehen. Vor dem Abendessen bleibt etwas Zeit zum Ausruhen. Vor oder nach dem Essen wird das Programm des nächsten Tages besprochen. Wer sonst unabhängig reist, mag sich an dieser Standardroutine stören. Aber es ist beruhigend zu wissen, dass alles gut geplant ist – und die Tour ist anstrengender, als man denkt.

Bootskategorien

Die Größe der Tourboote reicht von kleinen Jachten bis hin zu großen Kreuzfahrtschiffen. Der weitaus häufigste Typ ist der Motorsegler, auf dem acht bis 20 Passagiere Platz finden.

ANDREW BAIN/GETTY IMAGES ©

Puerto Ayora (S. 340)

Trinkgeld

Es ist üblich, der Crew und dem Guide am Ende der Tour ein Trinkgeld zu geben. Manche Tourveranstalter empfehlen eine 50:50-Aufteilung; andere geben der Crew mehr als dem Guide. Die Höhe des Trinkgelds liegt im persönlichen Ermessen; hier ein paar allgemeine Richtwerte:

In der Basis- und der gehobenen Klasse sind 14 bis 20 US$ pro Passagier und Tag die

DIE GALAPAGOSINSELN IN EIGENREGIE

Wer kein Geld für eine Kreuzfahrt hat oder keine Pauschalreisen mag, muss deshalb nicht auf die faszinierende Inselerfahrung verzichten. Es gibt vier bewohnte Inseln (Santa Cruz, San Cristóbal, Isabela und Floreana), die Unterkünfte aller Preiskategorien bieten. Zwischen benachbarten Inseln verkehren täglich Inselfähren (auch wenn die Überfahrt manchmal stürmisch ist). Von den größeren Orten kann man Wander- oder Fahrradausflüge unternehmen (außer auf Floreana). Außerdem gibt es allerlei Tagestouren – Schnorcheltouren, Tierbeobachtungstouren oder geführte Wanderungen – zu Preisen von 95 bis 250 US$ zu buchen.

Der Nachteil einer Tour in Eigenregie: Man bekommt viele der eindrucksvollsten Gegenden der Galapagosinseln nicht zu sehen, weil sie einfach nicht per Tagesausflug von den Hauptorten aus erreichbar sind. Doch für manche Traveller gleicht die Freiheit, seine Zeit nach eigenem Belieben einzuteilen und zu fahren, wohin man will, – ganz zu schweigen von dem Geld, das man spart – diesen Nachteil mehr als aus.

Pinnacle Rock, Isla Bartolomé (S. 364)

Norm, auf erstklassigen und Luxusschiffen 18 bis 28 US$. Dieser Betrag ist dann jeweils zwischen Guide und Crew aufzuteilen.

Touren mit Hotelübernachtung

Bei solchen Touren von Insel zu Insel übernachtet man in Hotels auf drei oder vier verschiedenen Inseln: Santa Cruz, San Cristóbal, Isabela und Floreana. Sie dauern meist fünf Tage und vier Nächte und kosten von 600 bis mehr als 1800 US$ pro Person, plus Flugpreis und Eintritt zum Nationalpark. Solche Trips werden von diversen Reisebüros in Puerto Ayora und Puerto Baquerizo Moreno vermittelt. Zu empfehlen sind Red Mangrove Aventura Lodge (S. 346) in Puerto Ayora, **Tropiceo** (www.destinationecuador.com) in Quito und Galakiwi (S. 354).

Das Problem ist, dass die meisten Tourveranstalter einen Mix verschiedener Boote, Hotels und Guides nutzen, sodass die durchgängige Qualität von einer Tour zur nächsten schwer zu garantieren ist. Auch die Kameradschaft zwischen Gästen und Guides, die zum Erlebnis der Galapagos-Bootstouren beiträgt, geht verloren, wenn es an jeder Station einen neuen Guide gibt.

Tagestouren

Tagestouren mit dem Boot starten von Puerto Ayora oder Puerto Baquerizo Moreno. Die Fahrt zu und von den Tageszielen dauert mehrere Stunden, sodass nur einige zentrale Inseln angefahren werden. Manche Touren führen auch zu Zielen auf anderen Teilen der Inseln Santa Cruz oder San Cristóbal.

Ein Nachteil dieser Touren ist, dass die Inseln nicht frühmorgens oder spätabends besucht werden können. Die günstigsten Boote sind u. U. langsam und überfüllt, die Aufenthaltszeiten zu kurz, die Guides schlecht informiert und manche Crews nicht sehr umweltbewusst. Trotzdem lohnen sich Tagesausflüge, wenn Zeit und Budget extrem begrenzt sind.

Veranstalter in Puerto Ayora und Puerto Baquerizo Moreno verlangen je nach Ziel und Qualität der Boote und Guides zwischen 95 und 200 US$ pro Person und Tag.

Touren buchen

Die meisten Besucher buchen ihre Touren vor der Ankunft auf dem Archipel,

Galapagos-Seelöwen, Isla Española (S. 366)

entweder von zu Hause aus (das ist meist teurer, dafür aber einfacher) oder in Quito, Guayaquil oder Cuenca. In Ecuador zu buchen, kommt in der Regel billiger, doch während der Hauptsaison muss man u. U. mehrere Tage oder Wochen warten (was nicht immer mit der Urlaubszeit vereinbar ist). Noch ein wichtiger Hinweis für alle, die ihre Galapagos-Tour erst in Ecuador planen wollen: Die Sicherheitsstandards mancher Banken und Kreditkartengesellschaften machen bei der Zahlung dieser relativ hohen Beträge im Ausland häufig Probleme.

Auf der Suche nach dem perfekten Törn

Es gibt sechs Boote (*Celebrity Xpedition, Explorer II, Endeavour, Galápagos Legend, Santa Cruz II* und *Silver Galapagos*) für jeweils bis zu 98 Passagiere und vier Boote (*Isabela II, Coral I & II, Celebrity Xperience, La Pinta* und *Islander*) für jeweils bis zu 48 Passagiere. Sie alle gelten als erstklassige oder Luxusschiffe. Die meisten der übrigen rund 75 Boote oder Jachten befördern weniger als 20 Passagiere. Außerdem gibt es einige Katamarane.

Gruppen, die weit im Voraus buchen, können häufig Preise auf Last-Minute-Niveau aushandeln. Fast alle Bootsbetreiber verlangen in der Nebensaison 15 bis 20 % weniger.

Der Flugpreis, der Eintritt zum Nationalpark in Höhe von 100 US$ und Getränke in Flaschen sind nicht im Fahrpreis enthalten. Die Boote können grob in die folgenden Kategorien unterteilt werden (Preise pro Tag, außer für Tauchsafaris):

Jachten, Touristenklasse (Gehoben oder Standard) 450–520 US$

Jachten, 1. Klasse 520–750 US$

Luxusschiffe ab 750 US$

Um Enttäuschungen zu vermeiden, sollten vor der Buchung unbedingt folgende Fragen gestellt werden:

Ist der Guide ein freier Mitarbeiter? Guides, die fest für einen Veranstalter bzw. auf einem Boot arbeiten, dürften sich eher für die Zufriedenheit der Passagiere verantwortlich fühlen und auf Beschwerden eingehen.

Wie sieht die Reiseroute aus? Das Kapitel Galapagosinseln informiert über Tierwelt und Aktivitäten an den einzelnen Zielorten. Boote, die halbe Tage in Puerto Ayora, Puerto Baquerizo Moreno und/oder Puerto Villamil festmachen, bieten vielleicht etwas zu viel Zivilisation.

DAS GEHÖRT INS GEPÄCK

- Fernglas
- gute Spiegelreflex- oder Digitalkamera (mit großem Zoombereich)
- Spezialkamera für Unterwasseraufnahmen
- kleiner Rucksack
- breitkrempiger Hut
- Sonnenbrille
- leichte Baumwollkleidung
- robuste Wanderschuhe/-stiefel
- Regenjacke
- leichter Pulli
- Badesandalen/Flipflops
- Schwimmzeug
- Tabletten gegen Reisekrankheit
- Bargeld für Eintritt zum Nationalpark und Trinkgelder für Bootscrew
- nachfüllbare Wasserflasche

ROLAND FANKHAUSER/500PX ©

Oben: Ein Taucher beobachtet eine Grüne Meeresschildkröte (S. 384)

Unten: Galapagos-Landleguan (S. 384)

TAUCHSAFARIS

Die Galapagosinseln, deren Unterwasserwelt an ein gut bestücktes Aquarium erinnert, sind ein erstklassiges Tauchrevier. Für Anfänger sind die Bedingungen wegen der starken Strömungen, der manchmal trüben Sicht und der niedrigen Temperaturen allerdings nicht geeignet. Wenn das Wasser warm ist (Jan.–März), ist es wegen der geringeren Strömung leider auch etwas trüb. Von Juli bis Oktober ist die Sicht besser, aber das Wasser kälter. Außer einer Vielzahl tropischer Fische gibt es auch viele Walhaie, Hammerhaie, Mantarochen und sogar Seepferdchen zu sehen.

Auf den normalen Bootstouren mit Übernachtung darf Tauchen nicht als Aktivität angeboten werden. Derzeit stehen nur sechs Boote für Taucher zur Verfügung: *Galápagos Sky*, *Galápagos Master*, *Galápagos Aggressor III*, *Nortada*, *Astrea* und *Humboldt Explorer*. Wegen des knappen Angebots sind diese meist bis zu sechs Monate im Voraus ausgebucht. Eine Woche auf einem Tauchsafariboot kostet 4000 bis 5900 US$; darin enthalten sind vier oder fünf Tauchgänge pro Tag und Zwischenstopps an einigen sehenswerten Orten an Land.

Die meisten Tauchsafariboote fahren zu den Inseln Wolf und Darwin nordwestlich der Hauptinseln, wo sich viele Haiarten tummeln. Der Juli ist der beste Monat, um mit den Walhaien zu tauchen, die sich insgesamt von Mai bis Oktober hier aufhalten.

Die meisten Taucher unternehmen Tagesausflüge von Puerto Ayora oder Puerto Baquerizo Moreno aus.

Ist Schnorchelausrüstung in meiner Größe garantiert? Masken, Schnorchel und Flossen werden meist gestellt, aber manche Boote haben von einigen Größen nicht immer genügend Flossen und Neoprenanzüge für alle Passagiere dabei.

Wie werden Rückerstattungen gehandhabt? Das Kleingedruckte lesen und abklären, wie viel Geld erstattet wird, wenn ein Motorschaden oder andere unvorhergesehene Umstände zum Ausfall oder zu einer Abänderung der Tour führen.

Wie gut ist das Essen? Das ist u. U. schwer zu beantworten, da Köche kommen und gehen und einige Anbieter nicht sehr mitteilsam sind, wenn es um die Bewertung ihres eigenen Produktes geht. Wem dieses Thema wichtig ist, der sollte die Frage dennoch rechtzeitig stellen.

Ein Bett oder zwei? Hinweis für Paare: Alle Boote haben nur eine begrenzte Zahl an Kabinen mit Doppelbetten. Wer nicht frühzeitig reserviert, bekommt nur zwei schmale Einzelbetten.

Es ist normal, dass Boote und Veranstalter von manchen Passagieren positive, von anderen negative Bewertungen bekommen. Erwartungen und Maßstäbe sind verschieden. Mal gibt es bei einer Tour Probleme, und bei der nächsten läuft wieder alles reibungslos. Wie man die Tour erlebt, ist von vielen Dingen abhängig, natürlich auch von den Mitpassagieren. Je kleiner das Boot, desto wichtiger, dass man miteinander auskommt. Dafür ist auf größeren Booten die Atmosphäre vielleicht unpersönlicher, was der Inseltour etwas von ihrem besonderen Flair nimmt.

Wir empfehlen hier einige Boote und Veranstalter:

Adventure Life (www.adventure-life.com) Große Auswahl an Booten aller Kategorien.

Columbus Travel (☎02-255-7699 in Quito; www.columbusecuador.com) Prima Kundenservice; vermittelt je nach Budget und Reisezeit ein breites Spektrum verschiedener Boote.

Detour Destinations (www.detourdestinations.com) Sportbetonte Touren für Aktivurlauber, u. a. mit Stehpaddelausflügen.

Ecoventura (☎02-283-9390; www.ecoventura.com) Einer der Vorreiter in Sachen Umweltschutz und nachhaltigem Tourismus. Alle vier Boote des Veranstalters (2019 werden es fünf sein), einschließlich der Tauchsafariboote, sind zu empfehlen.

Ecuador Adventure (www.neotropicexpeditions.ec) Spezialisiert auf Touren mit Hotelübernachtung und Multisportausflüge mit Wanderungen, Mountainbike- und Kajakfahren.

Galapagos Odyssey (☎02-286-0355; www.yachtgalapagosodyssey.com) Luxusjacht für 16 Passagiere, mit Whirlpool.

Happy Gringo Travel (☎02-512-3486, www.happygringo.com) Ausgezeichnetes Reisebüro und Veranstalter. Die Firma vermittelt eine große Auswahl an Bootstouren, darunter auch Last-Minute-Schnäppchen.

Einsteigen in eine *panga*, Isla Genovesa (S. 367)

Lindblad Expeditions National Geographic (www.expeditions.com) Bietet Fahrten auf den Jachten *National Geographic Islander* (48 Passagiere) und *Endeavour* (96 Passagiere) an.

Metropolitan Touring (☎02-298-8312, www.metropolitan-touring.com) Ist dem Finch Bay Hotel in Puerto Ayora angeschlossen; bucht für die Luxusjachten *La Pinta* und *Isabela II*.

Natural Habitat Adventures (www.nathab.com) Bietet eine zehntägige Tour an, bei der große Entfernungen mit einem Katamaran zurückgelegt und dann die kleinen Ecken und Winkel mit dem Kajak erkundet werden – eine der wenigen Touren dieser Art.

Row Adventures (www.rowadventures.com) Camping- und Kajaktouren der Luxusklasse.

Zenith Travel (☎02-252-9993; www.galapagosgay.com; Ecke Juan Leon Mera N24-264 & Luis Cordero, Quito) Touren für Lesben und Schwule.

Vor Ort buchen

Die meisten Besucher kommen mit einer vorab gebuchten Tour auf die Inseln. Preiswerter ist es, erst in Puerto Ayora oder Puerto Baquerizo Moreno zu buchen. Für Buchungen vor Ort stehen allerdings eher die billigeren Boote zur Verfügung. Man sollte nicht in dem Glauben auf die Galapagosinseln fliegen, dort ein wirklich gutes Boot für weniger Geld zu bekommen. Eine Tour vor Ort zu organisieren kann zudem mehrere Tage oder gar Wochen dauern und ist nichts für Reisende mit wenig Zeit.

Am wichtigsten sind ein guter Kapitän und ein engagierter Naturführer. Vor der Buchung sollte die Möglichkeit bestehen, beide kennenzulernen und das Boot zu begehen. Auch die Einigung auf eine gute Reiseroute ist wesentlich. Für Last-Minute-Touren über vier bzw. acht Tage sind mindestens 800 bzw. 1600 US$ zu kalkulieren.

Gefahren & Ärgernisse

Bei Galapagos-Bootstouren gibt es einige verbreitete Tücken und Scherereien. Mitunter gilt: Je günstiger die Tour, desto höher die Wahrscheinlichkeit, dass Probleme auftreten. Das bedeutet nicht, dass auf teureren Booten alles glattläuft, aber die Veranstalter sind oft zuvorkommender und reagieren schneller auf Beschwerden.

Speisebereich an Bord

Häufig moniert werden die kurzfristige Auswechslung der Boote (laut Kleingedrucktem erlaubt), Stornierung von Touren bei zu wenig Passagieren, schlechte Crews, Mangel an Getränken in Flaschen, Änderungen der Reiseroute, technische Probleme, zu wenig und minderwertige Schnorchelausrüstung, versteckte Kosten (5–10 US$ pro Tag für einen Neoprenanzug sind üblich), Gestank, Insektenbefall, Überbuchung.

Man teilt die Kabine mit Mitpassagieren – die nicht immer dasselbe Geschlecht haben. Vor der Buchung nach einem Foto oder Übersichtsplan des Bootes fragen, mit einer Abbildung der Kabinen.

Es ist frustrierend, zu hören, dass andere Passagiere für die gleiche Leistung deutlich weniger gezahlt haben als man selbst. Das kommt aber öfter vor, etwa wenn man die Reise vom Ausland aus gebucht hat, während andere alles vor Ort in letzter Minute organisiert haben. Da ist nichts zu machen, also besser gar nicht erst nachfragen und einfach die Tour genießen.

Wenn etwas schiefläuft, ist es nicht sonderlich einfach, eine Erstattung zu bekommen. Wer ein Problem hat, sollte es der *capitanía* (Hafenamt) in Puerto Ayora melden und darüber hinaus den jeweiligen Anbieter kontaktieren. Zudem sollte man Probleme (persönlich od. per E-Mail) der **Cámara de Turismo** (Touristeninformation; Karte S. 342 f.; Av Darwin nahe der Av 12 de Febrero; ⌚8–12.30 & 14.30–18 Uhr) in Puerto Ayora melden. Sie führt eine für Anbieter und Touristen einsehbare Beschwerdedatenbank.

Es gibt gelegentlich Berichte, dass Crewmitglieder von Touristenbooten (häufiger aber von kleinen Fischerbooten) illegal fischen und Wildtiere töten. Solche Vorfälle sollten im Büro des Naturschutzgebiets gemeldet werden, einem grünen Gebäude direkt links vom Informationsstand am Eingang zur Charles-Darwin-Forschungsstation in Puerto Ayora.

Bei all den Booten, die hier kreuzen, vergisst man ziemlich leicht, wie abgelegen, unwirtlich und gefährlich die Inseln tatsächlich sind. Seit 1990 sind hier 17 Menschen verschwunden. Die meisten wurden lebend wiedergefunden, einige kamen aber um, nachdem sie die vorgegebenen Wege verlassen hatten.

Ecuador im Überblick

Quito

Landschaft
Kunst & Architektur
Nachtleben

Stadtpanoramen

Diese Andenstadt auf 2850 m Höhe wird von einem Vulkan namens Pichincha flankiert und bietet eine atemberaubende Aussicht. Es gibt zahlreiche perfekte Orte, um das Panorama zu bestaunen, ob in einem Restaurant mit Dachterrasse in der Altstadt, in einem Park oder vom Pichincha aus (den TelefériQo nehmen).

Konvente & Klöster

Quitos Altstadt ist ein prachtvolles UNESCO-Weltkulturerbe voller barocker Kirchen, gepflasterter Straßen, pittoresker Plazas und Häuser im spanischen Kolonialstil. Man kann durch Klöster des 16. Jhs. schlendern, Meisterwerke der Escuela Quiteña bewundern und in schönen Museen präkolumbische Schnitzereien bestaunen.

Essen, Trinken & Tanzen

Quito verführt mit pikantem Ceviche, zarter *corvina* (Wolfsbarsch), üppigem *seco de chivo* (Eintopf mit Ziegenfleisch) und internationalen Genüssen aus Italien, Peru, Japan uvm. Die vielen Kalorien kann man dann in einer der *salsatecas* (Nachtclubs) oder beim Bar-Hopping im Ausgehviertel Mariscal wieder abarbeiten.

S. 52

Nördliches Hochland

Vogelbeobachtung
Landschaft
Shoppen

Vögel im Nebelwald

Das nördliche Hochland ist eine der vogelartenreichsten Regionen Ecuadors und damit ein Mekka für Vogelfans. Vor allem die Nebelwald-Schutzgebiete bei Mindo haben eine umwerfende Vielfalt an Piepmätzen zu bieten.

Vulkangipfel

Die Andengipfel gehören zu den schönsten Landschaften Ecuadors: den schneebedeckten Volcán Cotacachi, den Traumblick von der Panamericana, wenn man gen Norden fährt, und die faszinierenden Lagunas de Mojanda bei Otavalo sollte man keinesfalls verpassen!

Kunsthandwerk

Der riesige Markt von Otavalo ist eine Augenweide: farbenfrohe Webwaren, Schnitzereien aus *tagua*-Nüssen, Gemälde mit Folklore-Motiven, Alpakadecken, Tücher und Schals in allen Regenbogenfarben. Lederartikel jeder Art gibt es in Cotacachi.

S. 102

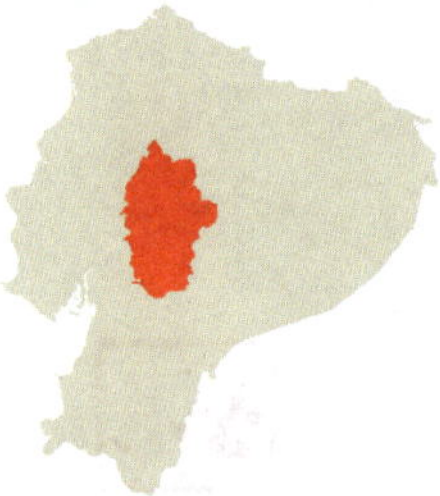

Zentrales Hochland

Landschaft
Kultur
Outdooraktivitäten

Straße der Vulkane

Hinter fast jeder Ecke wartet ein Postkartenfoto. Das Rückgrat Südamerikas ist voller gletscherbedeckter Vulkane und grüner Hochplateaus, steiler Canyons, durch die wilde Flüsse zum Amazonas rauschen, und jahrhundertealter Haziendas aus Inkastein.

Indigene Kulturen

Im Herzen der Anden gehören die uralten kulturellen Traditionen noch ganz selbstverständlich zum Alltag. Kulturinteressierte Besucher finden hier bunte Feste, quirlige Handwerksmärkte, abgelegene indigene Dörfer und – in Ambato und Riobamba – ausgezeichnete Museen.

Klettern, Radfahren & Rafting

Wer echtes Abenteuer sucht, wird im zentralen Hochland überall fündig. Hier kann man Vulkane besteigen, raften, sich von Brücken in die Tiefe stürzen und Berge mit dem Mountainbike erkunden.

S. 137

Cuenca & Südliches Hochland

Kunst & Architektur
Outdooraktivitäten
Essen

Wunder der Kolonialzeit

Cuenca ist quasi ein Freilichtmuseum mit umwerfender Architektur, historischem Stadtkern und vielen kunstsinnigen Bewohnern.

Abenteuer im Hinterland

Mehrere Nationalparks der Region empfangen unerschrockene Traveller mit Traumpanoramen, exotischer Tierwelt und Abenteuern noch und nöcher. Es ist nicht ganz einfach, die entlegenen Gebiete zu erreichen, aber wer es geschafft hat, wird reich belohnt.

Leckeres Meerschweinchen

Der Süden tischt einige der beliebtesten ecuadorianischen Gerichte auf, von Cuencas österlicher *fanesca* (Bohnensuppe mit Kabeljau) bis zu Lojas Maisleckereien wie Tamales, *quimbolitos* (Maisklöße) und *humitas* (ähnlich wie Tamales). Experimentierfreudige Gourmets können auch *cuy* (gebratenes Meerschweinchen) probieren.

S. 183

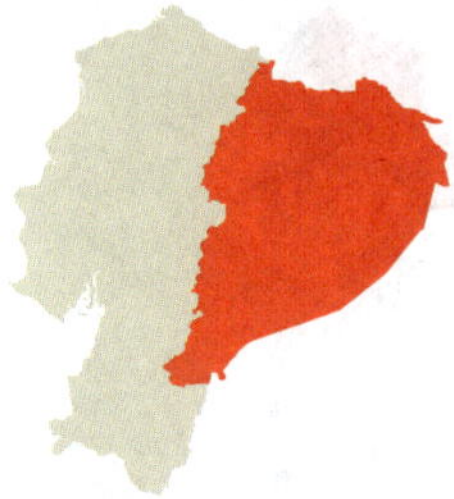

Oriente

Tierbeobachtung
Outdooraktivitäten
Kultur

Dschungel-Tierwelt

Kaimane, Faultiere, Anakondas, Brüllaffen, Papageien … das sind nur einige der Kreaturen, die man bei einem Aufenthalt in einer Dschungellodge tief im dichten Regenwald Ecuadors wahrscheinlich zu Gesicht bekommen wird. Man kann sogar (gefahrlos) mit Piranhas schwimmen.

Flussabenteuer

Wem der Regenwald als solcher noch nicht abenteuerlich genug ist, für den hat der Oriente noch reichlich andere Nervenkitzel zu bieten: Rafting, Kajakfahren, Tubing, Klettern und Reiten.

Bootsbau & Goldwäsche

Behutsam organisierte Besuche in indigenen Dörfern können eine kulturell bereichernde und sehr erfreuliche Erfahrung sein. Besucher lernen, wie man traditionelle Mahlzeiten zubereitet, Tierfallen aufstellt, Boote baut und Gold wäscht.

S. 222

Nordküste & Tiefland

Strandorte
Essen
Ökotourismus

Den Wellen nachjagen

Die Nordküste besitzt einige reizend relaxte Badeorte – vom verschlafenen Same bis zum fesselnden Canoa – und tolle Surfspots (vor allem bei Mompiche).

Kokosnüsse & Ceviche

Die *cocina manabita* und *cocina esmeraldeña* gehören zu den besten Regionalküchen Ecuadors, und die Nordküste ist genau die richtige Gegend, um ihre würzigen Gerichte auf Kokosbasis zu probieren. In der Provinz Esmeraldas unbedingt das absolut beste Ceviche des ganzen Landes kosten.

Nachhaltiger Tourismus

In dieser Gegend gibt es einige tolle Ökotourismus-Ziele, u.a. das Dschungelreservat Playa de Oro und die tierreiche Reserva Biológica Bilsa. Weitere Highlights sind die Mangrovenwälder bei Muisne, die ökologische Landwirtschaft der Río Muchacho Organic Farm und eine Ökostadttour in Bahía de Caráquez.

S. 267

Südküste

Tierbeobachtung
Strände
Essen

Walbeobachtung

Vorbeiziehende Buckelwale teilen sich das Meer mit Scharen von Tümmlern. In mehreren Naturreservaten und den Nebelwäldern des Küstenberglandes ist eine faszinierende Vielfalt an Vögeln zu beobachten.

Weiße Sandstrände

Auf der Halbinsel Santa Elena befinden sich viele Badeorte für *guayaquileños* mit Ferienwohnungen und weißen Sandstränden. Nördlich davon locken bis nach Puerto López hinauf Küstendörfer mit kilometerlangen Stränden; besonders nett sind Montañita, Olón und Ayampe.

Frische Meeresfrüchte

Dank der langen Küstenlinie ist die Region mit fangfrischen Meeresfrüchten bestens versorgt. Berge von Muscheln, *ceviche, cazuela* (Meeresfrüchte-Eintopf) und Hummer stehen auf jeder Speisekarte. Guayaquils kulinarische Szene prunkt mit den besten Restaurants von Ecuador.

S. 295

Galapagosinseln

Tierbeobachtung
Schnorcheln & Tauchen
Landschaft

Reptilien & Blaufußtölpel

Hier kann man sich mit prähistorisch anmutenden Reptilien und einer Menagerie von Vögeln anfreunden – von Riesenkolonien endemischer Meeresvögel, balzenden Albatrossen und flugunfähigen Kormoranen bis zu Spottdrosseln und wachsamen Greifvögeln.

Seelöwen & Meeresbewohner

Die Vielfalt der Meeresfauna ist verblüffend. Besucher können mit Meeresschildkröten, Rochen, Haien, Tropenfischen, Seelöwen, Pinguinen und Meerechsen schnorcheln. Auf Taucher ab mittlerem Erfahrungsniveau aufwärts warten spektakuläre Tauchplätze und unvergessliche Erlebnisse.

Vulkanische Landschaften

Der Archipel aus Vulkaninseln beeindruckt mit gewaltigen Fumarolen, spektakulären Steilhängen, dunstverhangenem Hochland und Traumstränden (mit weißem, rotem, schwarzem und goldgelbem Sand).

S. 336

Reiseziele in Ecuador

Quito

02 / 1,6 MIO. EW. / 2800 M

Inhalt ➡

Gut essen

- ➡ UKRO Cocina Local (S. 86)
- ➡ Zazu (S. 87)
- ➡ Parque de las Tripas (S. 86)
- ➡ Café Dios No Muere (S. 82)
- ➡ Cafetería Modelo (S. 81)
- ➡ Café Mosaico (S. 82)

Schön übernachten

- ➡ Hotel El Relicario del Carmen (S. 75)
- ➡ Portal de Cantuña (S. 75)
- ➡ Hostal de la Rábida (S. 77)
- ➡ BoutiQuito (S. 80)
- ➡ Casa San Marcos (S. 75)
- ➡ La Casona de la Ronda (S. 75)

Auf nach Quito!

Quito, die Hauptstadt hoch in den Anden, liegt spektakulär zwischen Berggipfeln, deren Vegetation sich nachmittags unter grauem Nebel verbirgt. Moderne Wohnblöcke und einfache Betonhäuser ziehen sich die Hänge hinauf und belebte von Läden gesäumte Straßen wirken sonntags ohne den üblichen Verkehrsstau friedlich und fast ausgestorben. Die herzliche, zwanglose ecuadorianische Sierra-Kultur – überquellende Marktstände, schamanistische Heiler, Hutmacher in vierter Generation – vermischt sich mit einer lebendigen und anspruchsvollen Restaurant- und Nachtschwärmerszene.

Schmuckstück Quitos ist die Altstadt, eine Welterbestätte voller Kolonialbauten und architektonischer Schätze: In den restaurierten Straßenzügen mit ihren Fassaden aus dem 17. Jh., malerischen Plätzen und prachtvollen Kirchen pulsiert das Leben. Reisende, aber auch Einheimische zieht es ins „Gringolandia" in der Mariscal, ein kompaktes Viertel mit Pensionen, Reisebüros, Restaurants und quirligen Bars.

Reisezeit

Quito

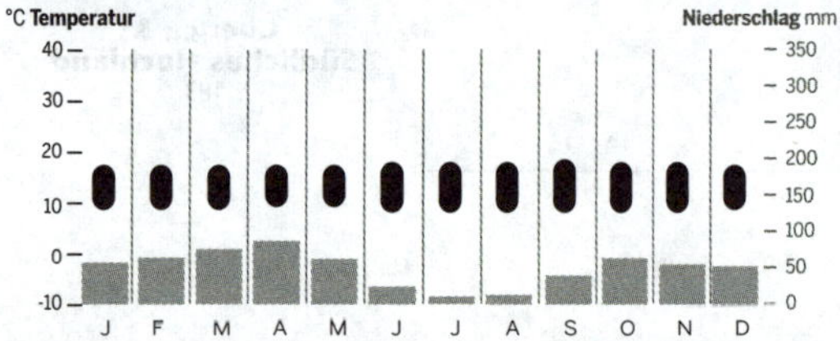

Feb. Zum Karneval liefern sich *quiteños* (Einwohner von Quito) überall in der Stadt Wasserschlachten.

März oder April In Purpur gewandete Büßer führen die Semana-Santa-Prozessionen an.

Dez. Die Stadt ist im Party-Modus, wenn das Gründungsfest von Quito ansteht.

Highlights

1 Altstadt (S. 54) Die mit Kopfsteinen gepflasterten Straßen einer der schönsten südamerikanischen Altstädte aus der Kolonialzeit durchstreifen.

2 Capilla del Hombre (S. 63) Die monumentalen Gemälde Oswaldo Guayasamíns bestaunen und sein mit allerlei Schätzen angefülltes Wohnhaus besichtigen.

3 TeleféRiQo (S. 61) Mit der Seilbahn auf den Volcán Pichincha schweben und den herrlichen Blick über die Andenhauptstadt genießen.

4 Museos Casa de la Cultura Ecuatoriana (S. 66) Die Werke der besten ecuadorianischen Künstler in diesem frisch renovierten Museum bewundern.

5 La Floresta (S. 86) In den von Bäumen beschatteten Straßen Streetfood genießen und von Café zu Café ziehen.

6 La Mitad del Mundo (S. 98) In kitschigen Museen dem Ort huldigen, an dem der Äquator die Welt halbiert.

7 Guápulo (S. 88) *Canelazo* trinken und dabei den Ausblick in einer der Bohemien-Bars genießen.

8 Craft-Bier (S. 88) In den Bierbars von San Blas lokal gebraute *cerveza artesanal* kosten.

Geschichte

Der Standort Quitos war schon vor der Ankunft der Spanier besiedelt. Die ersten Bewohner waren die friedlichen Quitu. Ihnen verdankt die Hauptstadt ihren Namen.

Als die Spanier 1526 nach Ecuador kamen, war Quito eine bedeutende Inkastadt. Rumiñahui, ein General Atahualpas, zog es vor, sie dem Erdboden gleichzumachen, statt sie den Eindringlingen zu überlassen. Es sind keinerlei Inkastätten erhalten. Das heutige Quito wurde am 6. Dezember 1534 von dem spanischen Leutnant Sebastián de Benalcázar auf den Ruinen gegründet, und schon bald ließen sich die ersten Siedler hier nieder – in Begleitung zahlreicher religiöser Orden, darunter Franziskaner, Dominikaner und Augustiner. Diese errichteten Kirchen, Klöster und öffentliche Anlagen und ließen häufig die indigene Bevölkerung für sich arbeiten. Quito wuchs im 17. und 18. Jh. langsam, blieb jedoch im Vergleich zu Lima eine Provinzstadt.

Im 19. Jh. wurde die Stadt vom Revolutionsfieber gepackt und 1830 zur Hauptstadt der neuen Republik Ecuador ernannt. Die Bevölkerungszahl stieg, und im folgenden Jahrhundert veränderten Bauprojekte das Gesicht der Stadt, z. B. das neue Observatorium (das erste in Südamerika) und die Eisenbahnlinie nach Guayaquil, die den Handel ankurbelte. Das Kolonialviertel blieb bis nach dem Zweiten Weltkrieg, als Quito extrem schnell wuchs (ähnlich wie derzeit), das kommerzielle Zentrum der Stadt. Die schnelle Entwicklung ging größtenteils auf das Konto arbeitssuchender Immigranten aus allen Ecken Ecuadors zurück.

Sehenswertes

Quito erstreckt sich in der Senke eines hohen Andentals grob von Norden nach Süden. Fast alle berühmten Kolonialbauten befinden sich im Centro Histórico (der Altstadt). Die Einheimischen nennen dieses Viertel einfach El Centro.

Nördlich der Altstadt liegt der neue Teil von Quito mit den wichtigsten Unternehmen und Dienstleistern. Hier befinden sich auch die meisten Hotels, Pensionen, Restaurants und Bars, insbesondere im Viertel Mariscal Sucre (kurz La Mariscal genannt).

Altstadt

Mit seinen engen Gassen, restaurierten Kolonialbauten und lebendigen Plätzen ist Quitos Centro Histórico ein wunderbarer Ort für ei-

QUITO IN …

… zwei Tagen

Der Tag beginnt an der Plaza Grande in der Altstadt mit einem Kaffee in der **Dulceria Colonial** (S. 82). Dann folgt ein Bummel durch die malerischen Straßen mit einem Blick auf die **Iglesia de la Compañía de Jesús** (S. 56), die Sehenswürdigkeiten an der **Plaza San Francisco** (S. 59) und die nahegelegene **Casa del Alabado** (S. 59). Am Abend bietet sich die **Vista Hermosa** (S. 83) für einen Drink oder ein Essen mit Ausblick vom Dach an.

Am zweiten Tag fährt man mit dem **TelefériQo** (S. 61) hoch zur Cruz Loma. Nach dem Besuch der **Capilla del Hombre** (S. 63) und des **Museo Guayasamín** (S. 63) geht's weiter in die Mariscal zum Souvenirshoppen und Kaffeetrinken im Kallari (S. 84). Der Abend wird mit einem Essen und Livemusik im El Pobre Diablo (S. 90) La Floresta abgerundet.

… vier Tagen

Am dritten Tag ist es Zeit für einen Ausflug zur **Mitad del Mundo** (S. 98), gefolgt von einem Mittagessen mit traumhaftem Panorama im **El Crater** (S. 100). An diesem Abend (sofern er auf ein Wochenende fällt) geht's hinein ins Gedränge in der **Ronda** (S. 87) und zu einem Drink oder Essen bei Livemusik.

Am letzten Tag lockt der **Jardín Botánico** (S. 67) mit seinen Kolibris, das **Museo de la Ciudad** (S. 59) lädt zu einer Reise in die Vergangenheit ein und im **Centro de Arte Contemporáneo** (S. 62) wird die neueste Ausstellung besucht. Abends kann man sich mit einem dekadenten Mahl im **Zazu** (S. 87) oder im **UKRO Cocina Local** (S. 86) verwöhnen.

NICHT VERSÄUMEN

PLAZA GRANDE

Wer durch das koloniale Quito schlendert, wird vermutlich mehrmals über die **Plaza Grande** (Karte S. 56 f.) laufen. Wer mag, kann sich auf einer Sitzbank niederlassen, um die Andensonne zu genießen, und das Treiben ringsum auf sich wirken lassen. Montags um 11 Uhr findet auf dem Platz die Wachablösung statt.

In den Kolonnaden des **Palacio Arzobispal** (Erzbischöflicher Palast; Karte S. 56 f.; Chile), eines ehemaligen Erzbischofspalasts an der Nordostseite des Platzes, sind heute kleine Läden und mehrere Restaurants untergebracht.

Das niedrige weiße Gebäude an der Nordwestseite des Platzes ist der **Palacio de Gobierno** (Carondelet-Palast; Karte S. 56 f.; www.presidencia.gob.ec/palacio-de-gobierno; Ecke Espejo & García Moreno, Plaza Grande; ⌚ Führungen Di–Fr 9–18, Sa bis 20, So bis 21 Uhr), der ecuadorianische Präsidentensitz. Ein Besuch ist möglich im Rahmen einer kostenlosen Führung (spanisch und englisch, alle 20 Min.); bei der Reservierung im Kartenverkauf an der Espejo muss ein Ausweis mit Lichtbild vorgezeigt werden. Da der ecuadorianische Präsident hier wohnt und arbeitet, können nur die Räume besichtigt werden, die er nicht nutzt.

Als Erstes schaut man sich das neue **Museo de la Presidencia** an, ein tolles Museum, das die Landesgeschichte würdigt und Themen wie Menschenrechte, soziale Gerechtigkeit und die nationale Biodiversität aufgreift. Darüber hinaus sind um die 11 000 offizielle Geschenke ausgestellt, die der frühere Präsident Rafael Correa erhalten hat. Weiterhin wird man Patios im andalusischen Stil sehen (wo früher Stierkämpfe stattfanden), das Kabinettzimmer, den Bankettsaal, den Balkon und das Präsidentenzimmer, in dem Porträts der (verfassungskonform gewählten) ecuadorianischen Präsidenten hängen. Nicht verpassen darf man Guayasamins Mosaik in leuchtenden Farben an der Treppe. Es zeigt Francisco de Orellanas Fahrt auf dem Amazonas.

An der Südwestseite steht Quitos **Catedral Metropolitana** (Karte S. 56 f.; ☎ 02-257-0371; Plaza Grande; Kathedrale Erw./Kind 3/2 US$, Kathedrale & Dom (nur Erw.) 6 US$; ⌚ Mo–Sa 9–17 Uhr). Sie ist zwar nicht die kunstvollste Kirche der Altstadt, besitzt aber einige faszinierende Kunstwerke der Escuela Quiteña (Quitoer Schule). Ebenfalls zu sehen ist das Grab von Antonio José de Sucre, der führenden Persönlichkeit in Quitos Unabhängigkeitsgeschichte. Eine Tafel hinter dem Hauptaltar markiert die Stelle, an der Präsident Gabriel García Moreno am 6. August 1875 starb. Er wurde vor dem Palacio de Gobierno mit einer Machete aufgeschlitzt und sterbend zur Kathedrale getragen.

Sehenswert ist auch das Gemälde vom Letzten Abendmahl, auf dem sich Jesus und die Jünger an *cuy* (Meerschweinchen) laben. Auf dem Gemälde mit der Geburt Christi blicken ein Lama und ein Pferd auf das Neugeborene nieder. Der Eintritt umfasst eine Führung auf Spanisch und den Besuch des kleinen Museums. Für 3 US$ extra kann man die enge Wendeltreppe zum Kuppeldach der Kathedrale hinaufsteigen, um den genialen Ausblick zu genießen, man muss allerdings über ein paar schmale Simse und Kanten kraxeln.

Das schön restaurierte **Centro Cultural Metropolitano** (Karte S. 56 f.; Ecke Moreno & Espejo; ⌚ Galerien Mo–Fr 9–16, Sa bis 13 Uhr, Patio Mo–Sa 9–17, So 10–16 Uhr) ein Stück abseits der Plaza Grande birgt die Stadtbibliothek und Vortragsräume und zeigt Wechselausstellungen.

Der Standort hat eine lange Geschichte: Hier stand angeblich ein Palast des Inka-Herrschers Atahualpa, von 1597 bis 1767 eine Jesuitenschule, nach der Vertreibung der Jesuiten Ende des 18. Jhs. eine Armeekaserne und 1809 hielten hier königliche Truppen Revolutionäre gefangen, die ein Jahr später ermordet wurden.

nen Bummel. Die legendenreichen und geschichtsträchtigen Kirchen, Konvente, Kapellen und Klöster wurden vor Jahrhunderten von indigenen Handwerkern und Arbeitern errichtet. Es ist ein lebendiges Viertel voller lärmender Straßenverkäufer, umherstreifender Fußgänger, hupender Taxis, röhrender Busse und pfeifender Polizisten, die versuchen, den Verkehr in den schmalen Einbahnstraßen zu regeln. Dies ist ein magischer Ort, an dem man immer etwas Neues entdecken kann, wenn man nur genau hinschaut.

Altstadt

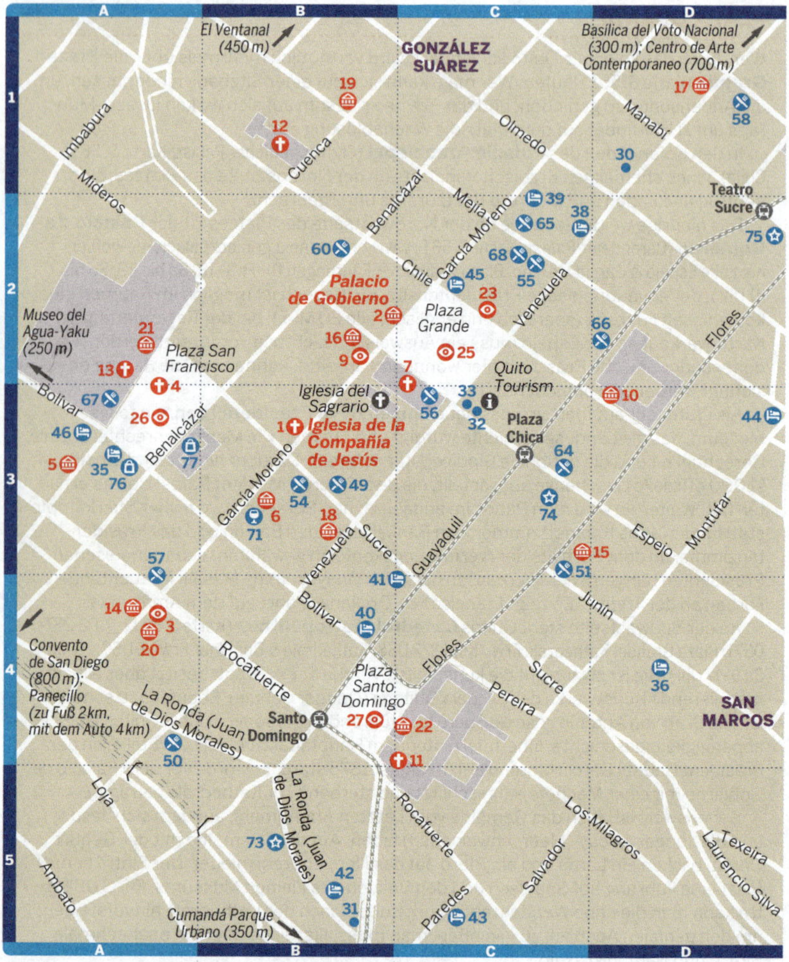

Die Kirchen sind jeden Tag geöffnet (gewöhnlich bis 18 Uhr), und sonntags drängen sich hier die Gläubigen. Von 13 bis 15 Uhr sind sie stets geschlossen.

Das Herz der Altstadt ist die Plaza Grande, ein malerischer, von Palmen und historischen Gebäuden gesäumter Platz voll alltäglicher Geschäftigkeit.

La Ronda ist eine komplett restaurierte, schmale Kopfsteinpflastergasse mit schmucken Häusern aus dem 17. Jh. und fröhlichen Restaurants, Bars und farbenfrohen Läden. Freitag- und samstagabends erwacht sie zum Leben, wenn Verkäufer von *canelazo* (Aguardiente mit heißem Naranjillasaft und Zimt) die Leute schön warm halten und Livemusik bis nach draußen schallt. An den Mauern erläutern Tafeln (auf Spanisch) die Geschichte der Straße und nennen die Künstler, Schriftsteller und Politiker, die einst hier lebten. Unbedingt einen Besuch wert.

★ Iglesia de la Compañía de Jesús KIRCHE
(Karte S. 56 f.; www.fundacioniglesiadelacompania.org.ec; García Moreno & Sucre; Erw./Stud. 5/2,50 US$; ⏲ Mo–Do 9.30–18, Fr bis 17.30, Sa bis 16, So 12.30–16 Uhr) La Compañía de Jesús mit ihren grün-goldenen Kuppeln ist die kunst-

vollste Kirche Quitos und ein Glanzstück inmitten der barocken Pracht der Altstadt. Bei den kostenlosen Führungen (englisch & spanisch) stehen die einzigartigen Charakteristika des Bauwerks im Mittelpunkt, u.a. die maurischen Details, die formvollendete Symmetrie (die auch hinten die Illusionsmalerei einer Treppe umfasst), die Symbolik (die leuchtend roten Wände sollen an das Blut Christi erinnern) und der Synkretismus (zwischen den Säulen versteckte ecuadorianische Pflanzen und indigene Gesichter).

Der Bau dieser prächtig vergoldeten Jesuitenkirche begann 1605, wurde aber erst 160 Jahre später vollendet; allein der Altaraufbau benötigte 20 Jahre (der ehemalige Präsident Gabriel García Moreno ist dort begraben). Die Orgel von etwa 1889 wurde in den USA hergestellt. Bemerkenswert sind auch die *chiaroscuro*-Bilder mit dem Titel die *16 Propheten* von Nicolás Javier de Goribar und das große Gemälde *Hölle und Letztes Gericht* von 1879 – es ist noch immer ein Rätsel, was mit dem Original geschah, das Hermano Hernando de la Cruz 1620 gemalt hatte. Die *quiteños* (Bewohner von Quito) bezeichnen die Compañía voller Stolz als schönste Kirche des Landes, was auch gut nachzuvollziehen ist.

Altstadt

Highlights	
1 Iglesia de la Compañía de Jesús	B3
2 Palacio de Gobierno	B2
Sehenswertes	
3 Arco de la Reina	A4
4 Capilla de Cantuña	A3
5 Casa del Alabado	A3
6 Casa Museo María Augusta Urrutía	B3
7 Kathedrale	C2
8 Centro Cultural Itchimbia	H2
9 Centro Cultural Metropolitano	B2
10 Convento San Agustín	D3
11 Iglesia de Santo Domingo	C4
12 Iglesia La Merced	B1
13 Iglesia y Convento de San Francisco	A2
14 Monasterio Museo del Carmen Alto	A4
15 Monasterio Museo Santa Catalina de Siena	C3
16 Museo Alberto Mena Caamaño	B2
17 Museo Camilo Egas	D1
18 Museo Casa de Sucre	B3
19 Museo de Arte Colonial	B1
20 Museo de la Ciudad	A4
21 Museo Franciscano	A2
22 Museo Fray Pedro Bedón	C4
23 Palacio Arzobispal	C2
24 Parque Itchimbia	H3
25 Plaza Grande	C2
26 Plaza San Francisco	A3
27 Plaza Santo Domingo	B4
Aktivitäten, Kurse & Touren	
CarpeDM Adventures	(siehe 48)
28 Free Walking Tour Ecuador	E3
29 Latin Adventures	F1
30 Quito Antiguo Spanish School	D1
31 Quito Eterno	B5
32 Quito Tour Bus	C3
33 Quito Turismo	C3
34 Yanapuma Foundation	E1
Yanapuma Language School	(siehe 34)
Schlafen	
35 Casa Gangotena	A3
36 Casa San Marcos	D4
37 Colonial House	F3
38 Hotel El Relicario del Carmen	C2
39 Hotel Patio Andaluz	C2
40 Hotel Real Audiencia	B4
41 Hotel San Francisco de Quito	C4
42 La Casona de la Ronda	B5
43 La Posada Colonial	C5
44 Mia Leticia	D3
45 Plaza Grande	C2
46 Portal de Cantuña	A3
47 Quito Backpacker Guesthouse	F2
48 Secret Garden	G2
Essen	
49 Ari Comida Sana	B3
50 Bohemia Café & Pizza	A4
Café del Fraile	(siehe 23)
51 Café Dios No Muere	C3
52 Café Mosaico	G2
53 Café San Blas	F1
54 Cafetería Modelo	B3
Cafetería Modelo II	(siehe 49)
55 Cevicheria Puerto Azul	C2
56 Dulceria Colonial	C3
57 El Kukurucho del Maní	A4
58 Govindas Gopal	D1
59 La Exquita	G1
60 Las Cuevas de Luís Candela	B2
61 Mercado Central	E2
62 Octava de Corpus	E4
63 Pim's	H2
64 Pizza SA	C3
65 Rincón de Cantuña	C2
66 San Agustín	D2
Theatrum	(siehe 75)
67 Tianguez	A3
68 Vista Hermosa	C2
Ausgehen & Nachtleben	
69 Altar Cervecería	F3
70 Bandido Brewing	E3
71 Jugos de la Sucre	B3
72 La Oficina	G2
Unterhaltung	
73 Humanizarte	B5
74 Teatro Bolívar	C3
75 Teatro Sucre	D2
Shoppen	
76 ARIU	A3
77 Homero Ortega P & Hijos	A3
Tianguez	(siehe 67)

Casa Museo María Augusta Urrutía MUSEUM
(Karte S. 56 f.; ☎02-258-0103; www.fmdj.org; Moreno N2-60 nahe der Bolívar; 2 US$; ⊙Di–Fr 10–18, Sa & So 9.30–17.30 Uhr) Von allen Museumshäusern in Quito ist dieses (erb. 19. Jh.) das sehenswerteste: Es ist hervorragend erhalten und war einst Residenz der beliebten Philanthropin María Augusta Urrutía. Es besticht durch zeitgenössisches Mobiliar, Buntglasfenster und europäische Kunst. Kostenlose Führungen auf Spanisch und Englisch.

Museo Casa de Sucre MUSEUM
(Karte S. 56 f.; Venezuela 573 nahe der Sucre; ⊙Di–So 9–16 Uhr, letzter Einlass 15.30 Uhr) GRATIS Das wunderschön restaurierte ehemalige Wohnhaus von Mariscal Antonio José de Sucre, dem Helden der ecuadoriani-

schen Unabhängigkeitsbewegung, birgt heute ein kleines Museum voller Möbelstücke aus dem frühen 19. Jh. Die Führungen auf Spanisch sind kostenlos.

Ausgestellt ist z. B. die Einkaufsliste anlässlich von Simón Bolívars Besuch im Juni 1822. Darauf stehen 50 Kaninchen, 16 Kuhzungen und acht sehr fette Schweine.

Museo Alberto Mena Caamaño MUSEUM

(Karte S. 56 f.; Espejo nahe der García Moreno; Erw./Kind 1,50/0,50 US$; ⌚ Mo–Sa 9–17, So 10–16 Uhr) Das Museum bietet Einblicke in die frühe Kolonialzeit in Quito. Mit Wachsfiguren wurden die Schlüsselmomente der Stadtgeschichte nachgestellt, z. B. das Massaker vom 2. August 1810, als etwa 200 Quitoer Unabhängigkeitskämpfer hingerichtet wurden.

Plaza San Francisco PLAZA

(Karte S. 56 f.) Wer aus den schmalen Straßen der Altstadt auf die Plaza San Francisco tritt, darf sich auf einen Anblick der Extraklasse freuen. Der weite kopfsteingepflasterte Platz erstreckt sich vor der Kulisse des Volcán Pichincha und die langen weiß getünchten Mauern und Zwillingstürme gehören zur ältesten Kirche Ecuadors.

Iglesia y Convento de San Francisco KLOSTER

(Karte S. 56 f.; Cuenca nahe der Sucre; ⌚ Mo–Do 7–11 & 15–18, Fr–So 7–11 Uhr) GRATIS Der Bau dieses Klosters, des größten Kolonialkomplexes der Stadt, begann nur ein paar Wochen nach der Gründung Quitos im Jahr 1534, fertiggestellt wurde es aber erst 70 Jahre später. Der Großteil der Kirche musste nach einem Erdbeben wiederaufgebaut werden, manche Bereiche sind jedoch original erhalten, z. B. die Fliesen in der **Kapelle des Señor Jesús del Gran Poder** rechts vom Hauptaltar. Der **Hauptaltar** selbst ist ein beeindruckendes Beispiel barocker Schnitzkunst. Das Dach besticht derweil durch zahlreiche maurische Elemente.

Der Gründer war der Missionar Joedco Ricke, ein Franziskaner. Es heißt, dass er der Erste war, der in Ecuador Weizen anbaute.

Museo Franciscano MUSEUM

(Museo Fray Pedro Gocial; Karte S. 56 f.; www.museofraypedrogocial.com; Cuenca 477 nahe der Sucre; Erw./Kind 2,50/0,50 US$; ⌚ Mo–Sa 9–17.30, So bis 12.30 Uhr) In dem Museum rechts vom Haupteingang der Iglesia de San Francisco und innerhalb des Convento de San Francisco sind ein paar der schönsten Kunstwerke aus der Kirche ausgestellt, darunter Gemälde, Skulpturen und Mobiliar aus dem 16. Jh. Manche Möbel sind wunderbar aufwendig gearbeitet und mit Einlegearbeiten aus Perlmutt verziert. Im Eintrittspreis ist eine Führung auf Englisch oder Spanisch inbegriffen.

Gute Guides werden auf die *mudejar*-Darstellungen (maurisch) der acht Planeten an der Decke hinweisen, die um die Sonne kreisen, und erklären, wie das Licht zur Sonnenwende durch das rückwärtige Fenster auf den Hauptaltar fällt. Außerdem werden sie eine eigenartige Form der Beichte demonstrieren, bei der zwei Personen in verschiedenen Ecken stehen und sich gegenseitig belauschen können, wenn sie flüsternd ihre Sünden gestehen.

Capilla de Cantuña KAPELLE

(Karte S. 56 f.; ☎ 02-228-1124; Cuenca nahe der Bolívar; ⌚ Di & Do 7–8, So 8–9 Uhr) GRATIS Die Cantuña-Kapelle birgt eine kleine Sammlung von Kunst der Quitoer Schule. Um das Gebäude rankt sich zudem eine berühmte Legende: Angeblich schloss der indigene Baumeister Cantuña einen Pakt mit dem Teufel, damit dieser ihm dabei helfe, die Kapelle rechtzeitig fertigzustellen. Doch kurz vor Anbruch des vereinbarten Tages entfernte Cantuña einen einzelnen Stein, sodass die Kirche unvollendet blieb. So überlistete er Beelzebub und rettete seine Seele.

Casa del Alabado MUSEUM

(Karte S. 56 f.; ☎ 02-228-0940; www.alabado.org; Cuenca N1-41 nahe der Bolívar; 4 US$; ⌚ 9.30–17.30 Uhr) Das Privatmuseum in einem eleganten Kolonialhaus zeigt in zeitgenössischen Arrangements eine eindrucksvolle Sammlung präkolumbischer Artefakte. Die Ausstellung ist thematisch gegliedert, z. B. Schamanen und das Jenseits. Tafeln auf Englisch und Spanisch (Audioguides gibt's auch) erläutern anhand der schön gearbeiteten Keramiken und Schmuckstücke die Glaubensansichten der Ureinwohner.

Museo de la Ciudad MUSEUM

(Karte S. 56 f.; ☎ 02-228-3883; www.museociudadquito.gob.ec; García Moreno S1-47 nahe der Rocafuerte; Erw./Kind 3/1 US$; ⌚ Di–So 9.30–16.30 Uhr) Das hervorragende Stadtmuseum zeichnet den Alltag in Quito im Verlauf der Jahrhunderte nach. Zu den Exponaten zählen Dioramen, Modellhäuser der indigenen Bevölkerung und Kolonialküchen, es gibt aber auch immer eine Reihe von Wechselausstellungen. Das Museumsgebäude (erb.

WAS GIBT'S NEUES?

- Die Lockerung der nationalen Brauordnung hat die Entstehung neuer Craft-Bier-Produzenten und Mikrobrauereien nach sich gezogen, darunter Altar Cervecería (S. 88), La Oficina (S. 88) und Santa Rosa Cerveza Artesanal (S. 88).
- Im Palacio de Gobierno (Präsidentenpalast; S. 55) gibt es jetzt ein neues Museum. Neben interessanten Ausstellungen beherbergt es die offiziellen Geschenke, die der frühere Präsident Rafael Correa erhalten hat. Zutritt hat man im Rahmen einer kostenlosen Palastführung.
- Quitos Fahrradwegenetz – Radweg heißt auf Spanisch *ciclovía* – ist ausgebaut worden.
- Der frisch renovierte Komplex der Museos Casa de la Cultura Ecuatoriana (S. 66) umfasst eine Sammlung moderner Kunst, ein Musikinstrumentemuseum und ein wunderbares ethnografisches Museum mit Ausstellungen, die auf dem neuesten Stand sind.
- Das Teatro Bolívar (S. 90), eins der wichtigsten und prestigeträchtigsten Theater der Stadt, ist wieder offen. Ein Brand hat das Art-Déco-Gebäude 1999 schwer beschädigt, seither wurde es schrittweise wiederaufgebaut.
- Bücherwürmer dürfen die Librería del Fondo Carlos Fuentes (S. 91) eigentlich nicht verpassen, einen hervorragenden Buchladen, in dem regelmäßig Lesungen und andere kulturelle Events stattfinden. In diesem Haus lebte einst Ex-Präsident Galo Plaza Lasso.
- Traditionelle ecuadorianische Rezepte frisch aufbereitet, das bietet das innovative neue Restaurant UKRO Cocina Local (S. 86).

1563), ein ehemaliges Krankenhaus, ist schon für sich sehenswert. Am letzten Sonntag im Monat ist der Eintritt frei.

Das Museum befindet sich gleich hinter dem Torbogen **Arco de la Reina** (Karte S. 56; Ecke García Moreno & Rocafuerte) aus dem 18. Jh., der als Unterstand für Kirchgänger gebaut wurde.

Monasterio Museo del Carmen Alto
MUSEUM

(Karte S. 56 f.; ☎ 02-228-1513; García Moreno S1-47 nahe der Rocafuerte; Erw./Stud./Kind 3/2/1 US$; ⏲ Mi–So 9.30–17.30 Uhr, letzter Einlass 16.30 Uhr) Das Monasterio Museo del Carmen Alto, errichtet 1653, wird bis heute von 20 Karmelitinnen bewohnt und beherbergt darüber hinaus ein interessantes Museum mit faszinierenden Exponaten, die das Leben und den Alltag der Nonnen nachzeichnen. Unter ihnen befand sich auch Marianita de Jesús (1618–1645), die Schutzheilige der Stadt. Das weiß gestrichene zweistöckige Gebäude umgibt einen sonnigen Innenhof. Einige Räume bergen Gemälde mit religiösen Motiven. Die Führungen auf Spanisch sind kostenlos, die englischsprachigen kosten 4 US$.

Die aktuellen Bewohnerinnen des Klosters stellen sehr leckere traditionelle Süßigkeiten her. Unser Favorit sind die *limones desamargados* („entsäuerte Zitronen"); es handelt sich um winzige Zitronen, die ausgehöhlt und mit gesüßter Milch gefüllt werden. Sie werden in einem kleinen Laden nahe dem Museumsausgang verkauft. Dort gibt's überdies traditionelles Gebäck, aromatische Wässerchen für die Nerven und gegen Schlaflosigkeit, Bienenpollen, Honig und *mistela* in Flaschen, ein starker Likörwein mit Anisgeschmack.

Plaza Santo Domingo
PLAZA

(Karte S. 56 f.) Die Plaza Santo Domingo nahe dem südwestlichen Ende der Calle Guayaquil ist ein beliebter Treffpunkt von Straßenkünstlern. Die *quiteños* aus der Nachbarschaft versammeln sich auf dem Platz, um den Clowns und nicht unbedingt professionellen Zauberern zuzuschauen. Abends zeigt sich der Platz von seiner schönsten Seite: Dann werden die Kuppeln der **Iglesia de Santo Domingo** (Karte S. 56; Ecke Flores & Rocafuerte; ⏲ 7–13 & 17–19 Uhr) GRATIS aus dem 17. Jh. an der Südostseite des Platzes angestrahlt.

Ihre maurische Decke, die Holzschnitzereien und der Silberthron am Hauptaltar lohnen einen Besuch. Sie muss wohl ein anregendes Ambiente für ein Philosophiestudium gewesen sein, als hier zu Kolonialzeiten das Colegio Mayor de San Fernando untergebracht war. Das **Museo Fray Pedro Bedón** (Convento Santo Domingo; Karte S. 56 f.; Erw./Kind 3/1 US$; ⏲ Mo–Fr 9–13.30 & 14.30–17, Sa 9–14 Uhr) nebenan hat einen hübschen Gartenkreuzgang und eine schöne Sammlung sakraler Kunst aus der Kolonialzeit.

Monasterio Museo Santa Catalina de Siena MUSEUM

(Karte S. 56 f.; Espejo 779 nahe der Flores; Erw./Kind 2,50/1 US$; ⏲ Mo–Fr 9–16, Sa bis 12.30 Uhr) Der Klosterkomplex dominikanischer Nonnen stammt aus dem Jahre 1592. Bei der Führung (spanisch) durch das Museum vor Ort werden u.a. religiöse Malereien aus dem 18. Jh. gezeigt; manche sind geradezu brutal. Bis heute dürfen die Nonnen nur eine Stunde am Tag miteinander reden oder fernsehen. Sie stellen jede Menge Naturprodukte wie Shampoo, Wein und Handcremes her, die sie an einer Drehtür verkaufen, ohne sich den Besuchern zu zeigen.

QUITO VON OBEN: DIE SCHÖNSTEN AUSSICHTSPUNKTE

TeleférïQo (Av Occidental nahe der Av La Gasca; Erw./Kind 8,50/6,50 US$; ⏲ Di–Do 9–20, Fr–Mo 8–20 Uhr) Wer einen spektakulären Blick auf Quitos bergiges Panorama genießen möchte, sollte mit der Gondel die 2,5 km lange Fahrt (10 Min.) zur Cruz Loma (4100 m) auf dem Volcán Pichincha unternehmen. Oben angekommen besteht die Möglichkeit, bis zum Gipfel Rucu Pichincha (4680 m) zu wandern (hin & zurück 4 km, 5 Std.), allerdings sollte man sich zuvor über die Sicherheitslage erkundigen und warme Kleidung mitnehmen. Nicht später als 11 Uhr loslaufen!

Die Besteigung des Rucu Pichincha sollte erst nach ein paar Tagen Akklimatisierung in Quito und in Begleitung eines ausgebildeten Guides in Angriff genommen werden. 500 m von der oberen Seilbahnstation entfernt werden Pferde vermietet (15 US$/Std.) – den Schildern *paseos a caballo* folgen. Der Himmel ist vormittags am klarsten; gegen Mittag ziehen gewöhnlich die Wolken auf. Eine Taxifahrt ab der Mariscal kostet ca. 5 US$.

Vulqano Park (☎ 02-222-2733; www.vulqanopark.com; Fahrgeschäfte 1,50–2,50 US$; ⏲ 10–20.30 Uhr), ein Vergnügungspark für Kinder, liegt an der Basisstation.

El Panecillo (General Melchor Aymerich; 1 US$; ⏲ Mo–Fr 9–13.30 & 14.30–17 Uhr) Der Hügel südlich der Altstadt, El Panecillo („kleiner Brotlaib") genannt, ist eins der Wahrzeichen der Stadt. Auf seiner Spitze steht eine 41 m hohe Statue der Virgen de Quito (Jungfrau von Quito; fertiggestellt 1976) aus Aluminiumplatten. Sie trägt eine Sternenkrone, hat Engelsflügel und steht auf einem angeketteten Drachen. Auf dem Gipfel hat man einen großartigen Blick auf die Stadt und die umliegenden Vulkane. Steigt man die Stufen zum Fuß der Marienstatue hinauf, hat man eine noch „luftigere" Aussicht.

Die Vulkane sieht man (insbesondere in der Regenzeit) am ehesten frühmorgens, später ziehen oft Wolken auf. Auch die Treppe am Ende der Calle García Moreno führen auf den Panecillo, allerdings können die Hunde im Viertel unangenehm werden. Hier haben sich auch schon Überfälle ereignet. Deshalb empfehlen wir die Anfahrt mit einem Taxi ab der Altstadt.

Cima de la Libertad (Av de los Libertadores; Erw./Kind 1/0,25 US$; ⏲ 9–17.30 Uhr) Das Monument an den Hängen des Volcán Pichincha bietet einen ganz besonders schönen Blick auf die Stadt. Hier fand im Mai 1822 die Batalla de Pichincha (Schlacht von Pichincha) statt, die entscheidende Schlacht im Unabhängigkeitskampf, die von Mariscal Antonio José de Sucre angeführt wurde. Vor Ort befinden sich ein Militärmuseum und ein Wandmosaik von Eduardo Kingman. Die Cima de la Libertad liegt etwa 3 km westlich der Plaza Grande; am besten nimmt man sich ein Taxi. .

Mirador de Guápulo (Karte S. 64 f.; Calle Larrea) Der Blick von der Aussichtsplattform ist hinreißend. An klaren Tagen sind der Volcán Cayambe, der Cerro Puntas und der Nobelvorort Cumbayá zu sehen (am dortigen Hauptplatz gibt es mehrere gute Restaurants und Bars).

Die Statue des Francisco de Orellana zeigt den Spanier dabei, wie er ins Tal hinunterblickt – dieses ist der Ausgangspunkt seiner legendären Reise von Quito zum Atlantik. Er war der erste Europäer, der den Amazonas in seiner ganzen Länge befuhr.

Convento San Agustín MUSEUM
(Museo Miguel de Santiago; Karte S. 56 f.; Ecke Chile & Guayaquil; Erw./Kind 2/1 US$; ⌚ Mo–Fr 9–12.30 & 14–17, Sa 9–12.30 Uhr) Das Kloster ist ein schönes Beispiel der Architektur des 17. Jhs. Ungewöhnlich sind die mit Hunderten goldenen Ananas verzierten maurischen Bogen. Viele Helden des ecuadorianischen Unabhängigkeitskampfs wurden in der hiesigen Krypta beigesetzt. Zudem wurde hier am 16. August 1809 die Unabhängigkeitserklärung unterzeichnet. Im Eintritt ist eine Führung (englisch oder spanisch) inbegriffen.

Das Museum beherbergt einige wichtige Arbeiten von Miguel de Santiago, einem führenden Künstler der Quitoer Schule.

Basílica del Voto Nacional KIRCHE
(Ecke Venezuela & Carchi; Kirche/Turm 1/2 US$; ⌚ 9–16 Uhr) Auf einem Hügel im nordöstlichen Teil der Altstadt erhebt sich diese riesige gotische Kirche, deren Bau 1892 begann und sich über mehrere Jahrzehnte erstreckte. Statt der typischen Wasserspeier zieren Schildkröten und Leguane das Gemäuer. Das Highlight sind die **Türme** der Basilika, in die man hinaufklettern kann, wenn man sich traut: Es geht über eine wackelige Holzplanke im Dachgestühl und mehrere steile Treppen und Leitern (mit festem Geländer) hinauf.

Centro de Arte Contemporáneo MUSEUM
(CAC; www.centrodeartecontemporaneo.gob.ec; Dávila & Venezuela; ⌚ Di–Fr 10.30–17.30, Sa & So 9.30–17.30 Uhr) GRATIS In dem wunderbar restaurierten früheren Militärkrankenhaus werden heute bahnbrechende Multimedia-Ausstellungen und erstklassige Wanderausstellungen moderner Kunst geboten.

Zum Museum gehört auch ein gutes Café (S. 89).

Iglesia La Merced KIRCHE
(Karte S. 56 f.; Ecke Cuenca & Chile; ⌚ 7–11.30 & 15–18 Uhr) GRATIS Die Kirche aus dem 18. Jh. besitzt den höchsten Turm im Kolonialviertel Quitos sowie eine Vielzahl faszinierender Kunstwerke, darunter Gemälde, die Vulkanausbrüche über den Kirchendächern in der Stadt und ein mit einem Ascheteppich überzogenes Quito zeigen.

Der Legende nach ist der Turm – der einzige ungeweihte Teil der Kirche – vom Teufel verflucht. Die einzige Person, die stark genug für ihn war, soll der Glöckner Ceferino gewesen sein. Seit seinem Tod 1810 hat es niemand mehr gewagt, den Turm zu betreten.

Museo de Arte Colonial MUSEUM
(Karte S. 56 f.; Mejía Oe6-132 nahe der Cuenca; ⌚ Di–Sa 9–17 Uhr) GRATIS Das Museum in einem hübsch restaurierten Gebäude aus dem 17. Jh. beherbergt eine exzellente Sammlung kolonialer Kunst mit berühmten Skulpturen und Gemälden der Quitoer Schule, u. a. Arbeiten von Miguel de Santiago, Manuel Chili (ein indigener Künstler, der unter dem Namen Caspicara bekannt ist) und Bernardo de Legarda.

Museo Camilo Egas MUSEUM
(Karte S. 56 f.; Venezuela 1302 nahe der Esmeraldas; ⌚ Di–Fr 8–17, Sa bis 16 Uhr) GRATIS In einem restaurierten Kolonialhaus wird eine kleine, aber bedeutende Werksammlung des Malers Camilo Egas (1899–1962) ausgestellt, Ecuadors erstem *indigenista*-Maler (indigene Kunstbewegung). In einigen Sälen werden Wechselausstellungen zeitgenössischer Maler gezeigt.

Parque Itchimbia PARK
(Karte S. 56 f.; ⌚ 5–18 Uhr) Der Park hoch auf einem Hügel über der Altstadt bietet einen herrlichen Blick über die Stadt, Jogging- und Fahrradwege und einen Spielplatz. Er eignet sich ideal für ein Picknick in der Sonne mit Aussicht. Von der Elizalde in San Blas aus geht's über eine Treppe steil bergauf.

Mittelpunkt des Parks ist das **Centro Cultural Itchimbia** (Karte S. 56 f.; www.facebook.com/ItchimbiaCentroCultural; ⌚ variiert), ein großes Gebäude aus Glas und Eisen, das dem Mercado Santa Clara nachempfunden ist. Hier finden regelmäßig Kunstausstellungen und Kulturveranstaltungen statt.

Museo del Agua-Yaku MUSEUM
(☎ 02-251-1100; www.yakumuseoagua.gob.ec; El Placer Oe11-271; Erw./Stud./Kind 3/2/1 US$; ⌚ Di–So 9–17.30 Uhr) Dieses Museum nimmt die Beziehung der Stadt zur lebenswichtigsten Ressource überhaupt unter die Lupe. Der Veranschaulichung dienen interaktive Ausstellungen (prima für Kinder). Das Museum ist in einem modernen Glasgebäude an den unteren Hängen des Pichincha untergebracht; hier befand sich der erste Wasserspeicher der Stadt.

Draußen plätschern Springbrunnen, die Gartenanlage gewährt einen schönen Ausblick auf Quito und man kann in einem Terrassencafé einkehren.

Convento de San Diego MUSEUM
(Museo Padre Almeida; Ecke Farfán & Chimborazo; Erw./Kind 3/1 US$; ⌚ Mo–Sa 10–13 & 14–17, So

QUITO MIT KINDERN

Es gibt in Quito reichlich Angebote, um Kinder bei Laune zu halten. Ein guter Startpunkt ist der Parque La Carolina (S. 67): Dort kann man im Tretboot über den See strampeln, das Naturkundemuseum oder das Vivarium (S. 68) besuchen, wo Schlangen, Schildkröten und Echsen die Kleinen sicherlich interessieren und/oder erschrecken werden. Im Jardín Botánico (S. 67) in der Nähe gibt es einen interaktiven Kinderbereich und den **Mundo Juvenil** (Karte S. 64 f.; ☎ 02-224-4314; www.mundojuvenil.org; Ecke Av de los Shyris & Pasaje Rumipamba, Parque La Carolina; Erw./Kind 5/3,50 US$; ⌚ Mo–Fr 9–16.30, Sa & So 11–16.30 Uhr) mit einem winzigen Planetarium, Kindervorführungen und Wechselausstellungen.

An der unteren Station des Teleféric Qo befindet sich der Vergnügungspark Vulqano Park (S. 61) mit Autoscootern und anderen Fahrgeschäften.

Das **Museo Interactivo de Ciencia Museo Interactivo de Ciencia** (☎ 02-266-6061; www.museo-ciencia.gob.ec; Sincholagua nahe der Maldonado, Chimbacalle; Erw./Kind 3/1 US$; ⌚ Mi–So 9–17.30 Uhr; 👪) ist in einer ehemaligen Textilfabrik südlich der Altstadt untergebracht. Es hat jede Menge interaktive Exponate, die für Kinder jeden Alters spannend sind.

Das Museo del Agua-Yaku (S. 62) steht am unteren Hang des Pichincha an der Stelle des ersten Wasserspeichers der Stadt. Es erzählt mit interaktiven und kindergerechten Exponaten die Geschichte des kostbaren Nasses in Verbindung mit der Stadt.

Babysitterdienste für Touristen sind spärlich gesät, es sei denn, man übernachtet in einem der Luxushotels in der Stadt; dort organisiert das Personal auf Wunsch einen Babysitter.

10–14 Uhr) Das wunderschöne Franziskanerkloster (erb. 17. Jh.) mit dem ruhigen Hof liegt hinter dicken Mauern oberhalb der Altstadt. Drinnen können herausragende Arbeiten der Quitoer und Cuscoer Schule aus der Kolonialzeit bewundert werden, u.a. eine der schönsten Kanzeln ganz Quitos, die von dem angesehenen indigenen Schnitzer Juan Bautista Menacho gestaltet wurde.

Faszinierend ist auch Miguel de Santiagos Gemälde *Das letzte Abendmahl* aus dem 18. Jh. Das ungewöhnlichste Kunstwerk ist jedoch ein Bild von Hieronymus Bosch *(Übergang von diesem Leben zur Ewigkeit)*. Niemand weiß, wie es hierhin gelangt ist. Abschließend kann man die schmalen Stufen zum Glockenturm erklimmen und über das Dach laufen.

Neustadt

★ Casa Museo Guayasamín MUSEUM
(www.guayasamin.org; Calvache E18-94 & Chávez, Bellavista; Erw./Kind 8/4 US$, inkl. Capilla del Hombre; ⌚ 10–17 Uhr) Im früheren Wohnhaus des legendären Malers Oswaldo Guayasamín (1919–1999) ist ein wunderbares Museum untergebracht. Es birgt die vollständigste Sammlung von Guayasamíns Werk. Er war ein leidenschaftlicher Sammler – das von ihm zusammengestellte Ensemble präkolumbischer Artefakte aus Keramik, Knochen und Metall ist ebenfalls zu sehen. Mit der Eintrittskarte hat man auch Zutritt zur Capilla-del-Hombre-Galerie.

Die Exponate sind thematisch geordnet (Schalen, Fruchtbarkeitsfiguren, Totenmasken etc.). Ihr Einfluss auf Guayasamíns Werk ist an den geometrischen Mustern und gedeckten Farben zu erkennen.

Ein weiterer Bereich ist Guayasamíns Sammlung religiöser Kunst gewidmet, darunter Arbeiten begnadeter indigener Schüler der Escuela Quiteña; es gibt sogar ein paar blutige Kruzifixe (Guayasamín war Agnostiker, in seinen Arbeiten tauchen aber immer wieder Folterszenen und an Jesus erinnernde Figuren auf).

Guayasamín wurde im Schatten einer Kiefer nahe dem Haus beigesetzt. Die Grabstätte daneben gehört seinem Freund, dem Schriftsteller Jorge Enrique Adoum.

★ Capilla del Hombre GALERIE
(Kapelle des Menschen; www.guayasamin.org; Calvache E18-94 & Chávez, Bellavista; Erw./Kind 8/4 US$, inkl. Casa Museo Guayasamín; ⌚ 10–17 Uhr) Neben der Casa Museo Guayasamín steht eins der bedeutendsten Kunstwerke Südamerikas, Guayasamíns **Capilla del Hombre**. Das gewaltige Monument und Museum ist die Frucht der ambitioniertesten

Neustadt

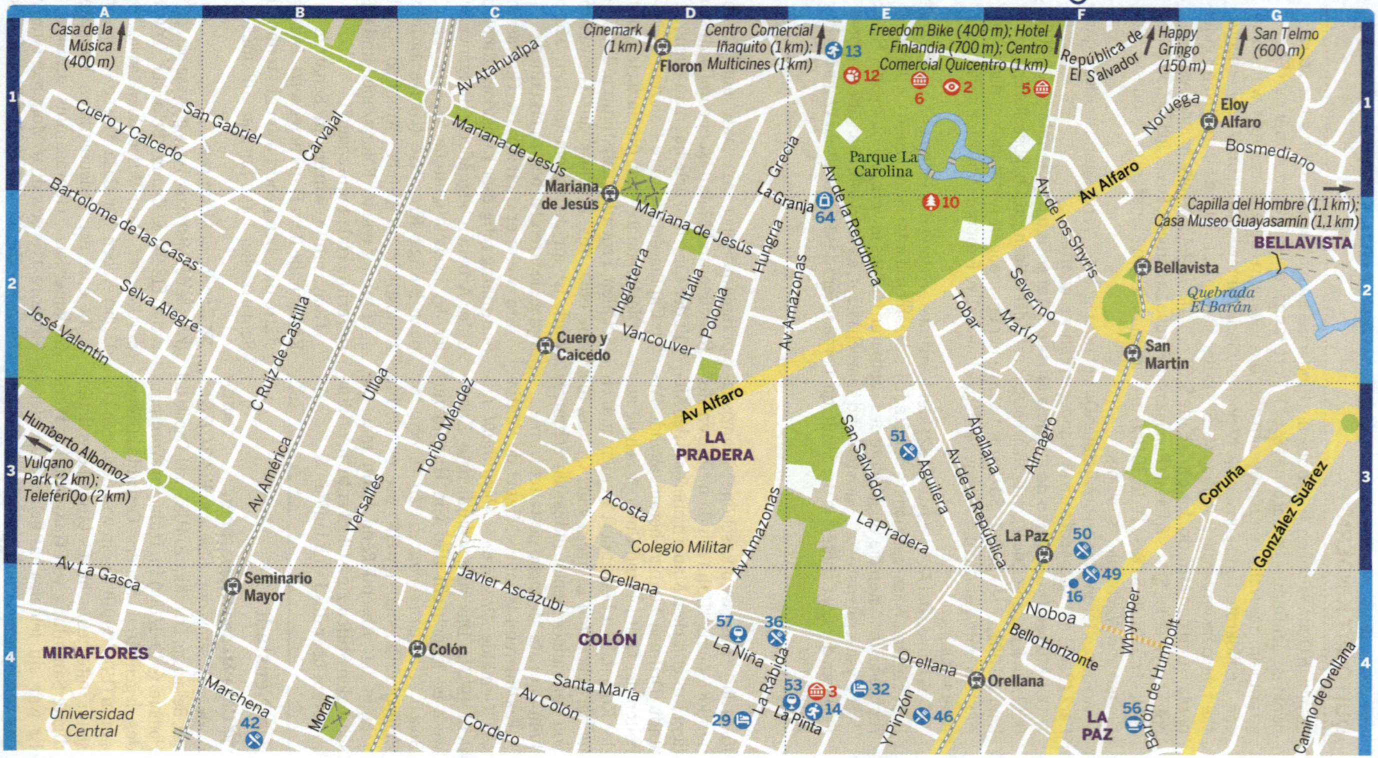
0 500 m
A
B
C
D
E
F
G
1
2
3
4
Casa de la Música (400 m)
Cinemark (1 km)
Floron
Centro Comercial Iñaquito (1 km); Multicines (1 km)
13
12
Freedom Bike (400 m); Hotel Finlandia (700 m); Centro Comercial Quicentro (1 km)
6
2
5
República de El Salvador
Happy Gringo (150 m)
San Telmo (600 m)
Av Atahualpa
Cuero y Calcedo
San Gabriel
Carvajal
Mariana de Jesús
Mariana de Jesús
Parque La Carolina
10
Noruega
Eloy Alfaro
Bosmediano
Av Alfaro
Capilla del Hombre (1,1 km); Casa Museo Guayasamín (1,1 km)
BELLAVISTA
Bartolome de las Casas
La Granja
64
Grecia
Av de la República
Hungria
Av de los Shyris
Bellavista
Quebrada El Barán
Selva Alegre
C Ruiz de Castilla
Ulloa
Inglaterra
Italia
Polonia
Av Amazonas
Tobar
Severino
Marín
San Martin
José Valentín
Cuero y Caicedo
Vancouver
Toribo Méndez
Av Alfaro
LA PRADERA
San Salvador
51
Aguilera
Av de la República
Apallana
Almagro
Humberto Albornoz
Vulgano Park (2 km); TeleferiQo (2 km)
Av América
Versalles
Acosta
Colegio Militar
Av Amazonas
La Pradera
La Paz
50
49
16
Coruña
González Suárez
Av La Gasca
Seminario Mayor
Javier Ascázubi
Orellana
Noboa
Bello Horizonte
Whymper
MIRAFLORES
Colón
COLÓN
57
36
La Niña
La Rábida
53
3
32
Orellana
Orellana
Universidad Central
Marchena
42
Moran
Santa María
Av Colón
Cordero
29
La Pinta
14
Y Pinzón
46
LA PAZ
56
Barón de Humbolt
Camino de Orellana

Santuario de Guápulo (150 m)
GUÁPULO
Río Machangara
González Suárez
San Ignacio
Lincoln
Gangotena
La Colina
Av Colón
Coruña
Salazar
Larrea
Toledo
Cordero
Vizcaya
Valladolid
Pontevedra
Galavis
Andalucía
Madrid
Lérida
Lugo
Iberia
Ladrón de Guevara
La Condamine
Cañas
Av Libertador Simón Bolívar
Coliseo General Rumiñahui
Queseras del Medio
LA FLORESTA
Isabel La Católica
Av 12 de Octubre
Caamaño
Baca Ortiz
Tamayo
Leonidas Plaza Gutiérrez
siehe Karte Mariscal Sucre (S. 78)
Rodríguez
García
Calama
Foch
Pinto
Wilson
Almagro
Av 6 de Diciembre
Manuela Cañizares
Av Amazonas
Veintimilla
Dávalos
MARISCAL SUCRE
Carrión
Reina Victoria
Mera
Roca
9 de Octubre
Galo Plaza
Robles
Museos Casa de la Cultura Ecuatoriana
Casa de la Cultura
18 de Septiembre
Santa Clara
Páez
Washington
Mariscal
Av Patria
Parque El Ejido
Parque El Arbolito
Paz y Miño
Solano
Yaguachi
Llona
Tarqui
J Montalvo
Eugenio Espejo
EUGENIO ESPEJO
San Gregorio
Av 10 de Agosto
Av Perez Guerrero
Marquez de Varela
Bolivia
LARREA
Asunción
Santiago
Caracas
Bogotá
J Larrea
M Larrea
Salinas
Ejido
Río de Janeiro
Buenos Aires
Riofrío
Borja
Café Democrático (400 m); Centro de Arte Conteporáneo (400 m); Basílica del Voto Nacional (470 m)
Ante
El Belén
La Alameda
Parque La Alameda
Av Colombia
Los Ríos
A
B
C
D
E
F
G
5
6
7
8
1
4
7
8
9
11
15
17
18
19
20
21
22
23
24
25
26
27
28
30
31
33
34
35
37
38
39
40
41
43
44
45
47
48
52
54
55
58
59
60
61
62
63
65
66
67

Neustadt

Vision des Künstlers, geschaffen für die gesamte Menschheit. Es erinnert an das Leid der indigenen Armen Lateinamerikas und soll für die unerschütterliche Hoffnung auf eine bessere Zukunft stehen. Dies ist ohne Zweifel ein bewegender Ort. Die Führungen (englisch, französisch, spanisch; im Preise inbegriffen) sind absolut empfehlenswert. Das Ticket gilt auch für die Casa Museo.

★ **Museos Casa de la Cultura Ecuatoriana** MUSEUM
(Karte S. 64 f.; ☎ 02-222-1006; www.casadelacultura.gob.ec; Ecke Av Patria & Av 12 de Octubre; ⌚ Di–Sa 9–17 Uhr) GRATIS Nach einer Generalüberholung wurden die Museos Casa de la Cultura jetzt wiedereröffnet: Drei Museen teilen sich einen hellen, modernen Ausstellungsbereich. Das weitläufigen **Museo de Arte Moderna** (Museum für Moderne Kunst) präsentiert Gemälde einiger der berühmtesten Künstler Ecuadors, darunter Oswaldo Guayasamín, Eduardo Kingman und Camilo Egas, im **Museo de Instrumentos Musicales** ist eine ungewöhnliche Sammlung von Musikinstrumenten zu sehen. Das exzellente neue **Museo Etnográfico** (Ethnografiemuseum) beherbergt wiederum interessante Exponate zum

spirituellen Glauben, Lebensstil und den Feierlichkeiten der indigenen Bevölkerungsgruppen.

Museo Nacional MUSEUM

(Karte S. 64 f.; Ecke Av Patria & Av 12 de Octubre; ⏲ Di–Fr 8.30–16.30, Sa & So 10–16 Uhr) GRATIS In dem charakteristischen runden Glasgebäude der Casa de la Cultura befindet sich eine der größten Sammlungen ecuadorianischer Werke prähispanischer und kolonialer Sakralkunst. Bei unserem letzten Besuch war das Museum bereits seit zwei Jahren geschlossen; der Umbau zu einem hochmodernen Ausstellungsbereich ist ins Stocken geraten, weil die Mühlen der ecuadorianischen Bürokratie nur langsam mahlen.

Zu den Exponaten gehören weit über 1000 Keramikartefakte aus der Zeit von 12 000 v. Chr. bis 1534 n. Chr., eine prachtvolle goldene Sonnenmaske und meisterhafte Arbeiten der Quitoer Schule. Die archäologische Abteilung umfasst Pfeilspitzen der ersten ecuadorianischen Jäger und Sammler, deckt die Valdivia-Kultur (das erste sesshafte Bauernvolk des Landes) und die Inka ab. Highlights sind die „Pfeifflaschen" der Chorrera-Kultur, Figuren mit deformierten Schädeln der Machalilla-Kultur, Schlangenschüsseln der Jama-Coaque, Keramiknachbildungen von *tzantzas* (Schrumpfköpfen), „Münzenäxte" der Milagro-Quevedo-Kultur und die berühmten zeremoniellen Steinstühle der Manteños.

Parque El Ejido PARK

(Karte S. 64 f.) Nordöstlich von La Alameda erstreckt sich der nette baumbestandene Parque El Ejido, ein beliebter Ort für spontane Fußball- und Volleyballspiele. Hier ist an den Wochenenden einiges los; dann finden in der Avenida Patria Open-Air-Kunstausstellungen statt. Am Nordrand des Parks stellen Kunsthandwerker ihre Buden auf und verwandeln die Bürgersteige in einen Kunsthandwerksmarkt.

Nationalversammlung BEMERKENSWERTES GEBÄUDE

(Asamblea Nacional; Karte S. 64 f.; ☎ 02-399-1488, Führungen 09-917-8416; www.asambleanacional.gob.ec; Montalvo nahe der Av 6 de Diciembre) Zwischen dem Parque Alameda und dem Parque El Ejido erhebt sich das Gebäude der Asamblea Nacional, das ecuadorianische Parlament. An der Nordseite des Bauwerks zeichnet ein riesiger Fries die Geschichte Ecuadors nach. Die kostenlosen Führungen auf Spanisch (Mo–Fr 8 Uhr) müssen vorab gebucht werden; Besucher bekommen die Sitzungszimmer and Wandgemälde von Luis Mideros und Guayasamín zu sehen.

Quito-Observatorium MUSEUM

(Karte S. 64 f.; ☎ 02-257-0765; http://oaq.epn.edu.ec; Parque La Alameda; Erw./Kind 2/1 US$; ⏲ Mo–Sa 9–17 Uhr) Präsident García Moreno eröffnete das älteste Observatorium auf dem gesamten Kontinent 1864. Das Gebäude beherbergt ein Museum mit Pendeln, Sextanten, Chronometern und anderen historischen Instrumenten aus dem 19. Jh., und von Februar bis Mai sowie im Juli und August ist donnerstagabends Sternegucken angesagt (3 US$; vorher reservieren!). Das Observatorium steht in dem kleinen Parque La Alameda.

Mindalae – Museo Etnográfico de Artesanía de Ecuador MUSEUM

(Karte S. 64 f.; www.mindalae.com.ec; Reina Victoria N26-166 nahe der La Niña; Erw./Kind 3/1,50 US$; ⏲ Mo–Sa 9.30–17.30 Uhr) Das lohnende Museum zeigt Darstellungen zum spirituellen Glauben und den dazu gehörenden Praktiken der ecuadorianischen Ureinwohner und dazu Kunstwerke, Kleidung und Gegenstände. Als Erstes sollte man sich die Schamanismusabteilung im 5. Stock ansehen und sich dann über die gewundene Treppe im Herzen des ungewöhnlich geschnittenen Gebäudes nach unten vorarbeiten. Geführt wird es von der Fair-Trade-Organisation Fundación Sinchi Sacha. In einem tollen Laden wird indigenes Kunsthandwerk aus ganz Ecuador verkauft.

Parque La Carolina PARK

(Karte S. 64 f.) Nördlich des Mariscal-Viertels erstreckt sich der riesige Parque La Carolina. An den Wochenenden wimmelt es hier von Familien, die Paddelboot fahren, Fußball und Volleyball spielen oder auf den Radwegen Sport treiben.

Jardín Botánico BOTANISCHER GARTEN

(Karte S. 64 f.; www.jardinbotanicoquito.com; Parque La Carolina; Erw./Kind 3,50/2 US$; ⏲ Mo–Fr 8–16.45, Sa & So 9–16.45 Uhr) Die beliebteste Attraktion im Parque La Carolina ist der wunderbar friedlich gelegene botanische Garten mit einheimischen Habitaten wie dem *páramo* (hochgelegene Anden-Graslandschaft), Nebelwald und Feuchtgebieten sowie einem *orquideario* (Orchideenhaus), einem ethnobotanischen Garten (mit Pflanzen, die von indigenen Völkern genutzt werden) und einem Amazonas-Treibhaus.

Darüber hinaus gibt es hier einen Abenteuerspielplatz für Kinder, einen neuen japanischen Garten und mehr als 100 Bonsai-Bäume.

Vivarium ZOO

(Karte S. 64 f.; www.vivarium.org.ec; Av Amazonas 3008, Parque La Carolina; Erw./Kind 3,75/1,75 US$; ⊙ Di–So 9–13 & 13.30–17.30 Uhr) Wer seine Dschungelphobie kurieren möchte, kann dies im Vivarium tun, in dem 40 verschiedene Arten von Reptilien und Amphibien leben, darunter Schlangen, Leguane, Schildkröten, Frösche und Kaimane. Hin und wieder zeigen die Mitarbeiter des Herpetologie-Forschungs- und Bildungszentrums den Besuchern Schlangen aus nächster Nähe.

Museo de Ciencias Naturales MUSEUM

(Karte S. 64 f.; Parque La Carolina; Erw./Kind 2/0,60 US$; ⊙ 8–16.45 Uhr) Wer sich noch mehr mit der ecuadorianischen Flora und Fauna befassen möchte, sollte dem außergewöhnlichen naturgeschichtlichen Museum im Instituto Nacional de Bioversidad – ebenfalls im Parque La Carolina – einen Besuch abstatten. Der Anblick Tausender toter Insekten und Spinnen ist vielleicht eine gute Möglichkeit, sich vor einem Trip in den Oriente abzuhärten.

Santuario de Guápulo KIRCHE

(Plaza de Guápulo; Erw./Kind 2/1 US$; ⊙ Mo–Fr 8–12 & 14–18 Uhr) An einem eleganten Platz in Guápulo befindet sich das Herzstück des Viertels: das Santuario de Guápulo aus dem 17. Jh. Es beherbergt eine exzellente Sammlung von Kunstwerken und Skulpturen der Quitoer Schule und einen prächtigen Altar aus dem 18. Jh., der von dem virtuosen Holzschnitzer Juan Bautista Menacho geschaffen wurde.

> **INSIDERWISSEN**
>
> **QUITO AUF ZWEI RÄDERN**
>
> Jeden Sonntag ist die gesamte Avenida Amazonas und der Großteil der Altstadt für Kraftfahrzeuge gesperrt (9–14 Uhr), denn dann nehmen Tausende von Radfahrern am wöchentlichen **Ciclopaseo** teil. Die komplette Strecke (ca. 30 km) führt bis hinter den alten Flughafen, durch die Altstadt und in den Süden Quitos. Die Stadt vom Rad aus zu erkunden macht einfach Spaß! Den passenden zweirädrigen Untersatz kann man entlang der Route für 3 US$ pro Stunde mieten.
>
> Eine weitere gute Anlaufstelle für Radfahrer ist das spannend gestaltete Café La Cleta (S. 86).

Aktivitäten

Alle, die ein bisschen mehr Action brauchen, können klettern, wandern oder radeln gehen – und müssen dazu noch nicht mal das Stadtgebiet verlassen.

Der alte Busbahnhof in der Altstadt wurde zum **Cumandá Parque Urbano Qmandá** (☎ 02-257-3645; www.facebook.com/quitocumanda; Av 24 de Mayo; ⊙ Di–Fr 7–20, Sa & So 8–18 Uhr) GRATIS umgebaut, einem funkelnden überdachten Sportkomplex mit Volleyball- und Fußballplatz, einer Kletterwand, Yogastudios und mehreren kleinen Swimmingpools. Wer keine Lust auf sportliche Betätigung hat, kann Kunstausstellungen, Filmvorführungen, Konzerte und andere Kulturveranstaltungen besuchen.

Radfahren

Lokale Mountainbikeläden vermieten Räder und bieten hervorragende Ausflüge an, z. B. eine Tagestour durch den *páramo* (Grasebene im Hochland der Anden) des Parque Nacional Cotopaxi, rasante Fahrten bergab, Trips mit einem Stopp bei den Thermalquellen von Papallacta und zweitägige Touren zum Cotopaxi und Chimborazo bzw. zum Cotopaxi und zur Laguna Quilotoa. Eintägige Exkursionen kosten ca. 60 US$. Vor der Entscheidung für einen Anbieter sollte man Preise und Leistungen vergleichen.

Biking Dutchman RADFAHREN

(Karte S. 64 f.; ☎ 02-256-8323; www.bikingdutchman.com; La Pinta E-731 nahe der Reina Victoria; 1-tägige Touren ab 59 US$; ⊙ Büro Mo–Fr 9.30–17.30 Uhr) Ecuadors erster Mountainbike-Touranbieter überzeugt mit guten Rädern und Guides, hat einen hervorragenden Ruf und organisiert auch ein- bis achttägige Radtrips.

Arie's Bike Company RADFAHREN

(☎ 02-238-5712; www.ariesbikecompany.com) Arie's gehört einem niederländisch-ecuadorianischen Paar, das mehrtägige Mountainbike-Trips in ganz Ecuador organisiert.

BiciQuito RADFAHREN

(Karte S. 64 f.; ☎ 02-395-2300; www.biciquito.gob.ec; Av Amazonas N33-299 nahe der Inglaterra,

BESTEIGUNG DES VOLCÁN PICHINCHA

Gleich westlich von Quito ragt der Pichincha auf. Der Vulkan hat zwei Hauptgipfel – den näher an der Stadt gelegenen „schlafenden" **Rucu Pichincha** (4680 m) und den höheren **Guagua Pichincha** (4794 m), der aktiv ist und von Vulkanologen genauestens überwacht wird. Nach einer gewaltigen Eruption 1660 war Quito unter einer 40 cm dicken Ascheschicht begraben. Im 19. Jh. ereigneten sich mehrere kleinere Ausbrüche. 1981 stiegen ein paar Rauchwolken auf, doch 1999 spuckte der Vulkan eine 18 km hohe pilzförmige Rauchsäule aus und über der Stadt ging erneut ein Ascheregen nieder.

Die beiden Vulkangipfel zu erklimmen ist anstrengend, aber nicht weiter schwierig und erfordert auch keine spezielle Ausrüstung. Der Aufstieg zum **Rucu Pichincha** ist von der Bergstation des **TelefériQo** (S. 61) problemlos zu bewerkstelligen, von wo es drei bis 3½ Stunden bis zum Gipfel sind. Das Wetter kann jedoch problematisch sein. Zieht dichter Nebel auf, verläuft man sich schnell – am besten engagiert man einen Guide. Vor dem Aufbruch sollte außerdem der Wetterbericht gecheckt werden; ins Gepäck gehört auch ein Handy, falls Hilfe angefordert werden muss. Mehrere Unternehmen, darunter High Summits (S. 72), bieten geführte Touren an.

Den rauchenden **Guagua Pichincha** zu bezwingen nimmt mehr Zeit in Anspruch. Zugänglich ist er ab dem Dorf Lloa südöstlich von Quito. Ab Lloa sind es zu Fuß ungefähr acht Stunden bis zum **refugio** (Schutzhütte; B 20 US$), alternativ legt man die Strecke in einem geländegängigen Wagen zurück. Vom *refugio* aus ist es noch ein kurzer, aber anstrengender Marsch zum Gipfel. Ab Lloa benötigt man zwei Tage bis zur Spitze. Infos zu dieser Tour gibt es bei Bergsteigeragenturen in Quito. Wir können **Joaquín Andino** (☎ 099-993-3015; joaquin.andino@hotmail.com) als Guide empfehlen.

EG, Agencia Metropolitana de Tránsito; ⏲ Mo–Fr 7–19, Sa & So 8–15 Uhr) Das städtische Fahrradverleihsystem ist kostenlos, man muss sich nur bei der Agencia Metropolitana de Tránsito auf der Avenida Amazonas anmelden (das Anmeldeformular kann auf der Website heruntergeladen werden). Außerdem wird eine Farbkopie der Reisepass-Seiten mit dem Foto und dem Einreisestempel für Ecuador verlangt. Einmal registriert, kann man an jeder beliebigen Fahrradstation in Quito ein Rad leihen – sie sind ausgesprochen robust.

Retro Bici Club RADFAHREN
(☎ 099-502-9088; www.facebook.com/RetroBiciClub; Av Lasso N47-76 nahe der Albeniz) Engagierte Radfahrer, die Fahrräder reparieren, restaurieren und verleihen. Außerdem: Radtouren durch die Stadt.

Klettern

Mono Dedo KLETTERN
(Karte S. 64 f.; ☎ 02-290-4496; www.monodedoecuador.com; Larrea N24-36 nahe der Coruña; 3–4 US$; ⏲ Mo–Fr 11–21, Sa 10–13 Uhr) Eine höchst empfehlenswerte Kletterhalle mit vollem Service und erfahrenen Lehrern. Veranstaltet werden auch alle möglichen Ausflüge in ganz Ecuador.

Complejo De Escalada KLETTERN
(Karte S. 64 f.; ☎ 02-250-8463; Queseras del Medio, La Vicentina; ⏲ Mo–Fr 9–19.30, Sa & So bis 16 Uhr) Eine 25 m hohe Freiluft-Kletteranlage mit über einem Dutzend Routen an den Hauptwänden. Sie liegt gegenüber vom Coliseo General Rumiñahui im Stadtviertel Vicentina.

Kurse

Ecuador ist eine wunderbare Adresse zum Spanischlernen. Gewöhnlich kann man bei Einheimischen übernachten, an organisierten Aktivitäten teilnehmen oder auch Freiwilligenarbeit verrichten.

Quito ist aber auch ein guter Ort, um an seiner Salsa-Technik zu feilen.

Sprache

Yanapuma Language School SPRACHE
(Karte S. 56 f.; ☎ 02-228-7084; www.yanapumaspanish.org; Guayaquil N9-59 nahe der Oriente) Die exzellente von einer Stiftung geführte Schule befindet sich in einem alten Gebäude mit einem lichten Innenhof im Herzen des Centro Histórico. Die Erlöse aus dem gesprächsorientierten Unterricht gehen an die Betreiberstiftung (S. 422), die nachhaltige Entwicklung in indigenen Gemeinden fördert.

Stadtspaziergang Altstadt

START PLAZA GRANDE
ZIEL PARQUE LA ALAMEDA
LÄNGE/DAUER 3 KM; 4 STUNDEN

Der Spaziergang führt durch die Kopfsteinpflastergassen der Altstadt mit ihren Kirchen aus dem 18. Jh. und malerischen Plätzen.

Startpunkt ist die lebhafte 1 **Plaza Grande** (S. 55) mit Schuhputzern, dem Singsang der Händler und abgewetzten Bänken. Nach dem Blick auf den 2 **Palacio de Gobierno** (S. 55; montags mit Wachwechsel) geht's in die 3 **Catedral Metropolitana** (S. 55) mit ihren Gemälden aus der Quitoer Schule. Die García Moreno führt dann zur 4 **Compañía de Jesús** (S. 56), Quitos atemberaubendster Kirche. Schließlich geht's über die Sucre zur 5 **Plaza San Francisco** mit dem gleichnamigen **Kloster** (S. 59), hinter denen an klaren Tagen der majestätische Pichincha zu sehen ist.

Vom Platz führt der Weg über die Bolívar, dann rechts in die García Moreno und durch den Bogen an der Rocafuerte hindurch zum 6 **Museo de la Ciudad** (S. 59), wo die Entwicklung Quitos anschaulich dargestellt wird. Weiter geht's auf der García Moreno zur historischen Straße 7 **La Ronda**, die von Kolonialhäusern, Galerien und Läden gesäumt ist. Abends ist sie mit viel Livemusik die lebhafteste Straße der Altstadt. Von der Ronda zweigt links die Guayaquil zur 8 **Plaza und Kirche Santo Domingo** (S. 60) ab, deren Kuppeln aus dem 17. Jh. ein weiteres malerisches Fotomotiv abgeben.

Von der Plaza Santo Domingo führt die Flores nordwärts zur reizvollen 9 **Plaza del Teatro**, wo im Theaterfoyer das aktuelle Programm einzusehen ist. Von dort geht's nach Norden zur Esmeraldas, dann links, dann rechts in die Venezuela und weiter bis zur 10 **Basílica del Voto Nacional** (S. 62) mit einem tollen Blick auf die Altstadt von der Spitze des Glockenturms. Von der Kirche läuft man über die Caldas nach Osten zur verkehrsreichen Guayaquil. Nach einem Blick auf die hübsche 11 **Plaza San Blas** führt der Weg weiter zum 12 **Parque La Alameda** und dem schön restaurierten 13 **Observatorium** (S. 67), um die Instrumente aus dem 19. Jh. zu bewundern und abends einen Blick auf den (oft verhangenen) Himmel zu werfen.

Vida Verde SPRACHE
(Karte S. 64 f.; ☎ 02-252-4333; www.vidaverde.com; Madrid E13-137 nahe der Lugo, La Floresta) Eine empfehlenswerte ecuadorianisch geführte Schule in einem luftigen, hellen ehemaligen Wohnhaus mit Küche, Wohnzimmer und kleiner Leihbibliothek. Die Schule organisiert auch Studienreisen in den Regenwald (bei Tena oder Coca) und zur Küste (in Puerto López und auf der Biofarm Rio Muchacho bei Canoa). Zehn Prozent der Erlöse gehen an Umwelt- und Sozialprojekte in Ecuador.

Simon Bolivar SPRACHE
(Karte S. 78; ☎ 02-254-4558; www.simon-bolivar.com; Foch E9-20 nahe der Av 6 de Diciembre) Die Schule mit Filiale in Cuenca bietet Einzelunterricht für 8 US$ pro Stunde in einem hübschen Loungebereich im Freien, das Gebäude selbst macht einen nüchternen Eindruck und befindet sich im Mariscal-Bezirk. Die Anmeldegebühr von 35 US$ umfasst Kaffee, Tee, Snacks, Internet und Aktivitäten wie Salsa-Kurse und Fußball. Gruppenunterricht (5,50 US$ pro Std.) gibt's nur für absolute Anfänger.

Quito Antiguo Spanish School SPRACHE
(Karte S. 56 f.; ☎ 02-228-8454; www.quitoantiguospanish.com; Venezuela 1129) Die Schule in einem alten (und etwas heruntergekommenen) Haus im Zentrum des Centro Histórico bietet zahlreiche Kurse, vielfältige Exkursionen und Unterkunft in günstigen Apartments und Privatzimmern.

Colourful Ecuador SPRACHE
(Karte S. 78; ☎ 02-223-1595; www.colourfulecuador.com; García E6-15 nahe der Mera) Gesprächsorientierter Gruppen- und Einzelunterricht in einem schönen alten Gebäude an einer verkehrsreichen Straße im Mariscal-Viertel, mit Holzböden, Vorgarten und einem tollen Aufenthaltsraum auf der Rückseite. Freiwilligenprogramme (gegen eine Gebühr) werden für Projekte auf den Galapagosinseln, in Quito und an der Küste angeboten.

Tanzen

Academia Salsa & Merengue TANZ
(Karte S. 78; ☎ 02-222-0427; www.facebook.com/3BZopicaldancing; Foch E4-256 nahe der Av Amazonas; Einzel-/Gruppenunterricht 10/8 US$ pro Std.; ⏲ Mo–Fr 10–20 Uhr) Die professionelle Tänzerin Sylvia Garcia hat mehrere Jahrzehnte Erfahrung. Sie unterrichtet die unterschiedlichsten Tanzstile.

Ritmo Salvaje TANZ
(Karte S. 78; ☎ 02-290-3852; García E5-45; ⏲ Mo–Fr 10–20 Uhr) In dieser kleinen beliebten Tanzschule finden donnerstagabends um 20 Uhr kostenlose Schnupperkurse statt. Die Freitag- und Samstagabende stehen ganz im Zeichen der Salsa-Musik.

Ritmo Tropical TANZ
(Karte S. 78; ☎ 02-255-7094; www.ritmotropicalsalsa.com; Av Amazonas N24-155 nahe der Calama; Privat-/Gruppenunterricht 10/6 US$; ⏲ Mo–Fr 9–20 Uhr) Neben den äußerst beliebten Salsa-Stunden werden auch Capoeira-Kurse angeboten.

Candeias TANZ
(☎ 09-9852-9776; www.candeiasecuador.com; Isla Isabela & Río Coca, Gimnasio Challenge) Eine der besten Capoeira-Schulen des Landes. Regelmäßig findet Gruppenunterricht statt; die genauen Zeiten über die Website ermitteln!

☞ Geführte Touren

Quito zählt zu den Orten im Land, in denen sich eine geführte Tour am besten organisieren lässt, ob es sich nun um eine Galapagos-Bootsfahrt, Bergsteiger-Tour, Amazonas-Lodge-Tour oder Wildwasser-Rafting handelt. Für kleine Gruppen können Tages- bis mehrwöchige Touren individuell arrangiert werden. Viele Agenturen bieten Standardtouren in die Umgebung wie nach Mitad del Mundo oder Pululahua und zu entfernteren Orten wie Otavalo, Mindo, Cotopaxi und Baños an. Gebucht werden sollte wochentags (viele Agenturen sind am Wochenende geschlossen) und bei längeren Ausflügen empfiehlt es sich, den Führer zuvor zu treffen.

CarpeDM Adventures TOUREN
(Karte S. 56 f.; ☎ 02-295-4713; www.carpedm.ca; Antepara E4-70 nahe der Los Rios) CarpeDM verdient Bestnoten für seine günstigen Preise und das breite Tourenangebot, aber herausragend ist die Agentur wegen ihres exzellenten Service. Sie wird vom freundlichen, zuverlässigen und kenntnisreichen Paul Parreno geführt. Im Angebot sind Tagestouren für Leute mit wenig Zeit zum Cotopaxi, nach Otavalo und Mindo.

Das Büro befindet sich im Secret Garden Hostel in San Blas.

Happy Gringo TOUREN
(☎ 02-512-3486; www.happygringo.com; Aldaz N34-155 nahe der Portugal, Edificio Catalina Plaza, 1. OG; ⏲ Mo–Fr 9–18 Uhr) Das Unternehmen in

britischem und niederländischem Besitz bedient das mittlere Preissegment und organisiert individuell zugeschnittene Reiserouten über eine Woche bis zu einem Monat durch das ganze Land, von den Galapagosinseln bis zum Amazonas. Die professionell geführte Agentur mit englischsprachigen Führern und privaten Fahrern ist eines der besten Touristikunternehmen der Stadt.

Quito Street Tours STADTSPAZIERGANG
(Karte S. 64 f.; ☎ 099-886-0539; www.quitostreettours.com; ⏲ tägl. 10.30 & 17.30 Uhr) GRATIS Bietet täglich dreistündige Spaziergänge durch La Floresta und abendliche Touren durch Guápulo an. Der Schwerpunkt liegt dabei auf Street-Art und der lokalen Kultur. Die Führungen sind kostenlos, die Guides erwarten aber ein Trinkgeld. Vorab online buchen.

Gulliver TOUREN
(Karte S. 78; ☎ 02-252-9297; www.gulliver.com.ec; Foch E-738 nahe der Reina Victoria; ⏲ Mo–Fr 8.30–17.30 Uhr) Angesehenes Unternehmen, das zu exzellenten Preisen täglich Ausflüge in die Anden zum Wandern, Klettern, Mountainbiken und Reiten anbietet.

Zenith Travel TOUREN
(Karte S. 78; ☎ 02-252-9993; www.zenithecuador.com; Mera N24-264 nahe der Cordero) Das schwulenfreundliche Reisebüro hat die komplette Palette von Ausflügen im Angebot, darunter Stadtführungen, Fahrten zum Markt von Otavalo, zum Cotopaxi, zum Amazonas und auf die Galapagosinseln.

Condor Trekk ABENTEUER
(Karte S. 78; ☎ 02-222-6004; https://condortrekkexpeditions.com/; Reina Victoria N24-295 nahe der Cordero; ⏲ Mo–Fr 9.30–18, Sa & So bis 12 Uhr) Namhaftes Kletterunternehmen, in dem geführte Wanderungen (ein- bis mehrtägig) auf so ziemlich alle Gipfel in Ecuador gebucht werden können.

Eos Ecuador TOUREN
(Karte S. 78; ☎ 02-601-3560; www.eosecuador.travel; Av Amazonas N24-66 nahe der Pinto) Eos bietet ein komplettes Programm: Klettern, Trekking, Ausflüge zu den Galapagosinseln und zum Amazonas sowie Übernachtungen in kommunalen Tourismusinitiativen.

Nuevo Mundo Expeditions FLUSSFAHRTEN
(Karte S. 64 f.; ☎ 02-450-5412; www.nuevomundoexpeditions.com; Roca N21-293 nahe der Gutierrez; ⏲ Mo–Fr 9–17.30 Uhr) Professioneller Veranstalter mit Luxustouren und sehr guten Guides im Angebot. An Bord der komfortablen *Manatee Amazon Explorer* kann man an verschiedenen vier- bis fünftägigen Fahrten auf dem Río Napo teilnehmen.

Sierra Nevada Expeditions ABENTEUER
(Karte S. 64 f.; ☎ 02-255-3658; http://sierranevada.ec; Pinto E4-152 nahe der Cordero) Sierra Nevada Expeditions mischt schon lange mit. Der Besitzer Freddy Ramirez ist ein angesehener Bergführer. Das Angebot umfasst Kletter- und Raftingausflüge.

Quito Turismo STADTSPAZIERGANG
(Karte S. 56 f.; ☎ 02-299-3300; www.quito-turismo.gob.ec; Venezuela nahe der Espejo; Führungen 8,50–16,50 US$ pro Pers.; ⏲ Mo–Sa 9.30, 10 & 11 Uhr) Bietet unterschiedliche Führungen durch die Altstadt an (u. a. auf English und Spanisch). Vorab buchen! Zu finden im Büro von Quito Tourism (S. 95) gleich neben der Plaza Grande.

Free Walking Tour Ecuador STADTSPAZIERGANG
(Karte S. 56 f.; www.freewalkingtourecuador.com; Cevallos N6-78 nahe der Olmedo) Einheimische führen Reisende zweimal täglich (nicht So) durch Quito. Los geht's um 10.30 und 14.30 Uhr am Community Hostel in der Altstadt. Die Touren sind kostenlos, aber die Guides erwarten ein Trinkgeld.

High Summits TOUREN
(Karte S. 78; ☎ 02-290-5503; www.highsummits.com; Pinto E5-29 nahe der Mera, 1. OG) Das Unternehmen mit langer Erfahrung organisiert Kletterausflüge in ganz Ecuador. Die Führer sprechen Deutsch, Englisch und Französisch und sind alle staatlich geprüfte Mitglieder der ASEGUIM. Ausflüge auf den Rucu Pichincha sind ebenfalls im Angebot.

Tren Crucero ZUGFAHRT
(Train of Wonders; ☎ 1-800-873-637; www.trenecuador.com; Erw./Kind 1650/1485 US$; ⏲ Di–Fr) Vier Tage und vier Nächte an Bord eines Luxuszugs vom Bahnhof Chimbacalle in Quito an der „Vulkanstraße" und der Nariz del Diablo vorbei nach Guayaquil.

Safari Tours TOUREN
(☎ 02-255-2505; www.safari.com.ec) Safari Tours hat einen exzellenten Ruf und ist schon lange dabei. Man kann hier alle Arten von Touren und Ausflügen buchen, von Vulkanbesteigungen über Urwaldexkursionen bis hin zu Jeeptrips und maßgeschneiderten Touren abseits der ausgetretenen Pfade. Anrufen oder online buchen.

Quito Eterno STADTSPAZIERGANG
(Karte S. 56 f.; ☎ 02-228-9506; www.quitoeterno.org; La Ronda 989) Tägliche Stadtrundgänge mit kostümierten Führern, die auf weniger bekannte Aspekte der Geschichte und Sehenswürdigkeiten der Altstadt hinweisen.

Latin Adventures TOUREN
(Karte S. 56 f.; ☎ 02-316-1568; www.latinadventures.ec; Caldas E1-38 nahe der Cevallos, Plaza San Blas) Hat viele Exkursionen im Programm, der Schwerpunkt liegt aber auf Begegnungen mit indigenen Kulturen – in Santo Domingo, dem Oriente und anderswo in Ecuador.

Freedom Bike TOUREN
(☎ 02-250-4339; www.freedombikerental.com; Finlandia N35-06 nahe der Suecia) Geführte Motorradtouren (auch Offroad) mit zweisprachigen Führern über vier bis zwölf Tage. Ebenfalls möglich: Fahrten auf eigene Faust mit programmiertem Navi. Leihmotorräder.

Quito Tour Bus BUS
(Karte S. 56 f.; ☎ 02-243-5458; www.quitotourbus.com; Quito Tourism Office; Erw./Kind 15/7,50 US$; ⌚ So–Do 8.30–16, Fr & Sa bis 19 Uhr) Die Doppeldecker-Bustouren der städtischen Tourismusbehörde mit beliebigem Ein- und Ausstieg halten an zwölf Stationen, z. B. an La Compañía, der Basílica, am Parque La Carolina, El Panecillo und dem TeleféricQo. Tickets und Fahrpläne gibt's in der Touristeninformation (S. 95) in der Altstadt oder im Bus selbst.

Quito Tour Bus fährt außerdem täglich zu La Mitad del Mundo und zum Aussichtspunkt am Vulkankrater Pululahua (11 bis 19 Uhr, Erw./Kind 30/20 US$ einschließlich Eintritt zu allen Attraktionen, Fahrkarte und Führer).

Tierra de Fuego TOUREN
(Karte S. 78; ☎ 02-250-1418; www.ecuadortierradefuego.com; Av Amazonas N23-23 nahe der Veintimilla) Spezialist für Tagestouren in Quito und für Galapagos-Touren.

Surtrek TOUREN
(Karte S. 64 f.; ☎ 02-250-0660; www.surtrek.com; San Ignacio E10-114 nahe der Caamaño; ⌚ Mo–Fr 9–18 Uhr) Der Luxusveranstalter verfügt über sehr viel Erfahrung in den Bereichen Trekking und Klettern. Auf Wunsch werden für die Kunden maßgeschneiderte Touren organisiert. Außerdem ist Insel-Hopping auf den Galapagos im Angebot.

> **ℹ HÖHENLUFT**
>
> Atemlos nach dem Treppensteigen im Hotel? Dreht sich alles im Kopf oder schmerzt er? Einschlafprobleme? Wenn ja, sind das wahrscheinlich milde Symptome der Höhenkrankheit, die nach ein paar Tagen verschwinden. Die Höhenlage Quitos auf 2850 m kann diese Wirkung haben, wenn man gerade von einem Ort auf Meereshöhe eingetroffen ist. Um die Symptome zu mindern, sollte man es ruhig angehen lassen, leichtes Essen bevorzugen und Rauchen und Alkohol vermeiden. Zur Abmilderung der Symptome schwören Einige auf *té de coca* (Cocablatttee), den einige Cafés, z. B. das Tianguez (S. 83), führen.

Tropic TOUREN
(☎ 02-240-8741; www.tropiceco.com; Pasaje Melo OE1-37 nahe der Av Lasso; 🐼) Alteingesessener Anbieter, der zahlreiche drei- bis sechstägige Exkursionen in den Oriente, die Anden und die Nebelwälder durchführt.

Neotropic Turis TOUREN
(☎ 02-292-6153; www.neotropicturis.com; Los Shyris N36-188 nahe der Naciones Unidas; ⌚ Mo–Fr 8.30–13 & 14–17.30 Uhr) 🍃 Neotropic betreibt die wunderbare Cuyabeno Lodge im Reserva Producción Faunística Cuyabeno.

Gray Line TOUREN
(Karte S. 64 f.; ☎ 02-394-8520; https://graylineecuador.com/; Rivet E3-54 nahe der Orton, Edificio Mokai, 6. OG) Der Ableger eines US-amerikanischen Unternehmens organisiert Stadttouren (ab 33 US$), Tagesausflüge nach Otavalo (65 US$), mehrtägige Touren zum Cotopaxi und mehr. Ebenfalls im Angebot: Flughafentransfers im Sammeltaxi zu den Hotels in der Stadt (einfache Strecke 9 US$ pro Pers.).

Feste & Events

Carnaval KARNEVAL
(www.quitocultura.info; ⌚ Feb.) An dem Wochenende vor Aschermittwoch wird mit intensiven Wasserschlachten der Carnaval zelebriert – da bleibt niemand trocken!

Semana Santa RELIGIÖSES FEST
(Karwoche; ⌚ März oder April) In der Osterwoche finden farbenfrohe religiöse Prozessionen statt. Am spektakulärsten ist die Prozession der *cucuruchos* (männliche Büßer

tragen purpurfarbene Gewänder und konisch geformte Masken) und der *verônicas* (das weibliche Pendant, ebenfalls in Purpur gekleidet) am Karfreitag.

Fiestas de Quito STADTFEST
(Anfang Dez.) Das größte Fest Quitos steigt jährlich am 6. Dezember zum Gedenken an die Stadtgründung durch die Spanier, die Party beginnt aber schon zwei Wochen früher – zahlreiche Straßenfeste, Paraden und Livemusik dienen als Vorbereitung auf das Hauptevent.

Ende November wird in Quito eine Königin gewählt, und abends düsen bunte *chivas* (seitlich offene Busse) durch die Straßen, vollgepackt mit tanzenden Nachtschwärmern. In der Woche vor dem großen Tag finden Stierkämpfe in der Arena Plaza de Toros statt, ca. 2 km nördlich des Parque La Carolina an der Avenida Amazonas, und überall in der Stadt wird Flamenco dargeboten. Abends erobern DJs und beliebte einheimische Bands die Open-Air-Bühnen. Am 6. Dezember schließen in Quito fast sämtliche Läden, weil alle Einheimischen mitfeiern wollen.

Silvester SILVESTER
(31. Dez.) In Quito (und in ganz Ecuador) begrüßen die Einheimischen das neue Jahr, indem sie am 31. Dezember um Mitternacht aufwendig gestaltete Figuren in Lebensgröße in den Straßen verbrennen und Feuerwerkskörper abschießen. Mit der öffentlichen Sicherheit nimmt man es in dieser Nacht nicht so genau!

Schlafen

Die meisten Reisenden quartieren sich im oder nahe dem Mariscal-Viertel ein. Dort wimmelt es nur so von Pensionen und Hostels. Das ruhigere Viertel La Floresta ist eine nette Alternative und liegt nur ein paar Straßen weiter. In der Altstadt gibt es eine gute Auswahl an Unterkünften (vor allem die besten Spitzenklassehotels der Stadt), die allesamt nicht weit von den Museen, Kirchen und anderen Sehenswürdigkeiten entfernt liegen. Nachteil ist das fehlende Nachtleben.

Mehrere Hostels gibt es im Altstadtviertel San Blas, einem ganz normalen Arbeiterviertel, in dem man sich nachts mit dem Taxi fortbewegen sollte.

Internationale Ketten, wie Marriott, Best Western, Swissôtel und Hilton, sind in der ganzen Stadt vertreten.

Altstadt

La Posada Colonial PENSION $
(Karte S. 56 f.; 02-228-2859; www.laposadacolonial.com; Paredes S1-49 nahe der Rocafuerte; Zi. mit Gemeinschafts-/eigenem Bad 10/12 US$ pro Pers.; @) Ideal für Leute, die eine zwanglose, preiswerte Unterkunft in der Altstadt suchen, aber nicht auf Hostels stehen. Außerdem liegt die Pension nur ein paar Schritte von der Ronda entfernt. Die Zimmer haben hohe Decken und Holzböden, die meisten mehrere Betten, also günstig für Gruppen. Die Bäder sind aber ziemlich klein. Hinzu kommen ein kleiner Bereich auf dem Dach mit schöner Aussicht sowie eine Gästeküche.

Secret Garden HOSTEL $
(Karte S. 56 f.; 02-295-6704; www.secretgardenquito.com; Antepara E4-60 nahe der Los Ríos, San Blas; B 10–12 US$, DZ 38 US$, ohne Bad 28 US$; @) Das seit jeher beliebte Hostel ist zweifellos sehr gesellig – Mauerblümchen und Ruhesuchende sollten sich besser anderswo einquartieren. Langzeitreisende, die sich mit Kneipenjobs in Quito durchschlagen, und andere Leute auf Südamerikatour tauschen bei einem Bier auf der Dachterrasse mit hinreißendem Blick über die Altstadt ihre Erfahrungen aus. Die Zimmer mit Holzböden sind schlicht, aber sauber.

Steile Treppen führen auf das Dach, wo sich auch die Rezeption befindet. Hinzu kommen tägliches Abendessen (Hauptgerichte 4,50 US$), Spanischkurse, Angebote für Freiwilligenarbeit, Freizeitangebote (Quizabende, Grillabende nach australischer Art) und CarpeDM, ein erstklassiges Touristikunternehmen im Haus.

Hostel Revolution HOSTEL $
(Karte S. 64 f.; 02-254-6458; www.hostelrevolutionquito.com; Los Ríos N13-11 nahe der Castro; B/DZ/3BZ 9/23/30 US$; @) Keine Lust auf den Trubel der Mariscal? Dann ist dieses freundliche Hostel eine nette Alternative. Er hat eine relaxte Atmosphäre und gemütliche Zimmer, eine Gemeinschaftsküche, eine Terrasse mit Ausblick und eine farbenfrohe Bar-Lounge, in der man andere Reisende treffen kann. Das Haus liegt nur einen Straßenblock bergauf vom Parque La Alameda.

Quito Backpacker Guesthouse PENSION $
(Karte S. 56 f.; 02-257-0459; www.quitobackpackerguesthouse.com; Oriente E3-108 nahe der Léon, San Blas; B/EZ/DZ inkl. Frühstück 10/22/

27 US$;) Eine gute Wahl für alle, die sich Hostelpreise gepaart mit der Atmosphäre einer Familienpension wünschen. Das große umgebaute Kolonialhaus im Viertel San Blas war bei unserem Besuch gerade neu eröffnet. Es hat auf mehreren Stockwerken große Zimmer mit hohen Decken und Holzböden, auf jedem Stock eine Küche sowie eine Dachterrasse mit Blick auf die Altstadt.

Es gibt einen Kicker- und einen Billardtisch, einen Grill und einen Bereich zum Filmegucken auf dem Dach.

Colonial House HOSTEL $

(Karte S. 56 f.; 02-316-1810; www.colonialhousequito.com; Olmedo E-432 nahe der Los Ríos; B 10 US$, Zi. 25 US$, ohne Bad 20 US$; @) Die Fassade ist im Kolonialstil, aber die Innenräume sind ziemlich planlos gestaltet. Im unordentlichen Garten „wohnen" ein paar Kaninchen (als Haustiere). Hier sind Hängematten gespannt und die Gäste können zelten oder mit Gewichten trainieren, die vermutlich uralt sind. Außerdem gibt's einen Grillbereich. Die Zimmer sind unterschiedlich geformt und auch unterschiedlich ansprechend, alle haben aber (unebene) Holzböden.

Die Atmosphäre ist alternativ und zwanglos. Es gibt eine Gästeküche, ein Spielezimmer und mehrere kleine Gemeinschaftsräume. Ein weiteres Plus ist der kostenlose Kaffee aus Bohnen, die auf der Kaffeeplantage der Familie des Besitzers angebaut werden.

★ Portal de Cantuña BOUTIQUE-HOTEL $$

(Karte S. 56 f.; 02-228-2276; www.portaldecantunaquito.com; Bolívar OE6-105 nahe der Cuenca; Zi. inkl. Frühstück 88 US$;) Das sehr schön restaurierte Gebäude aus dem 19. Jh. liegt versteckt in einer Gasse und war einst Domizil eines Nonnenordens. Zweifellos wurden sie von den neckischen und reizvollen Buntglasfenstern im Innenhof, den Blattgold- und Barockverzierungen und dem allgemeinen Flair behaglichen Komforts abgelenkt. WLAN gibt es in der Regel nur in der Lobby.

Hotel San Francisco de Quito HOTEL $$

(Karte S. 56 f.; 02-228-7758; www.sanfranciscodequito.com.ec; Sucre Oe3-17 nahe der Guayaquil; EZ/DZ inkl. Frühstück 45/73 US$; @) Keine Übertreibung: Der Eintritt durch die mittelalterlich wirkende Tür in den hellen, begrünten Innenhof dieses historischen Hotels ist wie ein Schritt in ein anderes Jahrhundert. Genauer gesagt ins Jahr 1698, als das Haus in seiner Grundform entstand. Die Zimmer sind unterschiedlich groß und gestaltet, alle haben Holzböden und behagliche Möbel.

Da es ein Kolonialhaus ist, haben die meisten Zimmer keine Fenster, aber die Türen führen auf einen Balkon rund um den zauberhaften Innenhof mit einem steinernen Springbrunnen im Zentrum. Ein kleiner Anbau mit weiteren Zimmern grenzt an eine reizende kleine Terrasse. Ein einfaches Frühstück wird im Speiseraum mit Backsteingewölbe im Erdgeschoss serviert.

Mia Leticia HOTEL $$

(Karte S. 56 f.; 02-295-1980; www.mialeticia.com; Montúfar N5-91 nahe der Mejía; EZ/DZ/3BZ inkl. Frühstück 35/55/75 US$; @) Innen ist das Haus nicht so prächtig wie die Fassade im Kolonialstil und das überdachte Atrium wird dunkel gehalten. Die einfachen Zimmer mit Holzböden haben jedoch große Fenster, die viel Licht einlassen (am besten sind die zur Straße raus), die Bäder könnten jedoch eine Renovierung gebrauchen. Das Hotel liegt an einem kleinen, aber belebten Platz gegenüber der Avenida Pichincha, der Hauptverkehrsstraße der Altstadt.

★ Hotel El Relicario del Carmen PENSION $$$

(Karte S. 56 f.; 02-228-9120; www.hotelrelicariodelcarmen.com; Venezuela 1041 nahe der Olmedo; EZ/DZ/Suite inkl. Frühstück 110/140/168 US$; @) Die entzückende Pension mit 18 Zimmern befindet sich in einer ehemaligen Kolonialvilla voller farbenfroher Gemälde und Buntglasfenster. Die Zimmer sind sogar noch toller: Sie sind alle mit Parkettböden und Balkendecken ausgestattet (haben allerdings kleine Badezimmer); die meisten blicken auf einen Innenhof.

★ Casa San Marcos BOUTIQUE-HOTEL $$$

(Karte S. 56 f.; 02-228-1811; www.casasanmarcos.com; Junín E1-36 & Montúfar; Zi. inkl. Frühstück 120–300 US$;) Die wunderschön restaurierte Kolonialvilla hat nur sechs Zimmer, die mit Antiquitäten, Ölgemälden aus dem 18. und 19. Jh. und luxuriöser Einrichtung ausgestattet sind. Außerdem gibt's eine Kunstgalerie und einen Antiquitätenladen vor Ort. Der Frühstückssaal gewährt einen malerischen Blick auf den Panecillo.

La Casona de la Ronda BOUTIQUE-HOTEL $$$

(Karte S. 56 f.; 02-228-7501; www.lacasonadelaronda.com; La Ronda OE1-160 nahe der Guayaquil; Zi. inkl. Frühstück 177–270 US$) Das wunderschöne Haus von 1738 liegt direkt an der La Ronda und hat wirklich Klasse. Die Zimmer sind mit glänzenden Hartholzböden und riesigen Betten ausgestattet, in den Bädern erwarten einen Regenduschen und z. T. gibt es sogar eine eigene kleine Veranda. In dem gemütlichen Wohnzimmer ist ein Holzofen und die hübsche überdachte Veranda zieren Pflanzen und ein Wandbild vom Baum des Lebens.

Casa Gangotena HOTEL $$$
(Karte S. 56 f.; ☎ 02-400-8000; www.casagangotena.com; Bolívar Oe6-41 nahe der Cuenca; Zi. inkl. Frühstück ab 550 US$; @ 📶) Die Casa Gangotena an der Plaza San Francisco ist eine der besten Unterkünfte in Quito. Der Service ist erstklassig und die elegant aufgemachten Zimmer sind in einer restaurierten Villa untergebracht, die Jugendstil und Modernismus miteinander vereint. Zu den gemeinschaftlich genutzten Bereichen gehören eine holzvertäfelte Bibliothek, eine überdachte Veranda und eine Dachterrasse. Die Zimmer zum Platz raus haben von Marmorsäulen gerahmte Fenster und extragroße Betten.

Plaza Grande HOTEL $$$
(Karte S. 56 f.; ☎ 02-251-0777; www.plazagrandequito.com; Ecke García Moreno & Chile; Suite ab 500 US$; @ 📶) Auch das Plaza Grande ist eine der nobleren Adressen Quitos. Es verfügt über 15 bildschön eingerichtete Zimmer (ausschließlich Suiten) mit Schnitzarbeiten, Kronleuchtern und Marmorbädern mit Sprudelwannen, einige auch samt kleinem Balkon mit Blick auf den Platz. Das Hotel hat ein kleines Spa und zwei Restaurants. Der Service ist fantastisch.

Hotel Patio Andaluz HOTEL $$$
(Karte S. 56 f.; ☎ 02-228-0830; www.hotelpatioandaluz.com; García Moreno N6-52 nahe der Olmedo; DZ/Suite inkl. Frühstück 361/423 US$; @ 📶) Die schicken Zimmer in dem eleganten Hotel – einem ehemaligen Wohnhaus aus dem 16. Jh. – verfügen über in den Raum integrierte Balkone und dicke Mauern. Die Zimmer und Gemeinschaftsbereiche sind von schönen Holzelementen geprägt, der Service ist herausragend und die gesamte Anlage verströmt ein friedliches Flair. Das exzellente Restaurant **Rincón de Cantuña** (Karte S. 56 f.; Hauptgerichte 15–28 US$; ⏲ 6.30–22.30 Uhr) serviert spanische und ecuadorianische Küche im überdachten Hof.

Hotel Real Audiencia HOTEL $$$
(Karte S. 56 f.; ☎ 02-295-0590; www.realaudiencia.com; Bolívar Oe3-18 nahe der Guayaquil; EZ/DZ inkl. Frühstück 70/97 US$; @ 📶) Das Real Audiencia ist, anders als andere Hotels in der Altstadt, in Sachen Stil und Service eher eine Standardunterkunft. Die Zimmer haben Laminatböden, Schallschutzfenster und nette, moderne Badezimmer mit Regenwasserduschen. Das Personal an der Rezeption ist professionell und etwas steif, und im obersten Stock gibt's ein Restaurant mit Aussicht.

ℹ UNTERKÜNFTE AM FLUGHAFEN

Nach der Eröffnung des schicken neuen **Wyndham Quito Airport** (☎ 02-395-8000; www.wyndhamquito.com; Terminal Aeropuerto Internacional Mariscal Sucre; Zi. ab 120 US$; 📶) hieß es, dass noch weitere internationale Hotelketten Ableger am Flughafen errichten werden. Eine behagliche und hübsche Alternative ist die nur 10 km vom Flughafen entfernte **Posada Mirolindo** (☎ 02-215-0363; www.posadamirolindo.com; Oyambarillo; EZ/DZ inkl. Frühstück 61/98 US$; 📶), ein Familienbetrieb – – ideal für alle, die frühe Flugverbindungen zu den Galapagosinseln oder ins Amazonasgebiet gebucht haben.

La Mariscal

Blue House PENSION $
(Karte S. 78; ☎ 02-222-3480; www.bluehousequito.com; Pinto E8-24 nahe der Almagro; B/EZ/DZ/3BZ ab 9/20/25/36 US$; @ 📶) Die nette Pension hat elf hübsche Zimmer (Schlafsäle mit 6–8 Betten sowie Einzel-, Doppel- und Dreibettzimmer mit Holzböden und eigenem oder Gemeinschaftsbad. Auf der Veranda vorn wird hin und wieder gegrillt. Die Gäste haben außerdem Zugang zu einer gemütlichen Lounge mit Kamin, einem Spielezimmer und einer Küche.

El Cafecito HOSTEL $
(Karte S. 78; ☎ 02-223-4862; www.cafecito.net; Cordero 1124; B/EZ/DZ 9,50/14/23 US$; ⏲ Café Mo 16–22, Di–Sa 8–22, So 8–20.30 Uhr; 📶) Die Budgetunterkunft in einem gelben Kolonialhaus ist vor allem wegen ihrer lässigen Atmosphäre und dem reizenden Café-Restaurant, in dem Frühstück und Sandwiches

serviert werden, beliebt. Der Kaffee stammt aus Mindo und wird vor Ort geröstet (weitere spezielle Kaffeesorten im Angebot). Die Schlafsäle mit Holzböden sind in Ordnung, zeigen aber deutliche Gebrauchsspuren. Die Privatzimmer sind eher klein.

Vibes HOSTEL $

(Karte S. 78; ☎ 02-255-5154; www.vibesquito.com; Pinto nahe der Av 6 de Diciembre; B 9 US$; 📶) Das nette, chaotische Hostel mit alten Möbeln in einem umgebauten Kolonialhaus ist gut für jene geeignet, die mit anderen Reisenden in der Mariscal einen draufmachen wollen. Sonntagmorgens wirkt es wie eine Studentenbude nach einer wüsten Party. Der Besitzer ist freundlich und locker und es gibt ein Büro, in dem Touren gebucht werden können, eine Bar und einen Billardtisch.

Außerdem entstehen derzeit ein Swimmingpool und eine Sauna.

★ Hostal de la Rábida PENSION $$

(Karte S. 64 f.; ☎ 02-222-2169; www.hostalrabida.com; La Rábida 227 nahe der Santa María; EZ/DZ inkl. Frühstück 61/85 US$; @📶) Der aufopferungsvolle Service, die einladenden Gemeinschaftsbereiche und eleganten Zimmer ergeben eine wunderbare Mischung. Die hübsche Pension bietet helle Zimmer, ausgestattet mit frischen weißen Laken, Holzböden und Kunst an den Wänden (beispielsweise Blumendrucke). Einige Zimmer haben eine Terrasse. Die Lounge/Bar mit Kamin ist ein lauschiges Plätzchen an kühlen Nachmittagen.

Casa Joaquín HOTEL $$

(Karte S. 78; ☎ 02-222-4791; www.hotelcasajoaquin.com; Pinto E4-376 nahe der Mera; DZ/Suite inkl. Frühstück ab 80/110 US$; 📶) Elegante Zimmer mit polierten Parkettböden und dazu eine gemütliche Bar, ein Lesezimmer und eine Dachterrasse voller Pflanzen machen die Casa Joaquín zu einer exzellenten Mittelklasseoption mitten im quirligen Mariscal-Viertel. Die Unterkunft ist blitzsauber, die Mitarbeiter sind hilfsbereit und freundlich.

Fuente de Piedra 1 PENSION $$

(Karte S. 64 f.; ☎ 02-252-5314; www.ecuahotel.com; Wilson E9-80 nahe der Tamayo; EZ/DZ inkl. Frühstück 55/65 US$; @📶) Das Fuente de Piedra in einem schönen Kolonialgebäude hat weiß getünchte Zimmer mit Böden aus Holz oder Terrakottafliesen und mit großen Fenstern (einige mit toller Aussicht). Die offene Veranda dient auch als Restaurant. Die Rezeption teilt sich die Pension mit dem Hotel Anahi (S. 79) nebenan.

Ein zweites Haus, das **Fuente de Piedra II** (Karte S. 64 f.; ☎ 02-290-0323; www.ecuahotel.com; Mera N23-21 nahe Baquedano; EZ/DZ mit Frühstück 55/65 US$; 📶), ist ebenfalls empfehlenswert.

Hostal El Arupo PENSION $$

(Karte S. 78; ☎ 02-255-7543; www.hostalelarupo.com; Rodríguez E7-22 nahe der Reina Victoria; EZ/DZ/2BZ inkl. Frühstück 30/45/48 US$; @📶) Das Arupo ist ein behaglicher und heimeliger Rückzugsort vom Chaos der benachbarten Plaza Foch. Das Haus ist sauber und freundlich eingerichtet und hat vorne eine kleine, hübsche Terrasse. Die Zimmer haben dunkle Holzböden und feste Matratzen. Es gibt eine kleine Lounge und eine blitzblanke Gemeinschaftsküche, in der Frühstück serviert wird.

Das Schwesterhotel, **El Arupo Bed & Breakfast** (Karte S. 78; ☎ 02-252-3528; https://hostalquito.com/; García E5-45 nahe der Reina Victoria; EZ/DZ 25/45 US$, ohne Bad 20/30 US$; P📶), hat kleinere Zimmer mit Holzböden und liegt in einer lauteren Straße.

La Casa Sol PENSION $$

(Karte S. 78; ☎ 02-223-0798; www.lacasasol.com; Calama 127 nahe der Av 6 de Diciembre; EZ/DZ/3BZ inkl. Frühstück 40/65/85 US$; @📶) Eine nette mittelteure Pension. Die einladende Lobby ist in den für die Kolonialzeit typischen Tönen gehalten, die Zimmer sind in fröhlichen Farben gestrichen und liegen an einem Innenhof. Überall stößt man auf nette Details, und Kunst und Fotos zieren die Flure und Räume.

Hotel Vieja Cuba PENSION $$

(Karte S. 64 f.; ☎ 02-290-6729; www.hotelviejacuba.com; La Niña N26-202 nahe der Almagro; EZ/DZ inkl. Frühstück 50/75 US$; 📶) Das frühere Wohnhaus aus der Kolonialzeit beherbergt heute eine ansprechend aufgemachte, farbenfrohe Unterkunft mit Kuba-Flair, einladenden Zimmern (die Holzböden sind auf Hochglanz poliert!) und einem kleinen Garten.

Casa Foch PENSION $$

(Karte S. 78; ☎ 02-222-1305; www.hotelcasafoch.com; Foch E4-301 nahe der Mera; EZ/DZ/3BZ inkl. Frühstück ab 50/60/82 US$; 📶) Die restaurierte Villa nahe dem Zentrum des Mariscal bietet ansprechende Zimmer mit hohen Decken, Parkettböden, massiven Holzschränken und kleinen gusseisernen Öfen. Zu man-

Mariscal Sucre

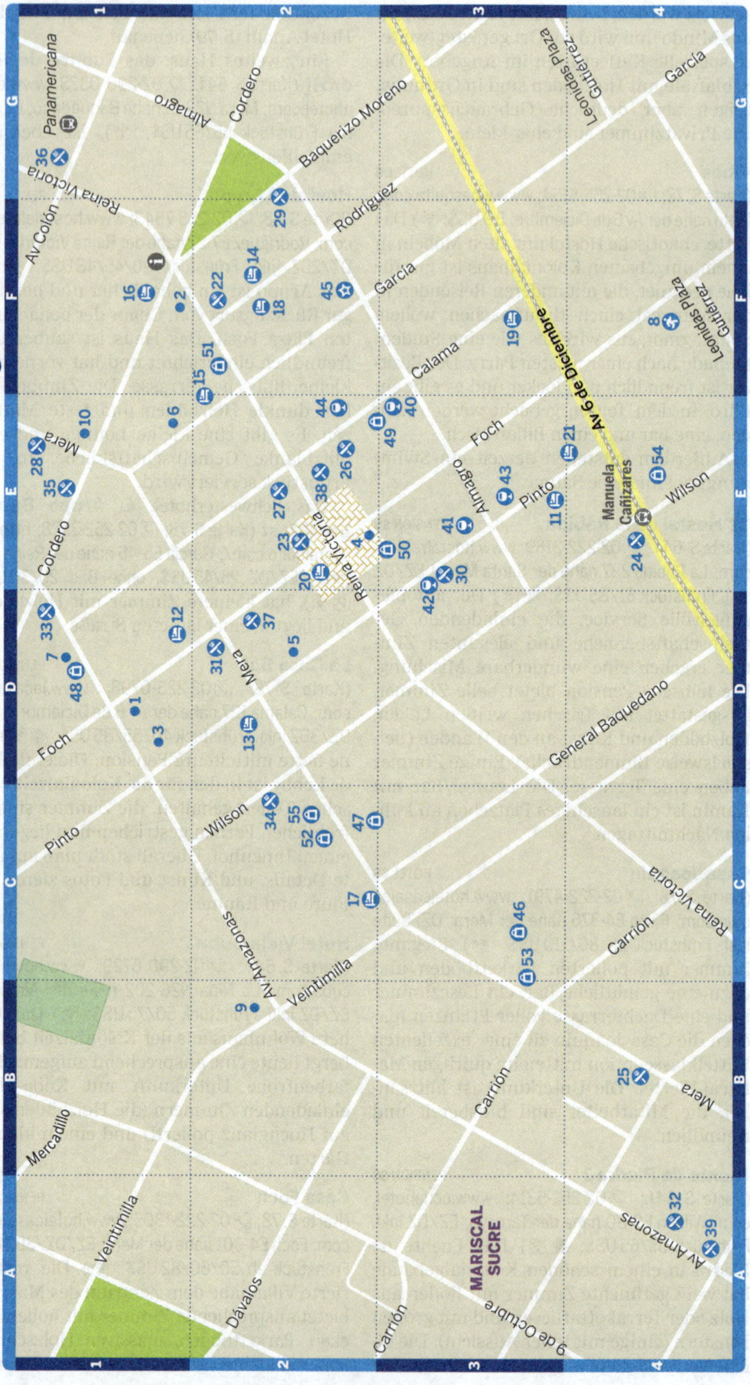

Mariscal Sucre

chen gehört auch ein Balkon. Es gibt einen kleinen Außenbereich voller Pflanzen und einen einladenden Lounge-/Frühstückssaal. Einziger Nachteil: An den Wochenenden wird es hier laut.

Cayman Hotel PENSION **$$**
(Karte S. 78; ☎ 02-256-7616; www.facebook.com/hotelcayman; Rodriguez E7-29 nahe der Reina Victoria; EZ/DZ/3BZ inkl. Frühstück 46/63/78 US$; @ 📶) Das ehemalige Wohnhaus in einer relativ ruhigen Straße in der Mariscal hat helle und fröhliche Zimmer mit Holzböden, Fensterläden und flauschigen weißen Bettdecken; einige sind allerdings ziemlich beengt. Zum Haus gehören auch eine nette Lounge und eine Rasenfläche.

Casa Helbling PENSION **$$**
(Karte S. 64 f.; ☎ 02-222-6013; www.casahelbling.de; Veintimilla E8-152 nahe der Av 6 de Diciembre; EZ/DZ 33/45 US$, ohne Bad 22/33 US$; @ 📶) Die Casa Helbling, ein heimeliges Gebäude im Kolonialstil im Mariscal-Viertel, ist sauber, hat eine nette entspannte Atmosphäre, Waschmaschinen, eine Gästeküche sowie Gemeinschaftsbereiche zum Chillen.

Anahi BOUTIQUE-HOTEL **$$$**
(Karte S. 64 f.; ☎ 02-250-1421; www.anahihotelquito.com; Tamayo N23-95 nahe der Wilson; EZ/DZ inkl. Frühstück 115/130 US$; @ 📶) Das stylische Anahi bringt superedles Design ins Mariscal-Viertel. Die lichtdurchfluteten Zimmer (z.T. mit Balkon) bestechen durch Kunstwerke und eine noble Einrichtung. Die Steinwände in den Fluren (und in einigen der Zimmer) lassen an einen Inkatempel denken. Es gibt einen Whirlpool und die Veranda im Obergeschoss gewährt einen tollen Ausblick.

Nü House HOTEL **$$$**
(Karte S. 78; ☎ 02-255-7845; www.nuhousehotels.com; Foch E6-12 nahe der Reina Victoria; DZ/Suite 130/210 US$; ❄ 📶) Mitten im Zentrum des Geschehens bietet das Nü House, ein siebenstöckiges Holz- und Glasgebäude an

der Plaza Foch, einen Hauch Moderne mit ecuadorianischem Touch. Auf dem Platz herrscht chaotisches Treiben, doch die soliden doppelverglasten Fenster halten den Lärm von den großzügig geschnittenen Zimmern fern, die mit klaren Linien, großen Fenstern und knalligen Farbakzenten aufwarten.

La Floresta & Umgebung

★ BoutiQuito
HOSTEL $

(Karte S. 64 f.; www.facebook.com/boutiquito; Guerrero 100 nahe der Larrea, Guápulo; B/DZ ab 10/20 US$; @ 📶) Das Gebäude aus den 1970ern würde prima in eine *Mad Men*-Folge passen. Es bietet Parkettböden, ein tolles „Wohnzimmer" mit einladendem Kamin und Ausblick über Guápulo, eine Gästeküche, Schlafsäle mit vier und acht Betten sowie Privatzimmer mit En-suite- oder Gemeinschaftsbädern. Fürs Frühstück werden 3 US$ berechnet.

La Casona de Mario
PENSION $

(Karte S. 64 f.; ☎ 02-254-4036; www.casonademario.com; Andalucía N24-115 nahe der Galicia; Zi. ohne Bad 12 US$ pro Pers.; 📶) Dieses wunderbare alte Gebäude in La Floresta zeichnet sich durch ein tolles Preis-Leistungs-Verhältnis aus: Es gibt gemütliche Zimmer mit Gemeinschaftsbad, einen Garten voller Blumen, ein Fernsehzimmer und eine Gästeküche.

Hotel Finlandia
HOTEL $$

(☎ 02-224-4287; www.hotelfinlandia.com.ec; Finlandia 35-129 nahe der Suecia; EZ/DZ inkl. Frühstück ab 80/85 US$; P ❄ @ 📶) Ein Hochhaushotel mit attraktiven Zimmern in Benalcázar, einem noblen Wohn- und Geschäftsviertel. Mehrere exzellente Restaurants und Cafés liegen in Laufweite und der Parque La Carolina ist nur einen Straßenblock entfernt.

Aleida's Hostal
PENSION $$

(Karte S. 64 f.; ☎ 02-223-4570; www.aleidashostal.com; Andalucía N24-359 nahe der Salazar; EZ/DZ 35/50 US$, ohne Bad 25/40 US$; @ 📶) Die nette familienbetriebene Unterkunft in La Floresta beherbergt komfortabel eingerichtete Zimmer mit Holzböden; in den besten eröffnet sich ein toller Ausblick, andere wiederum sind dunkel und haben nur Fenster nach innen.

Casa Aliso
PENSION $$$

(Karte S. 64 f.; ☎ 02-252-8062; http://casaaliso.com; Salazar E12-137 nahe der Toledo; EZ/DZ inkl. Frühstück 140/170 US$; 📶) Die reizende Pension mit zehn Zimmern verdient Bestnoten für den freundlichen Service, die gemütlichen Aufenthaltsbereiche (dort kann man mit einem Glas Wein oder einer Tasse Tee am Kamin sitzen) und die komfortablen, klassisch eingerichteten Zimmer (manche mit Blick auf den Garten). Das umgebaute Wohnhaus aus den 1930er-Jahren steht in einer ruhigen Straße.

Stubel Suites & Café
HOTEL $$$

(Karte S. 64 f.; ☎ 02-601-3499; www.stubel-suites.com; Pasaje Stubel 1, nahe der León Larrea; DZ/Suite ab 93/136 US$; @ 📶) Das Spitzenhotel hoch über Guápulo bietet attraktive, moderne Zimmer mit luxuriösen Stoffen und riesigen Fenstern sowie recht gute Freizeitanlagen (Sauna, Fitnessstudio, Massagen). Die teureren Zimmer haben eine tolle Aussicht, das gilt auch für das Restaurant. Die gut ausgestatteten Suiten trumpfen mit einer Terrasse und einem Küchen- und Essbereich auf.

Hotel Quito
HOTEL $$$

(Karte S. 64 f.; ☎ 02-396-4900; www.hotelquito.com; González Suárez N27-142; EZ/DZ 130/140 US$; @ 📶 🏊) Das riesige 215-Zimmer-Hotel mit 1970er-Jahre-Flair ist ein Wahrzeichen Quitos. Es liegt auf einem Hügel hoch über Guápulo – einige der Zimmer (alle mit Balkon) und das Bar-Restaurant (S. 87) im 6. Stock gewähren einen unvergesslichen Ausblick.

Tagesgäste können den Außenpool, die finnische und die Dampfsauna für 22 US$ nutzen, Hotelgäste zahlen nichts für diese Einrichtungen.

Essen

Ecuadors kulinarische Hauptstadt ist ideal, um klassische Gerichte der Anden und anderer Regionen zu probieren. Die umfängliche und vielfältige Restaurantszene bietet auch eine prima Auswahl an internationaler Küche. Es gibt für jeden Geldbeutel und Geschmack etwas und die Palette reicht von modernen Sushi-Restaurants bis zu italienischen Trattorien. Viele Restaurants haben sonntags geschlossen.

Die authentischsten Lokale befinden sich im historischen Zentrum. In manchen von ihnen werden Familienrezepte schon seit Generationen immer weiter verfeinert. *Seco de chivo* (Eintopf mit geschmortem Ziegenfleisch) wird gewöhnlich mit gelbem Reis und *patacones* (frittierte Kochbananenstücke) serviert. Die aus den Anden stammende Kartoffel wird kreativ zubereitet, z. B. als *llapingachos* (dicke Pfannkuchen aus Kartoffeln und Käse), die häufig unter einem Grillsteak oder gebratenen Eiern serviert werden. In ein paar Lokalen gibt's auch *cuy asado* (Meerschweinchenbraten), ein Gericht der indigenen Bevölkerung, das aus der Inkazeit stammt.

Das breiteste Angebot und die dichteste Konzentration von ethnischen und internationalen Lokalen sind in der Mariscal der Neustadt zu finden. Noblere Restaurants und die Topadressen der Stadt befinden sich in La Floresta, La Pradera und den angrenzenden Vierteln. Benalcázar, ein feines Viertel mit Hochhaus-Eigentumswohnungen, Büros, hippen Cafés und Restaurants, liegt zwar abseits der touristischen Pfade, lohnt sich aber. Die Gegend erstreckt sich zwischen dem Parque La Carolina im Osten und der Avenida 6 de Diciembre im Westen. Zu erreichen mit der Ecovia bis Eloy Alfaro oder Benalcázar.

Altstadt

★Cafetería Modelo ECUADORIANISCH $

(Karte S. 56 f.; www.facebook.com/cafeteriamodelocentrohistorico; Sucre 391 nahe der García Moreno; Hauptgerichte 4–6,25 US$; Mo–Sa 8–19.30, So bis 18 Uhr) Das Modelo ist eines der ältesten Cafés der Stadt (eröffnet 1950) und eine super Adresse für traditionelle Snacks wie *empanadas de verde* (Empanadas aus Kochbananenteig), *quimbolitos* (süße Maisküchlein) und Tamales. Die Leute kommen auch gern vorbei, um ein Eis zu essen.

Die nahe gelegene **Cafetería Modelo II** (Karte S. 56 f.; Sucre OE4-48, nahe der Venezuela; Hauptgerichte 4–6,25 US$; Mo–Do 9–18.30, Fr & Sa bis 19.30, So 9–17 Uhr) bietet ein ähnliches altmodisches Flair (plus Livemusik freitagnachmittags von 17 bis 19 Uhr).

San Agustín ECUADORIANISCH $

(Karte S. 56 f.; 02-228-5082; http://heladeriasanagustin.net; Guayaquil N5-59 nahe der Mejia; Hauptgerichte 5,50–9,50 US4; Di–So 10.30–16 Uhr;) Kitschige religiöse Ikonen und altmodische Radios schmücken diesen altmodischen Klassiker, der in quirliger Atmosphäre ecuadorianische Gerichte serviert. Wir empfehlen das erstklassige *seco de chivo* (Ziegenfleischeintopf), *corvina* (Wolfsbarsch) oder *arroz marinero* (Meeresfrüchtereis) gefolgt von *helados de paila* (in großen Kupferschüsseln angerührte Eiscreme).

Bohemia Café & Pizza PIZZA $

(Karte S. 56 f.; www.facebook.com/bohemia.pizzeria; La Ronda Oe3-108 nahe der Venezuela; Hauptgerichte 5–8 US$; Mo–Do 12–24, Fr & Sa bis 2 Uhr) In dieser einladenden Pizzeria fühlt man sich wie ein *quiteño*. Der temperamentvolle Besitzer begrüßt Gäste schon beim zweiten Besuch wie Familienmitglieder. Zum Speisenangebot gehören exzellente Pizzas und geschichtete Nachos mit hausgemachten Mais-Chips. Dazu passt eine riesige *michelada*, eine Mischung aus Bier, Limetten, Salz und verschiedenen Salsas.

Café San Blas PIZZA $

(Karte S. 56 f.; 02-228-6762; Antepara nahe der Los Ríos; Hauptgerichte 3,50–6 US$; Mo–Sa 18–22 Uhr;) Die heimelige, einladende Atmosphäre dieses winzigen, gut besuchten Lokals ist vielleicht dem Umstand geschuldet, dass es früher Teil des Wohnhauses des Besitzers war. Das Essen macht glücklich: Es gibt gut gewürzte Pizzas, Pasta-Gerichte, Sandwiches und Salate. Man sollte sich auf eine Wartezeit an der Theke einstellen.

Cevicheria Puerto Azul FISCH & MEERESFRÜCHTE $

(Karte S. 56 f.; 02-228-8798; Mejia Oe445 nahe der García Moreno; Hauptgerichte 6,50–10 US$; Mo–Sa 9–16 Uhr) *Cevicherias* sind in diesem Teil der Stadt selten und das maritim eingerichtete Puerto Azul ist ein nettes Lokal, um eine gute *cazuela*, Ceviche, einen *encebollado* (Suppe mit Fisch, Maniok und Zwiebeln) und andere Fischgerichte zu genießen.

Mercado Central MARKT $

(Karte S. 56 f.; Av Pichincha nahe der Esmeraldas; Gerichte 1,50–4 US$; Mo–Sa 7–17, So bis 15 Uhr) Traditionelle und äußerst günstige Küche, und das an einem Imbissstand nach dem anderen. Der Mercado Central liegt zwischen der Esmeraldas und der Manabí. Wie wär's z. B. mit *locro de papas* (Kartoffelsuppe mit Avocado und Käse), Meeresfrüchten, *yaguarlocro* (Kartoffel-Blutwurst-Suppe) oder *fritada* (gebratenes Schweinefleisch mit Maisbrei)?

Govindas Gopal VEGETARISCH $

(Karte S. 56 f.; Esmeraldas 853; Hauptgerichte 3; Mo–Sa 12–15 Uhr;) Die Krishna-Jünger bereiten zu 100 % vegetarisches, leckeres Mittagessen zu. Die Karte wechselt regelmäßig. Außerdem gibt's Joghurt und Müsli, Säfte und Süßes.

Dulceria Colonial CAFÉ $

(Karte S. 56 f.; Ecke Espejo & Venezuela, Plaza Grande; Sandwiches 3 US$; ⏲ Mo–Fr 7–19, Sa bis 23, So bis 21 Uhr; 📶) Seit 27 Jahren bietet das winzige Café einen Logensitz, um an der stets betriebsamen Plaza Grande bei einem Espresso, einem Stück selbstgebackenem Kuchen oder einem Eis die Passanten zu beobachten.

La Exquita ECUADORIANISCH $

(Karte S. 56 f.; Caldas nahe der Av Colombia, San Blas; Hauptgerichte 4–6 US$, Menü 2,85 US$; ⏲ 8.30–15 Uhr) Büroangestellte drängen sich mittags in dieser zweistöckigen Cafeteria, weil die *almuerzos* (Mittagsgerichte) günstig sind und satt machen.

El Kukurucho del Maní SÜSSES $

(Karte S. 56 f.; Rocafuerte Oe5-02 nahe der García Moreno; Snacks 0,50–4,50 US$; ⏲ Mo–Sa 8–19, So 9–18 Uhr) Der tolle Snackstand wartet mit kiloweise Nüssen, Maiskörnern und *coquitos* (Kokosbonbons) auf, die in einem riesigen Kupferkessel angerührt werden.

Ari Comida Sana VEGETARISCH $

(Karte S. 56 f.; ☎ 02-258-4255; Sucre Oe4-48, Centro Comercial Galerías Sucre; Hauptgerichte 2,75–5 US$; ⏲ Mo–Sa 8–17 Uhr; 🖉) Im 1. Stock eines Einkaufszentrums verbirgt sich das bunte Restaurant, in dem vegetarische Versionen ecuadorianischer Klassiker, wie Ceviche, sowie Säfte und Obstsalate auf den Tisch kommen.

★ **Café Dios No Muere** CAJUN-KÜCHE $$

(Karte S. 56 f.; Ecke Junín & Flores; Hauptgerichte 5,50–16,50 US$; ⏲ Mo–Sa 9–22 Uhr) Der Besitzer des exzentrisch eingerichteten Restaurants hinter einem Kloster aus dem 17. Jh. stammt aus dem US-amerikanischen Louisiana und ist stolz auf die Qualität der Zutaten, die in der Küche in einer Ecke im Erdgeschoss zubereitet werden. Das Lokal ist schnell voll besetzt, da es auf den beiden winzigen Etagen nur eine Handvoll Tische gibt, plus ein paar Tische in der Gasse.

Die Cajun-Spezialitäten, wie Po-Boy-Sandwiches und „Bourbon-Street"-Hamburger, wechseln täglich. Außerdem gibt es unterschiedliche Stücke vom Rind, Thunfischsteaks (aus lokalen Beständen) und Maniok-Pommes. Ebenfalls im Angebot sind Biere aus einheimischen Kleinbrauereien und ecuadorianischer Biokaffee.

★ **Café Mosaico** CAFÉ $$

(Karte S. 56 f.; ☎ 02-254-2871; https://cafemosaicoecuador.com; Samaniego N8-95 nahe der Antepara; Hauptgerichte 10–17 US$; ⏲ Mo–Mi

SCHÖNE AUSSICHTEN

Hoch oben in den Anden gelegen und von Bergen eingerahmt, bietet Quito jede Menge Orte mit unvergesslichem Panorama. Im Folgenden haben wir ein paar unserer Lieblingsplätze für einen Drink oder ein Essen mit Aussicht aufgelistet:

Vista Hermosa (S. 83) Der passende Name „schöne Aussicht" garantiert einen tollen Blick, ohne die Altstadt verlassen zu müssen.

Casa Gangotena (S. 76) Die Terrasse dieses historischen Hotels bietet einen Logenplatz für die Sicht auf die Plaza San Francisco.

Café Mosaico (S. 82) Den Sonnenuntergang und griechisches Essen genießen.

El Ventanal (S. 83) Das Altstadtrestaurant ist einer der besten Plätze, um bei einem perfekt zubereiteten Mahl der ecuadorianischen Haute Cuisine die Lichter der Stadt leuchten zu sehen. Der Eingang ist etwas schwer zu finden, daher lieber ein Taxi nehmen.

Pim's (S. 83) In malerischer Lage im Parque Itchimbia.

Hotel Real Audiencia (S. 76) Das Hotelrestaurant im Obergeschoss gewährt einen weiten Blick auf die Plaza Santo Domingo und darüber hinaus.

El Crater (S. 100) Das Restaurant/Gästehaus vor den Toren Quitos liegt oberhalb eines üppig grünen Vulkankraters und hat die schönste Aussicht überhaupt – die lange Anfahrt lohnt sich.

Ananké (S. 88) Im szenigen Viertel Guápulo. Super Adresse zum Ausgehen.

Tandana (S. 87) Veganes Café in perfekter Lage mit herrlichem Blick auf Guápulo.

Techo del Mundo (S. 87) Die Restaurant-Bar „Dach der Welt" im Hotel Quito bietet einen Blick auf die funkelnde Stadt bei Nacht und über das Tal.

16–23, Do–Sa 13–23, So 13–22.30 Uhr) In der Nähe des Parque Itchimbia gibt's eine Mischung aus ecuadorianischer und griechischer Küche. Auch für Veganer sind ein paar Gerichte dabei. Das mit Kletterpflanzen umrankte Café ist für seine tolle Aussicht bekannt. Die zu den Seiten hin offene Terrasse lädt zu einem Sundowner ein und freitags und samstags ab 20.30 Uhr wird Livemusik gespielt.

Pizza SA PIZZA **$$**
(Karte S. 56 f.; www.pizzasa.com; Espejo Oe2-46; Pizzas 10,50–16 US$; ⏲ Mo–Do 11–21.30, Fr & Sa bis 22, So 11–20 Uhr) Das zwanglose Lokal mit Straßentischen in einer verkehrsfreien Gasse mit mehreren Restaurants gegenüber vom Teatro Bolívar serviert gute Pizza, Calzone, Sandwiches und Salat.

Tianguez ECUADORIANISCH **$$**
(Karte S. 56 f.; ☎ 02-954-4326; Plaza San Francisco; Hauptgerichte 6,50–14,50 US$; ⏲ 9–18.30 Uhr; 📶) Das exzellente Café in den Steinarkaden unter dem San-Francisco-Kloster serviert neben leckeren landestypischen Vorspeisen (Tamales, Suppen, Quinoa-Salate) auch herzhaftere Hauptgerichte. Die Tische an der Plaza eignen sich ideal, um Leute zu beobachten.

Café del Fraile ECUADORIANISCH **$$**
(Karte S. 56 f.; ☎ 02-251-0113; http://cafedelfraile.com; Pasaje Arzobispal, 1. OG; Hauptgerichte 10–17,50 US$; ⏲ Mo–Sa 10–23, So bis 21 Uhr; 📶) Die Sandwiches, Grillgerichte, Ceviches und Hamburger sind teuer, aber für den Aufpreis entschädigen das komfortable Ambiente auf dem Hofbalkon und der rustikale Charme (gusseiserne Lampen, Balkendecken).

Las Cuevas de Luís Candela SPANISCH **$$**
(Karte S. 56 f.; Benalcázar 713 nahe der Chile; Hauptgerichte 6,50–13 US$; ⏲ Mo–Sa 11–21 Uhr) In dem Gewölbekeller eines altmodischen Gebäudes ist dieses fensterlose spanisch-ecuadorianische Restaurant untergebracht, das es bereits seit 1963 gibt. Es hat viel Atmosphäre. Hier haben schon die Stierkampflegenden Manolo und Manolete gespeist.

Theatrum ECUADORIANISCH **$$$**
(Karte S. 56 f.; ☎ 02-257-1011; www.theatrum.com.ec; Manabí N8-131, Teatro National Sucre, 1. OG; Hauptgerichte 14–22 US$; ⏲ Mo–Fr 12.30–15.30 & 18.30–23, Sa & So 18.30–23 Uhr) Im 1. Stock des historischen Teatro Sucre werden die Gäste in einem aufwendig gestalteten Speisesaal mit schweren Vorhängen und rotem und schwarzem Samt mit kreativen Speisen aus ganz Ecuador verwöhnt. Wer richtig dekadent speisen will, sollte das Probiermenü bestellen (42 US$).

Der stilvolle Barbereich eignet sich prima für einen Aperitif.

Vista Hermosa INTERNATIONAL **$$$**
(Karte S. 56 f.; ☎ 02-295-1401; http://vistahermosa.ec; Mejía 453, 4. OG; Hauptgerichte 13–29 US$; ⏲ Mo–Sa 13–24, So 12–20 Uhr) Ein sehr beliebtes Restaurant im Centro ist Vista Hermosa, die „Schöne Aussicht", und der Name ist Programm: Von der offenen Dachterrasse hat man einen Rundumblick auf die Altstadt. Die Livemusik (Fr & Sa ab 22 Uhr) unterstreicht die Magie dieses Orts. Besser frühzeitig hier aufschlagen, bevor es richtig voll wird!

Octava de Corpus INTERNATIONAL **$$$**
(Karte S. 56 f.; ☎ 02-295-2989; www.octavadecorpus.com; Junín E2-167; Hauptgerichte 20–30 US$; ⏲ Mo–Sa 12.30–22 Uhr) Ein kulinarisches Erlebnis der besonderen Art verspricht dieses wenig bekannte Restaurant in dem Kolonialgebäude an der hübschen Junín. Kunst ziert jedes freie Plätzchen. Jaime, der nette Besitzer, sammelt Weine (mehr als 300!) und gibt gern eine Empfehlung ab. Auf der Speisekarte stehen klassische Fleisch- und Meeresfrüchtegerichte (gegrillt oder gedünstet). Nur mit Reservierung.

El Ventanal ECUADORIANISCH **$$$**
(☎ 02-257-2232; www.elventanal.ec; Carchi nahe der Nicaragua; Hauptgerichte 22–36 US$; ⏲ Di–Fr 16–24, Sa 12–15 & 18–24 Uhr) Das Restaurant im San-Juan-Viertel an den unteren Hängen des Volcán Pichincha ist einer der schönsten Orte, um die Stadt abends zu betrachten, wenn die künstlichen Lichtern angehen. Die ecuadorianischen Gerichte sehen immer fantastisch aus, schmecken aber mal so, mal so. Dafür entschädigt die Lage. Am besten nimmt man ein Taxi hierhin, denn der Eingang ist nicht ganz leicht zu finden.

Pim's ECUADORIANISCH **$$$**
(Karte S. 56 f.; ☎ 02-322-8410; www.grupopims.com; Iquique, Parque Itchimbía; Hauptgerichte 15,50–28,50 US$; ⏲ Mo–Fr 12–15 & 18–23, Sa 12–23, So 12–18 Uhr) Die Filiale der beliebten, gehobenen Restaurantkette im Parque Itchimbia hat einen fantastischen Blick auf

die Stadt. Geboten werden in dem eleganten Speiseraum und auf der Terrasse leckere, traditionell ecuadorianische Gerichte, Sandwiches und Pasta sowie Cocktails.

La Mariscal

Kallari CAFÉ $
(Karte S. 78; www.facebook.com/kallari.com.ec; Wilson E4-266 & Mera; Hauptgerichte 2,50–3 US$; ⌚ Mo–Fr 8–19.30 Uhr; 📶) Die Kooperative im Besitz der Kichwa aus Napo serviert reichhaltiges Frühstück und Mittagessen und verkauft ihre berühmten Schokoladentafeln in diesem hellen, luftigen Café.

Canoa Manabita FISCH & MEERESFRÜCHTE $
(Karte S. 78; www.facebook.com/LaCanoaManabita; Calama E7-36 nahe der Reina Victoria; Hauptgerichte 7–10 US$; ⌚ Di–So 10–20 Uhr) Das zwanglose und unscheinbare Lokal mit Picknicktischen ist dank leckerer Speisen wie Ceviche, *cazuela de mariscos* (Meeresfrüchteeintopf), *encebollado* (Suppe mit Fisch, Maniok und Zwiebeln) und anderen Fischgerichten beliebt.

El Maple VEGETARISCH $
(Karte S. 78; ☎ 02-290-0000; Pinto E7-68 nahe der Almagro; Hauptgerichte 4–9 US$; ⌚ Mo & Di 11–21.30, Mi–Sa 8–23.30, So 8–17.30 Uhr; 🗎) In diesem beliebten Lokal wird gute internationale vegetarische Küche zubereitet (asiatische Nudelgerichte, Pasta mit Sahnesoßen, Burger, Sandwiches und Salate). Im Speisesaal mit Regalen voller Bücher dient ein Wandbild von einem Ahorn als Hingucker. In dem hübschen Hof draußen stehen ebenfalls Tische.

Suvlaki GRIECHISCH $
(Karte S. 78; Av Amazonas N21-108; Hauptgerichte 5–8 US$; ⌚ Mo–Sa 8.30–19.30 Uhr) *Die* Adresse für leckere Fleischspieße (eben jene namensgebenden Souvlaki). Der zwanglose Laden hat wegen der flotten Bedienung, der heiteren Einrichtung (samt Fotos griechischer Sehenswürdigkeiten) und der Straßentische eine stetig wachsende Fangemeinde.

Chandani Tandoori INDISCH $
(Karte S. 78; Mera 1333 nahe der Colón; Hauptgerichte 4–8 US$; ⌚ Mo–Sa 12–21.30, So bis 16 Uhr; 🗎) Schmissige Bollywood-Musik und brutzelnde Platten mit Tikka Masala bilden die Geräuschkulisse in diesem guten, preisgünstigen und schmucklosen Inder. Zur Wahl stehen zwei Dutzend Zubereitungsarten von Fleisch- und Gemüsegerichten.

Cacao & Cacao CAFÉ $
(Karte S. 78; www.facebook.com/CacaoYCacao; Mera N21-241 nahe der Roca; Snacks 3 US$; ⌚ Mo–Fr 8–20, Sa 10–19 Uhr; 📶) Der Laden hat nur fünf Tische, drinnen und auf einer kleinen Terrasse, und verkauft guten Kaffee, Gebäck und Schokolade aus einheimischen Biokakaobohnen. Eine Filiale gibt's in der Veintimilla Ecke Reina Victoria ganz in der Nähe.

La Unión BÄCKEREI $
(Karte S. 78; Ecke Reina Victoria & Colón; Sandwiches 2–3,50 US$; ⌚ 6–22 Uhr) Die geschäftige Bäckerei ist immer gut besucht. Es gibt Croissants, Fruchttörtchen und Eiscreme sowie große Sandwiches.

Mercado Santa Clara MARKT $
(Karte S. 64 f.; Ecke Dávalos & Versalles; ⌚ Mo–Sa 8–17, So bis 13 Uhr) Der wichtigste Markt in der Neustadt. Neben herausragenden Erzeugnissen gibt es hier auch billige Imbissstände.

Frutería Monserrate ECUADORIANISCH $
(Karte S. 78; ☎ 02-222-2149; www.fruteriamonserrate.com; Av Amazonas nahe der Cordero; Hauptgerichte 4–12 US$; ⌚ Mo–Fr 7–19.30, Sa 8–18, So 8–15 Uhr) Eine beliebt Frutería mit lockerer Atmosphäre. Man hat die Wahl zwischen großen Portionen Frühstück, Sandwiches, Empanadas, Ceviche und leckeren Obstsalaten.

Eine weitere **Frutería Monserrate** (Karte S. 64 f.; Ecke Saá & Sodiro) befindet sich gleich nördlich des Parque La Alameda.

Casa Quebecua KANADISCH $
(Karte S. 78; www.facebook.com/casaquebecuaquito; Calama N24-15 nahe der Reina Victoria; Hauptgerichte 4–8 US$; ⌚ Mo–Do 9–23, Fr & Sa 9–24 Uhr) Hier herrscht die winterliche Atmosphäre einer kanadischen Blockhütte. Der Quebecer Besitzer des Lokals serviert die typischen, cholesterinreichen Gerichte seines Heimatlands: eine üppige *poutine* – ein Berg Pommes frites mit Käsestückchen und Bratensoße – und dazu Beilagen wie Huhn oder Steak. Die Hamburger und Hot Dogs locken Hungrige auf Kneipentour in der Mariscal.

Supermaxi SUPERMARKT $
(Karte S. 64 f.; Ecke La Niña & Pinzón; ⌚ Mo–Sa 9.30–20.30, So bis 14 Uhr) Ein gut sortierter Supermarkt nahe dem Mariscal-Viertel.

Cosa Nostra ITALIENISCH $$
(Karte S. 78; ☎ 02-252-7145; www.pizzeriacosanostra.com.ec; Ecke Baquerizo Moreno & Almagro; Hauptgerichte 10–18 US$; ⌚ Mo–Mi 12.30–15.30 &

18–23, Do–Sa 12.30–16 & 18–23, So 18–24 Uhr; 📶) Das von Italienern geführte Cosa Nostra hat eine nette Straßenterrasse, einen gemütlichen Gastraum und fast drei Dutzend verschiedene im Backsteinofen gebackene Pizzas mit großzügigem Belag – wohl die besten in der Stadt. Gute Gnocchi und Pasta gibt's auch sowie Tiramisu zum Nachtisch.

El Mariachi Taco Factory MEXIKANISCH **$$**
(Karte S. 78; http://elmariachitacofactory.com/; Foch E4-318, 1. OG, nahe der Mera; Hauptgerichte 6–11 US$; 🕒12–23 Uhr) Bunte Tischdecken, Poster von mexikanischen Mariachis und Mauern im Lehmziegel-Look schaffen in diesem Mariscal-Restaurant eine Atmosphäre, die vage an ein Mexiko wie in den guten alten Zeiten erinnert. Die brutzelnd heißen Fajitas kann man mit einer Frozen Margarita hinunterspülen.

Baalbek NAHÖSTLICH **$$**
(Karte S. 78; ☎02-255-2766; http://restaurantbaalbek.com/wp/; Av 6 de Diciembre N23-103 nahe der Wilson; Hauptgerichte 7–17 US$; 🕒So–Di 12–17, Mi–Sa bis 22.30 Uhr) Authentische libanesische Küche wird in diesem komfortablen und modernen Restaurant mit orientalischer Einrichtung und Musik serviert. Die meisten Speisen können als halbe oder ganze Portion bestellt werden, was ideal für Familien oder Gruppen zum Teilen ist. Die Wartezeiten sind kurz.

Spanes KOLUMBIANISCH **$$**
(Karte S. 64 f.; Av Amazonas N20-51; Hauptgerichte 5,50–14,50 US$; 🕒Mo–Sa 8–20, So bis 17 Uhr; 📶) Kolumbianisches Fast Food, darunter Arepas (Maisfladen) und *ajiaco*, eine Spezialität aus Bogota aus drei Kartoffelarten mit Huhn und Mais. Darüber hinaus gibt es hier billige und sättigende *almuerzos* (Mittagsgerichte).

Ethnic Coffee ECUADORIANISCH **$$**
(Karte S. 78; Av Amazonas nahe der Robles; Hauptgerichte 6–18 US$; 🕒Mo–Fr 10.30–20 Uhr; 📶) Das farbenfroh eingerichtete Café serviert leckeres Frühstück, Snacks wie Tamales, Empanadas und *quimbolitos* sowie deftigere Hauptgerichte (gegrillter Fisch mit Krabben). Es hat Straßentische zwischen Farnen und Topfpflanzen.

Crêpes & Waffles INTERNATIONAL **$$**
(Karte S. 64 f.; ☎02-250-0658; http://crepesywaffles.com.ec; La Rábida N26-249 nahe der Orellana; Hauptgerichte 7–14 US$; 🕒Mo–Sa 12–22, So 9.30–21 Uhr; 📶👪) Köstliche, kalorienreiche Eisbecher und über zwei Dutzend verschiedene süße und herzhafte Crêpes, Waffeln, Salate sowie gängigere vegetarische, Fleisch- und Fischgerichte stehen auf der Karte dieser Filiale einer südamerikanischen Kette mit mehreren Niederlassungen in Quito. Das Ambiente ist gehoben und der Service herzlich und freundlich.

Magic Bean INTERNATIONAL **$$**
(Karte S. 78; ☎02-256-6181; www.magicbeanquito.com; Foch E5-08 nahe der Mera; Hauptgerichte 8–15 US$; 🕒8–22 Uhr; 📶) Das Magic Bean ist fast immer voll, weil es hier amerikanisches Frühstück und Mittagessen sowie schaumige Säfte, Kaffee und Süßspeisen gibt. Am besten sucht man sich ein Plätzchen auf der überdachten Terrasse.

Azuca Beach SÜDAMERIKANISCH **$$**
(Karte S. 78; www.facebook.com/AzucaBeach; Foch nahe der Reina Victoria; Hauptgerichte 7,50–15 US$; 🕒Mo–Do 12–24, Fr & Sa bis 2, So bis 21 Uhr; 📶) Von Studenten bis zu Berufstätigen strebt alle Welt in dieses Lokal an der wuseligen Plaza Foch. Zu den Hits zählen Gerichte aus den Küstenregionen Südamerikas, darunter verschiedene Ceviches. Tropische Cocktails (wir empfehlen die Mojitos und Caipirinhas mit Fruchtgeschmack), eine mit Bambus verkleidete Bar und Topfpalmen unterstreichen das Lounge-Feeling des Restaurants, das abends zur beliebten Kneipe wird. Mittwochs und samstags ab 21 Uhr gibt's Livemusik.

Mama Clorinda ECUADORIANISCH **$$$**
(Karte S. 78; http://mamaclorinda.webs.com/ecuadorianfood.htm; Reina Victoria N24-150 nahe der Calama; Hauptgerichte 8–22 US$; 🕒11–23 Uhr) Das geschäftige mehrstöckige Restaurant gleich hinter der Plaza Foch serviert leckere ecuadorianische Spezialitäten. Empfehlenswert: *llapingachos* (Kartoffelpfannkuchen mit Käse) mit Steak oder, für Mutige, mit *cuy* (Meerschweinchen).

La Canoa ECUADORIANISCH **$$$**
(Karte S. 78; Cordero E4-375 nahe der Mera; Hauptgerichte 11–26 US$; 🕒24 Std., So & Mo 23–6 Uhr geschl.) La Canoa, ein Guayaquil-Lokal, ist auf landestypische Klassiker wie *fritada con mote y chicharrones* (Schweinebraten mit weißem Mais), *caldo de morcilla* (Blutwurstsuppe), *bandera* (eine gemischte Meeresfrüchteplatte) und andere Leckereien spezialisiert.

Achiote ECUADORIANISCH **$$$**
(Karte S. 78; ☎02-250-1743; http://achiote.com.ec; Rodriguez 282 nahe der Reina Victoria; Hauptgerichte 12,50–25 US$; 🕒12–21.45 Uhr) Hier

gibt's verfeinerte ecuadorianische Küche in einem stimmungsvoll beleuchteten, modernen Ambiente. Die Empanadas, Ceviches, Fischeintöpfe und *llapingachos* (Pfannkuchen aus Kartoffelbrei mit Käse) sind erste Sahne, und freitags bis montags wird Livemusik gespielt.

La Floresta

★ Parque de las Tripas STREETFOOD $

(Essensstände Parque Navarro ; Karte S. 64 f.; Ecke Ladrón de Guevara & Iberia, Floresta; Hauptgerichte 2–4 US$; ⏲ 16–23 Uhr) Die so ziemlich authentischste traditionelle Küche bekommt man in diesem hübschen Park in La Floresta, in dem jeden Abend Essensstände aufgebaut werden. Die Inhaber verkaufen frisch zubereitete *tripa mishqui* (gegrillte Rinderinnereien), *seco de pollo* (mariniertes und geschmortes Hühnerfleisch), Empanadas und *morocho* (gewürzter Maisbrei) und lassen die Kunden vorm Kauf gern erst einmal kosten.

Botánica CAFÉ $

(Karte S. 64 f.; www.botanicaquito.com; Guipúzcoa E14-104 nahe der Coruña; Sandwiches 5–6 US$; ⏲ Di–Fr 12.30–22, Sa 14–22 Uhr; 📶) Auf der überdachten Terrasse kann man es sich zwischen allerlei Pflanzen mit einem Kaffee gemütlich machen. Die Sandwiches, Säfte und Kuchen sind göttlich.

Mercado La Floresta MARKT $

(Karte S. 64 f.; Galavis 237 nahe der Isabel La Católica; ⏲ Do & Fr 6–17 Uhr) Ein kleiner netter Obst- und Gemüsemarkt im friedlichen La Floresta. An ein paar Ständen werden Bioprodukte verkauft.

★ Jürgen Cafe NIEDERLÄNDISCH $$

(Karte S. 64 f.; ☎ 02-323-0088; www.jurgencafe.com; Ecke Coruña & Valladolid, La Floresta; Hauptgerichte 6,50–13,50 US$; ⏲ Mo–Sa 7–20, So bis 14.30 Uhr) Das lässig-elegante Restaurant von Jürgen Spelier, einem niederländischen Bäcker in vierter Generation, besticht durch klare Linien und eine Einrichtung aus hellem Holz. Besonders gut schmecken das Frühstück und der Brunch. Highlights sind die traditionell niederländischen Pfannkuchen, Huhn und Waffeln.

Z(inc) INTERNATIONAL $$

(Karte S. 64 f.; ☎ 02-256-2846; www.zincquito.com; Rivet N30 nahe der Whymper; Hauptgerichte 13–22 US$; ⏲ Di–Do 12–24, Fr 12–2, Sa 19–2, So 10.30–15.30 Uhr) Das mehrstöckige Z(inc) ist zu gleichen Teilen Restaurant und Bar und bietet Industrieschick mit unbehandelten Holzbalken, dunklem Metall und nackten Ziegelsteinmauern. Die Klientel ist gut gekleidet. Nach einem Litschi-Cocktail auf der Veranda vorn kann man sich im Speisesaal niederlassen, um dort Steinofenpizza mit dünnem Boden, Burger, Tempura-Garnelen und andere Gerichte, die man gut teilen kann, zu verzehren.

La Cleta CAFÉ $$

(Karte S. 64 f.; ☎ 02-223-3505; www.facebook.com/lacleta.bicicleta; Lugo N24-250 nahe der Guipuzcoa; Pizzas 6–9 US$; ⏲ Mo–Do 11–23, Fr bis 24, Sa 17–23 Uhr; 📶) Fahrradfans dürfen dieses kleine, clever gestaltete Café-Restaurant nicht verpassen. Hier besteht so ziemlich alles (Stühle, Barhocker, Tische, Hängelampen) aus Fahrradteilen und es liegt ein Hauch von Reifengummi in der Luft. Auf der wie ein Rad geformten Karte stehen Pizzas, Sandwiches, Kaffee, Wein und andere Drinks.

La Briciola ITALIENISCH $$

(Karte S. 64 f.; ☎ 02-254-5157; http://labriciola.com.ec; Ecke Isabel La Católica & Salazar; Hauptgerichte 13–18 US$; ⏲ Mo–Sa 12.30–23, So 12–22 Uhr) La Bricola ist schon seit vielen Jahren eine beliebte Adresse mit herausragender, abwechslungsreicher Speisekarte. Die Portionen sind riesig und die Weine gibt's zu fairen Preisen. Eine Reservierung ist ratsam.

Zao ASIATISCH $$

(Karte S. 64 f.; ☎ 02-252-3496; www.zaoquito.com; Rivet N30-145 nahe der Whymper; Hauptgerichte 10–16,50 US$; ⏲ Mo–Sa 12.30–16 & 19–23, So 12–16 Uhr) Geschnitzte Wandschirme und Statuen, die an Samurai denken lassen, sind Blickfänge in diesem brummenden Laden, dessen Spezialität asiatische Fusions-Küche ist. Serviert werden u. a. Sushi, Reisnudeln, Frühlingsrollen und Thai-Currys.

★ UKRO Cocina Local ECUADORIANISCH $$$

(Karte S. 64 f.; ☎ 02-256-3180; www.urko.rest; Isabel La Católica N24-862 nahe der Zaldumbide; kleine Gerichte 10–15 US$, Probiermenü 65 US$ pro Pers.; ⏲ Di–Sa 13–16 & 19–23 Uhr, Probiermenü Do–Sa 19–23 Uhr; 📶) 🍃 In dem gediegenen neuen Restaurant verpassen die Köche traditionellen ecuadorianischen Gerichten eine moderne Note. Die Spezialitäten aus dem ganzen Land werden mit frischen lokalen Zutaten aus nachhaltigem Anbau zubereitet, u. a. mit Kräutern und Gemüse aus dem Dachgarten des UKRO. Im entspannten *barra*-Bereich unten könnte man zwei kleine Gerichte pro Person bestellen. Alternativ bucht man einen Tisch oben und genießt das Probiermenü.

Dazu empfehlen wir einen Cocktail mit dem hausgemachten *licor de caña*, Zuckerrohrschnaps, der mit hiesigen Kräutern aromatisiert wird.

Noe Sushi Bar JAPANISCH **$$$**

(Karte S. 64 f.; ☎ 02-322-7378; www.noesushibar.com; Isabel La Católica N24-827 nahe der Coruña; Hauptgerichte 18–30 US$; ⌚ Mo–Do 12.30–23.30, Fr & Sa bis 24, So bis 22 Uhr) In dem schicken, minimalistischen Restaurant, das zu einer Kette gehört, kommen zartes, frisches Sushi und Sashimi, Teppanyaki, Kobe-Rind und weitere japanische Delikatessen auf die Tische.

Segundo Muelle PERUANISCH **$$$**

(Karte S. 64 f.; www.segundomuelle.com; Isabel La Católica N24-883; Hauptgerichte 13–36 US$; ⌚ Mo–Sa 12–16 & 19–23, So 12–16 Uhr) Die Peruaner sind auf dem Vormarsch, zumindest was die Gastroszene anbelangt. Dieses innovative, moderne Restaurant ist eine gute Adresse, um verführerische Ceviches, gut gewürzte Risottos und leckere Gerichte für mehrere Personen zu kosten.

La Pradera, La Carolina & Guápulo

Tandana VEGAN **$**

(Karte S. 64 f.; ☎ 02-323-8234; Larrea N27-492 nahe der Pasaje Stübel; Hauptgerichte 5–9 US$; ⌚ Mi & Do 12.45–19, Fr & Sa bis 22, So bis 16 Uhr) Am Aussichtspunkt Mirador de Guápulo (S. 61) findet man dieses Café, dessen Holzbänke dazu einladen, den Ausblick zu genießen. Das Angebot umfasst ausschließlich vegane Gerichte – Burger aus Bohnen, Pizzas, Falafeln, Currys, selbstgebackene Kuchen und mehr – aus fair gehandelten Zutaten, die vielfach aus dem Gemüsegarten draußen stammen.

★ **Zazu** FUSIONSKÜCHE **$$$**

(Karte S. 64 f.; ☎ 02-254-3559; www.zazuquito.com; Aguilera 331; Hauptgerichte 16–43 US$, 5-/7-gängiges Probiermenü 50/70 US$; ⌚ Mo–Fr 11.30–15 & 18.30–23, Sa 18.30–23 Uhr) Das Zazu ist eins der besten Restaurants der Stadt. Die Speisekarte umfasst das Beste, was Ecuador zu bieten hat; aus der Küche kommen wunderbare Fisch- und Meeresfrüchtegerichte, gegrilltes Fleisch und Ceviches, Getreide und Gemüse aus den Anden, Empanadas mit Meerschweinchen-Confit und Meeresfrüchte-Tamales. Das Ambiente ist stylish (helle Ziegelsteinmauern, Dudelmusik, eine einladende von hinten beleuchtete Bar).

San Telmo STEAK **$$$**

(☎ 02-225-6946; www.facebook.com/santelmouio; Portugal 440 nahe der Casanova; Hauptgerichte 20–40 US$; ⌚ 12–23 Uhr) Eins der Top-Steakhäuser der Stadt, ein elegantes mehrstöckiges, „männliches“ Restaurant. Das Fleisch wird auf einem zischenden Grill gegart; die besten Stücke kommen aus Argentinien. Die Weinkarte ist recht umfangreich und für Gäste, die keine Lust auf Fleisch haben, gibt's Pasta oder Meeresfrüchte.

Techo del Mundo ECUADORIANISCH **$$$**

(Karte S. 64 f.; ☎ 02-396-4901; www.techodelmundo.com; Av González Suárez N27-142, 6. OG; Hauptgerichte 13,50–19,50 US$, Mittagsbüfett 28 US$ pro Pers.; ⌚ 6–24 Uhr) Im Restaurant des Hotel Quito (S. 80) werden Frühstück und Mittagessen im Büfettstil aufgefahren. Darüber hinaus gibt's landestypische Küche. Der Speisesaal ist gediegen (weiße Tischtücher), der Blick auf Cumbayá ein Traum.

Ausgehen & Nachtleben

Quitos *farra* (Nachtleben) konzentriert sich in und rund um die Mariscal. Kein Quito-Besucher sollte versäumen, an einem Wochenende abends die La Ronda, eine kopfsteingepflasterte Gasse in der Altstadt voller Bars und Restaurants, rauf und runter zu bummeln. Gelassener und ruhiger geht es in den feineren Lokalen in La Floresta, Guápulo und Benalcázar zu. Auch interessant: in jüngster Zeit wurden einige Kleinbrauereien in der Stadt eröffnet.

In den Mariscal-Bars geht's mitunter wild zu – je nachdem, wie man drauf ist, kann das Spaß machen oder nerven. Das Epizentrum des Viertels ist die Plaza Foch. Dort ist der Übergang von der Bar zum Tanzclub oft fließend. In den Tanzbars muss meist Eintritt gezahlt werden; oft ist ein Getränk im Preis inbegriffen. Montag- bis mittwochabends sind eher ältere Semester unterwegs, freitag- und samstagabends tummeln sich hier Ecuadorianer im Studentenalter.

Sich auf die Tanzfläche einer *salsateca* (Salsa-Club) zu wagen ist ein absolutes Muss. Wer keine Ahnung von Salsa hat, könnte erst mal einen Kurs belegen.

QUITO FÜR SCHWULE & LESBEN

In Quito gibt es eine kleine, aber aktive Schwulen- und Lesbenszene; die meisten Bars und Clubs befinden sich in der Mariscal. Im Juni findet eine Gay Pride statt; genauere Infos zum Umzug und anderen Veranstaltungen findet man auf der Facebook-Seite **Orgullo LGBTI Ecuador** (www.facebook.com/orgulloEcuador/).

Um in die Clubs zu kommen, muss manchmal der Reisepass vorgezeigt werden.

Tercer Milenio (El Hueco; Karte S. 64 f.; www.facebook.com/discotecatercermilenio; Veintimilla nahe der Av 12 de Octubre; ⌚ Fr & Sa 23 Uhr) Die größte Gay-Party Quitos zieht ein gemischtes Publikum aus Einheimischen und Reisenden an. DJs sorgen für eine volle Tanzfläche bis tief in die Nacht.

Kika (www.facebook.com/Lademencegayclub; Japón E569 nahe der Av Amazonas; ⌚ Do–Sa 21–4 Uhr) Am nördlichen Ende des Parque La Carolina befindet sich dieser angesagte Laden. Ab Mitternacht geht in der Disco die Post ab, gespielt wird Latin Pop.

Junge Leute sollten zum Ausgehen unbedingt einen Ausweis mitnehmen, falls sie auf Volljährigkeit überprüft werden.

La Oficina CRAFT-BIER
(Karte S. 56 f.; www.facebook.com/laoficinaquito; Antepara E4-55 nahe der Los Ríos, San Blas; ⌚ Mo–Sa 18–23 Uhr) Eine chillige Adresse mit rustikalem Mobiliar Marke Upcycling, schummriger Beleuchtung und kreativen Wandbildern. Hier werden die eigenen Craft-Biere, gebraut in San Blas, gezapft; das IPA bekommt erstklassige Kritiken. Hinten befindet sich ein „Theater", in dem Konzerte, Filmvorführungen, Salsa-Abende und Stand-up-Comedy stattfinden (auf der Facebook-Seite nachschauen, was ansteht). Happy Hour von 18 bis 20 Uhr.

Bandido Brewing MIKROBRAUEREI
(Karte S. 56 f.; http://bandidobrewing.com; Olmedo E1-136 nahe der Cevallos, San Blas; ⌚ Mo–Fr 16–23, Sa 14–23 Uhr) Die Jungs aus Oregon stellen ihre eigenen kreativen Biersorten her, z. B. das La Gran Calabaza Imperial Pumpkin Ale aus Zimt, Nelken und Kürbisgewürz oder La Gua.P.A., ein American Pale Ale, das mit Guayusa aromatisiert ist, einer Baumart, die im ecuadorianischen Amazonas-Gebiet wächst. Die Bar mit ihren Steinmauern, Holzbänken und der kleinen Kapelle (!) hat einen gewissen Gothic-Touch.

Auf der Karte stehen frisch gebackene Pizzas und Barsnacks. Dienstags ab 19 Uhr gibt's Livemusik.

Dirty Sanchez LOUNGE
(Karte S. 78; www.dirtysanchezbar.com; Pinto E7-38 nahe der Reina Victoria; ⌚ Mo 17–0.30, Di–Do 15–0.30, Fr & Sa 15–2.30 Uhr) Die kleine Lounge mit dem schrägen Namen hat ein unkonventionelles Flair und ist vollgestopft mit Kunst. Mit vernünftigen Cocktails (und Kaffee), guter Musik und einem entspannten Publikum hebt sie sich von vielen anderen Bars ab.

Ananké BAR
(Karte S. 64 f.; www.anankeguapulo.com; Camino de Orellana 781, Guápulo; ⌚ Mo–Sa 18–1 Uhr) Das Ananké liegt etwas weiter ab vom Schuss, aber die Anfahrt lohnt sich! Die stilvolle Pizzeria-Bar mit der stimmungsvollen Beleuchtung besteht aus kleinen, farbenfrohen Räumen in einem alten, zweistöckigen Gebäude. Es gibt eine kleine Terrasse mit Kamin und mehrere nette Ecken, in denen man es sich bei einem Bier mit seinen Freunden gemütlich machen kann. Sobald sich der Nebel verzogen hat, ist der Blick auf Guápulo genial!

Altar Cervecería CRAFT-BIER
(Karte S. 56 f.; www.facebook.com/altarcerveza; Ecke Olmedo & León; ⌚ Di–Sa 17–24 Uhr; 📶) Eine neue Bar. Helles Holz, polierter Beton und verschiedene Biere aus der eigenen Brauerei sowie andere lokale Craft-Biersorten vom Fass. Hipster werden sich im Himmel wähnen. Das Essen schmeckt hervorragend (Burger, Chicken Wings, Pommes frites im Bierteig; 5,50 bis 8 US$) und regelmäßig treten Bands auf. Außerdem: Improvisationsabende und ein wöchentliches Sprach-Tandem-Angebot.

Santa Rosa Cerveza Artesanal CRAFT-BIER
(Karte S. 64 f.; www.facebook.com/santarosabeer; Andalucía N24-234 nahe der Cordero; ⌚ Di–Sa 16–23 Uhr) In den letzten Jahren hat sich Quitos Craft-Bier-Szene wirklich gemacht. Die Brauerei Santa Rosa, ein Familienbetrieb, mischt an vorderster Front mit. In der schicken Bar mit den unverputzten Ziegelsteinwänden gibt's acht eigene Bierkreatio-

nen vom Fass, darunter White Ale, Ginger Blonde, dunkles IPA, Mango Passion und Honey Strong. Zu essen bekommt man gute Burger und Platten zum Teilen.

Traviesas Artesanos del Café KAFFEE
(Karte S. 64 f.; http://cafetraviesa.com; Humboldt N27-77 nahe der San Ignacio; ⌚Mo–Fr 10–21, Sa 13–21 Uhr; 📶) Anspruchsvolle Kaffeetrinker und angehende Baristas sollten sich in dieses freundliche Edelcafé begeben. Zur Wahl stehen diverse Zubereitungsarten (gebrüht, auf verschiedene Art gefiltert, aus der französischen Presskanne oder der AeroPress) sowie Sandwiches, Salate und leckerer Käsekuchen.

Café Democrático CAFÉ
(Dávila & Venezuela; Hauptgerichte 6–10 US$; ⌚Di–So 10–1 Uhr; 📶) Das Cafe Democrático befindet sich im Centro de Arte Contemporáneo (S. 62) und ist ein Treff für Leute, die Kunst lieben. Es hat rote Wände. Die Gäste trinken Craft-Bier, Cocktails oder Kaffee, zu essen gibt's Sandwiches und Burger. Donnerstags, freitags (Salsa) und sonntags wird ab 21 Uhr Livemusik gespielt.

Es gibt noch ein zweites Cafe Democrático in La Mariscal.

Bungalow 6 CLUB
(Karte S. 78; www.bungalow6ecuador.com; Ecke Calama & Almagro; ⌚Mi–Sa 20–3 Uhr) Das Bungalow 6 ist bei Ausländern und Ecuadorianern gleichermaßen beliebt, und an Wochenenden und mittwochs zur Ladies' Night (Frauen kriegen bis 22 Uhr freie Getränke) sind die Schlangen vor der Tür oft lang. Es hat eine recht gute Musikmischung, eine kleine, aber quirlige Tanzfläche und oben ein Gewirr aus farbenfroh gestalteten Räumen (mit Tischfußball, Billard und einer kleinen Terrasse).

Cherusker BAR
(Karte S. 78; www.facebook.com/CheruskerCerveceriaAlemana; Pinto E7-85 nahe der Almagro; ⌚Mo 16–24, Di & Mi 15–24, Do–Sa 12–2 Uhr) Das Cherusker nimmt ein rotes, zweistöckiges Kolonialhaus ein und hat eine treue Stammkundschaft, denn die Biere aus Kleinbrauereien sind lecker, das unkonventionelle Ambiente ist einladend, und auf der Terrasse vorn ist immer etwas los. An den Wochenenden spielen ab und an Livebands.

Turtle's Head MIKROBRAUEREI
(Karte S. 64 f.; www.facebook.com/TurtlesHeadQuito; La Niña E4-451 nahe der Mera; ⌚Mo–Do 16–24, Fr & Sa bis 2 Uhr) Das Pub in schottischem Besitz serviert recht gutes Craft-Bier und Kneipenessen. Zudem gibt's Tischfußball, einen Billardtisch und gelegentliche Auftritte von Bands.

Jugos de la Sucre SAFTBAR
(Karte S. 56 f.; Moreno N2-54 nahe der Sucre; ⌚8–18 Uhr) Wer ein paar Vitamine in Form von frisch gepresstem Saft benötigt, könnte kaum einen besseren Laden finden. Wie wär's mit *tomate de arbol* (Tamarillo), *Maracuja* oder *guanábana* (Stachelannone)?

La Bodeguita de Cuba BAR
(Karte S. 64 f.; ☎02-254-2476; Reina Victoria 1721 nahe der La Pinta; ⌚So–Di 12–22, Mi & Do bis 24, Fr & Sa bis 2 Uhr) Mit der warmen Beleuchtung, den von Graffiti bedeckten Wänden und den Straßentischen bildet das Lokal ein schönes Ambiente für Cocktails, kubanisches Essen und Vergnügen. Mittwoch- und donnerstagabends treten Livebands auf (im benachbarten Varadero gibt's am Wochenende Salsa.

Finn McCool's IRISH PUB
(Karte S. 78; www.facebook.com/FinnMcCoolsQuito; Almagro E24-64 nahe der Pinto; ⌚Mo–Mi 11–1, Do & Fr bis 3, Sa 9–3, So 10–23 Uhr) Hier flattert die irische Flagge stolz im Wind. Die Bar ist in irischem Besitz und wird sowohl von Einheimischen als auch Ausländern frequentiert, die hier eine Runde Billard oder Kicker spielen, Kneipensnacks verzehren oder wegen der Mottoabende vorbeischauen (Quizabende dienstags, sonst Livebands oder Improvisationsabende und Fußball, wenn ein wichtiges Spiel läuft, etc.). An Wochenenden ist es hier proppenvoll.

Q BAR
(Karte S. 78; www.facebook.com/Q.restaurant.bar.lounge; Foch E6-11 nahe der Reina Victoria, Plaza Foch; ⌚Mo–Mi 6.30–24, Do–Sa 6.30–3, So 6.30–22 Uhr; 📶) Unter der Woche tummelt sich die Modeszene in der angesagten Restaurant-Bar, deren Decke an die Vegetation des Amazonas erinnern soll (das „Q" steht für *quinde*, Spanisch für Kolibri). Fast jeden Abend gibt es Livemusik, samstags legt ein DJ Lounge-Musik auf.

Selfie Club Disco CLUB
(Karte S. 78; www.facebook.com/selfieclubdisco; Calama E7-35 nahe der Reina Victoria; 5–10 US$; ⌚Di–Sa 21–3 Uhr) Überwiegend Ecuadorianer tanzen hier in dem etwas fabrikmäßigen Laden. Auf einem großen Bildschirm über der Tanzfläche wird Videokunst gezeigt und die DJs spielen an den Wochenenden sämtliche Stilrichtungen.

Unterhaltung

Auf den Bühnen Quitos finden die unterschiedlichsten Konzerte, Theater- und Tanzvorführungen statt, deshalb sollte man sich vorab einen Überblick über das aktuelle Programm verschaffen. Sehenswert sind auch Darbietungen lokaler Musiker, die alles Mögliche spielen, ob Salsa und Merengue oder Rock, Jazz und Blues. In einigen Bars und Restaurants in der Altstadt und der Mariscal gibt es regelmäßig Livemusikabende.

Livemusik

★ El Pobre Diablo LIVEMUSIK
(Karte S. 64 f.; ☎ 02-223-5194; www.elpobrediablo.com; Isabel La Católica E12-06 nahe der Galavis; ⏲ Mo 12.30–15, Di & Mi 12.30–15 & 18.30–24, Do & Fr bis 1.30, Sa 19–1.30 Uhr) El Pobre Diablo ist eine der besten Adressen in Quito für Livemusik. Die Atmosphäre ist nett und entspannt, und fast jeden Abend treten ausgewählte Musiker auf (Jazz, Blues, Weltmusik oder experimentellere Stilrichtungen). Davon abgesehen gibt's leckere Fusionsküche und gute Cocktails an Tischen mit Kerzenlicht.

La Juliana LIVEMUSIK
(Karte S. 64 f.; www.lajuliana.com.ec; Av 12 de Octubre N24-722 nahe der Coruña; Eintritt inkl. Getränk 25 US$; ⏲ Do 21–2, Fr & Sa bis 3 Uhr) In dem alten, umgebauten Gebäude treten so ziemlich jedes Wochenende wechselnde Bands (Rock, Salsa, Merengue) in farbenfrohem Ambiente auf. Mit Tanzfläche.

Café Democrático LIVEMUSIK
(Karte S. 78; ☎ 02-603-4775; García E7-81 nahe der Almagro; ⏲ Di–Sa 18–3 Uhr) Alternative Livemusik (etwa Salsa- und Latin-Music-Sessions, Jazz-Ska-Abende und Flamenco-Gitarren-Impros) und DJs sorgen regelmäßig für eine volle Tanzfläche in diesem Bar-Club in La Mariscal. Die Einheimischen lieben diesen Laden.

Es gibt noch einen weiteren Ableger im Centro de Arte Contemporáneo.

Casa de la Música LIVEMUSIK
(☎ 02-226-1965; www.casadelamusica.ec; Valderrama N32-307 nahe der Mariana de Jesús; ⏲ Kartenverkauf Mo–Fr 9–13.30 & 14.30–17 Uhr) Spitzenorchester, einschließlich des philharmonischen Orchesters von Quito, sowie Musiker aus aller Welt bespielen diesen modernen Saal mit toller Akustik.

Varadero LIVEMUSIK
(Karte S. 64 f.; Ecke Reina Victoria & La Pinta; ⏲ Fr & Sa 20–2 Uhr) An Wochenenden wird die Bar, die zur Bodeguita de Cuba gehört, zu einer beschwingten Salsateca. Mit etwas Glück bekommt man einen Auftritt der talentierten kubanischen Besitzerin mit.

Café Libro LIVEMUSIK
(Karte S. 64 f.; ☎ 02-250-3214; www.cafelibro.com; Leonidas Plaza Gutiérrez N23-56 nahe der Wilson; 5–10 US$; ⏲ Mo 12.30–14.30, Di–Do 12.30–14.30 & 17–24, Fr 12.30–14.30 & 18–2, Sa 18–2 Uhr) Eine alteingesessene Bar, die von Kulturliebhabern frequentiert wird. Livemusik, Dichterlesungen, moderner Tanz, Tango, Jazz und mehr stehen auf dem Programm. Mittwoch- und samstagabends werden Tangokurse (10 US$) und *milongas* (Tangotanzabende) angeboten.

Wer will, kann sich auch einfach an einen Tisch setzen und eine Runde Schach oder Karten spielen.

Kinos

Die meisten Kinos in Quito zeigen Kassenschlager in englischer Sprache mit spanischen Untertiteln.

★ Ocho y Medio KINO
(Karte S. 64 f.; www.ochoymedio.net; Valladolid N24-353 nahe der Vizcaya) Die Filmbühne in La Floresta bringt Kunstfilme (häufig auf Englisch) auf die Leinwand. Gelegentlich finden zudem Tanz-, Theater- oder Livemusikvorführungen statt. Ein Café gibt's auch.

Multicines KINO
(www.multicines.com.ec; Av Amazonas N36-152 nahe der Naciones Unidas) Ein Kino mit mehreren Sälen im Centro Comercial Iñaquito. Hier laufen die neuesten Hollywood-Streifen.

Cinemark KINO
(www.cinemark.com.ec; Ecke Naciones Unidas & Av América) Auch hier werden die neuesten Blockbuster aus Hollywood gezeigt (tendenziell untertitelt, nicht synchronisiert).

Theater & Tanz

Teatro Sucre THEATER
(Karte S. 56 f.; ☎ 02-295-1661; www.teatrosucre.com; Manabí N8-131) Das stattliche Theater (erb. 1878) an der Plaza del Teatro wurde wunderschön restauriert. Hier gibt's die besten Theater-, Tanz- und Musikproduktionen zu sehen. Die Darbietungen reichen von Jazz- und Klassikkonzerten über Ballett bis hin zu modernem Tanz und Opern.

Teatro Bolívar THEATER
(Karte S. 56 f.; ☎ 02-228-5278; www.teatrobolivar.org; Pasaje Espejo Oe243 nahe der Guayaquil)

Das Bolívar ist eines der glanzvollsten und bedeutendsten Theater der Stadt. Es wird für Tanzdarbietungen, Konzerte und Theaterstücke genutzt. 1999 zerstörte ein Brand weite Teile des wunderschönen Art-déco-Gebäudes (1933), das seither schrittweise restauriert wurde.

Ballet Folklórico Nacional Jacchigua TANZ
(Karte S. 64 f.; ☎ 02-295-2025; www.jacchiguaesecuador.com; Ecke Avs Patria & 12 de Octubre; 35 US$; ⌚ Mi 19.30 Uhr) Das Folkloreballett mag zwar sehr touristisch sein, ist aber wirklich spektakulär. Es tritt im Teatro Demetrio Agilera in der Casa de la Cultura Ecuatoriana auf. Tickets können online reserviert werden.

Humanizarte TANZ
(Karte S. 56 f.; ☎ 02-257-3486; fundacion_humanizarte@hotmail.com; Casa 707, La Ronda) Die exzellente Theater- und Tanzgruppe tritt derzeit an den Wochenenden abends auf der Ronda auf und zeigt Andentänze. Diese können auf Wunsch auch in einem Kurs erlernt werden.

Teatro Patio de Comedías THEATER
(Karte S. 64 f.; ☎ 02-256-1902; www.patiodecomedias.org; Calle 18 de Septiembre E4-26 nahe der Amazonas; ⌚ Kartenverkauf Mi–Sa 18.30–20.30, So 17–18.30 Uhr) Theaterstücke und Vorführungen von Donnerstag- bis Sonntagabend, gewöhnlich ab 20 Uhr. Das Haus befindet sich nahe der Mariscal, zwischen Calle 9 de Octubre und Avenida Amazonas.

Sport

Estadio Olimpico Atahualpa STADION
(Ecke 6 de Diciembre & Naciones Unidas) Das große Fußballstadion Quitos (1951) mit 37 750 Plätzen befindet sich nahe dem Einkaufszentrum Quicentro. Die ecuadorianische Nationalmannschaft, Deportivo Quito und El Nacional spielen hier. Zu erreichen mit dem Ecovia-Bus bis zur Haltestelle Estadio.

Shoppen

In der Mariscal finden sich massenweise tolle Kunsthandwerksläden. An den Straßenständen ist Feilschen angesagt. In gediegeneren Geschäften sind die Preise gewöhnlich fix. Tipp: Außerhalb von Quito sind Souvenirs etwas günstiger.

Die *centros comerciales* (Einkaufszentren) sind nach nordamerikanischem Vorbild aufgezogen und verkaufen internationale Marken.

★ **Librería del Fondo Carlos Fuentes** BÜCHER
(Karte S. 78; ☎ 02-254-9817; www.fce.com.ec; Av 6 de Diciembre N24-04 nahe der Wilson; ⌚ Mo–Fr 10–20, Sa bis 19, So bis 14 Uhr) Eine der besten Buchhandlungen des ganzen Landes ist im früheren Wohnhaus von Galo Plaza Lasso untergebracht, der von 1948 bis 1952 Präsident von Ecuador war. Unter den originalen Kronleuchtern und mit Holz verkleideten Decken (und selbst die Kamine sind noch von damals) findet sich eine ausgezeichnete Auswahl an Titeln. Folgt man der auslandenden Treppe ins Obergeschoss, gelangt man in eine Galerie. Zum Laden gehört zudem ein idyllisches Gartencafé.

Häufig finden Lesungen und andere literarische Events statt. Mehr dazu auf der Website.

★ **Casa Mariscal** KUNST & KUNSTHANDWERK
(Karte S. 78; Mera N23-54 nahe der Baquedano; ⌚ Mo–Sa 10–19 Uhr) Ein Künstlerkollektiv verkauft wunderschönen handgefertigten Schmuck, Drucke, Taschen, Textilien und anderes Kunsthandwerk.

★ **Tianguez** KUNST & KUNSTHANDWERK
(Karte S. 56 f.; www.tianguez.org; Plaza San Francisco) In dem Fair-Trade-Laden neben dem Tianguez Café (S. 83) gibt's eine Riesenauswahl an hochwertigem handgefertigten Kunsthandwerk aus ganz Ecuador. Die Waren sind nach Regionen sortiert und mit Hintergrundinfos zur Herstellung versehen.

Galería Latina KUNST & KUNSTHANDWERK
(Karte S. 78; www.galerialatina-quito.com; Mera N23-69; ⌚ Mo–Sa 10–19, So 11–18 Uhr) Eins der elegantesten Kunsthandwerks- und Bekleidungsgeschäfte in der Stadt. Die Auswahl an wunderschön gefertigten Waren ist riesig: Es gibt *tagua*-Schnitzarbeiten, bunte Anden-Webstoffe, Textilien, Schmuck, Pullover und handgefertigte Gegenstände aus ganz Lateinamerika. Die Preise sind hoch, aber die Qualität ist auch besser.

ARIU SCHMUCK
(Karte S. 56 f.; ☎ 02-228-4157; www.ariustudio.com; Bolívar Oe6-23 nahe der Benalcázar, Plaza San Francisco; ⌚ Mo–Fr 10–18, Sa & So bis 15 Uhr) Byron Ushiña, ein Schmuckdesigner, der sein Handwerk von seinem Vater und Großvater erlernte, verkauft einzigartige, wunderschöne Stücke in präkolumbischem Design. Sie bestehen aus Halbedelsteinen und seltenen Materialien aus Ecuador.

1

JAMES PENDLETON/SHUTTERSTOCK ©

2

4

JESS KRAFT/SHUTTERSTOCK ©

. Iglesia de la Compañía de Jesús (S. 56)
Die Bauarbeiten an Quitos schmuckvollster Kirche begannen im Jahr 1605 und dauerten 160 Jahre an.

. Plaza Grande (S. 55)
Im Herzen von Quitos Altstadt, auf der Plaza Grande, herrscht immer geschäftiges Treiben.

. La Mitad del Mundo (S. 98)
Das 30 Meter hohe trapezförmige Steindenkmal, gekrönt mit einem Messingglobus, steht mitten im Zentrum von La Mitad del Mundo.

. Quito bei Sonnenuntergang
Eine beeindruckende Lage: Eingebettet zwischen hohen Gipfeln der Anden, deren Grün häufig vom abendlichen Dunst verborgen wird, findet sich die Hauptstadt Quito.

FOTOS593/SHUTTERSTOCK ©

Galería Ecuador KUNST & KUNSTHANDWERK
(Karte S. 78; www.galeriaecuador.com; Reina Victoria N24-263 nahe der García; ⌚ Mo–Sa 9–21, So 10–20 Uhr) Der funkelnde zweistöckige Komplex in der Nähe der Plaza Foch verkauft hochwertige in Ecuador hergestellte Produkte, ob Kunsthandwerk, Schmuck, Kaffee, Kleidung und Bildbände oder Schokolade, Wein und Liköre.

Folklore Olga Fisch KUNST & KUNSTHANDWERK
(Karte S. 64 f.; http://olgafisch.com/; Colón E10-53 nahe der Caamano; ⌚ Mo–Fr 9–19, Sa bis 18 Uhr) Das Geschäft der legendären Designerin Olga Fisch ist eine gute Adresse, wenn man qualitativ hochwertiges Kunsthandwerk, Taschen und Accessoires sucht. Fisch (gest. 1991) war eine ungarische Künstlerin, die 1939 nach Ecuador auswanderte und mit indigenen Künstlern zusammenarbeitete, um traditionelles Kunsthandwerk mit moderner Kunst zu verbinden.

Mercado Artesanal La Mariscal KUNST & KUNSTHANDWERK
(Karte S. 64 f.; Washington zw. Mera & Reina Victoria; ⌚ Mo–Sa 8–19, So bis 18 Uhr) Die mehr als 200 Stände mit Kunsthandwerk zu erschwinglichen Preisen und von unterschiedlicher Qualität nehmen einen halben Straßenblock ein. Eine super Anlaufstelle für Souvenirs!

Arte Rayuela KUNST & KUNSTHANDWERK
(Karte S. 64 f.; Camino de Orellana 27- 410, Guápulo; ⌚ Mo–Fr 10–18 Uhr) Dieser alternative Laden eignet sich prima, um selbstgemachtes Kunsthandwerk, Keramik, Gegenstände aus Pappmaché oder Holz, Schmuck und Spielzeug aufzutun. Die meisten Waren werden in einer gemeinschaftlichen Werkstatt von hiesigen Künstlern gefertigt.

Ag SCHMUCK
(Karte S. 78; ☎ 02-255-0276; Mera 614 nahe der Veintimilla) Der seltene, von Hand gefertigte Silberschmuck aus ganz Südamerika ist herausragend. Außerdem stehen Antiquitäten zum Verkauf.

Homero Ortega P & Hijos HÜTE
(Karte S. 56 f.; www.homeroortega.com; Benalcázar N2-52 nahe der Sucre; ⌚ Mo–Fr 9.30–13.30 & 14.30–18.30, Sa 10–13 Uhr) Einer der größten Händler für ecuadorianische Strohhüte (die auch als Panamahüte bekannt sind) des ganzen Landes hat u.a. eine kleine, aber vielfältige Kollektion der berühmten Marke Cuenca im Angebot.

La Bodega KUNST & KUNSTHANDWERK
(Karte S. 78; Mera N22-24 nahe der Carrión; ⌚ Mo–Fr 10–13.30 & 14.30–19, Sa 9.30–13.30 & 16–18 Uhr) Der seit 30 Jahren bestehende Laden führt ein breites und wunderbares Angebot an hochwertigem altem und neuem Kunsthandwerk.

Galería Beltrán KUNST
(Karte S. 64 f.; https://galeriabeltran.jimdo.com; Reina Victoria N21-30; ⌚ Mo–Sa 10–18 Uhr) Diese Kunstgalerie ist schon seit mehr als 30 Jahren im Geschäft. Hier bekommt man Bilder und Skulpturen von bekannten ecuadorianischen Künstlern.

Libri Mundi BÜCHER
(Karte S. 78; Mera N23-83 nahe der Wilson; ⌚ Mo–Fr 9.30–18, Sa bis 14 Uhr) Einer der besten Buchläden Quitos. Gute Auswahl von englischen, deutschen, französischen und spanischen Titeln.

Confederate Bookstore BÜCHER
(Karte S. 78; www.confederatebooks.com; Amazonas N 24-155 nahe der Foch, 1. OG; ⌚ Mo–Sa 10.30–18.30 Uhr) Der exzellente Buchladen hat eine große Auswahl von gebrauchten Büchern auf Englisch und in weiteren Sprachen.

El Jardín EINKAUFSZENTRUM
(Karte S. 64 f.; http://malleljardin.com.ec/; Av Amazonas N6-114 nahe der Av República; ⌚ Mo–Sa 10–20.30, So bis 19.30 Uhr) Ein funkelndes Einkaufszentrum mit einem guten Supermarkt und internationalen Ladenketten nahe dem Parque La Carolina.

Centro Comercial Iñaquito EINKAUFSZENTRUM
(CCI; www.cci.com.ec; Av Amazonas N36-152 nahe der Naciones Unidas; ⌚ Mo–Sa 10–20.30, So bis 20 Uhr) Ein Einkaufszentrum und Unterhaltungskomplex am nördlichen Ende des Parque La Carolina.

Explorer SPORT & OUTDOOR
(Karte S. 78; Ecke Foch & Reina Victoria) Der Laden direkt an der Plaza Foch verkauft teure Markenkleidung und -ausstattung für Outdooraktivitäten.

English Bookstore BÜCHER
(Karte S. 78; Calama 217 nahe der Almagro; ⌚ Mo–Sa 10–18.30 Uhr) Gute Auswahl von Secondhand-Büchern auf Englisch.

Quicentro Shopping EINKAUFSZENTRUM
(www.quicentro.com; Av Naciones Unidas nahe der Av 6 de Diciembre; ⌚ Mo–Sa 9.30–21, So 10–20 Uhr) Beliebtes Einkaufszentrum an der Naciones Unidas.

Praktische Informationen

GEFAHREN & ÄRGERNISSE

Überfälle und Kleinkriminalität sind keine Seltenheit in Quito, wer allerdings ein paar Sicherheitsvorkehrungen trifft, kann die Gefahren auf ein Minimum reduzieren.

- La Mariscal ist ein beliebtes Revier von Taschendieben und Straßenräubern, doch an der Plaza Foch und in den unmittelbar angrenzenden Straßen ist die Polizei präsent (u. z. deutlich sichtbar). Nach Einbruch der Dunkelheit sollte man ein Taxi nehmen, wenn das Ziel weiter als ein paar Straßenblöcke entfernt liegt.
- Da die meisten Läden und Restaurants in der Altstadt abends schließen, beschleicht einsame Spaziergänger in manchen der trüb beleuchteten Nebenstraßen bisweilen ein mulmiges Gefühl. Taschendiebstahl, der alte Trick mit verspritztem Senf und schnelles Taschenentreißen kommen hier noch vor, Vorsicht ist also geboten.

Polizeistation Mariscal (Touristenpolizei; ☎ 02-254-3983; Reina Victoria N 21-208 nahe der Roca; ⏲ 24 Std.)

Polizeistation Altstadt (☎ 02-254-3983; Chile zw. Moreno & Venezuela, Plaza Grande; ⏲ 10–18 Uhr)

Taschendiebe sind ein Problem in den Bussen – man sollte also achtsam sein und Fahrten während der Stoßzeiten und nach Einbruch der Dunkelheit vermeiden. Die Tasche/den Rucksack immer am Körper haben (z. B. auf dem Schoß); allzu oft werden Taschen mit einem Messer aufgeritzt, selbst wenn man sie zwischen den Beinen abstellt oder während man sie auf dem Rücken hat.

Geldautomaten sollten nur tagsüber und an Orten benutzt werden, wo sich andere Menschen aufhalten (Einkaufszentren, Banken etc.). Vorsicht ist beim Verlassen des Automaten geboten.

Wer überfallen wird, sollte bei der Polizei oder dem touristischen Sicherheitsdienst eine Anzeige *(denuncio)* erstatten; Letzterer hat Dienststellen auf dem Flughafen und dem Busbahnhof Quitumbe. Hilfe gibt's auch über die Telefonnummer ☎ 02-254-3983.

GELD

In der Neustadt, in der Avenida Amazonas zwischen den Avenidas Patria und Orellana, befinden sich ein paar *casas de cambio* (Wechselstuben). Darüber hinaus gibt es Dutzende Banken in der Stadt.

Banco de Guayaquil (Av Amazonas nahe der Veintimilla)

Banco de Guayaquil (Av Colón nahe der Reina Victoria)

Banco del Pacífico (Ecke Guayaquil & Chile)

Banco del Pacífico (Ecke Av 12 de Octubre & Cordero)

Banco del Pichincha (Guayaquil nahe der Manabí)

Western Union (Av de la República 450 nahe der Almagro)

Western Union (Av Colón 1333 nahe der Foch)

INTERNETZUGANG

In der Mariscal befinden sich mehrere Internetcafés, die vielfach auch günstige Tarife für Auslandsgespräche anbieten. Die Auswahl in der Altstadt ist weniger groß. Der gängige Preis liegt zwischen 1 und 1,50 US$ pro Stunde. WLAN ist überall in der Stadt verfügbar – in Cafés, Restaurants, Bars, Hotels und sogar in öffentlichen Parks.

MEDIZINISCHE VERSORGUNG

Vor der Reise sollte man eine Auslandskrankenversicherung abschließen. Viele Ärzte/Krankenhäuser erwarten, dass Patienten die Behandlung bar bezahlen.

Hospital Metropolitano (☎ 02-399-8000; www.hospitalmetropolitano.org; Mariana de Jesús nahe der Arteta)

Hospital Voz Andes (☎ 02-226-2142; www.hospitalvozandes.org; Villalengua Oe2-37 nahe der Av 10 de Agosto)

Dr. John Rosenberg (☎ 09-9973-9734, 02-252-1104; rosenberg.john@gmail.com; Foch 476 nahe der Almagro)

NOTFALL & WICHTIGE TELEFONNUMMERN

Feuerwehr	☎ 102
Notfall	☎ 911
Polizei	☎ 101
Rettungswagen	☎ 131
Touristeninformation	☎ 148

TOURISTENINFORMATION

Quito Tourism (Corporación Metropolitana de Turismo; Karte S. 56 f.; ☎ 02-257-2445; www.quito-turismo.gob.ec; Venezuela nahe der Espejo; ⏲ Mo–Sa 9–18, So 9.30–16.30 Uhr; 📶)

Touristeninformation (Parque Gabriela Mistral; Karte S. 78; Ecke Reina Victoria & Cordero; ⏲ Mo–Sa 9–17 Uhr)

An- & Weiterreise

AUTO & MOTORRAD

Für den Aufenthalt in Quito ein Auto zu mieten ist keine gute Idee – der Verkehr kann ein Albtraum sein, zudem sind Taxis und Busse viel billiger und praktischer als ein Mietwagen. Wer jedoch in die weitere Umgebung fahren will, ist mit einem Mietwagen flexibler und kann auch einfacher weniger besuchte Gebiete erkunden. Die meisten Autovermieter haben Niederlassungen in der Stadt, allerdings sind internationale Vermieter generell billiger, wenn das Auto am Flughafen abgeholt wird.

Motorräder vermietet **Freedom Bike** (S. 73). Autovermietungen:

Avis (☎ 02-281-8160; www.avis.com; Flughafen)

Budget (☎ 02-281-8000, 02-281-8040; www.budget-ec.com; Flughafen)

Hertz (☎ 02-281-8410; www.hertzecuador.com.ec; Flughafen)

Localiza (☎ 02-600-2975; www.localiza.com/ecuador; Flughafen)

Thrifty (☎ 02-281-8330, 02-281-8321; www.thrifty.com.ec; Flughafen)

BUS

In Quito gibt es zwei große Busbahnhöfe (und einen weiteren kleineren), die alle sehr weit vom Zentrum entfernt liegen (mit öffentlichen Verkehrsmitteln mindestens eine Stunde, mit dem Taxi 30 Minuten oder mehr).

Busbahnhöfe

Terminal Terrestre Quitumbe (☎ 02-398-8200; Ecke Cóndor Ñan & Sucre) Liegt 10 km südwestlich der Altstadt. Von hier fahren die Busse zu Orten in den zentralen und südlichen Anden, an der Küste und im Oriente (z. B. Baños, Cuenca, Guayaquil, Coca und – mit Ausnahme von Otavalo und Mindo – den meisten anderen für Reisende interessanten Orten). Zu erreichen ist er mit dem Trole-Bus Richtung Süden bis zur Endstation. Eine Taxifahrt kostet etwa 12–15 US$. Vor Ort gibt es eine **Touristeninformation** (☎ 02-382-4815; quitumbre@quito-turismo.gob.ec).

Terminal Terrestre Carcelén (☎ 02-290-7005; Eloy Alfaro) Vom Busbahnhof im Norden der Stadt geht's nach Otavalo, Ibarra, Mindo, Santo Domingo, Tulcán und zu anderen Städten im Norden. Man kann den Trole-Bus gen Norden nach Carcelén bis zur Endstation nehmen. Mit dem Taxi kostet die Strecke etwa 10–15 US$.

Terminal Terrestre La Ofelia (Ecke Vásquez de Cepeda & de los Arupos) Vom Bahnhof La Ofelia im Norden der Stadt fahren Busse in den Nordwesten, wie nach Nanegalito, Mindo und

BUSSE AB QUITO

ZIEL	PREIS (US$)	DAUER (STD.)	HÄUFIGKEIT
Ambato	3,30	2½	alle 10 Min.
Atacames	9	7	6-mal tägl.
Baños	4,25	3	alle 30 Min.
Cayambe	1,80	1½	alle 10 Min.
Coca	10	10	24-mal tägl.
Cotacachi	2,25	2½	4-mal tägl.
Cuenca	10–12	10–12	alle 50 Min.
Esmeraldas	7,25	6	alle 25 Min.
Guayaquil	8	8	stündl.
Huaquillas	9	11	15-mal tägl.
Ibarra	3	2½	alle 15 Min.
Lago Agrio	8	7–8	alle 40 Min.
Latacunga	1,50	2	alle 10 Min.
Loja	14–17	14–15	24-mal tägl.
Machala	10	10	22-mal tägl.
Manta	10	8–9	stündl.
Mindo	3	3	Mo–Fr 5-mal, Sa & So 9-mal
Otavalo	2,50	2	stündl.
Portoviejo	9	9	stündl.
Puerto López	12	10	3-mal tägl.
Puyo	6	5½	24-mal tägl.
Riobamba	4	4	alle 20 Min.
San Lorenzo	7	6½	tägl. 21 Uhr
Santo Domingo	3	3	alle 15 Min.
Tena	6	5	alle 1½ Std.
Tulcán	5	5	alle 30 Min.

Cayambe. Dorthin gelangt man mit dem Metrobus nach Norden (bis zur Endstation). Eine Taxifahrt kostet um 10 US$.

Busgesellschaften

Zu den großen Busgesellschaften zählen:

Cooperativa Flor de Valle/Cayambe (☎ 02-236-0094; Terminal Terrestre La Ofelia)

Flota Imbabura (☎ 02-382-4810; http://flota-imbabura.com; Terminal Terrestre de Quitumbe)

Panamericana (Karte S. 78; ☎ 02-255-7134; www.panamericana.ec; Terminal Terrestre Quitumbe)

Transportes Ecuador (☎ 02-382-4851; www.transportesecuador.com.ec; Terminal Terrestre Quitumbe)

Transportes Occidentales (☎ 02-303-4291; http://3BZansportesoccidentales.com.ec/; Terminal Terreste Quitumbe)

Transportes Baños (Cooperativa de Transportes y Turismo Baños; ☎ 02-382-4843; www.cooperativabanos.com.ec; Terminal Quitumbe)

FLUGZEUG

Der **Aeropuerto Internacional Mariscal Sucre** (☎ 02-395-4200; www.aeropuertoquito.aero) liegt 37 km östlich von Quito in einem breiten Tal nahe Tababela. Er ist eine moderne Anlage mit der längsten Startbahn in Lateinamerika und dem zweithöchsten Kontrollturm (nach Cancún); das Terminalgebäude ist jedoch erheblich kleiner als das in Guayaquil. In der Ankunftshalle ist ein **Touristenkiosk** (☎ 02-281-8363; aeropuerto @auito-tourismo.gob.ec) zu finden.

ZUG

Nach massiven Investitionen transportiert das jüngst erneuerte ecuadorianische **Bahnnetz** (☎ 1-800-873-367; www.trenecuador.com; Ecke Guayllabamba & Sincholagua, Estación de Ferrocarril Chimbacalle) wieder Fahrgäste in gemächlichem Tempo durch atemberaubende Hochgebirgslandschaften. Gegenwärtig existieren zwei Routen: **Tren de los Volcanes** (S. 140) bedient die Strecke nach El Boliche im Nationalpark Cotopaxi und zurück und **Tren Crucero** (S. 72) bietet eine luxuriöse Zugreise (4 Tage, 4 Nächte) von Quito nach Guayaquil.

Die Züge starten am wunderschönen Bahnhof Estación de Ferrocarril Chimbacalle 2 km südlich der Altstadt. Fahrkarten können online reserviert oder bei **Quito Tourism** gebucht werden.

ℹ Unterwegs vor Ort

AUTO

Einbahnstraßen und Blechlawinen können das Autofahren in Quito zu einem stressigen Erlebnis werden lassen. Das Auto sollte auf keinen Fall über Nacht an der Straße abgestellt werden; es gibt in der ganzen Stadt private Parkplätze, wo Parken über Nacht etwa 12 US$ kostet.

> **ℹ QUITOS NEUE METRO**
>
> Die erste Linie des neuen städtischen Metrosystems **Metro de Quito** (www.metrodequito.gob.ec) soll 2019 fertig werden. Sie wird Quitumbe im Süden mit El Labrador im Norden verbinden (Fahrtzeit: nur 34 Min.) und 15 Haltestellen haben, darunter die Plaza San Francisco, La Almeda, El Ejido und La Carolina.

FAHRRAD

Fahrräder verleiht **Cicleadas El Rey** (☎ 98-401-4852; www.facebook.com/CicleadasElRey; Ecke Cordero & Reina Victoria, El Cafecito; ⌚ Mo–Fr 10–18.30, So 9–14 Uhr). Sonntags finden in der Stadt *ciclopaseos* (S. 68) statt, dann sind größere Straßen für den Autoverkehr gesperrt.

Das städtische Fahrradverleihsystem **BiciQuito** (S. 68) ist kostenlos, man muss sich allerdings bei der Agencia Metropolitana de Tránsito auf der Avenida Amazonas anmelden (das Anmeldeformular kann auf der Website heruntergeladen werden). Außerdem wird eine Farbkopie der Passportseite mit dem Foto und des Einreisestempels für Ecuador verlangt. Einmal registriert, kann man an jeder beliebigen Fahrradstation in Quito ein Rad leihen.

ÖFFENTLICHER NAHVERKEHR

Stadtbusse (0,25 US$) sind von 6 bis 21 Uhr in Betrieb und praktisch, da sie trotz ausgewiesener Haltestellen Passagiere oft an jeder Straßenecke ein- und aussteigen lassen. Sie haben keine Streckennummern, aber die wichtigsten Haltestellen und die Endhaltestelle sind an der Frontscheibe angezeigt. Unbedingt Taschen im Auge behalten, auch die in der Kleidung. Die grünen Busse fahren ins Umland und in die Vororte.

In Quito verkehren drei rollstuhlgerechte Elektrobuslinien (0,25 US$): Trole, Ecovía und Metrobus. Sie alle fahren auf einer der drei wichtigsten Nord-Süd-Verkehrsadern, haben feste Haltestellen und eine eigene (autofreie) Spur, was sie schnell und effizient macht.

Trole Fährt über die Maldonado und Avenida 10 de Agosto mitten durch die Stadt und verbindet den Busbahnhof Carcelén im Norden mit dem Busbahnhof Quitumbe südwestlich der Altstadt. Innerhalb der Altstadt folgen die Busse nach Süden der Westroute über die Guayaquil, die nach Norden fahren über die Flores und Montúfar.

Ecovía Verkehrt an der Ostseite der Stadt über die Avenida 6 de Diciembre zwischen Río Coca im Norden (wo es Anschluss an den Bus zum Flughafen gibt) und dem Busbahnhof Quitumbe im Süden.

Metrobus Fährt auf der Avenida América vom Busbahnhof La Ofelia im Norden zum Busbahnhof Quitumbe im Süden.

TAXI

Die meisten Taxis sind gelb. Es gibt viele, allerdings kann es zu Stoßzeiten, sonntags und an Regentagen dauern, bis man ein freies Taxi erwischt. Taxiunternehmen sind u. a. **Urgentaxi** (☎ 02-222-2111) und **City Taxi** (☎ 02-263-3333).

Taxis sind gesetzlich verpflichtet, tagsüber die *taxímetros* (Zeituhr) einzuschalten, manche Fahrer nennen jedoch einen Preis zwischen 2 und 5 US$ für eine Fahrt im Stadtgebiet, was meist mehr ist als mit Zeituhr. Besteht man auf dem Einschalten der Zeituhr, geben die Fahrer oft nach. Wenn nicht, kann man ein anderes Taxi anhalten. Nachts schalten die meisten Taxifahrer die Zeituhr aus; üblich sind dann mindestens 2 US$. Tagsüber liegt der Mindestpreis bei 1,50 US$, auch bei kurzen Strecken. Für eine längere Fahrt muss man bis 4 US$ hinblättern.

In Quito gibt es mittlerweile mehrere herunterladbare App-Dienste, ähnlich wie Uber oder Lyft, über die Fahrer in wenigen Minuten angefordert werden können. Der fortschrittlichste Dienst ist **Easy Taxi** (☎ 95-883-9483, 99-734-1994; www.easytaxi.ec).

VOM/ZUM FLUGHAFEN

Die Preise für Taxifahrten in die Stadt sind festgesetzt und liegen bei 26 US$ ins Mariscal-Viertel oder in die Altstadt. Am Ausgang der Zollabfertigung steht ein kleiner Kiosk, wo die Tarife angezeigt sind. Je nach Tageszeit und Verkehr dauert die Fahrt zwischen 35 Minuten und einer Stunde.

Der Pendelbus **Aeroservicios** (☎ 02-604-3500; www.aeroservicios.com.ec; Ecke Av Amazonas s/n & Av La Prensa; einfache Strecke 8 US$; ⏲ Mo–Fr 3.30–23.30, Sa & So 4–22.30 Uhr) fährt halbstündlich in 30 Minuten vom Flughafen zum Parque Bicentenario (dem alten Flughafen) am Nordende der Avenida Amazonas. Von dort ist es mit dem Taxi billiger in die Mariscal oder Altstadt, die nur 9 bzw. 15 km entfernt sind.

Die preisgünstigste und umständlichste Alternative ist der Stadtbus (2 US$) zum oder vom **Busbahnhof Río Coca** (Río Coca nahe der Las Hiedras) nördlich der Mariscal.

RUND UM QUITO

Quito eignet sich hervorragend als Basis, um die großartige Landschaft und Vielfalt der Region zu erkunden, da von der Hauptstadt etliche hervorragende Tagesausflüge (auch mehrere Strecken mit dem Zug) möglich sind. Auch Otavalo, Cotopaxi, Mindo und die Thermalquellen von Papallacta können von hier auf langen Tagestouren besucht werden.

La Mitad del Mundo

1736 nahm Charles Marie de La Condamine Vermessungen vor, die bewiesen, dass hier (oder eigentlich in der Nähe) der Äquator verlief. Seine Berechnungen führten zum metrischen System und belegten, dass die Erde nicht perfekt rund ist, sondern dass sie sich am Äquator ausbeult. Das Areal hat sich heute zu einer kitschigen, zirkusartigen Szenerie entwickelt – vielleicht, um unseren kindischen Glauben anzusprechen, dass um die Erde tatsächlich eine gezeichnete Linie verläuft und dass ein Besuch am Äquator zu den Lebenserfahrungen gehört, die man unbedingt gemacht haben muss, wie Fallschirmspringen oder eine Kreuzfahrt in die Antarktis. Es gibt Imbiss- und Kunsthandwerksbuden, am Wochenende unzählige Besucher sowie diverse Sehenswürdigkeiten und Attraktionen, von denen nur wenige etwas mit dem Äquator zu tun haben.

El Reloj Solar Quitsato, 7 km südlich von Cayambe, ist ein weiteres Äquatormonument – eine gewaltige Sonnenuhr mit einem 10 m hohen Zylinder, der die Stelle markiert.

Überragt wird das Mitad-del-Mundo-Monument vom neuen **Hauptsitz der Union Südamerikanischer Nationen** (UNASUR), der zu Ehren des verstorbenen argentinischen Präsidenten „Nestor Kirchner" getauft wurde. Eine Statue von ihm steht vor dem aufsehenerregenden modernen Gebäude mit scheinbar schwerelosen kubistischen Bauteilen, die einem verformten Raumschiff gleichen. Das Bauwerk selbst entwarf Diego Guayasamín. Es wurde im Dezember 2014 eröffnet.

Sehenswertes

Mitad del Mundo WAHRZEICHEN
(Mitte der Welt; www.mitaddelmundo.com; Av Galarza Km 13,5; Erw./Kind 7,50/3,75 US$; ⏲ 9–18 Uhr) Im Zentrum der Mitad del Mundo steht das Herzstück des Parks: ein 30 m hohes, trapezförmiges **Denkmal** aus Stein mit einer Bronzekugel obenauf samt Aussichtsplattform und einem Museum, das Besuchern mittels Dioramen, Fotografien und Trachten einen guten Überblick über

die verschiedenen indigenen Gruppen Ecuadors vermittelt. Auf den unteren Etagen sind neue interaktive Ausstellungen untergebracht, die sich mit den wissenschaftlichen Hintergründen zu den Mythen rund um den Äquator befassen.

Weitere Attraktionen im Park (im Eintrittspreis enthalten) sind z. B. die neue Ausstellung zu den **Viviendas Ancestrales** (Häuser der Vorfahren) – sie umfasst nachgebaute traditionelle Behausungen aus dem Amazonas-Gebiet, den Anden und der Küstenregion–, das **Museo de Cacao** (Kakaomuseum), das die Geschichte der ecuadorianischen Schokoladenproduktion beleuchtet, ein Modell des kolonialen Quito im Maßstab 1:200, ein kleines **Planetarium** und ein Ein-Raum-Museum mit Darstellungen zum Brauvorgang, das sogenannte **Museo de la Cerveza Artesanal** (Craft-Bier-Museum), in dem Bier für 5 US$ pro Pint verkauft wird.

Museo Solar Inti Ñan MUSEUM

(http://museointinan.com.ec/en/; Erw./Kind 4/2 US$; ⌚ 9.30–17 Uhr) Das unterhaltsame Museum befindet sich ein paar hundert Meter nördlich des Eingangs zum Hauptkomplex der Mitad del Mundo. Es zeigt Ausstellungen unter freiem Himmel zur astronomischen Geografie und erklärt die Bedeutung der geografischen Lage Ecuadors. Ein Highlight ist der „Solarchronometer“, ein einzigartiges Instrument von 1865, das die astronomische und die konventionelle Zeit, den Monat, Tag und die Jahreszeit präzise angibt – und das einzig auf Basis der Sonnenstrahlen.

Der eigentliche Grund für den Besuch sind natürlich die „wissenschaftlichen“ Demonstrationen. Dabei muss jeder für sich entscheiden, ob das nicht vielleicht doch alles nur Mumpitz ist. Das Museum ist ebenfalls angeblich (aber nicht wirklich) der Standort des wahren Äquators.

DER ÄQUATOR: WAHRHEIT & MYTHOS

Mit einem Fuß auf der südlichen und mit dem anderen auf der nördlichen Erdhalbkugel stehen – eine faszinierende Vorstellung! Je näher man dem Äquator kommt, desto mehr wird man über seine mysteriösen Kräfte hören. Aber wo hört die Wahrheit auf und wo fängt der Aberglaube an?

Um gleich zur Sache zu kommen: Dass das Äquatordenkmal La Mitad del Mundo auf dem Äquator liegt, ist ein Mythos, aber das muss man ja niemandem auf die Nase binden, wenn man seine Fotos herumzeigt. Außerdem ist man wirklich nah dran: GPS-Geräten zufolge sind es nur ca. 240 m bis zum „richtigen“ Äquator.

Als Nächstes wäre da die Sache mit der Toilettenspülung. Eines der Highlights des Museo Solar Inti Ñan (siehe oben) sind die beiden Becken, in denen das Wasser nördlich des Äquators gegen den Uhrzeigersinn und südlich des Äquators – nur 3 m entfernt – im Uhrzeigersinn abfließt. Forscher sind überzeugt davon, dass es sich um einen Trick handelt. Die Corioliskraft, die bewirkt, dass Wettersysteme auf der Nordhalbkugel nach rechts und auf der Südhalbkugel nach links abgelenkt werden, hat keine Auswirkungen auf kleine Wassermengen wie in einem Becken oder einer Toilette. In welche Richtung das Wasser abfließt, hängt in Wirklichkeit von anderen Faktoren ab (von den Rohren, Strudeln im Wasser, der Form des Beckens etc.).

Richtig ist hingegen, dass man am Äquator weniger wiegt, weil die Zentrifugalkraft dort größer ist als an den Polen. Der Unterschied beträgt allerdings nur ca. 0,3 % und nicht die 1,5 bis 2 %, welche die Waage am Denkmal anzeigt.

Ebenfalls wahr ist, dass die Sonne einzig am Tag der Frühjahrs- und der Herbst-Tagundnachtgleiche direkt über dem Äquator steht. Das ist in der Tat die Definition einer Tagundnachtgleiche. Das bedeutet aber nicht, dass die Tage und die Nächte gleich lang wären, wie man meinen könnte – das ist kurz vor der Frühjahrs-Tagundnachtgleiche und kurz nach der Herbst-Tagundnachtgleiche der Fall, und der Stichtag hängt davon ab, wo auf dem Planeten man sich befindet.

Viel faszinierender als sämtliche Mythen, die von Inti Ñan und La Mitad del Mundo kolportiert werden, ist die Tatsache, dass der „richtige“ Äquator (0,00 Grad gemäß GPS-Systemen) auf einer heiligen indigenen Stätte verläuft, die vor mehr als 1000 Jahren gebaut wurde. Sie heißt Catequilla und befindet sich auf einem Hügel, von der Mitad del Mundo aus betrachtet auf der anderen Seite der Straße.

Volcán Pululahua

Das 3383 ha große Naturschutzgebiet Reserva Geobotánica Pululahua liegt ca. 4 km nordwestlich der Mitad del Mundo. Der interessanteste Abschnitt ist ohne Zweifel der **Vulkankrater** des erloschenen Pululahua. Dieser entstand vor Urzeiten: Nachdem der Vulkankegel eingestürzt war, blieb ein gewaltiger Krater mit einem Durchmesser von 5 km und einer Tiefe von ca. 400 m zurück. Der flache, fruchtbare Boden der Caldera wird landwirtschaftlich genutzt.

An der offenen Westseite strömt feuchte Meeresluft vom Pazifik in den Krater hinein; manchmal kann man dessen Umrisse aufgrund der umherwirbelnden Wolken und des Nebels nicht erkennen. Die Kombination aus feuchter Luft und steilen Kraterwänden schafft verschiedene Mikroklimata, sodass die Vegetation an den fruchtbaren Vulkanhängen sehr vielseitig ist. Hier sind zahlreiche Blumen- und Vogelarten heimisch.

Sehenswertes

Reserva Geobotánica Pululahua NATURSCHUTZGEBIET

(Ecke Kingman & Galarza; ⌚8–17 Uhr) GRATIS In die Caldera des erloschenen Volcán Pululahua gelangt man über einen steilen Fußweg, der am Aussichtspunkt **Mirador de Ventanillas** (kurz hinter dem Eingang der Reserva Geobotánica) beginnt. Man muss sich im Büro der Parkaufsicht am Eingang anmelden, bevor man sich auf den Weg macht. Vom Mirador sind es 1,7 km in den Krater hinein und zurück; 90 Minuten sind eine realistische Zahl für die Dauer der Wanderung.

Templo del Sol MUSEUM

(Mirador Volcán Pululahua; 3 US$; ⌚Di–So 9–17 Uhr) Nahe dem Mirador de Ventanillas geht es am burgähnlichen Templo del Sol vorbei, einem nachgebauten Inkatempel, komplett mit präkolumbischen Relikten und Petroglyphen. Die Führung (auf Spanisch) ist ein wenig albern. Bei dem Guide handelt es sich um einen überladen kostümierten „Inkaprinzen", der über mutmaßliche alte Glaubensvorstellungen und Rituale berichtet. Zum Abschluss der Tour demonstriert der ecuadorianische Künstler Cristóbal Ortega Maila sein Können: Er malt schnell und gewandt und verwendet ausschließlich seine Hände (keine Pinsel). Vom Dach des Tempels hat man einen schönen Blick.

Schlafen & Essen

Pululahua Hostal HOSTEL $$

(☎09-9946-6636; www.pululahuahostal.com; EZ/DZ ab 30/40 US$, ohne Bad 20/30 US$) Die „Ökopension" befindet sich innerhalb der Kraterwände. Sie hat eine Handvoll einfacher, komfortabler Zimmer in einer unberührten Umgebung zu bieten. Die Besitzer kochen leckere Mahlzeiten, wenn möglich mit Zutaten von ihrer Biofarm (12 US$). Die Gäste können in den Whirlpool hüpfen (3,50 US$), Fahrräder leihen oder reiten gehen (ab 10 US$/Std.).

El Crater HOTEL $$$

(☎02-239-8132; www.elcrater.com; Mirador del Pululahua; Zi. inkl. Frühstück ab 120 US$; 📶) Das Hotel liegt in einer friedvollen Umgebung unweit des Aussichtspunkts Ventanillas und hat zwölf geräumige, hübsch gestaltete

ABSEITS DER ÜBLICHEN PFADE

REFUGIO DE VIDA SILVESTRE PASOCHOA

Das grüne, überwiegend unberührte Waldschutzgebiet an den Flanken des erloschenen Pasochoa liegt nur 30 km vor Quito, wirkt aber Welten entfernt. Im **Refugio de Vida Silvestre Pasochoa** (⌚8–17 Uhr) GRATIS gedeihen auf einer Höhe von 2900 bis 4200 m vielfältige Hochlandbäume und -büsche, darunter auch Steineibengewächse, die einzigen heimischen Koniferen der ecuadorianischen Anden, Orchideen, Farne und Flechten sowie über 100 Vogelarten. Wanderer mögen den Eindruck von Abgeschiedenheit schätzen; zur Auswahl stehen mehrere Wege, ob einfache Kurzstrecken, Tageswanderungen oder ein Marsch über acht Stunden, der aus dem Naturschutzgebiet hinaus bis zum Gipfel des Pasochoa führt.

Der Eingang zum Naturschutzgebiet befindet sich rund 7 km südlich der Ortschaft Amaguaña. In Quito fahren Busse ab der Plaza La Marín (1½ Std.) bis nach Amaguaña; dort kann man eine *camioneta* (Pick-up) für den Rest des Wegs anmieten. Eine praktische Alternative ist die Teilnahme an einem Ausflug eines der Tourunternehmen in Quito.

Zimmer. Sie sind mit großen Betten und Panoramafenstern mit Blick auf den Vulkankrater auf der einen bzw. auf Quito auf der anderen Seite ausgestattet. Im Restaurant gibt's leckeres ecuadorianisches Essen mit einem beeindruckenden Ausblick.

ℹ An- & Weiterreise

Am einfachsten gestaltet sich die Anreise zum Aussichtspunkt mit einer der preiswerten organisierten Touren ab der Mitad del Mundo. Ein Taxi von der Mitad del Mundo kostet etwa 5 US$. Öffentliche Busse fahren nicht auf dieser Strecke.

Nördliches Hochland

Inhalt ➡

Gut essen

- Hostería La Mirage (S. 117)
- Sumac (S. 111)
- Bizcochos San Pedro (S. 104)
- Café Fussion (S. 111)
- Yumbo's Chocolate (S. 134)

Schön übernachten

- Hostal Doña Esther (S. 110)
- La Luna (S. 115)
- Hostería Cananvalle (S. 120)
- Hacienda Cusin (S. 114)
- Casa Divina (S. 133)

Auf ins nördliche Hochland!

Die Panamericana schlängelt sich durch die Anden zur lebhaften Marktstadt Otavalo und zu den indigenen Dörfern der Umgebung. Wo das Rückgrat der Anden nördlich von Quito einen Knick macht, unterbrechen Vulkangipfel die Täler voller Blumenfarmen und Zuckerrohrfelder. Die Gegend gilt als Ecuadors Herz und Wiege der Andenkultur: Die Arbeitsmethoden der Kunsthandwerker sind seit Generationen unverändert, von Lederwaren bis hin zu Teppichen finden Besucher hier tolle Angebote.

Das Hochgebirge geht im Westen in feuchtwarmes Tiefland über, eine fruchtbare Übergangszone, wo im Intag-Tal Kaffee angebaut wird. Die Stadt Mindo weiter südlich ist eine gute Basis zum Vogelbeobachten, Wandern und für andere Outdooraktivitäten. In der Umgebung findet man einige abgelegene Urwaldlodges, zudem locken überall Abenteuer abseits der Touristenpfade, nachhaltige kommunale Tourismusinitiativen und Gelegenheiten für Freiwilligenarbeit.

Reisezeit

Otavalo

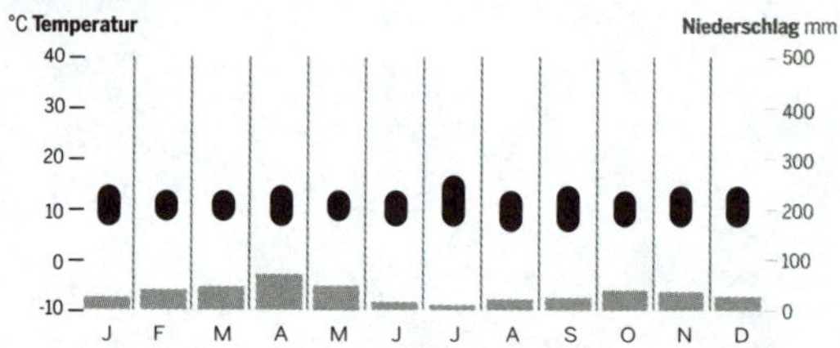

Juni Am 24. Juni feiern die Bewohner Otavalos das farbenprächtige heidnische Fest Inti Raymi.

Anfang Sept. In Otavalo wird die Fiesta del Yamor gefeiert, ein indigenes Erntefest.

Ende Sept. Musik, Tanz und Essen gibt's auf der beliebten jährlichen Fiesta in Ibarra.

Highlights

1 Laguna de Cuicocha (S. 118) In den Bergen oberhalb von Cotacachi umherwandern.

2 Markt von Otavalo (S. 106) Handgefertigtes Kunsthandwerk und Kleidung.

3 Mindo (S. 128) Diverse Vögel in den Nebelwäldern westlich von Quito erspähen.

4 Hacienda Cusín (S. 114) Hoch zu Ross die historischen Spukhäuser rund um San Pablo del Lago erkunden.

5 Intag-Tal (S. 123) Den prachtvollen Andenklippenvogel beobachten.

6 Volcán Cayambe (S. 105) Den gletscherbedeckten Vulkangipfel erklimmen.

7 Cotacachi (S. 116) In den Läden dieses zauberhaften *pueblo* Lederwaren erstehen.

8 Oyacachi (S. 105) An einer Trekkingtour zur Amazonasregion teilnehmen.

9 Fiesta de Los Lagos (S. 120) Tanzen bei einer der größten Festparaden Nordecuadors.

Cayambe

02 / 39 028 EW. / 3011 M

Der schneebedeckte Gipfel des Cayambe überragt das sanft gewellte Ackerland rund um die gleichnamige Stadt, die 64 km nördlich von Quito an der Panamericana liegt. Riesige Blütenreihen überziehen die nahen Hänge – die Region gilt als Ecuadors Blumenzentrum. Man sollte sich, wie ein altes Sprichwort sagt, hier Zeit für die schönen Dinge nehmen und den Duft der Blüten ausgiebig genießen. Die meisten Leute eilen jedoch auf dem Weg nach Otavalo einfach durch den Ort.

Cayambe selbst hat zwar Reisenden nicht viel zu bieten (Kinder können sich an den aufwendigen Spielplatzgeräten in einem Park entlang der Straße vergnügen), aber von hier aus lassen sich weniger besuchte Gegenden in der Region gut ansteuern. Und man kann ziemlich hoch auf den Vulkan fahren, um einen fantastischen Blick zu genießen.

In Cayambe werden die landesweit beliebten *bizcochos* (Kekse) hergestellt, die es in den unten aufgelisteten Geschäften zu kaufen gibt.

Sehenswertes

Quitsato WAHRZEICHEN

(El Reloj Solar Quitsato; www.quitsato.org; Cayambe, 47 km nördlich von Quito; 2 US$; 8.30–17.30 Uhr) Dieses Wahrzeichen gilt weltweit als einmalig: Die Sonnenuhr mit einem Durchmesser von 52 m wurde exakt auf dem Äquator errichtet. Sie ist von einem eindrucksvollen Steinmosaik umgeben, das die verschiedenen Äquinoktialpunkte anzeigt – ziemlich sensationell! In der indigenen Tsa'fiki-Sprache bedeutet Quitsato – man denkt es sich schon – Mittelpunkt der Welt. Ein wundervolles Fotomotiv.

Schlafen & Essen

La Gran Columbia HOTEL $

(Cafe La Tentacion; 02-236-1238; Panamericana nahe Calderon; Zi. pro Pers. 15 US$;) Das dreistöckige gelbe Haus mit roten Einfassungen ist wegen seiner Lage an der Panamericana und der Nähe zu mehreren Restaurants (hat auch ein eigenes) erwähnenswert. Die meisten Zimmer, die mit komfortablen Betten und flackerndem Kabel-TV ausgestattet sind, haben einen Schreibtisch in einer etwas unpraktischen Flurnische. Mit quietschenden Bremsen übernehmen Busse das frühmorgendliche Wecken. Die neuen Besitzer haben das Hotel im Herbst 2017 umbenannt; auf einigen Ausschilderungen steht der alte und neue Name.

Hacienda Guachalá HAZIENDA $$

(02-361-0908; www.guachala.com; Cangahua, Panamericana Km 45; EZ/DZ/3BZ/4BZ mit Frühstück 53/71/89/105 US$;) Das weitläufige Anwesen stammt von 1580 und ist die älteste Hazienda in Ecuador. Natürlich wurde sie seither aufgemöbelt: Die Zimmer sind weiß gestrichen und verfügen über Kamine, im Zentrum des sonnigen Hofs steht ein Springbrunnen, und die Hazienda ist eine tolle Basis zum Wandern und Reiten. Vielleicht sollte man Zimmer 5 meiden: Es war einst die Gefängnis- und Folterkammer für aufsässige Sklaven. Sie liegt 7 km südlich von Cayambe an der Straße nach Cangahua (und Oyacachi).

Bizcochos San Pedro BÄCKEREI $

(Bizcochos del Padre; Olmedo zw. Sucre & Simon Bolívar, gegenüber vom Friedhof; 2–3 US$; 7–16 Uhr) Wenn *bizcochos* in Cayambe eine Religion sind, ist Vater Rafael Morales ihr Schutzheiliger. Der sanftmütige Priester backt die beliebten Kekse seit über 40 Jahren zu Tausenden. Das Erfolgsrezept seines Ladens: Die Kekse werden von Hand gerollt und in einem mit Eukalyptusholz beheizten Ofen gebacken. Der Bäcker fügt noch eine weitere geheime Zutat hinzu: Liebe.

Aufgrund der Nähe des Ladens zum Friedhof sind die Kekse auch unter dem Namen *bizcochos del cementerio* bekannt. Bei nationalen *bizcocho*-Umfragen landet Vater Rafael fast immer auf Platz Eins.

Bucanero Marisqueria FISCH & MEERESFRÜCHTE $$

(Ecke Alianza & Restauracion; Hauptgerichte 6–10 US$; 7.30–17.30 Uhr) In dem beliebten Restaurant, das Familien besonders gerne sonntagnachmittags besuchen, wird an der Kasse bestellt. Zur Auswahl stehen Ceviche, *cazuela* (Fischeintopf), *encebollado* (Suppe mit Fisch, Maniok und Zwiebeln), *corvina* (Wolfsbarsch) und Shrimps *a la plancha* (gegrillt).

Praktische Informationen

Ein Geldautomat der Banco Pacifico befindet sich an der Panamericana in der Nähe der Calle Junín und die Touristeninformation an der Ecke Rocafuerte und Bolívar am *parque central*.

An- & Weiterreise

Die Flor-de-Valle-Busse fahren am Busbahnhof Ofelia im Norden Quitos ab (0,75 US$, 50 Min., alle 20 Min.). Oder man nimmt einen der Busse mit Zielort Ibarra oder Otavalo am Busbahnhof Carcelén in Quito. Der Anschluss Richtung Norden geht schnell – Busse verkehren etwa alle zehn Minuten.

Die Busse nach Cangahua fahren etwa alle halbe Stunde an der Ecke der Calle Sucre und Calle Restauración ab. Sie halten auch an der Hacienda Guachalá.

Die Busse nach Otavalo (rot und weiß) fahren zwei Blocks südlich der Bäckerei von Hilda Ruiz ab, von der Plaza unweit der Panamericana (0,90 US$, 1 Std.).

Reserva Ecológica Cayambe-Coca

Mit 4031 km² bedeckt die **Reserva Ecológica Cayambe-Coca** (www.ambiente.gob.ec/parque-nacional-cayambe-coca) ein riesiges Gebiet, das sich über vier Provinzen erstreckt, einschließlich des Oriente. Das Areal besteht aus alpiner Tundra, Regenwäldern und den Vulkanen Reventador (3562 m) und Cayambe (5790 m). Die (alternative) Straße nordwärts von Cayambe nach Ibarra, die durch das Dorf Olmedo führt, bietet an klaren Tagen herrliche Ausblicke. Der Volcán Cayambe ist Ecuadors dritthöchster Gipfel und mit 4600 m an der Südseite der höchste Punkt der Welt direkt am Äquator.

Der Parkeingang liegt 32 km von Cayambe entfernt. Ein praktischer Zugangspunkt ist das Dorf Oyacachi.

Wer den erloschenen Vulkan besteigen will, sollte sich an ein Reisebüro in Quito wenden, das auf Bergsteigen spezialisiert ist. Es gibt eine Berghütte (pro Pers. 20 US$), die aber nur mit einem Vierradantrieb zu erreichen ist. Der siebenstündige Aufstieg ist schwieriger als der auf den häufiger bestiegenen Cotopaxi. Geführte Klettertouren über zwei Tage mit Übernachtung kosten um 240 US$; enthalten sind Anreise, Ausrüstung (plus elementares Gletschertraining), Mahlzeiten und eine Übernachtung in der Hütte.

Man kann Teile des Reservates auch mit Termas Papallacta erkunden, das 200 Hektar Land im Naturschutzgebiet besitzt und seinen Hauptsitz nahe dem Parkeingang hat. Termas Papallacta (☎ 02-256-8989) bietet vier geführte Touren an (6 bis 15 US$ pro Pers.); die anspruchsvollste dauert sieben bis acht Stunden und führt auf eine Höhe von über 4100 m über dem Meeresspiegel, wo man herrliche Ausblicke auf Antisana, Cayambe, Choza Longos, die Antisanilla-Berge und den Vulkan Sumaco genießt. Gäste können die heißen Quellen gegen eine Gebühr von 22 US$ besuchen.

Die meisten Busse nach Tena, die vom Terminal Terreste Cumandá in Quito abfahren, halten unterwegs in Papallacta (2,50 US$, 2 Std.).

Oyacachi

☎ 06 / 620 EW.

Auf dem Weg von Cayambe nach Süden liegt zwischen Berggipfeln das kleine Dorf Oyacachi (3200 m), das für seine wohltuenden kommunal betriebenen **Thermalquellen** (Eintritt 2,50 US$) bekannt ist, die an Wochenenden stark besucht sind.

Die zwei- bis dreitägige **Wanderung** von Oyacachi nach El Chaco auf einer jahrhundertealten Route führt von den Osthängen der Anden bis zum Oriente mitten durch das Naturschutzgebiet Cayambe-Coca. Nach etwa 10 km auf der frisch geteerten Straße wird die Route holprig und schließlich zu einem echten Wildnistreck mit mehreren Flussüberquerungen. Eine andere **Wanderung** beginnt an der Eingangskontrolle Las Puntas (Parkeingang) und führt südwärts an Hochgebirgsseen vorbei zu den Thermalquellen von Papallacta. Ein Führer (30 US$ pro Tag) ist höchst ratsam; sie können über die kommunale Touristeninformation an den Thermalquellen von Oyacachi oder über ein Reisebüro in Otavalo oder Quito angeheuert werden.

An- & Weiterreise

Eine Fahrt mit dem *camioneta* (Pick-up-Truck) von Cayambe nach Oyacachi kostet 45 US$ (buchbar in der **Hacienda Guachalá**). Täglich um 15.30 Uhr fährt in Cayambe auch ein Bus nach Oyacachi ab (1,50 US$, 2 Std.); er startet an der Calle Junin in der Nähe der Banco de Pacifico.

Otavalo

☎ 06 / 39 354 EW. / 2550 M

Der Markt von Otavalo ist legendär, sollte aber nicht der einzige Grund dafür sein, die charmante kleine Andenstadt zu besuchen. Das quirlige Otavalo, dessen Gehsteige in den Farben der Nationalflagge – Rot, Gelb

Otavalo

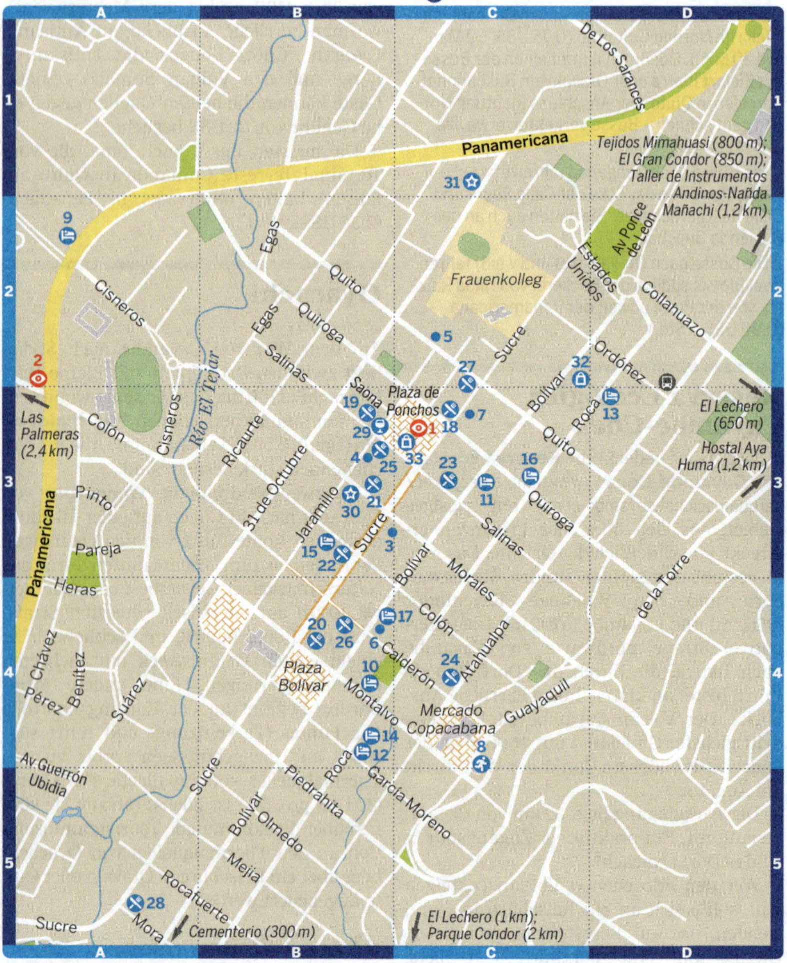

und Blau – gestrichen sind, ist der perfekte Ausgangspunkt für Wanderungen in die Region (Cotacachi, Peguche) oder Zugreisen nach Ibarra und Salinas. In der Stadt gibt's genug interessante Restaurants und Cafés, um sich einige Tage lang gütlich zu halten. An zwei Tagen in der Woche erwacht der Friedhof zum Leben, wenn die Einheimischen mit bunten Blumen und herzhaften Mahlzeiten den Toten gedenken. Otavalo hat auch ein neues Brauereipub und ein paar coole Bars, die jedoch nur an den Wochenenden geöffnet sind. Und erst der Markt (siehe rechts)!

Sehenswertes

Täglicher Markt MARKT

(Panamericana & Colón; ⌚7–13 Uhr) Neben dem Viehmarkt, gleich westlich der Panamericana, befindet sich ein großer überdachter Komplex, der die Händler beherbergt, die ihre Waren vorher in den chaotisch organisierten Straßen verkauften (um die Montalvo und Jaramillo). Das Angebot ist riesig, von exotischen Hochlandfrüchten und Tüten mit Gewürzpulver bis zu Wischmopps und Weberbedarf. Samstags gibt's sogar noch unendlich mehr unverarbeitete Lebensmittel. In der Halle gibt's einen **Food-**

Otavalo

Sehenswertes
1 Kunsthandwerksmarkt C3
2 Täglicher Markt A2

Aktivitäten, Kurse & Touren
3 Ecomontes Tour B3
4 Instituto Superíor de Español B3
5 Leyton's Tours C2
6 Mundo Andino B4
7 Runa Tupari Native Travel C3
8 Tren Ecuador C4

Schlafen
9 Cabañas El Rocío A2
10 Hostal Doña Esther B4
11 Hostal El Andariego C3
12 Hostal Riviera-Sucre B4
13 Hostal Samana D3
14 Hostal Santa Fé 1 .... B4
15 Hostal Santa Fé 2 .... B3
16 Hostal Valle del Amanecer C3
17 Indio Inn B4

Essen
Árbol de Montalvo .... (siehe 10)
18 Café Fussion C3
19 Cosecha Coffee Shop B3
20 Daily Grind B4
21 Gran Chifa B3
22 Oraibi B3
23 Oro Mar C3
Quino .... (siehe 14)
24 Santa Marita C4
25 Shanandoah Pie Shop B3
26 SISA B4
27 Sumac C2
28 Yolanda's Chicha de Yamor A5

Ausgehen & Nachtleben
29 Cava Caran B3

Unterhaltung
30 Amauta B3
31 Peña La Jampa C1

Shoppen
32 La Casa de Bandolin C2
33 Markt C3

Court, wo sich auch die Einheimischen stärken.

Parque Cóndor VOGELSCHUTZGEBIET
(☎ 06-304-9399; Via Parque Condor; Eintritt 4,50 US$; ⌚ Mi–So 9.30–17 Uhr;) Andenkondore, Adler, Eulen, Falken und Habichte lassen sich hier aus nächster Nähe beobachten. Die Stiftung in niederländischem Besitz kümmert sich um die Pflege dieser und anderer Raubvögel. Unbedingt sehenswert sind die kostenlosen Flugvorführungen um 11.30 und 15.30 Uhr. Das Zentrum, in dem überwiegend Spanisch gesprochen wird, liegt ca. 5 km von der Stadt entfernt am steilen Hang des Pucara Alto. Das Schutzgebiet liegt am selben (recht steilen) Wanderweg wie der El Lechero.

El Lechero WAHRZEICHEN
Der Baum außerhalb von Otavalo ist berühmt für seine magischen Heilkräfte, aber viel handfester ist er als toller (durchaus auch romantischer) Picknickplatz mit großartigem Blick auf die Stadt. Zu erreichen ist er über einen steilen 4 km langen Marsch oder mit dem Taxi (4 US$); der Fahrer wartet auch, wenn man nicht zurücklaufen will.

Cementerio FRIEDHOF
(Sucre Ecke de las Almas, unweit der Panamericana) Jeden Montag- und Donnerstagmorgen laufen Gruppen von *Otavaleños* die Calle de las Almas (Straße der Seelen) zu diesem Friedhof hinauf, um mit Essen, Tränen und Gebeten ihrer verstorbenen Verwandten zu gedenken. Die Händler am Wege machen gute Geschäfte mit dem Verkauf von Blumen, Backfisch und Schweinefleisch sowie anderen Speisen und Getränken. Der Friedhof ist sehr schlicht, eine ebene Fläche mit Kreuzen oder kleinen Gräbern, auf die die Namen der Verstorbenen gekratzt oder gemalt sind.

Kurse

Mundo Andino SPRACHKURSE
(☎ 06-2921-864; www.mandinospanishschool.com; Bolívar Nr. 816 nahe Calderon; 3. OG; Einzel-/Gruppenunterricht 7,75/5,75 US$ pro Std.) Die hervorragende Sprachschule bietet montags bis freitags Kurse, Unterkunft bei einheimischen Familien und langfristige Freiwilligenarbeit, wo die Spanischkenntnisse richtig gefordert werden.

Instituto Superíor de Español SPRACHKURSE
(☎ 06-292-2868, 099-499-1790; www.superiorspanishschool.com; Modesto Jaramillo Nr. 6–69 zwischen Morales & Salinas; Kurs ab 129 US$ pro Woche) Der populäre Otavalo-Ableger des Instituts aus Quito erntet von Lesern begeisterte Kritiken und arrangiert auch Unterkünfte bei einheimischen Familien. Die Schule liegt einen halben Block von der Plaza de Ponchos entfernt.

NICHT VERSÄUMEN

DER KUNSTHANDWERKSMARKT VON OTAVALO

Der **Kunsthandwerksmarkt** (Plaza de Ponchos;) ist das Highlight von Otavalo. Seit Jahrhunderten findet in der Stadt einer der bedeutendsten Märkte der Anden statt – ein wöchentliches Fest zu Ehren der Götter des Handels. Die Verkäufer bieten eine überwältigende Vielfalt an handgefertigtem traditionellem Kunsthandwerk, aber auch immer mehr geschickt imitierte Importwaren. Samstags ist der Trubel am größten, aber der Markt hat die ganze Woche über geöffnet.

Inzwischen ist er zu einem größeren Treffpunkt der Kulturen geworden, ein touristisches Ziel für Menschen aus aller Welt. Er wirkt auf jeden Fall Lichtjahre entfernt von dem winzigen Ort, den Backpacker zu Beginn der 1990er-Jahre besuchten. Die Popularität sollte jedoch von einem Besuch nicht abhalten. Die *otavaleños* und die indigenen Bewohner der umliegenden Dörfer tragen noch immer traditionelle Kleidung – die Frauen bestickte, weiße Blusen, lange Wollröcke, *fachalinas* (Kopftücher), Webgürtel, Leinensandalen und Perlenstränge und die Männer Filzhüte, blaue Ponchos, wadenlange Hosen und die Haare zum langen Zopf geflochten. Viele können zwar sicherlich nur mit Mühe von ihrem Handwerk leben, aber die *otavaleños* sind die geschäftlich erfolgreichsten *indígenas* des Landes.

Architektonisch ist die Stadt nicht besonders attraktiv, zudem machen viele moderne Läden, die Dinge wie Flachbildschirm-TVs und Sneakers verkaufen, jenen Konkurrenz, die eher traditionelle Produkte im Angebot haben. Trotz des kaufmännischen Treibens ist die Atmosphäre freundlich und relaxt. Und rundum sind immer noch die Berge in Sicht. Die Gipfel, verborgenen Seen und kleinen Dörfer an den Hängen bieten lange genug Abwechslung, wenn die Shoppingtour beendet ist.

Jeden Tag verkaufen Händler auf der Plaza de Ponchos, dem Zentrum des Kunsthandwerksmarkts, Wollwaren wie Teppiche, Wandbehänge, Decken, Ponchos, Pullover, Schals, Handschuhe und Mützen, außerdem bestickte Blusen, Hängematten, Schnitzereien, Perlen, Gemälde, Webmatten und Schmuck aus Steinnüssen (als pflanzliches Elfenbein bezeichnet). Am Samstag jedoch, dem offiziellen Markttag, breitet sich der Markt bis in die angrenzenden Straßen aus und nimmt das halbe Stadtzentrum ein.

Feilschen wird erwartet, besonders beim Kauf mehrerer Artikel. Man kann immer versuchen, einen guten Preis auszuhandeln, aber bitte nicht zu skrupellos.

Die Imbissstände am nördlichen Marktrand bieten u. a. Hühner- und Kuttelsuppe, die in Töpfen auf tragbaren Kochern blubbert. Zudem servieren sie knusprige, ganze Bratfische, Stücke von schlappohrigen Spanferkeln mit *mote* (Maisgrütze) und *chicha* (fermentiertes Mais- oder Maniokgetränk) aus Plastikeimern.

Von Juni bis August kommen Shoppingwillige am besten freitags hierher, bevor Reisegruppen die Durchgänge völlig verstopfen.

Da auf den Märkten auch Taschendiebe unterwegs sind, sollte man Wertsachen während des Einkaufens im Hotel lassen und sein Geld stets sicher verstauen.

Geführte Touren

★ **Runa Tupari Native Travel** KULTUR, ABENTEUER

(☎ 06-292-2320, 099-787-8570; www.runatupari.com; Sucre Nr. 14–15 zwischen Quito & Quiroga; ⊗ So geschl.) Das angesehene Unternehmen hat sich mit indigenen, Mestizen- und afroecuadorianischen Landgemeinden zusammengetan und bietet Besichtigungs-, Wander-, Reit- und Fahrradtouren an. Ländliche Privatunterkünfte kosten 35 US$ pro Nacht, verschiedene Möglichkeiten für Freiwilligenarbeit 15 US$ einschließlich Kost und Logis (Mindestaufenthalt 15 Tage).

Zu den ausgefallenen Angeboten zählen eine holprige Mountainbiketour über 2000 m bergab in den tropischen Nebelwald von Intag (85 US$ pro Pers.) und eine zehnstündige Wanderung (hin & zurück) auf den Volcán „Mama“ Cotacachi (4939 m; 70 US$ pro Pers.). Runa Tupari stellt auch Tages- oder Wochentouren nach individuellen Wünschen zusammen.

Runa Tupari hat nicht nur professionelle, zuverlässige und passionierte Führer, sondern auch einen täglich verkehrenden Transportservice, sodass die Region auf eigene Faust erkundet werden kann.

Ecomontes Tour ABENTEUER

(☎ 06-292-6244; www.otavaloguide.com; Ecke Sucre & Morales; ⌚ So geschl.) Die Agentur aus Quito hat ein Büro in Otavalo und bietet ein- und zweitägige Wanderungen, Radtouren (10 US$), Bergsteigen, Reitausflüge (Tagestour nach El Lechero 45 US$, mit Übernachtung in El Ángel 125 US$), Kanufahrten und Rafting auf den Flüssen Chota, Intag oder Mira (45–60 US$). Auch Privatunterkunft (35 US$ inkl. Verpflegung) bei indigenen Familien ist im Angebot. Eine Wanderung über zwei Tage ins Intag-Tal kostet 120 US$.

Tren Ecuador ZUGREISEN

(☎ 06-292-8172; www.trenecuador.com; Montalvo & Guayaquil; Erw./Kind 53/37 US$; ⌚ Mi–Fr 8–17, Sa & So ab 7 Uhr) Der Tren Ecuador unternimmt eintägige Kulturfahrten von Otavalo nach Salinas. Die Züge fahren donnerstags bis sonntags jeweils um 8 Uhr morgens ab. Die Fahrt sollte einige Tage oder eine Woche im Voraus gebucht werden. Der neue Bahnhof kann mit dem funkelnagelneuen Bahnhof von Ibarra durchaus mithalten. Zur Zeit der Recherchen gab es in der Region häufig Erdrutsche, sodass die Züge nicht von Otavalo, sondern vom nahegelegenen San Roque abfuhren – das Problem soll bis 2018 behoben sein.

Leyton's Tours GEFÜHRTE TOUREN

(☎ 06-292-2388; www.leytonstoursotavalo.com; Quito & Jaramillo) Das Unternehmen mit Komplettprogramm bietet Wandern, Reiten, Abseilen und Besuche bei indigenen Gemeinden im Umland. Leyton selbst ist ein superfreundlicher Typ.

Feste & Events

Ein paar kleine Dörfer im Umland feiern immer noch präkolumbische Kultfeste, die bis zu zwei Wochen dauern können.

Fiesta del Yamor KULTUR

Das Erntefest in den ersten beiden Septemberwochen ist Otavalos bekanntestes Fest. Eine gewählte Königin wacht über Prozessionen, Livemusik, Tanz und Feuerwerke, während das Feiervolk große Mengen *chicha de yamor* konsumiert. Für diesen ungewöhnlichen, alkoholfreien Trunk werden sieben verschiedene Maissorten zusammen geköchelt (länger fermentierte Varianten enthalten Alkohol).

Johannistag RELIGIÖSES FEST

(Inti Raymi) Der 24. Juni ist hier als La Fiesta de San Juan bzw. unter dem indigenen Namen „Inti Raymi" bekannt. Angeblich leben einheimische *indígenas* allein auf dieses Fest hin, das bis **St. Peter & Paul** (29. Juni) geht: Sie sparen das ganze Jahr über Geld für Kostüme, Essen und Getränke. Zu den Festivitäten gehören eine Bootsregatta auf der Laguna de San Pablo und Feierlichkeiten im nahen Ilumán.

Schlafen

Zum Wochenende sollte immer im Voraus gebucht werden, selbst in Budgethotels. Die vielen höchst empfehlenswerten Unterkünfte außerhalb der Stadt, oft abseits der Hauptstraßen in idyllischer Umgebung gelegen, bieten ein ganz anderes Erlebnis und sind ideal, um sich unter der Woche etwas Ruhe und Entspannung zu gönnen.

★ **Hostal Riviera-Sucre** PENSION $

(☎ 06-292-0241; www.rivierasucre.com; Ecke García Moreno Nr. 380 & Roca; EZ/DZ/3BZ/4BZ 25/40/60/75 US$; @ 📶) Die supergünstigen Preise sind mittlerweile etwas gestiegen, aber Freddys charmantes Gästehaus ist immer noch sehr empfehlenswert. Die Zimmer mit Holzböden und hohen Decken umgeben einen entzückenden Innenhof mit einem majestätischen Brunnen, einem Arupa-Baum und schwingenden Hängematten. Gäste können sich in der Gemeinschaftsküche ihr Essen oder einen Kaffee kochen und sich damit im blühenden Garten niederlassen. Reservierung fürs Wochenende ist zwingend.

Hostal El Andariego HOSTEL $

(☎ 62-924-510, 099-594-1029; Bolívar, zwischen Salinas & Quiroga; Zi. mit/ohne Bad 13/11 US$; 📶) Wo könnte man sich sicherer fühlen als in einem *hostal*, das über dem Büro des Roten Kreuzes liegt? Das neue Gästehaus ist sauber, kompakt und hat freundliche Mitarbeiter. Die glatten Zedernholzböden sind etwas rutschig, aber die Gäste schwärmen von den bequemen Betten und warmen Duschen. Die neue Küche und der schöne Gemeinschaftsbereich machen das Gästehaus zu einem echten Paradies, aber man sollte rechtzeitig buchen – es gibt nur wenige Zimmer.

Hostal Samana HOSTEL $

(☎ 06-292-1458; www.facebook.com/otavalohotels; Roca Nr. 12-08 bei Quito; EZ/DZ 15/20 US$, 8 US$ pro weitere Person; 📶) Das praktisch (nur einen Block vom Busbahnhof) gelegene *hostal* wurde vor Kurzem renoviert und wahrscheinlich auch neu gekachelt. Die 15 Zimmer haben saubere, schwarzweiß geflieste Bäder und sind teilweise mit neuen Flachbildfernsehern ausgestattet. Eine empfehlenswerte Unterkunft, die gepflegter ist als viele andere Hostels der Stadt.

Hostal Santa Fé 2 HOTEL $

(☎ 06-292-0161; www.hotelsantafeotavalo.com; Colón Nr. 507 & Sucre; Zi. pro Pers. 15 US$, mit Frühstück 18 US$; 📶) Wer Holzeinrichtung schätzt, wird dieses Haus im Stil des amerikanischen Südwestens richtig gut finden, selbst wenn das lackierte Holzimitat der Möbel wie Plastikblumen glänzt. Das originale und ältere **Hostal Santa Fé 1** (☎ 06-292-3640; Roca Nr. 7-34 & García Moreno; Zi. pro Pers. 15 US$, mit Frühstück 18 US$; P 📶)) hat kleinere Zimmer mit Badezimmern, die für beleibtere Zeitgenossen ziemlich eng sein können.

Cabañas El Rocío PENSION $

(☎ 06-2903-776; rocioe@hotmail.com; Barrio San Juan, Los Sigzes & Panamericana; Zi. pro Pers. 10 US$; P 📶) Das verblichene Schild, die Lage an der Panamericana und das unattraktive Äußere täuschen: Die Pension mit alpin anmutenden Zimmern und Hütten, in denen alte Fernseher stehen, ist ganz reizend. Sie liegt einen kurzen Marsch von Otavalos Zentrum entfernt und verfügt über einen hübschen gepflegten Garten im Hof.

Hostal Valle del Amanecer PENSION $

(☎ 06-292-0990; www.hostalvalledelamanecer.com; Ecke Roca & Quiroga; Zi. pro Pers. inkl. Frühstück mit/ohne Bad 17/14 US$; 📶) Die sehr kleinen Zimmer – nichts für Paare, die Privatsphäre wünschen – umgeben einen einladenden Innenhof mit Kiesboden und Hängematten. Das Haus hat auch ein Restaurant und verleiht Fahrräder (10 US$ pro Tag). Die Zimmer sind sehr eng, aber man verbringt wahrscheinlich sowieso mehr Zeit im Hof, der von schönen Kaffeepflanzen und Avocadobäumen umringt ist. Das Restaurant ist den ganzen Tag über geöffnet.

★ Hostal Doña Esther PENSION $$

(☎ 06-292-0739; www.otavalohotel.com; Montalvo Nr. 4-44; EZ/DZ/3BZ 34/49/61 US$; @ 📶) Die kleine von Niederländern geführte Pension im Kolonialstil ist gemütlich, hat einen sympathischen Service, eine beliebte Büchertauschbörse und ein empfehlenswertes Restaurant. Die hübschen Zimmer umgeben einen Innenhof, der von Keramiken und Farnen geziert wird. Das Gästehaus liegt nur einen halben Block von der Plaza Bolívar entfernt.

Indio Inn HOTEL $$

(Hotel Indio Inn; ☎ 06-292-2922; www.hotelelindioinn.com; Bolívar Nr. 904 nahe Calderon; EZ/DZ/3BZ/4BZ 42/64/96/115 US$; P ❄) Die frühere Textilwerkstatt ist riesig! Sie verteilt sich über zwei Innenhöfe und verfügt über ein Restaurant (La Tulpa) mit Blick auf die Calle Bolívar. Die hübschen Zimmer sind mit Flachbildfernsehern und sauberen weiß gefliesten Bädern ausgestattet, in den Gemeinschaftsräumen stehen Billard- und Kickertische. Man kann sich im türkischen Dampfbad entspannen (15 US$) oder im heißen Whirlpool relaxen.

Essen

Einige der besten Restaurants haben zweifellos die Unterkünfte und Haziendas außerhalb der Stadt; viele bewirten bei Reservierung auch Tagesgäste.

Lohnenswert ist der eine oder andere Straßenimbiss, darunter auch ein Snack namens *churo:* winzige Schnecken aus Andenseen, die in kleine Tüten mit Salz, Limette und Zwiebeln verpackt sind und unterwegs aus ihren Schalen gesogen werden.

★ Cosecha Coffee Shop CAFÉ $

(www.lacosechaec.com; Jaramillo bei Salinas, Plaza de Ponchos; Sandwiches 4–8 US$; ⏲ 8–21 Uhr; 📶) Das moderne, von einem jungen US-Amerikaner geführte Café mit Lehmziegelwänden und minimalistischer Einrichtung könnte sich auch gut in einem coolen Vorort New Yorks machen (es serviert sogar Bagels!). Sandwiches aus hausgebackenen Focaccias werden mit Zutaten aus der Region belegt und der Cappuccino ist der beste in der Stadt.

Oraibi VEGETARISCH $

(Ecke Sucre & Colón; Hauptgerichte 5–11 US$; ⏲ So–Fr 10–20 Uhr, Sa 7–20.30 Uhr; 🖉) Im Hof einer alten Hazienda mitten im Zentrum findet man diese charmante Vegetarieroase. Im schick-rustikalen Ambiente kommen hier Pizzas, Sandwiches, Salate und Tortillas auf den Tisch. Draußen im Garten gibt's weiße Tischdecken, jede Menge Schatten und coole Aschenbecher aus versteinerten Muscheln.

Yolanda's Chicha de Yamor ECUADORIANISCH $

(Auntentica Yamor de Yolanda Cabrera; Sucre & Mora; Hauptgerichte 2,50–4 US$; ⏲ Sept. tgl. 10.30–19 Uhr, Okt.–Aug. nur Sa & So) Yolanda Cabreras Berühmtheit fußt auf einheimischen Köstlichkeiten wie *tortillas de maíz* (Maistortillas), *empanaditas* (spanischen Teigtaschen) oder dem Lokalfavoriten *fri-*

tada (gebratenes Schweinefleisch mit mote). Das wahre Highlight ist natürlich Yolandas *chicha de yamor* (Getränk aus fermentiertem Mais), das hinten über qualmenden Feuern in blubbernden Kesseln gerührt wird. Nach dem gelben Schild am Gehsteig Ausschau halten.

Daily Grind CAFÉ $
(Ecke Montalvo & Sucre, Plaza Bolívar; Mahlzeiten 3–4 US$, Getränke 2–5 US$; ⌚8.30–21 Uhr) In der Kaffeebar an der Straßenecke lässt sich wunderbar das bunte Treiben auf der Plaza Bolívar beobachten. Es gibt anregende Getränke wie Espresso oder entspannende alkoholische Drinks wie Baileys, Mojito, Caipirinha oder Piña Colada. Neben Bagels kann man auch Sandwiches mit Erdnussbutter und Fruchtgelee bestellen.

Shanandoah Pie Shop BÄCKEREI $
(Plaza de Ponchos; Kuchenstücke 2 US$; ⌚10–21 Uhr; ✎) Der Ladenbesitzer ist ziemlich mürrisch, aber die Backwaren sind knusprig und lecker. Der Laden sieht zwar nicht fein aus, aber die hausgemachten Obstkuchen sind die besten in Otavalo (39 Jahre Erfahrung sprechen für sich) und für Leute mit großem Appetit gibt's auch Eiscreme.

Oro Mar FISCH & MEERESFRÜCHTE $
(Salinas nahe Sucre, ½ Block abseits der Plaza de Ponchos; Hauptgerichte 5–11 US$; ⌚7–18 Uhr) Wer das Meer vermisst, wird von den blauen Farbtönen, den maritimen Gemälden und vor allem von den riesigen Portionen (halbe gibt's auch) *cazuelas, encebollados,* gebratenem Fisch und Reisgerichten in Küstenstimmung gebracht. Für sparsame, aber hungrige Traveller gibt's auch preiswerte Menüs (3 bis 5 US$).

Gran Chifa CHINESISCH $
(Morales zwischen Jaramillo & Sucre; Hauptgerichte 3,50–7 US$; ⌚12–22 Uhr) Riesige Portionen guter, ecuadorianisch geprägter chinesischer Küche sowie eine kleine Auswahl an „Fusion"-Straßenimbissgerichten wie *salchipapas* (Pommes und Wurst) werden in dem karg eingerichteten, grell beleuchteten Lokal im 1. Stock serviert. Vom Fenstertisch aus lassen sich gut Leute beobachten.

Santa Marita SUPERMARKT $
(Atahualpa nahe Calderón) Der beste moderne Supermarkt der Stadt.

★ **Café Fussion** INTERNATIONAL $$
(Sucre nahe Quiroga; Hauptgerichte 8–14 US$; ⌚10–22 Uhr; ✎) Küchenchef Javier hat seine Kochkünste in Peru erlernt und sein Restaurant in karibischen Pastelltönen gestrichen, und genauso viel Fantasie lässt er auch in seine Kreationen fließen: geräucherte Rippchen mit Ingwer, Rindfleisch à la Pimienta (gekocht in einer Reduktion aus Weißwein und Balsamico-Vinaigrette) sowie eine Auswahl an Pastagerichten und vegetarischen Platten. Lust auf Frühstück? Wie wäre es mit Regenwaldcrêpes in Passionsfruchtsoße?

★ **Sumac** INTERNATIONAL $$
(☎099-423-7153; Quito Nr. 817 nahe Sucre; 4-Gänge-Menü 12 US$; ⌚Di–Sa 12–22 Uhr) Der ecuadorianische Koch Jorge David Quilumbaqui, der in Quito französische Küche gelernt hat, präsentiert kunstvoll angerichtete Fleisch- und Fischgerichte und köstliche Desserts, alles aus lokalen Zutaten. Er ist erst vor Kurzem von Cotacachi nach Otavalo gezogen und hat die Speisekarte komplett überarbeitet, sodass sie jetzt viele neue Leckereien bietet.

SISA INTERNATIONAL $$
(☎06-292-5624; Calderón Nr. 4-9 nahe Sucre; Hauptgerichte 5–12 US$; ⌚9–22 Uhr; 📶) Ein attraktiver dreistöckiger Komplex: Im Erdgeschoss wird lokales Kunsthandwerk verkauft, im zweiten Stock gibt's Sandwiches und in der oberen Etage internationale Standardküche. Auf der Bühne am Fenster steigen freitags und samstags Konzerte mit angesagter Jazz- und Folkmusik, bei denen Rockmusiker mittleren Alters Songs von Yanni bis Ray Charles sowie von bekannten Andenmusikern und den, wie es hier heißt, „Dire Streets" spielen.

Árbol de Montalvo PIZZA $$
(Montalvo Nr. 4-44; Hauptgerichte 9–12 US$; ⌚Mo–Do 18–21, So 12–22 Uhr; ✎) Hinter dem Hostal Doña Esther (S. 110) liegt Otavalos einziges Lokal mit Holzofenpizzas. Sie sind zwar lecker und zweifellos die besten in der Stadt, aber der Boden ist dünn wie ein Cracker und Hungrige brauchen wohl zwei, um satt zu werden. Ebenfalls im Angebot sind Biosalate, Gemüse der Saison und herzhafte ecuadorianische Suppen. Lecker sind auch der warme Aperitif mit Canela-Honig und die hausgemachte *aji*-Salsa.

Quino FISCH & MEERESFRÜCHTE $$
(Roca nahe Montalvo; Hauptgerichte 5–9 US$; ⌚Mo–Sa 12–21.30 Uhr) Das beliebte Quino neben dem Hostal Santa Fé 1 (S. 110) serviert in seinem sanft beleuchteten Speiseraum hervorragende Meeresfrüchte – vorausgesetzt,

man hat Zeit: Da alle Gerichte frisch zubereitet werden, wartet man ca. eine halbe Stunde.

Ausgehen & Nachtleben

Cava Caran MIKROBRAUEREI

(☎099-189-7959; www.caran.ec; Plaza de Ponchos, Jaramillo nahe Salinas; ⏰Mi–Fr 17–2, Mi & Sa ab 10 Uhr) Das schicke, neu eröffnete kleine Brauereipub, dessen magische Formel auf den unterirdischen Quellen Ibarras basiert, bringt frische Luft in die Gastronomieszene Otavalos. Die mit Lehmziegelmauern, kunstvollen Wandbildern und minimalistischen Holzmöbeln ausgestattete Brauerei ist ein angesagter Treffpunkt für Einheimische und Traveller. Alle paar Wochen steigt hier ein „Rave Andino", der Geist und Körper belebt.

Es gibt klassische Bargerichte, und samstags findet ein kleiner Markt statt, bei dem Bioproduzenten ihre Waren anbieten.

Unterhaltung

Peña La Jampa LIVEMUSIK

(Ecke Av 31 de Octubre & Panamericana; ⏰Fr & Sa 19–3 Uhr) Bei den Einheimischen seit jeher beliebt. Hier gibt's eine Mischung aus Salsa, Merengue, *rock en español* und *folklórica* (Folkmusik); meist geht's erst ab 23 Uhr richtig los.

Amauta LIVEMUSIK

(Morales Nr. 5–11 & Jaramillo; ⏰Fr & Sa 20–4 Uhr) In dem Kellerlokal im Stadtzentrum wird Andenmusik live gespielt, meist nach 22 Uhr.

Shoppen

La Casa de Bandolin MUSIKINSTRUMENTE

(Instrumentos Ayala; ☎06-292-6951; Bolívar zwischen Ordóñez & Quito; ⏰9–17 Uhr) Santiago Ayala stellt seit vielen Jahren professionelle Musikinstrumente für seine Musikerfreunde her, und sein Laden ist einen Abstecher von den üblichen Musikgeschäften in Sucre wert, denn hier kann man einem echten Künstler bei der Arbeit zusehen. Auf seiner Visitenkarte zeigt er sogar, wie man eine Gitarre, ein Charango oder eine Mandoline stimmt!

An- & Weiterreise

Otavalo ist gut an Quito angebunden und auch ein wichtiger Verkehrsknotenpunkt für die kleineren Orte des nördlichen Hochlands. Der wuselige **Busbahnhof** (Ecke Atahualpa & Ordoñez), im Grunde ein Parkplatz, liegt günstig nur ein paar Straßenblocks von der Plaza de Ponchos entfernt.

Um nach Tulcán an der kolumbianischen Grenze zu gelangen, muss man nach Ibarra fahren und dort den Bus wechseln.

Die alten Regionalbusse kosten etwa 1 US$ pro Stunde Fahrtzeit und fahren südwärts nach San Pablo del Lago (20 Min.) und Araque (30 Min.). Die Cooperativa Imbaburapac betreibt Busse nach Ilumán (30 Min.), Agato (1 Std.) und San Pablo del Lago (15 Min.). Transportes Otavalo fährt um 7.30, 10.30 und 14 Uhr nach Intag (auf dem Bus steht „Santa Rosa de Pucara"). Alle Busse außer jenen nach Quito verkehren ungefähr alle 15 bis 20 Minuten.

Taxis sind billig, reichlich vorhanden und leicht zu finden. Alle innerstädtischen Fahrten kosten 1,50 US$. Ein paar Preisbeispiele: Apuela (50 US$), Ambuqui (25 US$), Cayambe (12 US$), Ibarra (10 US$), Quinchuqui (4 US$), Tulcán (50 US$), Haziendas um die Laguna de San Pablo (6 US$). Zum Flughafen Mariscal Sucre außerhalb von Quito beträgt der Fahrpreis 55 bis 60 US$, nach Quito hinein 70 US$.

Rund um Otavalo

☎06

Grün geschecktes Ackerland kriecht die steilen Hänge rund um Otavalo hinauf – eine lohnende Kombination für Reisende, die anstrengende Aktivitäten und eine weite Aussicht im Sinn haben. Quasi Pflicht für Wanderer sind die Lagunas de Mojanda südwestlich von Otavalo.

BUSSE AB OTAVALO

ZIEL	PREIS (US$)	DAUER
Apuela	2,50	2½ Std.
Cayambe	0,90	45 Min.
Cotacachi	0,35	15 Min.
Ibarra	0,55	30 Min.
Quito	2	2 Std.

Rund um Otavalo

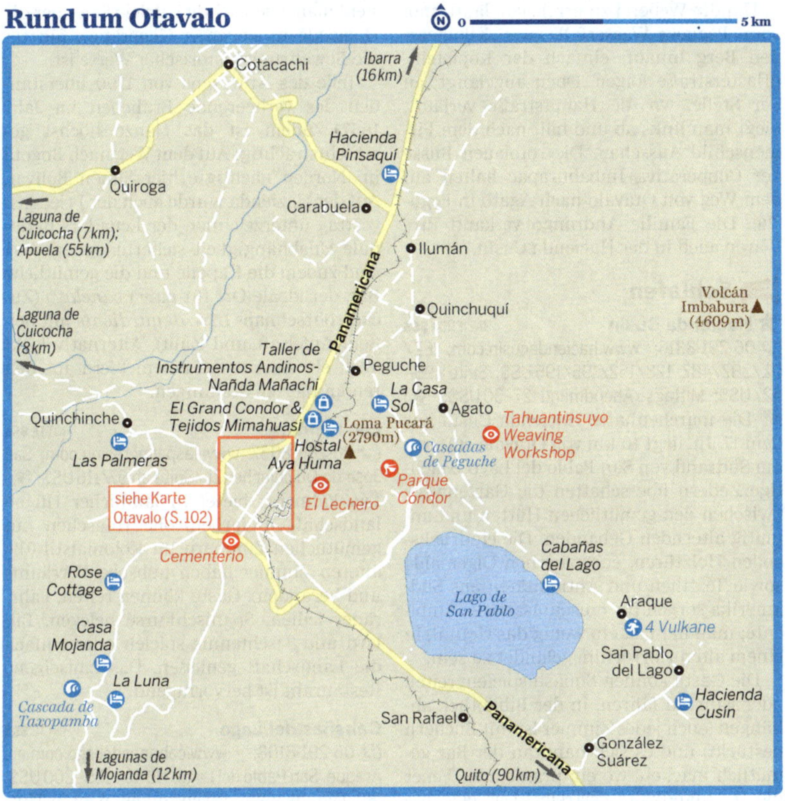

Versteckte Haziendas, einst prächtige Zentren der kolonialzeitlichen Gesellschaft, laden heute Reisende ein, ihr weitläufiges Gelände zu genießen. Da wäre auch noch die **Laguna de San Pablo**, der Tretboote und gepflegte Uferhotels ein vergleichsweise zivilisiertes Gesicht verleihen. Begeisterte Kritiken loben die Reitausflüge und die Pferdetherapie im von Deutschen geführten **4 Volcanoes** (www.4volcanoes.com; San Pablo del Lago).

Nordöstlich von Otavalo liegen die Dörfer **Peguche**, **Agato** und **Ilumán**, die bekannt für ihre Webereien sind; in Ilumán gibt's zudem einen Schamanenverband mit 120 Mitgliedern. **Atuntaqui**, nur 6 km weiter nordwärts, lohnt allein wegen des **El Museo Fábrica Textil Imbabura** (☎ 06-253-0240; Abdon Calderon Ecke Junin, La Parroquia de Andrade Marín; Erw./Kind 3/1,50 US$; ⏲ Mi–Fr 9–17, Sa & So 10–18 Uhr) einen Besuch. Auf praktische Art lassen sich diese Dörfer mit einem der empfohlenen Tourveranstalter in Otavalo erkunden, da deren Preise nicht viel höher liegen als eine Taxifahrt. Die meisten Dörfer sind auch leicht mit einem öffentlichen Bus zu erreichen.

Sehenswertes

Tahuantinsuyo Weaving Workshop KUNSTZENTRUM
(☎ 099-9574-567, 06-2690-195; www.miguelandrango.weebly.com; Main Rd, Agato) Jose Rafael Maldonado, der Schwiegersohn von Miguel Andrango, verwaltet die Tagesgeschäfte des international bekannten Familienunternehmens, das in vierter Generation Stoffe ausschließlich in Handarbeit herstellt (abgesehen von der Spindel aus alten Fahrradteilen). Wer die Werkstätte besichtigen will, muss eine kleine Spende zahlen; für 25 US$ pro Tag kann man die Webereikunst auch selbst erlernen; mehrtägige Kurse sind verfügbar. Vorher telefonisch anmelden!

Um die Weberei zu erreichen, läuft man vom Peguche-Wasserfall zwei Kilometer den Berg hinauf; einfach der Kopfsteinpflasterstraße folgen. Oben angelangt, an der Stelle, wo die Hauptstraße verläuft, biegt man links ab und hält nach dem Firmenschild Ausschau. Die rotblauen Busse der Cooperativa Imbaburapac halten auf dem Weg von Otavalo nach Agato in Peguche. Die Familie Andrango verkauft ihre Waren auch in der Hacienda Cusín.

Schlafen

★Hacienda Cusín HAZIENDA $$$

(☎06-291-8316; www.haciendacusin.com; EZ/DZ/3BZ/4BZ 128/152/195/195 US$, Suite 195–427 US$; Mittags-/Abendmenü 27–30 US$; 📶) 🍃 Die märchenhafte Hacienda Cusín aus dem 17. Jh. liegt 10 km von Otavalo entfernt am Südrand von San Pablo del Lago. Mächtige Zedern überschatten die Gartenwege zwischen den gemütlichen Hütten und anmutig alternden Gebäuden. Die eindrucksvollen Holztüren, europäischen Ölgemälde sowie Textilien und Antiquitäten aus Südamerika sorgen für museumsartiges Ambiente; man hat fast ein wenig das Gefühl, in einem alten Horrorfilm gelandet zu sein.

Die Gäste können Squash spielen, reiten oder Fahrrad fahren, in der Bibliothek abhängen (auch jedes Zimmer ist mit Büchern bestückt) und es sich dann an der Bar gemütlich machen, wo ein prasselndes Feuer die Hochlandkälte vertreibt. Das elegante hauseigene Restaurant (mit einem gruseligen Ölgemälde eines abgeschlagenen Kopfes) serviert köstliches Essen, das aus Bioprodukten aus dem eindrucksvollen Hausgarten zubereitet wird. Die Pauschalangebote reichen von Ausritten mit Übernachtung und Spanischkursen bis zu Webkursen. Der WLAN-Empfang kann frustrierend schwanken (wie in den meisten ländlichen Regionen, um ehrlich zu sein).

Hacienda Pinsaquí HAZIENDA $$$

(☎06-294-6116; www.haciendapinsaqui.com; Panamericana Norte Km 5; EZ/DZ/3BZ/4BZ mit Frühstück 112/144/155/175 US$; Menü 27 US$; P 📶) Die Hacienda Pinsaquí, eine ehemalige Textilmanufaktur aus der Kolonialzeit, gibt einen Eindruck vom alten Ecuador. Balkendecken, ein prachtvolles Grundstück sowie eine elegante Einrichtung (z. B. französische Waschtische und finstere Porträts) beschwören die Vergangenheit herauf. An den Kolonialbadewannen und offenen Kaminen in einigen der 28 Zimmer und Suiten sieht man, wie wichtig Patricio Saa – der die Hazienda in siebenter Generation führt – die Bewahrung historischer Werte ist.

Teile des Anwesens von 1790 überstanden das verheerende Erdbeben im Jahr 1857. Zudem ist das Ganze höchst geschichtsträchtig: Auf dem Weg nach Bogotá im Norden nächtigte hier Simón Bolívar. Auf der Hazienda wurde auch der Friedensvertrag unterzeichnet, der Ecuadors nationale Unabhängigkeit sicherte. Sehenswert sind zudem die Kapelle und die gemütliche Bar, der ideale Ort für einen *canelazo* (Zuckerrohrschnaps bzw. *aguardiente* mit heißem Apfelsaft und Zimt). Alternativ lockt auch ein Ausritt auf einem Pferd aus den renommierten Stallungen.

Las Palmeras HÜTTE $$$

(☎06-266-8067; www.laspalmerasinn.com; San Jose de Quichinche; Zi./Suite ab 97/116 US$; 📶) Las Palmeras bietet in ländlicher Hügellandschaft 16 farbenfrohe Häuschen mit gemütlichen Zimmern im Kolonialstil (die älteren Zimmer haben hübsche Vorräume und Veranden). Gäste können reiten, Fahrräder leihen, Spanischkurse belegen, Billard und Tischtennis spielen oder einfach die Landschaft genießen. Das hauseigene Restaurant ist hervorragend.

Cabañas del Lago HÜTTE $$$

(☎06-291-8108; www.cabanasdellago.com.ec; Araque, San Pablo del Lago; Hütten 155–200 US$; 📶) Die 26 polynesisch angehauchten Hütten in verschiedenen Größen und die vielen Aktivitäten zielen auf Familien ab: Am östlichen Seeufer warten *Minigolf*, ein Spielplatz mit Schaukelpferden, Jetskis, alle möglichen Wassersportarten (leider nur am Wochenende) und ein kräftigendes hauseigenes Restaurant.

An- & Weiterreise

San Miguel bietet einen regelmäßigen Busservice nach und von Otavalo. Einige Lodges liegen etwas abseits und sind nur mit dem Taxi zu erreichen (wenn man kein eigenes Fahrzeug hat). Taxis sind billig, aber die Region lässt sich am besten mit dem eigenen Fahrzeug erkunden.

Lagunas de Mojanda

Eine löchrige Pflasterstraße führt hoch in den *páramo* zu drei türkisfarbenen Seen, die 17 km südlich von Otavalo wie Edelsteine zwischen den Hügeln liegen. Das Gebiet wurde 2002 unter Naturschutz gestellt und ist seither ein beliebtes sonntägliches

Ausflugsziel für Familien. Camper sollten entweder am Südufer des größten Sees namens **Laguna Grande** zelten oder in der einfachen Schutzhütte aus Stein übernachten (Schlafsack und Proviant muss man selbst mitbringen). Touranbieter in Otavalo organisieren auch Kajakausflüge. Die meisten Besucher kommen jedoch her, um zu den funkelnden Seen und Wasserfällen zu wandern.

Aktivitäten

In der Nähe ragt der gezackte Gipfel des erloschenen Vulkans Fuya Fuya (4263 m) empor. Der steile Weg nach oben dauert eineinhalb bis zwei Stunden und beginnt in der Nähe der Stelle, wo die Taxis halten. Ein kürzerer, ähnlicher Aufstieg führt auf den **Cerro Tourichupa** (3950 m).

Eine weitere höchst empfehlenswerte Wanderung ohne steilen Auf- und Abstieg ist der **Rundweg**, der zunächst entlang einer Seite der Laguna Grande, dann hinab zur Laguna Chiquita und um den Cerro Negro (4260 m) zu einem Aussichtspunkt (4000 m), schließlich um die Berghütte (mit Blick auf die Laguna Negra) und zurück zur Straße an der Laguna Grande führt.

Gleich nach der Casa Mojanda an der Straße zu den Lagunas de Mojanda beginnt der gut ausgeschilderte Weg zur **Cascada de Taxopamba**. Zu dem hübschen Wasserfall mit Teich in herrlich unberührter Landschaft ist es etwa eine halbe Stunde zu Fuß.

Schlafen

★ **La Luna** PENSION $$
(☎ 099-315-6082, 099-829-4913; www.lalunaecuador.info; Camping 8 US$, B 14 US$, EZ/DZ mit Bad 30/47 US$, ohne Bad ab 22/38 US$; P ᯤ) La Luna liegt 4,5 km südlich von Otavalo am langen Weg bergauf zu den Lagunas de Mojanda und bietet preisbewussten Reisenden eine unbezahlbare Aussicht. Gegessen wird im behaglichen Hauptgebäude; abends versammeln sich die Gäste gern am Kamin. Die Duschen sind heiß und zwei der Doppelzimmer haben ein eigenes Bad und Kamin. Wanderer können sich auch Picknickpakete einpacken lassen.

Rose Cottage HÜTTE $$
(Hosteria Rose Cottage; ☎ 099-772-8115; www.rosecottageecuador.com; B 14 US$, Zi. ab 40 US$, EZ/DZ ohne Bad 16/35 US$; P ᯤ) Das Rose Cottage ist eine großartige Budgetunterkunft mit spektakulärer Aussicht. Die Anlage, 3 km von Cotacachi einen steilen Hang hinauf, besteht aus unterschiedlichen Unterkunftsarten, die nicht weit von Otavalo liegen und dennoch tolles Andenpanorama bieten. Es gibt eine Bibliothek, einen Aussichtspunkt, einen altmodischen Spielplatz und sogar eine „Seilrutsche" aus alten Reifen.

★ **Casa Mojanda** HÜTTE $$$
(☎ 06-304-9253, 098-033-5108; www.casamojanda.com; Via Lagunas de Mojanda; EZ/DZ/3BZ/4BZ mit Frühstück 122/159/183/195 US$, mit Kamin plus 10 US$; P ᯤ) Der hübsche Gasthof mit hinreißendem Blick über steiles Ackerland liegt an der Straße zu den Lagunas de Mojanda. Die freundlichen Lehmziegelhäuschen sind mit elektrischen Heizgeräten, Warmwasserbädern und teils auch mit Kamin ausgestattet. Nach langen Wanderungen oder Reitausflügen entspannt draußen ein Hot Tub. Ein Häuschen dient als Bibliothek und Gemeinschaftsraum; es gibt auch eine Hütte speziell für Familien.

Die Mahlzeiten werden aus frischem Gartengemüse zubereitet und die Besitzer (Ecuadorianer, die lange in Brooklyn, New York, gelebt haben) sind kenntnisreich und freundlich.

An- & Weiterreise

Eine Taxifahrt zwischen Otavalo und den Lodges in der Region um Lagunas de Mojanda kostet 12 US$ pro Strecke. Die Fahrer warten auf Wunsch 60 bis 90 Minuten; bei längeren Wartezeiten wird ein Stundenpreis fällig. Die Touranbieter in Otavalo veranstalten organisierte Wanderungen inkl. Transport vom/zum Hotel. Eine Taxifahrt von Otavalo zu den jeweiligen Unterkünften kostet 5 US$.

Das La Luna Guesthouse hält hervorragende detaillierte Wanderkarten bereit.

Peguche

In dem kleinen, verschlafenen Weberdorf werden sowohl traditionelle als auch moderne Webmethoden praktiziert – an Wäscheleinen trocknet handgesponnene und gefärbte Wolle und das Surren elektrischer Webstühle ist zu hören.

Sehenswertes

Cascadas de Peguche WASSERFALL
(Eintritt gegen Spende) Die meisten Leute kommen wegen der Cascadas de Peguche hierher. Den Einheimischen sind diese Wasserfälle heilig. Besucher sollten während des Sonnenfestes Inti Raymi im Juni

fernbleiben, wenn Männer hier ein rituelles Bad nehmen. Das Areal ist gut erschlossen und die kopfsteingepflasterte Zugangsstraße ist gesäumt von Buden, die Kunsthandwerk, Getränke und Snacks verkaufen. An den Wanderwegen kann man gut Vögel beobachten.

Die Anmeldung am Eingang ist kostenlos (Spenden sind jedoch erbeten), von dort führt ein kurzer Pfad zu den heißen Quellen, zu einer kleinen Brücke unterhalb des größten Wasserfalls und zu zwei Aussichtspunkten beidseitig des Flusses.

Schlafen

Hostal Aya Huma HOSTEL $

(☎06-269-0333; www.ayahuma.com; Calle Los Corazos & Calle Ñan Chasquis; EZ/DZ/3BZ/4BZ 23/37/48/60 US$, Camping 4 US$ pro Pers.; P) Die Rezeption von Aya Huma direkt neben der Bahnstrecke, vier lange Straßenblöcke von der Panamericana entfernt, sieht aus wie ein Kleinstadtbahnhof. Die Zimmer sind einfach, aber sauber, im Café gibt's deftiges Frühstück und gutes vegetarisches Essen. Reservierung ist ratsam, da es sonst geschlossen sein könnte und vielleicht niemand da ist. Das Hostel wird in dritter Generation von derselben Familie geführt und bietet hübsche Extras, z. B. eine holzbeheizte Sauna.

Es liegt 2,5 km nördlich von Otavalo an den Bahngleisen.

La Casa Sol HOTEL $$

(☎06-269-0500; www.lacasasol.com; Cascada de Peguche; EZ/DZ/Suite mit Frühstück 59/69/99 US$) Die pastellfarbene, friedliche Oase mit Terracottawänden und Dachziegeln liegt oben an einer steilen Auffahrt neben dem Abzweig zum Wasserfall. Die Zimmer sind einfach und behaglich möbliert. Die meisten sind mit Kaminen ausgestattet; einige verfügen über eigene Küchen und Balkone mit hübschem Ausblick – einfach vor dem Einchecken ein paar Räume zeigen lassen. Eine schöne Unterkunft in Fußnähe der Wasserfälle.

Shoppen

Zwei Kunsthandwerksläden befinden sich direkt am Hauptplatz; das Gitarrengeschäft liegt am Ende der Straße.

El Gran Condor KUNST & KUNSTHANDWERK

(www.artesaniaelgrancondor.com; Main Plaza, Calle Peguche; ⌚Mo–Sa 8–19, So 11–18 Uhr) El Gran Condor an Peguches Hauptplatz ist das perfekte Ziel für Textilienfans, die in Otavalo nicht das Gewünschte gefunden haben. Der Laden verkauft hochwertige Waren aus einheimischer Produktion (u. a. Pullover, Schals und Wandbehänge). Wer vorher anruft, kann sich Färbe- und Webmethoden zeigen lassen.

Taller de Instrumentos Andinos-Nañda Mañachi MUSIK, KUNSTHANDWERK

In seiner Werkstatt gegenüber vom Basketballplatz stellt Jose Luis Pichamba traditionelle Musikinstrumente von Hand her – darunter Panflöten, Trommeln und mandolinenartige *charangos* mit zehn Saiten, die traditionell aus Gürteltierpanzern (heute aber aus Zedernholz) angefertigt werden. Jose, der selbst Profimusiker ist, stellt seit 40 Jahren Instrumente für seine Musikerfreunde her – man kann also sicher sein, ein hochwertiges Produkt zu erhalten. Wer höflich fragt, bekommt sogar ein Lied vorgespielt!

Um Joses Werkstatt zu erreichen, folgt man der Straße vom Hauptplatz etwa drei Blocks nach Norden.

Tejidos Mimahuasi KUNST & KUNSTHANDWERK

Im Vorderraum steht ein Webstuhlmodell, aber die wahre Magie entfaltet sich erst in den angrenzenden sechs Räumen, die über zwei Etagen verteilt sind und Webkunst in zahlreichen Varianten präsentieren. Das Geschäft liegt gegenüber von El Gran Condor (S. 116) und hat nur zeitweise geöffnet.

An- & Weiterreise

Die rotblauen Busse von Cooperativa Imbaburapac halten auf dem Weg von Otavalo nach Agato in Peguche. Nach den Bussen mit dem Schild „Cascades" an der Frontscheibe Ausschau halten.

Cotacachi

☎06 / 17 100 EW. / 2418 M

Bekannt ist Cotacachi vor allem wegen der Lederwaren und der Hauptstraße, der Calle 10 de Agusto, mit ihren vielen Läden, die preiswerte Jacken, Reisegepäck, Brieftaschen, Handschuhe und Schuhe aus Leder verkaufen. Aber der eigentliche Reiz, der immer mehr nordamerikanische Ruheständler anzieht (zu erkennen an ihrer hellen Haut, den weißen Haaren und weißen Hüten), die sich hier Grundstücke kaufen und Apartmentviertel bauen, ist die unbeschwerte Beschaulichkeit, wenn nicht gar

Verschlafenheit. Die Atmosphäre ist ansteckend. Der Ort ist relativ wohlhabend, hat gepflegte Bauten und liegt in der Nähe der Laguna de Cuicocha und des Volcán Cotacachi. Er würde sicherlich mehr Reisende anlocken, gäbe es mehr Unterkünfte.

Sehenswertes

Museo de las Culturas MUSEUM

(Garcia Moreno No 13-41; ⌚ Mo–Fr 9–17, Sa 14–17, So 10–13 Uhr) GRATIS Mehrere kleine Galerien im klassizistischen früheren Rathaus dokumentieren die Regionalgeschichte ab 8500 v. Chr. bis zur Kolonialzeit und der Republik. Auch die Kostüme und Fotos des indigenen Religionsfestes lohnen einen Besuch. Das Museum liegt neben dem Hotel Land of the Sun.

Schlafen

Land of the Sun HISTORISCHES HOTEL $$

(☎ 06-291-6009; Ecke Garcia Moreno & Sucre; EZ/DZ mit Frühstück 54/66 US$ pro Pers., Hauptgerichte 4–10 US$; P @ 📶) Das sehr schöne Kolonialhotel im Herzen der Stadt besitzt einen idyllischen Innenhof, um den sich ansprechende Zimmer mit Holzböden gruppieren; die besten haben einen Balkon mit Blick auf das Kloster. Weitere Annehmlichkeiten sind eine Sauna und ein hervorragendes Restaurant (7–21 Uhr) im Innenhof.

Es gibt zwei Straßen namens „Moreno" in Cotacachi; das Land of the Sun liegt in der Garcia Moreno.

★ Hostería La Mirage HOTEL $$$

(☎ 06-291-5237; www.mirage.com.ec; 10 de Agosto Prolongacion; Zi./Suite mit Frühstück & Abendessen 295/350 US$; P 📶 🏊) Eines der schönsten Hotels Ecuadors, hinter eisernen Toren über eine unbefestigte Zufahrt zu erreichen, ist ein Prachtbau mit weißen Kuppeln, Säuleneingang und Pfauen auf dem Rasen – und einmalig für echten Luxus in einer herrlichen Andenlandschaft. Die Ausstattung ist reines Louis-quatorze mit echten Gemälden, Himmelbetten, Blumensträußen und edler Bettwäsche.

Neben den schönen Zimmern locken zudem ein Swimmingpool im Haus und ein luxuriöses Spa. Tennis und Mountainbiken gehören ebenfalls zum Angebot. Das stilvolle Restaurant ist ein kulinarisches Erlebnis internationaler Fusionsküche.

Um das Hotel zu erreichen, biegt man von der 10 de Agosto auf die Prolongacion links ab.

Essen

Mercado Jatuk Cem „Cotachi" MARKT $

(10 de Agosto nahe Salinas; Hauptgerichte 2–4,50 US$; ⌚ 6–16 Uhr) An den Ständen in diesem überdachten Straßenmarkt gibt's u. a. *marisquerías* und *parrillas* (Fisch und Meeresfrüchte und gegrilltes Steak). Das Essen ist hier ebenso gut wie in den feinen Touristenrestaurants in der Stadt und kostet nur ein Drittel. Der Markt liegt neben dem Busbahnhof und dem Obst-, Gemüse- und Blumenmarkt; manche Stände sind bis 19 Uhr geöffnet.

Café Rio Intag CAFÉ $

(Imbabura Nr. 863, Parque San Francisco; Sandwiches 2 US$; ⌚ So–Do 8–22 Uhr; 📶) Biokaffee aus dem Intag-Tal, Kuchen und kleine Sandwiches werden in dem coolen studentischen Café mit bequemen Sofas und einer schicken Nische auf einer unteren Ebene serviert. Draußen auf der Pinnwand sind aktuelle Kulturveranstaltungen in der Gegend angekündigt.

The Pastry Shop BÄCKEREI $

(Plaza San Francisco; 2–3 US$; ⌚ Mo–Sa 9–19 Uhr) Neben dem Rio Intag auf der Plaza verwöhnt Robin Lea ihre Kunden mit heißen Zimtbrötchen, üppigem Karottenkuchen und weiteren ofenfrischen Backwaren.

Praktische Informationen

Sonntag ist Markttag (nicht annähernd so groß wie der in Otavalo) und fast alle Läden bieten Rabatt bei Barzahlung an. Es gibt mehrere Geldautomaten (u. a. von der Banco Guayaquil) am Parque San Francisco an der Ecke der Rocafuerte.

An- & Weiterreise

Cotacachi liegt 15 km nördlich von Otavalo und westlich der Panamericana. Die Busse der 6 de Julio und der Transportes Cotacachi fahren von Otavalo etwa alle 20 Minuten (0,35 US$, 20 Min.) zum Busbahnhof am anderen Ende von Cotacachi. Wer von Peguche aus anreist, kann an der Panamericana einen Bus heranwinken. Ein Taxi zwischen beiden Städten kostet 6 US$.

Täglich verkehren drei Busse ins Intag-Tal (Santa Rosa/Apuela).

Reserva Ecológica Cotacachi-Cayapas

Das **Naturschutzgebiet** GRATIS erstreckt sich über einen großen Teil der westlichen Anden. Das Höhenspektrum zwischen dem Volcán Cotacachi und den Regenwäldern des Tieflands sorgt für einen riesigen Artenreichtum. Die dichte Vegetation macht Touren zwischen Hoch- und Tieflandbereich fast unmöglich. Die meisten Reisenden besuchen daher entweder die Tieflandzone ab San Miguel am Río Cayapas oder das Hochland ab Cotacachi. Bei Anreise aus Richtung Cotacachi fungiert eine Rangerstation kurz vor der Laguna de Cuicocha als Parkeingang (die Straße nach Intag führt hier vorbei).

Knapp eine Stunde Fahrt nach Osten befindet sich die sehr beliebte **Chachimbiro-Thermalquelle**, ein Disney-artiger Komplex mit verschiedenen Becken für jeden Bedarf und teilweise spektakulären Aussichten. Eine Taxifahrt hin und zurück mit mehrstündigem Aufenthalt kostet ab Cotacachi 50 US$ (etwa 10 US$ pro Std.). Die **Laguna de Piñán** weiter westlich im *páramo* hat ein faszinierendes Panorama und Wanderwege – Runa Tupari (S. 108) in Otavalo organisiert Gruppentouren.

Sehenswertes

Laguna de Cuicocha SEE

Rund 18 km westlich von Cotacachi füllt dieser gespenstisch ruhige, düstere See einen eingebrochenen Vulkankrater auf 3100 m Höhe. Die ca. 3 km breite und 200 m tiefe Laguna umgibt zwei hügelige Inseln, die bei späteren Eruptionen emportraten und wie die Rücken zweier Meerschweinchen aussehen – daher der Name *cuicocha* („Meerschweinchensee" auf Kichwa). Ein kurzer Pfad führt vom Parkplatz am Eingang zu mehreren Aussichtspunkten.

Es lohnt sich auf jeden Fall, auf dem **Sendero Las Orquideas** um den See herumzuwandern. Der Weg beginnt gleich hinter dem letzten Aussichtspunkt und folgt der Kammlinie hoch über dem Seeufer. Kolibris naschen an leuchtenden Blüten und hin und wieder kreist ein Kondor über der Wasserfläche. Je nach Fitness dauert die Wanderung über den 14 km langen Rundweg 3½ bis 5 Stunden. Wenn sich die Wolken verziehen, ist der Volcán Cotacachi zu sehen.

Mietboote ermöglichen kurze Inselrundfahrten. Die Hosteria bietet einen 25-minütigen Bootstrip für 3,50 US$.

Schlafen & Essen

Hostería Cuicocha PENSION **$$**

(☎ 06-301-7218, 06-301-7219; www.cuicocha.org; Zi. mit Frühstück & Abendessen 55 US$ pro Pers., Hauptgerichte 4–9 US$) Das Gästehaus wurde von 2015 bis 2016 umfassend renoviert und aufpoliert. Drei der sechs Zimmer bieten einen herrlichen Blick auf See und Berge. In dem Ziegelgebäude befinden sich auch ein allgemein zugängliches Restaurant und ein selten besetzter Informationsschalter. Nachts kann es sehr verlassen wirken, wenn man allein ist (vor allem, wenn das WLAN nicht funktioniert). Im Zimmerpreis ist eine kostenlose Bootstour inbegriffen.

An- & Weiterreise

In Cotacachi fahren *camionetas* zur Laguna de Cuicocha (einfach 15 US$, hin & zurück 25 US$, inkl. ½ Std. Wartezeit). Eine billigere Möglichkeit ist eine zehnminütige Fahrt mit einem Bus der Transportes Cotacachi nach Quiroga (auf halber Strecke zwischen Otavalo und Cotacachi), dort können sich Reisende am Hauptplatz ein Taxi nehmen.

Ibarra

☎ 06 / 139 721 EW. / 2225 M

Die größte Stadt nördlich von Quito hat ein herrlich urbanes Flair, das den anderen Städten im Norden Ecuadors meist fehlt. Sie folgt dem alltäglichen Rhythmus ihrer Bevölkerung, einer Mischung aus *indígenas*, Mestizen und Afroecuadorianern (jedes Jahr am 8. Oktober veranstalten die afrikanischstämmigen Stadtbewohner ein großes Festival). Die meisten Gebäude sind heute von ganz normalen Läden belegt und es herrscht eine geschäftige Atmosphäre, aber mehrere ziemlich schöne Plätze mit hohen Palmen und barocken Kirchen verleihen dem Ganzen ein ausgeprägt elegantes Flair.

Ganz in der Nähe ragt eindrucksvoll der Volcán Imbabura empor und nur 3 km entfernt im Nordosten erstreckt sich die Laguna de Yahuarcocha (der Name bedeutet in der Kichwa-Sprache „Blutsee", da hier fast 30 000 Caranqui-Krieger von den Truppen des Inka-Herrschers Huayna Capac getötet wurden). Heutzutage bevölkern Jogger, Radfahrer und Tretbootfahrer das Seeufer. Zählt man noch ein paar kleine interessante Museen, eine lohnende Bahnfahrt, gute Cafés und die Nähe zu Otavalo sowie anderen *indígena*-Dörfern hinzu, stellt sich einem die berechtigte Frage, warum es hier kaum touristische Infrastruktur gibt.

Ibarra

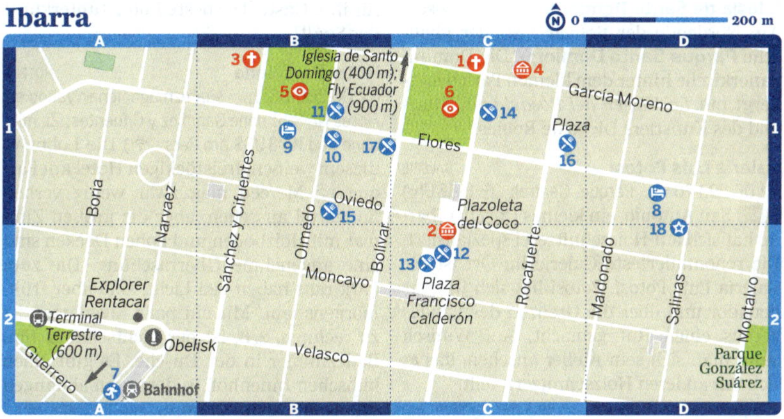

Ibarra

Sehenswertes
1 Kathedrale.......C1
2 Centro Cultural Ibarra.......C2
3 Iglesia de la Merced.......B1
4 Museo Arqueológico y Etnográfico Atahualpa.......C1
5 Parque La Merced.......B1
6 Parque Pedro Moncayo.......C1

Aktivitäten, Kurse & Touren
7 Tren Ecuador.......A2

Schlafen
8 Backpackers Hostel.......D1
9 Hotel Barcelona.......B1

Essen
10 Ana de Nuñez.......B1
11 Comedores.......B1
12 Donde el Argentino.......C2
13 El Coyote.......C2
14 El Quinde Café.......C1
15 Heladería Rosalía Suárez.......B1
16 La Casa de Frida Bistro-Café.......C1
17 Olor a Café.......B1

Unterhaltung
18 Café Arte.......D2

Sehenswertes & Aktivitäten

Centro Cultural Ibarra MUSEUM
(Ecke Sucre & Oviedo; Di–Fr 9.30–18.30, Sa & So 10–16 Uhr) GRATIS Eine kleine eindrucksvolle Sammlung religiöser Gemälde aus dem 14. bis 19. Jh. sowie archäologische Ausstellungen mit prähistorischen Keramiken und Goldartefakten aus Pimampiro. Texte sind auf Spanisch und Englisch.

Museo Arqueológico y Etnográfico Atahualpa MUSEUM
(García Moreno & Sucre, Teatro Sucre, 2. OG; Mo–Fr 8–12.30 & 14–17.30, Sa 9.30–17 Uhr) GRATIS Mehrere kleine Ausstellungssäle mit faszinierenden präkolumbischen Artefakten aus der Umgebung. Die meisten Objekte, darunter zeremonielle Gegenstände und Skulpturen aus Keramik sowie Waffen und vorsätzlich deformierte Schädel, stammen von den Caranqui, die vor den Inka herrschten.

Das Museum liegt einen Block westlich des Parque Pedro Moncayo.

Parque La Merced PLATZ
(Peñaherrera) Ibarras Hauptplatz (Peñaherrera) wurde Anfang des 19. Jhs. angelegt. Hauptattraktion der **Iglesia de la Merced** (Sánchez y Cienfuentes, Parque La Merced) ist ein mit Blattgold überzogener Altar für die Virgen de la Merced (Schutzheilige der Streitkräfte). In der Kirche erinnert eine spezielle Messe an die Opfer und Überlebenden des verheerenden Erdbebens von 1868.

Parque Pedro Moncayo PLATZ
Dieser hinreißende Platz mit den zahlreichen Palmen wird von Ibarras barock angehauchter **Kathedrale** (García Moreno, Parque Moncayo) dominiert. Das Gebäude beherbergt Blattgoldaltäre und Säulen, die Rafael Troya einst mit Bildern der zwölf Apostel bemalte. Der eigentliche Park ist nach dem hier geborenen Journalisten und Diplomaten Pedro Moncayo (1807–1888) benannt.

Iglesia de Santo Domingo KIRCHE
Am Nordende der Bolívar liegt der idyllische **Parque Santo Domingo**. Die Dominikanerkirche hinter dem kleinen Park beherbergt mit *La Virgen del Rosarío* ein Altarbild des Künstlers Diego de Robles.

Galería Luís Potosí GALERIE
(☎ 06-293-2056; Parque Central; ⏰ 8–18 Uhr) GRATIS San Antonio, ein kleines Dorf bei Ibarra, hat sich auf Holzschnitzerei spezialisiert. Die renommierteste Galerie im Ort ist die Galería Luís Potosí. Potosí hat sich in ganz Ecuador und über die Grenzen des Landes heraus einen Ruf gemacht. Auf Wunsch kann man sich sein Atelier ansehen, das er sich mit anderen Holzschnitzern teilt.

Fly Ecuador ABENTEUERSPORT
(☎ 06-295-3297; www.flyecuador.com.ec; Rafael Troya Nr. 5121 nahe Ecke Jose Vinueza, Parque Avión; pro Pers. 67 US$) Tandem-Paragliding von einem der benachbarten Hügel bietet eine atemberaubende Vogelperspektive der Umgebung. Erfahrene Ausbilder bieten auch mehrtägige Kurse für Leute, die solo fliegen wollen.

Feste & Events

Fiesta de Los Lagos FIESTA
In der letzten Septemberwoche feiert Ibarra sein „Fest der Seen" mit einem riesigen Umzug, Folkloretänzen, der Krönung der Miss Ibarra und (vielleicht) auch ein paar Trinkgelagen. Die Pregón (Eröffnungsparade) zieht sich durch die gesamte Stadt. Die Festivaltermine variieren von Jahr zu Jahr.

Schlafen

Es gibt in der Stadt zwar mehrere gute Budgetunterkünfte, aber die besseren Hotels befinden sich nahe der Panamericana westlich von Ibarra. Sie sind oft im Voraus ausgebucht, besonders an Wochenenden und in den letzten beiden Septemberwochen während der lebhaften jährlichen Fiesta Ibarras.

Backpackers Hostel HOSTEL $
(☎ 099-657-3989; Flores zwischen Salinas & Maldonado; EZ/DZ/3BZ/4BZ 10/15/24/30 US$) Etwas Neues in Ibarra! Wir finden das preiswerte Hostel toll: Es hat eine kleine Gemeinschaftsküche, einen wunderschönen Innenhof, zuverlässiges WLAN und hübsch geflieste Zimmer mit modernen Betten und Flachbildfernsehern. Das Haus ist über 150 Jahre alt, aber Nady sorgt super für ihre Gäste. Die beste Budgetunterkunft der Stadt!

Hotel Barcelona HOTEL $
(☎ 06-260-0871; suarezmagdalena@yahoo.es; Flores Nr. 8-51 nahe Sánchez y Cifuentes; Zi. mit/ohne Bad 10/8 US$ pro Pers.; 📶) Die Lobby in diesem weißen dreistöckigen Hotel am Parque La Merced mag zwar wenig verheißungsvoll aussehen, aber die großen Zimmer mit Holzböden und hohen Decken sind eine angenehme Überraschung. Die zum Park raus haben viel Licht, sind aber frühmorgens laut. Mit ein paar Eigenarten ist zu rechnen, z. B. ist der Lichtschalter fürs Badezimmer in der Dusche. Es gibt einen hübschen Innenhof, in dem man abhängen und Kaffee trinken kann.

★ **Hostería Cananvalle** HÜTTE $$
(☎ 098-260-9132; www.hosteria-cananvalle.com; EZ/DZ mit Frühstück 50/60–70 US$, Familienhütte 130 US$; P 📶) Die familiengeführte Farm in idyllischer Lage mit Blick auf Schlucht und Berge ist nur 5 km von der Innenstadt entfernt. Neben dem rankenbewachsenen Haupthaus gibt's noch mehrere separate Hütten mit Ziegeldach und Lehmziegelwänden. Die Inhaber backen leckeres Brot und stellen ihren Kaffee selbst her; einige Gerichte werden mit Produkten aus eigenem Anbau zubereitet.

Hostería Chorlaví HISTORISCHES HOTEL $$$
(☎ 06-293-2222; www.haciendachorlavi.com; Panamericana Sur 4.5; EZ/DZ/3BZ/Villa mit Frühstück 105/130/180/260 US$; P 📶 🏊) Viele Wochenendausflügler schätzen die klassische umgebaute Hazienda wegen ihres solarbeheizten Pools und der Minigolfplätze. Es ist eine zauberhafte Unterkunft, mit Zimmern voller Antiquitäten, aber dennoch angenehm dezent. Samstags ist es weniger friedlich: Dann lockt Livemusik Reisegruppen und Shopper aus Otavalo hierher. Das Hotel ist 4,5 km südlich von Ibarra an der Panamericana nach rechts ausgeschildert.

Essen

Schöne Cafés findet man im Stadtzentrum, auf der Plaza Francisco Calderón und der Calle Sucre. Südlich von Flores zwischen Olmedo und Sucre gibt's ein paar *chifas* (chinesische Restaurants), die rund um die Uhr geöffnet haben.

Ibarra hat die meisten Eiscafés mit hausgemachter Eiscreme (die berühmte *helado de paila*) im ganzen Land.

Heladería Rosalía Suárez EIS $

(Los Legitimos; Oviedo Nr. 7-82; Waffel/Becher 0,95/1,75 US$; ⌚7–18 Uhr) 1897 fand die erst 17-jährige Rosalía Suárez heraus, dass die beste Eiscreme gar keine Sahne enthalten muss. Ihr Laden, der heute von ihrem Enkel geführt wird, ist seither eine Sensation. Er verkauft *helados de paila,* eigentlich Sorbets aus Eiweiß und reinem tropischen Fruchtsaft (*guanábana, naranjilla* und *maracuyá*), alles in einem Kupferkessel (*paila*) mit einem Holzlöffel gerührt und dann auf einem Strohlager gekühlt.

Ein konkurrierender Eisladen mit dem gleichen Namen und von einem weiteren Suárez-Nachkommen geführt befindet sich direkt gegenüber. Dieser hier heißt nicht grundlos „Los Legitimos" – entfernte Verwandte haben am Ende des Blocks zwei „Bermejita"-Läden eröffnet, die ebenfalls den Namen der Familie tragen.

Comedores ECUADORIANISCH $

(Olmedo & Parque La Merced) Etwa ein halbes Dutzend *comedores* (billige Restaurants) und ebenso viele Stände, die das gleiche Angebot an süßen Spezialitäten verkaufen, zwängen sich in kleine Nischen in der Backsteinfestung an der Ostseite des Parque La Merced. Am meisten angeboten werden *arrope de mora* (dickflüssiger Brombeersirup, der mit Wasser oder Schnaps gemischt wird), und *nogadas* (Karamellnougat).

Ana de Nuñez SÜSSWAREN $

(Ecke Flores & Olmedo; ⌚7.30–21.30 Uhr) Ein kleiner Laden, der bis zum Rand mit typischen Ibarra-Süßwaren gefüllt ist, z. B. *nogadas* (eine süße Nascherei aus Walnüssen, Zucker, Milch und Eiweiß) und *arrope de mora* (Brombeersirup, der mit Wasser oder Schnaps gemischt wird). Das Geschäft wurde 1954 eröffnet (Victor leitet es in dritter Generation) und ist so beliebt, dass es noch zwei weitere Filialen in der Stadt gibt.

El Coyote MEXIKANISCH $

(Plaza Francisco Calderón; Hauptgerichte 5–8 US$; ⌚Mo–Do 12–22, Fr & Sa bis 24 Uhr; 📶) Heizlampen und auch Tequila halten schön warm beim abendlichen Essen in diesem Lokal, das ausschließlich Straßentische am Platz aufstellt. Zum Angebot gehören leckere mexikanische Standardspeisen, z. B. Burritos, Tacos, Enchiladas und Fajitas. Die Wände sind mit Comiczeichnungen klassischer Rock- und Popstars geschmückt. Oben kann man im Partnerlokal **Freaky Monkey** etwas trinken gehen.

El Quinde Café CAFÉ $

(Sucre zwischen Flores & Garcia Moreno, Parque Pedro Moncayo; Hauptgerichte 2–2,50 US$; ⌚Mo–Fr 11–21 Uhr; 📶) Das reizende kleine Lokal am Parque Pedro Moncayo wird von einem Ehepaar geführt und serviert Kaffee aus heimischem Anbau, Kuchen und Gebäck. Die kleine Sitzecke im 1. Stock ist ideal, um sich mit einem Buch oder Laptop zurückzuziehen. Das Café ist superschick, ohne protzig zu sein, und hat den schönsten Tanzsaal von ganz Ecuador.

La Casa de Frida Bistro-Café CAFÉ $$

(☎098-883-0353; Rocafuerte nahe Flores, Plaza San Agustin; ⌚Mo–Sa 17–22 Uhr) In dem gemütlichen Café dreht sich alles um Frida Kahlo. Die Wände sind mit Filmpostern und Sprüchen der mexikanischen Künstlerin geschmückt und man kann in ihren Kinderbüchern lesen. Serviert werden Sandwiches, Nachos, Kaffee- und Mixgetränke, die selbst die feinsten Gaumen zufriedenstellen. Das Café hat eine inspirierende, entspannte Atmosphäre, die vor allem die Intellektuellen Ibarras (und natürlich Touristen) anzieht.

Donde el Argentino ARGENTINISCH $$

(☎099-945-9004; Plaza Francisco Calderón; Hauptgerichte 5–18 US$; ⌚Di–Sa 12–21, So bis 16 Uhr) Das äußerst stimmungsvolle winzige Café versetzt einen z. B. mit tollen Steaks und Pommes in Richtung Süden. An Sonnentagen stellt es auch Straßentische auf den Platz.

Olor a Café CAFÉ $$

(Ecke Flores & Bolívar; Hauptgerichte 9–15 US$; ⌚Mo–Sa 8–20, So bis 12 Uhr 📶) Ibarras Literatentreff befindet sich in einem stattlichen Kolonialgebäude in der Innenstadt und seine Betreiber behaupten, dass es der beste Ort für einen Heiratsantrag sei (eine aktuelle Liste der bisherigen Anträge liegt aus). Eine Wand ist voller anspruchsvoller Literatur, die zum Verkauf steht. Hamburger, thailändisches Huhn mit Sojanudeln und Filet mignon sowie Sandwiches, Kaffee und Gebäck stehen auf der Karte.

☆ Unterhaltung

Café Arte LIVEMUSIK, FILM

(Salinas Nr. 5-43; ⌚Do 17–24, Fr & Sa bis 2 Uhr) Eine der besseren Livemusikkneipen Ecuadors befindet sich überraschenderweise in Ibarra. Hier treten auch Bands aus Kuba und Spanien auf. Die Musik reicht von Jazz und Flamenco bis zu Rock. Die

BUSSE AB IBARRA

ZIEL	PREIS (US$)	DAUER (STD.)	HÄUFIGKEIT
Ambato	6,25	5	stündl.
Cuenca	16	12	tägl. 20 Uhr
El Ángel	1,60	1½	6-mal tägl. von 6–17.30 Uhr
Guayaquil	14	10	mehr als 8-mal tägl.
Otavalo	0,55	20 Min.	alle 10 Min.
Quito	3	2½	alle 10 Min.
San Lorenzo	4	4	alle 3 Std.
Santo Domingo	6,50	6	alle 3 Std.
Tulcán	3	2½	stündl. bis 17 Uhr

Konzerte beginnen freitags und samstags gegen 22 Uhr. Auf dem Programm stehen auch Filmvorführungen, Tanzkurse und Kunstausstellungen.

An- & Weiterreise

Der moderne Busbahnhof von Ibarra ist der **Terminal Terrestre** (Av Teodoro Gomez nahe Espejo). Ein Taxi zur/von der Innenstadt kostet 1 US$. Busse nach Quito verkehren ungefähr alle zehn Minuten.

Die Busse zum Dorf La Esperanza (0,25 US$, 25 Min.) fahren an der Nordseite des Parque German Grijalva im Stadtzentrum ab.

Wer die Umgebung auf eigene Faust erkunden will, erhält nur bei **Explorer Rentacar** (☎ 06-295-1668; www.rentacarecuador.net; Mariano Acosta Nr. 10-06, gegenüber vom Bahnhof) einen Mietwagen; sie sind ab 38 US$ pro Tag zu haben.

La Esperanza

☎ 06 / 2992 M

La Esperanza liegt oberhalb von Ibarra an den Hängen des **Volcán Imbabura** (4609 m). Das malerische Dorf ist ein erholsamer Stopp für müde Reisende und der beste Ausgangspunkt für Aufstiege am Imbabura. Kletterer starten am besten frühmorgens und folgen über 2000 m dem ansteigenden Berggrat zum Gipfel, 8 km im Südwesten. Im letzten Abschnitt muss dabei loses Geröll gemeistert werden. Es ist allein zu schaffen, aber Unerfahrene sollten diesen Trip mit einem einheimischen Führer oder einem Tourveranstalter aus Otavalo (60 US$) unternehmen. Hin und zurück ist mit sechs bis zehn Stunden zu rechnen. Weniger trainierte Kletterer belohnt der leichtere Aufstieg am **Loma Cubilche** (3886 m) südlich von La Esperanza nach drei Stunden mit schöner Aussicht.

Schlafen

Casa Aida PENSION $

(☎ 06-266-0221; www.casaaida.com; Gallo Plaza; Camping/B/Zi. pro Pers. 6/8/10 US$; WLAN) Erholung vor dem Abenteuer verspricht die freundliche Casa Aida mit einfachen, aber sauberen und komfortablen Zimmern in fröhlichen Farben. Eigentümerin Aida, die das Gästehaus seit 42 Jahren leitet, liefert hervorragende Regionalinfos und vermittelt Führer für den Aufstieg zum Imbabura-Gipfel. Dank ihrer berühmten Pfannkuchen und ihres großartigen deutschen Gulaschs fühlt man sich hier sofort zu Hause.

Tradiciones San Clemente HOMESTAY $$

(☎ 06-266-0045; www.sanclementetours.com; San Clemente; Zi. mit Vollpension 45 US$ pro Pers.) Die kommunale Tourismusinitiative vermittelt Privatunterkünfte im Nachbardorf San Clemente. Um hierher zu gelangen, fährt man bis zum Ende der Asphaltstraße aus Richtung Ibarra und biegt am Schild „Bella Vista" rechts ab. Wer aus der Stadt anreist, folgt der Ausschilderung nach Pukyupampa für 400 m. Am einfachsten ist die Anreise mit dem Taxi von Ibarra (5 US$).

An- & Weiterreise

Von Ibarra aus ist La Esperanza zu Fuß, mit dem Bus (0,25 US$, 25 Min., regelmäßig) oder Taxi (ca. 5 US$) erreichbar. Die Busse fahren in Ibarra nicht am Hauptbusbahnhof ab, sondern an der Nordseite des Parque German Grijalva im Stadtzentrum. Die Asphaltstraße, die jetzt bis nach Peguche führt, erleichtert die Anreise sehr.

Intag-Tal

Die dramatische Fahrt hinab ins Intag-Tal, wo Bäume voller tropischer Früchte hängen und Kinder mit nur einem Stück Seil als Zügel auf Pferden reiten, ist ein Erlebnis. Das fruchtbare Tal ist nicht nur berühmt für seinen Kaffee, sondern auch für seinen Aktivismus.

Die Intag-Gemeinden haben, teilweise unter Leitung der Unión de Organizaciones Campesinas Indígenas de Cotacachi („Union der indigenen Bauernorganisationen von Cotacachi"), mit der Wiedereinführung einheimischer Nutz- und Heilpflanzen begonnen, die in den Anden seit Jahrhunderten, wenn nicht gar Jahrtausenden angebaut wurden. Ziel ist es, die landwirtschaftliche Artenvielfalt zu erweitern und kulinarische Traditionen zu erhalten. Das Ergebnis kann bei einem Aufenthalt in einem familiengeführten Landhaus, das über Runa Tupari (S. 108) gebucht wird, gesehen und gekostet werden.

Erwähnenswert ist zudem die Asphaltierung und Verbesserung einer Straße, die über Chontal und Nanegalito das Tal durchquert. Sie wird eine malerische Alternative für die Strecke zwischen Otavalo und Mindo sein (ohne durch Quito fahren zu müssen).

Aktivitäten

Siempre Verde FREIWILLIGENARBEIT
(www.siempreverde.org; N 0 22' 18) Die kleine gemeindegeführte Forschungsstation mit eigenem Wald setzt sich für Umweltbildung ein, verfügt über exzellente Wanderwege und bietet großartige Möglichkeiten zur Vogelbeobachtung. Studenten und Forscher sind als Volontäre willkommen (nach vorheriger Anmeldung). Wer nicht in Siempre Verde übernachten, sondern nur wandern will, muss 10 US$ Eintritt zahlen. Um hierher zu gelangen, muss man kurz vor Santa Rosa von der Straße abfahren und von dort zwei Stunden bis zur Station laufen.

Schlafen

★ **El Refugio de Intag** PENSION $$
(☎ 099-717-5208; www.elrefugiocloudforest.com; Santa Rosa; EZ/DZ mit Frühstück 45/90 US$; 📶) Ein Fluss fließt durch das 30 ha große, idyllische Gelände mit mehreren komfortablen rustikalen Hütten. Es ist ein wohltuendes Refugium für Vogelbeobachter oder jene, die einfach nur Ruhe wollen. Für lange Wanderungen in der Umgebung stehen Spanisch sprechende Führer zur Verfügung. Die hausgemachten Mahlzeiten (12 US$) werden mit frischen Zutaten von der Farm bereitet, die Mitarbeiter sind sehr freundlich und charmant. Das Haus liegt nur 1 km von Santa Rosa entfernt.

Intag Cloud Forest Cabins HOSTEL $$
(☎ 099-717-5208; www.intagcabins.com; Santa Rosa; Zi. inkl. Mahlzeiten 65 US$ pro Pers., Hütte für 2 Pers. ohne Verpflegung 45 US$; P 📶) Eine moderne Unterkunft neben dem Nebelwaldreservat. Die neuen Hütten haben Spültoi-

NICHT VERSÄUMEN

MIT DEM ZUG UNTERWEGS

Die jüngst instandgesetzte Strecke, der „Tren de la Libertad", verbindet Ibarra mit dem sehr viel tiefer liegenden Dorf Salinas, das wie eine Geisterstadt wirkt – fehlen nur noch Steppenpflanzen. Die Fahrt hin und zurück ist nur 30 km lang, dauert aber sechs Stunden, da der Zug nur langsam vorantuckert. Zudem haben Fahrgäste in Salinas Zeit, das mäßig interessante Salzmuseum und die Vorführung einer afroecuadorianischen Tanzgruppe zu besuchen. Ein paar Angestellte einer privaten Sicherheitsfirma begleiten auf Motorrädern den Zug auf ganzer Strecke, um zu verhindern, dass er mit Autos, Pick-ups oder umhertrottendem Vieh zusammenstößt – das vermittelt das Gefühl, Teil eines präsidialen Motorradkonvois zu sein. **Tren Ecuador** (☎ 1-800-873-637, Bahnhof Ibarra 06-295-0390; www.trenecuador.com; hin & zurück 30 US$; 🚻) hat seinen Sitz im renovierten Bahnhof von Ibarra. Abfahrt ist donnerstags bis sonntags um 10.30 Uhr.

Die Strecke zwischen Otavalo und Ibarra wurde Anfang 2017 eröffnet. Der Zug fährt normalerweise freitags bis sonntags um 8 Uhr ab. Aufgrund von Überschwemmungen und Erdrutschen wurde die Abfahrt zeitweilig von Otavalo ins nahegelegene San Roque verlegt.

letten, geflieste Duschen und Veranden auf der Rückseite mit tollem Blick auf das Tal. Die Besitzerin Sandra Statz ist Mitbegründerin des Naturschutzgebietes und führt ihre Gäste auf Wunsch durch das Reservat (sie weiß, wo die Andenklippenvögel leben). Das Hostel liegt in der Nähe des Gästehauses El Refugio (S.123), nur ein paar Kilometer die Straße runter.

Man kann Hütten für zwei Personen mieten (inkl. Nutzung der Küche 45 US$, jede weitere Person zahlt 10 US$ extra). Wer drei Mahlzeiten pro Tag hinzubucht, zahlt 65 US$ pro Person.

Los Cedros LODGE $$
(☎ 06-301-6550, in Quito 02-361-2546; www.reservaloscedros.org; Reserva Biológica Los Cedros, San Miguel de Chontal, Imbabura; alles inkl. 65 US$ pro Pers.) Die Lodge liegt in einem fantastischen abgeschiedenen 64 km² großen Naturschutzgebiet, dessen Urwald direkt an die Reserva Ecológica Cotacachi-Cayapas grenzt. Zur Anlage gehören eine Forschungsstation, eine Gästeküche mit Speiseraum, Schlafsäle, separate Zimmer, Strom und Warmwasser. Unbedingt im Voraus reservieren!

An- & Weiterreise

Von Otavalo fahren sechsmal täglich Busse nach Apuela mit Halt in Santa Rosa (2,50 US$, 1½ Std.); von Cotacachi verkehren dreimal täglich Busse nach Santa Rosa. In die Gegenrichtung (zurück nach Otavalo) fahren täglich neun Busse. Otavalo bietet Verbindungen nach Quito und in andere Städte.

Um das Tal ausgiebig zu erkunden, kann man einen der Nahverkehrsbusse nehmen, die Santa Rosa und Apuela mit Junin und La Esperanza verbinden.

Apuela

☎ 06

Das Nest Apuela liegt am Río Intag, der auf seinem Weg zum Pazifik eine gewaltige Schlucht durch die Berge gegraben hat. Im Zentrum spielen viele Einheimische sonntags Fußball und stöbern auf dem Markt nach Lebensmitteln oder Jeans. Zudem hat hier der Verband der Kaffeebauern seinen Sitz. In Apuela können Besucher den besten Kaffee von ganz Ecuador genießen.

Aktivitäten

Nangulví Thermalquellen QUELLEN
(☎ 06-3015-892; Erw./Kind 1,30/3 US$, Hütte 25 US$ pro Pers., inkl. Mahlzeiten 35 US$; ⏲7–21 Uhr) Die Anlage aus gefliesten Becken ist toll zum Relaxen im Schatten der Vulkane – vor allem beim Sonnenuntergang, wenn das Tal dunkel wird. An den Wochenenden ist sie oft überfüllt. Es gibt auch einige Hütten und einen hübschen Koiteich; ein Restaurant (Menüs 3 US$) direkt am Wasser rundet das Badeerlebnis ab.

Schlafen

Pachecho Farmhouse HOSTEL $
(☎ 06-301-5655; www.pachecofarmhouse.com; Main Rd, zwischen Apuela & Santa Rosa; Hütten 15–19 US$ pro Pers.; P 📶) Jimena Larreguí, der lange in Buenos Aires und New York lebte, hat das frühere Tierra Sol in ein angesagtes Hotel am Ufer des Intag verwandelt. Die gemütlichen Zimmer mit Blick auf die Zuckerrohrfelder sind nur ein paar Schritte von der blitzsauberen Geminschaftsküche entfernt. Oben auf dem Hügel befindet sich ein Garten, aus dem die Frühstückszutaten stammen. Das Hostel bietet auch Touren zur benachbarten Kaffeeplantage Soledad an. Es wird nur Bargeld akzeptiert.

Finca San Antonio HÜTTE $
(☎ 06-301-7543; www.cloudforestadventure.com; Zi. 8 US$ pro Pers.) Hinter dem Bergdorf Cuellaje liegt diese Farm mit einfachen Hütten oder Schlafsälen und mit Gemeinschaftsküche für Selbstversorger; auch Unterkunft bei einheimischen Familien wird vermittelt. Gegen Aufpreis gibt's hier auch geführte Wanderungen, Forellenangeltrips und den Besuch einer nahegelegenen Käserei.

Shoppen

Asociación Río Intag KAFFEE, KUNSTHANDWERK
(Café Río Intag; ☎ 06-256-6029; www.aacri.com) Das Café Río Intag ein Stück bergabwärts vom Platz ist eine Kaffee-Kooperative, die Asociación Río Intag, deren Bohnen von lokalen Bauern und Künstlern angebaut werden. Auch Kunsthandwerk einheimischer Frauen wird hier verkauft. Wer sich ein paar Tage vorher bei Franklin, dem Leiter der Kooperative, anmeldet, kann an einer Kaffeetour mit Verkostung (15–20 US$ pro Pers.) teilnehmen.

An- & Weiterreise

Von Otavalo (2,50 US$, 1½ Std.) fahren sechsmal täglich, von Cotacachi dreimal täglich Busse nach Apuela via Santa Rosa. Die neue Straße macht die Anfahrt nicht wirklich leichter – bei einigen Kurven dreht sich einem fast der Magen um. Täglich verkehren neun Busse nach Otavalo, das Anschlussverbindungen nach Quito und in andere Städte bietet.

Junín

☎05 / 26 942 EW. (BEZIRK)

Die Straße führt weiter in entlegene Andenhügel zum politisch aktiven Ort Junín, der noch immer von neuen Bergbaukonzessionen bedroht ist. In der Nähe des Bauerndorfes García Moreno eröffnet sich eine schöne Aussicht: Ein schmaler, von Bananenbäumen gesäumter Bergrücken fällt steil zu sanft gewellten Hügeln in Richtung Horizont ab.

Aktivitäten

Cueva de los Tayos VOGELBEOBACHTUNG

(☎06-305-1112; Chontal; ⏲8–17 Uhr) Ramero Flores veranstaltet einzigartige Touren zum Beobachten nachtaktiver Fettschwalme *(tayo)*, die 1 km vor dem Chontal-Friedhof in einer Höhle leben. Die Vögel nutzen beim Fliegen die gleichen Ortungssinne wie Fledermäuse. Flores hat auch einen berühmten Andenklippenvogel auf seinem Anwesen, das sich kurz vor der Abzweigung nach Mindo befindet und 46 km vom El Refugio de Intag (S. 123) in Santa Rosa entfernt ist.

Schlafen

Junín Cloud Forest Reserve LODGE $

(☎987-654-3210, 08-149-1654; www.junincloudforest.com; Zi. pro Pers. inkl. Mahlzeiten 35 US$) Das sehr empfehlenswerte Schutzgebiet betreibt eine dreistöckige Bambus-Lodge, die bei Vogelbeobachtern sehr beliebt ist. Gäste können auf der Terrasse in der Hängematte relaxen, die Orchideensammlung bewundern und Wanderungen zu Wasserfällen in Begleitung spanischsprachiger Führer unternehmen. Die Schlafsäle sind schlicht, aber gemütlich. Zum vegetarischen Essen gibt's starken Intag-Kaffee.

Das Reservat ist Teil einer DECOIN-Initiative, die sich für Umweltschutz und den Erhalt des lokalen Lebensstils einsetzt; mit einem Aufenthalt hier leistet man einen wichtigen Beitrag zur Unterstützung dieser Initiative.

Besucher und Freiwillige (25 US$ pro Pers. oder 15 US$ für Privatunterkunft; die Arbeit reicht von Englischunterricht bis zu Farmarbeit) sollten das Zentrum vorab kontaktieren. Die Regenzeit schränkt den Busverkehr auf den schlammigen Straßen ein. Dann ist es ratsam, die Anreise oder einen Führer über das Schutzgebiet zu organisieren.

An- & Weiterreise

Dreimal täglich fahren Busse von Otavalo nach Garcia Moreno (3 US$, 3½ Std., 8, 10, 14 Uhr), wo man einen Truck nach Junin (2 US$) nehmen oder 20 Minuten zu Fuß in den Ort laufen kann.

Nördliches Carchi

☎06

Von Ibarra Richtung Norden wird die kurvige, glatt asphaltierte Panamericana zur Wochenendroute vieler Radfahrer in Stretchhosen, die sich die anstrengende Strecke hinaufquälen. Am Rand des üppig grünen **Río-Chota-Tals** (1565 m) fällt die Straße plötzlich steil ab. Dieses Tal mit stets warmem Klima wird von trockenen Rundhügeln voller Kakteen umgeben und vom schokoladenbraunen Fluss bewässert. Es liegt nur eine Fahrtstunde von Ibarra entfernt und eignet sich daher gut für spontane Tagesausflüge.

Ein lohnenswertes Ziel sind die **Grutas de la Paz**, wo eine berühmte Grotte zur Kapelle umgebaut wurde. Zudem warten dort **Thermalquellen** (Do–Sa) und Wasserfälle in kurzer Laufentfernung. Eine weitere interessante Sehenswürdigkeit sind die Wasserfälle **Las Cascadas de Paluz** (3 km nördlich von San Gabriel).

Typisch für die afroecuadorianische Andenkultur ist *bomba*, ein Musikmix aus treibenden afrikanischen Trommelrhythmen und melancholischen Hochlandklängen.

Schlafen

★ **Parque Bambú** B&B $

(Bosque de Paz; ☎06-264-8692; www.bospas.org; Km 108.5 Via Ibarra-San Lorenzo, El Limonal, vor Jijon y Caamano am Highway 10; B/Zi. mit Frühstück pro Pers. 15/20 US$, Freiwillige pro Tag/Monat 20/260 US$) Das frühere Bosque de Paz wurde in Parque Bambú umbenannt, um nicht den Eindruck zu erwecken, es handele sich um einen Friedhof. Ein freundliches Paar (ecuadorianisch-belgisch) leitet die Pension am Rand von El Limonal, etwa 1½ Stunden von Ibarra. Die komfortable Unterkunft inmitten üppiger Vegetation ist nur 15 Minuten zu Fuß von der Bushaltestelle entfernt. Das Essen ist wunderbar (Hauptgerichte 4–7 US$) und es werden auch Wanderführungen angeboten. Eigentümer Piet Sab fördert die Wiederaufforstung und biologische Schädlingskontrolle in dieser Region, und ein Besuch ist für alle, die sich für Umweltsanierung und Permakultur interessieren, höchst empfehlenswert.

An- & Weiterreise

Vom zentralen Busbahnhof in Ibarra fahren regelmäßig Busse nach El Ángel und Tulcán ab. Es gibt auch eine regelmäßige Direktverbindung zwischen El Ángel und Tulcán sowie von Tulcán nach Kolumbien. Die Hauptstraßen der Region sind gut asphaltiert; Reisende mit eigenem Fahrzeug werden also keine Probleme haben.

Reserva Biológica Guandera

Das 1000 ha große, feuchte und bergige Tropenwald-Schutzgebiet wurde 1994 von der Fundación Jatun Sacha gegründet. Rund 11 km östlich von San Gabriel erstreckt es sich zwischen 3100 und 3600 m Höhe auf einem Bergrücken, der den Übergang vom Wald zum *páramo* darstellt. Zu den Projekten gehören Wiederaufforstung und die Suche nach Alternativen zum chemieintensiven Kartoffelanbau. Unter den Attraktionen sind Tukane, Anden-Brillenbären (nur selten zu sehen) und Hochlandpapageien.

Vom Dorf San Gabriel fahren öffentliche Verkehrsmittel (1,50 US$) nach Mariscal Sucre. Dort kann man einen *camioneta* (6 US$) zum Reservat nehmen. Man kann aber auch direkt von San Gabriel mit dem *camioneta* ins Reservat fahren (15–20 US$).

Von San Gabriel aus ist das Schutzgebiet zu Fuß erreichbar (1½ Std.). Bei rechtzeitiger Benachrichtigung organisiert das **Büro** (☎ 02-243-2240 in Quito; www.jatunsacha.org; Teresa de Cepeda Nr. 34-260 nahe Republica, 2. OG, Urbanización Rumipamba, Quito) aber einen Shuttle. Die Busse zwischen Tulcán und El Ángel lassen Fahrgäste auf Wunsch in San Gabriel aussteigen.

El Ángel

☎ 06 / 6300 EW. / 3000 M

An den Hängen rund um das schmucklose, ruhige El Ángel wogen Büschel von ockerfarbenem Gras im Wind. Das Andendorf ist das Tor zur dunstigen Wildnis der Páramos El Ángel, die viele Füchse und Kondore beheimatet. Es gehört zur 160 km² großen **Reserva Ecológica El Ángel** (☎ 06-297-7597; http://areasprotegidas.ambiente.gob.ec/es/node/909; La Libertad; 2 US$), in der die seltenen *frailejones* wachsen, eigentümliche Pflanzen mit fransigen Blättern und dicken Stämmen. Die zwei viel besuchten Lagunas El Voladero sind einfach zu erreichen. Tourunternehmen in Otavalo und Ibarra organisieren Trips in den *páramo*. Der Montagsmarkt erweckt den Ort schlagartig zum Leben.

Schlafen

Hostal Paises Andinos HOSTEL US

(☎ 09-8613-0892; Rio Frio & 2. Transerverso; Zi. 10 US$ pro Pers.; P, WLAN) Die nette Familie mit süßem Hund bietet in ihrem *hostal* tolle Zimmer mit warmen Bettdecken. Und es gibt WLAN! Zu diesem Preis die beste Wahl im Ort.

Polylepsis Lodge CABAÑA $$$

(☎ 06-2631-819; El Ángel Reserve, Sector El Colorado; DZ mit 3 Mahlzeiten ab 130 US$; P, WLAN) Diese Lodge hat für jedes Budget etwas zu bieten: Es gibt einfache Hütten, aber auch teurere Cabanas mit Whirlpool. Alle Unterkünfte sind mit Wärmedecken ausgestattet – hier oben kann es sehr kalt werden. Geführte Wanderungen und Reitausflüge durch das *páramo* sorgen für Unterhaltung. Gelegentlich werden auch Vorträge über die Pflanzen- und Tierwelt der Region gehalten.

An- & Weiterreise

Vom Hauptplatz aus fährt Transportes Espejo stündlich über Ibarra (1,60 US$, 1½ Std.) nach Quito (4,55 US$, 4 Std.). Zudem rollen zwei Busse täglich nach Tulcán (2 US$, 1½ Std.); sie halten unterwegs auch in San Gabriel.

Vom Platz gegenüber der Hauptkirche (mit prachtvoller Adlerstatue) fahren regelmäßig Busse nordwärts nach Tulcán. Am Platz lassen sich auch Geländewagen für Touren ins Naturschutzgebiet mieten (hin & zurück mit Wartezeit 30 US$).

Tulcán

☎ 06 / 53 558 EW. / 3000 M

Bei Überlandreisen nach Kolumbien ist das belebte Tulcán im Hochland der letzte Zwischenstopp in Ecuador. Für eine Grenzstadt, besonders im Vergleich mit Huaquillas an der peruanischen Grenze, hat Tulcán mit den engen Straßen voller Passanten, der alltäglichen Geschäftigkeit und den Gärten mit formgestutzten Hecken ein bisschen Pariser Flair. Das heißt aber nicht, dass es, außer als Übergang von und nach

ABSEITS DER ÜBLICHEN PFADE

WESTLICH VON TULCÁN

Aguas Hediondas Die buchstäblich „stinkenden Wasser" liegen 16 km von Tulcán entfernt und 6 km hinter der Kleinstadt Tufiño. Heiß und stark schwefelig machen diese Thermalquellen ihrem Namen alle Ehre. Viele der Becken liegen drüben in Kolumbien. Für den Grenzübertritt gibt's auch Tagespässe. Übernachtungswillige müssen jedoch den Grenzübergang Tulcán benutzen. Am besten kommt man hierher, bevor sich der Geruch nochmals verstärkt (16 Uhr) – und das idealerweise unter der Woche, um den Menschenmassen zu entgehen.

Volcán Chiles Hinter den Aguas Hediondas an der Hauptstraße bietet dieser eindrucksvolle Gipfel (4768 m) eine schwierige Klettertour (6 Std.) an der kolumbianischen Grenze. Einheimischen zufolge reicht die spektakuläre Aussicht vom Gipfel an klaren Tagen bis zum Ozean. Interessenten fahren am besten per Bus oder Taxi nach Tufiño und heuern einen Führer auf dem dortigen Hauptplatz an. Achtung: Wegen der weiterhin instabilen Situation in Kolumbien ist es sehr wichtig, vor Touren durch diese entlegene Grenzregion vor Ort nach der aktuellen Sicherheitslage zu fragen.

Kolumbien, einen zwingenden Grund für einen Besuch der Provinzhauptstadt gäbe. Einzig der wunderschöne Friedhof ist wirklich sehenswert. In der Calle Bolívar und Calle Sucre, die über mehrere Kilometer parallel verlaufen, befinden sich die meisten Hotels, Restaurants und Läden.

Sehenswertes

★ **Cementerio de Tulcán** FRIEDHOF, GARTEN

(Cotoapaxi & Av del Cemeterio; ⌚7–19.30 Uhr) GRATIS Wer hätte gedacht, dass die eindrucksvollste Sehenswürdigkeit Ecuadors ein Friedhof ist? Ein Labyrinth aus Zypressen – zu bauchigen Totems, mythischen Figuren, Tieren und geometrischen Mustern aus präkolumbischer Zeit zurechtgeschnitten – säumen Gräber und Mausoleen, die mit Kerzen und Plastikblumen geschmückt sind. Zusammen mit einem anderen Künstler bringt der Sohn des ursprünglichen Formschnittmeisters auch die Büsche und Hecken in Form. Ein verblüffender Anblick! In der Touristeninformation vor Ort gibt's eine Karte, auf der die verschiedenen Formschnitthecken verzeichnet sind.

Schlafen

Die meisten Reisenden aus Kolumbien setzen ihre Fahrt direkt nach Ibarra oder Otavalo fort. Wer unterwegs lieber eine Pause einlegen will, findet in Tulcán einige sehr gute Übernachtungsmöglichkeiten.

Hotel Lumar HOTEL $

(☎06-298-7137; hotel_lumar@hotmail.com; Sucre nahe Pichincha; Zi. 18,45 US$ pro Pers.; P 📶) Ein komfortables Budgethotel mit frisch gestrichenen Fluren, sauberen Zimmern mit Teppichboden, Flachbildschirm-TVs und altem Mobiliar. Das Restaurant im Erdgeschoss ist sauber und serviert gutes Essen.

Grand Hotel Comfort HOTEL $$

(☎06-298-8832; http://atates.wixsite.com/hotelcomfort; Ecke Colón & Chimborazo; EZ/DZ mit Frühstück 40/60 US$; P ❄ 📶) Ein modernes Hochhaus mit bunt gestrichenen Zimmern, Plasmafernsehern, bezaubernden schablonierten Tiermotiven an den Wänden und großen Panoramafenstern, das mehrere Straßenblocks südöstlich des Parque Ayora über niedrigen Häusern emporragt. Zum Haus gehören ein Restaurant, ein Schönheitssalon und eine Modeboutique.

Essen

Der Straßenimbiss in Tulcán ist, wie nicht anders zu erwarten, kolumbianisch beeinflusst. An der Grenze gibt's zahlreiche Imbissbuden und Fastfood-Wagen. Im Stadtzentrum gibt's ein schönes Café mit Klimaanlage und WLAN.

Café Tulcán CAFÉ $

(Sucre zwischen Junin & Ayacucho; Sandwiches 2 US$; ⌚Mo–Fr 7.30–19 Uhr; ❄ 📶) Ein beliebtes und modernes Café, das bereits seit 1945 Sandwiches, Kaffee und Kuchen serviert. Es gibt auch leckere Eiscreme (2 bis 3 US$). José, der Inhaber in dritter Generation, ist supernett.

Mercado Plaza Central MARKT $

(Boyaca zwischen Bolívar & Sucre; Hauptgerichte 3 US$; ⌚7–17 Uhr) Die gut sortierte Markthalle über einen ganzen Straßenblock ist ideal für eine Mahlzeit. Essen gibt's in den *comedores* und Obstsaft bei den Verkäufern in ihren jeweiligen Abteilungen. Verzehrt wird es dann an einem Tisch oder auf den Stuhlreihen in der kleinen Arena.

Praktische Informationen

Der Umtausch von US-Dollar in kolumbianische Pesos (bzw. umgekehrt) funktioniert in Tulcán etwas besser als direkt an der Grenze. Falls die Wechselstuben geschlossen haben, empfehlen sich die Straßen-Geldwechsler – zu erkennen an ihren Aktenkoffern. Filialen der Banco Guayaquil und der Banco Pichincha mit Geldautomaten befinden sich an der Südseite der Plaza de Independencia.

Kolumbianisches Konsulat (06-225-2458, 06-298-0559; http://tulcan.consulado.gov.co; Olmedo Ecke 10 de Agosto, Edificio La Catedral Mezzanine; Mo–Fr 8–13 & 14.30–15.30 Uhr)

Touristeninformation (iTur; 06-298-5760; Cotopaxi & Av del Cemeterio; Mo–Fr 8–18 Uhr) Freundliches, nur Spanisch sprechendes Personal berät in dem kleinen Büro am Friedhofseingang.

An- & Weiterreise

BUS

Busse nach Ibarra (3 US$, 2½ Std.), El Ángel (2 US$, 1½ Std.) und Quito (6 US$, 5 Std.) verkehren ab dem Busbahnhof etwa 2 km südwestlich der Innenstadt an der Straße nach Ibarra. Achtung: Zwischen Tulcán und Ibarra ist mit einer Zoll- bzw. Einwanderungskontrolle zu rechnen, die zur Zeit der Recherche für eine 30-minütige Verzögerung der Weiterfahrt sorgte.

Der Bus nach Quito hält nicht am Busbahnhof von Ibarra, sondern nur am Stadtrand. Wer nach Otavalo reisen will, kann den Fahrer bitten, an der Panamericana zu halten (kostet 1 US$ extra).

GRENZÜBERGANG

Am Grenzübergang Rumichaca (tgl. 6–22 Uhr), 6 km von Tulcán, werden sämtliche Formalitäten erledigt. Selbst Tagesausflügler nach Ipiales müssen ihren Reisepass abstempeln lassen.

Minibusse zur Grenze (0,85 US$, Gemeinschaftstaxi) fahren von der Ecke Venezuela und Bolívar am Parque Ayora in Tulcán ab, sobald sie voll besetzt sind. Taxis (3,50 US$) fahren an der gleichen Stelle los.

Auf kolumbianischer Seite werden die Einreiseformalitäten zügig erledigt. Vorab sollte zur Sicherheit beim kolumbianischen Konsulat nachgefragt werden, ob die eigene Nationalität ein Visum (Gültigkeit 30–90 Tage) erfordert. Deutsche Staatsangehörige brauchen für einen touristischen Aufenthalt kein Visum.

Ab der Grenze gibt's reichlich Taxis für die 2 km nach Ipiales (1 US$), der ersten Stadt in Kolumbien mit vielen Hotels und Busverbindungen.

Unterwegs vor Ort

Taxis vom Busbahnhof ins Stadtzentrum kosten 1,25 US$. Alternativ verkehren von der gegenüberliegenden Straßenseite Stadtbusse (0,25 US$), die die Bolívar entlangfahren.

WESTLICHE ANDENAUSLÄUFER

Die alte Straße nach Santo Domingo windet sich an spektakulären Steilhängen entlang hinab durch üppige, dunstige Nebelwälder. Nur ein paar Stunden von Quito entfernt bescheren die kühlen, feuchten Hügel ihren Besuchern einen willkommenen Klimaschock. Diese Gegend ist für Vogelbeobachtungen bekannt, begeistert aber auch Mountainbiker, Reiter und Wanderer.

Zu dem Gebiet gehören Teile des verbliebenen Chocó-andinen Waldes, eines Korridors, der sich bis zu Teilen Kolumbiens und Südpanamas sowie der ecuadorianischen Küste erstreckt. Seine noch immer relativ undokumentierte Fauna und Flora wird durch Abholzung, Brandrodungskultur und Wasserverschmutzung bedroht, die gleichen Plagen, die auch anderswo natürliche Lebensräume dezimiert haben. Die Naturschutzgebiete auf 500 bis 1400 m Höhe selbst sind tropische Nebelwälder, die jährlich unglaubliche 6000 mm Niederschlag erhalten und eine durchschnittliche Luftfeuchtigkeit von 85 bis 95 % besitzen (keine Malaria und kein Dengue-Fieber, aber Insektenschutzmittel sollte parat sein).

Mindo

02 / 4000 EW. / 1250 M

Wenn etwas an Mindo besonders ist, dann ist es seine reiche Vogelwelt. Bereits am Stadteingang erhebt sich die Statue eines Andenklippenvogels; auf dem Hauptplatz steht ein riesiger bunt bemalter Kolibri. Vogelfans aus aller Welt strömen nach Mindo, um die vielen Vogelarten zu beobachten, die das prachtvolle Tal zu bieten hat

Das kleine *pueblo* hat sich mit seiner hübschen Lage zwischen bewaldeten Bergen zu Recht zu einem beliebten Ziel für Backpacker entwickelt. Der Ort liegt günstig gleich an der kurvigen Hauptstraße zwischen Quito and Esmeraldas, die zu einem ziemlich maroden, aber dennoch enorm liebenswürdigen Ortszentrum hinabführt. Mindo hat sich zu einem Ort verführerischer Genüsse entwickelt, der von aromatischem Kaffee bis hin zu duftender köstlicher Schokolade ein wahres Fest für die Sinne bietet. Verschiedene Touren geben Einblick in die jeweiligen Herstellungsprozesse der „Gaumenkitzler". Wanderer und Wochenendausflügler aus Quito und anderen Orten besuchen den Ort. Und die Einwohner haben sich ein eindrucksvolles Angebot an Aktivitäten (z. B. Rafting, Tubing, Ziplining) für den Nebelwald im Umland einfallen lassen.

Sehenswertes

Tarabita SEILBAHN
(Straße nach Cascada de Nambillo; Eintritt 5 US$; ⏲ Di–So 8.30–16 Uhr) Die einzigartige, mit einem Kleinmotor (Nissan von 2002!) betriebene Seilbahn fährt hoch über einem vegetationsreichen Flussbecken und dichtem Nebelwald hinüber zum Bosque Protector Mindo-Nambillo, von wo mehrere Wasserfälle zu erreichen sind. Der Drahtkorb an Stahlkabeln gleitet in 152 m Höhe über dem Boden – sicherlich nichts für Leute mit Höhenangst. Mit dem Seilbahnticket wird auch eine Karte mit Wegen zu den Fällen ausgegeben. Die Cascada Nambillo ist zwar der nächstliegende Wasserfall (15 Min. zu Fuß), aber wirklich lohnenswert sind die fünf zusammenhängenden Wasserfälle eine Stunde zu Fuß entfernt.

Vom Ort sind es 7 km zu Fuß bergauf oder eine Fahrt mit dem Taxi für 6 US$. Wer nur kurz hoch und runter fahren will, um Fotos zu machen, zahlt 2 US$.

Cascada Nambillo WASSERFALL
(☎ 093-940-8459; Via al Mariposario, nahe Mindo Garden Lodge; 5 US$; ⏲ 8.30–16 Uhr) Die besonders wochenends bei einheimischen Familien beliebten Kaskaden sind in der Gegend am leichtesten zu erreichen. Gleichwohl erfordert es noch immer eine Fahrt mit der *tarabita* (Seilbahn) oder einen ziemlich steilen Aufstieg auf einem Pfad, der etwa 2 km weiter hinten beginnt. Ein Teil der Kaskaden ist (in der Trockenzeit) zum Schwimmen gesperrt und es gibt eine

WELTREKORD IN VOGELARTEN: AUF MINDO KANN MAN ZÄHLEN!

Seit 1900 nutzen Vogelbeobachter die Neujahrsferien, um Vogelarten zu zählen. Die jährliche Weihnachtszählung der Audubon Society wurde ursprünglich eingerichtet, um sich von den „Dünkeljagden" zu distanzieren, die dokumentierten, wie viele Vogelarten Angehörige der reichen Oberschicht mit Gewehren töten konnten. Die Veranstaltung hat sich zu einem Event von großer politischer, ökologischer und sozialer Bedeutung entwickelt, bei dem Amateurwissenschaftler in einem Zeitraum von 24 Stunden die Anzahl der Vogelarten zählen, die in einem Radius von acht Kilometern leben. Die Zählung findet weltweit vom 14. Dezember bis zum 5. Januar statt – bei jedem Wetter.

Mindo nimmt seit 1995 an dem Wettbewerb teil. Seitdem hat es die Zählung sechsmal gewonnen – jedes Mal wurden in der Stadt mehr als 400 Vogelarten gezählt. Der Kreis Mindo-Tandayapa – oder ECNM in der Audubon-Nomenklatur – hat die Zählung vier Jahre lang, von 2008 bis 2011, gewonnen, und der benachbarte Kreis Yanayaca (ECYY) hat ihn seitdem mehrmals übertroffen. Beide Kreise stehen in einem freundlichen Wettbewerb miteinander, und viele Leute nehmen an beiden Zählungen teil (nicht jeder Kreis zählt am gleichen Wochenende, allein in Ecuador gibt's inzwischen sieben Kreise). Nicole Büttner ist die offizielle Kompilatorin des Kreises Tandayapa. Die Zählung beginnt in den frühen Morgenstunden, wenn es noch dunkel ist, mit Vogelarten, die nur zu hören sind, und einigen Eulen.

Der Grund für den Erfolg Ecuadors ist sein Vogelreichtum (Ecuador steht weltweit an vierter Stelle hinter Brasilien, Peru und Kolumbien) und die Begeisterung der über 100 Teilnehmer, die sich bezüglich ihres Alters und Erfahrungsreichtums stark unterscheiden, aber alle gleichermaßen enthusiastisch sind – sie versammeln sich jedes Jahr in der Nacht vor der Zählung, um sich anzufeuern und ihre kostenlosen T-Shirts abzuholen.

Wer Ende Dezember/Anfang Neujahr nach Ecuador reist, kann ebenfalls mitmachen – an der Zählung kann jeder teilnehmen. Wer möchte nicht mal einen Weltrekord aufstellen?

INSIDERWISSEN

VOGELBEOBACHTUNG IN MINDO

Die Gegend um Mindo hat sich mit über 500 dokumentierten Vogelarten zu einem Mekka für Hobbyornithologen entwickelt. Mindo hat die jährliche Weihnachtszählung der Audubon Society sechsmal gewonnen und in 24 Stunden die meisten Vogelarten gezählt. Wer einen Rotkopfguan nicht von der Rotstirnwachtel unterscheiden kann und nur beiläufig interessiert ist, kann sich von der Casa Amarilla (Yellow House) ein paar Straßenblocks vom *parque central* allein auf einen der Wanderwege begeben. Neben zahlreichen Vogelarten wollen Einheimische dort auch schon Pumas, Brillenbären und Affen gesichtet haben. Es ist allerdings ein Freizeitvergnügen für Frühaufsteher, meistens von 6 bis 10 Uhr. Und die besten Möglichkeiten, Vögel zu beobachten, gibt's nicht in Mindo selbst, sondern in privaten Schutzgebieten in der Umgebung (die meisten verlangen Eintritt), manche sind nur eine Wanderung entfernt, andere über eine bis zu zweistündige Autofahrt zu erreichen.

Neben den Nebelwaldreservaten und -Lodges (S. 135), die fraglos hervorragend sind, gibt's noch zahlreiche Zielorte, die auf einer Tagestour besucht werden können.

Rio Silanche Sanctuary Das Vogelreservat liegt zwischen Pedro Vicente Maldonado und Puerto Quito auf einer Höhe von etwa 400 m und gleicht eher einem tropischen Regenwald. Es ist bekannt für seine reiche Vogelwelt.

Milpe Bird Sanctuary Das 100 ha große Vogelreservat in den oberen Ausläufern 15 km westlich von Mindo liegt nahe Los Bancos.

Paz de las Aves Privates subtropisches Waldreservat eine Stunde von Mindo an der Straße nach Quito gelegen.

Yanacocha (Reserva Yanacocha; ☎ 02-250-5129; www.fjocotoco.org; Nono; 15 US$; ⏲ 7–15.30 Uhr) Mit 3400 m Höhe grenzt der Nebelwald, der zur Jocotoco Foundation gehört, an den *páramo*. Von Mindo kostet eine Taxifahrt hin und zurück rund 60 US$.

Pululahua und Calacalí Ein Wald der gemäßigten Zone mit Trockenbuschland 50 Minuten von Mindo.

23 de Junio Eine Bauerngemeinde südlich von Los Bancos, die bekannt für den Langlappen-Schirmvogel ist.

einfache Rutsche, die mehrere Meter über dem Wasser endet und prima zum Reinplatschen ist. Von einer Anhöhe können Mutige aus zwölf Metern Höhe ins Wasser springen.

Ein Taxi von der Stadt hierher kostet 6 bis 8 US$.

Mariposario de Mindo SCHMETTERLINGSFARM
(☎ 099-920-2124; www.mariposasdemindo.com; Via al Mariposario; 7,50 US$; ⏲ 9–16 Uhr; P) Ein Besuch der schönsten Schmetterlingsfarm Mindos ist wie ein Spaziergang durch eine Farbenfabrik – ein herrlich buntes Kaleidoskop! Man besucht sie am besten zur wärmsten Tageszeit (ca. 11 Uhr), wenn die Insekten am aktivsten sind. Bei Regen zeigen sich die Schmetterlinge nicht, und man kann sein Ticket an einem anderen Tag nutzen. Die Farm ist auch für Kinder toll: Sie können auf die Beobachtungstürme steigen und die riesigen Kois füttern.

Die Straße, die von der Stadt bergaufwärts führt, gabelt sich und führt rechts zu den Wasserfällen (Via a las Cascadas) und links zum Mariposario (Via al Mariposario). Auf der Farm gibt's auch ein Restaurant und hervorragende **Unterkünfte** (☎ 099-920-2124; Zi. 43 US$ pro Pers.).

Armonía-Orchideengarten GARTEN
(www.birdingmindo.com; Sixto Duran Ecke Lluvia de Oro; Eintritt 3 US$; ⏲ 7–17 Uhr) Eindrucksvolle Sammlung von über 200 Orchideenarten. Durch ein Mikroskop kann man sich viele der Blüten von ganz nah anschauen. Im Garten tummeln sich viele Kolibris. Die **Cabañas Armonía** (☎ 099-943-5098, 02-217-0131; Lluvia de Oro & Sixto Duran Ballen; EZ mit Frühstück mit/ohne Bad 25/13 US$, DZ mit Frühstück mit/ohne Bad 36/26 US$; P) bieten Unterkünfte.

Aktivitäten

Mindo Biking MOUNTAINBIKEN
(☎ 093-933-5717; www.mindobiking.com; Vicente Aguirre nahe Quito; 4 US$ pro Std, Nachttour 8 US$) Ein Sport, der in der aktivitätsrei-

Reserva El Bravo Liegt in Laufnähe am Ende der San Lorenzo Road.

Coyote la Pena Taxi und Eintritt kosten jeweils 20 US$.

Las Tangaras Wird von ehrenamtlichen Mitarbeitern verwaltet und ist über eine steile Wanderung bergab von der Straße zur *tarabita* (Seilbahn) zu erreichen.

San Lorenzo An der Straße zur *tarabita*; für Anfänger die einfachste Vogelexkursion.

Yellow House (Hacienda San Vicente) Das private Reservat befindet sich in Stadtnähe und verfügt über fünf markierte Wanderwege. Für 6 US$ Eintritt bekommt man hier 300 Orchideen-, 360 Vogel- und 39 Kolibriarten zu sehen.

Las Cotingas Bird Reserve (San Tadeo; ☎ 098-0899-882; www.lascotingasbirdreserve.com; San Tadeo, Km 77; 5 US$) Das Privatanwesen auf dem Hügel gleich vor Mindo ist ein wahres Paradies zur Beobachtung von Kolibris und Tangaren (Eintritt 5 US$). Ab und an zeigen sich auch Tukanbartvögel. Kaffee und Tee sind kostenlos.

Jardín El Descanso (Los Colibries; 4 US$; ⏲ 6.30–17.30 Uhr) In diesem Kolibri-„Flughafen" sitzt man auf der Veranda der Inhaberfamilie und erfreut sich am Schwirren von tausend Flügeln.

Führer für Vogelbeobachtungen

Vor Ort gibt's viele kompetente und professionelle Führer. Die meisten verlangen mindestens 50 bis 75 US$, je nach Teilnehmerzahl und Vogelreservat können es auch bis zu 100 US$ oder mehr pro Tag werden.

Irman Arias (☎ 099-170-8720; www.mindobirdguide.com)

Marcelo Arias (☎ 098-065-9522; marceloguideofbirds@yahoo.com)

Danny Jumbo (☎ 099-328-0769; www.mindobirding.com)

Nolberto Jumbo (☎ 088-563-8011)

Julia Patiño (☎ 098-6162-816; https://mindobirdwatching.wordpress.com)

Sandra Patiño (☎ 096-799-6256; https://mindotour.wordpress.com)

chen Stadt Mindo immer beliebter wird. Die Hügel und Straßen der Stadt stellen Lunge und Beinmuskeln auf die Probe. Aber die Ausblicke sind es wert. Mindo Biking liegt direkt neben Reposteria.

Mindo Canopy Adventure ABENTEUERSPORT
(☎ 09-453-0624; www.mindocanopy.com; Via las Cascadas Km 2.5; 2½-stündiger Parcours pro Pers. 20 US$) Das alteingesessene Unternehmen unter costa-ricanischer Leitung befindet sich auf halber Strecke zur *tarabita* und hat zehn verschiedene Seilrutschen von 20 bis 400 m Länge. Der „Flug" über den Baumwipfeln ist bei Regen noch rasanter.

Geführte Touren

Chocó Arte ESSEN
(Tour de Chocolate; ☎ 099-488-1922; Los Colibries; 6 US$; ⏲ tgl. 16 Uhr) In Mindo werden immer mehr kulinarische Führungen angeboten, und die Schokoladentour von Jackie ist eine davon. Die engagierte Führerin preist ihre Tour unter dem Motto „Geschichte, Herstellung und Genuss von Schokolade" an, und Leser haben berichtet, dass sie direkt in den Produktionsprozess eingebunden wurden und am Ende ein hausgemachtes Fondue genießen durften. Manchmal wird man sogar gebeten, mit nach hinten zu kommen und das nächste Fondue mit anzurühren!

La Isla ÖKOTOUR
(☎ 02-217-0181, 099-327-2190; www.laislamindo.com; Avs Quito & 9 de Octubre) Organisiert Reitausflüge, Radtouren, Canyoning, Tubing und Vogelbeobachtung. Nach der angesehenen Vogelführerin Fernanda „Ferchis" Patiño fragen.

Schlafen

Es gibt hier reichlich Unterkünfte; es scheint, als würde jede Woche eine neue eröffnen. Qualität und Preise variieren jedoch stark. Abseits des Stadtzentrums geht's ruhiger zu. Die Einheimischen weisen gerne den Weg, da es keine Straßenschilder gibt.

In der Stadt

Rubby's Place PENSION $

(☎ 099-193-1853; rubbyhostal@yahoo.com; Av Quito; Zi. mit Frühstück 15 US$ pro Pers.; P WLAN) Wer der Avenue Quito, der Hauptstraße der Stadt, bis zum Ende folgt, stößt hinter dem Golfclub auf dieses zweistöckige Holzhaus mit sechs sauberen, behaglichen Zimmern. Alle Zimmer haben einen Balkon mit schönem Blick; Wasser, Kaffee und Tee sind gratis. Inhaberin Norma bietet 5 MB kostenloses WLAN und ist auch ansonsten ein echter Schatz.

Caskaffesu PENSION $

(☎ 02-217-0100, 099-386-7154; www.caskaffesu.net; Sixto Duran Ballen nahe Av Quito; Zi. mit Frühstück 25 US$ pro Pers.; WLAN) Das von einem sehr netten Ecuadorianer geführte Haus ist ein wunderbares, einfaches Refugium nahe der Hauptstraße im Ortszentrum. Über zwei Stockwerke verteilen sich bunt gestrichene Lehmziegelzimmer mit einem leicht mediterranen bzw. kolonialen Touch um einen kleinen begrünten Innenhof. Ein Zimmer ist rollstuhlgerecht eingerichtet – es verfügt über eine Zufahrtsrampe und hat eine Spezialdusche.

Casa de Cecilia HOSTEL $

(☎ 099-334-5393, 02-217-0243; www.lacasadececilia.com; Av 9 de Octubre; Zi. 10–15 US$ pro Pers.; P WLAN) Dank der idyllischen Terrasse – selbst wenn sie betoniert ist – und der Lage am Fluss wirkt das Haus abgeschieden und ideal zum Relaxen für die Leute, die in dem Bettengewirr nächtigen. Im zweistöckigen Gebäude nebenan gibt's mehrere preiswerte Privatzimmer. Zum Haus gehören eine Hängemattenterrasse mit Kamin und eine Freiluftküche am Fluss.

Casa de Piedra PENSION $$

(☎ 02-217-0436; www.casadepiedramindo.com; Zi. pro Pers. mit Frühstück 15–25 US$, Bungalows 90 US$; P WLAN Pool) Das hübsche Haus mit einem stets blühenden Garten, verspielten Hunden und einem Swimmingpool liegt gleich auf der anderen Seite des Flusses, der nördlich des *parque central* durch Mindo fließt. Inhaber Henry hat die Anlage in den letzten Jahren vergrößert und aufpoliert: Es gibt jetzt auch stilvolle Bungalows und Familienhäuschen (30 US$ pro Pers.) mit handgefertigten Möbeln, z. B. Kingsize-Betten mit neuen Matratzen. Auf dem Gelände stehen jede Menge Zitronenbäume.

Dragonfly Inn PENSION $$

(☎ 02-217-0319, 098-238-1830; www.mindo.biz; Av Quito nahe Rio Canchupi; EZ/DZ/3BZ mit Frühstück 29/49/69 US$; P WLAN) Das Dragonfly an der Brücke am Ortseingang ist zweifellos das attraktivste Gebäude der Stadt. Es ist sehr sauber und alle ganz mit Holz ausgekleideten Zimmer haben bequeme Betten und Balkons mit Hängematten. Das Haus wird professionell geführt, hat freundliches Personal und ein Restaurant (S. 134), das zu den besten in Mindo zählt.

Die Zimmer, die zur Straße hinausgehen, sind sehr laut; man sollte sich also eines auf der Rückseite geben lassen.

Sisakuna Lodge HÜTTE $$

(☎ 02-217-0343; www.sisakunalodge.com; Garzón Thomas zwischen Quito & Aguirre; EZ/DZ/3BZ/4BZ mit Frühstück 60/72/100/123 US$; P WLAN) Die Handvoll gut konstruierter Hütten um einen Pavillon mit Bar und Restaurant liegt nur ein kurzes Stück bergauf vom Ort an der Straße zur *tarabita*. Die Hütten liegen dicht beieinander in einer kleinen, gärtnerisch gestalteten Anlage; Gäste, die Privatsphäre schätzen, sollten also besser in den schalldichteren Betonhäuschen einchecken. Amada, die früher in Queens, New York, lebte, ist wieder nach Hause zurückgekehrt und hält jetzt im Sisakuna (dt.: „Blumen") alles in Schuss.

Hosteria Arasari HÜTTE $$

(☎ 02-207-1880; www.hosteriaarasari.com; Yaguira; Zi. pro Pers. mit Frühstück 35 US$, Camping pro Pers. 5 US$; P WLAN Pool) Die lange, schmale Anlage mit kleinen Hütten aus Stein und Holzverkleidung liegt hinter einer kleinen Fußgängerbrücke an einer unbefestigten Straße. Der Campingplatz mit Sanitäranlagen befindet sich gleich gegenüber an einem kleinen, gut gemähten Volleyballplatz (direkt neben dem Parkplatz). Es gibt ein türkisches Bad, einen Pool und ein heißes Badebecken.

Mindo Coffee Lodge & Spa CABAÑA $$$

(☎ 098-265-0335; www.lodgemindoecuador.com; neben dem Hotel Arasari; EZ/DZ mit Frühstück 85/105 US$; P WLAN Pool) Ein Neuzugang in Mindo! Die modernen *cabañas* sind mit Flachbildfernsehern und Steinveranden ausgestattet und blicken auf einen gut temperierten Swimmingpool. Familien können Häuschen mit zwei Zimmern (160 US$) mieten, und zwei Hütten verfügen sogar über eigene Badebecken – ein wenig Luxus! Die Kaffeetour, die im Zimmerpreis inbegriffen ist, lohnt sich nicht wirklich.

Außerhalb der Stadt

La Roulotte HÜTTE **$$**
(☎098-976-4484; www.hosterialaroulottemindo.com; abseits der Via Mariposario; Zi. mit Frühstück 75 US$; P 📶) La Roulotte liegt 2 km außerhalb der Stadt an der Straße vor der Schmetterlingsfarm Mariposario de Mindo (S. 130). Als Unterkunft dienen fünf zauberhafte Hütten, die wie Zigeunerwagen gestaltet und innen mit Zedern- und Pinienholz eingerichtet sind. Sie haben jeweils Stockbetten, einen Ofen (einige), ein Bad und viel Farbe. Wer nach Freiraum lechzt, erkundet einfach das Hotelgelände – hier kann man wunderbar Vögel beobachten und es gibt ein beruhigendes Bambuslabyrinth.

Der liebenswerte Besitzer Ignacio ist Mitglied des lokalen Vogelführer-Verbandes und hilft beim Organisieren von Aktivitäten in der Umgebung.

★ **El Monte Sustainable Lodge** LODGE **$$$**
(☎02-217-0102, 099-308-4675; www.ecuadorcloudforest.com; Hütte pro Pers. inkl. Mahlzeiten & Aktivitäten 130 US$; P 📶 🏊) 🍃 Das tolle Refugium wird von einem sympathischen und sachkundigen Paar (ecuadorianisch/US-amerikanisch) geleitet. Die drei reizenden ruhigen Hütten am Fluss haben Badewannen und bieten Platz für jeweils bis zu vier Personen. Die Einrichtung mit viel Holz und Naturtönen ist modern. Die Lodge liegt 4 km südlich von Mindo an einer kurvigen unbefestigten Straße und ist auch mit der *tarabita* über den Río Mindo erreichbar.

Im Gemeinschaftshaus gibt's rustikale Möbel, offene Kamine, eine Bibliothek und Solarstrom. Das leckere Essen ist größtenteils vegetarisch mit Zutaten aus dem Biogarten. Gäste können auf den Grundstückswegen umherspazieren oder im vom Fluss gespeisten Pool schwimmen. Bei rechtzeitiger Buchung werden Gäste aus Mindo abgeholt.

★ **Casa Divina** HÜTTE **$$$**
(☎099-172-5874; www.mindocasadivina.com; EZ/DZ mit Frühstück & Abendessen 140 US$; P 📶) 🍃 Die kleine, familienfreundliche Anlage aus zweistöckigen Holzhütten 2 km außerhalb der Stadt ist wegen ihrer Abgeschiedenheit und Ruhe mit einem Hauch Luxus höchst empfehlenswert. Auf den Veranden mit Hängematten können sich Vogelbeobachter komfortabel positionieren; hauseigene kurze Wege erweitern das Beobachtungsgebiet. Die Eigentümer engagieren sich für nachhaltigen Tourismus in der Region, bieten ihren Gästen aber jede Menge Komfort und servieren köstliche Frühstücksgerichte (Bananen-Pancakes, Yuca-Brot).

Um dieses Paradies zu erreichen, nimmt man aus der Stadt kommend die Straße zur Schmetterlingsfarm Mariposario und biegt an der Gabelung rechts (in Richtung Wasserfall) ab.

Séptimo Paraíso LODGE **$$$**
(☎099-368-4421, in Quito 02-317-1475; www.septimoparaiso.com; Zi./Suite mit Frühstück 114/154 US$, Hauptgerichte 6–12 US$; P 📶 🏊) 🍃 Die umweltgerechten, landhausartigen Holzhäuser verbergen sich am steilen Abhang unterhalb der Hauptstraße 2 km von Mindo entfernt. Die holzvertäfelten Zimmer mit einigen Farbtupfern und einigen schönen Antiquitäten sind rustikal und betont schlicht gehalten; einige sind etwas muffig. Zum Haus gehören auch das exzellente Restaurant The Cloud, ein beheizter Pool und ein Whirlpool.

Mindo Garden Lodge LODGE **$$$**
(☎099-722-3260; www.mindogarden.com.ec; EZ/DZ/3BZ/4BZ mit Frühstück 85/107/137/153 US$; P 📶) Die kleine Lodge unter ecuadorianisch-chilenischer Führung hat ein intimes Flair. Durch bewaldete Gärten schlängeln sich Wege zu einem Hauptgebäude und gemütlichen Hütten, einige mit tollem Flussblick. Das hauseigene Restaurant ist besonders empfehlenswert. Die Lodge liegt 4 km hinter Mindo an der Straße, die an der Schmetterlingsfarm Mariposario de Mindo (S. 130) vorbeiführt. Die modernen Bäder und Flachbildfernseher stehen in angenehmem Kontrast zur rustikalen Umgebung.

Las Terrazas de Dana BOUTIQUE-HOTEL **$$$**
(☎098-409-9146; www.lasterrazasdedana.com; DZ 99–109 US$; P 📶) Die Inhaberfamilie stammt von den Kanarischen Inseln und hat hoch in den Hügel über Mindo ein kleines Luxusparadies erschaffen. Beim Frühstück auf der Privatterrasse genießt man einen herrlichen Blick aufs Tal, und moderne Annehmlichkeiten wie DirectTV machen das Hotel zu einer komfortablen Option für Leute, die Wert auf etwas Luxus legen. Es gibt auch Honeymoon-Suiten sowie Kaffee- und Schokoladenmassagen für Verliebte.

Das Hotel liegt etwa 2 km oberhalb der Stadt direkt neben der Casa Divina.

Essen

Im Stadtzentrum gibt's zahlreiche Cafés. Mindo hat viele Restaurants, die eine Vielfalt an vegetarischen Optionen bieten – von Quinoagerichten bis zu vegetarischen Pizzas und *plátanos* ist alles dabei. Schokolade ist der neueste Trend in der Stadt: Mehrere Geschäfte spezialisieren sich auf Snacks, Soßen und sogar Bier mit Schokoladengeschmack.

Fast alle Lodges außerhalb der Stadt öffnen ihre Restaurants auch für Nichtgäste. Das Umweltbewusstsein wächst: Einige Lokale füllen kostenlos Wasserflaschen auf.

★ Yumbo's Chocolate CAFÉ $

(☎ 099-063-6345, 098-000-4417; www.yumboschocolate.com; ⏲ 8–22 Uhr) Inhaber Claudio Ponce arbeitet mit der Frauenkooperative *Mujeres Para El Futuro* (Frauen der Zukunft) zusammen, zu der viele Kakaobäuerinnen aus Timbiré gehören. In seinem Café bringt er die Hitze der Pazifikküste direkt in die Tassen – hier gibt's die beste *chocolate caliente* von ganz Mindo. Es gibt kurze, spanisch-englischsprachige Schokoladenführungen durch das Café, einen kleinen Laden und sogar ein Schokoladen-Stout-Bier von der Pileus-Brauerei in Quito.

★ Mishqui Quinde Heladería CAFÉ $

(Vicente Aguirre Ecke Gallo de la Peña, „Gourmet-Avenue"; Eiscreme 2 US$; ⏲ Mi–Mo 11.30–19 Uhr) Oswaldo ist aus seinem alten Van an einen dauerhafteren Standort umgezogen, serviert aber immer noch ausschließlich Gerichte mit Quinoa: Burger (4 bis 5 US$), Pudding, hausgemachtes Sorbet und Shakes, die man auf Wunsch in Geschmacksrichtungen wie Brombeere, Schokolade und Passionsfrucht mixen lassen kann. Das Getränk „Cuicocha Lake" aus fünf verschiedenen Säften ist eine bombensichere Wahl, aber der Schokolikör ist auch sehr empfehlenswert.

Arepera VENEZOLANISCH $

(Venezolanische Küche; Av Quito, gegenüber von der Disko Happy Moment; Arepas 1,50 US$; ⏲ 12–22 Uhr) Traveller mit kleinem Budget können sich freuen! Diese Einwanderer aus Venezuela tischen leckere, üppig portionierte *arepas* auf, gefüllte Maiskuchen, die wirklich zu jedem Gericht passen. Sie werden mit Gemüse (Reis, Bohnen, Kohl), Hühnchen- oder Rindfleisch gefüllt; dazu gibt's verschiedene Beilagen. Ab und zu steigen auch spontane Jamsessions. Das Restaurant ist im venezolanischen Stil mit vielen Kolibris dekoriert. Sehr empfehlenswert.

Beehive CAFÉ $

(Dragonfly Inn; ☎ 02-2170-296; www.thebeehivemindo.com; Sandwiches 8 US$; ⏲ Mo–Do & So 8–20, Fr & Sa bis 22 Uhr; 📶) 🌿 Das Beehive, ein cooler Treffpunkt in skandinavischem Design, wird von Ingo und Genny geführt. Es befindet sich im Parterre des Dragonfly Inn (S. 132) oberhalb des Flusses. Die Platte mit Falafel, Hummus, Käse, Frikadellen, Wurst, Salat und Resten aus dem Kühlschrank ist die Hausspezialität, aber Brownies, Kuchen und Kaffee sind ebenfalls gut. Toll für ein romantisches Abendessen.

Ingo gibt selbst zu, dass seine hausgebrauten Lager- und Ale-Biere (beide 5 US$) Glückssache sind.

Restaurante Pizzeria El Tigrillo PIZZA, ECUADORIANISCH $$

(Av Quito; Pizza 11–15 US$; ⏲ 10–24 Uhr) Das einfache Freiluftlokal gegenüber vom Mindo Volunteer Hostel ist unsere Lieblingspizzeria in Mindo. Die Pizzas werden in einem Steinofen gebacken und ergeben jeweils acht große Stücke. Auf der Karte stehen auch günstige Frühstücksangebote, *almuerzos* und ecuadorianische Hauptgerichte wie Buntbarsch, Forelle und Kochbananen als Beilage.

El Quetzal ECUADORIANISCH $$

(www.elquetzaldemindo.com; Av 9 de Octubre; Hauptgerichte 7–12 US$; ⏲ 8–21 Uhr; 📶) Das relaxte Café-Restaurant, mit Abstand das größte im Ort, macht alles richtig: Es verkauft Kaffeebohnen und Schokolade aus einheimischer Produktion, hat einen Verkostungstisch und serviert tollen Kaffee, eine klasse Frühstücksauswahl, Sandwiches sowie ein täglich wechselndes Angebot ecuadorianischer Hauptgerichte. Die Spezialität des US-amerikanischen Eigentümers sind seine vor Ort berühmten Brownies – oder schmecken die in der **La Reposteria** (Vicente Aguirre; Hauptgerichte 4–6 US$; ⏲ 7–20 Uhr; 📶) etwa besser? Ausprobieren!

Praktische Informationen

Der Geldautomat von San Miguel de los Bancos akzeptiert die meisten Mastercard-/Maestro-Karten, aber keine Visakarten. Der Automat der Banco Pichincha auf dem Platz akzeptiert Visakarten und die meisten ausländischen Karten.

An- & Weiterreise

Täglich fahren mehrere Busse der Cooperativa Flor de Valle nach Quito (3,10 US$, 2½ Std., Mo–Fr 6.30, 11, 13.45, 15 & 17 Uhr); Abfahrt ist am Busbahnhof auf der Avenue Quito, ein paar Häuserblocks bergaufwärts vom Hauptplatz.

Unterwegs in Nanegalito (1,50 US$) gibt's Anschluss mit *camionetas* zu anderen Orten. An Wochenenden verkehren die Busse von 11 bis 17 Uhr fast stündlich.

Die Busse der Cooperativa Kennedy fahren von der Plaza nach Santo Domingo (6 US$, 3 Std.), wo es Verbindungen nach Puerto Lopez gibt. Andere Kennedy-Busse fahren (um 6.30 und 7 Uhr) über Los Bancos (wo es häufige Verbindungen nach Esmeraldas gibt) und Pedro Vicente Maldonado nach Puerto Quito.

Kein Problem, wenn ein Bus verpasst wird: An der Straßengabelung oben auf dem Hügel (Taxi 5 US$ oder per Anhalter mit einem Pick-up für 0,50 US$) halten Busse, die häufig zwischen Quito und der Küste verkehren.

Taxis mit vorgeschriebenen Festpreisen stehen am Hauptplatz, direkt neben dem Riesen-Kolibri. Nach Quito kosten sie 60 US$, zum Flughafen 80 US$ und (um Quito zu vermeiden) nordwärts nach Otavalo 150 US$.

Unterwegs vor Ort

Die Wagen der Taxikooperative warten am Hauptplatz. Taxis innerhalb der Stadt kosten 1,50 US$. Jeder Taxifahrer ist unter einem Spitznamen bekannt. Einer heißt „Gorilla", ein anderer „Gato"; unser Lieblingsfahrer war „La Tortuga", fuhr aber überhaupt nicht wie eine Schildkröte. Fahrer mit Privatwagen fahren innerhalb der Stadt und nach Quito (einfach 60 US$).

Nebelwaldreservate & Lodges

☎ 02

Obwohl der Name „Mindo" im Ohr eines Naturliebhabers nach purer Magie klingt, liegen viele der Spezial- und Luxuslodges außerhalb der Stadt an den Hängen des Nebelwaldes, der sich zwischen Mindo und der Hauptstadt erstreckt. Die meisten privaten Schutzgebiete erlauben gegen eine Gebühr Tagesbesucher (10–25 US$, Führer kosten extra) und organisieren private Abholung von Quito oder Mindo. Außer den im Folgenden angegebenen gibt's in der Gegend noch mehrere weitere kommunale Ökotourismusinitiativen.

Schlafen

Reserva Yunguilla LODGE $

(☎ 099-954-1537; www.yunguilla.org.ec; Camping 5 US$, Zi. pro Pers. mit Vollpension 35 US$) Gut 80 Familien aus dem Dorf Yunguilla haben dieses kommunal betriebene Ökotourismusprojekt geschaffen, um fast 2600 ha Nebelwald zu schützen. Die Unterkunft besteht aus drei Zimmern für bis zu neun Personen und einem Campingplatz. Auf Wunsch arrangiert Manager Alex Coyahuasi auch Aufenthalte bei Gastfamilien (im Voraus buchen).

Bellavista Lodge LODGE $$

(☎ 02-223-2123, 099-416-5868; www.bellavistacloudforest.com; Tandayapa; B 35 US$, EZ/DZ inkl. Mahlzeiten 130/260 US$) Es lohnt sich, in dem 700 ha großen Reservat zu übernachten und sei es allein für den umwerfenden Panoramablick von der geodätischen, kuppelförmigen Lodge aus Holz. Das Erdgeschoss dient als Bibliothek/Restaurant/Bar, darüber sind fünf kleine Zimmer und ganz oben ein zweistöckiger Schlafsaal mit Gemeinschaftsbad, Restaurant und Balkon. Für mehr Privatsphäre sorgen größere separate Hütten in der Nähe.

Etwa 1 km entfernt befindet sich eine Forschungsstation mit einer Küche für Selbstversorger und einem Schlafsaal mit zwölf Betten für Budgetreisende.

Das Reservat erstreckt sich an den Hängen der westlichen Anden auf etwa 2000 m Höhe. Etwa 25 % davon bestehen aus Urwald, der Rest wurde teilweise oder gänzlich abgeholzt, erholt sich aber wieder. Es war eines der ersten Ökotourismusprojekte in der Gegend und es führt ständig diverse Umweltschutzmaßnahmen durch. 8 km gut markierter Wanderwege führen durch das Gebiet, das von Vogelbeobachtern sehr empfohlen wird (320 Vogelarten wurden verzeichnet). Gäste zahlen für die Nutzung der Wanderwege 8 US$, Guides kosten 18 US$ pro Tag, und ein Taxi von Mindo hierher kostet 50 US$, von Quito 70 US$.

2013 wurde hier das erste dokumentierte *olinguito,* ein waschbärartiges Säugetier, beobachtet. Es war der Wissenschaft bis dahin unbekannt und damit das erste „neu" entdeckte Säugetier seit 35 Jahren.

Bosque Nublado Santa Lucía LODGE $$

(☎ 02-215-7242; www.santaluciaecuador.com; Santa Lucia, Nanegal; Zi. ohne Bad pro Pers. inkl. Mahlzeiten 50 US$, Hütten pro Pers. inkl. Mahlzeiten 90 US$) Die schön gestaltete Lodge steht auf einem Berg mit atemberaubendem Rundumblick über die vegetationsreichen Hügel und Täler. Die einfachen, aber komfortablen Zimmer haben Gemeinschaftsbäder, Trockentoiletten und Solarstrom. Die vergleichsweise luxuriösen *cabañas* mit eigenem Bad und eindrucksvollem Blick über den Nebelwald bieten Platz für zwei bis drei Personen. Das exzellente Essen besteht u. a. aus Salaten, Kartoffelpuffer und herzhaften Suppen.

Ein Streifzug durch den Bosque Nublado Santa Lucía ist etwas für Abenteuerlustige. Eigentümerin und Betreiberin des Schutzgebiets ist eine Kooperative von zwölf Familien. In der Hoffnung auf eine zukunftsfähige Verdienstquelle haben sie den Anbau von *naranjilla* (säuerliche tropische Frucht) mit Pestiziden eingestellt und auf Tourismus plus Umweltschutz umgesattelt. So zählt Santa Lucía heute zu Ecuadors Paradebeispielen für Kommunaltourismus und hat bereits viele Auszeichnungen für Nachhaltigkeit und Armutsbekämpfung erhalten. Auch Freiwillige sind hier willkommen.

Ein Mindestaufenthalt von drei Tagen wird empfohlen. Der Preis beinhaltet den Eintritt zum Schutzgebiet plus Guide-Service am ersten und letzten Tag. Die zertifizierten Führer aus einheimischen Familien sprechen etwas Englisch und kennen die wissenschaftlichen Namen der Pflanzen bzw. Vögel. Der Parkplatz am Startpunkt für den steilen ein- bis zweistündigen Marsch hoch zur Lodge befindet sich rund 1 km hinter Maquipucuna (Maultiere tragen das Gepäck). Ein Maultierritt hinauf kostet zusätzliche 20 US$.

Maquipucuna Lodge LODGE $$$
(www.maqui.org; Maquipucuna Reserve, Nanegal; Zi. pro Pers. inkl. Mahlzeiten 155 US$, ohne Bad 112 US$, Camping 12 US$) Die rustikale Lodge liegt nördlich von Mindo in der 60 km² großen Reserva Biológica Maquipucuna. Gästen werden eine Hängemattenterrasse mit toller Aussicht und ein Restaurant geboten, das neben leckerem, gesundem Essen auch Kaffee aus eigenem Schattenanbau kredenzt. Die verschiedenen Zimmer werden durch eine Familienhütte mit zwei Bädern und eigener Terrasse ergänzt.

Das Reservat, zu dem eine Forschungsstation gehört, umfasst von 1200 bis 2800 m Höhe unterschiedliche subalpine und alpine Nebelwälder am Oberlauf des Río Alambi. Unter den 370 Vogelarten sind 30 verschiedene Kolibri-Vertreter. Hinzu kommen 240 Schmetterlingsarten und 45 Säugetier-Spezies. Zu Letzteren gehört auch der Brillenbär, der sich hier regelmäßig zur Erntezeit der kleinen avocadoartigen *aguacatillo*-Frucht blicken lässt.

Die gemeinnützige Fundación Maquipucuna, die das Reservat verwaltet, kaufte seit Ende der 1980er Stück für Stück kleine Flächen. Unter der Leitung des engagierten Paars Rodrigo Ontaneda und Rebecca Justicia ist sie eine treibende Kraft im Naturschutz der Region. Eine wichtige Aufgabe war die Zusammenarbeit mit den Gemeinden, vor allem mit Bauern, um einen nachhaltigen Lebensunterhalt zu entwickeln und gleichzeitig die Umwelt zu schützen.

Tagesbesucher bezahlen 10 US$ Eintritt und können einen Führer (25 US$) engagieren. Allerdings lohnt es sich, mindestens einmal zu übernachten. Die Wegpalette reicht vom leichten Spaziergang (1 km) bis zur anstrengenden Wanderung (5,5 km). Führungen zu Kaffeeanbau oder wilden Orchideen werden ebenfalls angeboten. Die Fundación organisiert Privatshuttles ab Quito (80 US$). Selbstfahrer brauchen für die 7 km ab der Hauptstraße unbedingt Allradantrieb. Man kann auch den öffentlichen Bus von Quito nach Nanegal (2 US$, 2 Std.) nehmen.

Mashpi LUXUSLODGE $$$
(☎ 02-400-4100, sales 02-400-8088; www.mashpilodge.com; Mashpi; 2 Nächte alles inkl. pro Pers. 1340 US$;) Die luxuriöse Lodge liegt auf einem Hügel mit Blick über mehr als 1000 ha eines privaten Naturschutzgebiets (in Zusammenarbeit mit der Mashpi-Gemeinde in der Nähe), das etliche Mikroklimata und vier Wasserscheiden umfasst. Sie sieht aus wie eine supermoderne Villa in den Hamptons, aber die Landschaft, die durch die deckenhohen Fenster zu sehen ist, gleicht einem Foto aus *Jurassic Park*.

Tandayapa Bird Lodge LODGE $$$
(☎ 02-244-7520, 099-923-1314, gebührenfrei in den USA 800-348-5941; www.tandayapa.com; Tandayapa, Km 52 Via Calacalí-La Independencia (Route 28); EZ/DZ inkl. Mahlzeiten 165/267 US$) Highlights wie Rote Felsenhähne, Schuppenschmuckvögel und Goldkopf- oder Kammtrogone machen die Lodge zum Paradies für ernsthafte Vogelbeobachter. Mit nur zwölf Zimmern (zwei liegen schön abgeschieden) wirkt sie heimelig und zwanglos. Die Lodge bietet mehrsprachige Guides, komfortable Unterkünfte im Nebelwald (inkl. tollem Aussichtsbalkon), eine Baumwipfelplattform und viele Wanderwege.

An- & Weiterreise

Taxis von Mindo oder Quito zu den Lodges kosten zwischen 50 und 80 US$. Ansonsten fahren auch Busse nach Nanegalito, einem Ort 56 km über die Straße zwischen Quito und Mindo, der eine Art Verkehrsknotenpunkt ist; *camionetas* von hier bis zu den Schutzgebieten kosten zwischen 20 und 35 US$. Der Ort Nanegal ist ein weiterer Zugangsort. Die meisten Schutzgebiete/Lodges sind mit PKWs zu erreichen.

Zentrales Hochland

Inhalt ➜

Tolle Wanderungen

- ➜ Laguna Quilotoa (S. 152)
- ➜ Laguna Limpiopungo (S. 144)
- ➜ Parque Nacional Sangay (S. 169)
- ➜ Volcán Chimborazo (S. 173)

Schön übernachten

- ➜ Tambopaxi (S. 145)
- ➜ Inti Sisa (S. 180)
- ➜ Hacienda Los Mortiños (S. 144)
- ➜ Llullu Llama (S. 155)
- ➜ Luna Runtún (S. 165)

Auf ins zentrale Hochland!

Das Dach Ecuadors bietet mehr Abenteuer als die meisten anderen Orte auf Erden. Die weitläufige, von Feuer und Eis geformte Region regt die Fantasie an und führt auf eine außergewöhnliche Reise tief in die Mythen und Schönheiten der Anden. Es gibt Vulkane, von Gletschern bedeckte Gipfel, grasbewachsene Hochebenen, überraschend reizende Kolonialstädte, idyllische Haziendas und tiefe, grüne Täler mit Wasserfällen und indigenen Dörfern, die sich vom Hochland bis ins schwüle Amazonasbecken hinabziehen.

Bei den meisten Reisen in die Region wird man ein paar Tage in Nationalparks und Schutzgebieten wie Los Ilinizas, Cotopaxi, Llanganates, Chimborazo und Sangay verbringen. Auf dem Quilotoa-Loop passieren Wanderer Siedlungen indigener Einwohner und gelangen zu einem Kratersee. Hinzu kommen abenteuerliche Bahnfahrten und Kunsthandwerksmärkte sowie reichlich tropische Erlebnisse in dem fruchtbaren Tal, das zur beliebten Stadt Baños hinabführt.

Reisezeit

Riobamba

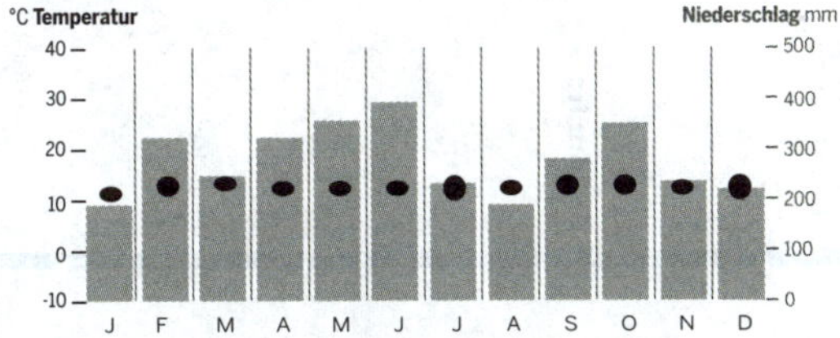

Juni–Sept. Die Trockenzeit ist die Hochsaison für Rad-, Kletter- und Wandertouren.

Sept. oder Nov. Das Mamá-Negra-Fest in Latacunga lohnt einen Besuch.

Dez.–April Die Trockenheit weicht dem Abenteuer, und alles grünt.

Highlights

1 Quilotoa-Loop (S. 150) Zwischen abgelegenen Dörfern zu einem atemberaubenden Kratersee wandern.

2 Ruta de las Cascadas (S. 167) Auf dem Weg von den Anden hinunter in den Dschungel die Gischt der Wasserfälle spüren.

3 Guamote (S. 180) Beim authentischen Donnerstagsmarkt des Dorfes die Straßen erkunden, in denen Händler und Käufer um Vieh oder Kartoffeln feilschen.

4 Nariz del Diablo (S. 181) Die steile Felswand in beispiellosem Zickzackkurs auf Schienen hinunterfahren.

5 Parque Nacional Cotopaxi (S. 142)
Einen der höchsten aktiven Vulkane der Welt besteigen, ihn umwandern oder auf dem Pferd umreiten.

6 Volcán Chimborazo (S. 173)
Auf einer aufregenden Radtour die Hänge des Vulkans hinunter die Wolken berühren und unterwegs Familien niedlicher Vikunjas begegnen.

7 Salinas (S. 171)
In dieses hoch gelegene lebendige Dorf fahren, in dem hervorragender Käse produziert wird.

Nationalparks & Naturschutzgebiete

Obwohl das Gebiet so klein ist, weist das zentrale Hochland doch eine ganz schöne Anzahl an Schutzgebieten auf. Mit Ausnahme des Parque Nacional Llanganates (S.158), der wirklich eine schwer zu erkundende Wildnis ist, bieten alle Aktivitäten für jedermann, für entspannte Tagesausflügler genauso wie für erfahrene Wanderer und Bergsteiger. Der Parque Nacional Cotopaxi (S.142), einer der meistbesuchten des Landes, ist nur eine kurze Fahrt von Quito oder Latacunga entfernt und leicht zugänglich. Die Reserva Ecológica Los Ilinizas (S.141) umfasst die beiden Gipfel des Iliniza und erstreckt sich bis hinunter zur Laguna de Quilotoa. Der Volcán Chimborazo steht im Mittelpunkt der Reserva de Producción de Fauna Chimborazo (S.173), in der Vikunjas (Verwandte der Lamas) in von Männchen geführten Familienverbänden durch den *páramo* (das andine Grasland) streifen. Der Parque Nacional Sangay (S.169) ist der größte Park in der Region, er umfasst sowohl Dschungel als auch eisbedeckte Berggipfel.

Anreise & Unterwegs vor Ort

Latacunga hat einen Flughafen – allerdings starteten und landeten hier zum Zeitpunkt der Recherche keine Passagierflugzeuge. Busse hingegen fahren natürlich fast überall hin. Die wichtigsten Verkehrsknotenpunkte sind Latacunga, Ambato, Baños, Riobamba und Guaranda. Für Zielorte in abgelegeneren Gegenden muss in diesen Städten umgestiegen werden.

Mit einem Mietwagen, einem Tourveranstalter oder einem (für den ganzen Tag gemieteten) Taxi kommt man leicht und sicher in abgelegenere Gebiete.

Machachi & Aloasí

☎02 / 25 700 EW.

Machachi und Aloasí liegen rund 35 km südlich von Quito zu beiden Seiten der Panamericana und sind die Ausgangspunkte für Touren in die Wildnis und die nahe gelegenen Berge. Aloasí ist das reizvollere der beiden *pueblos* und dient als Haltestelle auf der Bahnlinie von Quito nach El Boliche im Parque Nacional Cotopaxi. Beide Orte sind alternierende Ausgangspunkte für Ausflüge zum Parque Nacional Cotopaxi und Ilinizas-Reservat.

Das ruhige Dorf Aloasí westlich der Straße liegt am Fuß des lange erloschenen Vulkans El Corazón (4788 m), der seinen Namen „das Herz“ der Form der beiden Schluchten an seiner Westseite verdankt.

Die geschäftige Kleinstadt Machachi liegt östlich der Straße. Der hübsche Hauptplatz wird mit Orgelmusik beschallt und der wichtige **Sonntagsmarkt** erstreckt sich über das gesamte Stadtgebiet. Bei dem ausgelassenen Fest am 23. Juli stehen die *chagras* (Anden-Cowboys) im Mittelpunkt.

Geführte Touren

Tren de los Volcanes ZUG
(☎1-800-873-637; www.trenecuador.com; Erw./Kind 53/37 US$; ⏲Fr–Sa 8–17.30 Uhr) Die Tagestour mit der hübschen Touristenbahn startet in Quito an der Estación de Ferrocarril Chimbacalle. Die Bahn fährt zum Bahnhof El Boliche in der Nähe des Nationalparks Cotopaxi, wo eine geführte Wanderung in den Wäldern stattfindet. Danach hält sie am Bahnhof Machachi (der sich aber in Aloasí befindet), wo es eine traditionelle Tanzvorführung und Mittagessen auf einem Bauernhof gibt, ehe es nach Quito zurückgeht. Touristisch, aber eine schöne Tour.

Schlafen & Essen

Hostería Granja La Estación HAZIENDA $$
(☎099-277-1578, 02-230-9246; www.hosteriagranjalaestacion.com; Aloasí; EZ/DZ inkl. Frühstück 50/70 US$; 📶) Die weitläufige Hazienda aus dem 19. Jh. gegenüber vom Bahnhof ist die beste Unterkunft in der Gegend. Die urig eingerichteten Zimmer haben Balkendecken, der Service ist freundlich und es gibt viele offene Bereiche, wo man sitzen und die Aussicht genießen kann.

Im Hinterhof wurden mehrere geräumige Zimmer mit Holzöfen angebaut, die dem Haupthaus angepasst sind. Das mit alten bäuerlichen Gerätschaften ausstaffierte Restaurant serviert Mittag- und Abendessen für 15 US$.

El Café de la Vaca ECUADORIANISCH $$
(☎02-231-5012; Panamericana Km 23; Hauptgerichte 7–20 US$; ⏲8–17.30 Uhr) An Wochenendnachmittagen fallen Tagesausflügler aus Quito hier scharenweise ein. Dann wird man in diesem Restaurant, das schwarzweiß wie eine Kuhhaut angestrichen ist, wahrscheinlich auf sein Essen etwas warten müssen. Besucher strömen nicht zuletzt deshalb ins „Kuh-Café“, weil es zu jeder Bestellung Käse frisch vom Bauernhof gibt. Zu den ecuadorianischen Gerichten und

den (den ganzen Tag angebotenen) Frühstückskombinationen passt gut ein frisch gemixter Obstsaft.

An- & Weiterreise

Die Busse, die vom Busbahnhof in Quito nach Latacunga fahren, können einen in Machachi (1,50 US$, 1 Std.) an der Panamericana absetzen. Wer nach Quito oder Latacunga zurückfahren möchte, winkt einen Bus auf der Panamericana heran.

Die Züge sind zwar für Fahrten hin und zurück gedacht, aber mit dem **Tren de los Volcanes** ist auch die einfache Fahrt möglich, wenngleich man den vollen Fahrpreis zahlen muss.

Von Machachi aus fahren tagsüber mindestens stündlich Busse ins nahe gelegene Aloasí. Um den Bahnhof zu erreichen, der ungefähr 3 km von der Panamericana entfernt ist, bis zur Endstation mitfahren.

Reserva Ecológica Los Ilinizas

☎ 02

Das Naturschutzgebiet Los Ilinizas erstreckt sich über ungefähr 150 000 ha und umfasst Vulkane, kleinbäuerliche Felder, *páramo (Savanna),* Nebelwald und Täler. Es liegt nur 55 km südlich von Quito und dehnt sich über einen großen Teil des Gebiets des Quilotoa-Loop aus. Zum Wandern ist es super – meist über unbenannte Wege, die Einheimische einem zeigen können.

Das kleine Dorf **El Chaupi** ist der beste Ausgangsort für die beiden Berggipfel des Parks, den Iliniza Norte (5126 m) und den Iliniza Sur (5248 m), jeweils der sechst- und achthöchste Berg Ecuadors. Einst Teil eines einzigen Vulkankegels, sind die beiden Bergspitzen heute durch einen schmalen, abschüssigen Sattel getrennt.

Aktivitäten

Obwohl beide Gipfel annähernd gleich hoch sind, ist der **Iliniza Sur** aufgrund höherer Feuchtigkeit ganzjährig von einem Gletscher bedeckt; der technisch anspruchsvolle Aufstieg erfordert Training und eine Menge Gletscherausrüstung. Zur Akklimatisierung ist der **Iliniza Norte** beliebt: Der Aufstieg ist leichter, aber wegen der Geröllhalden, Felsbrocken in Gipfelnähe und gelegentlicher Schneefälle durchaus ebenfalls anspruchsvoll. Das Hostal La Llovizna in El Chaupi arrangiert geführte Besteigungen (1-/2-tägige Touren 90/180 US$), Mountainbikeverleih (pro Tag 15 US$) und Ausritte (35 US$, 3–4 Std.). Es verleiht auch Kletterausrüstung und Schlafsäcke.

Um den Park zu erreichen, geht's von El Chaupi zu Fuß oder mit einem gemieteten Pick-up ca. 3 km weiter bis zum Kontrollpunkt des Nationalparks, von dort sind es weitere 6 km bis zum Parkplatz am Schrein La Virgen. Ab dem Parkplatz dauert die Wanderung zum Refugio Nuevos Horizontes etwa zwei Stunden. Bis zum *refugio* auf dem Gipfel des Iliniza Norte benötigt man zwei weitere Stunden; man sollte unbedingt mit einem qualifizierten Führer gehen.

Schlafen

Im Dorf El Chaupi und Umgebung, etwa 9 km vom Parkplatz Los Ilinizas entfernt, gibt's eine Reihe von Übernachtungsmöglichkeiten.

Man kann den Iliniza Norte an einem Tag besteigen, wenn man um 6 Uhr startet, oder sich zwei Tage Zeit nehmen und im **Refugio Nuevos Horizontes** (☎ 02-367-4125; www.ilinizasclimbing.com; B inkl. Frühstück & Abendessen 35 US$) übernachten.

Hostal La Llovizna HOSTEL **$**
(☎ 02-367-4076; www.facebook.com/hosterialallovizna; El Chaupi; Zi. pro Pers. inkl. Frühstück & Abendessen 19 US$; 📶) Das Hostel, rund 500 m außerhalb von El Chaupi an der Straße zum Ilinizas-Reservat, hat ein etwas raues Wild-West-Flair. Die großen Zimmer haben Betten mit festen Matratzen und es gibt zudem gemütliche winzige Dachzimmer.

Hostería PapaGayo HOSTERÍA **$$**
(☎ 02-231-0002; www.hosteria-papagayo.com; Panamericana Sur Km 26; B/EZ/DZ inkl. Frühstück ab 14/40/50 US$; @📶) Die 150 Jahre alte umgebaute Hazienda ist ein bequemes Quartier, wenn man sich in den Parks Iliniza, Corazón und Cotopaxi umtun will. Es gibt Schlafsäle und gemütliche Privatzimmer, einige mit Kamin, außerdem ein tolles Restaurant, eine ganze Arche von freundlichen Farmtieren und noch freundlichere Gastgeber, die Touren, Führer und Ausritte arrangieren können.

Die Herberge liegt 500 m westlich der Panamericana an einer Ausfahrt 1 km südlich der Machachi-Mautstation; vorher anrufen, wenn man aus Machachi oder El Chaupi abgeholt werden will.

Huerta Sacha LODGE **$$**
(☎ 098-906-7082; www.facebook.com/refugiodemontanahuertasacha; Zi. pro Pers. inkl. Früh-

stück & Abendessen 35 US$) Der 16 ha große Milchbauernhof mit Unterkunft liegt 4 km westlich von El Chaupi hoch oben im Park. Ein Café im Zentrum bildet einen fröhlichen Treffpunkt, um Geschichten auszutauschen, und die gemütlichen Privatzimmer haben heißes Wasser (jau!) und entweder Stock- oder Doppelbetten. Einige sorgen mit Kamin und Kuhfellvorlegern für etwas Romantik.

Die Lodge ist auf Reitausflüge spezialisiert (3 Std. 30 US$) und könnte gar nicht freundlicher sein.

Chuquiragua Lodge PENSION **$$**
(☎ 02-367-4046; www.chuquiragualodgeandspa.com; El Chaupi; B 22 US$, EZ/DZ/Suite inkl. Frühstück ab 35/70/160 US$; @) Die im Stil einer Hazienda erbaute Lodge am Ortseingang 1 km westlich der Panamericana hat Zimmer für jeden Bedarf. Es gibt Schlafsäle mit flauschigen Bettdecken und dicken Matratzen, Premium-Zimmer mit schönem Ausblick, Kamin und Hartholzeinrichtung sowie die etwas vollgestopften (und überteuerten) Superior-Zimmer. Klasse ist das Spa mit einem großen Hot Tub und einem Dampfbad.

Es gibt auch einen Bereich zum Campen (12,50 US$/Pers.).

An- & Weiterreise

Blau-weiße Busse mit der Aufschrift „El Chaupi" (0,35 US$, 40 Min.) fahren in Machachi bis zum Einbruch der Dunkelheit etwa stündlich von der Kreuzung Amazonas und 11 de Noviembre ab und starten vom Dorfplatz in El Chaupi nach gleichem Fahrplan zurück.

Wer aus Machachi mit dem Auto kommt, nimmt die ausgeschilderte Ausfahrt El Chaupi von der Panamericana, die rund 6 km südlich von Machachi liegt. Die 7 km lange Straße setzt sich von El Chaupi 9 km lang als unbefestigte Piste bis zum Iliniza-Parkplatz fort, den ein kleiner Marienschrein markiert.

Für 25 US$ kann man in Machachi einen Pick-up anheuern (25 US$, am Platz herumfragen), der einen direkt bis zu diesem Parkplatz bringt. Die Fahrt mit einem Truck ab El Chaupi kostet rund 13 US$.

> **SCHNEE AUF DEM COTOPAXI**
>
> Der Schnee auf dem Cotopaxi könnte eines Tages verschwunden sein. Die Gletscher des Cotopaxi schrumpften zwischen 1976 und 2010 um 40 %. Tropische Gletscher in den Anden schmelzen mit alarmierender Geschwindigkeit, manche werden laut dem Climate News Network bald ganz verschwunden sein. Viele Wissenschaftler sehen die Ursache in den steigenden Temperaturen des Pazifiks, die den Gletschern der Region Regen statt Schnee brachten. Die jährliche Schneeschmelze von den Gletschern ist für Bauern, Wasserkraftwerke und Stadtbewohner lebenswichtig. Eine schnellere Gletscherschmelze könnte daher ernsthafte Auswirkungen auf die Wirtschaft des Landes haben.

Parque Nacional Cotopaxi

☎ 03

Auch wenn der **Volcán Cotopaxi** von mehreren Provinzen aus zu sehen ist, gewinnen seine majestätische Masse und der symmetrische Kegel eine neue Dimension innerhalb der Grenzen des gleichnamigen **Nationalparks** (8–17 Uhr, letzter Einlass 15 Uhr). Während der Gipfel von einem Gletscher überzogen ist, leben auf den von gold-grünem *páramo* bedeckten Flanken Wildpferde, Lamas, Füchse, Rehe, Andenkondore und sogar die äußerst seltenen Brillenbären.

Am schönsten ist der Blick frühmorgens. Wandern und Mountainbiken zu präkolumbischen Ruinen um die Seen des Gebiets und an den Parkstraßen ist mit Führung oder auch alleine möglich. Und ein Aufstieg zum Gipfel ist ein einmaliges Erlebnis, das jeder Abenteurer mit etwas Kondition in Angriff nehmen sollte.

Der 32 000 ha große Park ist von Latacunga oder Quito gut auf einem Tagesausflug zu erreichen.

Sehenswertes & Aktivitäten

Centro Visitantes BESUCHERZENTRUM
(8–16 Uhr) GRATIS Das kleine Besucherzentrum im Park, 9 km vom Eingang Control Caspi, zeigt einige Schautafeln, die die Natur der Gegend erläutern. Eine Teepause im Café (Hauptgerichte 3–3,50 US$) und der Besuch des Kunsthandwerksladens lohnen sich ebenfalls. Außerdem gibt's einen kleinen botanischen Garten und einen 800 m langen Weg durch den *páramo* (Savanne).

Pucará del Salitre ARCHÄOLOGISCHE STÄTTE
Die Inka-Festung an der Straße zum Río Pita wurde gegen Ende des 15. Jhs. erbaut.

Parque Nacional Cotopaxi

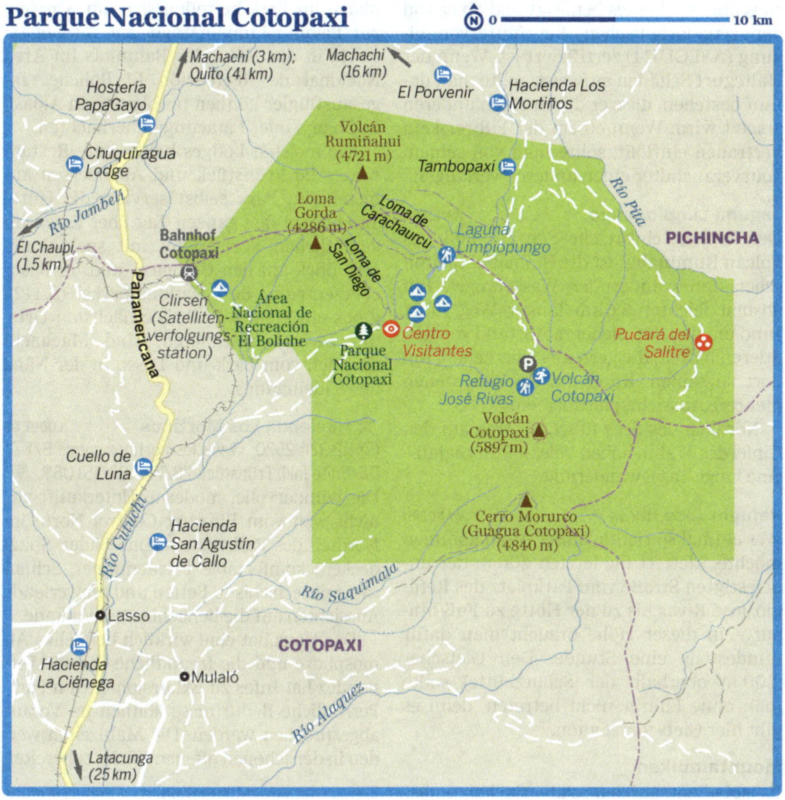

Zu sehen sind mehrere Steinmauern und ein halb restauriertes rundes Gebäude.

Eine zweistündige Reitexkursion vom Tambopaxi (S. 145) aus kommt an den Ruinen vorbei.

★ Volcán Cotopaxi BERGSTEIGEN

Gipfelbesteigungen lassen sich in Quito und Latacunga arrangieren. Zwar ist die Besteigung – abgesehen von ein paar einfachen Querungen von Gletscherspalten und adrenalinfördernden Rutschpartien an umgestürzten Eistürmen – technisch nicht allzu schwer, aber körperlich anstrengend, kalt und für manche wahrhaft schwindelerregend.

Der Aufstieg beginnt gegen Mitternacht vom **Refugio José Rivas** (B inkl. Frühstück & Abendessen 45 US$) aus. Selbst erfahrene, fitte und akklimatisierte Bergsteiger erreichen den Gipfel in der Morgendämmerung nur bei einem von zwei Versuchen (keine Garantie!). Der Lohn für alle, die es (an einem klaren Tag) auf den Gipfel schaffen, besteht in einem weiten Blick auf andere Berge und der Sicht auf die rauchenden Fumarolen des Vulkankraters.

Auch Menschen ohne Bergsteigererfahrung können es sicher auf den Gipfel schaffen. Man benötigt dafür unbedingt einen kompetenten Führer und gute Ausrüstung (reißfeste Seile und Gurte, Eispickel und Steigeisen, warme Stiefel und eine warme Jacke – aus Synthetik oder Wolle, nicht aus Baumwolle, die hält, einmal nass geworden, nicht warm –, außerdem Sonnenbrille, Trinkwasser, Verpflegung, eine Stirnlampe und Notfallausrüstung).

Der Führer sollte Teilnehmern am Nachmittag vor dem Aufstieg zeigen, wie man sich sichert und den Eispickel einsetzt, auf dem Gletscher am Halteseil geht und die Steigeisen einschlägt. Es ist wichtig, sich bereits vor dem Aufstieg mit seinem Führer zu treffen. Man sollte ihn fragen, wie oft er den Berg bestiegen hat, was man zur Besteigung des Berges benötigt und ob er von der ecuadorianischen Bergführervereinigung (ASEGUIM) zertifiziert ist. Wenn der Haltegurt Schäden aufweist, sollte man darauf bestehen, dass er durch einen anderen ersetzt wird. Wenn einem der Führer kein Vertrauen einflößt, sollte man von seinem Tourveranstalter einen anderen verlangen.

Laguna Limpiopungo WANDERN
Der flache, schilfreiche See am Fuß des Volcán Rumiñahui ist die Heimat einheimischer und wandernder Wasservögel. Ein absolut leichter 2,6 km langer Weg führt rund um den See; sicheren Abstand von den Stieren halten, die gern ans Ufer gehen, um dort zu saufen. Rund um den See stehen mehrere Aussichtsplattformen.

Nördlich des Sees führt ein Weg auf den Gipfel des 4721 m hohen Volcán Rumiñahui – eine lange Tageswanderung.

Refugio José Rivas WANDERN
Wer einmal so richtig außer Atem kommen möchte, klettert die letzten 200 m der unbefestigten Straße vom Parkplatz des Refugio José Rivas bis zu der Hütte zu Fuß hinauf – in dieser Höhe braucht man dafür mindestens eine Stunde. Den Gletscher (200 m oberhalb der Schutzhütte) sollte man ohne Führer nicht betreten, denn es gibt hier Gletscherspalten.

Mountainbiken

Es ist beliebt, auf den relativ flachen, unbefestigten Straßen im Park herumzufahren, ebenso die Abfahrt vom Parkplatz des *refugio* zum Control Caspi. Tourunternehmen in Latacunga und Quito (z. B. Biking Dutchman; S. 68) organisieren Ausflüge.

Vogelbeobachtung

Vogelbeobachter kommen im Park voll auf ihre Kosten. Ausschau halten sollten sie nach den gewaltigen, in großer Höhe fliegenden Andenkondoren und nach den Ecuador-Andenkolibris, die von allen Kolibriarten in der größten Höhe leben. Andenkiebitz, Bairdstrandläufer, Andenblässhuhn, Karakara, Anden-Zimtente, Andenmöwe und Einsamer Wasserläufer sind häufige Besucher an der Laguna Limpiopungo.

Schlafen & Essen

Die luxuriösen Lodges im und in der Umgebung des Nationalparks Cotopaxi zählen zu den besten des Landes, und wegen des fantastischen Blicks auf den Vulkan lohnt es, tiefer in die Tasche zu greifen. Campingplätze im Park befinden sich am Abzweig zur Laguna Limpiopungo, am Tambopaxi sowie in der Nähe des Bahnhofs im Área Nacional de Recreación El Boliche. Tagesausflügler können problemlos in Aloasí, El Chaupi oder Latacunga übernachten.

Die meisten Lodges haben gute Restaurants, die Frühstück und Abendessen anbieten. Im Park selbst serviert die Hütte Tambopaxi den ganzen Tag über Essen im gemütlichen Speiseraum mit spektakulärem Blick auf den Cotopaxi, und im Besucherzentrum des Nationalparks (S. 142) gibt's ein kleines Café. Die nächsten Orte, um etwas einzukaufen, sind Machachi nördlich vom Park und Lasso in der Nähe des Südeingangs.

★ Hacienda Los Mortiños LODGE $$
(☎ 02-334-2520; www.losmortinos.com; B/EZ/DZ/Suite inkl. Frühstück 28/74/103/151 US$; ᯤ) Die wundervolle, moderne Unterkunft gar nicht weit vom Eingang Control Norte im Nordteil des Parks hat schöne Bäder, Spitzdecken, komfortable Privatzimmer, Schlafsäle mit sechs bis 16 Betten und umwerfende Aussichten auf die benachbarten Vulkane.

Das Haus hat eine wirklich heimelige Atmosphäre und die freundliche Familie Fernandez hat Infos zu Exkursionen zum Park. Persönliche Bedürfnisse können im Voraus abgesprochen werden. Die Mahlzeiten werden in der schönen offenen Küche zubereitet.

Secret Garden Cotopaxi PENSION $$
(☎ 099-357-2714; www.secretgardencotopaxi.com; nahe Santa Ana del Pedregal; inkl. VP B 38 US$, DZ ohne/mit Bad 88/98 US$) Diese hübsche rustikale Pension auf dem Weg zum Nordeingang des Parque Nacional Cotopaxi bietet eine großartige Aussicht (wenn es aufklart) und jede Menge Aktivitäten wie Wandern, Reiten und Mountainbiken. Man kann aber auch einfach in einer Hängematte relaxen oder im Whirlpool die müden Knochen einweichen. Der Transport von Quito kann über das Schwesterhostel (S. 74) arrangiert werden.

Im Preis enthalten sind drei frisch gekochte Mahlzeiten pro Tag, die möglichst oft mit Zutaten aus dem eigenen Gemüsegarten zubereitet werden. Eine andere umweltfreundliche Maßnahme sind z. B. die Komposttoiletten. Übernachten kann man in Schlafsälen mit Stockbetten und Holzöfen, in gemütlichen kleinen Zimmern, die in den Hang gebaut wurden, und in Hütten mit eigenem Bad. Wer will, kann auch zelten (pro Zelt 23 US$).

Cuello de Luna PENSION $$

(☎ 999-727-535; www.cuellodeluna.com; El Chasqui, Panamericana Km 320; EZ/DZ inkl. Frühstück 53/66 US$, Superior-Zi. 88 US$ inkl. Frühstück;) Der „Hals des Mondes" ist eine fröhliche Mittelklasseunterkunft; eine 1,5 km lange Abzweigung vom Südeingang des Parque Nacional Cotopaxi führt dorthin. Eine Meute freundlicher Bernhardiner patrouilliert durch den netten Garten und die Zimmer haben Balkendecken und einladende Kamine. Die besseren Superior-Zimmer sind mit Federbetten ausgestattet und geräumiger.

Außerdem gibt's einen geselligen Barbereich und Frühstück mit hausgemachtem Brot und Joghurt aus der Milch von eigenen Kühen.

El Porvenir HAZIENDA $$

(☎ 02-204-1520; www.tierradelvolcan.com; Camping 12 US$/Pers., EZ/DZ/Suite inkl. Frühstück 44/55/172 US$; Restaurant 7.30–9.30, 13–15 & 19–21 Uhr;) Nur 4 km vom Nordeingang des Parks entfernt verbindet El Porvenir den rustikalen Komfort einer authentischen Hazienda mit einer ausgeprägt ökologischen Ausrichtung. Die kleinen Einzel- und Doppelzimmer im Dachgeschoss haben Gemeinschaftsbäder und Bambuswände, außerdem gibt's gemütliche Zimmer und Suiten. Das Restaurant ist auch für Nichtgäste geöffnet (Hauptgerichte 8–14,50 US$).

Die Lage hoch im *páramo* (Savanne), mit nichts als dem Cotopaxi im Blick, ist einfach traumhaft. Es werden jede Menge Outdoor-Aktivitäten angeboten, z. B. Reiten, ein Hochseilparcours und Mountainbiken, außerdem gibt's einen neuen Spa-Bereich mit Whirlpool, Massageräumen und einer *temazcal*-Schwitzhütte. Wer abgeholt werden möchte, ruft vorher an.

★ **Tambopaxi** PENSION $$$

(☎ 02-600-0365; www.tambopaxi.com; Camping 13 US$/Pers., B 24 US$, EZ/DZ inkl. Frühstück 91/115 US$;) Innerhalb des Nationalparks und in der Nähe des Cotopaxi gelegen, stellt das Tambopaxi ein zertifiziertes nachhaltiges Tourismusprojekt dar, das Angestellte aus der Gegend beschäftigt. Es ist ein idealer Ausgangspunkt für Wanderer – sofern man sich von der mit einem Ofen beheizten Hauptlodge losreißen kann, in der man Tage damit verbringen könnte, den Vulkan, Lamas und Wildpferde zu beobachten. Das Restaurant ist den ganzen Tag geöffnet, das Mittagsmenü kostet 17,50 US$.

VULKANAUSBRÜCHE

Nach einer über 80 Jahre andauernden Periode der Inaktivität stieg vom Cotopaxi 2015 wieder Rauch auf. Im August stieß er eine dichte Aschewolke aus, und aus Angst vor einer größeren Lavaeruption oder einem Lahar (einem Strom aus geschmolzenem Schnee, Steinen und Schlamm) flohen Tausende Einwohner aus ihren Häusern. Der Vulkan spuckte zwar weiterhin Aschewolken aus und grummelte in regelmäßigen Abständen, doch eine große Eruption blieb aus. Der Alltag kehrte langsam zur Normalität zurück, und im Oktober 2017 wurde der Gipfel schließlich wieder für Bergsteiger freigegeben.

Die Schlafsäle sind mit kuschligen Daunendecken ausgestattet. In einem luxuriösen separaten Gebäude gibt's Privatzimmer mit Holzöfen, die alle einen fantastischen Blick auf den Cotopaxi bieten (unbedingt den Wecker stellen, um den Sonnenaufgang nicht zu verpassen). Unter den angebotenen Aktivitäten sind sehr empfehlenswerte Reitexkursionen (2 Std. 20 US$) und geführte Wanderungen. Die Lodge liegt ca. 2 km hinter dem Südeingang des Parks (und 4 km vom Nordeingang) an der Hauptstraße.

Chilcabamba PENSION $$$

(☎ 02-240-8741; www.chilcabamba.com; EZ/DZ/Suite/Hütte inkl. Frühstück 81/100/125/174 US$;) Die Aussicht auf den Vulkan entschädigt überreichlich für die holprige Fahrt hinaus zu dieser charmanten, gut geführten Berg-Lodge in der Nähe des Nordeingangs zum Nationalpark Cotopaxi. Die hübschen Gebäude mit rosa Wänden und traditionellen strohgedeckten Dächern sind mit Holzbalken und Holzöfen auch von innen sehr ansprechend. Das Restaurant serviert erstaunlicherweise gehobene Speisen, darunter ein 10-Gänge-Probiermenü.

Hacienda La Ciénega HAZIENDA $$$

(☎ 03-271-9093; www.haciendalacienega.com; Panamericana Km 326, nahe Lasso; EZ/DZ/Suite inkl. Frühstück 86/122/243 US$;) Die 400 Jahre alte Hazienda hat schon einige illustre Gäste beherbergt, darunter die Französische Geodätische Expedition, Alexander von Humboldt und ecuadorianische Präsidenten. Das Haus ist seit 1982 ein Hotel, hat aber immer noch den Charme einer Hazienda: eine lange, von Eukalyptusbäumen gesäumte Auffahrt, meterdicke Wände und eine alte Kapelle.

Hacienda San Agustín de Callo HAZIENDA $$$

(☎ 03-271-9160; www.incahacienda.com; nahe Lasso; EZ/DZ/Suite inkl. Frühstück 230/400/455 US$; 📶) Das typische mörtellose Mauerwerk der Inka, das vielfach noch im Originalzustand erhalten ist, macht dieses Hotel einzigartig und mysteriös. Die elf gepflegten rustikalen Zimmer sind alle mit Kaminen, schicken Bettüberwürfen und handbemalten Wänden ausgestattet und liegen in einem friedlichen Garten in idyllischer Umgebung.

ℹ Praktische Informationen

Zu den größten Gefahren im Park gehören die Höhenkrankheit und angreifende Stiere. Erstere lässt sich vermeiden, wenn man sich zunächst ein paar Tage in Quito akklimatisiert, viel Wasser trinkt und sich vor der Sonne schützt, die letztere, indem man Abstand zu den Tieren hält.

ℹ An- & Weiterreise

AUTO

Alle Haziendas stellen einen Transport ab Quito bereit, oft gegen Aufpreis.

An Wochenenden strömen einheimische Besucher in den Park und es gibt gute Chancen, eine Mitfahrgelegenheit von der Ausfahrt der Panamericana bis zum Haupteingang und weiter zur Laguna Limpiopungo zu finden. Werktags ist der Park nahezu ausgestorben; wer keine Abholung vereinbart hat, wird wahrscheinlich die Strecke laufen müssen.

Es gibt zwei Parkeingänge:

Control Caspi Der südliche Haupteingang ist über einen Abzweig rund 22 km südlich von Machachi (bzw. rund 30 km nördlich von Latacunga) zu erreichen. Ab dem Abzweig geht es 6 km über befestigte Straßen in nordwestlicher Richtung zum Control Caspi und von dort 9 km weiter bis zum Besucherzentrum. Jeder Bus auf der Strecke Quito–Latacunga kann einen am Abzweig absetzen.

Control Norte (Eingang El Pedregal) Man kann den Park von Machachi aus auch über den Nordeingang erreichen, muss dafür aber einen Pick-up anheuern oder ein Auto mieten. Die 21 km lange Strecke ist übersichtlich und gut ausgeschildert.

BUS

Busse von und nach Quito, Machachi und Latacunga kann man am Abzweig zum Control Caspi an der Panamericana heranwinken. Vom Abzweig mietet man am besten einen Pick-up zum Refugio José Rivas (einfach/hin & zurück 30/50 US$). Vorher klären, wenn man den ganzen Weg bis zum Refugio José Rivas fahren möchte.

Latacunga

☎ 03 / 51 717 EW. / 2800 M

Viele Traveller fahren nur durch Latacunga hindurch, um den Quilotoa-Loop oder den Parque Nacional Cotopaxi zu erreichen. Wer länger bleibt, findet in Latacunga eine ruhige und angenehme Altstadt, die mehrere Ausbrüche des Cotopaxi halbwegs überstanden hat. Man glaubt es kaum, dass eine so reizvolle Stadt hinter dem schäbigen und von Umweltverschmutzung geplagten Viertel liegt, auf das die Besucher an der Panamericana zuerst einmal stoßen.

Der Volcán Cotopaxi, der an klaren Tagen die Silhouette dominiert, brach 1742 und 1768 heftig aus und zerstörte beide Male große Teile der Stadt. Die unerschütterlichen Überlebenden bauten die Stadt wieder auf, doch 1877 verursachte ein weiterer gewaltiger Vulkanausbruch erneut große Schäden. 2015 war Latacunga wieder in die Vulkanasche des Cotopaxi gehüllt, doch zum Glück wurde die Stadt nicht von Lavaflüssen beschädigt.

Zur Feier ihres reichen indigenen und katholischen Erbes veranstalten die Einwohner von Latacunga eines der berühmtesten und prächtigsten Feste in Ecuador, das Mamá-Negra-Fest.

◉ Sehenswertes

Parque Vicente León PARK

Am Hauptplatz pulsiert das Leben. An der südöstlichen Ecke erhebt sich das aus republikanischer Zeit stammende **Rathaus**, auf dem zwei steinerne Kondore thronen. An der Südseite steht die im Kolonialstil erbaute **Kathedrale**. Das Kolonnadengebäude auf der Westseite stammt aus dem 17. Jh. und beherbergt Büros der Provinzverwaltung.

Mirador de la Virgen del Calvario AUSSICHTSPUNKT

(Av Oriente) An klaren Tagen hat man von diesem Aussichtspunkt östlich der Stadt einen schönen Blick auf mehrere ferne Vulkangipfel. Der Maldonado die Stufen hinauf folgen, links in die Oriente einbiegen und dieser Straße bis zur Marienstatue folgen.

Mercado Cerrado MARKT

(Ecke Valencia & Vela; ⌚7–21 Uhr) Latacungas große Märkte sind eine ganz alltägliche An-

LATACUNGAS MAMÁ NEGRA

(Ende Sept. & Anfang Nov.) Der **Umzug** des Fiesta de la Mamá Negra kombiniert katholische, präkolumbische und bürgerliche Rituale. Das Fest ist eines der größten im zentralen Hochland – Hunderte kostümierte Tänzer ziehen feiernd durch die Straßen.

Traditionell fand das Fest am 23. und 24. September sowie am 8. November statt, heute wird aber an den Wochenenden gefeiert, die diesen Terminen am nächsten liegen. Beim Fest im November gibt's auch einen Stierkampf, die Einheimischen erklären aber, dass die Festlichkeiten im September authentischer sind.

Im Mittelpunkt steht die Statue der Virgen de las Mercedes, die Latacunga vor Vulkanausbrüchen beschützen soll. Weil sie glauben, dass sie die Stadt mehrfach vor dem Zorn des Volcán Cotopaxi gerettet habe, setzen die Einheimischen viel Vertrauen auf das Madonnenbild – dabei übersehen sie geflissentlich, dass der Vulkan die Stadt tatsächlich dreimal zerstört hat.)

Die Mamá Negra, dargestellt von einem als schwarze Frau kostümierten Einheimischen, soll erst später dazugekommen sein. Die Figur ist vielleicht nicht politisch korrekt, aber Mamá Negra ist ein Event, das alle lieben. Niemand – und schon gar nicht ausländische Besucher – kann den *huacos* (Schamanen) entkommen, die eine rituelle *limpieza* (Reinigung) durchführen, indem sie auf die Zuschauer Rauch blasen und *aguardiente* (Zuckerrohrschnaps) spritzen. Am eindrucksvollsten sind die *ashangueros*, die Männer, die *ashangas*, ganze gebratene und gehäutete Schweine, flankiert von Dutzenden von *cuy* (Meerschweinchen), Hühnern, Flaschen voll Schnaps und Zigaretten herumtragen.

Darsteller, die *yumbos* (indigene Einwohner aus dem Oriente), *loeros* (afrikanische Sklaven) und *camisonas* (Spanierinnen aus der Kolonialzeit) verkörpern, sind weitere wichtige Figuren in diesem grandiosen Straßentheater.

gelegenheit, aber gerade das macht sie interessant. Die Imbissstände in der zweiten Etage des Mercado Cerrado (Markthalle) sind wunderbar, um örtliche Spezialitäten wie *chugchucaras* (Gericht mit gebratenem Schweinefleisch; 1,25–2 US$) zu probieren. Die Stände reichen bis zu den Plazas rund um die Kreuzung Echeverría/Amazonas.

Casa de la Cultura MUSEUM

(Vela 3-49; Di–Fr 9–13 & 14–18, Sa 8–16 Uhr) GRATIS Das Kulturzentrum steht am Standort einer ehemals von den Jesuiten angelegten Wassermühle, der **Molinos de Monserrat**, und beherbergt ein kleines Museum für Kunst und Ethnologie. Die Steinstufen am Flussufer bieten eine nette Rückzugsmöglichkeit vom Gewimmel auf den Bürgersteigen der Stadt. Dem Veranstaltungsplan kann man die Termine kostenloser Tanz- und Theater-Events entnehmen.

Casa de los Marqueses de Miraflores MUSEUM

(Orellana & Echeverría; Mo–Fr 8–12 & 14–17 Uhr) GRATIS Eine Abwechslung verspricht das in einem Gebäude aus der Kolonialzeit untergebrachte archäologische und religionsgeschichtliche Museum, das auch gutes Hintergrundmaterial über das Mamá-Negra-Fest bietet. Während unseres Besuchs war das Museum wegen Renovierung geschlossen.

Geführte Touren

Seit einigen Jahren werden viele neue Touranbieter gegründet. Tagesausflüge zum Cotopaxi und Quilotoa kosten um 40 US$ pro Person, je nach Größe der Gruppe. Für eine Mountainbike-Abfahrt vom Cotopaxi werden 15 US$ verlangt. Zweitägige Klettertouren zum Los Ilinizas, Cayambe und Volcán Cotopaxi (wenn geöffnet) kosten pro Gruppe etwa 250 US$. Das Hostal Tiana (S. 148) ist ein prima Treffpunkt, um eine Gruppe für die Tour zusammenzustellen.

Volcán Route Expeditions ABENTEUER

(03-281-2452; https://volcanroute.jimdo.com; Guayaquil, nahe Quevedo; 8–20 Uhr) Empfohlener Anbieter von Klettertouren, der Expeditionen zum Los Ilinizas, Cayambe, Cotopaxi und Chimborazo durchführt.

Tovar Expeditions ABENTEUER

(03-281-1333; www.tovarexpeditions.com; Vivero 1-31, Hostal Tiana) Der alteingesessene, freundliche Veranstalter hat sein Büro im Hostal Tiana und organisiert Touren nach Quilotoa und zum Cotopaxi, Cayambe und Los Ilinizas.

Latacunga

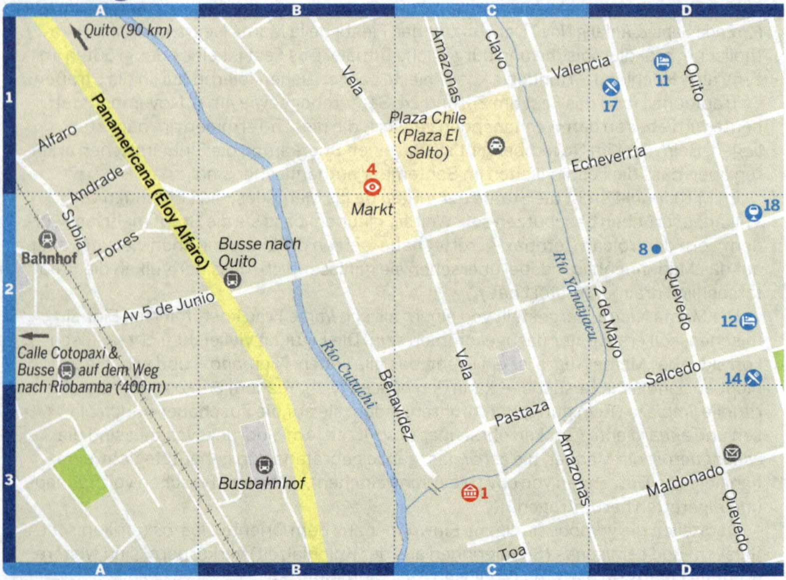

Schlafen

Hostal Tiana HOSTEL $

(☎ 03-281-0147; www.hostaltiana.com; Vivero 1-31; B/EZ/DZ inkl. Frühstück 11/25/32 US$, EZ/DZ ohne Bad 16/25 US$; @) Diese gut gelaunte Bleibe bietet alles, was ein erstklassiges Hostel mitbringen sollte: Gemeinschaftsbereiche zum Quatschen, eine Küche, kostenloses Internet, einen Büchertausch, saubere Zimmer und Badezimmer, eine Gepäckaufbewahrung, gute Infos und ein kostenloses Frühstück. Die koloniale Atmosphäre alter Schule wirkt cool, die alten Rohre können jedoch mitunter versagen, wenn man eine warme Dusche braucht.

Hotel Rodelu HOTEL $

(☎ 03-280-0956; www.rodelu.com.ec; Quito 16-31; EZ/DZ 18/34 US$;) Das bei Reisegruppen beliebte Hotel ist immer noch so bodenständig, dass es auch durchaus noch unabhängige Traveller anzieht. Es hat stark parfümierte Businesszimmer im Andenstil mit grell orangefarbenen Bettdecken, Bädern mit Granitfliesen und Flachbildfernsehern.

Das **Restaurant** (Quito 16-31; Hauptgerichte 10–14 US$, Mittagsmenü 3,70 US$; Mo–Sa 7–21.30 Uhr) serviert leckere Pizzas und mittags preiswerte Tagesgerichte.

Hotel Cotopaxi HOTEL $

(☎ 03-280-1310; hotelcotopaxi@yahoo.ec; Salcedo 5-61; EZ/DZ/3BZ 15/25/30 US$;) Cotopaxi bietet einfache, aber geräumige, komfortable Zimmer mit Fernseher. Einige Zimmer verfügen auch über richtig große Fenster und eine hübsche Aussicht auf den zentralen Platz. Sie können etwas laut sein, Gäste mit leichtem Schlaf sollten also nach einem Zimmer nach hinten raus bitten.

Hotel Makroz BUSINESSHOTEL $$

(☎ 03-280-7274; Valencia 8-56; EZ/DZ/3BZ inkl. Frühstück 35/60/75 US$; P) Das moderne und saubere Hotel richtet sich an Geschäftsreisende, der Nachteil sind die fehlenden öffentlichen Räume. Die geräumigen Zimmer bieten Kabel-TV, Kühlschrank, Föhn und nette, große Badezimmer.

Essen & Ausgehen

Das klassische Gericht von Latacunga hat den zungenbrecherischen Namen *chugchucara* (wer schafft es, dieses Wort zehnmal schnell hintereinander fehlerfrei auszusprechen?) und ist eine herzhafte, schwere Angelegenheit. Es besteht aus *fritada* (gebratenem Schweinefleisch mit *mote,* d. h. Maismehl), *chicharrón* (knuspriger Schweinekruste), Kartoffeln, gebratener Banane, *tostado* (geröstetem Mais), Pop-

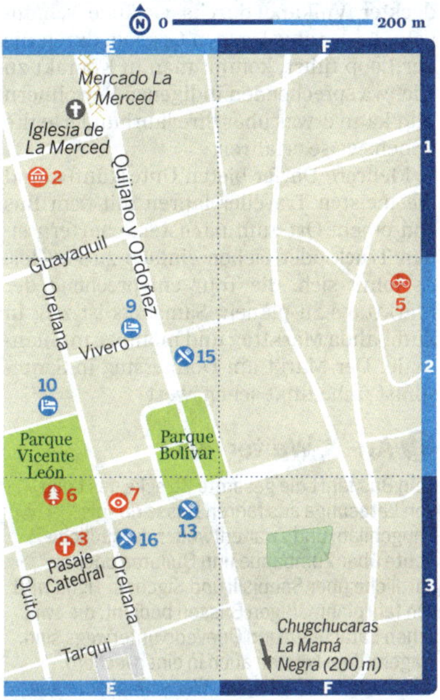

Latacunga

Sehenswertes
1 Casa de la Cultura C3
2 Casa de los Marqueses de Miraflores E1
3 Kathedrale E3
4 Mercado Cerrado B1
5 Mirador de la Virgen del Calvario F2
6 Parque Vicente León E3
7 Rathaus E3

Aktivitäten, Kurse & Touren
Tovar Expeditions .... (siehe 9)
8 Volcán Route Expeditions D2

Schlafen
9 Hostal Tiana E2
10 Hotel Cotopaxi E2
11 Hotel Makroz D1
12 Hotel Rodelu D2

Essen
13 El Alabado E3
14 El Gringo y La Gorda D2
15 Guadalajara Grill E2
16 Pizzería Buona D'Juan E3
17 Pollos Jimmy's D1
Restaurant Rodelu .... (siehe 12)

Ausgehen & Nachtleben
18 El Abuelo D2

corn und Käse-Empanada. Viele *leñadores* (Holzöfen) braten preisgünstige Hühnchen auf der Amazonas zwischen der Salcedo und der Guayaquil.

Pollos Jimmy's LATEINAMERIKANISCH $
(Quevedo 8-85, nahe Valencia; Hauptgerichte 4–5 US$; ⌚ Mo–Sa 10.30–22, So bis 20 Uhr) Hier gibt's köstliche Grillhühnchen mit Reis, Kartoffeln und Hühnersuppe. Der Laden hat aus gutem Grund viel zu tun.

Guadalajara Grill MEXIKANISCH $
(Quijano y Ordoñez 5-110, nahe Vivero; Hauptgerichte 5–10 US$; ⌚ Mo–Fr 12–14.30 & 18.30–22, Sa 18–22 Uhr; 📶) Das kleine, recht angesehene Lokal ist der einzige Mexikaner der Stadt und hat ein breites Angebot der üblichen mexikanischen Speisen, wie Quesadillas, Nachos und Fajitas. Hübsch sind die silbernen Libellen an der Wand und es ist eine willkommene Abwechslung zum zweifach frittierten Schweinefleisch!

Chugchucaras La Mamá Negra ECUADORIANISCH $
(Quijano y Ordoñez 1-67; Chugchucaras 9,50 US$; ⌚ Di–So 10–19 Uhr) Es gibt mehrere *chugchucara*-Restaurants an der Quijano y Ordoñez ein paar Blocks südlich vom Zentrum. Sie sind alle familienfreundlich, aber das La Mamá Negra ist eines der besten.

Pizzería Buona D'Juan PIZZA $
(Orellana 1408; Pizza 5–7 US$; ⌚ 13–22 Uhr) Die warme und einladende Pizzeria serviert pikante Pizza, Pastagerichte und frische Salate. Die roten Wände des Gastraums auf zwei Ebenen sind mit schräg aufgehängten Bildern des schiefen Turms von Pisa geschmückt.

★ **El Alabado** ARGENTINISCH $$
(www.facebook.com/chefgustavozarate; Maldonado 41-25, nahe Quijano y Ordoñez; Hauptgerichte 4,50–12 US$; ⌚ Di–Fr 18–22, Sa 12–22 Uhr; 📶) Eine moderne Einrichtung hat aus dem historischen Gebäude von 1668 ein schickes Restaurant gemacht. Neben guten Rindersteaks und Gerichten wie Schweinefleisch in pikanter Maracujasoße hat der argentinische Koch auch Speisen aus seiner Heimat auf die Karte gesetzt, darunter *choripan* (argentinisches Wurst-Sandwich) und Mate. Auch die Weinkarte kann sich sehen lassen.

El Gringo y La Gorda CAFÉ $$
(☎ 03-223-3043; www.facebook.com/cafeelgringoylagorda; Salcedo, nahe Quito; Hauptgerichte 5–15 US$; ⌚ Di–Sa 10–22 Uhr; 🖉) In einem

hübschen Gebäude aus der Kolonialzeit überblickt dieses Café einen Innenhof, in dem ein Brunnen plätschert, serviert herzhaftes Frühstück, enorme Salate und eine gute Auswahl an vegetarischen Gerichten. Abends sorgen Kerzenlicht und wohlige Holzöfen für eine romantische Atmosphäre.

El Abuelo BAR

(Guayaquil nahe Quito; ⌚ Mo–Do 15–23, Fr & Sa bis 24 Uhr; 📶) Diese winzige Kneipe hat nur fünf gemütliche Tische, aber jede Menge Charakter. Es gibt eine gut bestückte Bar, eine lange Cocktailkarte und lokales *cerveza artesanal* (Craft-Bier) vom Fass.

ℹ Praktische Informationen

Banco Guayaquil (Maldonado 7-20)
Banco Pichincha (Quito, nahe Salcedo)
Krankenhaus (Hermanas Páez, nahe 2 de Mayo)
Post (Quevedo, nahe Maldonado)

ℹ An- & Weiterreise

BUS

Die Busse aus Quito halten am **Busbahnhof** (Panamericana), wenn Latacunga der Endhaltepunkt ist. Busse, die nach Ambato oder Riobamba weiterfahren, halten an der Ecke **Avenida 5 de Junio und Cotopaxi**, rund fünf Blocks westlich der Panamericana und zehn Minuten zu Fuß von der Innenstadt entfernt.

Die Busse nach Quito (2,15 US$, 1½ Std.) und Ambato (1,15 US$, 1 Std.) fahren am Busbahnhof oder an der Ecke Avenida 5 de Junio und Cotopaxi ab. Wer nach Riobamba möchte, nimmt am besten an dieser Ecke einen vorbeifahrenden Bus, der Richtung Süden nach Cuenca fährt.

TAXI

An der **Plaza Chile** Chile (auch Plaza El Salto genannt) können Taxis und Pick-ups für die Fahrt zum Parque Nacional Cotopaxi (zum Parkinneren 30 US$, zum Eingang Control Caspi 20 US$) angeheuert werden.

Der Quilotoa-Loop

☎ 03

Der Quilotoa-Loop ist eine holprige, ringförmige Straße, die von der Panamericana aus weit ins Hinterland der Provinz Cotopaxi führt. Unterwegs finden sich bunte indigene Märkte, ein kristallblauer See, von dem die Einheimischen glauben, er sei unergründlich tief, eine Malergemeinde, die die Legenden der Anden bewahrt, und uralte Wege, die sich im Schatten schneebedeckter Vulkane durchs Gelände schlängeln. In der abgelegenen Gegend, durch die der Loop führt, kommt man in Kontakt zu Kichwa sprechenden indigenen Bewohnern und kann etwas über ihre jahrhundertealte Lebensweise erfahren.

Mehrere Dörfer bieten Unterkünfte, und die meisten Traveller fahren mit dem Bus von einem Ort zum nächsten, chartern einen Truck oder ziehen einfach zu Fuß los. Es lohnt sich, die Tour entsprechend der Markttage zu planen. Samstags ist z. B. in Zumbahua Markttag und montags in Guantualo. Der Markt am Donnerstag in Saquisilí ist unbedingt sehenswert.

ℹ An- & Weiterreise

Kein Bus fährt die gesamte Strecke des Loop. Von Latacunga aus fahren Busse nur bis Chugchilán, und zwar entweder die südliche Route über Zumbahua und Quilotoa oder die nördliche über Saquisilí und Sigchos. Tigua wird von fahrplanmäßigen Bussen bedient, die zwischen Latacunga und Quevedo unterwegs sind. Wagemutige können auch in einen *lechero* (Milchwagen) einsteigen. Wer schneller reisen will, chartert in Latacunga (ab 60 US$) ein Taxi.

Tigua

3500 M

Von Latacunga führt eine asphaltierte Straße durch die goldenen Felder des andinen Hochlands bergauf. An klaren Tagen kann der Blick bis zum Cotopaxi, zum Rumiñahui und zu den Las Ilinizas reichen. In der Nähe von Kilometer 49 der Straße Latacunga–Zumbahua befindet sich eine ausgeschilderte Abzweigung nach Tigua, einer Gemeinde von Bauern und Malern (aber kein Dorf im eigentlichen Sinne), die bekannt sind für ihre farbenfrohen Schilderungen des Lebens in den Anden.

◉ Sehenswertes & Aktivitäten

Galería Arte de Tigua GALERIE

(Latacunga–Zumbahua Rd, Km 53; ⌚ 7–18.30 Uhr) Die herausragende Galería Arte de Tigua und drei weitere Kunstgalerien verkaufen Malereien und Holzmasken zu günstigeren Preisen als in Quito. Falls die Galerie geschlossen sein sollte, schaut man sich einfach etwas um und fragt nach jemandem, der sie aufschließt (was dann auch bereitwillig geschieht).

Cañon del Toachi WANDERN

An der Posada de Tigua beginnt eine sechsstündige Wanderung durch den Cañon del

Der Quilotoa-Loop

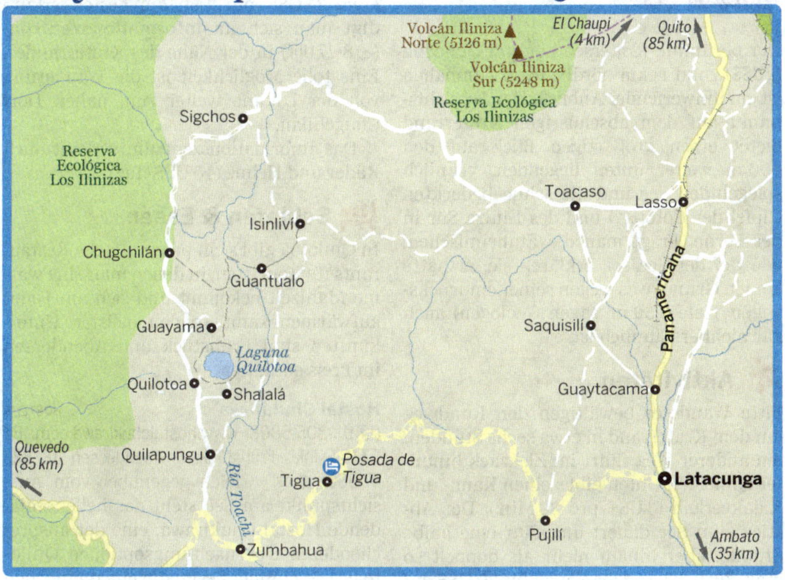

Toachi nach Quilotoa. Sie führt durch eine spektakuläre Schlucht und an traditionellen Bauernhöfen vorbei hoch zum Kratersee. Ein Führer kostet 35 US$.

Schlafen

Posada de Tigua HAZIENDA **$$**
(☎ 03-305-6103, 099-161-2391; posadadetigua@yahoo.com; Vía Latacunga–La Maná, Km 46; B/Zi. pro Pers. inkl. Frühstück & Abendessen 30/40 US$) Die Posada de Tigua ist Teil einer Milchfarm. Das Bauernhaus stammt aus den 1890er-Jahren und ist heute ein rustikaler und anheimelnder Gasthof. Die Zimmer haben meterdicke Wände und Kuhfellteppiche. Zu den Mahlzeiten gibt's Käse und Joghurt frisch von der Farm sowie Kartoffeln und Möhren aus eigenem Anbau.

An- & Weiterreise

Busse von und nach Latacunga kommen etwa alle zwei Stunden durch den Ort (2 US$, 1 Std.).

Zumbahua

3800 M

Der kleine Ort Zumbahua liegt rund 15 km südwestlich von Tigua. Er ist von hohen Klippen und von landwirtschaftlichen Feldern umgeben, die schnell in *páramo* (Savanne) übergehen. Ein Besuch lohnt wegen des authentischen Samstagsmarkts.

Sehenswertes

Samstagsmarkt MARKT
Zumbahua hat einen wunderbar authentischen Samstagsmarkt, auf dem die indigenen Verkäufer aus den Bergen ihre Waren verkaufen. An der Südseite des Marktes schneidern Männer mithilfe alter Singer-Nähmaschinen Kleidungsstücke. Ein lustiger Anblick ist der Handel mit den knuddeligen *cuy* (Meerschweinchen).

Schlafen & Essen

Der Samstagsmarkt bietet eine tolle Gelegenheit, authentische Speisen der Anden zu probieren, z. B. gegrillten Mais und *cuy* (Meerschweinchen). Rund um den Hauptplatz gibt's ein paar einheimische Lokale, die alle nicht auf Touristen ausgerichtet sind.

Rund um den Hauptplatz und in den Seitenstraßen befinden sich ein paar kleine, sehr einfache Hotels. Freitags sind sie immer gut belegt, dann kann es schwer werden, ein Zimmer zu bekommen.

An- & Weiterreise

Busse nach Latacunga fahren stündlich (2 US$, 1½ Std.).

Quilotoa

3914 M

Der berühmte Kratersee **Laguna Quilotoa** (2US$) rund 14km nördlich von Zumbahua ist ein umwerfender Anblick. Der Aussichtspunkt auf dem abschüssigen Kraterrand bietet einen großartigen Blick auf den 400 m weiter unten liegenden, grünlich spiegelnden See und die schneebedeckten Gipfel des Cotopaxi und des Iliniza Sur in der Ferne. Fragt man die Einheimischen, wie tief der See sei, erklären sie, er hätte keinen Grund, was wegen seiner eindrucksvollen Tiefe (250 m, sagen Geologen) auch gar nicht erstaunlich ist.

Aktivitäten

Fitte Wanderer bewältigen den Rundweg auf dem Kraterrand in etwa sechs Stunden; ein anderer Weg führt im Zickzack hinunter zum Ufer. Unten gibt's einen Kanu- und Kajakverleih (3US$ pro 30Min.). Der Abstieg zum See dauert ungefähr eine halbe Stunde, aber hinauf mehr als doppelt so lang (zurück kann man auch für 20US$ auf einem Esel reiten). Das alkalische Wasser des Sees ist nicht trinkbar.

TIGUA-MALEREI

Eine der heimischen Kunstformen Ecuadors sind die (bei Sammlern durchaus begehrten) Tigua-Malereien, die ihren Ursprung nahe dem Ufer der Laguna Quilotoa haben. Der Name stammt von der kleinen Gemeinde Tigua, in der indigene Künstler seit vielen Generationen Trommelbespannungen bemalten. In den 1970er-Jahren kam der aus der Gegend stammende junge indigene Künstler Julio Toaquiza auf die Idee, die Häute durch Leinwände zu ersetzen und diese im gleichen Stil mit farbenfrohen Szenen aus Kichwa-Legenden zu bemalen. Der Künstler, der seine Tage mit dem Anbau von Kartoffeln und dem Hüten von Lamas verbrachte, malte diese Legenden vor der Kulisse der wunderschönen Andenlandschaft, in der er lebte.

Toaquizas Kunst hat Tigua berühmt gemacht. Heute arbeiten mehr als 300 Maler im Hochland, rund 20 Ateliers gibt's allein in Tigua selbst.

Führer für längere Wanderungen kosten etwa 35US$ pro Tag; am besten erkundigt man sich im **Informationszentrum** (8–17Uhr) in der Nähe des Kraterrandes. Eine tolle Möglichkeit ist die Wanderung von der Laguna weiter zum nahen Dorf Chugchilán.

Das Informationszentrum verleiht auch Räder und Helme (40US$/Tag).

Schlafen & Essen

In Quilotoa gibt's ein paar einfache Restaurants für Touristen, in denen man eine warme Mahlzeit bekommt und sich am Feuer aufwärmen kann. In den meisten Unterkünften sind Frühstück und Abendessen im Preis enthalten.

Hostal Chukirawa HOSTEL $
(03-305-5808; www.hostalchukirawa.com; B/EZ/DZ inkl. Frühstück & Abendessen 18/32/47US$;) Gleich gegenüber vom Aussichtspunkt am See steht das helle, einladende Hostal Chukirawa, eine der ansprechenderen Übernachtungsoptionen Quilotoas. Die Zimmer liegen um einen zentralen Loungebereich mit Hängematten und einem Holzofen, und in der ersten Etage ist ein gemütliches Restaurant.

Hostería Alpaca Quilotoa HOSTEL $
(099-212-5962; www.alpacaquilotoa.com; Zi. pro Pers. 20US$;) Die Hostería Alpaca am Stadtrand, etwa 200m vom Ortseingang von Quilotoa Richtung See, hat ruhige Zimmer mit Holzöfen. Es wirkt recht verlassen und erinnert an das Hotel im Film *The Shining*. Für 5US$ mehr pro Tag gibt's zwei warme Mahlzeiten.

Princesa Toa PENSION $$
(098-524-2309, 03-305-6508; Zi. pro Pers. inkl. Frühstück & Abendessen 35US$;) Diese neue, kommunal betriebene Unterkunft hat geräumige Zimmer mit hübschen Holzbalken, elektrischer Heizung und modernen Bädern. Wenn an der Rezeption niemand ist, fragt man in der Touristeninformation gegenüber. Da es nur sechs Zimmer gibt, ist es ratsam, im Voraus zu buchen. Frühstück und Abendessen werden im Kirutwa auf der gegenüberliegenden Straßenseite serviert.

Das zentrale Atrium zeigt eine wundervolle Ausstellung mit Bildern, die die Legende der namengebenden Prinzessin Toa erzählen, einem Schäfermädchen, das von einem Kondor davongetragen wurde.

WANDERN AUF DEM QUILOTOA-LOOP

Der Quilotoa-Loop ist für viele Traveller eines der Highlights ihrer Reise nach Ecuador. Die Wandermöglichkeiten sind fantastisch. Man bekommt günstig Führer (sie zu engagieren fördert die regionale Wirtschaft), trotzdem haben viele *hostales* (kleine, preisgünstige Hotels) und Gasthöfe aber auch Karten für Wanderer, die sich alleine auf den Weg machen wollen. Eine besonders nützliche Informationsquelle ist Llullu Llama (S. 155) in Isinliví.

Der Loop ist eine Kurzform für die Straßenstrecke, die im Uhrzeigersinn von der Panamericana überTigua, Zumbahua, Quilotoa, Chugchilán, Sigchos und Saquisilí führt und die auch in entgegengesetzter Richtung bereist werden kann. Isinliví liegt abseits der Hauptstraße zwischen Chugchilán und Sigchos.

Die meisten Wanderer entscheiden sich für einen Zwei- bis Viertagesabschnitt des Loops. Sigchos ist ein guter Ausgangspunkt für eine dreitägige Wanderung bis Quilotoa mit Übernachtung in Isinliví und Chugchilán. Wer in diese Richtung wandert, hat einige Aufstiege mehr vor sich, was gut zum Akklimatisieren ist, aber anstrengend für die Beine. Eine andere Option ist die Wanderung von Tigua nach Quilotoa und weiter nach Chugchilán.

Die Verkehrsverbindungen sind spärlich; bei begrenzter Zeit muss man also etwas planen. Wer auf dem Loop unterwegs ist, sollte Regenkleidung, Wasser und viel Verpflegung für lange Wanderungen oder Wartezeiten dabei haben. Man sollte das schwere Gepäck möglichst deponieren und mit einem Tagesrucksack wandern; das Hostal Tiana (S. 148) in Latacunga hat einen Gepäckraum.

Viele Wanderer berichten, dass sie unterwegs Probleme mit Hunden bekamen. Falls die Tiere angreifen, sollte man nicht wegrennen, sondern seinen Platz behaupten, Steine aufnehmen und den Anschein erwecken, damit werfen zu wollen.

Kirutwa ECUADORIANISCH **$**
(Hauptgerichte 5–6 US$, Mittagsmenü 5 US$; ⌚7–21 Uhr) Das vergleichsweise schicke Restaurant liegt direkt oben auf dem Kraterrand. Es bietet klassische Gerichte wie *locro de papas* (Kartoffelsuppe mit Avocado und Käse) und *choclo con queso* (Maiskolben mit Frischkäse). Das Restaurant wird von einer Stiftung geführt; ein großer Teil der Einnahmen fließt an die hiesige Gemeinde zurück.

ℹ An- & Weiterreise

Busse, die nach Latacunga fahren, starten zwischen 9 und 16 Uhr alle zwei Stunden (2,50 US$, 2 Std.).

Ein Sammel-Pick-up nach Zumbahua kostet etwa 5 US$ pro Person, von dort verkehren stündlich Busse nach Latacunga.

Shalalá

3900 M

Das kleine kommunal betriebene Ökotourismus-Unternehmen hat eine charmante Lodge und tolle Aussichten und ist eine prima Zwischenstation auf der Kraterwanderung. Es gibt hier einen hübschen botanischen Garten mit Büscheln von *chuchitos* (üppige, lila Blumen) und *pumpo* (schilfartiges Gras), Kunsthandwerksläden, einen Wanderweg, der in fünf Minuten zum Kraterrand hochführt, und eine tolle, verglaste Aussichtsplattform.

Schlafen & Essen

Das Restaurant der Lodge ist zum Frühstück, Mittagessen und Abendessen geöffnet und ein guter Ort, um am Kraterrandweg eine Pause einzulegen. An den Wochenenden und bei schönem Wetter gibt's Stände, die gegrillten Mais und andere verlockende Snacks verkaufen.

Shalalá LODGE **$$**
(☎093-944-4583, 03-280-0215; www.quilotoashalala.com; Shalalá; Zi. pro Pers. inkl. Frühstück 40 US$, Camping pro Pers. 5 US$, Mahlzeiten 5–7 US$) 🍃 Die kommunal geführte Öko-Lodge, 7 km nördlich der Quilotoa-Straße, ist die netteste Unterkunft am See. Sie hat nur vier Hütten, die sehr schön mit Travertinfliesen und Bettköpfen aus Hartholz ausgestattet sind. Die Gewölbedecken und die Holzbalken verleihen den neuen Häuschen etwas Rustikales. Toll sind auch die Ruhe und Abgeschiedenheit in diesem waldigen Refugium.

An- & Weiterreise

Um herzukommen, nimmt man den Bus nach Zumbahua und mietet dort einen Pick-up (7–10 US$) oder man wandert von Quilotoa aus den Kraterrandweg entlang.

Chugchilán

3200 M

Die Straße führt von Quilotoa auf 22 km durch atemberaubende Landschaft nach Chugchilán, einem winzigen Andendorf, das durch den Ökotourismus zwar viel wohlhabender geworden ist, aber seine althergebrachte Lebensweise bewahrt hat. Von dort kann man zu nahe gelegenen Dörfern wandern, eine von einer Kooperative betriebene Käserei besuchen (6,5 km westlich des Orts) oder zu Pferd in den umliegenden Nebelwald reiten.

Schlafen

Es gibt drei ausgezeichnete Unterkünfte am Nordrand des Dorfs, die auch preisgünstige Ausritte arrangieren, Tipps zum Wandern in der Gegend geben und bei der Beschaffung privater Transportmöglichkeiten für die An- und Abreise zum/vom Loop helfen können.

Hostal Cloud Forest HOSTEL $

(☎ 03-270-8181; www.cloudforesthostal.com; B/EZ/DZ inkl. Frühstück & Abendessen 15/20/30 US$; @ 📶) Das Hostel an der Hauptstraße ist die preiswerteste und schlichteste Unterkunft in Chugchilán und bietet mit Holzelementen akzentuierte Zimmer und saubere Badezimmer. Die ecuadorianischen Betreiber servieren schmackhafte Mahlzeiten und die Gäste können sich in dem mit einem Kamin beheizten Gemeinschaftsbereich entspannen.

★ **Black Sheep Inn** LODGE $$

(☎ 03-270-8077; www.blacksheepinn.com; inkl. VP B 35, EZ/DZ 100/190, ohne Bad70/120 US$; 📶) Oberhalb des Tals, 100 m nördlich von Chugchilán, bietet diese herrlich rustikale Unterkunft spektakuläre Aussichten. Die behaglichen Zimmer sind mit Öfen, gefliesten Böden und viel Holz eingerichtet und die Bäder sind teilweise im Freien. Zu den umweltfreundlichen Maßnahmen der Lodge gehören Komposttoiletten, das Sammeln von Regenwasser, Abfallrecycling und eine Holzofensauna. Drei vegetarische Mahlzeiten pro Tag sind im Preis enthalten.

El Descanso de Mama Hilda PENSION $$

(☎ 03-270-8005; EZ/DZ inkl. Frühstück & Abendessen 44/70 US$, ohne Bad 15/30 US$, Hauptgerichte 7 US$; 📶) Die Zimmer dieser großen Pension im Stadtzentrum haben Backsteinwände, Lofts und makellos saubere Badezimmer. Man kann den ganzen Nachmittag gemütlich in einer Hängematte auf der privaten Veranda zubringen. Der wahre Anziehungspunkt ist jedoch die nette Familie, die das Haus betreibt und bei der Ausflugsplanung behilflich ist, Essen kocht und über das Leben im ländlichen Ecuador erzählt.

An- & Weiterreise

Busse nach Latacunga (2,50 US$, 3 Std.) fahren von Montag bis Freitag um 3.30 Uhr (über Sigchos), 5 Uhr (über Zumbahua) und 6 Uhr (über Zumbahua), am Samstag um 3 Uhr (über Zumbahua) und am Sonntag um 9, 10 und 11 Uhr (alle über Zumbahua).

Man kann auch Pick-ups nach Quilotoa (20 US$), Zumbahua (25 US$), Isinliví (30 US$), Sigchos (20 US$) und Latacunga (50 US$) anheuern.

Sigchos

2800 M

Von Chugchilán sind es 23 km durch Nebelwald bis zu der wachsenden Ortschaft Sigchos. Hier wird man aber nur einen Stopp einlegen, wenn man auf einen Bus wartet oder von Chugchilán oder Isinliví aus wandert, denn ansonsten ist hier nicht viel zu sehen und zu tun. Ein Aufenthalt in der Hosteria San José lohnt sich allerdings.

Schlafen

In der Stadt Sigchos gibt's weniger Unterkünfte als in den anderen Dörfern am Quilotoa-Loop.

Hostería San José HAZIENDA $$

(☎ 098-947-6772; www.sanjosedesigchos.com; EZ/DZ/3BZ inkl. Frühstück 70/87/105 US$, Mahlzeiten 12,50 US$; ⏲ Restaurant 12–14.30 & 19–20.30 Uhr; 📶 🏊) Die umgebaute Hazienda 2,5 km südlich von Sigchos an der Straße nach Chugchilán hat hinreißende Gärten, weiße Wände, eine außerordentlich malerische Kapelle und komfortable Zimmer mit dicken Matratzen und ein paar rustikalen Elementen. Der zugehörige Swimmingpool, die Sauna und der Dampfraum stehen auch Nichtgästen zur Verfügung (10 US$), was einen Stopp für staubige Wanderer lohnenswert macht.

Es gibt ein Spielzimmer mit Kickertisch, Billardtisch und Karaokemaschine, man kann Pferde (10 US$) und Quads (20 US$) mieten oder eine Massage (40 US$) buchen.

An- & Weiterreise

Busse nach Latacunga (2,35 US$, 2 Std.) fahren von Montag bis Sonntag um 4, 5.30, 11 und 14.30 Uhr und am Sonntag um 12, 14.30 und 16 Uhr.

Nach Chugchilán (1 US$, 1 Std.) fahren täglich um 13.30 und 15 Uhr Busse.

Ein Bus nach Isinliví (1 US$, 1 Std.) startet täglich etwa um 14.15 Uhr (donnerstags schon um 13.15 Uhr)

Pick-ups fahren häufig nach Latacunga (5 US$ pro Pers.).

Isinliví

2900 M

Das hübsche und herrlich ruhige Dorf bietet sich als schönes Wanderziel von Sigchos (11 km) oder Chugchilán (12,5 km) aus an. Die Aussicht auf die in Nebel gehüllten Berge ist spektakulär und es gibt viele für Tageswanderungen geeignete Wege. Wegen der geringeren Höhe sind die Nächte hier nicht so kalt wie an anderen Orten am Quilotoa-Loop. Die Einheimischen können den Weg zu nahe gelegenen *pucarás* (Hügelfestungen aus der Zeit vor den Inka) weisen.

Aktivitäten

Guantualo-Loop WANDERN

Eine beliebte Tageswanderung führt zum Markt am Montagvormittag im nahen Guantualo. Die Tour ist hin und zurück 10 km lang und dauert drei bis vier Stunden. Bei Llullu Llama bekommt man detaillierte Wegbeschreibungen und Karten für diese und andere Wanderungen.

Schlafen & Essen

Wegen der ruhigen Lage Isinlivís, der Wanderwege und der tollen Unterkünfte ist es eine Überlegung wert, hier länger als eine Nacht zu bleiben.

Im Dorf gibt's zwar ein paar winzige Läden, am besten bringt man aber seinen eigenen Proviant mit. Llullu Llama verkauft gute Proviantpakete (6,50 US$), die eine ideale Wanderverpflegung sind.

★ Llullu Llama PENSION $

(☎ 099-367-8165, 099-292-8559; www.llullullama.com; B/Zi./Cottage pro Pers. inkl. Frühstück & Abendessen ab 19/23/39 US$) Zwei Straßenblocks westlich des Platzes befindet sich das Llullu Llama, ein bezauberndes altes Bauernhaus mit dicken Lehmziegelwänden, farbenfrohen Zimmern und einem Holzofen. Das eigentliche Highlight sind aber die fröhliche Atmosphäre, die freundlichen Gastgeber und die spektakuläre Umgebung. Die Cottages mit viel Holz, Kaminen, großen Betten und riesigen Duschen lohnen die Extraausgabe. Die Zimmer im Haupthaus teilen sich Gemeinschaftsbäder.

In dem kleinen Spa darunter gibt's einen solarbeheizten Whirlpool, einen Dampfraum und eine Sauna (7,50 US$).

Hostal Taita Cristobal PENSION $

(☎ 099-137-6542, 098-169-351; www.hostaltaitacristobal.wordpress.com; Camping 5 US$, pro Pers. inkl. Frühstück & Abendessen 15 US$;) Das zweistöckige Budgethotel einen Straßenblock östlich der Kirche hat tolle Aussichten von seinen makellos sauberen Zimmern, die alle auf das Tal hinabblicken. Es gibt einen kleinen Garten mit Rasenbereich zum Zelten; Camper können die Gemeinschaftsküche und den gemütlichen Speiseraum nutzen.

An- & Weiterreise

Der Vivero-Bus fährt täglich um 13 Uhr, samstags allerdings um 11 Uhr, vom Busbahnhof in Latacunga nach Isinliví (3 US$, 3 Std.). Donnerstags startet ein Bus um 11 Uhr in Saquisilí. Busse nach Latacunga fahren um 3.30 Uhr in Isinliví los.

Saquisilí

5234 EW. / 2940 M

Das Dorf hat außer dem lohnenswerten Markt am Donnerstagvormittag nicht viel zu bieten und weniger Wandermöglichkeiten als andere Orte am Quilotoa-Loop. Die meisten Wanderer ziehen es vor, bis Sigchos weiterzufahren und ab dort zu wandern.

Sehenswertes

Donnerstagsmarkt MARKT

(Do 5–11 Uhr) Der Markt am Donnerstagvormittag in Saquisilí ist einer der besten im zentralen Hochland. Er ist weitgehend authentisch, und es ist faszinierend, die Palette an Gütern zu sehen, die zum Alltag im Hochland gehören.

Der Markt umfasst acht Plätze und erinnert an ein gut besuchtes Warenhaus unter freiem Himmel mit überwiegend indigener Kundschaft; da gibt's Abteilungen für *cuy* (Meerschweinchen), *angarillas* (Sättel für

Esel), *sastrería* (Schneiderarbeiten), *ollas* (Töpfe) und Hunderte oder gar Tausende andere Dinge.

An- & Weiterreise

Die meisten Traveller übernachten in Latacunga und nehmen dort einen der Busse, die ab der Morgendämmerung fahren (0,40 US$, 20 Min.).

Am Donnerstag fahren um 11 und 12 Uhr vom Markt Busse nach Sigchos (1,75 US$; 1½ Std.).

Ambato

03 / 154 370 EW. / 2577 M

Auch wenn nur wenigen Travellern ein Aufenthalt im geschäftigen Ambato als unverzichtbar erscheint, ist die Stadt nicht ohne Reiz. Der zentrale Platz vermittelt ein authentisches Bild vom Großstadtleben in den Anden, zudem gewinnt die Stadt mit den besten Museen im zentralen Hochland auch kulturelle Bedeutung. Oberhalb der Stadt hat man einen wunderbaren Blick auf den rauchenden Volcán Tungurahua (5016 m), und Ambatos Parks und *quintas* (historische Landsitze) bieten einige Erholung vom Gewimmel der Innenstadt. Der **Montagsmarkt** füllt Ambatos zentrale Straßen und Plätze und ist ein Hauptumschlagsplatz für den Blumenhandel.

Die Stadt ist stolz auf ihr kulturelles Erbe und bezeichnet sich selbst als „Land der drei Juans", was sich auf die Schriftsteller Juan Montalvo und Juan León Mera sowie den Rechtsanwalt und Journalisten Juan Benigno Malo bezieht. Alle drei Juans wurden in den Namen von Parks, Museen und Gebäuden in Ambato unsterblich gemacht.

1947 wurde Ambato, die Hauptstadt der Provinz Tungurahua, durch ein Erdbeben zerstört und anschließend als moderne Stadt wiederaufgebaut.

Sehenswertes

★ Museo Provincial Casa del Portal MUSEUM

(Ecke Castillo & Sucre; Mo–Fr 9–13 & 14–18, Sa & So 10–16 Uhr) GRATIS Das 1900 gebaute, stattliche Haus birgt heute das beste Museum Ambatos. Im Erdgeschoss sind massenhaft interessante historische Fotos ausgestellt. Im 1. Stock zeigen sechs Galerien originale Kunstwerke von lokalen Malern wie Oswaldo Viteri und auch Reproduktionen ecuadorianischer Meisterwerke.

Im Amphitheater hinten gibt's sonntags um 11 Uhr kostenlose Aufführungen.

Casa y Mausoleo de Montalvo MUSEUM

(03-242-4938; www.casademontalvo.gob.ec; Montalvo, nahe Bolívar; Erw./Kind 1/0,50 US$; Mo–Fr 9–12 & 14–18, Sa 9–16 Uhr) In der früheren Wohnung Montalvos an der Nordwestseite des Parque Juan Montalvo befinden sich dieses Museum und das prächtige Mausoleum, in dem der Schriftsteller beigesetzt wurde. Montalvo war politisch liberal eingestellt und schrieb kritisch über Präsident García Moreno und die ecuadorianische Politik seiner Zeit. Er starb 1889 im französischen Exil. 1932 wurden seine sterblichen Überreste zurück nach Ambato gebracht. Das Museum zeigt Bücher, Briefe und persönliche Gegenstände Montalvos.

Museo de Ciencias Naturales MUSEUM

(03-282-7395; Sucre, nahe Lalama; Mo–Fr 8.30–12.30 & 14.30–18.30 Uhr) GRATIS Das Naturkundemuseum im Colegio Bolívar ist etwas verstaubt, aber birgt die umfassendste Sammlung ausgestopfter Vögel, Säugetiere und Reptilien Ecuadors. Zu sehen sind u. a. eine umfangreiche Sammlung präkolumbischer Schüsseln, Äxte und Kalebassen.

Museo Pictórico Edmundo Martínez MUSEUM

(Guayaquil, nahe Bolívar; Di–Sa 9–17.30 Uhr) GRATIS Das kleine Museum in einer Villa mit Steinfassade zeigt wechselnde Ausstellungen lokaler Künstler und gelegentlich wird Livemusik gespielt.

★ Quinta de Juan León Mera GARTEN

(03-282-0419; Av Rodrigo Panchano; 1; Mi–So 9–16.30 Uhr) Mehrere berühmte *ambateños* (Menschen aus Ambato) besaßen *quintas*, die das Erdbeben überstanden. Früher waren das Landhäuser, aber heute liegen sie direkt am Rand der wachsenden Stadt. Die Quinta de Juan León Mera liegt an den Ufern des Río Ambato im Vorort Atocha, 2 km nordöstlich der Innenstadt. Der Eintritt gilt am selben Tag auch für die Casa Museo Martínez-Holguín und den botanischen Garten La Liria. Um herzukommen, nimmt man vom Parque Cevallos Bus 22 nach Atocha oder ein Taxi für ca. 2 US$.

Die historischen Möbel und die Wachsfiguren in Meras Haus, das 1874 erbaut wurde, illustrieren das Leben und die Zeit des Schriftstellers und Politikers, der vor allem als Verfasser des Textes der ecuadorianischen Nationalhymne bekannt ist. Es steht im **Jardín Botánico La Liria**, einem üppigen Park mit mehr als 200 Pflanzenspezies. Im selben Komplex befindet sich auch die

Ambato

Ambato

Highlights
1 Museo Provincial Casa del Portal B2

Sehenswertes
2 Casa y Mausoleo de Montalvo B2
3 Museo de Ciencias Naturales C2
4 Museo Pictórico Edmundo Martínez..... A3

Schlafen
5 Gran Hotel Napoleón C1
6 Hotel Boutique Mary Carmen C2
7 Hotel Roka Plaza A2

Essen
8 Delicias del Paso B3
9 Los Morochos de la Gata B2
10 Mercado Central C2
11 Pizzería Fornace B3
Restaurant Roka Plaza.................(siehe 7)

Ausgehen & Nachtleben
12 Los Vinitos A2

Casa Museo Martínez-Holguín, eine weitere historische *quinta*, die früher Verwandten der Meras gehörte, einer illustren Familie von Geologen, Malern, Bergsteigern, Journalisten und Politikern. In beiden Museen werden kostenlose Führungen auf Spanisch angeboten.

Quinta de Juan Montalvo MUSEUM
(☎03-246-0643; Av Los Guaytambos, Sector Ficoa Las Palmas; Erw./Kind 1 US$/frei; ⏲Mi–So 9–16 Uhr) Dieses 200 Jahre alte Haus war das ländliche Refugium des Schrifstellers Juan Montalvo, des „amerikanischen Cervantes“. Das wirklich kleine Haus beherbergt ein kleines, aber gutes Museum, das Montalvo gewidmet ist. Auch die hübschen terrassierten Gärten sind sehenswert.

Die *quinta* liegt 3 km südwestlich des Parque Cevallos auf der anderen Seite des Flusses. Ein Taxi vom Zentrum kostet 2 US$.

Im früheren Stadthaus Montalvos befindet sich ein größeres Museum (S. 156).

Geführte Touren

Tren del Hielo II GEFÜHRTE TOUREN
(☎1-800-873-637; www.trenecuador.com; Ecke Colombia & Chile; Erw./Kind 22/12 US$; ⏲Fr & Sa) Die neunstündige Bahnfahrt (der Zug sieht eher wie ein amerikanischer Schulbus aus) führt durch das Umland in die Dörfer Cevallos, wo der Besuch einer Schuhfabrik auf dem Programm steht, und nach Urbina, um den Volcán Chimborazo zu bewundern und Kunsthandwerk zu kaufen. Der Zug fährt 100 m nördlich des Busbahnhofs ab.

ABSEITS DER ÜBLICHEN PFADE

WEITERE AUSFLÜGE UM AMBATO

Tagestouren oder längere Exkursionen führen von Ambato aus zu ein paar spannenden indigenen Dörfern und zu einem selten besuchten Nationalpark. Taxifahrten in diese Dörfer kosten etwa 10 US$ pro 10 km. Mehr Tipps zu Ausflügen gibt's im Centro de Información Turística de Tungarahu.

Mocha In dem kleinen Dorf 24 km südlich von Ambato befinden sich einige Lavaröhren.

Parque Nacional Llanganates GRATIS Es wird erzählt, dass irgendwo in der fernen, unzugänglichen Wildnis des 2197 km² großen Parque Nacional Llanganates ein Inkaschatz vergraben sei. Der Park umfasst große Flächen an *páramo*, Nebelwald und tropischem Wald sowie 4000 m hohe Gipfel. Im Park leben Tapire, Pumas, Jaguare, Capybaras und andere Tiere. In dem kleinen Dorf Píllaro, etwa 20 km nordöstlich von Ambato, kann man für ungefähr 30 US$ pro Tag einen Führer anheuern. Am besten besucht man den Park zwischen Dezember und Februar.

Píllaro Das Tor zum Parque Nacional Llanganates ist bekannt für seine großartigen Feste, darunter der Stierkampf am 10. August und das Diablada-Fest vom 1. bis 6. Januar mit Paraden und lokal hergestellten Teufelsmasken.

Pelileo Auf der Suche nach tollen ecuadorianischen Jeans? Dies ist die Denim-Hauptstadt des Landes und sie liegt nur 19 km von Ambato an der Straße nach Baños. Jeans-Läden säumen die Hauptstraße.

Quisapincha Das idyllische kleine Dorf ist gerade einmal 10 km von Ambato entfernt und ein toller Ort, um nach Lederwaren zu schauen. Zudem ist die Aussicht betörend.

Tisaleo Das kleine Dorf 17 km südlich von Ambato ist bekannt für seine Gitarren. Die einheimischen Hersteller lassen sich gern über die Schulter schauen.

Feste & Events

Fiesta de Frutas y Flores FEST
(Obst- & Blumenfest; www.fiestasdeambato.com; Ende Feb.) Das jährliche Fest präsentiert eine prachtvolle Ausstellung von – na was wohl – Obst und Blumen. Dazu gibt's Stierkämpfe, Umzüge und den Festwagen der *Reina de Ambato* (Festkönigin). Es findet in den letzten beiden Februarwochen statt.

Schlafen

Es gab Meldungen von Problemen in den Budgetunterkünfte rund um den Parque 12 de Noviembre. Es lohnt sich, etwas mehr für ein Hotel auf der anderen Seite der Avenida Cevallos auszugeben.

★ **Hotel Roka Plaza** BOUTIQUE-HOTEL $$
(03-242-3845; www.hotelrokaplaza.com; Bolívar, zw. Quito & Guayaquil; EZ/DZ inkl. Frühstück 45/70 US$; P) Das in einer alten *casona* (großes Haus aus der Kolonialzeit) residierende, geschmackvolle Boutique-Hotel hat die schönsten Zimmer im Zentrum. Da es insgesamt nur sieben sind, muss man weit im Voraus reservieren. Moderne Elemente sind nahtlos mit Antiquitäten vermischt und überall hängt interessante Kunst.

Gran Hotel Napoleón HOTEL $$
(03-282-4235; granhotelambatoecu@hotmail.es; Rocafuerte 10-45, nahe Lalama; EZ/DZ inkl. Frühstück 25/45 US$;) Vor Kurzem wurde das Gran renoviert und strahlt nun wieder. Die neu eingerichteten Zimmer haben glänzende Laminatböden, elegante Tapeten und Flachbildfernseher. Das Personal ist hilfsbereit und nett, sodass das Haus die beste Wahl im Budgetbereich ist.

Hotel Boutique Mary Carmen BOUTIQUE-HOTEL $$$
(03-242-0908; www.hotelboutiquemc.com; Ecke Cevallos & Martínez; EZ/DZ/Suite inkl. Frühstück 55/90/200 US$; P) Das umgebaute Boutique-Hotel ist eine Studie in zeitgenössischer Exzentrik: Die Stockwerke sind thematisch gestaltet (Zebra, Nashorn, Tiger und altes Ambato) und mit superkitschigen, holografischen Bildern, merkwürdigen Skulpturen und vielen Möbeln mit Tierdruckbezügen ausgestattet. Zum Haus gehören auch ein kleiner Pool, ein Spa und ein Whirlpool.

Essen & Ausgehen

Los Morochos de la Gata ECUADORIANISCH $
(www.facebook.com/losmorochosdelagata2; Ecke Bolívar & Mera; Morocho 0,90 US$, Snacks

0,75 US$; ⌚ Mo–Fr 7.30–12.30 & 15–18.30, Sa 8–13 & 16–19 Uhr) Ein tolles Lokal, um eine Spezialität Ambatos zu probieren, ein an Porridge erinnerndes Milchgetränk aus Morocho, einer Maissorte, die gemahlen, mit Gewürzen gemischt, in Wasser eingeweicht und dann mit Milch und Zucker gekocht wird. Essen kann man dazu *humitas* (in Maisblättern zubereitete Maismehltaschen mit Zwiebeln und Eiern) oder *quimbolitos* (eine Art süßer Dampf-Pudding).

Mercado Central MARKT **$**
(12 de Noviembre; Hauptgerichte 2 US$; ⌚ 8–17 Uhr) Im zweiten Stock von Ambatos Markthalle gibt's besonders gute *llapingachos* (gebratene Pfannkuchen aus Kartoffelbrei mit Käse). Serviert werden sie für 2 US$ mit Eiern, Avocadoscheiben und Würstchen (Vegetarier können sie auch ohne Würstchen bekommen). Die Stände nebenan mixen köstliche Obstsäfte mit Flaschenwasser (1 US$).

Delicias del Paso CAFÉ **$**
(Ecke Sucre & Quito; Backwaren 1–3 US$, Mittagsmenü 3,80 US$; ⌚ Mo–Sa 8–20.30 Uhr) Die leckeren Quiches und Kuchen liegen in dieser Cafeteria vorn im Tresen. Man kann die Sachen gleich draußen bestellen und mitnehmen oder drinnen ein Sandwich oder *almuerzo* (Mittagsmenü) essen.

Restaurant Roka Plaza INTERNATIONAL **$$**
(Bolívar, zw. Quito & Guayaquil; Hauptgerichte 10–20 US$; ⌚ 12–22 Uhr) Im Innenhof des Roka Plaza serviert dieses wunderbare Restaurant Fleisch vom Grill, frische Fruchtsäfte, international beliebte Gerichte und gutes Sushi. Das Essen wird hier besser angerichtet als irgendwo sonst im zentralen Hochland, und auch das Ambiente ist exquisit.

Pizzería Fornace PIZZA **$$**
(☎ 03-282-3244; Cevallos 17-28; Hauptgerichte 6-17; ⌚ So–Do 12–22, Fr & Sa bis 23 Uhr) Die Pizza aus dem Holzofen ist wohl die beste in der Stadt – einige finden sie allerdings etwas teigig. Die Einheimischen essen hier auch gern Fleischgerichte. Besonders toll: das Ambiente mit Kerzenlicht und die Karaffe Wein für 4 US$.

Los Vinitos KNEIPE
(Ecke Rocafuerte & Guayaquil; ⌚ Mo–Do 12–23, Fr & Sa bis 24 Uhr) Die gemütliche zweigeschossige Bar ist ideal für ein ruhiges Gespräch in einer Ecke – eine unserer Lieblingskneipen.

ℹ Praktische Informationen

Es wird von vielen Raubüberfällen auf Nachtbusse berichtet. Deshalb ist nachts im Zentrum ein Taxi besser. Besonders in der Gegend um den Parque 12 de Noviembre sollte man nachts vorsichtig sein.

Banco Guayaquil (Ecke Mera & Sucre)
Banco Pichincha (Lalama, nahe Sucre)
Post (Ecke Castillo & Bolívar; ⌚ Mo–Fr 8–17, Sa bis 12 Uhr)
Centro de Información Turística de Tungarahua (Touristeninformationszentrum Tungarahua; Ecke Castillo & Sucre; ⌚ Mo–Fr 8–16 Uhr) Die freundlichen Mitarbeiter haben Infos zu Ausflügen zu selten besuchten Zielen in der Umgebung des Tungarahua.

ℹ An- & Weiterreise

Busse zu den meisten Zielen (außer Baños) fahren von Ambatos **Hauptbusbahnhof** (Av de las Américas), 2 km nordöstlich des Zentrums, ab.

Busse nach Salasaca (0,25 US$, 25 Min.) und Patate (0,70 US$, 1 Std.) starten etwa alle 20 Minuten von der Plaza La Dolorosa im Stadtviertel Ferroviaria, das vom Zentrum aus mit dem Taxi für 1 US$ zu erreichen ist.

Busse nach Baños (1 US$, 1 Std.) fahren stündlich vom **Busbahnhof Baños**, der ungefähr 5 km südlich vom Hauptbusbahnhof nahe dem Kreisverkehr an der Amazonas und Julio Jaramillo liegt.

ℹ Unterwegs vor Ort

Die wichtigste städtische Buslinie für Traveller ist die vom Hauptbusbahnhof in die Innenstadt von Ambato. Aus dem Busbahnhof kommend, nimmt man die Ausgangsrampe zur Avenida de las Américas, die auf einer Brücke über die Bahngleise führt. Auf dieser Brücke befindet sich eine Bushaltestelle, wo ein Bus Richtung Westen (rechts), der in der Regel die Zielangabe „Centro" hat, für 0,30 US$ zum Parque Cevallos fährt.

Bus 15 mit der Aufschrift „Terminal" fährt am **Parque Cevallos** auf der Seite der Martínez ab.

Rund um Ambato

Salasaca

Man erkennt das ziemlich unansehnliche Dorf Salasaca rund 14 km südlich von Ambato sofort daran, dass hier viele Männer in langen, schwarzen Ponchos herumlaufen, unter denen sie blütenweiße Hemden und Hosen tragen. Zu dem auffälligen schwarzen Salasaca-Poncho tragen die Männer einen breitkrempigen weißen Hut. Die Frauen tragen bunte Schals und lange Wollröcke mit einem gewebten Gürtel *(chumbi)*.

Am Sonntag nach Ostern gibt's einen prächtigen Straßentanz (was den Verkehr erheblich verlangsamt), und am 15. Juni verkleiden sich die Einwohner beim **Santo Vintio** mit Tierkostümen. Sowohl **Fronleichnam** (beweglicher Festtag im Juni) als auch das **Fest des heiligen Antonius** (Ende Nov.) werden farbenprächtig gefeiert.

Sehenswertes

Kunsthandwerksmarkt MARKT

(8–18 Uhr) Auf diesem Markt neben der Kirche an der Straße zwischen Ambato und Baños, hinter einer Statue eines einheimischen Mannes in schwarzem Poncho, gibt's tolles lokales Kunsthandwerk, darunter die berühmten Wollponchos aus Salasaca und handgewebte Läufer und Wandteppiche. Samstags ist am meisten los, aber einige Stände sind jeden Tag geöffnet.

Museo del Pueblo Salasaca MUSEUM

(099-433-1458, 03-274-8974; www.museosalasaka.wordpress.com; Vía Ambato-Baños; empfohlene Spende 5 US$; 9–18 Uhr) Wer sich für die indigene Kultur interessiert, sollte dieses Museum nicht verpassen. Die auf fünf Etagen ausgestellten Exponate bedürfen jedoch einiger Erklärungen; empfehlenswerte Führungen finden in spanischer Sprache statt. Das Museum befindet sich gegenüber vom Kunsthandwerksmarkt an der Straße zwischen Ambato und Baños.

Schlafen

Hostal Runa Huasi LODGE $

(099-984-0125; www.hostalrunahuasi.com; Zi. pro Pers. inkl. Frühstück 17 US$) Diese friedlich gelegene, rustikale, freundliche Unterkunft wird von der indigenen Familie Pilla betrieben. Der Blick vom Garten ist großartig, an klaren Tagen kann man sogar den Cotopaxi, Chimborazo, Tungurahua, El Altar und andere Vulkane sehen. Die einfachen Zimmer teilen sich Gemeinschaftsbäder. Es gibt einen gemütlichen Speiseraum mit ein paar Büchern und Informationen über die Gegend.

An- & Weiterreise

Busse fahren regelmäßig nach Ambato (0,50 US$, 30 Min.) und Baños (0,75 US$, 45 Min.).

Patate

Patate liegt an den Ufern des Río Patate und bietet eine großartige Sicht auf den Volcán Tungurahua. Während der jüngsten Ausbrüche wurde der Ort zu einem beliebten Ziel von Vulkanbeobachtern. Die als **La Escalinata** bekannte, ungeheuer steile Treppe gleich östlich vom Dorf abseits der Soria bietet die Möglichkeit für eine vergnügliche Wanderung, während es bei Einheimischen und Besuchern gleichermaßen eine beliebte Freizeitbeschäftigung ist, gemütlich über den begrünten Hauptplatz zu schlendern und einfach die frische Luft zu genießen.

Schlafen & Essen

Das Dorf ist für seinen *chicha de uva* (fermentiertes Getränk aus Traubensaft) und seine *arepas* (den traditionellen Maispfannkuchen wird hier Kürbis hinzugefügt) bekannt, die liebevoll in Holzöfen überall in der Stadt zubereitet werden. Falls man auf dem Platz keine *arepas* bekommt, schaut man sich drüben in der Gonzalez Suarez danach um.

La Casta HOTEL $

(03-570-130; www.lacastapatate.com; EZ/DZ inkl. Frühstück ab 18/35 US$;) Die beste Adresse für eine Unterkunft in der Nähe des Ortes ist das La-Casta-Restaurant und -Hotel. Es ist ein gemütliches Refugium in den Bergen mit einem ausgezeichneten Familienrestaurant und hüttenartigen Zimmern mit toller Aussicht. Das Hotel steht nur 500 m östlich vom Ort auf einem steilen Hügel.

Hacienda Manteles HAZIENDA $$$

(03-306-3257; www.haciendamanteles.com; Zi./Suite inkl. Frühstück 199/255 US$; @) Die Hacienda Manteles, die sich ungefähr 12 km hinter dem Startpunkt der Ruta Ecológica befindet, ist eine sehr schöne gehobene, aber rustikal gestaltete Ferienanlage, die auf zertifizierten Ökotourismus setzt. So unterstützt sie beispielsweise örtliche Gemeinden bei der Schaffung von Kleinunternehmen, betreibt einen Ökogarten und schützt 200 ha Nebelwald, den Besucher erkunden können.

An- & Weiterreise

Busse fahren regelmäßig von Ambato nach Patate (0,75; 40 Min.).

Baños

☎03 / 14 700 EW. / 1800 M

Baños ist ein zweischneidiges Vergnügen. Die Lage ist wunderbar. Von der Stadt aus sieht man Wasserfälle, man kann durch üppige Wälder wandern, seinen Körper in dampfenden Thermalquellen entspannen, in steile Schluchten klettern, mit dem Fahrrad oder einem Boot bis ins Amazonasbecken vordringen und gelegentlich auch einen Ausbruch des nahen Volcán Tungurahua bestaunen. Doch die Stadt selbst ist von aufdringlichen Touranbietern, Billig-Spas und Budgetunterkünften geprägt und die Architektur ist in weiten Teilen trist. Das ändert aber nichts daran, dass sie fürs Mountainbiken, Wandern, Raften und Partymachen die wichtigste Adresse im zentralen Hochland ist. Und obwohl viele Leute Vorbehalte gegen das Aussehen und die Atmosphäre der Stadt haben, scheiden doch fast alle mit einem fröhlichen Lächeln auf den Lippen und vielen Geschichten von ihren Reiseabenteuern im Gepäck.

Sehenswertes

Baños ist klein, und die hohen Berge, die um die Stadt aufragen, machen die Orientierung leicht. Fast alles liegt in Gehweite vom Busbahnhof. Nur wenige Gebäude in der Stadt haben Hausnummern.

Basílica de Nuestra Señora de Agua Santa KIRCHE
(Ambato, nahe 12 de Noviembre; ⏲7–20 Uhr) Diese Basilika ist „Unser Lieben Frau vom Heiligen Wasser" geweiht, der mehrere Wunder in der Gegend zugeschrieben werden. Mehrere Kunstwerke von Pater Enrique Mideros in der Kirche stellen die Wunder dar.

Museo Fray Enrique Mideros MUSEUM
(Ambato, nahe 16 de Diciembre; Erw./Kind 1,50/0,75 US$; ⏲Mo–Fr 8–12.30 & 14–17.30, Sa & So 8–17.30 Uhr) Das an die Kirche angrenzende Museum befindet sich in den früheren Wohnräumen des Priesters und zeigt Ölgemälde von Pater Enrique Mideros sowie seine Sammlung von über 500 präkolumbianischen Skulpturen und Gegenständen. In weiteren Räumen sind religiöse Skulpturen und verschiedene präparierte Tiere (Pumas, Bären, Schlangen und Vögel) ausgestellt.

Casa del Arbol AUSSICHTSPUNKT
(1 US$; ⏲7–18.30 Uhr) Für jeden Fotografen ein Traum ist dieser grasbewachsene Aussichtspunkt auf einem kleinen Hügel hinter Baños, gleich hinter dem Dorf Runtún. Neben einem hübschen Baumhaus gibt's auch mehrere Schaukeln, mit denen man über den Abgrund schwingen kann – da sind tolle Schnappschüsse garantiert. An klaren Tagen reicht der Blick bis zum Volcán Tungurahua. Busse fahren um 5.45, 11, 13, 14.15 und 16 Uhr von der Ecke **Pastaza und Rocafuerte** (1 US$, 1 Std.).

Die Wanderung vom Aussichtspunkt nach Baños dauert etwa drei Stunden (in der Touristeninformation nach einer Karte fragen; S. 167).

Aktivitäten

Bäder

Die meisten Bäder hier werden von Thermalquellen gespeist, die gurgelnd am Fuß des Volcán Tungurahua entspringen.

★ **Las Piscinas de La Virgen** THERMALBAD
(Montalvo; Erw./Kind 2/1 US$, nach 18 Uhr 3/1,50 US$; ⏲5–17 & 18–22 Uhr) Das ist das einzige Thermalbad direkt in der Stadt. Die Anlage wurde 1928 als Gemeinschaftsprojekt errichtet und ist nach der Jungfrau Maria benannt, die hier selbst ihre Füße ins Wasser gestreckt haben soll. Einige Bäder sind kalt, andere warm und in einem ist das Wasser heftige 42 °C heiß. Von den Pools auf dem Dach hat man einen wunderbaren Blick auf einen nahen Wasserfall.

Sehenswert ist das *ojo del agua,* wo das vom Vulkan erhitzte Wasser mit sagenhaften 50 °C aus dem Boden zischt.

Zur Zeit der Recherche war ein 6,2 Mio. US-Dollar teures Projekt zur Erweiterung des Komplexes im Gange, das zu einem der größten Thermalbäder Südamerikas ausgebaut werden soll. Später soll es hier zehn separate Pools geben, darunter ein großer Swimmingpool mit Rutschen und einer Wellenmaschine.

Termas El Salado THERMALBAD
(Salado; Erw./Kind 3/1,50 US$; ⏲5–20 Uhr) Diese wunderbaren Thermalquellen befinden sich etwa 2,5 km außerhalb der Stadt in einem grünen Canyon. Die heißen, lauwarmen und kalten Pools sind von baumbestandenen Hügeln umgeben, und das beruhigende Rauschen schnell fließender Flüsse in der Nähe sorgt für die passende Geräuschkulisse. Badekappen sind obligatorisch. Von einer Haltestelle an der Rocafuerte (S. 167) fahren Busse her (0,25 US$, 10 Min.).

Baños

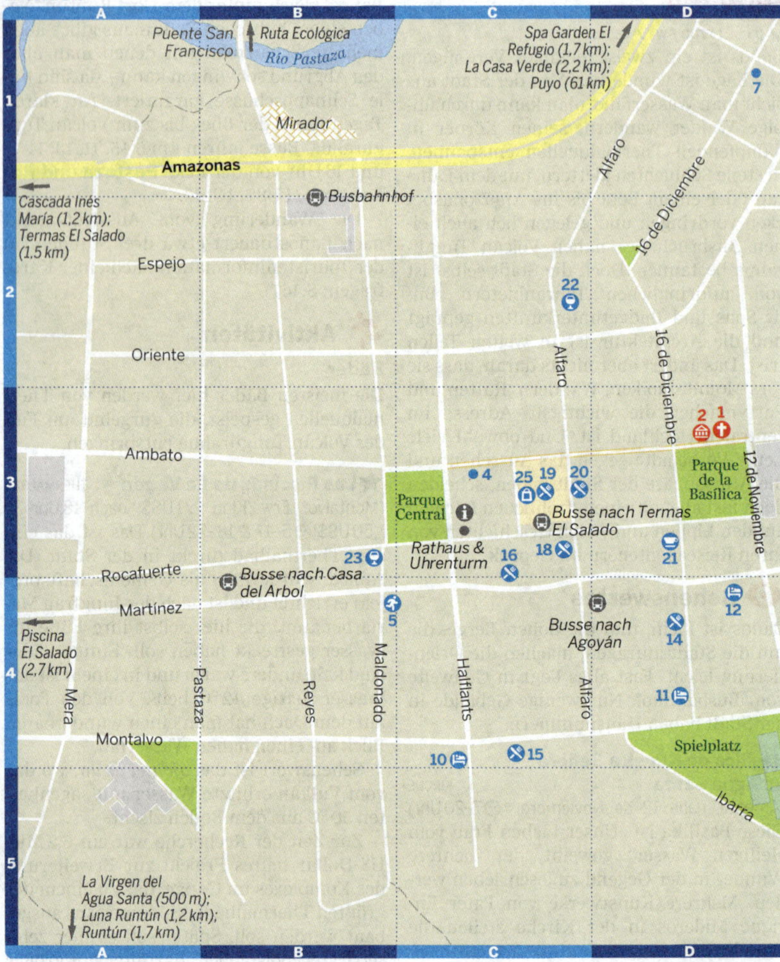

Massagen & Anwendungen

Baños hat eine Unmenge von Spas mit Anwendungen wie *baños de cajón* (Dampfbad im Kasten), Massagen, medizinischen Schlammbädern und sogar Darmspülung. Alle Spitzenklassehotels haben Spas, die auch für Nichtgäste geöffnet sind.

Spa Garden El Refugio SPA
(☎ 03-274-0482; www.spaecuador.info; Camino Real; Anwendungen ab 8 US$) Dieses Tages-Spa an einem hübschen Fleckchen am Fluss bietet Dampfbäder, Schlammbäder, Massagen, Gesichtsbehandlungen und mehrere beheizte Indoorpools.

Mountainbiken

Mehrere Unternehmen vermieten Mountainbikes (ab 7 US$ pro Tag, mit Scheibenbremsen & Federung 15 US$ pro Tag), man sollte aber genau prüfen, ob das Rad, der Helm und das Schloss angemessen instand gehalten sind, oder sogar vor Anmietung eine kurze Testfahrt unternehmen. Die beliebteste Strecke ist die dramatische Abfahrt, die an einer Reihe von Wasserfällen vorbei auf der Straße nach Puyo verläuft – einer Dschungelstadt 61 km weiter im Osten. Diverse andere Mountainbike-Touren sind möglich; die Veranstalter informieren gern darüber.

Baños

Highlights

1 Basílica de Nuestra Señora de Agua Santa D3
2 Museo Fray Enrique Mideros D3

Aktivitäten, Kurse & Touren

3 Baños Spanish Center E1
4 Geotours C3
5 José & Two Dogs B4
6 Las Piscinas de La Virgen F4
7 Raíces Spanish School D1

Schlafen

8 Casa Arte Huillacuna E4
9 Hostal Chimenea E3
10 La Floresta C4
11 La Petite Auberge D4
12 Plantas y Blanco D4
13 Posada del Arte F4

Essen

14 Café Good D4
15 Café Mariane C4
16 Casa Hood C3
17 La Tasca de Baños E4
18 Mega Bodega C3
19 Mercado Central C3
20 Ponche Suizo C3

Ausgehen & Nachtleben

21 La Tostaduria D3
22 Leprechaun C2
23 Stray Dog B3

Shoppen

24 Maki Awashka E4
25 Pasaje Artesanal C3

Wandern

Die Touristeninformation (S.167) verteilt eine grobe, aber nützliche Karte, die einige der Wege im Umkreis der Stadt zeigt. In den vergangenen Jahren sind Berichte von Überfällen auf den Wanderwegen der Umgebung erheblich zurückgegangen. Dennoch ist es ratsam, nur so viel Bargeld wie nötig mitzunehmen und die teure Kamera im Hotel zu lassen.

Der Weg hinunter zum Río Pastaza ist leicht und beliebt. Gleich hinter den Zuckerrohrständen am Busbahnhof führt ein kurzer Pfad zum **Puente San Francisco**, der Brücke über den Fluss. Am anderen Ufer führen andere Wege weiter.

Die Maldonado nach Süden führt zu einem Weg zur **Bellavista** hinauf, wo hoch über Baños ein weißes Kreuz steht. Der Weg führt dann weiter zur etwa zwei Stunden entfernten Siedlung **Runtún** mit einer großartigen Aussicht. Von hier kann man weiter hinauf zur Casa del Arbol (S.161) laufen oder in einer Schleife zurück Richtung Baños bis zum südlichen Ende von Mera gehen. Dabei kommt man an der Statue der **Virgen del Agua Santa** vorbei, die etwa eine halbe Stunde außerhalb der Stadt steht. Die ganze Wanderung dauert vier bis fünf Stunden.

Über die Amazonas aus der Stadt Richtung Westen und dann an einem Heiligenschrein rechts hinunter zum Puente San Martín befindet sich einige Hundert Meter weiter rechts der Brücke ein Wasserfall, die eindrucksvolle **Cascada Inés María.**

Klettern

Die Kletterbedingungen am Tungurahua (5016 m), einem aktiven Vulkan, sind natürlich ständigen Veränderungen unterworfen. Zum Zeitpunkt der Recherche war es untersagt, zum Gipfel aufzusteigen. Man konnte aber vom Dorf Pondoa (S.169) bis zur Schutzhütte auf 3830 m wandern, ein steiler Aufstieg von drei bis vier Stunden.

Rafting

Die Tourveranstalter der Stadt bieten geführte Raftingtouren (halber Tag 30 US$) auf dem Río Patate und dem Pastaza an. Sie führen über Gewässer der Klassen III und IV (Klasse IV ist schon ziemlich anspruchsvoll und aufregend). Kajakkurse sind ebenfalls möglich (80 US$).

Reiten

Pferde werden für rund 5 US$ pro Stunde oder 35 US$ pro Tag vermietet. Viele halbtägige oder ganztägige Reitausflüge beginnen mit einer langen Jeepfahrt aus der Stadt heraus, sodass man letztlich nur wenig Zeit auf dem Rücken des Pferdes verbringt – genau nachfragen, damit man bekommt, was man haben will.

José & Two Dogs REITEN
(☎ 098-420-6966; paulo_climb@hotmail.com; Ecke Maldonado & Martínez) Bietet Reitexkursionen zu nahe gelegenen Quellen sowie Canyoning, Ziplining und Salsakurse an.

Kurse

Spanischunterricht für eine Person oder kleine Gruppen kostet ab etwa 10 US$ pro Stunde.

Raíces Spanish School SPRACHKURS
(☎ 03-274-1921; www.spanishlessons.org; Ecke 16 de Diciembre & Pablo Suarez) Eine gute Sprachschule, um Spanisch zu lernen; der Unterricht findet in einem Backsteingebäude am Stadtrand statt.

Baños Spanish Center SPRACHKURS
(☎ 098-704-5072; www.spanishcenter.banios.com; Oriente 8-20, nahe Cañar) Diese renommierte Sprachschule wird vor Ort empfohlen.

Geführte Touren

Viele Veranstalter in Baños bieten Dschungeltouren an, aber diese unterscheiden sich in Güte und Erlebnisqualität.

Drei- bis siebentägige Dschungeltouren kosten pro Tag und Person je nach Ziel 70 bis 85 US$, die Mindestteilnehmerzahl ist in der Regel drei oder vier Personen. Da in Baños immer viele Traveller zu finden sind, kann man relativ leicht eine Gruppe zusammenbringen, wenn man nicht schon mit einer unterwegs ist.

Geotours GEFÜHRTE TOUREN
(☎ 03-274-1344; www.geotoursbanios.com; Ecke Ambato & Halflants) Dschungeltrecks, Ausflüge in benachbarte Nationalparks, Rafting, Vulkanbesteigungen, Canyoning, Fahrradverleih und mehr.

Feste & Events

Baños wurde am 16. Dezember 1944 zum Sitz einer eigenen Kreisverwaltung, weswegen alljährlich rund um dieses Datum eine Fiesta stattfindet. Dabei gibt's die üblichen Prozessionen, Feuerwerk, Musik, Tanz auf den Straßen und viel Alkohol. Große Festivitäten stehen auch im Oktober an, wenn die verschiedenen Viertel von Baños nacheinander der örtlichen Schutzpatronin Nuestra Señora de Agua Santa huldigen.

Schlafen

Hostal Chimenea HOSTEL $
(☎ 03-274-2725; www.hostalchimenea.com; Martínez, nahe Vieira; B/EZ/DZ ab 9/12/24 US$; @) Die ziemlich düstere Rezeption lässt nicht vermuten, dass dieses Hostel die beste Budgetunterkunft in der Stadt ist. Die hellen und sauberen Zimmer und Schlafsäle bieten Bettdecken in Regenbogenfarben und von der Terrasse im Obergeschoss hat man einen wunderbaren Blick auf den Wasserfall.

Ein kleiner Pool, ein Whirlpool (3 US$) und eine Sauna hinter dem Haus kommen noch hinzu. Die Schlafsäle haben jeweils eigene Badezimmer und bieten Platz für vier bis sechs Personen.

Plantas y Blanco HOSTEL $
(☎ 03-274-0044; www.plantasyblanco.com; Martínez, nahe 12 de Noviembre; B 8–10 US$, Zi. 22–28 US$; @) In den Gemeinschaftsbereichen erinnert das saubere und beliebte Hostel ein wenig an eine Disco, punktet aber mit seiner Dachterrasse, hervorragendem Frühstück, einem Dampfbad und insgesamt durch Qualität. Es gibt einen Fernsehraum mit Netflix und ein Spielzimmer mit Billardtisch und Tischtennis. Einige Zimmer teilen sich Gemeinschaftsbäder.

La Petite Auberge HOTEL $
(☎ 03-274-0936; www.lepetit.banios.com; 16 de Diciembre, nahe Montalvo; EZ 18–22 US$, DZ

30–40 US$; 📶) Das Hotel unter französischer Leitung im Stil einer Hazienda hat große Zimmer mit *chimeneas* (Kaminen) und Lofts sowie kleinere, einfachere Zimmer. Dank eines riesigen Spielzimmers ist es bei Familien beliebt, außerdem gibt's eine Gemeinschaftsküche. Abgesehen von den etwas altersschwachen Badezimmern ist das Haus eine großartige Option für Budgettraveller, die ein eigenes Zimmer haben wollen.

Casa Arte Huillacuna HOSTEL $

(☎ 03-274-2909; www.huillacuna.com; 12 de Noviembre, nahe Montalvo; EZ/DZ/3BZ 25/40/60 US$; 📶) Dieses Paradies für Kunstliebhaber birgt eine der besten Galerien der Stadt (2 US$) und hat einen großen Innenhof mit einem gemütlichen Kamin, Kunstwerken, Antiquitäten und einem Piano, auf dem die Gäste gern spielen können. Die Zimmer sind einfach, aber sauber und dank der freundlichen Betreiber fühlt man sich gleich wie zu Hause. Es gibt eine Gemeinschaftsküche, in der man kochen kann.

★ **Posada del Arte** BOUTIQUE-HOTEL $$

(☎ 03-274-0083; www.posadadelarte.com; Ibarra, nahe Montalvo; EZ/DZ/3BZ inkl. Frühstück 38/72/103 US$; 📶) Ein ausgezeichnetes kleine Gästehaus, das bunte, komfortable Zimmer, Holzböden, gigantisches Frühstück und Kunst bietet, wohin das Auge blickt. Einige Zimmer schauen auf den Wasserfall und andere verfügen über einen Kamin. Zum Hotel gehört auch ein hervorragendes Restaurant, das ebenso freundlich und gemütlich ist. Es serviert internationale Gerichte, wunderbares Frühstück (mit Tungurahua-Pfannkuchen, die aber nicht explodieren wie der Vulkan!) und kleine Platten als Snacks.

La Floresta HOTEL $$

(☎ 03-274-1824; www.laflorestahotel.com; Ecke Montalvo & Halflants; EZ/DZ/3BZ inkl. Frühstück 48/72/94 US$; @📶) Das komfortable Haus mit einem hübschen Hofgarten voller Sitzecken ist ein stilles Refugium. Die Angestellten sind freundlich und die geräumigen Zimmer mit Fliesenboden haben große Fenster, moderne Badezimmer und komfortable Betten – sie könnten aber etwas heller sein.

La Casa Verde PENSION $$

(☎ 03-274-2671; www.lacasaverde.com.ec; Camino Real; inkl. Frühstück EZ 31 US$, DZ 54–66 US$) La Casa Verde, umringt von üppigen Bergen und innen und außen mit grünen Wänden, wird seinem Namen wirklich gerecht. Die besten Zimmer auf der Rückseite des Hauses haben umlaufende Balkons mit Hängematten und genießen einen Blick auf den Fluss und die Berge, den man auch vom großen Speisesaal unten hat. Die Zimmer nach vorne sind kleiner und nicht so reizvoll.

Essen kann man in der Küche zubereiten, ansonsten sind es 20 Gehminuten bergauf (oder fünf Minuten mit dem Taxi) bis in die Stadt. Die Pension bemüht sich um Umweltfreundlichkeit.

★ **Luna Runtún** RESORT $$$

(☎ 03-274-0882; www.lunaruntun.com; Vía Runtún Km 6; DZ inkl. Frühstück & Abendessen 242 US$; @📶🏊) Luna Runtún thront hoch oben auf einer steilen Felswand (2260 m) mit Blick auf Baños und zum Gipfel des Tungurahua und ist ein luxuriöses Hotel in fantastischer Lage. Allein schon der Anblick des Infinity Pools (Nichtgäste 20 US$) wirkt entspannend. Es gibt ein wundervolles Spa inklusive Vulkansteinen, und das Restaurant wird vom eigenen Kräuter- und Gemüsegarten versorgt.

Hostería Chamanapamba LODGE $$$

(☎ 03-277-6241; www.chamanapamba.com; Caserio Chamana; EZ/DZ inkl. Frühstück 70/95 US$; 📶) Die rustikale Lodge 1 km südlich des Dorfs Ulba ist absolut dschungelmäßig. Sie liegt nur zehn Minuten von Baños, scheint aber in dieser idyllischen Schlucht mit kleinem Wasserfall und den überbordenden tropischen Pflanzen Welten entfernt.

Essen

Baños ist ein beliebter Stopp auf der Traveller-Route und hat zahlreiche Restaurants für Backpacker und Urlauber, die Qualität des Essens schwankt allerdings. Die Stadt ist für ihre *melcocha* bekannt (ein klebriges Toffee, das aufgeweicht um Holzstäbchen gewickelt wird), die üblicherweise in den Eingängen zu den Läden aufgebaut sind. *Caña de azúcar* (Zuckerrohrstangen) zum Kauen und *jugo de caña* (Zuckerrohrsaft) werden an den **Zuckerrohrständen** gegenüber vom Busbahnhof verkauft.

Casa Hood INTERNATIONAL $

(☎ 03-274-2668; Martínez, nahe Halflants; Hauptgerichte 4,50–7,50 US$; ⏰ 12–22 Uhr; 📶🌿) Das ausgezeichnete Café ist nach seinem Besitzer Ray Hood benannt, einem US-Amerikaner, der schon lange vor Ort lebt. Es bietet preiswerte *almuerzos* (Mittagsmenüs) und eine Speisekarte mit asiatischen und südamerikanischen Gerichten. Das einladende Lokal ist ideal, um zu essen, Bücher zu tauschen, sich mit Freunden zu treffen oder einfach *solito* (allein) abzuhängen.

Mercado Central MARKT $

(Ecke Alfaro & Rocafuerte; Mahlzeiten 2,50–5,50 US$; ⏲7–18 Uhr) Gut, um sich frische Fruchtshakes, Ceviche und andere hiesige Gerichte wie *llapingachos* (mit Käse gefüllte Kartoffelpuffer) schmecken zu lassen und frisches Obst und Gemüse zu kaufen.

Café Good INTERNATIONAL $

(16 de Diciembre; Hauptgerichte 5,50–8 US$; ⏲8–21.30 Uhr; ✎) Das Good serviert göttliches Frühstück und vegetarische Gerichte mit gesundem braunen Reis sowie Hühnchen- und Fischgerichte.

Ponche Suizo CAFÉ $

(Alfaro, zw. Ambato & Rocafuerte; Snacks 1,50–4 US$; ⏲Mo–Fr 9–22, Sa & So bis 23 Uhr) In dem kleinen Lokal gibt's Frühstück, Kuchen und Kaffee, aber alle kommen eigentlich wegen des „Ponche Suizo" her, einer einmaligen Spezialität, die ein Zwischending zwischen Shake und Mousse ist.

Mega Bodega SUPERMARKT $

(Alfaro, nahe Rocafuerte; ⏲7–21 Uhr) Zentral gelegener Supermarkt, in dem man sich mit Lebensmitteln eindecken kann.

★ La Tasca de Baños SPANISCH $$

(12 de Noviembre, nahe Montalvo; Tapas 3,50–6 US$; ⏲Mi–Fr 18.30–22.30, Sa & So 12.30–16.30 & 18.30–22.30 Uhr) Es kann schwierig sein, in diesem winzigen Tapas-Restaurant einen Tisch zu ergattern. Die Auswahl an kleinen Gerichten ist exzellent, ob Klassiker wie *tortilla española* oder andalusische Fleischklopse und Schalentiere. Bis zu fünf Tapas sind ideal zum Teilen.

Cafe Mariane FRANZÖSISCH $$

(☎03-274-1947; Montalvo; Hauptgerichte 10–15 US$; ⏲11–23 Uhr) Die französisch-mediterrane Küche des Cafe Mariane ist für Baños etwas Besonderes. Die Käse- und Fleischfondues sind reichlich – selbst für zwei, und die Pasta- und Fleischgerichte sind gekonnt.

Ausgehen & Nachtleben

La Tostaduria KAFFEE

(Ecke 16 de Diciembre & Rocafuerte; ⏲So–Mo & Mi–Do 8–12 & 16–21, Fr & Sa bis 22 Uhr) Kaffee-Junkies bekommen in diesem winzigen Laden ihre Koffeindosis. Die Bohnen aus Loja, Pichincha und Imbabura werden vor Ort geröstet.

Leprechaun CLUB

(Alfaro, zw. Oriente & Espejo; ⏲Mo–Do 20–2, Fr & Sa bis 3 Uhr) Als einer der angesagtesten Orte in der Stadt bietet dieser große Komplex hinten auf der Terrasse ein offenes Feuer, eine Tanzfläche in der Mitte und mittwochs bis samstags eine wilde Salsa-Party in der *salsateca* nebenan (5 US$).

Stray Dog BRAUEREIKNEIPE

(www.facebook.com/straydoginbanos; Ecke Rocafuerte & Maldonado; ⏲Mo–Do 16–24m Fr & Sa bis 2 Uhr) Diese Kneipenbrauerei hat Spezialbiere, darunter das leichte Llamas' Breath Belgian und das kräftige Stray Dog Stout.

Shoppen

★ Maki Awashka KUNST & KUNSTHANDWERK

(Montalvo, nahe Santa Clara; ⏲8–19 Uhr) Viele der herrlichen Wollläufer und -wandteppiche werden oben in der Werkstatt von der Familie gewebt, der der Laden gehört. Hier gibt's eine gute Auswahl an Kunsthandwerk, darunter Tischdecken, Tücher und Decken.

Pasaje Artesanal KUNST & KUNSTHANDWERK

(Pasaje Artesanal, zw. Ambato & Rocafuerte; ⏲8–20 Uhr) Auf diesem Kunsthandwerksmarkt unter freiem Himmel gibt's Unmengen an lokal hergestelltem Krimskrams und als regionale Spezialität *tagua*-Schnitzereien – geschnitzte und bemalte Figürchen und Schmuckgegenstände aus weißen golfballgroßen und an Elfenbein erinnernden Nüssen.

Praktische Informationen

Die Eruptionen des Tungurahua zwingen die Einwohner alle fünf Jahre, den Ort zu verlassen. In den vergangenen Jahren war der Vulkan ziemlich aktiv. Aber die Lage wird gut überwacht und sollte keine Besorgnis erregen. Das Hotelpersonal informiert zum Ablauf von Evakuierungsmaßnahmen im Fall eines Vulkanausbruchs.

Berichte von Raubüberfällen auf den Wanderwegen um Baños sind seltener geworden. Wer einen Führer anheuert, unterstützt die örtliche Wirtschaft und vermindert gleichzeitig sein eigenes Risiko.

Polizei (☎03-274-0251)

Banco del Pacifico (Ecke Halflants & Rocafuerte)

Banco Pichincha (Ecke Ambato & Halflants)

Krankenhaus (☎ 03-274-0301; Montalvo) Nahe der Pastaza; Apotheken finden sich an der Ambato.

Touristeninformation (☎ 03-274-0483; Halflants nahe Rocafuerte; ⌚ 8–12 & 14–17 Uhr) Viele Infos, kostenlose Stadtpläne und Infos zur Notfallevakuierung.

An- & Weiterreise

Der **Busbahnhof** von Baños (Amazonas) liegt in kurzer Gehweite der meisten Hotels. Direktbusse von Transportes Baños fahren häufig nach Quito (4,45 US$, 3½ Std.). Alle 30 Minuten fahren Busse nach Salasaca (0,50 US$, 30 Min.) und Ambato (1,10 US$; 1 Std.). Wer nach Latacunga (2 US$, 1½ Std.) will, nimmt einen Bus in Richtung Quito. Täglich fahren Busse nach Guayaquil (9 US$, 7 Std.).

Die Straße zwischen Baños und Riobamba über Penipe (die beim Ausbruch des Volcán Tungurahua beschädigt worden war) ist nun wieder geöffnet, unterwegs bieten sich herrliche Blicke auf den Vulkan. Nach Riobamba (2 US$, 1½ Std.) verkehren täglich sechs Busse, dort kann man in einen Bus nach Cuenca umsteigen.

Richtung Oriente fahren regelmäßig Busse nach Puyo (2 US$, 2 Std.), Tena (4 US$, 5 Std.), Coca (10 US$, 10 Std.) und Macas (7,50 US$, 4 Std.).

Unterwegs vor Ort

Nahverkehrsbusse Richtung Westen fahren von der Rocafuerte, hinter dem Mercado Central. Die Aufschrift lautet „El Salado", sie fahren zu den Piscinas El Salado (0,25 US$, 10 Min.). Die Nahverkehrsbusse Richtung Osten fahren bis zum Pailón del Diablo (0,50 US$); Abfahrt ist an der Alfaro auf Höhe der Martínez.

Die Taxifahrt vom Busbahnhof zum Pailón del Diablo kostet hin & zurück 20 US$.

Ruta de las Cascadas

Die Straße von Baños nach Puyo ist eine der dramatischsten in der Region und hat nicht ohne Grund den Spitznamen „La Ruta de las Cascadas" (Straße der Wasserfälle). Sie verläuft entlang der Schlucht des Río Pastaza, die von Baños in 1800 m Höhe stetig bis auf 950 m bei Puyo abfällt. Unterwegs passiert sie mehr als ein Dutzend Wasserfälle. Die Busfahrt auf dieser Straße ist großartig, sie mit einem Mountainbike zu fahren naturgemäß noch beeindruckender. Auf dem ersten Drittel der Strecke geht's überwiegend bergab, mit durchaus auch einigen anspruchsvollen Steigungen – also hübsch trainieren, denn die gesamte Strecke beträgt rund 61 km. Mountainbikes kann man in Baños mieten.

An- & Weiterreise

Von Puyo (und überall sonst entlang der Strecke) kann jeder vorbeifahrende Bus zurück nach Baños genommen werden; die Fahrräder kommen ins Gepäckfach unter dem Bus (der Busassistent hilft beim Verstauen). Je nachdem, wo man zusteigt, kostet die Fahrt zwischen 1 und 2 US$.

Río Verde

Einer der Höhepunkte der Ruta de las Cascadas sind das Dorf Río Verde und der spektakuläre Wasserall Pailón del Diablo. Für die Erkundung der Wasserfälle sollte man sich wenigstens ein paar Stunden Zeit lassen; man kann sie auf zwei verschiedenen Wegen von oben und von unten bewundern.

Sehenswertes

★ Pailón del Diablo WASSERFALL
(Devil's Cauldron Waterfalls; 2 US$; ⌚ 9–18 Uhr) Der Teufelskessel ist einfach ein Muss. Zwei großartige Wege führen von Río Verde zum Wasserfall. Der erste beginnt unterhalb des Fußballplatzes, der zweite hinter einer Brücke östlich des Dorfs. Sie sind markiert. Der Marsch hinab zum Wasserfall und wieder zurück dauert etwa eine Stunde, aber als Lohn für die Mühe gibt's fantastische Hängebrücken, tief in die Klippen hinter dem Wasserfall eingeschnittene Pfade und reichlich Wildtiere.

Schlafen & Essen

In der Nähe des Wasserfalls gibt's mehrere schlichte Lokale, und rund um die beiden Eingänge zum Wasserfall stehen Stände, die frische tropische Früchte, gegrillten Mais und *maduro con queso* (gegrillte Banane mit Käse) verkaufen. In Miramelindo befindet sich ein bewährtes Restaurant, das auch eine gute Auswahl an vegetarischen Gerichten bietet.

Camping Paraíso HÜTTE **$**
(☎ 03-249-3049; www.facebook.com/paraisocampingecua/; Baños–Puyo Rd Km 53; Camping/B/DZ 5/7/25 US$) Gleich östlich von Río Verde liegt das idyllische Camping Paraíso mit schlichten Unterkünften und Stellplätzen mitten im üppigen schönen Dschungel. Zudem gibt's Bereiche für Lagerfeuer und eine Küche, um Essen zu kochen.

Miramelindo HOTEL **$$**
(☎ 03-249-3212; www.miramelindo.com.ec; Baños–Puyo Rd Km 18; Zi. pro Pers. inkl. Frühstück

RADFAHREN AUF DER RUTA DE LAS CASCADAS

Die meisten Leute fahren nur bis zu dem spektakulären Wasserfall Pailón del Diablo (S. 167) rund 18 km hinter Baños, doch wer sich an die viel längere Fahrt bis Río Negro wagt, kann die Veränderung der Landschaft auf dem Weg hinunter ins Tiefland beobachten. Auf dem Weg gibt's viele verborgene Wasserfälle und von Familien betriebene Badestellen. Man sollte sich einen ganzen Tag Zeit nehmen, um die Gegend wirklich zu erkunden.

Unterwegs verschwindet die Straße in Tunneln, die einen wie schwarze Löcher verschlucken. Manche davon sind ziemlich lang. Radfahrer oder Mountainbiker sollten die ausgeschilderten unbefestigten Umgehungswege benutzen. In Kurven und bei der Annäherung an Tunnel die Geschwindigkeit drosseln und immer auf der rechten Seite der Fahrbahn bleiben. Von Puyo (oder von jedem anderen Punkt der Strecke) aus kann man einfach einen Bus zurück nach Baños nehmen und sein Rad im Gepäckfach unter dem Bus verstauen (der Helfer des Busfahrers unterstützt beim Verladen).

Unbedingt auch einen Sturzhelm und ein Fahrradschloss mieten (und beides auch benutzen!). Die Insekten auf diesem Weg können erbarmungslos sein, darum Insektenschutzmittel mitnehmen, genauso wie eine Regenjacke.

Von Baños nach Rio Verde

Vor dem ersten Tunnel kommt man am Wasserkraftwerk Agoyán vorbei. Nach etwa 45 Minuten Fahrt ab Baños führt die Straße am spektakulären **Wasserfall Manto de La Novia** vorbei. Einen näheren Blick auf den Wasserfall ermöglicht eine Zipliningtour (im Superman-Stil oder normal) der **Canopy Agoyán** (Km 10; Seilrutsche 10–20 US$, Seilbahn 1,50 US$), die am Rand des Wasserfalls entlangsaust. Zurück geht's mit der Seilrutsche auf einem anderen Kabel oder mit der Seilbahn.

Vom Wasserfall Manto de La Novia fährt man 30 bis 45 Minuten bis zum Dorf Río Verde (zwischen dem 4. und 5. Tunnel), dem Zugang zum donnernden Pailón del Diablo (S. 167), der ein Muss ist.

Von Rio Verde nach Puyo

Gleich hinter Río Verde beginnt die Straße anzusteigen. Nach einer ungefähr halbstündigen Fahrt erreicht man **Machay**, einen hübschen Ort für eine Picknickpause und einen Sprung in den Fluss. Ein 2,5 km langer Weg führt in den Nebelwald und zu acht **Wasserfällen**, in der Größenordnung zwischen winzig und erhaben. Am schönsten ist der **Manantial del Dorado**, 2,5 km weit im Innern des Waldes. Mehrere Veranstalter verlangen nun Eintritt zu den Wegen.

Nach Machay folgen zwei gute Steigungen, aber danach geht's fast den ganzen Weg bis Río Negro, das 15 km von Río Verde entfernt ist, abwärts. Während es nach unten geht, wird die Vegetation schnell tropischer; Bromelien, riesige Baumfarne und Orchideen bedecken die Wände der Schlucht des Río Pastaza. Bevor man Río Negro erreicht, kommt man durch das Dorf **San Francisco** mit einem unbefestigten Platz, ein paar einfachen Lokalen und Läden, an denen man Wasser oder Bier kaufen kann.

Von San Francisco sind es nur noch 10 bis 15 Minuten bis **Río Negro**, einer interessanten Kleinstadt an der Hauptstraße. Es gibt hier Restaurants (von denen einige bemerkenswert schick sind) und viele Läden, in denen man Erfrischungen kaufen kann.

Hinter **Río Negro** fühlt man sich wirklich in den Tropen. Nach 17 km kommt man in **Mera** vorbei, wo vielleicht ein Polizeikontrollpunkt eingerichtet ist (Pass bereithalten). Der Ort entwickelt sich allmählich zu einem Tourismuszentrum. Am Ende der Fahrt ins Tiefland erreicht man dann, 61 km von Baños entfernt, das schwülfeuchte Dschungelstädtchen **Puyo**.

ab 35 US$; Hauptgerichte 6–14 US$; ⏲ Restaurant 12–20 Uhr; 📶 🍴) Das bezaubernde Hotel hat ein großartiges Spa mit einer tollen Sauna, Whirlpool und *baños de cajón* (Dampfkabinen). Die herrlich rustikalen Zimmer sind mit Holzakzenten und in Erdfarben gestaltet, einige haben einen Kamin. Überall gibt's Gemeinschaftsbereiche mit Dschungelfeeling und Hängematten. Die Orchideensammlung ist fantastisch.

An- & Weiterreise

Auf der Hauptstraße verkehren regelmäßig Busse zwischen Baños und Puyo (1 US$, 45 Min.).

Parque Nacional Sangay

Zu diesem 2710 km² großen **Nationalpark** gehören drei der prächtigsten Vulkane Ecuadors – der sehr aktive **Sangay**, der zeitweise aktive **Tungurahua** sowie der erloschene Vulkan **El Altar**. Da der Park von eisbedeckten Bergen bis zu tropischen Regenwäldern ein weites Gebiet umfasst, sind Flora, Fauna und Landschaft enorm vielfältig.

Vom *páramo* (andines Grasland) in den höchsten Gebieten im Westen des Parks, der bis in eine Höhe von über 5000 m um die drei Vulkane reicht, senkt sich das Gelände an den Osthängen der Anden bis zu einer Höhe von knapp über 1000 m ab. Die dazwischenliegende Landschaft ist abschüssig, zerklüftet und feucht (in einigen Gebieten fällt jährlich über 4 m Regen) und im wahrsten Sinne eine Wildnis. Im gesamten Park leben ungefähr 500 Vogelarten und 3000 Pflanzenspezies; die dicht bewachsenen Hänge östlich der Berge sind der Lebensraum von Tieren, die sich nur sehr selten sehen lassen, darunter Brillenbären, Bergtapire, Pumas, Ozelots und Stachelschweine.

Dezember bis März ist die beste Zeit für einen Besuch. Am regenreichsten sind die Monate April und Mai, am nebligsten Juli und August.

Volcán Tungurahua

Mit einer Höhe von 5016 m (vor den aktuellen Ausbrüchen) ist der Tungurahua (das Kichwa-Wort bedeutet „Feuerschlund") der zehnthöchste Gipfel Ecuadors. Er *war* ein schöner, kegelförmiger Vulkan mit einer Gletscherkrone auf den üppig grünen Hängen, aber seit 1999 haben die vielen Eruptionen das Eis abgeschmolzen und die Form von Kegel und Krater verändert. Lava- und Schlammströme (Lahare) des Ausbruchs vom August 2006 bedeckten rund 2 km der (inzwischen reparierten) Straße von Ambato nach Baños. Größere Ausbrüche in jüngerer Zeit veranlassten gelegentliche Evakuierungen.

Bis Redaktionsschluss war der Gipfel des Tungurahua offiziell geschlossen, einige Einheimische unternahmen die Besteigung aber trotzdem. Bei unserem Besuch war es möglich, bis zum (noch geschlossenen) **Refugio Nicolas Martínez** auf 3800 m hinaufzusteigen, ein drei- bis vierstündiger Aufstieg auf einem Weg von Pondoa (2470 m) aus. Das **kommunale Tourismusbüro Pondoa** (☎ 099-839-1072; ⌚ 8–17 Uhr) hat Karten, vermittelt Führer für die Wanderung zum *refugio* (pro Pers. inkl. Mittagessen 35 US$) und vermietet Pferde (3 Std. 25 US$). Übernachten kann man in Zimmern im Chalet-Stil.

Zur Zeit der Recherche hatte man für das Gebiet rund um den Volcán Tungurahua, das Baños, Pelileo, Patate und Píllano umfasst, die Einstufung als UNESCO-Geopark beantragt, und es sah alles nach einer positiven Entscheidung aus.

Schlafen

Kommunales Tourismusbüro Pondoa HÜTTE $
(☎ 099-839-1072; Pondoa; Zi. pro Pers. inkl. Frühstück & Abendessen 25 US$; 📶) In den drei hübschen Ziegelsteinhäusern dieses von der Gemeinde geführten Komplexes befinden sich komfortable Zimmer mit eigenem Bad und toller Aussicht auf die Berge der Umgebung.

An- & Weiterreise

Den Volcán Tungurahua erreicht man von **Pondoa** aus, das 3 km nordöstlich von Baños liegt. Ein Taxi von Baños nach Pondoa kostet 10 bis 15 US$.

Volcán El Altar

Mit 5319 m ist dieser lange erloschene Vulkan der fünfthöchste Berg Ecuadors und einer der malerischsten und faszinierendsten Gipfel des Landes. Vor dem Zusammenbruch der westlichen Seite des Kraters in prähistorischer Zeit kann der „Altar" gut einer der höchsten Berge der Welt gewesen sein. Die Kraterwände, die einen jadegrünen Kratersee, die Laguna Amarilla, einfassen, bilden neun einzelne Gipfel, von denen die meisten Namen mit religiösem Bezug haben: z. B. Obispo (Bischof; 5315 m) oder Monja Chica (Kleine Nonne; 5080 m). Im Jahr 2000 stürzte ein Teil des Gletschers in den See und sorgte für eine massive Flutwelle, die den Westhang und die Collanes-Ebene (3900 m) überflutete und gewaltige Felsbrocken in der Landschaft hinterließ.

Der Aufstieg zum El Altar beginnt an der Hacienda Releche (3070 m) in der Nähe von Cadelaria, eine 30-minütige Busfahrt von Riobamba entfernt. Von der Hazienda wandert man fünf bis sechs Stunden bis zum *refugio* auf der Collanes-Ebene; die Strecke kann extrem matschig sein, darum benötigt man Gummistiefel. Oben auf der Ebene leben viele Stiere (Abstand halten), die ihren Mist überall hinterlassen (aufpassen, wohin man tritt). Überflutungen kommen vor, sind aber selten. Nach einer Übernachtung im *refugio* folgt morgens noch ein zwei- bis dreistündiger Aufstieg zum Krater, um die Laguna Amarilla (4200 m) zu sehen; man kann aber auch nachts am Krater zelten. Julio Verne Travel (S. 176) in Riobamba kann geführte Besteigungen arrangieren.

Schlafen

Hacienda Releche HAZIENDA $
(☎ 03-301-4067; www.haciendareleche.com; nahe Candelaria; B/EZ/DZ 15/20/40 US$, Frühstück, Mittagessen & Abendessen 8 US$) Im an eine Ranch erinnernden Releche, das von dicken Holzbalken gestützt wird und mit Kuhfellen dekoriert ist, gibt's Schlafsäle und Privatzimmer. Gäste können hier essen und Proviantpakete bestellen, die Nutzung der Küche kostet pro Gruppe 10 US$. Der Besitzer vermietet Pferde (45 US$) und kann Führer (50 US$) für Wanderungen zum El Altar arrangieren.

Der Familie Cedeño gehört auch das strohgedeckte **refugio** (☎ 03-301-4067; 10 US$ pro Pers.) auf der Collanes-Ebene.

An- & Weiterreise

Zum El Altar geht's von der **Hacienda Releche** (S. 170) aus. Von Riobamba erreicht man die Hazienda, indem man an der Bushaltestelle am **Mercado Oriental** (Ecke Espejo & Luz Elisa Borja) einen Bus in Richtung Candelaria nimmt und den Fahrer darum bittet, an der Hacienda Releche abgesetzt zu werden. In Riobomba fahren die Busse um 6.35, 10.15, 12.15, 13.15 und 17 Uhr ab, zurück geht's um 6, 7.45, 14.15, 15.15 und 17.15 Uhr (1,25 US$; 1¼ Std.).

Lagunas de Atillo & Ozogoche

Mit der Eröffnung der Straße von Guamote nach Macas ist die spektakuläre *páramo*- und Seenregion der Lagunas de Atillo leicht zugänglich geworden und wird langsam als Ziel für Reiter, Wanderer, Forellenangler und sogar Mountainbikefahrer erschlossen. Noch gibt's in Atillo nur sehr wenige Besucher, sodass man hier eine abgelegene Landschaft und das ländliche Leben genießen kann.

Rund 79 km von Riobamba entfernt führt die Straße durch **Atillo**, das eigentlich nur eine Gruppe von lose verstreuten Wohnhäusern ist. Diese Gegend ist von den spektakulären Atillo-Seen umgeben. Von **Ozogoche** kann man hierher wandern – fitte Wanderer benötigen dafür sieben Stunden. Die Route folgt aber einem nicht markierten Weg, daher wird ein einheimischer Führer benötigt; am besten wendet man sich an Julio Verne Travel (S. 176) in Riobamba oder an **Anibal Tenemasa** (☎ 03-026-688, 099-121-3205; agigsangay2008@yahoo.es).

Von Atillo aus führt die Straße durch den Nationalpark bergab, vorbei an Wasserfällen und unberührten Wäldern, bis nach Macas im südlichen Oriente. Pro Bici (S. 175) und Julio Verne Travel in Riobamba bieten ein- und zweitägige Fahrradtouren auf der Straße zwischen Guamote und Macas an, die durch das Seengebiet führt – eine spektakuläre Route!

Schlafen

Los Saskines HÜTTE
(Vía Guamote-Macos Km 75; Hütte 5 US$/Pers., Hauptgerichte 6 US$) Das Restaurant am Straßenrand nahe der Lagunas de Atillo verkauft lokalen Käse und leckere frische Forelle. Hier kann auch in einer einfachen *choza* (Hütte) mit Stockbetten übernachtet werden. Es gibt weder Heizung noch Warmwasser, und die Toilette befindet sich in einer separaten Hütte.

An- & Weiterreise

Busse fahren von der Ecke **Puruha/Primera Constituyente** (S. 179) in Riobamba dreimal täglich nach Atillo (2 US$, 2 Std.). Busse nach Macas, die einmal stündlich am **Hauptbusbahnhof** (S. 179) in Riobamba starten, kommen ebenfalls durch Atillo.

Volcán Sangay

Der ständig Felsen, Asche und Rauch speiende 5230 m hohe Sangay ist einer der aktivsten Vulkane der Erde, und seine Besteigung ist höchst gefährlich. Für jene, die es dennoch wagen, empfehlen manche Bergführer die Mitnahme eines Metallschilds zum Schutz gegen Felsbrocken, die der Krater auswirft (ob das die Mühe der Besteigung geringer macht?). Eine Wanderung bis zum Fuß des Bergs oder auch nur bis zur

Playa (dem Strand) ist möglich, vor allem zwischen Dezember und Februar, wenn es in der Gegend am trockensten ist.

Exkursionen zum Vulkan kann man von der **Sangay Lodge** (☎ 03-302-6688; www.guargualla-sangay.com; Guargualllá Chico; pro Pers. & Nacht inkl. Mahlzeiten, geführte Wanderungen & Transport 90 US$) aus unternehmen, alternativ kontaktiert man den einheimischen Führer Anibal Tenemasa.

An- & Weiterreise

Den Volcán Sangay erreicht man von der **Sangay Lodge** (siehe oben) aus. Die Touren umfassen den Transport ab Riobamba. Es fahren keine Busse.

Guaranda

☎ 03 / 30 987 EW. / 2650 M

Bei Guaranda besteht die Hälfte des Spaßes in der Anreise: Die 99 km lange „Straße" von Ambato erreicht Höhen von über 4000 m und passiert den Gletscher des Volcán Chimborazo (6263 m) in einem Abstand von nur 5 km. Von hier aus könnte man fast glauben, dass der Berg ganz einfach zu besteigen sei. Guaranda an sich, die Hauptstadt der Provinz Bolívar, ist klein und langweilig. Sie steht zwischen sieben steilen Hügeln, was ihr den Spitznamen „Rom der Anden" eingetragen hat. Wegen ihrer kulturellen Angebote hätte sie ihn sicher nicht bekommen. Einen Besuch lohnt der Markt, der mittwochs und samstags auf der **Plaza 15 de Mayo** stattfindet, und ebenso der **Karneval** im Februar mit Wasserkämpfen, Tänzen, Umzügen und einem Schnaps aus örtlichen Kräutern, den die Einheimischen „Pájaro Azul" (Blauer Vogel) nennen.

Schlafen & Essen

Hostal Bolívar HOTEL $

(☎ 03-298-0547; hbguaranda@gmail.com; Sucre 7-04, nahe Rocafuerte; EZ/DZ 20/35 US$; P WLAN) Eine gute Option für anspruchsvolle Traveller: Die Zimmer sind einladend und sauber – wenn auch etwas veraltet, abgesehen von den Flachbildfernsehern – und es gibt einen schönen Hof. Das Frühstück kostet 2,80 US$. Es liegt zwei Blocks südlich des Parque Simón Bolívar.

Los 7 Santos CAFÉ $

(☎ 03-298-0612; www.facebook.com/los7santosgda; Convención de 1884, nahe 10 de Agosto; Sandwiches 1,50–3,25 US$; ⏲ Mo–Do 10–22, Fr & Sa bis 1 Uhr) Vom Parque Simón Bolívar einen halben Block bergab bietet das Los 7 Santos all das, was man von einem Künstlercafé in einer viel größeren Stadt erwarten würde. Am Morgen gibt's Frühstück (3,50 US$) und den ganzen Tag lang kleine Sandwiches und *bocaditos* (Snacks).

La Bohemia ECUADORIANISCH $

(Ecke Convención de 1884 & 10 de Agosto; Hauptgerichte 6–8 US$; ⏲ Mo–Sa 14–22 Uhr) In der Nähe des Parque Simón Bolívar serviert das La Bohemia *almuerzos* (Mittagsmenüs, 4 US$) Sandwiches und gehaltvollere Gerichte in entspannter, aber aufmerksamer Atmosphäre. Das Essen kann man mit einem riesigen *batido* (Fruchtshake) hinunterspülen.

Shoppen

Salinerito LEBENSMITTEL

(☎ 03-298-2205; Av Gral Enriquez 12, nahe Cándido Rada; ⏲ Mo–Fr 9–19, Sa bis 14 Uhr) Hier gibt's den berühmten Käse der Provinz (6–7 US$ für einen ganzen runden Käse), Schokolade und andere Delikatessen.

Praktische Informationen

Banco Pichincha (Azuay, nahe 7 de Mayo)

Hospital Alfredo Noboa Montenegro (☎ 03-298-0110; Cisneros, nahe Selva Alegre)

Clínica Bolívar (☎ 03-298-3310) Eine von mehreren Arztpraxen und Apotheken um die Plaza Roja südlich des Krankenhauses.

Post (Azuay 309, nahe Pichincha)

An- & Weiterreise

Guarandas Busbahnhof befindet sich einen strammen 20-minütigen Marsch bzw. eine Taxifahrt für 1 US$ entfernt von der Innenstadt.

Busse fahren stündlich nach Ambato (2,10 US$, 2 Std.) und Quito (5 US$, 5 Std.). Fast genauso häufig gibt's Busse nach Guayaquil (4,50 US$, 4 Std.). Täglich fahren zahlreiche Busse nach Riobamba (2,50 US$, 2 Std.). Auf dieser Fahrt hat man eine herrliche Aussicht – sie führt am Parkeingang des Chimborazo und an den Zufahrtsstraßen zu den Berghütten vorbei, und der Blick auf den Volcán Chimborazo ist hinreißend.

Sammeltaxis nach Salinas (1 US$, 45 Min.) fahren regelmäßig an der Plaza Roja ab, sobald sie voll besetzt sind.

Salinas

☎ 03 / 10 000 EW. / 3550 M

Das abgelegene Salinas rund 35 km nördlich von Guaranda liegt am Fuß einer dramatischen, abschüssigen Felsklippe inmitten von hohem *páramo*. Der als Modell für

NACHHALTIGE ENTWICKLUNG IN SALINAS: VON CHOZAS ZUM KÄSE

Als der italienische Salesianerpater Antonio Polo an einem Julitag des Jahres 1971 in das Dorf kam, bestand es noch aus *chozas* (strohgedeckten Hütten). Seit Generationen hatten die *salineritos* (Einwohner von Salinas) in bitterer Armut gelebt und keine Möglichkeit gehabt, einen fairen Preis für ihre Milch, ihr Gemüse und ihre Wolle zu erzielen; die Hälfte aller Kinder starb, ehe sie fünf Jahre alt geworden waren.

Polo sah eine bessere Zukunft für die Menschen voraus, wenn sie sich auf die Herstellung und den Verkauf von Milchprodukten konzentrierten. Er half den Campesinos bei der Einrichtung einer Genossenschaftsbank, dem Kauf von Maschinen und der Beschaffung von Fachwissen. Mit hohen Qualitätsstandards hinsichtlich Frische und Hygiene eröffnete die Genossenschaft mehr als 20 *queserías* (Käsereien) rund um Salinas und dehnte sich sogar in andere Provinzen aus. Weitere Genossenschaften wurden ins Leben gerufen, die Schokolade, getrocknete Pilze, Wollkleidung, Salamis, Süßwaren und Knöpfe herstellen. Schließlich kam auch noch das kommunale **Tourismusprojekt** hinzu. In der **Touristeninformation** erfährt man mehr.

ländliche Entwicklung bekannte Ort ist ideal, um zu erfahren, worum es bei einem erfolgreichen, auf Kooperativen basierenden Tourismus eigentlich geht. Ein Weg oberhalb des Dorfs führt zur Felsklippe hinauf.

Geführte Touren

In der Touristeninformation (siehe rechts) gibt's Informationen zu Ausritten (3½ Std. ab 20 US$ pro Pers. plus 30 US$ pro Gruppe für den Führer) und geführten Wanderungen zu den Höhlen in der Umgebung (10 US$).

Betriebsführungen GEFÜHRTE TOUREN
(El Salinerito, nahe Guayamas; Tour pro Pers. 15 US$; Mo–Sa 8–17 Uhr) In der Oficina de Turismo Comunitario (siehe rechts) am Hauptplatz gibt's Informationen zu Führungen durch Fabriken in der Nähe. Die einheimischen Führer bieten Touren durch Betriebe von Kooperativen an, die Käse, Schokolade, Textilien und Kräuterheilmittel herstellen, außerdem besucht man nahe gelegene Salzpfannen. Die Touren dauern etwa zwei Stunden.

Schlafen & Essen

In Salinas gibt's ein paar einfache, aber komfortable Unterkünfte. Manchmal sind sie von Gruppen belegt, darum sollte man im Voraus buchen. Nachts wird es hier kalt, warme Kleidung mitbringen!

Hostal La Minga HOTEL $
(03-221-0255, 098-626-7586; http://lamingahostal.com; Guayamas, nahe Salinerito; Zi. pro Pers. inkl. Frühstück 15 US$;) Dieses freundliche Hotel ist die beste Unterkunft im Dorf. Die hellen Zimmer haben solide Betten und Fleecelaken und liegen um ein zentrales mit Pflanzen gefülltes Atrium.

El Refugio HOTEL $
(099-240-1454, 03-221-0197; hrefugiotour@gmail.com; Zi. pro Pers. inkl. Frühstück 15 US$;) Eine einfache Traveller-Lodge drei Blocks westlich des Hauptplatzes mit einem prasselnden Kamin in der Lobby. Am besten um ein Zimmer mit Aussicht bitten.

Pizzeria Casa Nostra PIZZA $$
(Guayamas, nahe Los Tomabelas; Hauptgerichte 6–10 US$; Mo–Fr 16–22, Sa & So 11–21 Uhr) Das Casa Nostra liegt am Hauptplatz und serviert frisch gebackene Pizzas, die üppig mit dem berühmten Käse Salinas belegt sind, sowie ein paar Pasta- und andere Hauptgerichte. Es gibt auch Bier und Wein.

Shoppen

Tienda El Salinerito KUNST & KUNSTHANDWERK
(Guyamas, nahe Salinerito; 9–18 Uhr) Tienda El Salinerito ist Salinas Laden für die in den Genossenschaften produzierten Waren. Hier bekommt man auch flauschige Wollpullover, Schokolade, Käse und Marmeladen.

Praktische Informationen

Die **Oficina de Turismo Comunitario** (099-563-2095, 03-221-0234; www.salinasmatiavi.com; El Salinerito, nahe Guayamas; 8–17 Uhr) befindet sich am Hauptplatz. Hier bekommt man das Passwort für das kostenlose WLAN auf der Plaza.

Im Dorf gibt's keine Geldautomaten.

An- & Weiterreise

Sammeltaxis nach Guaranda fahren häufig von der Calle Los Tomabelas, eine Querstraße bergab vom Hauptplatz (1 US$, 45 Min.).

Volcán Chimborazo

Der von den *indígenas* in der Region als „Taita" (Vater) bezeichnete Volcán Chimborazo (6263 m) ist der höchste Berg des Landes, ein mit einer großen Gletscherkappe bedeckter Gigant. Wegen der äquatorialen Wölbung der Erdkugel ist der Chimborazo sowohl der am weitesten vom Erdkern entfernte Punkt als auch der den Sternen nächstgelegene terrestrische Punkt.

Zusammen mit seinem kleineren und zerklüfteteren Nachbarn, dem Volcán Carihuairazo (5020 m) im Nordosten, und dem zwischen den beiden Vulkanen liegenden Tal des Río Mocha ist der Chimborazo eine abgelegene, ja verlassene Region, in der es nur einige wenige indigene Dörfer gibt.

Der Chimborazo und der Carihuairazo liegen in der **Reserva de Producción de Fauna Chimborazo** (☎ 03-202-7358; Vía Riobamba-Guaranda Km 45; ⌚ 8–16 Uhr) GRATIS. Die Bezeichnung „Tierschutzgebiet" rührt daher, dass hier Tausende von Vikunjas (Verwandte der Lamas) leben. Die Tiere waren in Ecuador schon ausgerottet, wurden aber in den 1980er-Jahren mithilfe von Schenkungen aus Chile und Bolivien wieder eingeführt. Die Herden gedeihen, und man kann die eleganten Silhouetten der Tiere bei einer Busfahrt zwischen Guaranda und Riobamba leicht im Nebel erspähen.

Aktivitäten

Die Besteigung des Chimborazo oder des Carihuairazo sind Abenteuer, die sich nur für gut akklimatisierte, erfahrene Bergsteiger mit Ausrüstung für einen Aufstieg durch Schnee und Eis eignen – Bergführer kann man in Riobamba oder Quito kontaktieren. Von Riobamba aus lassen sich Tagesausflüge zum Refugio Whymper des Chimborazos auf 5000 m Höhe und zur Laguna Cóndor Cocha auf 5100 m Höhe organisieren.

Wer im Gebiet von Chimborazo und Carihuairazo körperlich anstrengende Aktivitäten unternehmen möchte, muss sich unbedingt zuvor gründlich akklimatisieren. Wenn die Unterkunft auf annähernd gleicher Höhe wie der Chimborazo und der Carihuairazo liegt, sollte sie dafür gut geeignet sein. Wer allerdings einen der beiden Berge besteigen oder eine anstrengende Wanderung unternehmen möchte, sollte außerdem auch einen qualifizierten Bergführer befragen. Mountainbike-Abfahrten von den Schutzhütten in großer Höhe lassen sich mit Tourveranstaltern in Riobamba vereinbaren.

Die kleine indigene Gemeinde **Pulinguí San Pablo** (3900 m) an der Straße von Riobamba nach Guaranda lohnt einen nachmittäglichen Besuch. Bergsteiger und Wanderer können in der Lodge der Gemeinde übernachten. Die Puruhá leben seit Jahrhunderten an den Flanken des Chimborazo und arbeiten heute daran, den Tourismus in die Region zu bringen. Einheimische erbringen einfache Dienste als Führer und zeigen den Besuchern faszinierende Lehrpfade in der Gegend.

Wandern

Eine gute Wanderung zur Akklimatisierung beginnt an der Chimborazo Lodge und führt hinauf zum **Templo Machay** (4700 m), wo alte Völker den Berggöttern Opfer brachten.

Refugio Whymper WANDERN

GRATIS Eine beliebte kurze Wanderung in großer Höhe führt vom Parkplatz am Refugio Carrel (4850 m) zum etwa 1 km entfernten Refugio Whymper (5050 m). Von dort kann man den Schildern folgen und weitere 300 m hinauf zur **Laguna Cóndor Cocha** (eigentlich mehr eine Pfütze) auf 5100 m gehen. Man sollte es langsam angehen lassen und viel Wasser trinken.

Beim Betreten des Parks sollte man sich am Eingang registrieren und nach den Witterungsbedingungen erkundigen. Wer die 8 km vom Parkeingang zum Refugio Carrel nicht zu Fuß gehen will, benötigt ein eigenes Fahrzeug; ein Taxi ab Riomba kostet etwa 40 US$.

Bergsteigen

Die meisten Bergsteiger unternehmen erst mehrfache Akklimatisierungsaufstiege und verbringen dabei die Nacht in immer größerer Höhe, ehe sie sich an den Gipfel des Chimborazo wagen – denn dieser Aufstieg ist bekanntermaßen sehr anstrengend und erfordert bergsteigerisches Können. Die meisten Seilschaften nehmen heute die **Normalroute**, bei der man acht bis zehn Stunden auf den Gipfel und zwei bis vier Stunden für den Abstieg braucht. Die **Whymper-Route** war zur Zeit unserer Recherchen nicht sicher.

Am Carihuairazo gibt's keine Schutzhütten, deswegen richten die Bergführer in der Regel ein Basislager an der Südseite des Berges ein. Der Aufstieg ist für erfahrene Bergsteiger recht unproblematisch, man braucht allerdings Ausrüstung für das Klettern im Eis.

Mountainbiken

Die Abfahrt am Volcán Chimborazo auf einem neu ausgewiesenen Radweg vom Refugio Carrel bis zum Parkeingang ist eine aufregende Möglichkeit, den Berg zu erleben. Mehrere Agenturen in Riobamba, darunter Pro Bici (S.175) und Julio Verne (S.176), bieten empfohlene Fahrradexkursionen (pro Pers. ab 45 US$) an, die auch eine Wanderung vom ersten zum zweiten *refugio* einschließen können. Nach der steilen Abfahrt am Anfang wird die Route sogar noch schöner, wenn man durch den *páramo* radelt und an Gruppen von Vikunjas vorbeifährt.

Schlafen & Essen

Im Park serviert ein kleines Café am Parkeingang warme Getränke und Snacks. An den Wochenenden, und wenn viel los ist, verkaufen auch die *refugios* warme Getränke und Snacks, man kann sich aber nicht darauf verlassen, dass sie geöffnet sind (es sei denn natürlich, wenn man dort mit einem Führer übernachtet). Am besten bringt man seinen Proviant einschließlich reichlich Wasser selbst mit.

Es ist ab dem späten Nachmittag entsetzlich kalt, man muss also angemessene Kleidung und einen entsprechenden Schlafsack mitbringen. Die Temperaturen können nachts deutlich unter den Gefrierpunkt fallen. Am trockensten (aber zugleich auch am kältesten) ist es in der Region von Juli bis September sowie im Dezember.

Refugio Whymper HÜTTE $
(☎03-296-5820, 03-295-1389; refugioschimborazo@gmail.com; pro Pers. inkl. Frühstück & Abendessen 30 US$) Das höher gelegene der beiden *refugios* am Chimborazo, das Refugio Whymper, ist auf 5050 m die am höchsten gelegene Unterkunft Ecuadors; guten Schlaf darf man in dieser Höhe aber nicht erwarten. Es ist nach Edward Whymper benannt, dem britischen Bergsteiger, dem 1880 mit den Schweizer Brüdern Carrel als Bergführern die Erstbesteigung des Chimborazo gelang. Um die Reservierung kümmert sich der Führer.

Refugio Carrel HÜTTE $
(☎03-295-1389, 03-296-5820; refugioschimborazo@gmail.com; pro Pers. inkl. Frühstück & Abendessen 30 US$) Die tiefer gelegene der beiden Berghütten befindet sich auf einer Höhe von 4850 m. Einen Schlafsack muss man mitbringen. Die Reservierung macht der Führer.

Casa Cóndor HOSTEL $
(☎099-032-5984; Pulinguí San Pablo; pro Pers. inkl. Frühstück & Abendessen 25 US$) Diese einfache Backpacker-Lodge befindet sich in der kleinen indigenen Gemeinde Pulinguí San Pablo. Hier leben Familien immer noch in den für die Gegend typischen runden *chozas*. Das Casa Cóndor ist aber ein Steinhaus mit einem einfachen Schlafsaal und Privatzimmern, warmen Duschen und einer Gemeinschaftsküche.

Das Haus wird von der Gemeinde geführt. Manchmal ist es geschlossen, dann fragt man im Dorf herum, um jemanden zu finden, der es aufschließt.

Chimborazo Lodge LODGE $$$
(☎099-973-3646, 03-236-4258; Riobamba–Guaranda Rd, Km 36; EZ/DZ/Suite inkl. Frühstück 80/110/130 US$) Die abgelegene Lodge in einem hübschen grasbewachsenen Tal direkt unterhalb des Chimborazo ist weit und breit die einzige feinere Unterkunft. Das Hauptgebäude hat einen behaglichen Speiseraum, einen großen Kamin und Panoramafenster mit Blick auf den Gipfel. Die Holzhütten sind mit Zedernholz und Mahagoni, einfachen kleinen Betten und Bildern aus alter Zeit ausgestattet. Und sie haben Heizungen!

Auf 4000 m machen sich die Auswirkungen der großen Höhe deutlich bemerkbar.

An- & Weiterreise

Mehrere Busse fahren täglich über die asphaltierte Straße vom Hauptbusbahnhof in Riobamba nach Guaranda. Rund 45 Minuten nach der Abfahrt in Riobamba (1,50 US$) erreicht man Pulinguí San Pablo, und ungefähr 7 km weiter folgt am **Parkeingang** (S.173) die ausgeschilderte Abzweigung (4370 m) zu den Berghütten am Chimborazo. Von der Abzweigung sind es 8 km auf der Straße bis zum Parkplatz am **Refugio Carrel** (S.174) und weitere 1000 m zu Fuß bis zum **Refugio Whymper** (S.173). Falls man die Straße hinaufläuft, muss man bis zum Erreichen der Berghütten mehrere Stunden einplanen.

Die meisten Hotels in Riobamba können für diese Route bis zum Refugio Carrel ein Taxi beschaffen. Ein Taxi, das einen an der Hütte absetzt und an einem späteren Tag wieder abholt, kostet um die 60 US$, die einfache Strecke kostet rund 40 US$.

Riobamba

☎03 / 156 000 M / 2750 M

Riobamba hat einen hohen indigenen Bevölkerungsanteil, der samstags auf dem Markt besonders farbenfroh in Erscheinung tritt. Hingegen sind der Grundriss der Stadt, die großen arkadengesäumten Plätze und die Architektur imposante Vermächtnisse der spanischen Kolonialzeit.

Geschichte

Die Puhurá waren die ersten, die in der Gegend siedelten, ehe sie kurzfristig von den Inka abgelöst wurden. 1534 gründeten die Spanier die Stadt Riobamba auf der Stätte des heutigen Cajabamba, 17 km südlich an der Panamericana. 1797 wurde Riobamba durch einen gewaltigen Erdrutsch zerstört und an der heutigen Stelle wieder aufgebaut. Die spanische Kolonialzeit endete endgültig, als in Riobamba 1830 die erste ecuadorianische Verfassung unterzeichnet wurde.

Sehenswertes

Der schöne, von Bäumen bestandene **Parque Maldonado** (Primera Constituyente, zw. Espejo & 5 de Junio) wird im Nordosten von Riobambas Kathedrale flankiert. Ein paar Blocks südöstlich befindet sich nahe der Alvarado der **Parque La Libertad** (Primera Constituyente, zw. Alvarado & Benalcazar) mit der klassizistischen **Basilika** (Veloz nahe Velasco), der einzigen Rundkirche Ecuadors. Sie ist häufig geschlossen, aber sonntags und abends nach 18 Uhr kommt man eventuell hinein. Im **Parque 21 de Abril** (Ecke Orozco & Ángel León) gleich nördlich vom Stadtzentrum gibt's eine Aussichtsplattform mit Blick auf die umliegenden Berge.

★ Museo de Arte Religioso MUSEUM
(☎03-296-5212; Argentinos, nahe Larrea; Erw./Kind 3/1 US$; ⌚Di–Sa 9–12.30 & 15–18 Uhr) Riobambas bestes Museum befindet sich in einem wunderschön restaurierten Konvent aus dem 18. Jh. und beherbergt eine der besten Sammlungen religiöser Kunst des 17. und 18. Jhs. von ganz Ecuador. Zu den mehr als 200 Werken in 15 Räumen zählt das Gemälde *La Flagelación de Jesús* eines indigenen Künstlers des 17. Jhs. Es stellt Männer in spanischer Kleidung dar, die Jesus auspeitschen, ein diskreter Kommentar zur schlechten Behandlung der örtlichen Einheimischen durch die kolonialen Besatzer.

Feria Artesanal MARKT
(Samstagsmarkt; Plaza de la Concepción; ⌚6–17 Uhr) Beim Samstagsmarkt wimmelt es in der Stadt von Leuten. Dann eilen Tausende aus den umliegenden Dörfern in die Stadt, um hier zu feilschen, zu kaufen und zu verkaufen. Die Händler breiten ihre Waren auf und in der Umgebung der Plaza de la Concepción aus, die auch Plaza Roja genannt wird. Man sollte nach den farbenfrohen *chumbi,* traditionellen handgewebten Gürteln, Ausschau halten.

Kathedrale KATHEDRALE
Die kunstvoll verzierte Barockfassade der Kathedrale der Stadt wurde nach dem Erdbeben im Jahr 1797, bei dem Riobamba zerstört wurde, aus Fragmenten wieder rekonstruiert. Die Reliefs aus weißem Kalkstein stellen indigene und spanische Szenen dar. Die Kathedrale ist häufig geschlossen, doch ihr Äußeres, den interessantesten Teil des Bauwerks, kann man jederzeit besichtigen.

Museo de la Ciudad MUSEUM
(Parque Maldonado; ⌚Mo–Fr 8–18, Sa 9–18, So 10–16 Uhr) GRATIS Das schön restaurierte historische Gebäude, das im 20. Jh. von der Familie Costales-Dávalos gebaut wurde, zeigt ein paar Bilder aus alter Zeit, wechselnde Kunstausstellungen und ein paar Artefakte. Viele Informationen gibt's nicht, aber es eignet sich dennoch gut für eine interessante Erholungspause am Nachmittag. Bemerkenswert sind die aufwendig verzierten Decken.

Geführte Touren

Dank der Nähe zum Chimborazo, dem höchsten Gipfel Ecuadors, leben in der Stadt einige der besten Bergführer und Tourveranstalter des Landes in Sachen Bergsteigen. Zweitägige Gipfelbesteigungen gibt's ab rund 260 US$ pro Person; inbegriffen sind Bergführer, Ausrüstung, Transport und Verpflegung.

Mountainbike-Tagestouren kosten ab 45 US$ pro Person. Sehr beliebt sind Abfahrten von den Berghütten am Chimborazo – eine aufregende Art, die Landschaft zu erleben.

Pro Bici RADFAHREN
(☎03-294-7479, 03-294-1880; www.probici.com; 2. OG, Primera Constituyente 23-51, nahe Larrea; ⌚Büro Mo–Sa 8.30–20 Uhr) Der Anbieter für

Riobamba

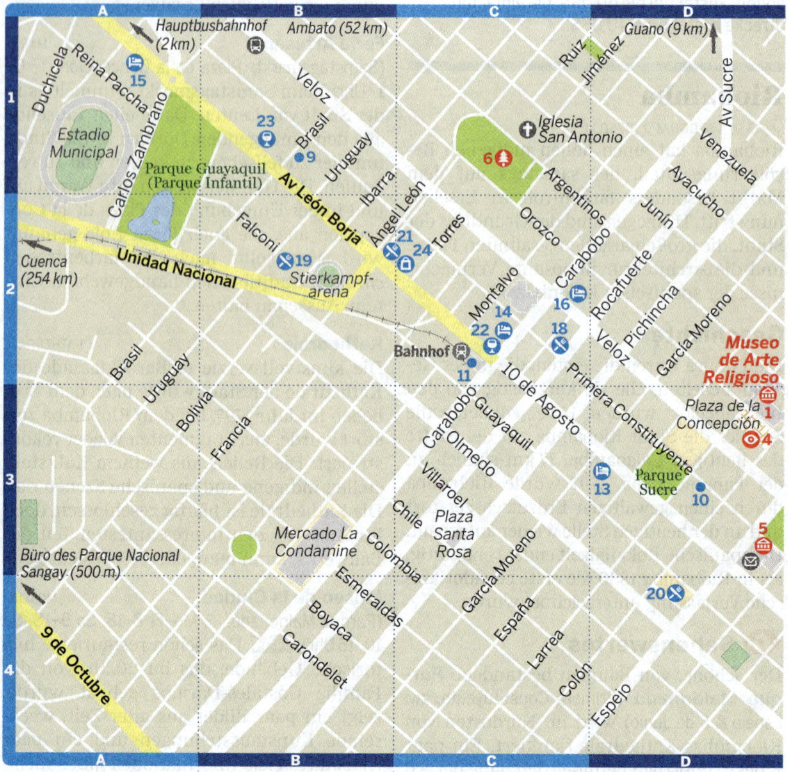

Mountainbike-Touren im 1. Stock eines Stoffgeschäfts ist einer der besten des Landes mit vieljähriger Erfahrung und ausgezeichneten Kundenbewertungen. Er verleiht Mountainbikes (15–25 US$ pro Tag), verfügt über ausgezeichnete Karten, einen guten Sicherheitsstandard und veranstaltet faszinierende Tagestouren (45–70 US$) zum Chimborazo, Atillo und Colta.

Julio Verne Travel ABENTEUER
(☎ 03-296-3436; www.julioverne-travel.com; Brasil 22–40, nahe León Borja; ⏲ Büro Mo–Fr 8.30–13 & 15–18 Uhr) Der angesehene ecuadorianisch-niederländische Veranstalter bietet günstige, zweitägige Gipfeltouren zum Chimborazo und zu weiteren Gipfeln sowie mehrtägige Touren. Ebenfalls im Angebot sind Mountainbike-Abfahrten vom Chimborazo.

Andean Adventures ABENTEUER
(☎ 03-295-1389; www.andeannadventures.com) Das angesehene Unternehmen ist auf Chimborazo-Besteigungen spezialisiert, besorgt aber auch Mountainbikes und organisiert Wanderungen und andere maßgeschneiderte Abenteuer. Buchungen sind auf der Website und telefonisch möglich.

Tren del Hielo I ZUG
(☎ 1-800-873-637; www.trenecuador.com; 10 de Agosto, nahe Carabobo; Erw./Kind 27/21; ⏲ Sa & So 8–14.30 Uhr) Diese Zugrundfahrt beginnt samstags und sonntags um 8 Uhr im hinreißend restaurierten Bahnhof von Riobamba. Sie führt an der Ostflanke des Chimborazo entlang zum Dorf Urbina, wo die Fahrgäste etwas über Gletschereisabbau erfahren können.

Feste & Events

Riobambas alljährliche Fiesta feiert den Sieg in der Schlacht von Tapi im Unabhängigkeitskrieg am 21. April 1822. Am und rund um den 21. April gibt's eine große Landwirtschaftsausstellung mit den übli-

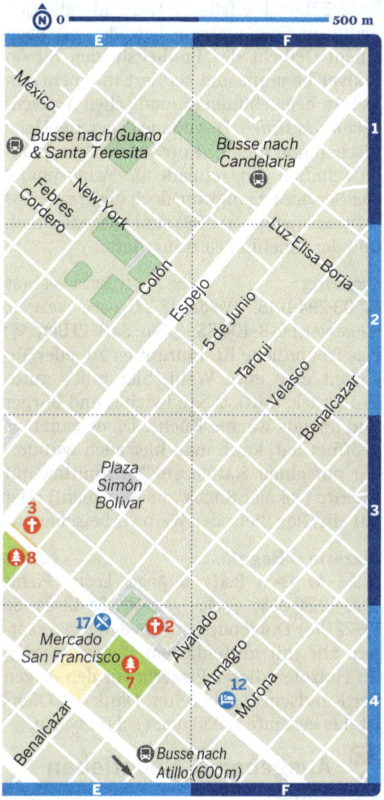

Riobamba

Highlights
1 Museo de Arte Religioso D3

Sehenswertes
2 Basilika E4
3 Kathedrale E3
4 Feria Artesanal D3
5 Museo de la Ciudad D3
6 Parque 21 de Abril C1
7 Parque La Libertad E4
8 Parque Maldonado E3

Aktivitäten, Kurse & Touren
9 Julio Verne Travel B1
10 Pro Bici D3
11 Tren del Hielo I C2

Schlafen
12 Hostal Oasis F4
13 Hotel Montecarlo D3
14 Hotel Tren Dorado C2
15 Hotel Zeus A1
16 Mansión Santa Isabella C2

Essen
17 Cayfruts E4
18 El Delirio C2
19 La Parrillada de Fausto B2
20 Mercado La Merced D4
21 Pizzería D'Baggios B2

Ausgehen & Nachtleben
22 Beer Garden C2
23 Gas Plaza B1

Shoppen
24 Tagua Workshop C2

chen Hochland-Events wie Straßenumzügen, Tanz und jeder Menge traditionellem Essen und Trinken.

Schlafen

★ **Hostal Oasis** PENSION $
(☎ 03-296-1210; www.oasishostelriobamba.com; Veloz 15-32, nahe Almagro; EZ/DZ 18/30 US$; P @) Wenn es um Freundlichkeit, Preis-Leistungs-Verhältnis und Gemütlichkeit geht, ist die Pension kaum zu schlagen. Die Zimmer und Apartments verteilen sich rund um einen Garten, in dem freundliche Katzen patroullieren, und es gibt eine Gemeinschaftsküche. Wenn sie doch nur etwas näher am Geschehen in der Innenstadt liegen würde.

Hotel Tren Dorado HOTEL $
(☎ 03-296-4890; www.hoteltrendorado.com; Carabobo 22-35; EZ/DZ/3BZ 20/34/45 US$;) Dass der „Goldene Zug" nahe beim Bahnhof zu finden ist, sollte eigentlich niemanden überraschen. Jenseits der dunklen Rezeption warten tadellos saubere, komfortable Zimmer und luftige Terrassen. Die großen Drei- und Vierbettzimmer mit gutem Preis-Leistungs-Verhältnis sind ideal für Familien. Zutaten für ein Frühstück kosten 4 US$ extra.

Hotel Montecarlo HOTEL $$
(☎ 03-296-0577; www.hotelmontecarlo-riobamba.com; 10 de Agosto 25-41; EZ/DZ inkl. Frühstück 25/40 US$; @) Das Montecarlo residiert in einem schön restaurierten Haus, das an der Wende zum 20. Jh. errichtet wurde. Der Einsatz der Farbe Blau (blaue Sofas, blaue Teppiche, blaue Zierleisten und blaue Bettdecken) kann zwar etwas überwältigend sein, aber angenehm ist das Hotel trotzdem. Die Zimmer nach hinten raus sind weniger laut.

Hotel Zeus BUSINESSHOTEL $$
(☎ 03-296-8036; www.hotelzeus.com.ec; Av León Borja 41-29, nahe Duchicela; EZ/DZ inkl. Frühstück 43/61 US$, Executive EZ/DZ 53/80 US$; P 📶) Das siebenstöckige Hotel zwischen dem Busbahnhof und der Innenstadt bietet eine Reihe unterschiedlich gestalteter und ausgestatteter Zimmer sowie Zugang zu einem Fitnessraum. Die teureren Zimmer sind ausgezeichnet (einige haben einen erstklassigen Blick auf den Chimborazo).

Mansión Santa Isabella BOUTIQUE-HOTEL $$$
(☎ 03-296-2947; www.mansionsantaisabella.com; Veloz 2848, nahe Carabobo; EZ/DZ/Suite inkl. Frühstück 66/102/150 US$; 📶) Ein hinreißender Innenhof mit einem Brunnen und Pflanzen ist das Herzstück dieses Boutique-Hotels in einer historischen Villa. Die Zimmer mit Gewölbedecken im Originalhaus haben wunderbar restaurierte Hartholzbalken und angenehm dezente Farben, sind jedoch ziemlich klein und eng. Die luxuriösen Suiten im Anbau sind großzügiger, aber nicht so charaktervoll wie die älteren Zimmer.

Im neuen Spa des Hotels kann man eine Massage buchen oder die Sauna, den Dampfraum und die Whirlpools nutzen (15 US$ pro Pers.).

Essen

Mercado La Merced MARKT $
(Mercado Mariano Borja; Guayaquil, zw. Espejo & Colón; Hauptgerichte 3 US$; ⏰ Mo–Sa 7–17.30, So 17 Uhr) Die Marktfrauen, die *hornado* (ganze gebratene Schweine) anbieten, verstehen sich aufs Verkaufen, schreien, um Aufmerksamkeit zu erregen, und bieten auch Kostproben. Wenn man der derben Verkaufstechnik widerstehen kann und es einen nicht stört, zwischen gehäuteten Schweinen zu essen, dann wird man den Markt lustig und interessant finden. Runterspülen kann man das Essen mit einem *batido* (Fruchtshake; 1 US$), der mit Eis vom Volcán Chimborazo gemacht wird.

La Parrillada de Fausto ARGENTINISCH $
(Uruguay 20-38, nahe Unidad Nacional; Hauptgerichte 11–16 US$; ⏰ Mo–Sa 17–22 Uhr) Das nette Grillrestaurant argentinischer Art serviert gegrillte Steaks, Forellen und Hühnchen in einem Ranch-Ambiente. Die coole höhlenartige Bar im Hintergrund nicht übersehen.

★ **El Delirio** ECUADORIANISCH $$
(☎ 03-296-6441; Primera Constituyente 28-16, nahe Rocafuerte; Hauptgerichte 8–12 US$; ⏰ Di–So 12–22 Uhr) Die frühere Hazienda (die sich heute im Stadtzentrum befindet) ist nach einem Gedicht des Freiheitshelden Simón Bolívar benannt und serviert in einem von Kerzen beleuchteten altmodischen Ambiente *comida típica*. Das offene Feuer, die Holznischen und die mit Kunst bedeckten Wände schaffen eine einladende Atmosphäre. Der Service ist langsam, doch die *almuerzos* (Mittagsmenüs; 10 US$) sind ausgezeichnet, und der Innenhof ist traumhaft.

Cayfruts ECUADORIANISCH $$
(☎ 03-294-1018; Veloz 18-27, nahe Velasco; Hauptgerichte 8–10 US$; ⏰ Mo–Sa 8–21 Uhr; 📶) Das freundliche Restaurant ist zu jeder Tageszeit eine gute Wahl, hier gibt's gutes Frühstück, mittags Sandwiches und Burger und abends warme Küche. Da es ganztags geöffnet hat, kann man hier auch wunderbar auf einen Kaffee am Nachmittag mit *humita* (lokaler Snack aus Maismehl) oder auf ein Glas Bier oder Wein vorbeischauen.

Pizzería D'Baggios PIZZA $$
(Ecke Av León Borja & Ángel León; Pizzas 6,50–12,50 US$; ⏰ Mo–Fr 12–22, Sa 12–24, So 15–22 Uhr) Dutzende verschiedene Pizzasorten, alle mit mitteldickem Boden, werden im Holzofen dieser Pizzeria vor den Augen der Kundschaft zubereitet. Dank des Ofens ist das gesamte Lokal auch schön warm.

Ausgehen & Nachtleben

Beer Garden CRAFT-BIER
(☎ 03-294-0586; www.facebook.com/beergardenpub; León Borja 29-50, nahe Carabobo; Hauptgerichte 4–9 US$; ⏰ Di–Do 17.30–22.30, Fr & Sa bis 0.30 Uhr) Der Name Biergarten trügt – es ist eine Bar in einem Haus, die lokale *cervezas artesanales* (Craft-Biere), Sandwiches und Snacks serviert. Die Wände sind mit Bildern geschmückt und zu den aufgemotzten alten Möbeln zählt auch ein aus dem Kofferraum eines Autos angefertigter Sitz. An den meisten Wochenenden gibt's Livemusik.

Gas Plaza BAR
(León Borja nahe Brazil; ⏰ Öffnungszeiten variieren) In dem gut besuchten neuen Komplex befinden sich Sportbars im amerikanischen Stil und aus Schiffscontainern gebaute Imbisslokale.

Shoppen

Auf dem Samstagsmarkt (S. 175) auf der Plaza de la Concepción kann man wunderbar nach Kunsthandwerk schauen. Beim Herumschlendern besonders auf lokal gefertig-

ABSTECHER

TOLLE KURZTRIPS AB RIOBAMBA

Aguas Termales de Guayllabamba (Erw./Kind 1,50/0,75 US$; ⏲ 4–17 Uhr) Vom Chambo-Busbahnhof an der Ecke Veloz und Puruhua fährt ein schneller Bus (1 US$, 1 Std.) nach San Francisco, man bittet den Fahrer, dass er einen an den *aguas termales* absetzt. Vom Abzweig geht's eine Stunde zu Fuß hinauf zu diesen schlichten Quellen; vielleicht kann man mit einem vorüberfahrenden Pick-up mitfahren. Badelatschen und eine Badekappe mitnehmen.

Guano Abgesehen davon, dass es ein beliebtes Wochenend-Ausflugsziel für Familien aus Riobamba darstellt, ist das 8 km nördlich von Riobamba gelegene Dorf Guano auch ein wichtiges kunsthandwerkliches Zentrum, das auf Teppiche und Waren aus Leder und aus Totora-Schilf (Stroh aus Schilfrohr) spezialisiert ist. Läden, die derartige Waren verkaufen, liegen direkt am Hauptplatz (wo der Bus hält). Ebenfalls in der Nähe des Hauptplatzes befindet sich ein **Museum** mit den mumifizierten Überresten eines Franziskanermönchs aus dem 16. Jh. und den Ruinen eines Klosters aus den 1660er-Jahren. Vom Mirador oberhalb des Ortes hat man (an klaren Tagen) einen ausgezeichneten Blick auf den Vulkan El Altar. Nahverkehrsbusse nach Guano (0,35 US$) fahren von der Haltestelle an der Kreuzung Pichincha und Calle New York in Riobamba.

Parque Acuático Los Elenes (Via Santa Teresita, nahe Guano; 1 US$; ⏲ 8–18 Uhr; 👪) Vom Hauptplatz in Guano kommt man mit dem Bus oder zu Fuß weiter zum 2 km entfernten Dorf Santa Teresita. Wenn man am Ende der Busstrecke rechts abbiegt und ungefähr 20 Minuten den Hügel hinuntergeht, gelangt man zum Parque Acuático Los Elenes, dessen Schwimmbecken von natürlichen Mineralquellen gespeist werden. Das Wasser ist ziemlich kalt (22 °C), aber der Blick auf den Tungurahua und den El Altar ist wunderbar. Ein Taxi von Riobamba kostet etwa 4 US$.

te *shigras* (kleine Einkaufsnetze), *tagua*-Schnitzereien sowie auf Matten und Körbe achten, die die indigenen Colta aus dem Totora-Schilf fertigen, der das Ufer der nahegelegenen Laguna de Colta säumt.

Tagua Workshop KUNST & KUNSTHANDWERK
(Av León Borja 33-24, nahe León; ⏲ Mo–Sa 9–13 & 15–19 Uhr) Byron Landetas Werkstatt hat Riobambas beste Auswahl an *tagua*-Arbeiten, die aus der Nuss einer Palme geschnitzt werden. Landetas Familie fertigt seit über 100 Jahren *tagua*-Schnitzereien an.

ℹ Praktische Informationen

Banco Guayaquil (Primera Constituyente)
Banco Pichincha (Ecke García Moreno & Primera Constituyente)
Polizei (☎ 03-296-9300; Av León Borja)
Post (Ecke Espejo & 10 de Agosto)
Su Lavandería (Veloz 14–53, nahe Morona, 1 US$/kg) Die Wäsche wird am selben Tag gewaschen.

ℹ An- & Weiterreise

Hauptbusbahnhof (Av León Borja, nahe Av de la Prensa) Von diesem modernen Busbahnhof etwa 2 km nordwestlich des Zentrums fahren stündlich Busse nach Quito (4,60 US$, 4 Std.) und in die auf der Strecke liegenden Orte sowie nach Guayaquil (5,65 US$, 4½ Std.), Cuenca (6 US$, 6 Std.) und Alausí (2,35 US$, 2 Std., 5–20 Uhr mindestens stündl.).

Busse von Flota Bolívar fahren morgens und nachmittags nach Guaranda (2,50 US$, 2 Std.); einige fahren weiter bis Babahoyo. Die Busse nach Guaranda kommen an der Zufahrtsstraße zum Chimborazo und zu den Berghütten vorbei. Stündlich fahren Busse nach Baños (2 US$), Puyo (6 US$) und Macas (5 US$).

Drei lange Blocks südlich vom Hauptbusbahnhof (aus dem Haupteingang nach links gehen) ist an der Unidad Nacional ein kleinerer Busbahnhof mit häufigen Nahverkehrsbussen nach Cajabamba, zur Laguna de Colta und zur Iglesia La Balbanera. Die Busse nach Guamote fahren in der Canomigo Ramos nahe der Umgehungsstraße ab.

Die **Busse nach Atillo** im Parque Nacional Sangay starten am Chambo-Busbahnhof an der Puruhá/Primera Constituyente.

Zu den Dörfern Guano und Santa Teresita fährt der **Nahverkehrsbus** (0,25 US$) von der Haltestelle an der Kreuzung Pichincha und Calle New York.

ℹ Unterwegs vor Ort

Nördlich vom Hauptbusbahnhof liegt hinter der Kirche Santa Faz (die mit der blauen Kuppel) eine Bushaltestelle für Busse Richtung Zentrum.

Sie fahren über die Avenida León Borja, die nahe dem Bahnhof zur 10 de Agosto wird. In die andere Richtung kann man auf der Primera Constituyente jeden Bus mit der Aufschrift „Terminal" nehmen. Der Fahrpreis beträgt 0,25 US$.

Taxifahrten in der Stadt kosten meist 1,25 US$.

Laguna de Colta

Rund 17 km südlich von Riobamba verläuft die Panamericana durch das Dorf **Cajabamba**, wo sich einst Riobamba befand, bis im Jahr 1797 ein von einem Erdbeben ausgelöster Erdrutsch die Stadt unter sich begrub und Tausende tötete.

Weiter südlich und gleich abseits der Panamericana kommt man an der unverkennbar kolonialzeitlichen Kapelle **La Balbanera** im kleinen Dorf Colta vorbei. Auf der anderen Seite der Fernstraße scheint das Wasser der **Laguna de Colta** unter goldenem Totora-Schilf zu ersticken. Jedem, der jemals den Titicacasee in Bolivien besucht hat, werden der Anblick und die kleinen Totora-Flöße, die auf der Laguna de Colta herumsegeln, vertraut erscheinen. Ethnobiologen glauben, dass möglicherweise in prähistorischer Zeit *totora*-Setzlinge hierher gebracht wurden. Jedenfalls ist das Schilf für das indigene Volk der Colta eine wichtige Pflanze, aus der sie ihre berühmten Körbe und *esteras* (Matten) anfertigen. Frauen färben die Ponys ihrer Frisuren leuchtend golden.

Sehenswertes

La Balbanera KIRCHE

(Colta; 8–17 Uhr) Zwar stürzte sie beim Erdbeben von 1797 weitgehend ein, aber Teile der Fassade dieser schönen niedrig gebauten Kirche stammen noch von 1534, was sie zu einer der ältesten Kirchen in Ecuador macht.

An klaren Tagen ragt der Chimborazo hinter der Kirche hervor. Auf der anderen Seite der Plaza zeigt ein kleines **Museum** interessante lokale Exponate, etwa ein Trinkgefäß, das aus dem Hodensack eines Bullen angefertigt wurde.

Laguna de Colta SEE

(Erw./Kind 0,60/0,30 US$; 8–16 Uhr) Um die Laguna de Colta führt ein Weg mit weitem Blick auf den Chimborazo, der an traditionellen Dörfern und Weidetieren vorbeikommt. Am Ufer gibt's einen Kinderspielplatz, außerdem kann man Fahrräder ausleihen (2 US$/30 Min.) oder eine Bootsfahrt auf dem See machen (Erw./Kind 1,50/1 US$).

An- & Weiterreise

Man kann jede oder alle der vorgenannten Orte von Riobamba aus mit Nahverkehrsbussen oder Taxis als Tagesausflug erkunden. Alle Busse, die von Riobamba auf der Panamericana nach Süden fahren, können einen in jedem der Dörfer absetzen. Sie liegen so dicht beieinander, dass man den Weg zwischen ihnen bequem zu Fuß zurücklegen kann.

Guamote

03 / 3050 M

Als ein charmanter Irrgarten bunt angemalter Lehmziegelbauten präsentiert sich Guamote, eine stolze indigene Gemeinde, die nicht in (unmittelbarer) Gefahr schwebt, ihre Identität zu verlieren. Das Dorf ist bekannt für seinen traditionellen donnerstäglichen Markt, einen der größten im ländlichen Ecuador. Der Ort ist ansonsten etwas verschlafen (es gibt nicht einmal einen Geldautomaten): Hier treffen sich alte, Kichwa sprechende Leute auf dem Hauptplatz, um sich Geschichten zu erzählen und den Sonntagnachmittag zu genießen.

Sehenswertes

Donnerstagsmarkt MARKT

(Do 8–18 Uhr) Jeden Donnerstag findet in Guamote einer der authentischsten Märkte des zentralen Hochlands statt. Er hat verschiedene Bereiche: für den Handel mit Pferden und Eseln, für Schweine, Kühe und Schafe, für Meerschweinchen und Hühner, für Getreide, Obst, Gemüse und Reis, für traditionelle Kleidung, und einen eigenen Bereich nur für Kartoffeln.

Schlafen

★ **Inti Sisa** HOSTEL $$

(03-291-6529; www.intisisa.com; Vargas Torres, nahe García Moreno; B/EZ/DZ inkl. Frühstück 25/50/65 US$;) Das Inti Sisa (das Kichwa-Wort für Sonnenblume) ist Teil eines Tourismusprojekts der Gemeinde. Das einladende Hostel ist geschmackvoll eingerichtet und mit lokaler Kunst und Kunsthandwerk dekoriert. Es gibt Schlafsäle mit dicken Matratzen und helle, minimalistisch gestaltete Privatzimmer mit Holzbalken. Mittagessen (8 US$) und Abendessen (10 US$) werden im farbenfrohen Speiseraum serviert.

Inti Sisa veranstaltet in der Stadt ein Programm für frühkindliche Bildung und bietet großartige Touren zu indigenen Gemeinden (40 US$), Reitausflüge (45 US$), Spanischkurse (10 US$ pro Std.) und Kochkurse (12,50 US$) an. Man kann sich auch nach Freiwilligenplätzen erkundigen.

An- & Weiterreise

Guamote liegt an der Busstrecke Riobamba–Cuenca, die mehrmals täglich bedient wird. Wenn der Bus nicht direkt nach Guamote fährt, wird man an der Panamericana abgesetzt und muss vom Haltepunkt aus etwa 1 km bergauf bis zum Hauptplatz laufen (oder einen Pick-up nehmen).

Alausí

03 / 8111 EW. / 3340 M

Das fast schwindelerregend am Rand der Río Chanchán-Schlucht gelegene und von einer riesigen Statue des heiligen Petrus überragte Alausí ist der Startpunkt für die berühmte Zugfahrt über die Nariz del Diablo (siehe unten). Alausí ist wunderbar malerisch, besonders nahe dem Bahnhof und in den kopfsteingepflasterten Gassen, wo alte Lehmziegelbauten mit Holzbalkonen die Vergangenheit heraufbeschwören. Die Stadt ist gegenwärtig nur eine kurze Zwischenstation, ist aber nichtsdestotrotz ein hübscher Tagesausflug.

Alausí liegt rund 97 km südlich von Riobamba und hat einen geschäftigen **Sonntagsmarkt**. Der Bahnhof liegt am nördlichen Ende der Avenida 5 de Junio.

Schlafen & Essen

Hotel Europa HOTEL $

(03-293-0200; www.hoteleuropa.com.ec; Av 5 de Junio 175, nahe Orozco; EZ/DZ 25/40 US$, ohne Bad 15/18 US$;) Das Hotel Europa mit alten hölzernen Balkonen und Fluren ist die beste Budgetoption im Ort selbst. Die Zimmer sind zwar nicht ganz so toll, haben aber Kabel-TV. Das Gebäude befindet sich direkt gegenüber dem Busbahnhof. Frühstück kostet 3 US$.

NICHT VERSÄUMEN

DIE TEUFELSNASE

Eisenbahnenthusiasten wird die berühmte Bahnstrecke namens Ferrocarril Transandino (Transandenbahn) interessieren, die um die Wende zum vergangenen Jahrhundert errichtet wurde und früher Quito und Guayaquil verband. Die ingenieurtechnische Meisterleistung verkürzte die Reisezeit zwischen den beiden Städten von zweieinhalb Wochen auf nur zwei Tage und schuf eine wirtschaftliche Lebensader zwischen der Küste und dem Hochland.

Der Straßenbau einerseits und die ständigen Schäden an der Trasse, die durch Erdrutsche nach starken Regenfällen verursacht wurden, sorgten für ihren Niedergang. In den letzten Jahren wurden jedoch viele Strecken instandgesetzt und speziell für Touristen als Rundfahrten mit Kommentar, Zwischenstopps an kleinen Museen und dergleichen angelegt.

Die bekannteste und aufregendste dieser Strecken ist jene zwischen Alausí und Sibambe, die die **Nariz del Diablo** (Teufelsnase; 1-800-873-637; www.trenecuador.com; Bahnhof Alausí; Erw./Kind 32/21 US$; Di–So 8–10.30 & 11–13.30 Uhr), hinunter (und hinauf) führt, eine 765 m hohe, steile Felsklippe. 1902 erdachten die Bahnbauingenieure ein schlaues Verfahren, um dieses Monstrum zu bezwingen – in den Berghang wurde eine Zickzackroute gehauen (viele Arbeiter verloren dabei ihr Leben). Der Zug zuckelt ein Stück nach Norden, wechselt das Gleis, zuckelt ein Stück nach Süden und so weiter und klimmt so langsam die Teufelsnase hinauf oder hinunter.

Irgendwo auf der Teufelsnase wird der alte Zug gelegentlich entgleisen. Kein Grund zur Panik! Die Schaffner fordern alle Fahrgäste auf, den Zug zu verlassen, und mithilfe fortschrittlichster Technologie – nämlich großer Felsblöcke und Stöcke – wird das Stahlross wieder ins Gleis gewuchtet. Die gesamte Fahrt dauert etwa 2½ Stunden, wobei ein einstündiger Halt in Sibambe eingeschlossen ist. Dort wird man von einer örtlichen Tanzgruppe begrüßt und kann nach Kunsthandwerk stöbern. Abenteuerlustige werden mit Bedauern erfahren, dass die Fahrt auf dem Dach der Bahn nicht mehr erlaubt ist.

Hostería La Quinta HOTEL $$$

(☎ 03-293-0247; www.hosteria-la-quinta.com; Eloy Alfaro 121; EZ/DZ/Suite inkl. Frühstück 55/92/150 US$; 📶) Nur 300 m oberhalb des Bahnhofs steht dieses 120 Jahre alte Familienwohnhaus mit schönen Holzbalken und noch schönerer Aussicht. Viele Möbel sind Originalstücke, und die Zimmer sind mit Familienfotos und Antiquitäten dekoriert. Die Räume sind unterschiedlich groß, aber alle charmant. Am besten ist die Familiensuite mit einer eigenen Terrasse.

Punta Bucana Café MEXIKANISCH $

(Plazaleta Guayaquil; Hauptgerichte 2,50–8 US$; ⏲ Di–So 8–21 Uhr) Das kleine Lokal am nördlichen Ende der Avenida 5 de Junio serviert frische mittelamerikanische und mexikanische Gerichte (mit einem ecuadorianischen Einschlag). Der Service ist etwas langsam, aber das Essen lohnt das Warten.

ℹ An- & Weiterreise

Der **Busbahnhof** liegt an der Avenida 5 de Junio. Stündlich fahren Busse nach Riobamba (2,35 US$, 2 Std.), etwa die Hälfte davon setzt die Fahrt bis Quito fort, ansonsten müssen Reisende nach Quito in Riobamba umsteigen. Busse nach Cuenca (6,25 US$, 4 Std.) starten zehnmal täglich. Wer nach Guamote (1,25 US$; 1 Std.) will, kann mit jedem Bus in Richtung Riobamba fahren.

Viele Busse, die zwischen Riobamba und Cuenca unterwegs sind, fahren den Ort an – wenn nicht, muss man 1,5 km (aber immer bergab) von der Panamericana bis in den Ort laufen.

Alte Busse (oder als Busse eingesetzte Pick-ups) fahren von der Avenida 5 de Junio zu nahegelegenen Zielen. Einige Fahrten können ziemlich spektakulär sein, insbesondere jene nach Achupallas, dem Ausgangspunkt für die Wanderung auf dem Camino del Inca, der über die Straße ungefähr 23 km weiter südöstlich liegt.

Cuenca & Südliches Hochland

Inhalt ➔

Gut essen

- ➔ Moliendo Café (S. 195)
- ➔ Guajibamba (S. 195)
- ➔ ShamuiCo Espai Gastronòmíc (S. 205)
- ➔ Zarza Brewing Company (S. 211)
- ➔ Shanta's Bar (S. 218)

Schön übernachten

- ➔ Mansión Alcázar (S. 194)
- ➔ Hostal Achik Wasi (S. 205)
- ➔ Grand Victoria Boutique Hotel (S. 209)
- ➔ Copalinga (S. 214)
- ➔ Madre Tierra Resort and Spa (S. 217)

Auf ins südliche Hochland!

Das südliche Rückgrat der ecuadorianischen Anden führt furchtlose Reisende in grüne Täler mit pastellfarbenen Kolonialstädten und abgeschiedenen Dörfern indigener Kulturen. Mit Ausnahme von Cuenca, der berühmten Hauptstadt der Region, sind die Straßen längst nicht stark befahren.

Die Region mit kühlem, elfenlandhaften Waldgebiet und feuchten Tieflandwäldern beheimatet Hunderte von Vogelarten, Tausende Pflanzen und unzählige Säugetiere. Mindestens einer der großen Nationalparks der Region sollte bei einer Reise ins südliche Hochland auf der Agenda stehen.

Ein unverzichtbarer Stopp auf der klassischen Travellerroute ist Cuenca, mit einer fantastisch erhaltenen kolonialen Altstadt. Von dort aus geht's durch selten besuchte alte Siedlungen und wildromantische Gegenden in die quirlige Stadt Loja und ins entspannte, „esoterische" Vilcabamba. Dort warten Abstecher in ockerfarbene Berge, an deren Ausläufern der köstlichste Kaffee Ecuadors angebaut wird, und hinab in schwülwarme semitropische Waldgebiete.

Reisezeit

Cuenca

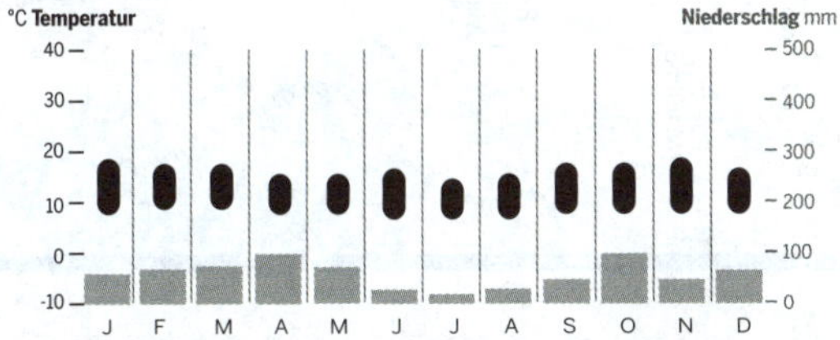

Ganzjährig Südlich von Cuenca (vor allem rund um Loja und Vilcabamba) ist ganzjährig Frühling.

Okt.–Mai In der Regenzeit ist es kälter, feuchter und grüner; morgens Sonne, später Schauer.

Mai & Aug. Die Feste zu Ehren der Virgen del Cisne locken Gläubige aus ganz Ecuador an.

Highlights

❶ **Cuenca** (S. 186) Durch die Kopfsteinpflasterstraßen der kolonialzeitlichen UNESCO-Welterbestätte schlendern.

❷ Eine Wanderung durch die gespenstischen von Seen durchzogenen Moore des windumtosten **Parque Nacional Cajas** (S. 200) im Hochland.

❸ Die baulichen Eigenheiten von **Ingapirca** (S. 201) bestaunen, Ecuadors bedeutendsten Inkaruinen.

❹ Bei **Abenteuern auf eigene Faust** (S. 203) den Gringotrail verlassen und selten besuchte indigene Gemeinden erkunden: einzigartige Märkte, herrliche Kirchen und Wildnis.

❺ **Gualaceo, Chordeleg & Sígsig** (S. 202) Auf den traditionellen Sonn-

tagsmärkten in den Dörfern nahe Cuenca einen Kunsthandwerk-Shoppingtag einlegen.

6 **Saraguro** (S. 204) In die Kultur der stolzen und unbeugsamen indigenen Kleinstadt eintauchen.

7 In den verschiedenen Habitaten des **Parque Nacional Podocarpus** (S. 212) nach Orchideen, Vögeln und seltenen Säugetieren Ausschau halten.

8 In **Vilcabamba** (S. 215) die Kunst des Entspannens mit Massagen, Ausritten und Spaziergängen in sauberer Landluft perfektionieren.

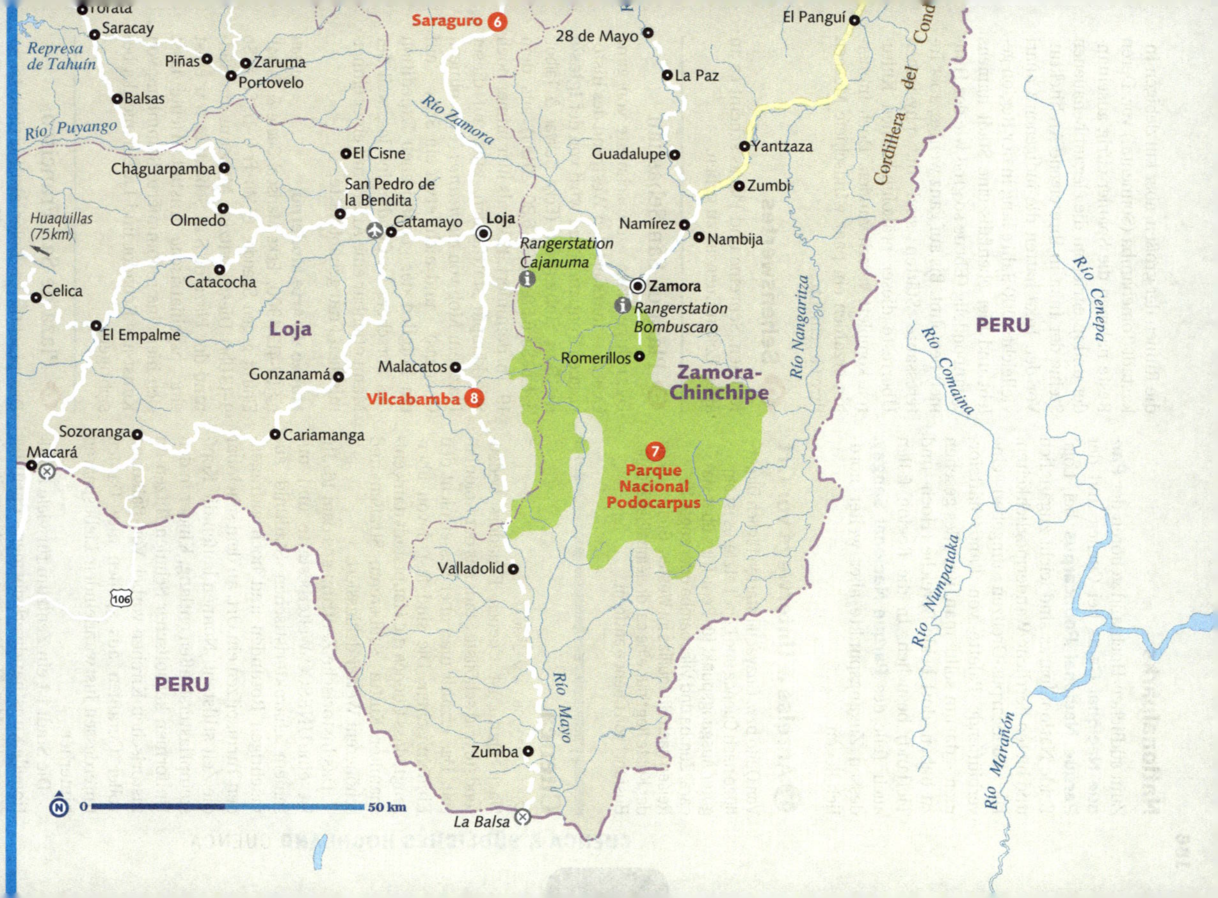

Nationalparks

Zum südlichen Hochland gehören der **Parque Nacional Cajas** bei Cuenca und der **Parque Nacional Podocarpus** bei Loja. Beide Nationalparks sind leicht zugänglich und bieten herrliche Wandermöglichkeiten. Die Podocarpus-Grenzen umgeben eine verblüffende Palette von Landschaftsformen – darum sollte man, um alles gesehen zu haben, dort beide Bereiche (Hoch- und Tiefland) besuchen. In die Region fallen auch Teile des **Parque Nacional Sangay,** dessen Zugangspunkte aber weiter nördlich liegen.

Anreise & Unterwegs vor Ort

Von Quito bzw. Guayaquil starten täglich Direktflüge nach Cuenca und Loja. Letzteres ist ein guter Ausgangspunkt für Peru-Trips über Macará, Zumba und Vilcabamba oder sogar für Reisen nach Huaquillas im Westen. Guayaquil an der Küste liegt nur eine ca. dreieinhalbstündige Busfahrt von Cuenca entfernt.

Cuenca

07 / 332 000 EW. / 2530 M

Nach Quito ist Cuenca Ecuadors bedeutendste und schönste Stadt aus der Kolonialzeit. Das erzählt man aber besser nicht den Einheimischen: Die sind fest davon überzeugt, dass Cuenca die Hauptstadt dank entspannter Kultur, saubereren Straßen und schönerem Wetter deklassiert.

Das historische Zentrum aus dem 16. Jh. ist eine UNESCO-Welterbestätte und mit seinem charakteristischen Stadtbild aus mächtigen Rotunden und hoch aufragenden Turmspitzen ein Ort, an dem scheinbar die Zeit stillsteht: Nonnen laufen die Kopfsteinpflasterstraßen entlang, Kinder in den Uniformen katholischer Schulen flitzen an historischen Kirchen vorbei. Von Balkonen voller Geranien aus spähen alte Damen unterdessen lustwandelnden Liebespaaren hinterher.

Die Stadt ist ein Zentrum für viele traditionelle Kunsthandwerksformen – darunter Keramik, Metallarbeiten und die weltweit bekannten Panamahüte. Jede Menge weitere handgefertigte Sachen sind außerdem in den benachbarten Dörfern zu haben.

Geschichte

Mindestens drei Kulturen haben in Cuenca ihre Spuren hinterlassen. Als die Spanier in den 1540er-Jahren hierherkamen, fanden sie die Ruinen der großen, aber kurzlebigen Inkastadt Tomebamba (Sonnental) vor. Deren Reste nahmen die Spanier eifrig auseinander und integrierten die elegant behauenen Steine der Inka in ihre eigene Architektur. Vor den Inka hatten die indigenen Cañari vielleicht 3000 Jahre lang in der Region gelebt und hier ebenfalls eine Stadt namens Quanpondelig (Ebene so groß wie der Himmel) bewohnt. Bis auf ganz wenige, aber interessante Stätten sind die physischen Überreste dieser präkolumbischen Kulturen komplett verschwunden. Doch immerhin erzählen ein paar windschiefe Museen ihre Geschichte.

Sehenswertes

Kirchen, Schreine und Plazas scheint es an allen Ecken Cuencas zu geben.

Plaza de San Sebastián

Die ruhige Plaza – die schönste von ganz Cuenca – markiert den Westrand des historischen Zentrums und wird von der **Iglesia de San Sebastián** (Ecke Bolívar & Talbot; Mo–Sa 6.30–17, So 6.30–20 Uhr) aus dem 19. Jh. dominiert. 1739, als hier immer noch Stierkämpfe stattfanden, ging auf dieser Plaza ein Mob von *cuencanos* (Einwohnern Cuencas) – und nicht etwa ein Stier – auf ein Mitglied der geodätischen Expedition des Forschers La Condamine los, weil der Mann offenbar eine Affäre mit einer einheimischen Frau gehabt hatte.

Museo de Arte Moderno MUSEUM
(07-413-4900; Ecke Mariscal Sucre & Talbot; Eintritt gegen Spende; Mo–Fr 9–17, Sa & So 9–13 Uhr) Dieses witzige Museum am Südrand der Plaza de San Sebastián war einst eine psychiatrische Anstalt. Heute lässt sich hier eine renommierte Sammlung von Kunst aus Ecuador und Lateinamerika besichtigen.

Plaza de San Francisco

Das prächtig im Kolonialstil errichtete, jedoch seltsam marode Versatzstück des Platzes ist die aus dem 19. Jh. stammende **Iglesia de San Francisco** (Ecke Padre Aguirre & Presidente Córdova; Mo–Sa 6.30–17, So 6.30–20 Uhr), in der ein wichtiger mit Blattgold überzogener Altar aus der Kolonialzeit steht. Die Plaza selbst flankieren alte Gebäude mit Kolonnaden und Holzbalkonen sowie einer der größten Straßenmärkte der Stadt.

El Carmen de la Asunción KIRCHE

(Padre Aguirre, Nähe Mariscal Sucre; ⏲ Mo–Sa 6.30–17, So 6.30–20 Uhr) Die ziemlich nüchtern wirkende weiße Kirche aus dem Jahr 1682 direkt um die Ecke von der Plaza de San Francisco bildet einen auffälligen Kontrast zu dem farbenfrohen **Blumenmarkt** auf der kleinen Plazoleta del Carmen direkt davor.

Parque Calderón & Umgebung

Zwei wunderschöne Kirchen säumen die größte Plaza der Stadt. Namensgeber des Platzes ist der Unabhängigkeitsheld Abdón Calderón, dessen Denkmal die Mitte des Parks schmückt – zu erreichen auf hübschen Spazierwegen zwischen sorgfältig gestutzten Hecken.

★ Catedral de la Inmaculada Concepción KIRCHE

(Parque Calderón; ⏲ Mo–Sa 6.30–17, So 6.30–20 Uhr) Diese riesige Kirche wird auch „neue Kathedrale" genannt, denn mit ihrem Bau wurde erst 1885 begonnen. Die gewaltigen Kirchenkuppeln aus himmelblauen tschechischen Fliesen sind in Cuenca überall erkennbar. Die Glockentürme wirken nicht nur etwas niedrig, sondern sind es tatsächlich: Wegen eines Konstruktionsfehlers hätte die ursprünglich geplante Höhe die Statik des Hauptbaus überfordert.

★ El Sagrario KIRCHE

(Parque Calderón; Erw./Kind 2/1 US$; ⏲ Mo–Fr 9–17, Sa & So 8–16 Uhr) Gegenüber der neuen Kathedrale, auf der anderen Parkseite, erhebt sich die weiß verputzte El Sagrario, auch als die „alte Kathedrale" bezeichnet. Ihre Errichtung begann in Cuencas Gründungsjahr (1557). 1739 verwendete La Condamines Expedition die Türme als Triangulationspunkt bei der Erdvermessung. Die nicht mehr für Gottesdienste genutzte Kathedrale dient heute als Konzertsaal und religiöses Museum.

Im Hof hinter der Kirche hängen faszinierende historische Fotografien von Cuenca aus der Kolonialzeit.

Museo de la Ciudad MUSEUM

(Ecke Gran Colombia & Benigno Malo; ⏲ Mo–Fr 8–13 & 15–18, Sa 10–14, So 10–13 Uhr) GRATIS Das gut erhaltene Kolonialgebäude in der ehemaligen Escuela Central la Inmaculada wurde mit schicken modernen Akzenten aufpoliert. In den Salons wird Kunst ausgestellt.

Museo del Monasterio de las Conceptas MUSEUM

(☎ 07-283-0625; Miguel 6-33; Erw./Schüler 3,50/2,50 US$; ⏲ Mo–Fr 9–18.30, Sa 10–17 Uhr) Dieses Museum im Konvent der Unbefleckten Empfängnis von 1599 beleuchtet die jahrhundertealten Traditionen der Nonnen, die hier abgeschieden leben und darum selbst nicht zu sehen sind – wohl aber ihre einfache Brotbackausrüstung, Dioramen ihrer nüchternen Wohnzellen und etwas religiöse Kunst.

Parque San Blas

An diesem etwas ungepflegten Park am Ostrand des historischen Zentrums, wo sich früher das „untere Stadtviertel" befand, steht eine der größten Kirchen der Stadt, die **Iglesia de San Blas** (Vega; ⏲ Mo–Sa 6.30–17, So 6.30–20 Uhr). Sie ist als einziges Gotteshaus Cuencas in Form eines Lateinischen Kreuzes erbaut.

TRACHTEN ÜBER TRACHTEN

Die meisten Traveller werden von den bunten und aufwendigen Trachten beeindruckt sein, welche die indigenen Frauen traditionell in und rund um Cuenca tragen. Während die meisten Männer der Region inzwischen auf ihre klassischen Ponchos verzichten, ziehen viele Frauen immer noch stolz ihre Traditionskluft an. Die charakteristischen Saumstickereien ihrer etwa knielangen *polleras* (Röcke) geben Aufschluss über die Herkunft der jeweiligen Trägerin. Edle *polleras* können Hunderte Dollar kosten. Das kostbarste Element einer indigenen Frauentracht ist jedoch der wunderschöne *paño*. Dieser Fransenschal entsteht mittels einer komplizierten präkolumbischen Webtechnik namens *ikat*. Vervollständigt wird das Ganze von einem Strohhut, dicken Metallohrringen *(zarcillas)* und zwei langen Zöpfen. Dieser zeitlose Look hat alle Modetrends der letzten 100 Jahre überlebt – auch Weichplastikarmbänder, Schlaghosen oder mit Säure künstlich verwaschene Jeans

Cuenca

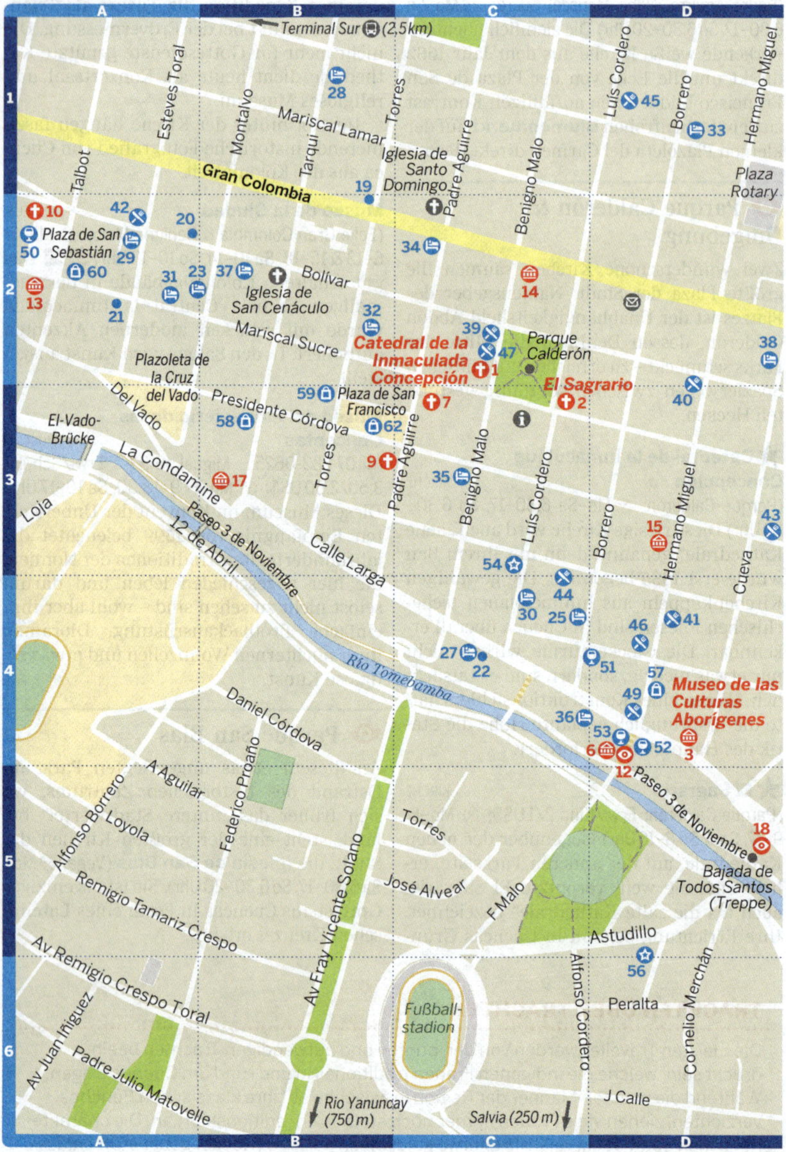

Río Tomebamba & Calle Larga

Majestätische Gebäude aus der Kolonialzeit säumen die grasbewachsenen Ufer des Río Tomebamba, der Cuencas historischen Bereich scharf von den neuen Wohnvierteln im Süden trennt. Die Fassaden der Häuser liegen an der Calle Larga, die parallel zum und oberhalb des Tomebamba verläuft. Die Hinterseiten „hängen“ dagegen über dem Fluss. Dieser Tatsache verdankt das schicke Viertel seinen lokalen Spitznamen „El Bar-

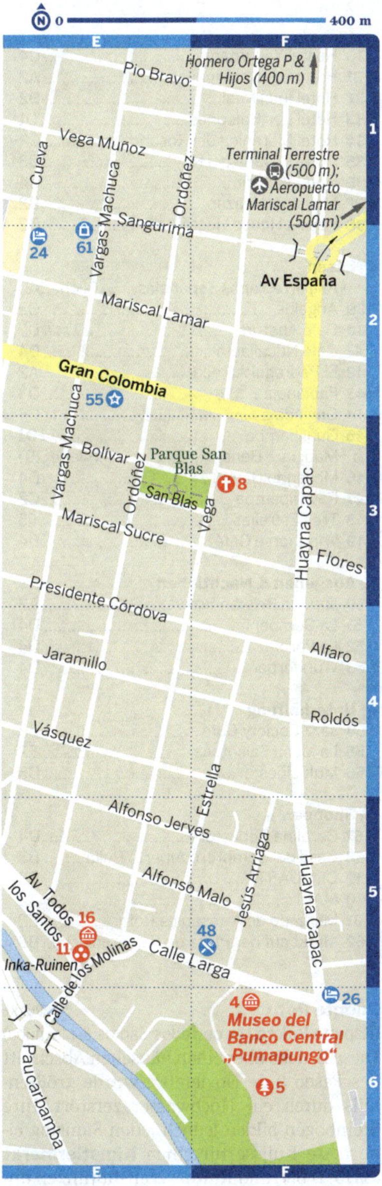

ranco" (Steilwand bzw. -ufer, Klippe). Steile Steintreppen – am meisten benutzt wird die breite **La Escalinata** – führen hinunter zum Paseo 3 de Noviembre, einem hübschen Spazier- und Radweg, der dem Nordufer nach Westen bis El Vado folgt.

★ Museo del Banco Central „Pumapungo" MUSEUM

(☎ 07-283-1521; www.pumapungo.org; Larga, zw. Arriaga & Huayna Capac; ⏲ Di–Fr 8–17, Sa & So 10–16 Uhr) GRATIS Eins der bedeutendsten Museen Ecuadors, das Pumapungo, beherbergt hervorragende moderne Kunst im Erdgeschoss, aber das absolute Highlight des Museums ist der erste Stock. Er nimmt die Besucher mit auf eine faszinierende Reise durch die verschiedenen Ureinwohnerkulturen Ecuadors, veranschaulicht anhand farbenfroh animierter Dioramen und Rekonstruktionen typischer Wohnhäuser der Afro-Ecuadorianer aus der Provinz Esmeraldas, der cowboyartigen *montubios* (Küstenbauern) des westlichen Tieflands, verschiedener Regenwald-Ethnien und aller großen Hochlandstämme.

Das Finale bilden fünf seltene gruselige *tzantzas* (Schrumpfköpfe) der Shuar-Kultur aus dem südlichen Oriente. Im Museumspreis enthalten ist der Eintritt zum **archäologischen Park** (⏲ Di–Sa 8–17.30 Uhr) hinter dem Haus. Dort kann man weitläufige Gebäuderuinen erkunden, die wohl zur alten Inkastadt Tomebamba gehören. Viel ist aber nicht mehr übrig: Die spanischen Konquistadoren transportierten die meisten Steine zum Bau Cuencas ab. Der archäologische Park ist aber trotzdem einen Blick wert und nett zum Spazierengehen, eventuell mit einer Erfrischungspause in der Snackbar.

★ Museo de las Culturas Aborígenes MUSEUM

(☎ 07-284-1540; www.museodelasculturasaborigenes.com; Larga 5-24; Erw./Schüler 4/2 US$; ⏲ Mo–Fr 9–18, Sa bis 14 Uhr) Dieses Museum für indigene Kulturen zeigt über 5000 archäologische Artefakte, die von mehr als 20 präkolumbischen Völkern Ecuadors stammen und bis zu 15 000 Jahre alt sind. Das absolute Highlight ist jedoch die informative Führung in Eigenregie, bei der man so unerwartete Gegenstände wie Obsidiankämme und -spiegel sowie ziemlich ausgefeilte Kochgeräte kennenlernt und auch die Bedeutung der eindrucksvollen Stoffmuster und Verzierungen erfährt.

Es handelt sich um eins der seltenen Museen, wo der Anblick von Artefakten einen wirklich fasziniert. In einem ruhigen Café im Hof wird superstarker Kaffee verkauft.

Inkaruinen RUINE

Eine Reihe von Inka-Ruinen liegt in Flussnähe zwischen dem östlichen Ende der Larga

Cuenca

Highlights
1 Catedral de la Inmaculada Concepción C2
2 El Sagrario C3
3 Museo de las Culturas Aborígenes D4
4 Museo del Banco Central „Pumapungo" F6

Sehenswertes
5 Archäologischer Park F6
6 Centro Interamericano de Artes Populares D4
7 Iglesia El Carmen de la Asunción C3
8 Iglesia de San Blas F3
9 Iglesia de San Francisco B3
10 Iglesia de San Sebastián A2
11 Inka-Ruinen E5
12 La Escalinata D4
13 Museo de Arte Moderno A2
14 Museo de la Ciudad C2
15 Museo del Monasterio de las Conceptas D3
16 Museo Manuel Agustín Landivar E5
17 Prohibido Museo de Arte Extremo B3
18 Puente Roto D5

Aktivitäten, Kurse & Touren
19 Centers for Interamerican Studies B2
Expediciones Apullacta .... (siehe 19)
Kushi Waira .... (siehe 57)
Sampere .... (siehe 6)
20 Sí Centro de Español e Inglés A2
21 Simón Bolívar Spanish School A2
22 Terra Diversa Travel Center C4

Schlafen
23 Casa Montalvo A2
24 El Cafecito E2
25 Go Hostel C4
26 Hostal Alternative F6
27 Hostal Casa de Barranco C4
28 Hostal Macondo B1
29 Hostal Posada del Angel A2
30 Hostal Yakumama C4
31 Hotel Casa de Aguila A2
32 Hotel Inca Real B2
33 Hotel Los Balcones D1
34 Hotel Morenica del Rosario C2
35 Hotel Posada del Rey C3
36 Hotel Victoria C4
37 Mansión Alcázar B2
38 Pepe's House Hostal D2

Essen
Akelarre Tapas Españolas .... (siehe 32)
39 Angelus C2
40 Café Austria D2
41 Café Ñucallacta D4
42 El Pedregal Azteca A2
43 Fabiano's D3
44 Govinda's C4
45 Guajibamba D1
Mangiare Bene .... (siehe 29)
46 Moliendo Café D4
47 Raymipampa C2
48 Tres Estrellas F5
49 Windhorse Café D4

Ausgehen & Nachtleben
50 Jodoco Belgian Brew A2
51 La Compañía D4
52 La Parola D4
53 Wunderbar D4

Unterhaltung
54 Jazz Society Café C3
55 La Mesa Salsoteca E2
56 Multicines D5

Shoppen
57 Carolina Bookstore D4
58 Casa del Sombrero Alberto Pulla B3
59 CEMUART B3
60 MAKI A2
61 Mercado de Artesanias Rotary E2
62 Markt auf der Plaza de San Francisco B3

und der Avenida Todos los Santos. Die meisten Steinbauten wurden eingerissen, um dort Kolonialgebäude zu errichten, doch einige schöne Überreste kann man noch ausmachen.

Museo Manuel Agustín Landivar MUSEUM
(Ecke Larga 2-23 & Vega; Mo–Fr 9–13 & 15–18 Uhr) GRATIS Dieses Museum am Ostende der Calle Larga zeigt archäologische Ausstellungen. Zudem veranstaltet das Personal Führungen durch die **Ruinas de Todos Santos**, die aus übereinanderliegenden Ruinenschichten der Cañari, Inka und Spanier bestehen. Ohne Führer lässt sich das Ganze auch von unten von der Avenida de Todos Santos aus betrachten.

Puente Roto BRÜCKE
(Kaputte Brücke; Av de Todos Santos & Machuca) Diese Brücke über einen hübschen Abschnitt des Paseo 3 de Noviembre wurde größtenteils durch ein Hochwasser zerstört. Ihre Steinbogen bilden jedoch jeden Samstag eine nette Kulisse für einen **Künstlermarkt** (Sa 10–17 Uhr) und Kulturveranstaltungen unter freiem Himmel.

Centro Interamericano de Artes Populares MUSEUM
(Cidap; 07-284-0919; www.cidap.org.ec; Ecke 3 de Noviembre & La Escalinata; Mo–Fr 9–17, Sa bis 16 Uhr) GRATIS Das Interamerikanische Zentrum für Traditionelle Kunst liegt di-

rekt am Treppenende unten am Flussufer. Es präsentiert indigene Trachten, Kunsthandwerk und Kunst aus ganz Lateinamerika. Außerdem gibt's hier einen eleganten und günstigen Kunsthandwerksladen.

El Vado

Rund um Plazoleta de la Cruz del Vado und Calle La Condamine finden sich zahlreiche Cafés, Restaurants, Galerien und *talleres* (Kunsthandwerkerateliers). Die Spezialisierung der Handwerker reicht von traditionellen Stick- und Kupferwaren bis hin zu Sätteln.

Prohibido Museo de Arte Extremo GALERIE
(La Condamine 12-102; US$1; Mo–Sa 9–21 Uhr) Das aufstrebende Viertel El Vado beheimatet ein paar ungewöhnliche Anlaufpunkte wie diesen Mix aus Galerie, Bar und Nachtclub mit Sensenmanndeko. Man findet die Galerie im oberen Teil des Parks.

Südlich der Innenstadt

Der moderne Teil der Stadt, südlich des Río Tomebamba, ist architektonisch vielleicht weniger ansprechend, entwickelt sich aber zunehmend zur coolen Ausgehmeile. Außerdem gibt's hier zwei attraktive Grünflächen, für deren Besuch es sich lohnt, das koloniale Herz Cuencas mal zu verlassen.

Río Yanuncay PARK
1 km südlich der in der Altstadt gelegenen La Escalinita-Treppe stößt man auf das idyllische grüne, baumbestandene Flussufer mit seinen vielen Biegungen – der perfekte Ort für ein Picknick. Flussaufwärts, am Zusammenfluss mit dem Río Tarqui, dem dritten Wasserlauf Cuencas, befindet sich ein interessanter **Botanischer Garten**, per Taxi für 1,50 US$ zu erreichen.

Mirador de Turi AUSSICHTSPUNKT
Für eine schöne Aussicht auf Cuenca fährt man mit einem Taxi (4 US$) südwärts über die Avenida Solano zur schmucklosen weißen Iglesia de Turi. Der Anblick des berühmten romantischen Stadtbilds ist bei Sonnenuntergang besonders schön. Dasselbe gilt für November- bzw. Dezemberabende, wenn Cuenca die Weihnachtsbeleuchtung anknipst.

Alternativ kommt man mit dem Doppeldecker-Sightseeingbus (8 US$) hierher, der ca. alle 30 Minuten an der Nordseite des Parque Calderón abfährt.

Kurse

Die meisten Sprachschulen in Cuenca geben Einzelunterricht für rund 10 US$ pro Stunde.

Centers for Interamerican Studies SPRACHE
(CEDEI; 07-283-9003; www.cedei.org; Ecke Gran Colombia 11-02 & General Torres, EG) Gemeinnützige Sprachschule mit Spanisch-, Portugiesisch- und Kichwa-Kursen, die ohne Voranmeldung und/oder längerfristig belegt werden können.

Sampere SPRACHE
(07-282-3960; www.sampere.com; Hermano Miguel 3-43) Eine absolut empfehlenswerte und gut laufende Schule in spanischem Besitz.

Sí Centro de Español e Inglés SPRACHE
(099-918-8264, 098-277-4464; www.sicentrospanishschool.com; Bolívar 13-28, zw. Toral & Juan Montalvo; Unterricht pro Std. 8,50 US$; Mo–Fr 9–13 & 14–18, Sa 9–13 Uhr) Eine der verlässlichsten Spanisch-Sprachschulen Cuencas bietet Unterricht in kleinen Gruppen und Einzelunterricht.

Simón Bolívar Spanish School SPRACHE
(07-283-2052, 07-284-4555; www.bolivar2.com; Sucre 14-21, zw. Toral & Talbot; Anmeldegebühr 35 US$, Einzelunterricht/Zweiergruppe/Mehrpersonengruppe 8/6/5,50 US$ pro Std.) Wer sich für einen Kurs einschreibt, darf kostenlos an Salsakursen und Kochkursen (3 US$) teilnehmen.

Geführte Touren

Lokale Touranbieter veranstalten stressfreie Tagestrips zu regionalen Attraktionen (z. B. Ingapirca, Parque Nacional Cajas, nahegelegene Dörfer und Märkte). Sie verlangen meist 40–50 US$ pro Person und holen ihre Kunden direkt am Hotel ab.

Expediciones Apullacta ABENTEUER
(07-283-7815; www.apullacta.com; Gran Colombia 11-02, 1. Stock; Mo–Fr 8.30–13 & 14.30–18.30, Sa 9–12 Uhr) Großer Anbieter, dessen Tagesausflüge z. B. nach Ingapirca (50 US$), zum Parque Nacional Cajas (50 US$) oder in die Gegend von Gualaceo (55 US$) führen. Ebenfalls werden Trips mit zwei Übernachtungen (Inka-Trail-Paket; 280 US$) und Canyoning-Tagestouren (80 US$) mit international zertifizierten zweisprachigen Tourguides und hervorragender Ausrüstung angeboten.

SANTA SOPA

Während der Semana Santa („Heilige Woche" vor Ostern) tauchen in ganz Cuenca auf einmal Werbeschilder für *fanesca* auf. Diese Kabeljausuppe ersetzt das verbotene rote Fleisch während der Osterzeit. Als Basis dient Kürbis, außerdem kommt ein Dutzend verschiedener Bohnen- bzw. Getreidesorten hinein, das für die zwölf Apostel Jesu steht. Als Verzierung dienen z. B. hartgekochte Eier, gebackene Kochbananen oder Mini-Empanadas (Letztere symbolisieren die Ungläubigen: Sie sind zwar kein fester Bestandteil der Suppe, aber dennoch willkommen). Die Suppe ist so reichhaltig und lecker, dass der Hunger garantiert bis zum nächsten Osterfest ausbleibt. In Cuenca wird als Dessert oft noch mit Zimt bestreuter Milchreis gereicht.

Kushi Waira ÖKOTOUREN
(☎ 099-747-6337, 07-244-0411; www.kushiwaira.com; 40 US$ pro Pers.) Kushiwaira ist eines der besten gemeindebasierten Tourismusprojekte der Region Cuenca und führt bei Bedarf Touren in die nahegelegene Gemeinde Tarqui durch. Zu den einmaligen Tagesausflügen zählen die Besichtigung einer *cuy*-(Meerschweinchen-)Aufzuchtfarm, Vorführungen typischer Inkarituale, ein Picknick mit Einheimischen u. Ä. Ausgangspunkt ist der Carolina Bookstore (S. 198); dort erfährt man auch, wann der nächste Ausflug startet.

Terra Diversa Travel Center GEFÜHRTE TOUREN
(☎ 07-282-3782, 099-920-4832; www.terradiversa.com; Calle Larga nahe Cordero) Dieser Spezialist für Tagestouren mit dem Fahrrad oder auf dem Pferderücken veranstaltet auch Tagesausritte und Ausflüge zu Pferd, bei denen man auf Haziendas übernachtet oder nördlich von Ingapirca am Inkapfad zeltet. Im Angebot sind auch Touren zum Parque Nacional Cajas oder ins Amazonasgebiet. Dreistündige Stadtführungen durch Cuenca kosten 25 US$.

Feste & Events

Karneval FESTIVAL
Wie in anderen Teilen Ecuadors wird im Februar auch in Cuenca der Karneval mit wilden Talkum- und Wasserschlachten begangen, von denen wirklich niemand verschont bleibt.

Semana Santa RELIGIÖSES FEST
Die Osterwoche wird in Cuenca hingebungsvoller begangen als in den meisten anderen Städten. Die ganze Woche hindurch finden Prozessionen statt, deren höchste Intensität wahrscheinlich am Gründonnerstag erreicht ist, wenn die Gläubigen alle sieben wichtigsten Kirchen der Stadt umrunden. Spezielle Gerichte wie die mit Käse zubereiteten *empanadas del viento* und Cuencas spezielle Variante der reichhaltigen ecuadorianischen Ostersuppe *fanesca* helfen hungrige Mäuler zu stopfen.

12 de Abril STADTFEST
Cuenca feiert seine Gründung (12. April 1557) oft direkt nach Ostern. Zu dieser Zeit geben z. B. die Kinder Treueversprechen gegenüber der Stadt ab; auch die Reina de Cuenca (Königin von Cuenca) wird dann gewählt. Die *cuencanos* demonstrieren ihren großen Bürgerstolz mit aufwendigen Feuerwerkswagen aus den verschiedenen Vierteln der Stadt.

Fronleichnam RELIGIÖSES FEST
Dieser katholische Feiertag fällt normalerweise auf den neunten Donnerstag nach Ostern und oft mit dem indigenen Inti-Raymi-Fest am Tag der Sommersonnenwende (Juni) zusammen. In Cuenca wird er so leidenschaftlich begangen wie andere wichtige Feiertage und geht in ein Prozessionswochenende mit viel Feuerwerk über. Der Parque Calderón wird zum großen Freiluftjahrmarkt mit traditionellem Naschwerk.

Unabhängigkeitstag STADTFEST
Cuencas Unabhängigkeitstag am 3. November bildet zusammen mit Allerheiligen und Allerseelen (1. bzw. 2. Nov.) eine wichtige Urlaubsperiode, die sowohl die Stadtbewohner als auch die Einwohner des ganzen Landes genießen.

Pase del Niño RELIGIÖSES FEST
Weil Cuenca stark vom Katholizismus geprägt ist, sind die Teilnehmer der Weihnachtsprozession das ganze Jahr über mit Vorbereitungen beschäftigt. Das Ganze gipfelt dann in einem der spektakulärsten religiösen Feste Ecuadors.

Schlafen

Cuenca hat eine breite Auswahl an Hotels, von denen viele in alten restaurierten Häusern oder Villen untergebracht sind. Die hiesigen Unterkünfte decken alle Preiskategorien ab, sind aber im landesweiten Vergleich etwas teurer. Während der Urlaubszeit werden die Tarife angehoben, außerdem sind die Häuser schnell ausgebucht.

★ Pepe's House Hostal HOSTEL $
(☎ 097-872-5370; Mariano Cueva 9-69; B mit Frühstück 11 US$, EZ/DZ ab 20/35 US$; 📶) Das super entspannte und optisch ansprechende bunte, aber minimalistisch eingerichtete Pepe's House ist Cuencas Hostel für Reisende, die die wilde Partyphase hinter sich haben. In den Schlafsälen mit bequemen Betten sorgen Abtrennungen durch halbe Wände für etwas Privatsphäre, die Einzelzimmer wirken wie Gästezimmer bei Freunden. Der weiträumige Aufenthaltsbereich lädt zum Faulenzen ein, im angeschlossenen Café bekommt man leckeres, gesundes Essen.

Weitere Extras sind ein kostenloser Wäscheservice bei Aufenthalten ab drei Tagen (ansonsten zahlt man angemessene 5 US$) und kostenlose Stadtführungen. Am Wochenende sind die Preise etwas höher.

Hostal Yakumama HOSTEL $
(☎ 07-283-4353; www.hostalyakumama.com; Cordero, zw. Jaramillo & Vásquez; B/EZ/DZ mit Frühstück ab 8/17/22 US$, DZ mit eigenem Bad 31 US$; 📶) Was Hostels anbelangt, ist das geräumige Yakumama eins der besten in Cuenca. Die Besitzer wissen offenbar genau, wie ein tolles Hostel aussehen muss, angefangen bei den hellen, geräumigen 10-Betten-Dorms über die liebevoll handbemalten Privatzimmer bis hin zu den coolen Gemeinschaftsecken (ein mit Wandgemälden verzierter Patio mit Blumen). Am tollen schwarzen Brett findet man aktuelle Veranstaltungen und Aktivitäten in der Stadt.

Das Personal ist mal freundlich, mal nicht, und das Hostel könnte ein bisschen sauberer sein, aber dennoch ist es eine tolle Adresse, um andere Traveller kennenzulernen und in der Lounge abzuhängen. Auch Nicht-Gäste bekommen in der Lounge in der Zeit von 17 bis 0 Uhr Cocktails.

Hostal Alternative HOSTEL $
(☎ 07-408-4101; www.alternativehostal.com; Ecke Huayna Capac & Cacique Duma; B/EZ/DZ mit Frühstück 9/13/22 US$; 📶) Auch wenn es etwas ab vom Schuss liegt, spricht eine Menge für den modernen Achteckbau mit seinen supersauberen Zimmern, Gemeinschaftsküche, Fernsehraum und einer fantastischen Dachterrasse. Die kleinen und mittelgroßen Schlafsäle mit guten Matratzen bieten jede Menge Platz.

Go Hostel HOSTEL $
(☎ 099-510-1746, 098-837-5810; Borrero 5-47; B/DZ mit Frühstück ab 7/24 US$; 📶) In einem schönen, knarrenden kleinen Gebäude aus der Kolonialzeit liegt dieses brandneue Hostel – ein Schnäppchen mitten im Ort. Es herrscht absolute Ruhe, aber die Stimmung ist trotzdem sehr gesellig und während der täglichen Happy Hour bekommt man zwei Drinks für 5 US$.

El Cafecito HOSTEL $
(☎ 07-411-4765; www.elcafecitohostel.wixsite.com/elcafecito; Cueva 11-28 nahe Lamar; B/DZ 10/30 US$; 📶) Seit unserem letzten Besuch hat sich im altbewährten Backpacker-Liebling El Cafecito nicht viel verändert. Einerseits ist das gut (warum sollte man etwas Gutes verändern – wahrscheinlich bleibt es noch ewig Travellertreff Nummer eins), andererseits schlecht (die Zimmer sehen etwas mitgenommen aus und andere Hostels in der Stadt haben es qualitativ überholt). Die Café-Bar im Patio ist immer noch einladend und stimmungsvoll, aber die angrenzenden Zimmer leiden bis in die frühen Morgenstunden unter dem hohen Geräuschpegel.

Hotel Morenica del Rosario HOTEL $$
(☎ 07-282-8669; www.morenicadelrosario.com; Ecke Gran Colombia 10-65, zw. Torres & Aguirre; EZ/DZ mit Frühstück 63/81 US$) Im recht ausgefallenen Morenica del Rosario geht's über steile Treppen zu einer Reihe geräumiger, gut möblierter, teilweise etwas schäbiger Zimmer mit dem Ambiente der ehemals noblen Gemächer eines greisen Aristokraten, und hoch zu einer hübschen Dachterrasse. Die Gemeinschaftsräumlichkeiten verströmen einen Hauch gotischer Pracht, und im ganzen Haus geht's sehr ruhig zu. Alle Zimmer haben Safes und Minikühlschränke.

Hostal Macondo HOTEL $$
(☎ 07-282-1700; http://hostalmacondo.com; Tarqui 11-64; EZ/DZ mit Frühstück 34/47 US$; 📶) Das im Kolonialstil erbaute Hostal Macondo besitzt einen älteren Vorderbereich mit blitzsauberen, palastartigen Zimmern und kleine, aber gemütliche Quartiere am Rand eines großen, sonnigen Gartens hinten. Dies ist eine der besten Unterkünfte der Stadt im unteren Preissegment! Wer länger bleibt, freut sich über den Zugang zur gut ausgestatteten und sauberen Gästeküche.

Obendrein liebt jedermann das europäische Frühstück mit viel Kaffee.

Hotel Inca Real HOTEL $$

(☎ 07-282-5571; www.hotelincareal.com.ec; Torres, zw. Sucre & Bolívar; EZ/DZ ab 70/91 US$; P 📶) Eher am unteren Ende der Spitzenklasse und weniger am oberen Ende der Mittelklasse liegt das Inca Real. Alles wirkt ausgesprochen ambitioniert, und der wunderschön getäfelte Patio und das ebenso bezaubernde Tapas-Restaurant nebenan lassen umwerfende Zimmer erwarten. Doch die liegen höchstens einen Tick über dem Mittelmaß: Ihre Ausstattung erfüllt nur die Standardkriterien. Im Angebot ist auch eine Suite.

Hotel Posada del Rey HOTEL $$

(☎ 07-284-3845; www.posadadelreyhotel.com; Ecke Benigno Malo & Córdova; EZ/DZ/Suite mit Frühstück ab 23/60/99 US$; P 📶) Die zehn Zimmer des restaurierten Hauses im Kolonialstil haben von Hand bemalte Wände; sie umgeben einen zentralen Innenhof voller Holz und Eisen. Trotz des Hotelnamens sind die Quartiere nicht unbedingt königlich, aber dank Balkonen und Kabelfernsehen recht komfortabel. Allerdings riechen sie seltsam nach Putz- bzw. Desinfektionsmitteln. Die Mitarbeiter könnten ein klein bisschen freundlicher sein, wenn sie einem Gast das Zimmer zeigen – das darf ein König eigentlich erwarten, oder?

Hostal Posada del Angel B&B $$

(☎ 07-284-0695; www.hostalposadadelangel.com; Bolívar 14-11; EZ/DZ/3BZ mit Frühstück 54/81/98 US$; P @ 📶) Das gelb-blaue B&B in einem – natürlich! – kolonialzeitlichen Haus vermietet komfortable Bleiben mit Kabelfernsehen und großen Betten. Die Quartiere hinter den Innenbalkonen haben hohe Decken. Diverse andere Zimmer in den ruhigen Außenbereichen (unsere Favoriten) sind über eine schmale Holztreppe erreichbar. Über die frühstückenden Gäste in der sonnigen Lobby wacht der namensgebende Engel.

Casa Montalvo HOSTEL $$

(☎ 07-284-4997; www.casamontalvo.com; Montalvo 8-33 nahe Sucre; EZ/DZ/3BZ mit Frühstück ab 50/120 US$; 📶) Mit seinem Kolonialchic und moderner Ausstattung ist dieses Mittelklassehostel ein gemütlicher Ausgangspunkt, um Cuenca zu erkunden. Die Zimmer liegen rund um einen attraktiven Hof; einige sind schlichter eingerichtet, als man es den Gemeinschaftsbereichen nach vermuten würde.

Hostal Casa de Barranco PENSION $$

(☎ 07-283-9763; www.casadelbarranco.com; Larga 8-41, zw. Benigno Malo & Cordero; EZ/DZ/3BZ mit Frühstück ab 29/44/58 US$; 📶) Über den hohen Klippen von El Barranco liegt dieses Kolonialhaus mit gemütlichen Zimmern, von denen vier Terrassen mit Blick auf den Fluss haben. Die Cafeteria mit den unverputzten Steinwänden, noblen Möbeln und ebenfalls Flussblick von der Terrasse ist ein nettes Plätzchen zum Frühstücken. Die Pension lebt von ihrer tollen Lage.

★ **Mansión Alcázar** HISTORISCHES HOTEL $$$

(☎ 07-282-3918, 07-282-3889; http://mansionalcazar.com; Bolívar 12-55; EZ/DZ mit Frühstück 145/252 US$; P @ 📶) Cuencas bestes Spitzenklassehotel glänzt mit unschlagbarem Service und einzigartiger Zimmereinrichtung. Der Innenhofbrunnen quillt fast über vor frischen Blumen. Auch der prächtige Garten, die Bibliothek und das internationale Restaurant zeugen davon, dass das Management auf Details achtet. Fünf neuere Zimmer umgeben einen Garten hinten auf dem Gelände. Außerdem gibt's mehrere Suiten.

Hotel Victoria HAZIENDA $$$

(☎ 07-283-1120, 07-282-7401; www.hotelvictoriaecuador.com; Calle Larga 6-93; EZ/DZ mit Frühstück 90/115 US$; P @ 📶) Das Victoria ist einer der Prachtbauten aus dem 17. Jh., die am *barranco* über dem Río Tomebamba hängen. Viele Quartiere mit Aussicht machen es zu Cuencas so ziemlich bester Mittelklasse-Option. Seine 23 tadellosen Zimmer im Haziendastil punkten mit freiliegenden Holzbalken, bequemen Betten und modernen Bädern. Zwei Suiten mit riesigen Terrassen am Fluss machen das Victoria zu einer schönen Adresse der Spitzenklasse. Abgerundet wird ein Aufenthalt vom aufmerksamen Personal und dem hervorragenden Restaurant.

Hotel Casa de Aguila HOSTEL $$$

(☎ 07-283-6498; www.hotelcasadelaguila.com; Sucre 13-56 nahe Montalvo; EZ/DZ mit Frühstück ab 54/78 US$; P 📶) In dem schönen Hostel im Kolonialstil erwarten Gäste 16 gemütliche Zimmer mit Holzböden und modernen Bädern rund um einen ruhigen Innenhof mit plätscherndem Springbrunnen. Einige Zimmer haben Balkone mit Blick auf die Kathedrale. Das liebenswerte Personal passt zum schönen Ambiente.

Hotel Los Balcones HISTORISCHES HOTEL $$$

(☎ 07-284-2103; www.hotellosbalconescuenca.com; Borrero 12-08; EZ/DZ/3BZ 75/110/128 US$;

(P wifi) Das umgebaute Haus aus der Kolonialzeit mit seinem zentralen Hof, in dem bemerkenswerterweise ein Kronleuchter zu finden ist, gefällt uns immer noch. Die kleinen, aber gepflegten Zimmer haben handbemalte Wände und die Dachterrasse eine märchenhafte Aussicht. Unter den Whirlpool-Duschen hat man das Gefühl, von 1000 Händen gleichzeitig massiert zu werden. Zu den Annehmlichkeiten gehören Haartrockner, Safes, Kühlschränke und Schokoladen.

Essen

★ Moliendo Café
KOLUMBIANISCH $

(☎ 07-282-8710; Vásquez 6-24; Hauptgerichte 3–7 US$; ⏲ 9–21 Uhr; wifi) Eines der besten kleinen Lokale von Ecuador – und deshalb ist das Moliendo Café auch immer rappelvoll. Die herzhaften *arepas* (Maispfannkuchen) stammen ursprünglich von den nördlichen Nachbarn Ecuadors, sind hier aber eine Spezialität des Hauses. Die große Palette der Beläge reicht von Bohnen und Käse bis hin zum langsam gegarten Schweinefleisch. Auch die köstlichen und sättigenden *almuerzos* (festgelegte Mittagsmenüs für 2,50 US$) und *meriendas* (festgelegte Abendmenüs für 3,50 US$) sind unschlagbar günstig.

Café Ñucallacta
CAFÉ $

(http://cafenucallacta.com; Hermano Miguel 5-62, zw. Honorato Vasquez & Juan Jaramillo; kleine Gerichte 2–5 US$; ⏲ Mo–Sa 8–18, So 9–13 Uhr; wifi) Das beste Café in Cuenca. Hauptgrund zum Einkehren ist der Kaffee, der aus im Café handgerösteten ecuadorianischen Kaffeebohnen gebraut wird – begleitet von fachmännischen Kommentaren zur ecuadorianischen Kaffeeindustrie von Seiten des gut informierten Besitzers. Darüber hinaus werden aber auch leckere Frühstücksgerichte und Kuchen produziert, und morgens sind die Tische im Handumdrehen besetzt.

Windhorse Cafe
CAFÉ $

(☎ 07-284-9334; Larga 6-16; kleine Gerichte 2–5 US$; ⏲ Do–So 8–15 Uhr) Die Pies (umwerfend sind die mit Erdnussbutter!) sind hervorragend, die Salate verführerisch und die selbst gebackenen Kuchen machen süchtig. Daher verleitet das an eine Raum-Zeit-Maschine erinnernde Windhorse zu einem längeren Aufenthalt. Der kann sich schon mal über einen ganzen Tag hinziehen, denn schließlich gibt's Büchertausch und auch noch Yoga- und Meditationskurse.

Tres Estrellas
ECUADORIANISCH $

(☎ 07-282-6968, 07-282-2340; Calle Larga 1-174; Hauptgerichte 4–5 US$; ⏲ Di–Sa 11.30–15 & 17.30–1 Uhr) Im alteingesessenen Tres Estrellas werden köstliche *cuy* (Meerschweinchen; 17 US$ für 2 Pers.) serviert. Wer sich nicht mit den quiekenden Tierchen als Delikatesse anfreunden kann, findet auf der Karte auch hervorragendes gegrilltes Rind, Hühnchen und Schweinefleisch.

El Pedregal Azteca
MEXIKANISCH $

(☎ 07-282-3652; Estevez de Toral 8-60; Hauptgerichte 5–9 US$; ⏲ Di–Sa 12–15 & 18.30–23, So 12–15 Uhr; ✎) Im El Pedregal mit mexikanischem Flair gibt's hervorragendes mexikanisches Essen, darunter zahlreiche vegetarische Gerichte. Die Portionen sind manchmal etwas klein, also den Bauch vollschlagen mit den kostenlosen hausgemachten Chips!

Govinda's
INTERNATIONAL $

(Jaramillo 7-27; Mittagsmenü zum Festpreis 2,50 US$, Hauptgerichte 4 US$; ⏲ Mo 12–15, Di–Sa 12–15 & 18–22 Uhr; wifi ✎) Pizzas, Linsenburger und etwas gutes Karma zum Hinunterspülen.

Good Affinity
TAIWANESISCH $

(☎ 07-283-2469; Ecke Gran Colombia 1-89 & Capulíes; Hauptgerichte 2–4 US$; ⏲ Mo–Sa 9.30–15.30 Uhr; ✎) Wenn es um Soja, Glutenfreies und alles Vegetarische geht, ist diese taiwanesische Cafeteria mit dem seltsamen Namen unschlagbar. *Almuerzos* (festgelegte Mittagsmenüs; 2 US$) umfassen eine sättigende Suppe, eine Vorspeise und ein Dessert. Es gibt Sitzmöglichkeiten im Freien.

Angelus
EIS $

(Ecke Benigno Malo & Bolívar; Waffeln 1,50–4 US$; ⏲ Mo–Mi 8–22.30, Do–Sa 8–23.30, So 8–22 Uhr) Cuencas coolste *heladería* (Eisdiele) sorgt mit einigen der ausgefalleneren Sorten aus der Gefriere für Schockstarre, aber wir können guten Gewissens das mit Oreo-Keksgeschmack empfehlen. Das Angelus befindet sich mitten auf dem Hauptplatz – einfacher geht's nicht, seiner Eislust zu frönen.

Guajibamba
ECUADORIANISCH $$

(☎ 07-282-0558, 07-283-1016; guajibambarestaurante@gmail.com; Luís Cordero 12-32; Hauptgerichte 7–12 US$; ⏲ Mo–Sa 12–15 & 18–22 Uhr) Auf der kleinen Karte stehen traditionelle Gerichte wie *seco de chivo* und köstliche *fritada* (gebratene Schweinefleischstücke mit Maisgrütze, Avocados und anderen Beilagen). Dies ist eine der besten Adressen, um *cuy* (Meerschweinchen; 21,50 US$) zu pro-

NICHT PANAMA, SONDERN MONTECRISTI!

Seit gut 100 Jahren muss Ecuador hinnehmen, dass die Welt seinen berühmtesten Export – den Panamahut – fälschlich einem anderen Land zuschreibt. Für alle patriotischen Ecuadorianer ist der Panamahut ein *sombrero de paja toquilla* (Hut aus Toquillastroh), für Kenner ein Montecristi – benannt nach der berühmtesten Hutmacherstadt überhaupt. Aber ganz bestimmt kein Paaa …

Diese Fehlbezeichnung zählt sicherlich zu den bekanntesten der Welt. Sie kam in den 1800er-Jahren auf, als spanische Geschäftsleute die Qualität der *sombreros de paja toquilla* erkannten und begannen, sie über Panama zu exportieren. Im 19. Jh. schützten sich die Arbeiter am Panamakanal mit diesen leichten und extrem robusten Hüten gegen die Tropensonne. Dies festigte die Assoziation mit Panama noch weiter.

Paja toquilla-Hüte werden aus den faserigen Wedeln der Toquillapalme *(Carludovica palmata)* hergestellt, die in den trockenen Inlandsregionen der zentralecuadorianischen Küste wächst (vor allem rund um Montecristi und Jipijapa). Einige asiatische und lateinamerikanische Länder haben sich im Kultivieren der Palme versucht, um mit dem ecuadorianischen Huthandel zu konkurrieren. Doch bislang wurde die Qualität der hiesigen Wedel nirgendwo erreicht.

In den Hüten steckt eine unglaubliche Arbeit: Die Palmschösslinge werden geerntet, wenn sie die ideale Konsistenz haben: genau vor der Verwandlung in Blätter. Zur Aufbereitung der Fasern werden sie dann per Esel oder Lastwagen bündelweise in die Küstendörfer gebracht.

Dort werden die Schösslinge zuerst auf dem Boden weichgeklopft und von Hand zerteilt, um die langen, dünnen, flachen und cremefarbigen Blätter zu entfernen. Diese fasst man dann in Bündeln zusammen, kocht sie in großen Wasserbottichen (ca. 20 Min.) und hängt sie für drei Tage zum Trocknen auf. Ein Teil des Materials wird durch Tränken mit Schwefel gebleicht. Beim Trocknen schrumpfen die zerteilten Blätter und rollen sich zu den Strängen zusammen, die als Basis zum Weben dienen.

Ein Teil des fertigen Strohs verbleibt an der Küste. Der Großteil wird aber nach Cuenca und Umgebung verkauft, wo daraus Hüte entstehen. Tatsächlich sind in und rund um Cuenca landesweit die meisten Panamahüte zu sehen.

Das Weben selbst ist sehr mühsam. Die besten Weber arbeiten nur abends (z. T. sogar nur im Mondschein) und frühmorgens, bevor die Hitze für Handschweiß sorgt. Das Ergebnis reicht von recht lockeren Strukturen (typisch für Massenware) bis hin zur festeren „Brisa"-Variante der meisten hochwertigen Panamahüte.

Die vier allgemeinen Qualitätskategorien Standard, Superior, *fino* (fein) und *superfino* (superfein) basieren auf der jeweiligen Gewebedichte. Meist sieht man Standard- oder Superior-Hüte. Im Gegenlicht dürften echte *superfinos* theoretisch keinerlei Löcher aufweisen. Die besten Exemplare sind wasserdicht und so fein gewoben bzw. geschmeidig, dass sie sich zusammenrollen und durch den Ehering eines Mannes ziehen lassen!

Nach dem Weben müssen die Hüte noch zugeschnitten, optional weiß gebleicht, endgültig in Form gepresst und mit einer Banderole versehen werden. Dann sind sie verkaufsbereit. Standard-Varianten gibt's in Ecuador ab ca. 15 US$; *superfinos* kosten hier überall zwischen 100 und 500 US$. Das mag teuer erscheinen, ist angesichts der aufwendigen Handarbeit aber völlig gerechtfertigt. In Europa und Nordamerika legt man für denselben *superfino* übrigens locker das Dreifache hin!

bieren. Wer sich dazu durchringen kann, sollte wegen der Zubereitungszeit eine Stunde vor Ankunft anrufen. Am meisten Betrieb herrscht abends.

Raymipampa ECUADORIANISCH **$$**
(Benigno Malo 8-59; Hauptgerichte 5–11 US$; ⌚ Mo–Fr 8.30–23, Sa & So 9.30–22 Uhr; 📶) Diese Cuenca-Institution mit langen Öffnungszeiten ist bei Einheimischen und Travellern gleichermaßen heiß begehrt. Kulinarisch bewegt man sich hier zwischen ecuadorianischer Hausmannskost und Diner-Essen. Wer sich eine Bank auf der Empore sichert, kann einen Blick auf die ganze Bandbreite der ecuadorianischen Kochkunst werfen.

Café Austria EUROPÄISCH **$$**

(☎ 07-284-0899; Ecke Hermano Miguel & Bolívar; Hauptgerichte 6–12 US$; ⌚ 8–22.30 Uhr; 📶) Hält genau, was der Name verspricht. Das Comfort Food nach österreichischem Vorbild wie Gulasch, Strudel und Sachertorte schmecken besonders himmlisch, wenn man Tage/Wochen *on the road* gewesen ist. Die Ecklage ist super, um zum Kaffee E-Mails zu checken oder mit einheimischen Schachbegeisterten eine Runde zu spielen.

Fabiano's PIZZA **$$**

(Ecke Presidente Córdova & Cueva; Pizzas 6–17 US$; 📶) Das einladende familienfreundliche Fabiano's ist ein altbewährter Gringotreff, hat sich aber auch eine treue Anhängerschaft unter Ecuadorianern geschaffen. Die Pizzen sind großzügig bemessen und lecker; einen Versuch lohnt das Schlemmerfest namens Lasagne Pizza. Wer frühzeitig kapituliert, dem packen die Mitarbeiter den Rest gern zum Mitnehmen ein.

Mangiare Bene ITALIENISCH **$$**

(☎ 07-282-6233; Ecke Estevez de Toral & Bolívar; Hauptgerichte 6–9 US$; ⌚ Mo–Sa 12–15 & 17–22, So 12–15 Uhr) Wenn es *ein* italienisches Lokal in Cuenca gibt, das man kennen sollte, ist es dieses edle Etablissement unterhalb vom Hostal Posada del Angel. Sein Schwerpunkt liegt allerdings mehr auf kunstvoll hergestellter Pasta als auf Pizza. Hat auch eine gute Weinkarte.

Akelarre Tapas Españolas SPANISCH **$$**

(Torres 8-40; Gerichte 3–10 US$; ⌚ Mo–Fr 11–22, Sa 15–17 Uhr; 📶) In gemütlichem, klassischem Ambiente werden kleine Teller mit spanischen Klassikern wie „Papas Bravas" (pikante Bratkartoffeln) oder galicischem Tintenfisch gereicht, von der fantastischen Paella ganz zu schweigen.

Ausgehen & Nachtleben

Cuencas großes Nightlife-Angebot reicht von intimen Kneipen mit Livemusik bis hin zu Clubs im Hollywood-Stil für Balzwillige. Die Discos sind donnerstags bis samstags ab 22 Uhr geöffnet, werden aber erst ab Mitternacht richtig voll. Bars haben allgemein jeden Abend und oft sogar bis 5 Uhr geöffnet.

Wer eine heiße Nacht auf der Piste verbringen möchte, steuert die Presidente Córdova in der Umgebung der Hermano Miguel und die Calle Larga von der Benigno Malo bis runter zur Avenida Todos los Santos an. Dort gibt's Bar-Clubs mit Tanzflächen, in Schale geschmissene Nachtschwärmer von 20 Jahren aufwärts und unzählige Themenlokale.

Viele örtliche Museen veranstalten Theater- und Kulturevents. Auch die Galerien El Vados sind einen Besuch wert. Das Kinoprogramm (Film ca. 4 US$/Pers.) steht in Cuencas Tageszeitung *El Mercurio*.

Jodoco Belgian Brew CRAFT-BIER

(☎ 097-909-3186; www.jodocobelgianbrew.com; Sucre, neben der Kirche San Sebastián; ⌚ Di 16–0, Mi–Sa ab 11 Uhr; 📶) Wunderbar authentisches belgisches Bier, gebraut in Cuenca, bekommt man neben leckeren Bistro-Gerichten in diesem Lokal mit Sitzbereich im Freien an der Plaza. Jazzmusik im Hintergrund und ein stimmungsvoller Innenraum bilden eine prima Kulisse, um entspannt das eine oder andere Craft-Bier zu trinken.

La Compañía BRAUEREIKNEIPE

(☎ 099-887-4099; cnr Borrero & Vásquez; ⌚ Mo–Do 16–23.30, Fr & Sa bis 2 Uhr) Cuencas erste Kleinbrauerei ist immer noch die beste (aber nur um Bierdeckelbreite) und versorgt junge Rockertypen anständig mit handgebrauten Stouts, irischen Ales oder kühlen Blonden. Wer kein Bier mag, kann leckere Cocktails bestellen.

La Parola LIVEMUSIK

(Ecke Larga & Hermano Miguel; ⌚ Di–Sa 16.30–2 Uhr) Essen und Cocktails ergänzen das breite Livemusikangebot dieses Lokals oben an den Felsen von Barranco. Es liegt direkt oberhalb der La Escalinata-Treppe.

Wunderbar BAR

(☎ 07-283-1274; Escalinata 3-43; ⌚ Mo–Do 12–0, Fr bis 2, Sa 15–2 Uhr) Dieser Laden in österreichischem Besitz ist wunderbar für alle, die mit Freunden an den großen Holztischen einer klassischen Bar sitzen möchten. Essen und eine Happy „Hour" (11–18 Uhr) gibt's auch, zudem einen Poolbillardtisch und Großbildschirme für Sportübertragungen.

Unterhaltung

★ **Jazz Society Café** JAZZ

(☎ auf Englisch 093-934-2714, auf Spanisch 099-588-8796; jazzsocietyofecuador@gmail.com; 5-101 Cordero nahe Jaramillo; ⌚ Mi–Sa 18.30–22 Uhr) Am Stammsitz der Jazz Society of Ecuador kann man ecuadorianische und internationale Künstler auf sich wirken lassen. Die The Jazz Society fördert auch junge Talente aus der Gegend, und auch wenn kaum je Eintritt verlangt wird, wird eine bescheidene Spende von 5 US$ gern gesehen – ein Schnäppchen, wenn man bedenkt, was für Künstler hier auftreten.

La Mesa Salsoteca TANZ

(☎ 07-421-3276; Gran Colombia 03-35; ⏰ Mi 21–2, Fr bis 3 Uhr) *Die* Adresse, um seine Salsa-Kenntnisse aufzufrischen. Es geht allerdings erst spät los.

Multicines KINO

(www.multicines.com.ec; Astudillo, Milenium Plaza) Stadionsessel, eimerweise Popcorn und Hollywood-Blockbuster auf Englisch (mit spanischen Untertiteln).

Shoppen

Cuenca ist ein Handelszentrum für Hüte aus *paja toquilla* (Toquilla-, d. h. Panamastroh). Auch Flechtkörbe, filigraner Gold- oder Silberschmuck aus dem nahegelegenen Dorf Chordeleg und Keramikwaren verschiedener Qualität sind normalerweise im Angebot. Die Märkte von Cuenca gehören zu den besten Adressen für den Kauf dieser Erzeugnisse.

Casa del Sombrero Alberto Pulla HÜTE

(☎ 099-519-1987; Tarqui 6-91; ⏰ Mo–Fr 8–13 & 14–18, Sa 8–13 Uhr) Die Hüte von Cuencas berühmtestem Hutmacher haben schon die Häupter von Präsidenten, Promis und Hunderten indigener Frauen aus der Umgebung geziert. Alberto Pulla selbst ist 2010 verstorben, aber sein Erbe lebt weiter.

Markt auf der Plaza de San Francisco MARKT

(Ecke Padre Aguirre & Presidente Córdova; ⏰ 8–17 Uhr) Der Markt auf der Plaza de San Francisco bietet ein interessantes Sammelsurium aus Flechtarbeiten, Keramik, Gegenständen aus Eisen und Holz, billigen Plastiksachen, eigentümlichen Devotionalien und Meerschweinchenbrätern (super Geschenk für Mama, aber schwieriger Heimtransport!). Auf der Nordseite verkaufen außerdem viele *otavaleños* (Einwohner Otavalos) Strickjacken und Webwaren.

Homero Ortega P & Hijos HÜTE

(☎ 07-280-9000; www.homeroortega.com; Gil Ramirez Davalos 03-86; ⏰ Mo–Do 8–12.30 & 14.30–16, Fr & Sa 8–12.30 Uhr) Ecuadors bekanntester Huthändler ist eher ein Kaufhaus. Die Firma exportiert ihre hochwertigen Strohhüte in alle Welt. Der Laden liegt einen Block nördlich vom Busbahnhof und beherbergt mittlerweile ein faszinierendes Museum, das die Geschichte des Huts und dessen Herstellung erzählt; dort lässt sich jeder Schritt des komplexen Produktionsprozesses verfolgen.

CEMUART MARKT

(Centro Municipal Artesanal; ☎ 07-284-5854; Torres 7-33; ⏰ Mo–Fr 9–18.30, Sa bis 17, So bis 13 Uhr) An der Westseite des Markts auf der Plaza de San Francisco liegt dieser Kunsthandwerksmarkt mit über 100 Kunsthandwerksständen, die u. a. handgemachte Musikinstrumente, bestickte Bekleidung, Körbe und Schmuck feilbieten.

Mercado de Artesanias Rotary MARKT

(Sangurima, zw. Cueva & Machuca; ⏰ 8–19 Uhr) Auf diesem netten, entspannten Markt unter freiem Himmel kann man Korb-, Keramik- und Holzwaren, Plastikkitsch, Devotionalien und dekorative Souvenirs erstehen.

Eduardo Vega KERAMIK

(☎ 07-281-7177; www.ceramicavega.com; Vía a Turi 201; ⏰ Mo–Fr 8–17.30, Sa & So 9.30–13.30 Uhr) Gleich unterhalb des Mirador de Turi – 4 km südlich der Innenstadt – befinden sich Wohnhaus, Werkstatt und Studio von Eduardo Vega. Die bunten Terrakotta- oder Emaillewandbilder von Ecuadors bedeutendstem Keramikkünstler zieren Mauern in ganz Cuenca und im übrigen Land. Besucher können Skulpturen, Vasen und Teller erwerben.

MAKI KUNST & KUNSTHANDWERK

(☎ 07-282-0529; maki@fairtrade.ec; Sucre 14-96 nahe Talbot; ⏰ Mo–Fr 10–19, Sa & So bis 17 Uhr) Hochwertige Stoffe, Körbe, Kleidung, Schmuck und Töpferwaren bekommt man in diesem Fair-Trade-Laden. Ein toller Ort, um guten Gewissens Souvenirs zu kaufen!

Carolina Bookstore BÜCHER

(Hermano Miguel 4-46; ⏰ Mo–Fr 9–18, Sa ab 10 Uhr) Carolina hat die beste Auswahl an englischsprachigen Büchern im Umkreis, dazu Karten und unzählige Infos zur Gegend. Auch Spanischunterricht wird angeboten.

Praktische Informationen

GEFAHREN & ÄRGERNISSE

Für eine größere Stadt ist Cuenca ziemlich sicher. Dennoch sollte man sich bei Dunkelheit nur auf gut beleuchteten Straßen fortbewegen. Abends wird die Umgebung der Plaza de San Francisco manchmal etwas unheimlich.

BUSSE AB DEM TERMINAL TERRESTRE

ZIEL	PREIS (US$)	DAUER (STD.)
Alausí	6	4–5
Ambato	9	7
Azogues	0,75	¾
Gualaquiza (über Sigsig)	10	7
Guayaquil	8	4–5
Huaquillas	7	5
Latacunga	10	8½
Loja	7,50	4
Macas (über Guarumales)	10,95	7
Machala	5,50	4–5
Piura (Peru)	15	10 (über Machala) bis 14 (über Macará)
Quito	12	9
Riobamba	7	5–6
Saraguro	5	3
Sigsig	1,50	1½
Zamora	10,50	6

Polizei (☎ 07-284-0476; Plaza de San Francisco; ⏲ 8–20 Uhr)

INFOS IM INTERNET

www.cuenca.com.ec Cuencas Tourismus-Website.

www.cuencanos.com Viele Infos zu Cuenca (größtenteils auf Spanisch).

www.gringotree.com Richtet sich vor allem an hier lebende Ausländer, bietet aber gute englische Infos zu einer Vielzahl von Themen.

MEDIZINISCHE VERSORGUNG

Clínica Hospital Monte Sinaí (☎ 07-288-5595; www.hospitalmontesinai.org; Ecke Av Solano & Miguel Cordero) Ein ausgezeichnetes Krankenhaus mit einigen englisch sprechenden Mitarbeitern.

POST

Post (Ecke Borrero & Gran Colombia)

TOURISTENINFORMATION

Touristeninformation (iTur; ☎ 07-282-1035; Mariscal Sucre nahe Luís Cordero; ⏲ Mo–Fr 8–20, Sa 9–16, So 8.30–13.30 Uhr) Das freundliche, hilfsbereite Personal spricht Englisch.

Informationsbüro im Flughafen (☎ 07-286-2203)

Informationsbüro im Busbahnhof (☎ 07-282-4811)

WASCHSALON

La Química (Ecke Borrero & Presidente Córdova; 1 US$/kg; ⏲ Mo–Fr 8–18.30, Sa 9–13 Uhr)

Lavandería Nieves (Calle Larga 11-55; 1 US$/kg)

ℹ An- & Weiterreise

AUTO

Die ecuadorianische Kette **Localiza** (☎ 1-800-562-254, 07-280-3193/8) vermietet sparsame Autos und Geländewagen am Flughafen.

BUS

Cuencas Hauptbusbahnhof ist der **Terminal Terrestre** (Av España), der ca. 1,5 km außerhalb der Innenstadt gegenüber dem Flughafen liegt. Von dort aus fahren täglich Busse u. a. nach Ingapirca, Gualaceo, Chordeleg und Sigsig.

Nach Guayaquil führen zwei verschiedene Routen: Eine kürzere über den Parque Nacional Cajas und Molleturo (8 US$, 4 Std.) sowie eine längere über La Troncal und Cañar (8 US$, 5 Std.). Auf allen Strecken gibt's zahlreiche Verbindungen.

FLUGZEUG

Cuencas **Aeropuerto Mariscal Lamar** (☎ 07-286-2095, 07-286-7120; www.aeropuertocuenca.ec; Av España, ⏲ Mo–Fr 6–21 Uhr) liegt 2 km vom Stadtzentrum und 500 m vom Busbahnhof Terminal Terrestre entfernt. **TAME** (☎ 07-286-2193, 07-286-6400; www.tame.com.ec; Aeropuerto Mariscal Lamar) fliegt täglich nach Quito (99–131 US$) und Guayaquil (73–150 US$).

ℹ Unterwegs vor Ort

Vor dem Terminal Terrestre brechen regelmäßig Busse gen Innenstadt auf (0,25 US$). In Gegenrichtung eignen sich alle „Terminal"-Busse, die nahe dem Blumenmarkt von Haltestellen an der Padre Aguirre abfahren. Taxifahrten zwischen

Innenstadt und Flughafen oder Hauptbusbahnhof kosten ca. 2 US$. Zu Fuß sind es 20 Minuten.

Lokalbusse nach Turi (0,25 US$; 4 km südlich vom Zentrum) verkehren entlang der Avenida Solano. Ein Taxi kostet 5 US$.

Rund um Cuenca

☎ 07

Von Cuenca aus kann man leicht Tagesausflüge zu Siedlungen der Ureinwohner in der Umgebung unternehmen. Viele setzen auf kommunale Tourismusprojekte. Wer dort Führer anheuert und Kunsthandwerk kauft, unterstützt somit die Einwohner. Gualaceo, Chordeleg und Sigsig lassen sich zusammen an einem Tag besuchen. Principal, Cajas und die Ruinen von Ingapirca sind jeweils separate Tagesziele.

Parque Nacional Cajas

Der **Parque Nacional Cajas** (Nationalpark Cajas; ☎ 07-237-0126; ⌚ 8–16.30 Uhr) GRATIS liegt nur 30 km westlich von Cuenca und schützt 2854 km moorartigen, goldgrün schimmernden *páramo*. In dieser gebirgigen Anden-Graslandschaft finden sich Hunderte kalter Seen, die in der rauen, unwirklichen Landschaft wie Juwelen funkeln.

Diese extrem feuchte und neblige Gegend speist Flüsse, die gen Cuenca fließen. Zudem gilt sie als wichtiges Schutzgebiet für Vögel, Säugetiere und Pflanzen. Es handelt sich um den *páramo*-Abschnitt mit der größten biologischen Diversität des gesamten Andengebirgszugs.

Besonders bedeutend sind die kleinen Wälder aus *Polylepis*-Bäumen in geschützten Senken und natürlichen Mulden. Die Gattung *Polylepis* gedeiht in größeren Höhen als die meisten anderen Baumarten der Welt und bildet hier somit einige der am höchsten gelegenen Wälder des Planeten. Bei Wandertouren durch diese dichten Zwergenwälder fühlt man sich stark an die Märchen der Brüder Grimm erinnert.

Sehenswertes

Einer recht fragwürdigen Erklärung zufolge heißt der Park Cajas, weil seine Seen aussehen wie *cajas* (Schachteln). Wahrscheinlicher ist, dass der Name vom Kichwa-Wort *caxas* (Kälte) herrührt. Und kalt ist es hier wirklich – so kalt, dass ein Verirren (leicht möglich!) sehr gefährlich werden kann. Vor allem in der Trockenzeit fallen die Temperaturen oft unter den Gefrierpunkt. Am wasserärmsten ist die Periode von Januar bis August; mit Regen muss man aber jederzeit rechnen. Der Park liegt auf Hochlagen zwischen 3000 und 4300 m.

Drei Haupterholungsgebiete, jedes an einem See gelegen, säumen die Straße von Cuenca nach Molleturo: **Laguna Llaviucu** liegt Cuenca am nächsten und hat eine **Rangerstation. Laguna Cucheros** und **Laguna Toreadora** besitzen jeweils ein Informationszentrum. Eine zweite **Rangerstation** steht 3 km westlich von Cucheros bei Quinuas. In den Rangerstationen werden gratis topografische Wegekarten verteilt, die auch bei der Touristeninformation in Cuenca erhältlich sind.

Außerhalb der ausgewiesenen Bereiche rund um die Laguna Llaviucu, Cucheros und Toreadora benötigen Gruppen von acht oder mehr Personen einen Führer. Wer auf eigene Faust unterwegs ist, muss sich stattdessen bei den Rangerstationen anmelden und ein GPS-System oder einen Kompass mitführen. Ohne offiziellen Führer aus Cuenca oder dem eigentlichen Park sind Wanderungen mit Übernachtung momentan untersagt. Die meisten genannten Touranbieter (s. „Geführte Touren" im Abschnitt zu Cuenca) vermitteln Guides.

Schlafen

Alle drei Erholungsgebiete haben Zeltstellplätze (4 US$). Hinzu kommen *refugios* (Schutzhütten) und normale Hütten, die aber nicht zu reservieren und schnell voll sind. Aktuelle Informationen gibt's telefonisch bei der Parkverwaltung.

An- & Weiterreise

Cajas ist über zwei Routen erreichbar: Laguna Llaviucu und Cucheros liegen an der Nordstrecke bzw. dem ersten Highway-Abschnitt gen Guayaquil (über Molleturo). Die holprige Südroute passiert die Dörfer Soldados (mit Rangerstation) und Angas.

Busse von Transportes Occidental nach Guayaquil starten täglich am Terminal Terrestre in Cuenca (1,25 US$, 1 Std., 6.15, 7, 8, 10, 12, 13.30, 14.30, 16.10 & 17.45 Uhr) – zur Rückkehr einfach einen beliebigen Bus in Richtung Cuenca anhalten!

Busse nach Soldados (1,50 US$, 1¼ Std.) und Angas (2 US$, 1¾ Std.) fahren um 6 Uhr an der El-Vado-Brücke in Cuenca ab; nachmittags kehren sie dorthin zurück.

Alternativen sind Taxitrips (ca. 70 US$/Tag) oder Tagesausflüge mit einer von Cuencas Touragenturen.

Parque Nacional Cajas

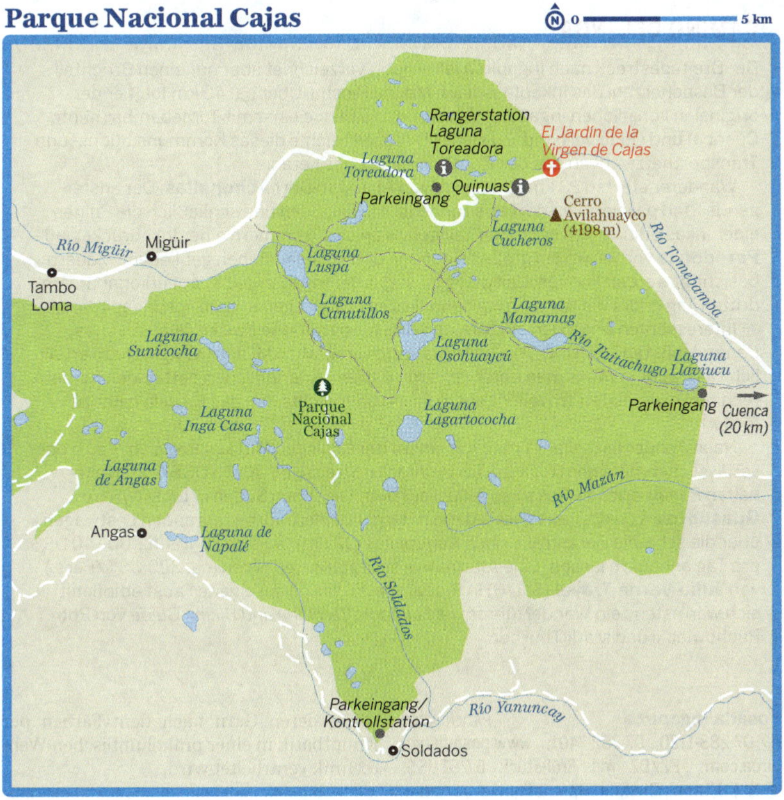

Ingapirca

☎07 / 3150 M

Ecuadors am besten erhaltene archäologische Stätte **Ingapirca** (☎07-221-7107; www.complejoingapirca.gob.ec; Eintritt mit geführter Tour 2 US$; ⏲8–18 Uhr) mit dem halb zerstörten Tempel, grasenden Lamas und weiten Feldern ist definitiv einen Zwischenstopp wert. Die Cañari nutzten die Ruinen ursprünglich als Observatorium. Der strategisch wichtige Ort wurde später (15. Jh.) von den Inka übernommen und zu einer militärischen Bastion ausgebaut. Leider entfernten die Spanier den Großteil von Ingapircas Steinen, um in der Nähe Städte zu bauen.

Die verbliebenen Reste sind bis heute von großer Bedeutung für die indigenen Cañari, die neben der Ruinenverwaltung nun auch das **Museum** (Eintritt im Preis enthalten) mit Ausstellungsstücken der Inka und Cañari leiten.

Das Herzstück der Stätte ist zweifellos der mächtige **Sonnentempel**, der ursprünglich für religiöse Rituale und Sonnenbeobachtungen genutzt wurde. In der Nähe weisen Schilder den Weg zu *colcas* (Vorratsgruben für Lebensmittel) und zum *acllahuasi*, wo die Zeremonienjungfrauen lebten, bis sie schließlich geopfert wurden. Die trapezförmigen Nischen in den Steinarbeiten entsprechen denen anderer Ruinen wie Machu Picchu in Peru oder San Agustín de Callo bei Latacunga.

Agenturen in Cuenca organisieren Tagestrips nach Ingapirca (ab 50 US$/Pers.). Ambitionierte Wanderer interessieren sich vielleicht auch für den dreitägigen Trek auf dem Camino del Inca.

Schlafen & Essen

Nahe dem Eingang zur archäologischen Stätte gibt's einige sehr gute, einfache Cafés und Restaurants.

CAMINO DEL INCA

Der Dreitagestreck nach Ingapirca ist beliebt, verzeichnet aber nur einen Bruchteil der Besucherzahl des Inkapfads nach Machu Picchu. Über ca. 40 km folgt er der originalen königlichen Ingañan-Inkastraße, die Cusco einst mit Tomebamba (heute Cuenca) und Quito verband. Zu seiner Blütezeit reichte dieses Kommunikations- und Transportnetzwerk an das des Römischen Reiches heran.

Wanderer starten 23 km südöstlich von Alausí im Dorf **Achupallas**: Der ansteigende Pfad passiert von dort aus zunächst Flüsse, Seen und schließlich die Ruinen einer Inkasiedlung. Am nächsten Tag geht's an den Trümmern einer Inkabrücke und **Paredones** vorbei, wo ein großes Gebäude und ein paar stehen gebliebene Mauern besichtigt werden können. Zeitweilig ist sogar der Ingañan selbst gut erkennbar. Am dritten Tag endet die Wanderung dann an den großartigen Ruinen von Ingapirca.

Interessenten brauchen ein Navi und drei topografische Karten (*Alausí, Junca, Cañar*; Maßstab 1:50 000), die beim Instituto Geográfico Militar (IGM) in Quito erhältlich sind. Zudem muss man unterwegs mit extrem aufdringlichen bettelnden Kindern rechnen; die meisten Traveller geben diesen aber nichts, um das Betteln nicht zu fördern.

Nach Achupallas gelangt man mit einem der täglichen Mittagsbusse ab Alausí oder verlässlicher mit einem Pick-up-Taxi (einfache Strecke ca. 10–15 US$). Alternativ halten Panamericana-Busse ab Alausí auf dem Weg nach Süden in **La Moya** bzw. **Guasuntos**. Von dort aus geht's dann mit irgendeinem vorbeifahrenden Lastwagen über die schmale Bergstraße nach Achupallas (12 km), wo sich Führer für 30–40 US$ pro Tag anheuern lassen. Eine Alternative sind geführte Touren (ca. 320 US$/Pers.) von **Julio Verne Travel** (S. 176) in Riobamba. Für Trips auf eigene Faust empfiehlt sich wärmstens ein Wanderführer wie *Ecuador: Climbing and Hiking Guide* von Rob Rachowiecki und Mark Thurber.

Posada Ingapirca HAZIENDA **$$$**
(☎ 07-283-1120, 07-282-7401; www.posadaingapirca.com; EZ/DZ mit Frühstück 67/91 US$; P 📶) Einen flinken Spaziergang von der Grabungsstätte aus den Berg hinauf bietet diese einstige Hazienda gemütliche Zimmer mit Kaminen und einen alpinen Garten. Im Internet nach Rabatten schauen und ggf. ein Paket inklusive Aufenthalt im Schwesterhotel (S. 194) in Cuenca buchen.

An- & Weiterreise

Direktbusse der Cooperativa Cañar fahren von Cuenca nach Ingapirca (3,50 US$, 2 Std., 9 & 12.20 Uhr, zurück 13 & 15.45 Uhr). Weitere Busse ab Cuenca rollen nach El Tambo (alle 30 Min.) In 8 km Entfernung zu Ingapirca starten dort Busse (ca. alle 30 Min.) und Taxis (5 US$) zur Stätte.

Gualaceo, Chordeleg & Sigsig

Frühaufsteher können problemlos die Sonntagsmärkte aller drei Dörfer besuchen und zur Happy Hour wieder zurück in Cuenca sein. Unterwegs wartet allerlei traditionelles Kunsthandwerk: Flechtkörbe, toller filigraner Gold- bzw. Silberschmuck, Holzarbeiten, Tonwaren, Gitarren und *ikat*-Textilien, deren Garn nach dem Färben per Knüpfbatik in einer präkolumbischen Webtechnik verarbeitet wird.

GUALACEO

☎ 07 / 13 981 EW. / 2591 M

An einem kleinen reißenden Fluss liegt das Städtchen Gualaceo. Besonders gefragt sind hier *ikat*-Webereien und *paños* (Baumwollschals mit Indigofärbung und komplexen Makramee-Rändern).

Sehenswertes

La Casa de la Makana KUNSTHANDWERK
(☎ 099-569-9163; Sector San Pedro de los Olivos) GRATIS In der Casa de la Makana kann man sich anschauen, wie *makanas* (Schals) hergestellt werden und wie die verschiedenen Farbstoffe zum Färben gemischt werden. Makanas sind sehr begehrt; die Herstellung eines solchen Schals kann Tage oder sogar Wochen dauern. Hochwertige *makanas* gibt's für ungefähr 40 US$ zu kaufen.

Essen

Mercado 25 de Junio ECUADORIANISCH **$**
(Ecke Cuenca & Vicente Peña Reyes) Wer in Gualaceo zu Mittag isst, sollte den Mercado 25

de Junio ausprobieren. Man geht vom Hauptplatz kommend zwei Blocks Richtung Norden und dann drei weitere Richtung Osten.

Praktische Informationen

Die **Touristeninformation** (iTur; 07-225-5131, 098-437-0632; 7-68 Gran Colombia; Mo–Fr 8–17 Uhr) an Gualaceos Hauptplatz liefert prima Infos zu Wandermöglichkeiten und Abenteuer-Aktivitäten in der Nähe.

CHORDELEG

07 / 4209 EW.

Rund 10 km südlich von Gualaceo liegt mit dem hügeligen Chordeleg ein Zentrum der Schmuckherstellung, das schon vor Ankunft der Inka bedeutend war. Örtliche Spezialität sind die tollen Filigranarbeiten. Doch Vorsicht: Fälschungen sind häufig, deshalb sollte man (angeblich) hochkarätiges Gold unbedingt sicher als solches identifizieren können, bevor man große Summen hinblättert!

Aus Chordeleg kommen auch Holzschnitzereien, Töpferwaren, Textilien und viele Panamahüte.

Sehenswertes

Museum MUSEUM

(Di–So 8–17 Uhr) GRATIS Das kleine Museum am zentralen Platz stellt die Geschichte und Techniken des Holzschnitzens und Töpferns und der Herstellung von Stoffen und Panamahüten dar. Dazu werden vor Ort hergestellte Arbeiten verkauft.

ABSTECHER

DIE UMGEBUNG CUENCAS AUF EIGENE FAUST

Von Cuenca aus sind diverse Abenteuertrips auf eigene Faust zu den nahegelegenen Ortschaften Baños, Girón, Jima und Paute möglich. Nützliche Infos vor dem Start:

Paute Der wenig besuchte Ort 41 km nordöstlich von Cuenca abseits der Straße nach Gualaceo punktet mit guten Möglichkeiten zum Bergwandern und Mountainbiken. Er lässt sich leicht im Rahmen eines Tagesausflugs ab Cuenca besuchen; Übernachten hilft der Gemeinde allerdings mehr.

Azogues In der pulsierenden Hauptstadt der Provinz Cañar, 33 km nördlich von Cuenca, gibt's eine außergewöhnliche Kirche und einen Sonntagsmarkt, auf dem Panamahüte geflochten werden; für den letzten „Schliff" schickt man sie dann aber nach Cuenca.

Biblián Die riesige Kirche Santuario de la Virgen del Rocio (Heiligtum der Jungfrau des Taus) wurde eindrucksvoll in eine Steilwand über diesem 6 km nördlich von Azogues gelegenen Städtchen gemeißelt. Jedes Jahr am 8. September ist sie das Ziel einer gewaltigen Pilgerschar, ebenso am Karfreitag. Zu erreichen mit den zwischen Cuenca und Cañar verkehrenden Bussen.

Cañar Diese staubige Stadt 32 km nördlich von Azogues lohnt zum betriebsamen Sonntagsmarkt einen Besuch, wenn sich in farbenfrohe Wollsachen gekleidete Angehörige des Cañari-Volks hier versammeln. Die Männer tragen ihre typischen *chumbis* (gewobene Gürtel mit indianischen/katholischen Motiven). Diese gibt's auf dem Markt sowie im örtlichen Gefängnis direkt bei Gefangenen zu kaufen – wer etwas kaufen will, wird reingelassen.

Baños Kleines Dorf gleich außerhalb von Cuenca; mit Thermalquellen und netter kleiner Kirche.

Girón Liegt ca. 43 km südwestlich von Cuenca an der Straße nach Machala und hat tolle Wandermöglichkeiten zu einem 60 m hohen Wasserfall. Dieser ist nach der Busfahrt von Cuenca nach Girón auch per Miet-Pick-up (5 US$) erreichbar. Am ersten Wasserfall heißt's dann einen Führer anheuern, der einen zu zwei versteckten Kaskaden in der Nähe bringt.

Jima Zwei Stunden südlich von Cuenca hat man von diesem ruhigen Bauerndorf einen einfachen Zugang zum benachbarten Nebelwald in einem kommunalen Naturschutzgebiet. Vor Ort gibt's ein *hostal* und ein Infozentrum, das Führer vermittelt. Anreise mit dem Bus ab Cuenca.

Schlafen

Hostal Colonial Chordeleg PENSION $

(☎07-222-3486; www.hostalcolonialchordeleg.com; Ecke Guayaquil & 24 de Mayo; Zi. mit Frühstück pro Pers. 25 US$; P 📶) Das Kolonialhaus unweit des großen Platzes in Chordeleg ist ein gemütliches Quartier. Der Besitzer organisiert auch Ausritte inklusive Übernachtung in die Umgebung mit ihren zahlreichen Wasserfällen (55 US$ pro Pers.).

SIGSIG

☎07 / 3330 EW.

Sigsig (2684 m) liegt etwa 26 km südlich von Gualaceo. Dieses charmante Überbleibsel einer indigenen Stadt aus der Kolonialzeit ist vor allem für seine Panamahüte bekannt.

An- & Weiterreise

Am Busbahnhof Terminal Terrestre in Cuenca besteht alle halbe Stunde Verbindung nach Gualaceo (0,90 US$, 1 Std.), Chordeleg (1 US$, 1 Std.) und Sigsig (1,50US$, 1½ Std.). Busse pendeln zwischen den Orten (0,50 US$/Fahrt) und lassen sich jeweils an der Hauptstraße anhalten. Wer nach Sigsig fahren möchte, muss wahrscheinlich in Gualaceo umsteigen.

Saraguro

☎07 / 9045 EW. / 2520M

Rund 165 km südlich von Cuenca liegt Saraguro inmitten von smaragdgrünen Hügeln, auf denen seit Tausenden von Jahren herzhafte Wurzelknollen und Getreide angebaut werden. Der Ort ist das Zentrum der indigenen Saraguro-Kultur. Dieses stetig wachsende und stolze Volk lebte ursprünglich nahe dem Titicacasee in Peru. Infolge der Umsiedlungspolitik des Inkareichs *(Mitma)* kam es jedoch in den 1470er-Jahren hierher.

In ganz Ecuador lobt man die hervorragenden gemeindebasierten Tourismusprojekte Saraguros. Und in der Tat gibt's nur wenige Orte in Südamerika, wo man besser die ausgetretenen Wege verlassen und hautnah authentische indigene Hochlandlebensweise erfahren kann.

Sehenswertes & Aktivitäten

Die meisten Dörfer der Umgebung liegen nur 30 Geh- bzw. zehn Busfahrminuten (0,20 US$) von Saraguro entfernt und warten mit vielen Outdoor- oder Kulturaktivitäten auf. Sie sind allesamt mit Bussen erreichbar, die vor der Kathedrale am Hauptplatz starten. Informationen erteilt die Operadora de Turismo Comunitario Saraurku.

Las Lagunas DORF

Tupus und Stoffe werden in der Gemeinde Las Lagunas hergestellt, sodass ein Besuch des Dorfs eine interessante Kulturexkursion ist. An der Hauptstraße in einen Bus steigen (0,20 US$, 10 Min.) oder in Saraurku nach dem Weg zu Fuß fragen.

Tuncarta DORF

Die Gemeinde Tuncarta ist für die Herstellung erstklassiger Saraguro-Hüte berühmt. An der Hauptstraße in einen Bus (0,20 US$, 10 Min.) steigen oder in Saraurku nach dem Weg zu Fuß fragen.

Baños del Inka WASSERFALL

(Eintritt 2,50 US$) Gleich nördlich des Ortes liegt an der Panamericana dieses Naturareal mit eindrucksvollen Wasserfällen und mächtigen Felsformationen.

Sonntagsmarkt MARKT

(🕗So 7–14 Uhr) Zum **Sonntagsmarkt** kommen Saraguro aus der ganzen Umgebung und werfen sich zu diesem Anlass schick in

SICH KLEIDEN WIE EIN SARAGURO

Während des letzten Jahrhunderts zogen einige Saraguro (dieses Mal allerdings freiwillig) südwestwärts in deutlich niedrigere Höhenlagen um und siedelten sich oft auch neben Shuar-Gemeinden im ecuadorianischen Amazonasbecken an. Die Saraguro ziehen ihre traditionellen Wolltrachten in den kühlen Bergen genauso an wie im feuchtwarmen Tiefland. Ihre Frauen tragen schwarze oder weiße Hüte mit breiten Krempen, lange Plisseeröcke, kunstvolle Anstecknadeln *(tupus)* und prächtige Perlenhalsbänder *(chakiras)*. Die Männerkluft besteht aus einer Art schwarzem Filzhut, einem schwarzen Poncho und schwarzen Kniehosen – teilweise ergänzt durch kleine weiße Schürzen und zweiteilige Schultertaschen *(alforjas)*.

Alle Teile dieser Tracht stehen für bedeutende Handwerkstraditionen – gepflegt in nahegelegenen Gemeinden, die zu besuchen sich sowohl der atemberaubenden Landschaft wegen als auch unter kulturellen Aspekten lohnt.

Schale. An keinem der zahlreichen Geldautomaten der Stadt kann man mit Visa-Karte Geld abheben, deshalb Bargeld mitbringen!

Bosque Protegido Washapamba WANDERN

(2,50 US$) Das Washapamba-Waldschutzgebiet direkt südlich des Orts ist super zum Wandern.

Geführte Touren

Operadora de Turismo Comunitario Saraurku KULTUR

(07-220-0331, 098-694-1852; www.turismosaraguro.com; Ecke 18 de Noviembre & Loja; Mo–Fr 8.30–18 Uhr) Einen Block westlich vom Hauptplatz organisiert dieser kommunale Tourveranstalter (der auch als Touristeninformationszentrum fungiert) Exkursionen wie Tagesausflüge zu nahegelegenen Stätten, Reit- und Mountainbiketouren und Besuche der Saraguro-Gemeinden im Amazonasbecken (pro Pers. 50–120 US$/Tag). Mit Voranmeldung sind englischsprachige Führer verfügbar.

Schlafen & Essen

★ **Hostal Achik Wasi** HOTEL $$

(07-220-0058; Intiñan, Barrio La Luz; Zi. mit Frühstück 23 US$/Pers; P) Das große *hostal* aus Lehmziegeln und Holz, zehn Gehminuten ober- bzw. außerhalb der Stadt (Taxi 1 US$), ist mit Abstand die beste Unterkunft. Es gehört zu einem gut organisierten Tourismusprojekt, das der Gemeinde zugutekommt. In den komfortablen, sauberen Zimmern mit Decken mit Holzbalken warten dicke Bettdecken auf müde Reisende. Zusätzliche Pluspunkte gibt's für die sagenhafte Aussicht und den charmanten Service.

Tupay ECUADORIANISCH $

(096-971-4663; 10 de Marzo & Vivar; Gerichte 1–16 US$; So–Fr 8–22 Uhr) Im von der Gemeinde geführten Tupay werden typische ecuadorianische Gerichte von *tamales* bis hin zu vollen *almuerzos* (festgelegte Menüs) mit möglichst vielen Bio-Zutaten zubereitet und gleichzeitig die Bauern der Gegend in Techniken und Vorzügen der Nachhaltigkeit geschult. Im Tupay wird kompostiert, die meisten Zutaten werden aus der Region bezogen und der Kaffee (aus Bohnen aus Loja) ist köstlich.

Mamá Cuchara ECUADORIANISCH $

(Parque Central; Hauptgerichte 3 US$; So–Fr 8–17, Sa bis 15 Uhr) Der Name passt: Direkt am Hauptplatz tischt „Mutter Löffel" herzhafte, leckere Gerichte auf. Die Erlöse gehen an die Vereinigung indigener Frauen, die das Lokal leitet.

★ **ShamuiCo Espai Gastronòmic** FUSIONSKÜCHE $$

(07-220-0590; shamuicorestaurant@gmail.com; Ecke Loja & 10 de Marzo; kleine Gerichte 2–6 US$; Mi–Sa 11–22, So bis 21 Uhr) Der Geschäftsführer dieses für Saraguro ungewöhnlichen schlicht-gehobenen Restaurants ist ein hiesiger Koch, der sein Handwerk in einigen der besten Restaurants Europas gelernt hat. Die Erzeugnisse der kühnen Küche lassen sich am besten als ecuadorianische Hochland-Tapas bezeichnen.

An- & Weiterreise

Alle Loja-Busse ab Cuenca halten einen Block von Saraguros Hauptplatz entfernt (5 US$, 3 Std., stündl.). Den ganzen Tag über starten etwa stündlich Busse nach Loja (2,10 US$, 1½ Std.). Vom Hauptplatz ist es ein Block bis zum Busbüro Ecke Azuay und El Oro.

Loja

07 / 181 000 EW. / 2100 M

Früher einmal war Loja die florierende Ausgangsbasis, von der aus sich spanische Konquistadoren zu Expeditionen in den Dschungel auf der anderen Seite der Berge aufmachten. Lojas Hauptattraktion wird stets die Nähe zu einem der artenreichsten Schutzgebiete Ecuadors sein: dem riesigen Parque Nacional Podocarpus. Innerhalb seiner wilden Grenzen liegen frostiger Hochland-*páramo* (Grasland) und drückend heißer Dschungel – und direkt südlich der Stadt übrigens auch der gechillte Travellertreff Vilcabamba.

Aber Loja hat selbst eine Menge Verlockendes zu bieten. Seine Küche, musikalische Tradition und Universität sind in ganz Ecuador und über die Landesgrenzen hinaus berühmt. Zwar erscheinen die mit Fahrzeugen verstopften Straßen ein wenig langweilig, wenn man gerade aus Cuenca kommt, aber anders als beim berühmteren Rivalen im Norden ist es hier sehr leicht, in die lokale Kultur einzutauchen. Die Berghänge rings um die Stadt in überwältigend schöner Lage am Fuß des Valle de Cuxibamba überziehen die bedeutendsten Kaffeeplantagen des Landes, und von mehreren *miradores* (Aussichtpunkte) eröffnen sich unvergessliche Ausblicke auf die Stadt.

Loja

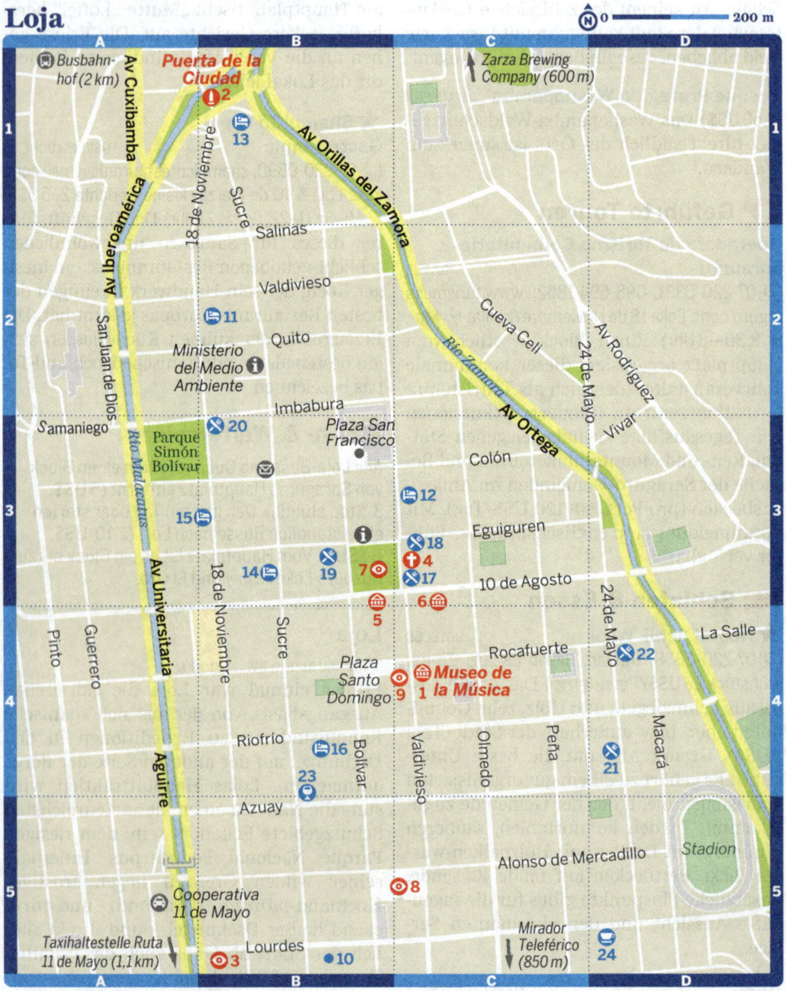

Sehenswertes

In den Häuserblocks hinter der verschwenderisch verzierten Puerta de la Ciudad am Nordeingang zur Altstadt verstecken sich viele hübsche Parks und Plätze mit einer ganzen Reihe Sehenswürdigkeiten.

Innenstadt

★ Puerta de la Ciudad WAHRZEICHEN
(Stadttor; ⏲ Mo–Fr 8–20, Sa 9–20, So 9–19 Uhr) GRATIS Mit mehr Pomp als anderswo in Loja empfängt das Stadttor nördlich vom Zentrum die Stadtbesucher. Es ist ein riesiges Schloss, dessen Eingangsbogen die Sucre-Straße überspannt, die vom Zusammenfluss der Ríos Zamora und Malacatus nach Süden in Richtung der Hauptplätze führt.

Im Inneren sorgen das hilfsbereite Personal, das Museum für Archäologie im 1. Stock und mehrere Aussichtspunkte für einen idealen Einstieg in die Stadt.

★ Museo de la Música MUSEUM
(Valdivieso 09-42; ⏲ Mo–Fr 8–14 & 15–19 Uhr) GRATIS Dieses witzige Museum, das in einer alten Schule untergebracht ist, beleuchtet die Lebensgeschichten berühmter Musiker, die aus Loja stammen. Die meisten von ih-

Loja

nen feierten ihre größten Erfolge in den Goldenen Jahren von 1890–1940. Die Sammlung umfasst viele alte Musikinstrumente sowie unzählige Notenblätter, und in einem (oft geschlossenen) Laden gibt's Tonträger zu kaufen.

Parque Central PLATZ
Lojas Hauptplatz bevölkern stets viele Schuhputzer, Zeitungsverkäufer und einheimische Gläubige, welche täglich die Virgen del Cisne in der Kathedrale verehren.

Museo de la Cultura Lojana MUSEUM
(10 de Agosto 13-30; Mo–Fr 8–13 & 14–17, Sa & So 10–16 Uhr) GRATIS Auf der Südseite des Parque Central in Loja beherbergt ein imposantes Gebäude aus republikanischer Zeit dieses Museum mit einer guten Ausstellung zu lokaler Kunst, Archäologie und Ethnographie. Am interessantesten sind die alten Fotos von Loja und die Abteilung, die sich der Saraguro-Kultur widmet.

Museo del Monasterio de Madres Concepcionistas MUSEUM
(10 de Agosto; 1 US$; Mo–Fr 8–12 & 14–18 Uhr) Einen halben Block östlich vom Parque Central präsentiert dieses Kloster religiöse Kostbarkeiten (16.–18. Jh.) in drei öffentlichen Ausstellungsräumen.

Plaza Santo Domingo PLATZ
(Ecke Valdivieso & Rocafuerte) Einen Block südlich vom Parque Central ist Schlange stehen angesagt, denn hier steht die berühmte **Iglesia de Santo Domingo**, deren Inneres religiöse Malereien zieren.

Plaza de la Independencia PLATZ
(Platz der Unabhängigkeit; Ecke Alonso de Mercadillo & Valdivieso) Der Unabhängigkeitsplatz zwängt sich zwischen die **Iglesia de San Sebastián** und kolonialzeitliche Gebäude, die von Säulen gestützte Auskragungen und geschlossene Holzbalkone besitzen. Hier steht außerdem ein Brunnen, auf dessen bunten Kacheln ecuadorianische Fauna abgebildet ist.

Calle Lourdes STRASSE
Diese schmale Gasse ist Lojas älteste Straße aus der Kolonialzeit. Hier gibt's ein paar interessante Kunstgalerien, und wenn das Gässchen eine Fußgängerzone wäre, würde man sich auch gern länger in den Galerien aufhalten.

Außerhalb der Innenstadt

Mirador Teléferico AUSSICHTSPUNKT
Lojas bester Aussichtspunkt befindet sich am oberen Ende der Seilbahn, vom Parque Pucará 1 km südlich der Plaza de la Independencia die Olmedo hoch. Zu Fuß oder per Taxi (1 US$) geht's zur Talstation der Bahn. Da es auf dem Weg, der vom Park nach oben führt, zu Überfällen auf Touristen gekommen ist, sollte man vorsichtshalber die Seilbahn nehmen und keine Wertsachen mit sich führen.

Parque Universitario PUEAR PARK
(Parque Universitario de Educación Ambiental y Recreación; 302-7795; https://puear-unl.jimdo.com/; 1 US$; 9–16 Uhr) Dieses 90 ha große Schutzgebiet mit super Wanderwegen liegt

fast 5 km südlich vom Zentrum und ist nur per Taxi (1,25 US$) erreichbar.

Parque Recreacional Jipiro PARK
(Santiago de las Montañas nahe Salvador Bustamante) In diesem kinderfreundlichen Park nördlich von Loja gibt's ein Riesenschachbrett, einen Skatepark, eine chinesische Padoge, einen Mini-Kreml, kleine Tiergehege und einen Teich zum Tretbootfahren. Grüne Busse (0,25 US$) fahren ab der südöstlichen Kreuzung von Eguiguren und Peña hierher.

Geführte Touren

Exploraves VOGELBEOBACHTUNG
(☎ 098-515-2239, 07-258-2434; www.exploraves.com; Lourdes 14-80; geführte Touren pro Tag ab 80 US$) Veranstaltet Vogelbeobachtungen im Podocarpus-Nationalpark sowie Ausflüge nach Mindo und in andere Gegenden.

Feste & Events

El Día de La Virgen del Cisne RELIGIÖSES FEST
(⏲ 20. Aug.) Große Prozessionen prägen dieses katholische Fest.

Unabhängigkeitstag STADTFEST
(⏲ 18. Nov.) Loja feiert seinen Unabhängigkeitstag bis zu einer Woche lang.

Schlafen

Hotel Londres HOSTEL $
(☎ 07-256-1936; Sucre 07-51; Zi. ohne Bad 6 US$/Pers.; 📶) Mit den knarrenden Holzböden, den weißen Wänden und den durchgelegenen Betten ist das Londres so einfach wie nur möglich. Dennoch wartet dieser langjährige Travellerfavorit mit blitzblanken Gemeinschaftsbädern und freundlichen jungen Eigentümern auf. Nach einem Zimmer mit Glastüren oberhalb der Straße fragen.

Hotel Metropolitano HOTEL $
(☎ 07-257-0007; 18 de Noviembre 06-31; Zi. 15 US$/Pers.; 📶) Ordentliches Budgethotel: komfortable Zimmer mit Hartholzböden, Kabelfernsehen und anständigen Betten. Das Ganze ist allerdings recht düster – daher sollte man versuchen, möglichst ein Quartier mit Fenster zu ergattern.

Zamorano Real Hotel BUSINESSHOTEL $$
(☎ 07-257-0921; http://zamoranorealhotel.com; Riofrío, zw. Sucre & Bolívar; EZ/DZ/Suite 46/75/86 US$; P 📶) Vom Standard ein kleines Stückchen unter dem Grand Victoria, aber ein großes Stück über allen anderen. Das Zamorano ist *das* Businesshotel schlechthin: Gepflegt und schick erfüllt es sämtliche Erwartungen, die man an ein solchen Haus hat. Es besitzt ein gutes, wenn auch ein wenig unpersönliches Restaurant. Die Suiten haben Jacuzzis.

Floy's International Hotel HOTEL $$
(☎ 07-257-3821; www.hotelfloysinternacional.com; Ecke 18 de Noviembre & Valdivieso; EZ/DZ 30/40 US$ inkl. Frühstück; P 📶) Internationale Anerkennung verdient wahrscheinlich nur die Begrüßung, die Gästen im Floy's zuteilwird. Aber auf jeden Fall bietet das sympathische Hotel angesichts der großen, sauberen Zimmer – manche mit Wandgemälden

ERLESENE BOHNEN

Verglichen mit den Nachbarn Kolumbien und Peru produziert Ecuador recht wenig Kaffee, aber viele sind der Meinung, dass das ecuadorianische Erzeugnis in puncto Aroma die beiden anderen Länder übertrifft. Die Gegend um Loja/Vilcabamba ist das Epizentrum der Plantagen, auf denen diese renommierten Bohnen wachsen.

Die Lage macht's. Das gemäßigte Klima in den Gegenden, wo die Berge in feuchtes Tiefland übergehen, schafft ideale Kaffeeanbaubedingungen, ähnlich wie auf Sumatra oder in Äthiopien. Der Kaffee, der aus hiesigen Bohnen gebrüht wird, ist weich, mild und weist nur eine leise Andeutung von Säure auf. Dank der unterschiedlichen Höhen (800–2000 m) gedeihen viele verschiedene Sorten.

Die besten Kaffeeanbaugebiete der Region sind Gonzanamá und Quilanga. Einen Versuch wert ist aber auch die in der Provinz Zamora-Chinchipe beheimatete Marke Río Mayo mit ihrem schokoladigen, sahnigen Geschmack, verfeinert durch einem Hauch von Zitrusgewächs.

Koffeinjunkies können ihre „Kaffeefahrt" im Equanativa (S. 211) in Loja beginnen oder sich bei La Tasca Tours in Vilcabamba (S. 217) einer Kaffeeplantagen-Besichtigungstour anschließen.

LA VIRGEN DEL CISNE

In ganz Ecuador (vor allem aber in der Provinz Loja) sind Figürchen, Schreine, Amulette und viele andere Gegenstände der Virgen del Cisne (Jungfrau des Schwans) gewidmet. Der Legende nach stand die Jungfrau Maria einem mittelalterlichen Ritter bei, der vor seiner Geliebten in einem schwanenförmigen Boot erschien. Die Galanterie des Ritters und der freundliche Beistand der Jungfrau begeisterten Franziskanermönche so sehr, dass diese Skulpturen der „Virgen del Cisne" in ganz Europa aufstellten. Eine dieser Statuen wurde später von den Franziskanern nach Ecuador gebracht. Dort schreibt man ihr seitdem viele Wunder zu (vor allem in Verbindung mit Krankheiten und Stürmen).

Ehrfürchtige *campesinos* (Bauern) stellten die heutige Virgen 1594 in einer Kleinstadt auf, die ebenfalls El Cisne heißt und 70 km westlich von Loja liegt. Diese „Originaljungfrau" mit vergoldeten Gewändern und mächtiger Krone steht den Großteil des Jahres über im örtlichen Santuario, einer Kathedrale im gotischen Stil. In anderen Landesteilen tragen die Virgens del Cisne oft Gewänder, die sich an indigenen Trachten orientieren – oder mitunter sogar Ecuadors Flagge (vor allem, wenn die Fußballnationalmannschaft ein wichtiges Spiel bestreitet).

Zu Ehren der Jungfrau feiert El Cisne am 15. August ein riesiges Fest, nach dem Tausende Pilger aus Ecuador und Nordperu die Statue auf ihren Schultern nach Loja tragen. Viele Gläubige laufen dabei selbst die gesamte Strecke mit. Am 20. August kommt die Jungfrau schließlich in Loja an und wird dort feierlich in der Kathedrale aufgestellt. Am 1. November geht das Ganze umgekehrt vonstatten: Die Statue verbleibt dann bis zum nächsten August wieder in El Cisne, wo auch am 30. Mai ein bedeutendes (wenn auch kleineres) Fest steigt.

Fast das ganze Jahr über finden Tagestouren und Bustrips ab Loja oder Catamayo in das Dorf statt, wo die Teilnehmer El Santuario und die Statue besichtigen. An Prozessionstagen besteht dafür aber keinerlei Chance: Dann geht jedermann zu Fuß – die Straße ist so voll mit Pilgern, dass Kraftfahrzeuge nicht durchkommen. Seit ein paar Jahren begleiten jedoch Radfahrer die Gläubigen auf der herrlichen Route durch die Berge. Egal, wie man Letztere zurücklegt: Diese Demonstration von Hingabe versetzt einen immer in Erstaunen.

dekoriert – und einer freundlichen Cafeteria ein sagenhaft gutes Preis-Leistungs-Verhältnis.

Hostal Aguilera Internacional HOTEL **$$**
(☎07-257-2892; hostal_aguilera@hotmail.com; Sucre 01-08 y Ortega; EZ/DZ/3BZ mit Frühstück 25/40/50 US$) „International" ist zwar ein bisschen geprahlt, doch das Hotel in Familienbesitz liegt direkt neben der Puerta de la Ciudad und besitzt nette lichtdurchflutete Zimmer.

Hosteria Quinta Montaña HÜTTE **$$**
(☎07-257-8895; Barrio Colinas del Norte; EZ/DZ 25/45 US$; P 📶 🏊) Liegt in der Stadt, fühlt sich an wie auf dem Land: 2 km nördlich vom Busbahnhof überziehen die gepflegten Hütten der entspannten Hostería Quinta Montaña einen steilen Hang. Auf dem Gelände gibt's ein hübsches Restaurant, einen tollen Pool und sogar eine Sauna. In der Hängematte zu schaukeln mag im Dschungel ganz normal sein, aber in Loja ist dieses Privileg, dazu mit Blick ins üppig Grüne, den Gästen der Hostería vorbehalten.

Grand Victoria Boutique Hotel HISTORISCHES HOTEL **$$$**
(☎07-258-3500; www.grandvictoriabh.com; Ecke Valdivieso & Eguiguren; EZ/DZ mit Frühstück 116/140 US$; P ❄ @ 📶 🏊) Das Grand Victoria bringt Boutiquehotel-Feeling nach Loja: Hier wurde an alle kleinen Details wie Bademäntel, Rosenblätter, edelste Baumwollbettlaken und Aromatherapie im Poolbereich gedacht. Den superkomfortablen Zimmern mangelt es allerdings am Charme der Gemeinschaftsbereiche. Im Hotel und den drei internationalen Restaurants ist der Service weit überdurchschnittlich.

Essen

Lojas Spezialgerichte sind längst lobend in aller Munde, aber bis vor Kurzem schien es noch undenkbar, dass irgendwann anspruchsvollere, zum Verweilen einladende Cafés und Restaurants aufmachen. Doch plötzlich gibt's jede Menge davon.

Lojas bekannteste Spezialität namens *cuy* (Meerschweinchen) wird normalerweise sonntags aufgetischt. Zu den lokalen Köstlichkeiten zählen ansonsten auch *cecina* (gesalzenes, gebratenes Schweinefleisch mit Maniok) und einige der besten *humitas* des Landes.

Lokale, die saftige Grillhähnchen servieren, säumen die Alonso de Mercadillo westlich der Bolívar. Einen viertel Gummiadler mit Suppe und Pommes gibt's für ca. 2 US$.

Biscuit & Co CAFÉ $

(☎ 07-256-5656; Ecke 24 de Mayo & Rocafuerte; Snacks 2–6 US$; ⏲ Mo 10–21, Di–Fr ab 9, Sa ab 16 Uhr) Äußerst schwer zu sagen, wann ein Abstecher in dieses entzückende französisch-ecuadorianische Lokal am empfehlenswertesten ist. Vielleicht am frühen Abend, als Auftakt zu einem ausgedehnten Kneipenbummel. Bei dem Angebot, das von Biotees über Quiches bis zu Süßem reicht, müsste eigentlich für jeden Geschmack etwas dabei sein.

El Tamal Lojano ECUADORIANISCH $

(☎ 07-258-2977; www.tamallojano.com; 18 de Noviembre 05-12; Gerichte 1–4 US$, Mittagsmenüs zum Festpreis 2 US$; ⏲ Mo–Fr 8–20.30, Sa & So 8.30–12 & 15.30–20 Uhr) Die *almuerzos* (festgelegte Mittagsmenüs) schmecken prima. Hauptgründe für einen Besuch sind aber die köstlichen *quimbolitos*, *humitas*, *empanadas de verde* und *tamales lojanos*. Kurz gesagt: Hier sind sämtliche Küchenklassiker der Region Loja vertreten. Bestellt wird an der Theke. Eine neue Filiale liegt an der 24 de Mayo.

Lecka Bistro Alemán DEUTSCH $

(☎ 07-256-3878; leckabistroaleman@yahoo.es; 24 de Mayo 10-51; Mahlzeiten ab 5 US$; ⏲ Mo–Do 17–22.30, Fr bis 23.30 Uhr) Gute, echte deutsche Küche in gemütlichem Ambiente. Besonders lecker schmecken die Kuchen und das Bier.

El Jugo Natural SAFTBAR $

(☎ 07-257-5256; eljugonaturalloja@gmail.com; Eguiguren 14-20; kleine Gerichte 1–4 US$; ⏲ 7–20 Uhr) Echte Biosäfte, Joghurtshakes und Obstsalate stehen auf der Karte dieses kleinen Cafés, Lojas ultimativem Frühstückslokal und beliebtem Treff langjähriger treuer Kunden. Es ist seit über 30 Jahren im Saftgeschäft.

★ Riscomar FISCH & MEERESFRÜCHTE $$

(☎ 07-258-5154; www.riscomarloja.com; Ecke Rocafuerte & 24 de Mayo; Hauptgerichte 10 US$; ⏲ Mo–Sa 9–16 & 19–22, So 9–16 Uhr) Das Riscomar ist eins der besten Meeresfrüchtelokale von Loja und hat köstliches Ceviche nach ecuadorianischer Art; das Ambiente ist kultiviert. Eine überraschende Erweiterung des

KÖSTLICHES AUS DEM SÜDEN

In vielen Auslands-Ecuadorianern erweckt nichts mehr Heimweh als der Duft von *delicias* (Köstlichkeiten bzw. Delikatessen) auf Kochbananen- oder Maisbasis. Die sind typisch für das hiesige Hochland, werden aber, wie jeder weiß, in Richtung Loja immer leckerer. Viele Einheimische spülen dieses Essen mit Kaffee hinunter oder garnieren es mit *ají* (scharfer Soße). Ein kleiner Vorgeschmack:

Humita Maisklops, gedünstet in einer Maisschale; salzige Varianten *(sal)* werden mit Käse serviert, *dulce* (süß) bedeutet oft Anisaroma.

Quimbolito Leichter, süßer Maismehlkuchen, der in *achira*-Blättern gedünstet und normalerweise mit einer Rosine garniert wird.

Tamales de Loja Ähnelt der *humita*, wird aber in der Regel mit Hühnerhackfleisch gefüllt.

Empanada Knusprige, zartgolden frittierte Teigtasche mit süßer oder pikanter Füllung; die *masa* (Teig) von *empanadas de verde* besteht aus jungen Kochbananen, *empanadas de maíz* basieren auf Mais.

Tortilla de choclo Gegrillter Pfannkuchen aus grobem Maismehl.

Maduro con queso Gegrillte süße Kochbanane mit Käse.

Bolón de verde Kugel aus dem Mus junger Kochbananen; wird von Hand geformt, frittiert und mit Würstchen serviert.

Speiseplans stellt das *chivo en cerveza* (in Bier mariniertes Ziegenfleisch) dar.

Dumas Trattoria & Restaurante PIZZA **$$**
(☎ 07-256-1494; Eguiguren & Valdivieso; Hauptgerichte 5–13 US$; ⏲ Mo–Fr 12–21, Sa bis 16 Uhr) Pizzas aus dem Holzofen, anständige Weine, hausgemachte Pasta und eine gemütliche Atmosphäre heben das Dumas über den Durchschnitt anderer Pizzalokale. Daneben gehören zu den Spezialitäten des Hauses Filetsteak argentinischer Art mit Chimichurri und Hühnchen à la milanesa. Dazu gibt's Salate und andere vegetarische Speisen.

Dejà Vu INTERNATIONAL **$$**
(☎ 07-258-2347; Valdivieso 07-50, 2. OG, Centro Comercial Colibrí; Hauptgerichte 7–19 US$; ⏲ Mo–Sa 12–22.30 Uhr) Bedienung: gleichgültig. Fleisch und Fisch: gut. Blick vom Balkon über den Parque Central: sehr gut. Wer sich am Wochenende einen aussichtsreichen Sitzplatz sichern möchte, muss allerdings reservieren. Zugang über die Treppe vom Einkaufszentrum im Erdgeschoss.

Ausgehen & Nachtleben

Viele Cafés haben abends ein schlichtes Livemusik-Programm, machen dafür aber kaum Werbung.

★ **Zarza Brewing Company** MIKROBRAUEREI
(☎ 07-257-1413; www.zarzabrewing.com; Ecke Puerto Bolívar & Esmeraldas; Gerichte 4–9 US$; ⏲ Mo–Mi 16–0, Do–Sa bis 2 Uhr) Die Brauereikneipe im Viertel El Valle kommt bei Einheimischen genauso gut an wie bei Expats. Der texanische Eigentümer kennt das Mikrobrauereigeschäft und die mexikanische Küche. Hier gibt's für Ecuador ungewöhnliche Gebräue wie Lambic und Weißbiere aus Belgien und die wahrscheinlich schärfsten Barbecue-Rippchen von ganz Ecuador. Ein Taxi hierher kostet ca. 1,40 US$.

★ **Equanativa** CAFÉ
(☎ 07-256-1830; Lourdes, zw. Peña & 24 de Mayo; ⏲ Mo–Fr 10–13 & 15.30–19.30, Sa 15.30–19.30 Uhr) In diesem ganz hervorragenden kleinen Café wird der beste Kaffee weit und breit gebrüht; die Bohnen gibt's auch zu kaufen. Die Besitzer sind echte Experten, was den Kaffee von Loja angeht, und es ist eine wahre Freude zu erleben, dass die köstlichen Bohnen von den *fincas* (Bauernhöfen) der Gegend endlich einmal irgendwo voller Stolz und Selbstbewusstsein präsentiert und serviert werden.

El Viejo Minero KNEIPE
(☎ 07-258-5878; elviejominerobar@gmail.com; Sucre 10-76; ⏲ Mo–Do 17–0, Fr & Sa bis 2 Uhr) Die rustikale alte Kneipe ist ideal, um bei Bier und Snacks in freundlicher Kneipenatmosphäre zu relaxen. Am Wochenende wird Livemusik gespielt.

Praktische Informationen

GELD

Banco de Guayaquil (Eguiguren nahe Valdivieso) Bank mit Geldautomat.

Banco de Pichincha (Ecke Bernado Valdivieso & 10 de Agosto) Hat funktionierende Geldautomaten.

INFOS IM INTERNET

www.loja.gob.ec Dies ist die Website der Stadtverwaltung.

www.lojanos.com Lojas „virtuelle Gemeinde".

MEDIZINISCHE VERSORGUNG

Clinica San Augustin (☎ 07-257-7339; www.hospitalclinicasanagustin.com; Ecke 18 de Noviembre & Azuay; ⏲ rund um die Uhr) Ein Krankenhaus, das auch Ausländern empfohlen werden kann.

NOTFALL

Polizei (☎ 07-257-5606; Valdivieso zw. Imbabura & Quito) Unmittelbar nördlich der Innenstadt.

POST

Post (Ecke Colón & Sucre)

TOURISTENINFORMATION

Touristeninformation (iTur; ☎ 07-258-1251/07-257-0485; Ecke Bolívar & Eguiguren; ⏲ 8–18 Uhr) In dem hilfreichen Büro bekommt man einige Karten.

Ministerio del Medio Ambiente (☎ Durchwahl 109 07-257-7125; Sucre 4-35, 2. OG; ⏲ Mo–Fr 8–17 Uhr) Verwaltet den Parque Nacional Podocarpus; gut für Infos und einfache Karten.

WÄSCHEREI

VIP Lavandería (Alonso de Mercadillo zw. Olmedo & Peña; 0,85 US$/kg; ⏲ Mo–Fr 8–13 & 14–18, Sa 15–18 Uhr)

An- & Weiterreise

BUS & TAXI

Fast alle Busse starten am **Busbahnhof** (Terminal Terrestre Reina del Cisne; Av 8 de Diciembre) 2 km nördlich vom Zentrum. Ein iTur-Büro gibt dort nützliche Tipps.

Vilcabambaturis schickt schnelle Minibusse nach Vilcabamba (1,30 US$, 1¼ Std., 5.45–20.45 Uhr alle 30 Min.). Schneller geht's mit

BUSSE AB LOJA

ZIEL	PREIS (US$)	DAUER (STD.)
Ambato	18	11
Catamayo	1,30	¾
Cuenca	7,50	5
Gualaquiza	7,50	6
Guayaquil	12	8–9
Macará	7,40	6
Machala	7	5
Piura (Peru)	13	9
Quito	17	14–15
Riobamba	11	9–10
Zamora	3	2
Zumba	10	6

einem *taxi colectivo* (Sammeltaxi; 2 US$, 45 Min.) ab der Avenida Universitaria, die ca. zehn Blocks südlich der Mercadillo in Loja verläuft. Am besten bittet man einen lokalen Taxifahrer, einen zur Taxihaltestelle an der Ecke Aguirre & Mercadillo zu bringen.

Nach Huaquillas, dem Hauptgrenzübergang nach Peru, empfiehlt sich der Bus um 17 Uhr (10 US$, 7 Std.), um einen Umweg über Machala zu vermeiden. Loja ist auch Abfahrtspunkt von Bussen zu den südlichen Grenzübergängen in Richtung Peru: Macará und Zumba (inzwischen über eine direkte Straße von Loja nach Jaén in Peru mit dem Nachbarn verbunden).

Ohne Zwischenstopp in Macará geht's mit Loja International (☎ 07-257-0505, 07-257-9014) direkt von Loja nach Piura in Peru (13 US$, 9 Std.). Der Bus hält kurz an der Grenze, lässt Passagiere die Aus- und Einreiseformalitäten erledigen und rollt dann weiter nach Piura. Am besten kauft man sein Ticket spätestens einen Tag vor dem Start. Zu den meisten Zielorten bestehen zahlreiche Busverbindungen.

FLUGZEUG

Loja wird vom Flughafen La Toma bedient, der 30 km weiter westlich in Catamayo liegt. Die Busse Richtung Macará halten dort (1,30 US$). **TAME** (☎ 07-257-0248; www.tame.com.ec; Av Ortega nahe 24 de Mayo; ⌚ Mo–Fr 8.30–13 & 14.30–18, Sa 9–13 Uhr) fliegt nach bzw. ab Quito (ab 86 US$, Mo–Sa) und Guayaquil (ab 69 US$, Mo–Fr).

Unterwegs vor Ort

Die meisten Taxifahrten innerhalb der Stadt kosten ca. 1,25 US$. Für Trips zum Flughafen bestellt man am besten ein *colectivo* (Sammeltaxi; 5 US$/Pers., 40 Min.) übers Hotel oder nimmt am Busbahnhof einen Bus nach Catamayo (1,30 US$, 45 Min.).

Parque Nacional Podocarpus

Der **Parque Nacional Podocarpus** (*refugios* 3 US$) GRATIS nimmt den Großteil des Dreiecks zwischen Loja, Zamora und Vilcabamba ein. Zudem erstreckt er sich sehr weit in Richtung Südosten. Der gewaltige Höhenunterschied innerhalb der Parkgrenzen reicht von ca. 900 m (Tieflandbereich) bis über 3600 m (Hochlandbereich). Aus diesem Grund zählt Podocarpus auch zu den artenreichsten (Schutz-)Gebieten der Welt: Ungefähr 40 % der schätzungsweise 3000 Pflanzenspezies sind endemisch; zudem wurden an die 600 Vogelarten gezählt. Außerdem tummeln sich hier seltene Säugetiere wie Füchse, Hirsche, Pumas, Bergtapire und Bären.

Sehenswertes

Die facettenreiche Landschaft ist unglaublich faszinierend; der hochgelegene windige *páramo* (Grasland) erinnert ein bisschen an einen Meeresboden voller Korallen. Seen füllen glaziale Mulden wie Juwelen, und die märchenhaften Wälder werden vom rauen Wetter gebeutelt. Überall schallt das Summen bzw. Pfeifen von Insekten und Vögeln durch dichte, hoch aufragende Wälder.

Der Park ist nach der riesigen Steineibe (Podocarpus) benannt, Ecuadors einzigem einheimischem Nadelbaum. Den bekommen Besucher aber nicht unbedingt zu Gesicht: Holzfäller haben schon vor langer Zeit den Großteil des Bestands vernichtet.

Auch größere Säugetiere lassen sich kaum blicken – sie wurden durch Bejagung stark dezimiert und in die Tiefen des Waldes getrieben. Obwohl das Gebiet unter Naturschutz steht, halten illegale Holzfällerei und Jagd weiterhin an. Obendrein leiden alle Habitate des Parks zunehmend unter der Landwirtschaft und dem Bergbau (legal oder illegal).

Nichtsdestotrotz sind hier zahllose Vogelarten zu Hause: Den Hochlandbereich bevölkern z.B. Tränenbergtangare, Andenschopfohren, Augenbrauenhemispingusse, Südliche Perlstachelschwänze und andere Spezies mit exotisch klingenden Namen. Der Tieflandbereich beheimatet u.a. Kupfer-Glanzvögel, Weißhalssittiche oder Siebenfarbentangare.

In beiden Bereichen ist regelmäßig mit starken Regenfällen zu rechnen. Die Zeit von Oktober bis Dezember ist meist am trockensten.

Hochlandbereich

Der Zugang zum Hochlandbereich des Parks erfolgt rund 10 km südlich von Loja über die **Rangerstation Cajanuma**, bei der auch der Eintritt bezahlt wird. Von hier führt eine unbefestigte Piste (8,5 km) bergauf zum Parkbüro und dem angrenzenden **Refugio** (Hütte 3 US$/Pers.), wo sieben einfache Hütten mit Matratzen und ein Zeltplatz warten.

Am *refugio* beginnen ein paar kurze, gewundene Pfade für Nebelwaldwanderungen auf eigene Faust. Anstrengender und länger ist allerdings der **Rundwanderweg Los Miradores** (hin & zurück 5 km, 4 Std.), der durch den Nebelwald bergauf in den *páramo* (Grasland – mit stürmischen Winden rechnen) hineinführt. Zu den **Lagunas del Compadre** im Hochland geht's über einen Nebenpfad der Miradores-Route, für den die meisten Wanderer hin und zurück mindestens drei Tage brauchen (einfache Strecke 14,5 km). Achtung: Zwischen dem Weganfang und den Seen gibt's keinerlei Wasserquellen!

Das Ministerio del Medio Ambiente (S. 211) in Loja liefert detaillierte Infos. In der Rangerstation (wo man sich registriert) werden einfache Karten verteilt.

ℹ An- & Weiterreise

Busse Richtung Vilcabamba kosten 0,50 US$. Ein Taxi von Loja zur Rangerstation Cajanuma kostet 5 US$ – hoch zum Parkbüro/*refugio* ungefähr 10–15 US$. Wanderer müssen wissen, dass es einen großen Unterschied macht, wofür man sich entscheidet: Von der Rangerstation Cajanuma an der Straße Loja–Vilcabamba sind es 8,5 km zu Fuß bis zum Ausgangspunkt der Hauptwanderpfade. Vom Parkbüro/*refugio* sind es nur 8,5 Meter! Zwischen der Rangerstation Cajanuma und dem Parkbüro/*refugio* besteht keinerlei Transportmöglichkeit. Wer früh in Loja startet, kann mehrere Stunden lang wandern und danach die 8,5 km zur Straße von Loja nach Vilcabamba zurücklaufen (solange es bergab geht, ist es eigentlich ganz schön). Auf der Parkstraße sind kaum Autos unterwegs – Trampen ist daher eher nicht möglich.

Tieflandbereich

Der Hauptzugang zum Tieflandbereich erfolgt 6 km südlich von Zamora über die **Rangerstation Bombuscaro**, die an einer unbefestigten Piste am Río Bombuscaro liegt. Vom Parkplatz am Straßenende führt ein breiter Weg hinauf zum Kontrollpunkt (30 Min.).

Mehrere kurze und gewartete (aber mitunter schlammige) Pfade schlängeln sich in den Wald hinein. Der beliebteste davon hat die **Cascada Poderosa** und die **Chismosa-Wasserfälle** zum Ziel. Auf dem **Los-Higuerones-Pfad** (6 km) und dem **El-Campesino-Pfad** (5 Std.) marschieren Wanderer durch etwas Urwald. Wer topfit ist, schafft den Anstieg auf dem Pfad zum **El Mirador** in ungefähr einer Stunde. Ein weiterer Weg endet an einem tiefen Schwimmloch mit schneller Strömung: der *área fotográfica* am Río Bombuscaro.

Ein seltener benutzter Zweiteingang befindet sich im Nest **Romerillos**, das 25 km südlich von Zamora an einer anderen Straße liegt.

Das Klima ist zwar heiß und feucht, hat aber immerhin diese wunderschöne Landschaft geschaffen. Der meiste Regen fällt von Mai bis Juli. Im Mai und Juni gibt's die besten Orchideen.

ℹ An- & Weiterreise

Am einfachsten zum Bombuscaro-Eingang geht's per Taxi (4 US$) ab dem Stand hinter Zamoras Busbahnhof. Taxitrips ab Loja kosten 10–12 US$ pro einfache Strecke. Taxifahrer aus Zamora kehren am Tagesende auf Wunsch zum Park zurück und holen einen dort ab (zzgl. 4 US$). Alternativ kann man über die flache Straße zurücklaufen (1½ Std.). In Zamora starten auch Busse zum Eingang Romerillos (1,50 US$, 2 Std., 6 & 14 Uhr).

Zamora

07 / 13 400 EW. / 970 M

Die heiße, feuchte Hauptstadt der Provinz Zamora-Chinchipe gehört teils zum Oriente, teils zur Sierra. Eingequetscht zwischen diesen Regionen in den Andenausläufern, zieht sie Siedler aus den Hochlandgemeinden Saraguros und Shuar aus dem Amazonasbecken an. Zamora bezeichnet sich selbst als „Stadt der Vögel und Wasserfälle". Besucher zieht es fast immer in den nahegelegenen Parque Nacional Podocarpus.

Die jahrzehntelange Ansiedlung von Bergleuten und das Anwachsen zum Provinzknotenpunkt ließen hier jedoch eine Stadt aus größtenteils gesichtslosen Betonbauten entstehen. Die Renovierung von Brücken, der aufgehübschte Busbahnhof und der wunderschöne *malecón* (Uferpromenade) am Río Zamora haben Zamora allerdings eine gewisse Renaissance beschert. Wer die Uhrzeit wissen will, muss nur nach oben schauen: Den großen Hügel über dem Busbahnhof ziert eine riesige Uhr, deren Minutenzeiger 11,34 m lang ist. Dies ist sehr wahrscheinlich die größte Uhr Ecuadors – und manchen Stimmen zufolge auch der Welt.

Sehenswertes

Man sollte sich ruhig etwas Zeit nehmen – und einen Blick auf die Riesenuhr gegenüber von Busbahnhof und Markt werfen. Einen besonders surrealen Anblick bietet sie nachts. Sehenswert ist auch die Plaza mit ihrem Hahnenkamm-Brunnen in der Mitte und den knallig lachsfarbenen Gebäudefassaden ringsum. Die Hauptattraktion von Zamora ist jedoch der nahegelegene Parque Nacional Podocarpus. An der Strecke zu dem Nationalpark, kurz vor der Lodge Copalinga, liegt übrigens ein guter **Badeteich**. In Zamora sind nur wenige Straßen beschildert, und wenn, dann nur im Ortskern.

Refugio Ecológico Tzanka WILDSCHUTZGEBIET
(07-260-5692; 099-675-7730, 07-260-5692; refugioecologicotzanka@yahoo.es; Mosquera bei Tamayo; Erw./Kind 2/1 US$; Mo & Mi–Fr 11–17, Di, Sa & So 9–17 Uhr) Dieses Tierrettungszentrum liegt einen Block südwestlich vom Hauptplatz auf der rechten Seite in der Sackgasse. Es beherbergt bunte Papageien, Coatis (Nasenbären), Affen, Faultiere und eine Königsboa. Das Zentrum ermöglicht kurzzeitige Freiwilligenengagements.

Schlafen

Hotel Betania HOTEL $
(07-260-7030; Francisco de Orellana; EZ/DZ 17/30 US$; P, WLAN) Das Betania liegt zwei Blocks westlich vom Busbahnhof und ist ein bequemes, modernes Hotel mit großzügig geschnittenen Zimmern und ordentlichen Betten. Es ist eins der saubersten Budgethotels von ganz Ecuador, und uns gefallen die Nackten in den Duschen (oh la la!).

Hotel Chonta Dorada HOTEL $
(07-260-6384; Jaramillo Alvarado nahe Amazonas; EZ/DZ 13/22 US$; P) Eine freundliche und annehmbare, wenn auch nicht gerade stimmungsvolle Bleibe drei Blocks westlich vom Busbahnhof.

Hotel Samuria HOTEL $
(07-260-7801; hotelsamuria@hotmail.com; Ecke 24 de Mayo & Diego de Vaca; EZ/DZ mit Frühstück 25/38 US$; P, Klimaanlage, WLAN) Zamoras schickstes Hotel (alles ist relativ) steht einen halben Block nördlich vom Hauptplatz. Es punktet mit festen Betten, Haartrocknern, Flachbildfernsehern, relativ ruhigen und modernen Zimmern und – angenehm – mit einer Klimaanlage für heiße Nächte. Das Hotelrestaurant ist eine willkommene Erweiterung des spärlichen Restaurantangebots der Gegend.

★ **Copalinga** LODGE $$
(099-347-7013; www.copalinga.com; Vía al Podocarpus Km 3; Hütten inklusive Frühstück mit/ohne Bad EZ 44/32 US$, DZ 111/53 US$) Vogelbeobachter strömen zu diesem Privatschutzgebiet in belgischem Besitz, um exotische Federträger zu sichten. Doch auch wer sich nicht für Vögel interessiert, wird sich an der Orchideensammlung, den Wegen, den Nektarspendern für Kolibris und der idyllischen Lage erfreuen. In rustikalen oder luxuriösen Hütten können sich Gäste vom Rauschen des Flusses in den Schlaf lullen lassen. Strom aus Wasserkraft versorgt die ganze Lodge; die Mahlzeiten sind üppig und lecker. Mindestens drei Tage im Voraus reservieren. Das Gelände liegt 3 km südöstlich der Stadt, einen 30-minütigen Fußmarsch vom Eingang des Parque Nacional Podacarpus entfernt.

Essen

Tio Bolo ECUADORIANISCH $
(07-260-7005; Mercadillo nahe Diego de Vaca & Aldean; Mahlzeiten 5 US$; Di–Sa 17.30 Uhr–open end) Hier genießen Gäste hervorragend

gerilltes Fleisch mit den üblichen Beilagen auf einer gemütlichen offenen Terrasse mit Blick auf den *malecón* (Promenade) und den Fluss.

La Choza ECUADORIANISCH $
(☎ 07-260-7246; Sevilla de Oro; Hauptgerichte 3–9 US$; ⏲ Mo–Fr 7–19, Sa 8–16 Uhr) Hier kommen Bratfisch, *churrasco* (gebratenes Steak mit Eiern und Reis) und gebratene Froschschenkel auf den Tisch – Letztere sind Delikatessen und daher teuer. Das Lokal ist zwar ein Alptraum für Gesundheitsfanatiker, aber gut und kredenzt frischen Fisch. Um es zu erreichen, ab dem Hauptplatz in Richtung Uhr laufen!

Praktische Informationen

Banco del Austro Auf der Plaza mit funktionierendem Geldautomaten.

Hospital (Ecke Sevilla de Oro & Orellana)

Ministerio del Ambiente (☎ 07-260-6606, 07-260-5318; Sevilla de Oro nahe Orellana; ⏲ Mo–Fr 8.30–16.30 Uhr) Liefert Infos zum Parque Nacional Podocarpus.

Post (24 de Mayo & nahe Sevilla de Oro)

An- & Weiterreise

Der **Busbahnhof** (Ecke Av Heroés de Paquisha & Amazonas) liegt gegenüber der großen Uhr.

Zwischen 3 und 23 Uhr fahren Busse fast stündlich nach Loja (3 US$, 2 Std.). Zudem geht's nordwärts nach Gualaquiza (3,50 US$, 4 Std., 5-mal tgl.). Wer Cuenca (7 Std.), Guayaquil (rund 11 Std.) oder Quito (rund 16 Std.) zum Ziel hat, begibt sich zuerst nach Loja und nimmt dort einen der regelmäßig startenden Busse.

Busse in Richtung Cabañas Yanquam (4 US$) rollen von Zamora täglich nach Las Orquídeas. Abfahrt täglich um 4, 6.30, 11.15 und 12.30 Uhr. In Las Orquídeas muss man für den Rest der Strecke in einen Pick-up umsteigen.

> **ABSTECHER**
>
> **CABAÑAS YANKUAM**
>
> Östlich von Zamora passiert der Río Nangaritza die weite Cordillera del Cóndor. Diese unvergleichlich artenreiche Region ist auch die Heimat der indigenen Shuar-Gemeinden. Die Anreise per Boot erfolgt über einen Nebenfluss mit schwarzem bzw. bräunlichem Wasser, das seine Farbe von natürlichen Tanninen erhält. Unterwegs sieht man seltsame Felsformationen, Wasserfälle, seltene Vögel und Klippen voller Orchideen. Die **Cabañas Yankuam** (☎ 099-947-0740; www.lindoecuadortours.com; Zi. mit Frühstück 30 US$/Pers., Mittag- oder Abendessen 10 US$, Pakete aus mehrtägigen geführten Touren und Unterkunft pro Pers. 113–196 US$) außerhalb von Las Orquídeas, wo sich der Flusshafen befindet, führen einen in eine vergessene Welt, in die nur ganz wenige Reisende noch tiefer eindringen. Die Betreiber bieten faszinierende zwei- bis dreitägige Touren zu Sehenswürdigkeiten der Umgebung an, darunter zu Schluchten und Höhlen, in denen Fettschwalme nisten.

Vilcabamba

☎ 07 / 5000 EW. / 1700 M

Ach, Vilcabamba: wo sich Berge malerisch über der Stadt erheben, wo die laue Luft gleichbedeutend ist mit Langlebigkeit (nach einer *Reader's-Digest*-Story wurde es 1955 für seine vielen Hundertjährigen berühmt), wo Reisende einfach aufgehalten werden, manchmal für Monate oder gar Jahre.

Die wunderschöne Landschaft der Region, das milde Klima und die entspannte Atmosphäre ziehen Scharen von Besuchern an: Backpacker ebenso wie Senioren aus den USA oder Europa. So finden sich auf den Hügeln nun große neue Häuser und auf der Plaza in der Stadt Betriebe mit Expat-Besitzern; die Gringo-Zuwanderung war auch schon Grund für Konflikte um Grundstückspreise und Lebenshaltungskosten. Andererseits gibt's in der lokalen Tourismus- und Baubranche nun mehr Jobs als jemals zuvor. So zählt Vilcabamba zu den ganz wenigen ecuadorianischen Pueblos, dessen junge Leute sich kaum nach der Großstadt sehnen.

Aktivitäten

Vilcabamba punktet mit perfektem Wander- und Reitwetter sowie mit Zugang zu entlegenen Bereichen des Parque Nacional Podocarpus. Allerdings kann man hier auch prima abschalten: Legionen von Spezialisten warten nur darauf, einem das Entspannen mit günstigen Massagen, Pediküre und Meditationssitzungen zu erleichtern.

Die meisten Naturforscher bzw. Pferdeführer verlangen ca. 15 US$ für zwei Stunden, 25 US$ für vier Stunden und 35 US$ für einen ganzen Tag.

Vilcabamba

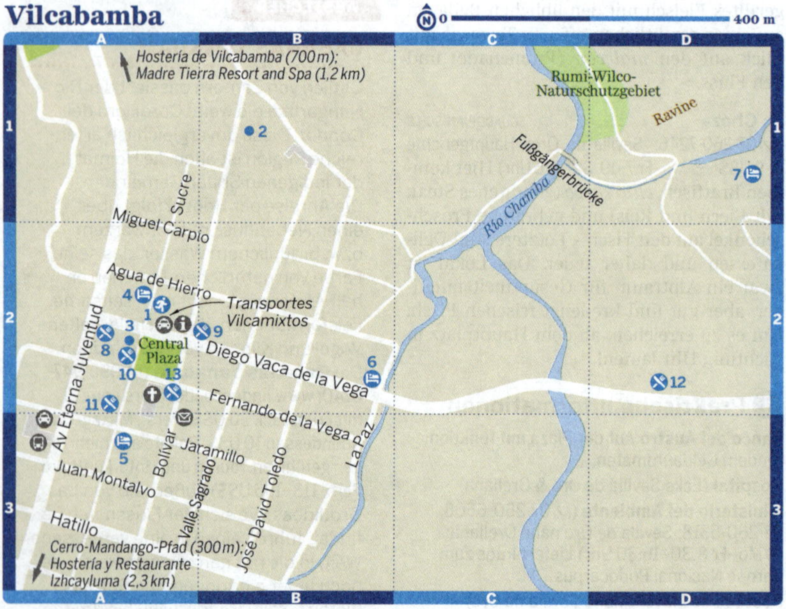

Vilcabamba

Aktivitäten, Kurse & Touren

- 1 Caballos Gavilán A2
- 2 Centro de Meditación B1
- El Chino .... (siehe 1)
- 3 La Tasca Tours A2

Schlafen

- 4 Hostal Jardín Escondido A2
- 5 Hosteria Las Margaritas A3
- 6 Le Rendez-Vous B2
- 7 Rumi-Wilco Ecolodge D1

Essen

- 8 La Baguette A2
- 9 La Terraza B2
- 10 Layseca's A2
- Midas Touch .... (siehe 10)
- 11 Restaurante Katherine A2
- 12 Shanta's Bar D2
- 13 UFO A2

Ausgehen & Nachtleben

- Juice Factory .... (siehe 10)

Die hiesigen Hotels verteilen meist Wanderkarten und unterhalten teils sogar eigene Wegenetze. Viele Wanderwege queren Privatgrundstücke; das Benutzen eines solchen Pfads schlägt eventuell mit einer geringen Gebühr (1–2 US$) zu Buche. Der **Cerro-Mandango-Pfad** führt auf den markanten Berg westlich der Stadt und ist in insgesamt vier Stunden zu bewältigen. Vor Ort danach erkundigen, ob man auf eigene Faust wandern kann. Zum Zeitpunkt der Recherche galt es als sicher, aber vor einigen Jahren hat es auf dem Weg Überfälle auf Touristen gegeben. Der lange Trek zum Wasserfall **Cascada el Palto** (5–8 Std.) im Podocarpus-Nationalpark beginnt am Río Yambala westlich der Stadt. Wer am Nachmittag spontan Lust bekommt zu wandern, läuft fix raus zur kleinen Naturquelle **Agua de Hierro** – einfach den Schildern nach. Die 40 ha der **Rumi-Wilco Ecolodge** (2 US$) überzieht ein hervorragendes, markiertes Netz an Pfaden mit Spazierlängen von einer bis zu drei Stunden.

Caballos Gavilán REITEN

(☎07-264-0415, 098-133-2806; gavilanhorse@yahoo.com; Sucre 10-30; ab 25 US$) Dieses äußerst empfehlenswerte Unternehmen wird von einem Neuseeländer geleitet, der schon jahrelang hier lebt. Gavin begleitet zweistündige bis dreitägige Ausritte mit Übernachtung in seiner Schutzhütte nahe dem Park.

El Chino RADFAHREN
(☎098-187-6347; Ecke Sucre & Agua de Hierro; Fahrräder/Motorräder pro Tag 10/50 US$; ⊙8–18 Uhr) Verleiht Fahrräder und Motorräder; gegen einen kleinen Aufpreis werden auch Rad- bzw. Motorradtouren angeboten. Im Geschäft nebenan gibt's fabelhafte Skulpturen aus Fahrradteilen – echt sehenswert!

Kurse & Geführte Touren

Centro de Meditación GESUNDHEIT & WELLNESS
(☎098-959-2880; http://mindfulnessmeditationinecuador.org; Bolívar; EZ/DZ mit Frühstück pro Woche 120/160 US$) Das Zentrum hat Meditations- und spirituelle Kurse im Angebot. Außerdem vermietet es wunderschöne Zimmer, und die Gäste können zur Zubereitung ihrer Mahlzeiten die Kräuter und das Gemüse aus dem Garten verwenden.

La Tasca Tours ABENTEUER
(☎07-556-1188, 098-127-3930; latascatours@yahoo.ec; Sucre; Reitausflüge ab 15 US$) Der bekannte Anbieter am Hauptplatz organisiert Wander-, Reit- und Abenteuertouren durch die Umgebung, darunter in den Parque Nacional Podacarpus. Wer möchte, kann sich auch der sechsstündigen Kaffeeplantagentour anschließen (in der Gegend gedeihen die besten Kaffeebohnen ganz Ecuadors). Tagesausflüge kosten pro Person rund 50 US$.

Schlafen

Vor Ort gibt's viele günstige Hotels, die meist irgendeine Art Pool besitzen. Unterkünfte außerhalb der Stadt können wunderbar ruhig und entspannend sein. In Vilcabamba wohnt es sich dafür im Allgemeinen günstiger. In der Hauptsaison und an Feiertagen können die Zimmerpreise steigen.

Stadtgebiet

★ **Hostería Las Margaritas** HOSTERIA $
(Ecke Jaramillo & Sucre; EZ/DZ mit Frühstück 15/30 US$; P) Hinter den hohen weißen Mauern der Hostería verbergen sich saubere Zimmer in einem ordentlichen Haus im deutschen Stil und ein fantastischer Frühstückraum mit Blick auf den üppig grünen Garten samt Pool. Im Unterschied zu anderen Adressen im Zentrum kein ausgesprochener Backpackertreff, aber günstiger als die meisten von ihnen.

Hostal Jardín Escondido HOSTEL $
(☎07-264-0281; www.jardin.ec; Ecke Sucre & Agua de Hierro; B/EZ/DZ mit Frühstück 15/25/30 US$;) Diese gute Budgetoption umgibt einen ruhigen Garten voller Singvögel. Alle Zimmer haben hohe Decken und große Bäder. Zum Frühstück gibt's hausgemachtes Brot und richtig guten Kaffee. Ein perfekter Ort, um andere Traveller kennenzulernen.

Le Rendez-Vous HOSTEL, PENSION $
(☎099-219-1180; www.rendezvousecuador.com; Diego Vaca de la Vega; EZ/DZ/3BZ 28/38/54 US$, EZ/DZ ohne Bad 19/28 US$; @) Auf das Hostal in französischem Besitz könnte der Begriff „Adobe-Chic" zutreffen. Jedes der blitzblanken Zimmer hat eine eigene kleine Terrasse. Von dort fällt der Blick beim Frühstück (inbegriffen) mit hausgemachtem Brot auf einen friedlichen Feng-Shui-Garten hinter hohen roten Mauern.

Außerhalb der Stadt

Rumi-Wilco Ecolodge LODGE $
(www.rumiwilco.com; Campingplatz pro Pers. 5 US$, Zi. ohne Bad pro Pers. 10 US$, Hütten mit EZ/DZ ab 20/36 US$;) Zehn Gehminuten vom Busbahnhof entfernt (entlang eines über den Fluss führenden Pfads) warten auf den immergrünen 40 ha des Naturschutzgebiets Rumi-Wilco Hütten, Bungalows und ein Zeltplatz auf Gäste. Die Lehmziegelhäuser beherbergen attraktive Zimmer mit handgefliesten Böden und gut ausgestatteten Gemeinschaftsküchen (super für kleine Gruppen!). Am besten gefallen haben uns aber die rustikalen Pfahlhütten. Sie besitzen ebenfalls ganz tolle Küchen! Die solarbeheizten Duschen unterhalb der Hütten produzieren überraschend heißes Wasser. Gegen Eintritt (2 US$/Pers.) können Nichtgäste das Schutzgebiet insgesamt dreimal besuchen.

★ **Madre Tierra Resort and Spa** SPA & RESORT $$
(☎07-264-0362; www.madretierra.com.ec; mit Frühstück EZ 30–86 US$, DZ 44–100 US$; P@) Hier, an einer Hügelflanke rund 2 km nördlich der Stadt, herrscht ein starker New-Age Vibe (inkl. Kerzen und heilender Ionen). Die Zimmer sind sorgfältig und individuell eingerichtet. Die Standardzimmer haben Hängematten mit schönem Blick, die Deluxe-Zimmer eigene Balkone, eingelassene Steinböden und Badezimmer, die an Märchenhöhlen erinnern! Der hervorragende Wellnessbereich steht auch Nicht-Gästen offen.

Hostería y Restaurante Izhcayluma RESORT $$
(☎07-302-5162; www.izhcayluma.com; B 11 US$, EZ/DZ ab 32/43 US$, ohne Bad ab 23/29 US$,

EZ/DZ in Hütten 44/55 US$; P ☎ ☒) Das kultivierte Hügel-Refugium in deutscher Hand liegt 2 km südlich der Stadt und hat ein hervorragendes Preis-Leistungs-Verhältnis. Das Freiluftrestaurant serviert deutsch-ecuadorianische Küche bei weitem Panoramablick. Der „ganzheitliche Wellnessraum" bietet Massagen und andere Behandlungen an. Gäste wohnen in ruhigen und geräumigen Hütten bzw. Zimmern.

Die jüngst erbauten Hütten bieten die beste Aussicht auf den Cerro Mandango; das neue Wegenetz durch die Anlage ist bezaubernd und dazu noch geschmackvoll mit valdivianischen Kulturgegenständen geschmückt. Da das Izhcayluma immer ausgebucht ist, sollte man sein Quartier spätestens eine Woche vorher reservieren. Zu erreichen mit einem Direktshuttleservice (15 US$) vom Hostel La Cigale in Cuenca aus. Frühstück ist nicht im Preis enthalten, Yoga um 7.30 Uhr hingegen schon.

Essen & Ausgehen

La Baguette BÄCKEREI $

(☎ 098-957-7107, 099-046-8701; Ecke Eterna Juventud & Vaca de la Vega; Snacks ab 2 US$; ⏲ Mi–Sa 7–17, So bis 14 Uhr) Göttliche französische Leckereien wie Pain au Chocolat, Quiche und mittwochs sogar glutenfreies Brot. Alle Produkte zum Mitnehmen.

Restaurante Katherine ECUADORIANISCH $

(☎ 07-264-0055; Ecke Sucre & Jaramillo; Mahlzeiten 3 US$) Im familiengeführten, günstigen, schlichten und köstlichen Restaurant Katherine (ausgesprochen Kat-RIIN) direkt bei der Plaza bekommt man tolle *comida típica* zu ortsüblichen Preisen. Da bleiben keine Wünsche offen!

Midas Touch FRÜHSTÜCK $

(Sucre 11-35; Frühstücks- & Mittagsgerichte 3–5 US$; ⏲ Mo & Mi–Do 7.30–17, Fr–So 8 Uhr–open end; ✎) Das beliebte Lokal hat zwar den ganzen Tag über geöffnet, aber sein Hauptanziehungspunkt ist das geniale Frühstück. Besonders hohes Suchtpotenzial haben die Hotcakes mit Banane und Zimt sowie die „Kürbis-Eier". Es werden Bio-Zutaten aus der Region verarbeitet und auch gute vegetarische Speisen sind erhältlich.

Layseca's BÄCKEREI $

(Ecke Sucre & Vaca de la Vega; Snacks 0,50–1,50 US$; ⏲ Di–So 10.30–20 Uhr) Einem belgisch-ecuadorianischen Paar gehört dieses kleine Café, in dem köstliche hausgemachte Schokolade, Kekse, Kuchen und Brot, der beste Kaffee der Stadt und Espresso angeboten werden. Die Tüten mit Knuspermüsli sind ein toller Snack beim Wandern.

★ **Shanta's Bar** PIZZA $$

(Diego Vaca de la Vega; Hauptgerichte 6–10 US$; ⏲ Di–So 13–21 Uhr) In einem rustikalen Außenbereich mit Sätteln als Barhocker kredenzt man im Shanta's seit Jahren schon u.a. Pizza und große Teller mit Froschschenkeln. Das Ambiente ist innovativ-rustikal und der Schnurrbart des Barkeepers hat Fahrradlenker-Format. Einen Versuch wert ist der *licor de serpiente* (Schlangenschnaps).

UFO ORIENTALISCH $$

(United Falafel Organization; ☎ 07-264-0148; www.unitedfalafel.org; Fernando de la Vega 09-18; ⏲ Mi–So 11–20, Fr & Sa bis 20.30 Uhr; ✎) Das UFO unter türkischer Leitung punktet nicht nur mit einem cleveren Namen und einer beneidenswerten Lage neben der Kirche, sondern auch mit seinen günstigen und leckeren Frühstücksoptionen, nahöstlichen Klassikern, glutenfreien Desserts, fantastischem Kaffee und einer Vielzahl an vegetarischen und veganen Speisen.

Hostería y Restaurante Izhcayluma ECUADORIANISCH $$

(☎ 07-264-0095; www.izhcayluma.com; Hauptgerichte 5–9 US$; ⏲ Di–So 7–10 & 12–21, Mo 7–10 & 17–21 Uhr; ✎) Der Weg zum Izhcayluma auf einem Hügel 2 km die Hauptstraße Richtung Süden aus der Stadt heraus lohnt sich: Auf der Karte stehen bayrische Spezialitäten, ecuadorianische Klassiker und tolle vegetarische sowie einige vegane Gerichte, die man bei toller Sicht genießt. Soweit möglich, werden bei der Zubereitung regionale Zutaten verwendet.

La Terraza INTERNATIONAL $$

(Ecke Diego Vaca de la Vega & Bolívar; Hauptgerichte 5–12 US$; ⏲ 9–21.30 Uhr) Nach Möglichkeit einen der Tische draußen auf dem Hauptplatz ergattern, an dem man prima Bier trinken und Leute beobachten kann; die Lage ist wohl der Hauptgrund für einen Besuch. In dem gut besuchten Restaurant werden Pasta- und Grillfleischgerichte und mexikanische Klassiker wie Fajitas serviert.

Juice Factory SAFTBAR

(Sucre; ⏲ Di–Sa 8.30–16, So bis 14 Uhr) 🍃 Leckere Säfte und gute, gesunde kleine Mittagsgerichte an der Westseite des zentralen

ABSTECHER

NATURSCHUTZGEBIET TAPICHALACA

Das kleine **Naturschutzgebiet Tapichalaca** (☎ in Quito 02-250-5212; www.fjocotoco.org/tapichalaca; 15 US$, mit geführter Wanderung zur Fütterstation 30 US$) 75 km südlich von Vilcabamba beherbergt eine von Ecuadors seltensten und am stärksten bedrohten Vogelarten: den Jocotoco-Antpitta *(Grallaria ridgelyi)*, dessen Bestand nicht einmal 20 registrierte Brutpaare umfasst. Die Tiere haben es sich angewöhnt, vom Pfleger ausgelegte Nahrung zu fressen – Sichtungen sind somit recht wahrscheinlich. Obendrein schwirrt es hier den ganzen Tag rund um die Nektarspender für Kolibris. Das übrige Schutzgebiet ist eine Nebelwaldoase in einem stark abgeholzten Gebiet. Um es rechtzeitig zum Antpitta-Frühstück zu erreichen, nimmt man am besten den 5-Uhr-Bus ab Loja oder übernachtet in der schmucken **Lodge** (☎ 02-227-2013; http://jocotoursecuador.com/destination/casa-simpson-tapichalaca-reserve; Tapichalaca Reserve; EZ/DZ mit Mahlzeiten ab 125/170 US$; 📶) 🍃.

Platzes. Ein Teil des Gewinns fließt in Gemeindehilfsprojekte.

ℹ Praktische Informationen

Auf dem Pfad hinauf zum Cerro Mandango kam es rund um das Jahr 2012 zu ein paar Überfällen, derzeit besteht kein Sicherheitsrisiko. Bei iTur nach der aktuellen Lage erkundigen und vorsichtshalber Wertsachen im Hotel lassen.

Polizei (☎ 07-264-0896; Agua de Hierro nahe Bolívar)

Krankenhaus (☎ 07-267-3188, 07-264-0188; Av Eterna Juventud nahe Miguel Carpio)

Internet (Bolivar an der Plaza; 1,15 US$ pro Std.; ⏲ 9–21 Uhr)

Wäscherei (Bolívar an der Plaza; 1 US$ pro Kilo; ⏲ 8–21 Uhr)

Post (Bolívar zwischen Fernando de la Vega & Jaramillo)

Touristeninformation (iTur; ☎ 07-264-0090; Ecke Bolívar & Diego Vaca de la Vega; ⏲ 8–13 & 15–18 Uhr) Hilfsbereite Mitarbeiter, gute Infos und Karten für Wanderungen in der Umgebung.

ℹ An- & Weiterreise

Die grün-weißen Pick-up-Trucks der Taxikooperative **Transportes Vilcamixtos** (☎ 07-264-0044) auf dem Hauptplatz sind nicht zu übersehen. Die meisten Fahrten zu nahegelegenen Zielen kosten 1,50 bis 4 US$.

Busse, Minivans und Taxis starten am winzigen **Busbahnhof** (Eterna Juventud & Jaramillo). Sammeltaxis nach Loja (2 US$, 45 Min.) brechen auf, wenn vier Personen an Bord sind. Minibusse von Vilcabambaturis rollen immer zur vollen Stunde nach Loja (1,30 US$, 1 Std.).

Auf der Südroute von Loja nach Zumba (9 US$, circa 5 Std.) und zur peruanischen Grenze halten die Busse in Vilcabamba. Jenseits der Grenze besteht Anschluss nach Chachapoyas in Peru.

Zumba & die peruanische Grenze

☎ 07

Die meisten Traveller kehren in Vilcabamba um. Doch eine zunehmend ausgebaute Straße nach Süden Richtung Zumba und Peru könnte bald mehr Reisende dazu einladen, auf dieser Strecke weiterzufahren, um zu den Weltklasse-Ruinen nahe Chachapoyas zu gelangen.

Während der ecuadorianisch-peruanischen Kriege (1940er- bis 1990er-Jahre) war Zumba ein wichtiger Militärstützpunkt. Obwohl die Kampfhandlungen beendet sind, befindet sich hier immer noch eine ecuadorianische Garnison. Deren Soldaten bevölkern den ganzen Ort. Die meisten Besucher kommen hierher, um die abenteuerliche Reise ins Landesinnere von Peru anzutreten. San Ignacio (Peru) eignet sich zum Nächtigen am besten und ist mit einer ganztägigen Fahrt ab Loja oder Vilcabamba erreichbar.

ℹ An- & Weiterreise

Transportes Nambija betreibt einen Nachtbus-Direktservice von Loja über Vilcabamba und Zumba nach Jaén in Peru (von dort fahren *colectivos*/Busse nach Chachapoyas).

Von Loja nach Zumba fahren u. a. Transportes Nambija (10 US$, 6–7 Std.) und Busse von Cooperativa Cariamanga; alle halten eine Stunde nach der Abfahrt von Loja in Vilcabamba.

Von Zumba aus rollen *rancheras* (offene Pick-up-Trucks) um 8, 10.30 und 17.30 Uhr zur Grenzstation **La Balsa** (3 US$, 1½–2½ Std.), wo man seinen Ein- bzw. Ausreisestempel bekommt. Je nach Wetter kann der Straßenzustand zwischen Zumba und La Balsa sehr unterschiedlich sein. Jenseits der „internationalen Brücke" fahren peruanische *taxi colectivos* (Kombis) nach **San Ignacio** (9 *soles*/3 US$, 1½ Std.), wo es Übernachtungsmöglichkeiten gibt. Geld wechseln kann man in La Balsa oder in San Ignacio.

In San Ignacio besteht regelmäßig Minibusverbindung nach **Jaén** (3,50 US$, 3 Std., ab 4 Uhr). Dort geht's per *mototaxi* (Motorradtaxi) zur *colectivo*-Haltestelle, wo Sammeltaxis nach **Bagua Grande** (1 Std.) starten. In Bagua Grande nimmt man dann einen Bus nach **Chachapoyas** (3 Std.), die erste Ortschaft von nennenswerter Größe.

Catacocha

☎07 / 6617 EW. / 1886 M

Catacocha (alias Las Paltas) gehört seit 1994 offiziell zu Ecuadors nationalem Kulturerbe. Die Bewohner des Ortes sind stolz auf die Andachtsstätten, die sonnenverbrannten Lehmziegelhäuser und die Holzbalkone, beginnen aber erst, touristisches Kapital daraus zu schlagen. Insofern kann man auf einem Spaziergang durch die hiesigen Straßen wunderbar den zeitlosen Zyklus des Hochlandlebens bewundern.

Sehenswertes

Templo de Lourdes KIRCHE

GRATIS Der **Templo de Lourdes** beherbergt sehenswerte Repliken berühmter religiöser Gemälde aus Europa. Obwohl die Kirche wohl kaum mit dem Louvre zu verwechseln ist, verleihen die Leinwände (bemalt von einem einheimischen Mönch) dem Ganzen eine tief religiöse, wenn auch leicht kitschige Atmosphäre.

Peña de Shiriculapo AUSSICHTSPUNKT

(Sonnenaufgang–Sonnenuntergang) GRATIS Die berüchtigte **Peña de Shiricalupo** ist ein Heiligenschrein, dessen Mirador (Aussichtspunkt) einen schwindelerregenden Blick auf das Casanga-Tal bietet. Der Zugang erfolgt durch das kleine Krankenhaus fünf Minuten zu Fuß von der Plaza Independencia entfernt.

Sonntagsmarkt MARKT

(Las Paltas; Plaza Independencia; So 7–12 Uhr) Der **Sonntagsmarkt** ist Catacochas wichtigstes Ereignis der Woche: Im Morgengrauen rufen Kirchenglocken jedermann zur Messe auf der **Plaza Independencia**. Ab 7 Uhr werden dann selbst gemachter Käse, Eselsättel, frische Eier vom Bauernhof und bergeweise Gemüse im ganzen Ort ver- bzw. gekauft. Zu Sonnenuntergang treffen sich Senioren und gelangweilte Jugendliche auf derselben Plaza.

Schlafen

Hostal Tambococha HOTEL $

(☎07-268-3551; Ecke 25 de Junio & Lauro Gerrero; Zi. pro Pers. 10 US$; P) Die sauberen, hellen Zimmer des Hostals punkten mit Kabelfernsehen, elektrisch beheizten Duschen und Aussicht auf die Plaza Independencia.

An- & Weiterreise

Auf dem Weg von Loja nach Macará und Piura (Peru) halten Busse auch in Catacocha (3 US$, 10-mal tgl.). In den schnelleren *colectivos* (Sammeltaxis) nach Loja werden 5 US$ verlangt.

Macará & die peruanische Grenze

☎07 / 19 018 EW. / 470 M

Die abschüssige Landschaft zwischen Catacocha und peruanischer Grenze eröffnet weite Blicke auf Berge und tiefe atemberaubende Täler, die dann Hügeln mit tropischem Trockenwald weichen. Lehmziegelruinen brüten in der heißen Sonne, und Vieh streift frei entlang der Straße umher.

Am Ende des Weges wartet eine Enttäuschung: Macará – ein gottverlassener Grenzort, aber vergleichsweise harmlos. Auf den Straßen und in den Hotelzimmern des zwischen Reisterrassen eingebetteten Städtchens hüpfen zahllose Grillen herum. Wer hier nach Ecuador einreist, braucht sich aber nicht zu sorgen: Auf der Weiterreise nach Norden bessert sich die Lage.

Typisch für den Trockenwald der Gegend sind die Ceiba- bzw. Kapok-Bäume mit ihren grünlichen dicken Stämmen und knorrigen, normalerweise blattlosen Ästen. Majestätisch thronen sie an Hügelflanken, die ansonsten leider ganz zur Schaffung von Weideflächen abgeholzt wurden. Die einsamen Giganten dieser öden Gegend blieben nur von der Kettensäge verschont, weil ihre größtenteils hohlen Stämme nur wenig Nutzwert haben.

Sehenswertes

Naturschutzgebiet Jorupe NATURSCHUTZGEBIET

(☎in Quito 02-250-5212; www.fjocotoco.org; 15 US$) Das Naturschutzgebiet Jorupe, das die Fundación Jocotoco außerhalb von Macará unterhält, ist in erster Linie ein Vogelschutzgebiet und beheimatet z. B. Nacktwangen-Blauraben, Blauscheitel-Motmots oder Ecuadorianische Trogone. Das Schutzgebiet liegt ca. 5 km die Straße von Macará aus Richtung Sozoronga entfernt und ist am besten per Taxi erreichbar (3 US$, 5 km). Ein Besuch sollte möglichst im Voraus arrangiert werden.

Und um möglichst viel aus dem Aufenthalt im Naturreservat herauszuholen, empfiehlt sich eine Übernachtung in der **Lodge** (☎ in Quito 02-250-5212; www.jocotoursecuador.com/en/our-lodges/urraca-lodge-jorupe-reserve; EZ/DZ mit Vollpension 168/294 US$).

Schlafen & Essen

Hotel Los Arrozales HOTEL $
(☎ 07-269-4300; Ecke 10 de Agosto & Amazonas; EZ/DZ ohne Frühstück 18/34 US$; P ❄ ☎) Los Arrozales („die Reisfelder"; nach dem ökonomischen Hauptstandbein des Ort benannt) ist die Nobelherberge von Macará: sie hat makellos saubere, große Zimmer mit Klimaanlage und Bad, kleine Terrassen und sogar eine Cafeteria.

Hostal Santigyn HOTEL $
(☎ 07-269-4539; Ecke Calderón & Rengel; Zi. pro Pers. mit Frühstück ab 12 US$; ❄) Über der Rezeptionstheke des sauberen, feschen Hotels hängt das Bild einer kiffenden Mona Lisa. Die kleinen, aber hellen Zimmer in verschiedenen Größen verfügen über Kabelfernsehen. Teilweise sind sie auch mit einer Klimaanlage ausgestattet.

Caña y Tapa TAPAS $
(☎ 07-269-4970; Amazonas 41–15; Tapas 3–8 US$; ⊙16–22 Uhr) Eine nette, lauschige Tapasbar.

D'Marco's ECUADORIANISCH $
(Ecke Roldós & Amazonas; Hauptgerichte 5–6 US$) Nettes Seafood-Lokal.

Praktische Informationen

Banco de Loja (Ecke Ventimilla & Calderón) hat einen Geldautomaten (Höchstbetrag: 200 US$), wechselt aber keine Auslandswährung. Peruanische *soles* muss man sich daher direkt an der Grenze besorgen.

An- & Weiterreise

Über Catacocha fahren Busse von **Transportes Loja Internacional** (☎ 07-269-4058; Vaca & Jaramillo) nach Loja (7,40 US$, 6 Std., 7-mal tgl.).

Unión Cariamanga (☎ 07-269-4047; Ecke Loja & Manuel E Rengel) schickt siebenmal täglich Busse über Cariamanga nach Loja (7,40 US$, 6 Std.).

Der ecuadorianisch-peruanische Grenzübergang bei Macará ist viel ruhiger als der bei Huaquillas, aber geschäftiger als der bei Zumba. Macará liegt 3 km vom eigentlichen Grenzübergang *(puente internacional)* entfernt. Die meisten Buspassagiere kaufen Direkttickets für die Route Loja–Piura (Peru). Die genannten Unternehmen fahren aber jeweils zweimal pro Tag auch separat von Macará nach Piura (4 US$, 3 Std.). Der Bus hält kurz an der Grenze, lässt Passagiere die nötigen Formalitäten erledigen und rollt dann weiter nach Piura.

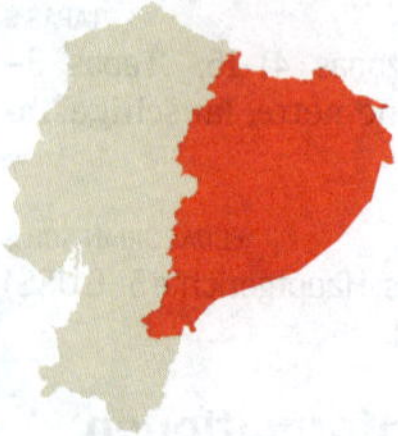

Oriente

Inhalt ➜

Gut essen

- ➜ EscoBar (S. 260)
- ➜ El Jardín (S. 261)
- ➜ Gina's (S. 229)
- ➜ JungLab (S. 264)
- ➜ Tienda Ahimsa (S. 250)

Schön übernachten

- ➜ Hotel Termas de Papallacta (S. 226)
- ➜ Napo Wildlife Center (S. 237)
- ➜ Sacha Lodge (S. 238)
- ➜ Hamadryade Lodge (S. 255)
- ➜ Kapawi Ecolodge & Reserve (S. 266)

Auf nach Oriente!

Der riesige Landstrich – die Einheimischen nennen ihn „Amazonía" – hält viel mehr bereit als nur donnernde Fluten. Von den Anden schlängeln sich Flüsse durch den dichten, drückend heißen Regenwald zum Amazonas. An den Flussufern trifft man auf uralte indigene Volksstämme. Zwischen den Bäumen gibt's eine erstaunliche Vielfalt an Tieren. Wer die Chance hat, in einer der entlegeneren Dschungellodges zu übernachten, kann in stillen Schwarzwasserseen Piranhas angeln, dem bedrohlichen Kreischen der Brüllaffen lauschen, abends einem Kaiman in die Augen blicken, bunte Papageien an den berühmten Lehmlecken beobachten und vielleicht sogar einen scheuen Tapir oder Jaguar erspähen.

Die Erkundung des Oriente ist ein unvergessliches (Natur-)Erlebnis. Aber die Region besteht nicht nur aus Dschungel. Hier warten auch die besten Thermalquellen, die spektakulärsten Wasserfälle, die aktivsten Vulkane und die abenteuerlichsten Wildwasserschnellen Ecuadors.

Reisezeit

Oriente

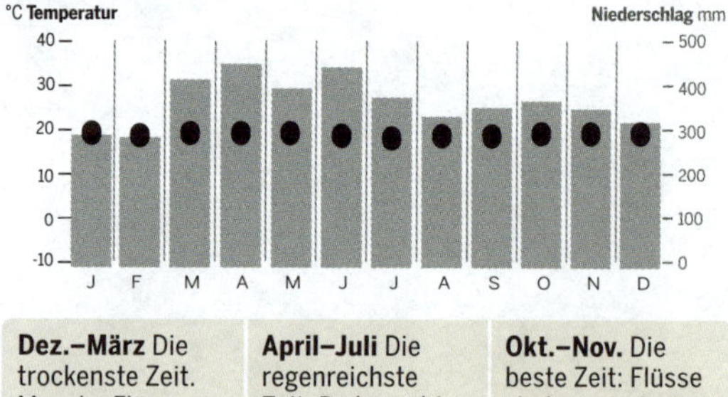

Dez.–März Die trockenste Zeit. Manche Flüsse sind wegen Wassermangels nicht befahrbar.	**April–Juli** Die regenreichste Zeit. Da braucht man einen richtig guten Regenmantel!	**Okt.–Nov.** Die beste Zeit: Flüsse sind passierbar, es ist nicht zu nass und Tiere sind gut zu beobachten.

NÖRDLICHER ORIENTE

Von Quito nach Lago Agrio

Die Straße von Quito nach Lago Agrio überquert die nebligen Andenhänge und führt dann hinunter in die Ebene von Amazonía. Es geht mitten durch die gesamte, herrlich abwechslungsreiche Bandbreite des ecuadorianischen Ökosystems: von Hochnebelwald zu dampfendem äquatorialem Regenwald. Wer nicht nach Lago Agrio fliegt, um eine Tour flussabwärts auf dem Río Cuyabeno zu unternehmen, kann diese Fahrt in nur einem (langen) Tag bewältigen. Alternativ legt man Zwischenstopps ein, um Thermalquellen zu genießen, Vögel zu beobachten oder einige Wildwasserschnellen zu bezwingen.

Papallacta

920 EW. / HÖHE 3300 M

In dem winzigen Dorf kann man sich in ein dampfendes Heilbad gleiten lassen, um seine müden Muskeln zu entspannen oder um der Kälte in diesen Höhen etwas entgegenzusetzen. Mit mehr als einem Dutzend Mineralwasserbecken ist Termas de Papallacta das luxuriöseste Thermalbad des Landes. Der Hauptkomplex erstreckt sich 3 km oberhalb des Dorfes Papallacta und eignet sich gut für einen Tagesausflug vom 67 km (2 Std.) entfernten Quito. Die Nächte sind kalt, aber tagsüber brennt die Sonne.

Aktivitäten

Spas & Thermalbäder

Im Mittelpunkt der Aktion stehen die Termas de Papallacta. Aber auch La Choza de Don Wilson (S. 226), die Hostería Pampallacta Thermales und das Hostal Antisana (der Reihe nach von der Kreuzung der Straße Quito–Baeza im Dorf Papallacta aus gesehen) haben Thermalpools.

Termas de Papallacta THERMALBÄDER
(☎ 06-289-5060; www.papallacta.com.ec)
Die Termas de Papallacta, 3 km oberhalb vom hübschen kleinen Dorf Papallacta, erfreuen sich einer grandiosen Lage: An klaren Tagen blickt man bis zum 15 km entfernten schneebedeckten Volcán Antisana (5753 m) – er ragt in südlicher Richtung hinter den üppigen, mit Schafen und Kühen übersäten Hügelhängen empor. Die Thermalquellen sind nicht gerade ein Geheimtipp, deshalb sollte man möglichst werktags kommen, oder nach Einbruch der Dunkelheit, wenn die Anlage nicht so überlaufen, dafür aber besonders magisch ist.

Es gibt zwei Bereiche mit Wasserbecken: das **Balneario** (Erw./Kind 8,50/4 US$; ⏲ 6–22.30 Uhr, letzter Einlass 21 Uhr) und das **Spa** (Erw./Kind 22/14,50 US$; ⏲ So–Do 9–20, Fr–Sa bis 21 Uhr). Zusammen bieten sie mehr als ein Dutzend Pools mit verschiedenen Temperaturen von kühl bis 40 °C warm, inmitten von saftig-grünem Rasen, orange-roten Blumen und reizenden Verbindungsbrücken und alles vor der Kulisse wolkenverhangener Berggipfel. Gegen eine kleine Gebühr werden Handtücher und Schließfächer (5 US$ Pfand) gestellt.

Für einen Besuch im Spa spricht eigentlich wenig, außer dass die Becken hier nicht so voll, kleiner und mit Düsen ausgestattet sind. In der Sauna im Innenbereich kann man sich auflockern, um sich anschließend eine Spa-Behandlung zu gönnen. Im Spa ist die Nutzung der Sauna kostenlos. Angeboten werden diverse Behandlungen (12–69 US$), z. B. Hydrothermal-Massagen, Reflexzonentherapie, Körperwickel mit Andenschlamm, türkische Bäder, Lymphdrainagen und Körperpeelings. Das Wasser in den Becken wird täglich am späten Nachmittag gewechselt.

Wandern & Trekking

Nur wenige Spa-Besucher nehmen diese Möglichkeit wahr, doch direkt vor den Toren des Balneario liegt ein Zugang zur 400 000 ha großen **Reserva Ecológica Cayambe-Coca**. Das Spa wird seit Jahren für seinen Beitrag zum Umweltschutz gerühmt – es umfasst auch ein 250 ha großes Naturschutzgebiet am Parkeingang, das bei Einheimischen als **Rancho del Cañón** bekannt ist. Auf dem Spa-Gelände gibt es ein Besucherzentrum, und es werden geführte Wanderungen zu dem Gelände mit Andenhochlandwiesen und abgeschiedenen Seen angeboten (vielleicht der beste Einstieg für spätere Streifzüge durch die Reserva). Interessierte sollten sich vor Ort nach der anstrengenden zweitägigen **Wanderung** zum Dorf Oyacachi erkundigen, wo weitere Thermalquellen warten.

Schlafen & Essen

Hostería Pampallacta Termales PENSION $$
(☎ 06-289-5014; www.pampallactatermales.com; EZ/DZ mit Frühstück ab 36/75 US$; P 📶 ✉)

Highlights

1 Papallacta (S. 223) Unberührte dampfende Thermalbäder genießen und dabei zusehen, wie der Nebel hoch oben über die Berge zieht.

2 Cascada de San Rafael (S. 227) In der tosenden Gischt von Ecuadors höchstem Wasserfall stehen.

3 Parque Nacional Sumaco Napo Galeras (S. 244) Durch drei Vegetationszonen wandern, um von den explosivsten Vulkanen des Landes über Dschungel- und Nebelwälder zu blicken.

4 Reserva Producción Faunística Cuyabeno (S. 232) Schwarzwasserparadies mit unglaublicher Vielfalt an Vögeln und anderen Tieren.

5 Parque Nacional Yasuní (S. 241) In einem der Dschungel mit der weltweit größten Biodiversität in einer Flusslodge übernachten und die Lehmlecke der Papageien und die Baumtürme des Regenwalds besuchen, um Tiere zu erspähen.

6 Laguna Pañacocha (S. 240) Piranhas angeln und nach riesigen Arapaimas und Amazonasdelfinen Ausschau halten.

7 Tena (S. 246) Abenteuerliche Raftingtouren auf den vielen nahegelegenen Flüssen

8 Puyo (S. 258) Bei einer geführten Dschungeltour indigene Gemeinschaften tief im Regenwald besuchen.

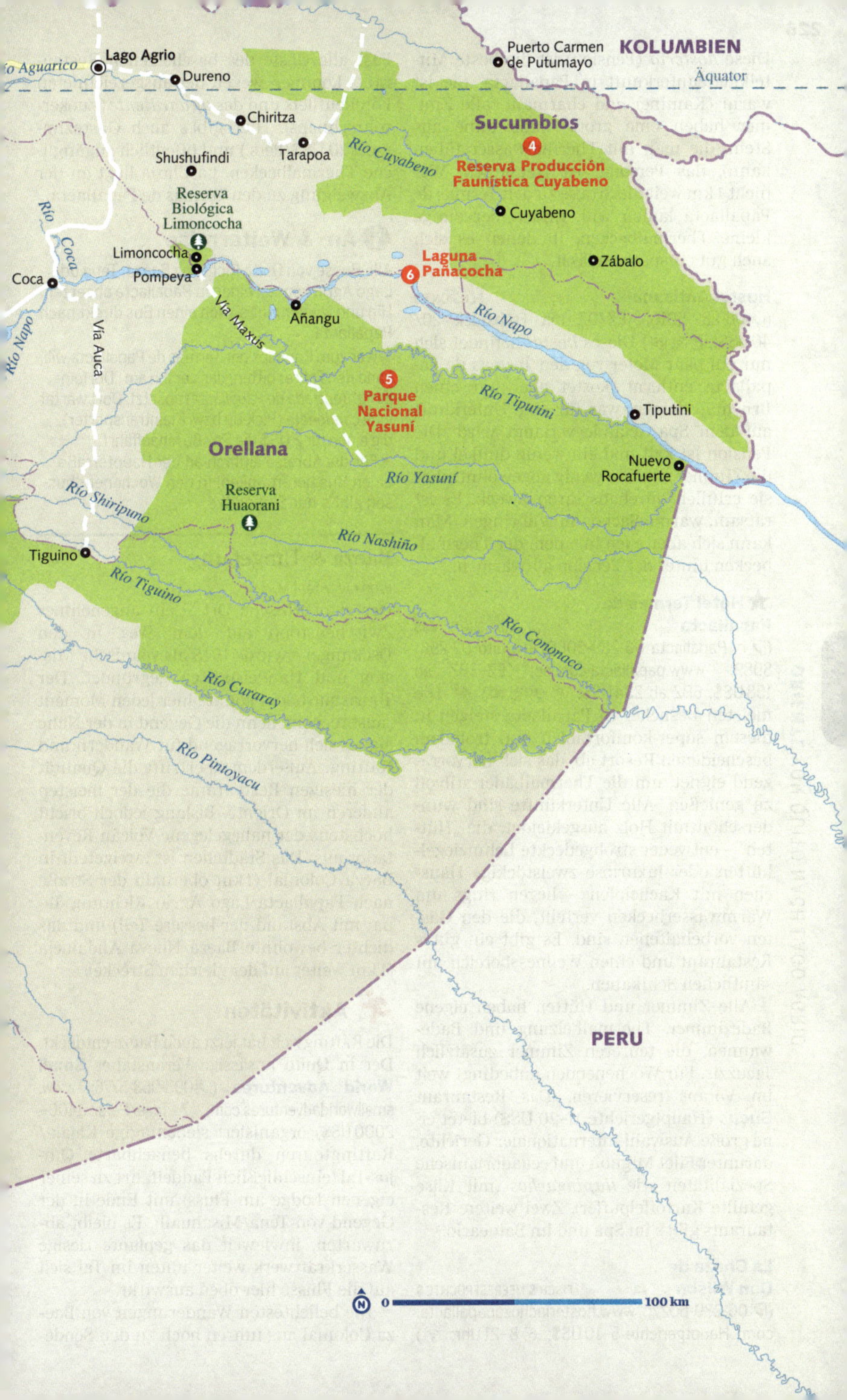
KOLUMBIEN
Äquator
Puerto Carmen de Putumayo
Lago Agrio
Río Aguarico
Dureno
Chiritza
Tarapoa
Shushufindi
Sucumbíos
4
Reserva Producción Faunística Cuyabeno
Río Cuyabeno
Cuyabeno
Zábalo
Reserva Biológica Limoncocha
Limoncocha
Pompeya
Coca
Río Coca
Río Napo
6
Laguna Pañacocha
Añangu
Vía Maxus
Vía Auca
5
Parque Nacional Yasuní
Río Tiputini
Tiputini
Nuevo Rocafuerte
Orellana
Río Yasuní
Reserva Huaorani
Río Shiripuno
Río Nashiño
Tiguino
Río Tiguino
Río Cononaco
Río Curaray
Río Pintoyacu
PERU
0
100 km

Diese *hostería* (Pension) ist die beste Mittelklasseunterkunft in Papallacta. Sie ist warm (Kamine) und charmant (alle Zimmer haben eine große Badewanne aus Stein, die man mit Thermalwasser füllen kann), das Personal ist freundlich. Wer nicht 1 km weit die Straße zu den Termas de Papallacta laufen will, findet hier einige kleine Thermalbecken, in denen es sich auch gut entspannen lässt.

Hostal Antisana PENSION **$$**
(☎ 06-289-5016; EZ/DZ mit Frühstück 20/40 US$; P 📶 ❄) Dieses *hostal* befindet sich nur ein paar Meter von den Termas de Papallacta entfernt, kostet aber nur einen Bruchteil dessen, was für eine Unterkunft auf dem Spa-Gelände verlangt wird. Die Pension ist kalt und ein wenig dunkel und die Zimmer sind ein wenig abgewohnt, aber sie erfüllen durchaus ihren Zweck. Es ist ratsam, warme Sachen mitzubringen. Man kann sich aber auch in einem der Thermalbecken hinter der Pension aufwärmen.

★ Hotel Termas de Papallacta LUXUSHOTEL **$$$**
(☎ in Papallacta 06-289-5060, in Quito 02-256-8989; www.papallacta.com.ec; EZ–3BZ ab 158 US$, 6BZ ab 234 US$; P @ 📶 ❄) 🍃 Die meisten Besucher in Papallacta steigen in diesem super-komfortablen und trotzdem bescheidenen Resort ab, das sich hervorragend eignet, um die Thermalbäder stilvoll zu genießen. Alle Unterkünfte sind wunderschön mit Holz ausgekleidet; die „Hütten" – entweder strohgedeckte Lehmziegelhütten oder luxuriöse zweistöckige Häuschen mit Kachelofen – liegen rings um Warmwasserbecken verteilt, die den Gästen vorbehaltenen sind. Es gibt ein gutes Restaurant und einen Wellnessbereich mit sämtlichen Schikanen.

Alle Zimmer und Hütten haben eigene Badezimmer, Thermalheizung und Badewannen, die teureren Zimmer zusätzlich Jacuzzis. Für Wochenenden unbedingt weit im Voraus reservieren. Das Restaurant **Sucus** (Hauptgerichte 11–20 US$) bietet eine große Auswahl internationaler Gerichte, darunter Filet Mignon und ecuadorianische Spezialitäten wie *llapingachos* (mit Käse gefüllte Kartoffelpuffer). Zwei weitere Restaurants gibt's im Spa und im Balneario.

La Choza de Don Wilson FISCH & MEERESFRÜCHTE **$**
(☎ 06-289-5027; www.hosteriachozapapallacta.com; Hauptgerichte 5–10 US$; ⏲ 8–21 Uhr; 📶) Fast alle Gäste des bescheidenen Restaurants kommen wegen der ausgezeichneten Forellenfilets und des *aguardiente* (Zuckerrohrschnaps). Hier gibt's auch Gästezimmer (20 US$/Pers.) und öffentlich zugängliche Thermalbecken. La Choza liegt an der Abzweigung zu den Termas de Papallacta.

ℹ An- & Weiterreise

Alle Busse von Quito Richtung Baeza, Tena oder Lago Agrio können einen in Papallacta absetzen. Hin und wieder gibt's auch einen Bus direkt nach Papallacta.

Wer zum Komplex der Termas de Papallacta will, kann den Fahrer bitten, dass er ihn am „Dorfeingang" (*entrada de Papallacta*) absetzt. Dort wartet eine *camioneta* (Pick-up bzw. Kleintransporter), die einen für 2 US$ die Straße hinauffährt.
➡ Für die Abreise einfach an der Hauptstraße einen Bus heranwinken. In den Wochenendbussen gibt's nur Stehplätze.

Baeza & Umgebung

1960 EW. / 1914 M

Der sympathische Ort – ein angenehmer Zwischenstopp auf dem Weg in den Dschungel – wurde 1548 als spanische Mission und Handelsposten gegründet. Der Tourismusboom könnte hier jeden Moment „ausbrechen", denn die Gegend in der Nähe eignet sich hervorragend für Wandern und Rafting. Außerdem übertrifft die Qualität der hiesigen Restaurants die der meisten anderen im Oriente. Bislang jedoch bricht höchstens der nahegelegene Volcán Reventador aus. Das Städtchen ist zweigeteilt in Baeza Colonial (1 km oberhalb der Straße nach Papallacta/Lago Agrio Richtung Tena; mit Abstand der bessere Teil) und das dichter bewohnte Baeza Nueva Andalucia (1 km weiter auf der gleichen Strecke).

Aktivitäten

Die Raftingwelt hat jetzt auch Baeza entdeckt. Der in Quito ansässige Veranstalter **Small World Adventures** (☎ 093-958-5776; www.smallworldadventures.com; 7 Tage/Pers. 1400–2000 US$) organisiert siebentägige Kajak-/Raftingtouren durchs benachbarte Quijos-Tal (einschließlich Paddelfahrt zu seiner eigenen Lodge am Fluss) mit Ende in der Gegend von Tena/Misahuallí. Es bleibt abzuwarten, inwieweit das geplante riesige Wasserkraftwerk weiter unten im Tal sich auf die Flüsse hier oben auswirkt.

Die beliebtesten Wanderungen von Baeza Colonial aus führen hoch zu den Sende-

NICHT VERSÄUMEN

CASCADA DE SAN RAFAEL

Der spektakuläre 131 m hohe Wasserfall **San Rafael** (7–17 Uhr) GRATIS an der Straße zwischen Baeza und Lago Agrio ist Ecuadors höchster Wasserfall und auf jeden Fall einen Zwischenstopp wert. Im Winter ist er am eindrucksvollsten, im Sommer reduziert ein Staudamm mit Wasserkraftwerk 20 km flussaufwärts seit 2016 den Durchfluss um die Hälfte. Dieses Bauprojekt hatte das Land in zwei Lager gespalten, denn der damalige Präsident Rafael Correa hatte nach seiner Wahl 2007 aktiv auf den Ausbau der nachhaltigen Energieproduktion gesetzt. Die Befürworter erklärten, es drohe keine Beeinträchtigung der Fließstärke des Río Coca, der den Wasserfall speist. Demzufolge sei auch das Naturwunder nicht gefährdet. Dem widersprachen die Gegner des Projekts. Weil der Zufluss vom Coca zum Wasserfall in den letzten Jahren zurückgegangen sei, wäre das Kraftwerk die meiste Zeit des Jahres gar nicht funktionstüchtig.

Die Wasserfälle sind dennoch ein beeindruckender Anblick und einen Besuch wert, wenn man in diese Richtung unterwegs ist. Um die Anfahrt zu erleichtern, wurde eine neue Zufahrtsstraße gebaut: Sie ist an der Straße direkt unterhalb der Hostería Reventador (von Quito kommend kurz davor) ausgeschildert und führt zu einem kleinen Besucherzentrum; dort beginnt die einfache 15 bis 20 Minuten lange Wanderung zum Aussichtspunkt mit atemberaubendem Blick.

masten über der Stadt (tolle Aussicht) und runter zu Wasserfällen (interessant, weil man auf dem Weg hinunter in den tropischen Wald eine vegetationsreiche Zone durchquert). Für längere Wandermärsche bieten sich fantastische Gelegenheiten. Nach Südwesten hin liegt die **Reserva Ecológica Antisana** und im Südosten der **Parque Nacional Sumaco Napo Galeras**, der unberührteste und abgeschiedenste Nationalpark Ecuadors. Die beiden nächstgelegenen Eingänge sind **Cabañas San Isidro** (15 Minuten Fahrt nach Süden) und **San Carlos** (eine Autostunde auf der Straße zum Volcán Reventador nach Osten). Informationen zu Wanderungen gibt's in den Unterkünften von Baeza.

Schlafen & Essen

La Casa de Rodrigo HOSTEL $
(099-963-8357, 06-232-0467; rodrigobaeza1@yahoo.com; Baeza Colonial; Zi. 12–15 US$/Pers.;) Die Zimmer sind sauber, die Gemeinschaftsküche ist blitzblank, das Duschwasser heiß und das WLAN zuverlässig. Das Beste an der Herberge mit dem besten Preis-Leistungs-Verhältnis in Baeza ist aber Rodrigo höchstpersönlich, ein stadtbekanntes Original und zugleich eine sprudelnde Quelle für Informationen zum gesamten Quijos-Tal. Er vermietet auch Kajaks und kann Rafting-, Canyoning- und Vogelbeobachtungstouren mit lizenzierten Führern organisieren.

★ **Cabañas & Pizzeria Kopal** HÜTTE $$
(06-232-0408; http://kopalecuador.com; Baeza Colonial; Hütten 25 US$/Pers.; P) Diese wunderbaren Holzhütten, vom holländischen Besitzer (einem Schreiner) selbst gezimmert, mit ihrer gemütlichen Einrichtung und den zum Entspannen einladenden breiten Veranden, wären an sich schon verführerisch genug (und die handgearbeiteten Deckstühle allein schon ein Grund zu bleiben). Aber nebenbei befindet sich hier auch noch eine der besten **Pizzerien** Ecuadors (Baeza Colonial; Hauptgerichte 5–15 US$; 17–19 Uhr).

Quinde Huayco B&B $$
(06-232-0649; Baeza Colonial; Zi. mit Frühstück 25 US$/Pers.;) Gibt es etwas Schöneres als in einem dieser beiden kuscheligen Zimmer zu übernachten, inmitten eines üppig grünen Gartens, der berühmt dafür ist, Kolibris anzulocken? Zumal man weiß, dass am nächsten Morgen im stimmungsvollen angegliederten Café ein mit viel Liebe zubereitetes Frühstück wartet, gekrönt von einem richtigen Espresso? Wohl kaum.

Hier kommen sowohl Vogel- als auch Kaffeefreunde auf ihre Kosten. Die Café-Öffnungszeiten sind für Nichtgäste undurchschaubar, aber zur Frühstücks-/Brunchzeit ist eigentlich immer geöffnet.

Río Quijos Eco Lodge LODGE $$
(www.rioquijosecolodge.com; Zi. mit Frühstück ab 22 US$/Pers.; P) Wer Vögel, Rafting und

EINE DSCHUNGELTOUR VORBEREITEN

Man kann den Dschungel zwar auch auf eigene Faust erkunden, aber über organisierte Touren und Dschungellodges kommt man schneller und ohne logistische Probleme in die Wildnis. Wer in Eigenregie loszieht, hat außerdem keine Chance auf Begegnungen mit indigenen Bewohnern – diese bevorzugen es Touristen in Begleitung von Guides zu treffen.

Zunächst sollte man sich darüber klar werden, wie viel man ausgeben kann, was man sehen will und wie viel Zeit man hat. Je weiter man sich von den Straßen, viel befahrenen Flüssen und erschlossenen Gebieten entfernt und je mehr Zeit man im Dschungel verbringt, desto mehr Tiere wird man zu Gesicht bekommen. Gleiches gilt auch in kultureller Hinsicht – je länger und abgelegener der Trip, desto aufregender die Erlebnisse und Begegnungen.

Unterschiede

Die Lodges und die größeren Schiffe im Hotelstil bieten Tagesausflüge von einem bequemen Ausgangspunkt an. Bei anderen Veranstaltern übernachtet man auf Campingplätzen oder bei Einheimischen.

Niedrigere Preise bedeuten oft: einfache Unterkünfte, spanischsprachige, nicht naturkundige Guides, größere Gruppen, abgekochtes statt gefiltertes Wasser und Besuche weniger abgelegener Gegenden mit entsprechend weniger Tieren. In manchen Fällen sind die Praktiken solcher Veranstalter auch nicht gerade umweltschonend, wenn sie die Gruppe z. B. während der Exkursion von der Jagd ernährt (im Regenwald wird zu viel gejagt, Jagen ist ein absolutes No-Go).

Höhere Tourpreise bedeuten aber auch nicht immer gleich mehr Authentizität (d. h. mehr Tiere und mehr indigene Kultur). Sogar das Gegenteil kann der Fall sein: Bei manchen billigeren Touren mit Übernachtung in einem Dschungelcamp erfährt man durchaus mehr über die Flora, Fauna und die Regenwaldvölker.

Die Veranstalter konzentrieren sich auf verschiedene Aspekte des Dschungels und wissen, welche Tiere man mit welcher Wahrscheinlichkeit sieht. Aussichtstürme erhöhen die Chance, Vögel und Affen zu sehen. Dass gemeindebasierter Tourismus (die authentischste Reiseart, da die indigenen Dörfer direkt davon profitieren) ausschließlich für teures Geld zu haben ist, stimmt inzwischen nicht mehr. Wer darauf Wert legt, sollte die Angebote sorgfältig studieren. Gemeindetourismus eignet sich am besten für Spanisch sprechende Besucher mit flexiblem Zeitplan.

Einige skrupellose Veranstalter bieten *ayahuasca* oder andere halluzinogen wirkende Mittel an, die indigene Volksgruppen bei bestimmten Ritualen verwenden. Man sollte bei diesen verbotenen Substanzen jedoch extreme Vorsicht walten lassen.

idyllische Rückzugsorte in den Anden mag, wird diese Ökolodge lieben! Sie liegt rund 12 km nördlich von Baeza am Fluss. Von hier aus führen Pfade zwischen Bäumen durch mehr als 36 ha Naturschutzgebiet auf der anderen Seite des Flusses. Die Lage eignet sich hervorragend für Ausflüge zur Cascada de San Rafael, für Flusstouren und Höhlenabenteurer. Die hilfsbereiten Mitarbeiter können alle möglichen Ausflüge organisieren.

Cabañas San Isidro HÜTTE **$$$**
(☎06-289-1880, 099-358-1250; www.cabanasanisidro.com; EZ/DZ mit Frühstück 87/130 US$; P) Das 1500 ha große Naturschutzgebiet 15 km südlich von Baeza war früher eine Rinderranch und liegt spektakulär auf 2000 m Höhe. Hier kann man hervorragend Vögel beobachten; einer der Besitzer, Mitch Lysinger, ist einer der besten Vogelkundler Südamerikas. Es gibt komfortable Hütten mit Terrasse und Blick auf den Wald. Vollpension kostet pro Person und Tag 46 US$ extra.

In der Nähe schlängeln sich Wanderwege durch den wundervollen subtropischen Nebelwald der Reserva Ecológica Antisana.

Reservierung erforderlich. Buchen kann man online oder über das **Büro in Quito** (☎02-289-1880; Ecke Av Siena 318 & Calle A, Edificio MDX, Oficina 310, Sector la Primavera, Cumbaya). Auf der Straße von Baeza nach Tena die Ausfahrt gleich nördlich des Dorfes Cosanga nehmen.

Wohin man auch geht, man sollte außerhalb von Ortschaften und Dörfern immer einen Führer dabeihaben. Und auf jeden Fall sollte man den Einwohnern mit Respekt begegnen und sich ökologisch verantwortungsbewusst verhalten.

Buchen einer Tour

Viele Veranstalter haben ein Büro in Quito, sodass Interessenten schnell vergleichen können. Die Agenturen können einen meist schon nach ein paar Tagen Voranmeldung in den Dschungel bringen. Wer eine Tour gebucht hat, macht sich normalerweise auf eigene Faust auf den Weg zu dem Ort, in dem die Tour beginnt (meist Lago Agrio oder Coca). Vor dem Buchen alle Fragen hinsichtlich Kosten, Essen, Ausrüstung, Reiseroute und Größe der Reisegruppe klären.

Wer in Lago Agrio, Coca, Tena, Puyo oder Macas eine Tour bucht, ist oft mit Guides unterwegs, die sich besser in der Gegend auskennen als die Guides der in Quito ansässigen Veranstalter. Die Cofán, Huaorani, Kichwa, Shuar und andere Volksgruppen bieten Touren mit Guides aus ihren eigenen Reihen an.

Guides

Ein guter Guide zeigt einem Dinge, die man, wenn man auf eigene Faust unterwegs ist, versäumen würde – ein schlechter wird den Trip ruinieren. Auf Nachfrage müssen Guides eine Lizenz vorweisen und Auskunft über ihre Spezialgebiete geben können. Empfohlene Guides sind immer vorzuziehen, und viele Lodges sind bekannt für ihre erstklassigen Guides. Am besten sucht man sich ein paar aus, stellt Fragen und macht deutlich, wofür genau man sich interessiert. Die Guides erwarten ein Trinkgeld und dass der Gast sie weiterempfiehlt, falls er zufrieden war.

Was mitbringen?

Die Orte im Dschungel sind nur einfach ausgestattet. Es gibt abgefülltes Trinkwasser, Abdeckplanen (zum Schutz vor Regen) und Gummistiefel in verschiedenen Größen. Bei fast allen geführten Touren werden Stiefel und Regenausrüstung vermietet, aber trotzdem vorher nachfragen. Moskitonetze werden normalerweise gestellt, sofern notwendig. Wer ernsthaft Tiere beobachten möchte, sollte ein Fernglas mitbringen. Manche Guides haben zwar eines dabei, brauchen es aber selbst, um Tiere zu erspähen. Außer den allgemeinen Reiseutensilien sollte man eine Taschenlampe, Sonnenschutzmittel, einen Sonnenhut und ein Insektenschutzmittel mit DEET mitbringen, je nach Jahreszeit und Ziel auch Malariatabletten.

Gina's ECUADORIANISCH $
(Baeza Colonial; Hauptgerichte 2–8 US$; ⌚7.30–22.30 Uhr; 📶) Wer kleine Bergdörfer liebt, wird sich in diesem holzgetäfelten Restaurant mit Rafting-Aufklebern an den Wänden gleich zu Hause fühlen. Zu den herzhaften Gerichten gehören Tausend verschiedene Arten von Forelle – die sollte man sich auf keinen Fall entgehen lassen, welche Variante man auch wählt.

ℹ An- & Weiterreise

Einfach einen der vielen Busse von oder nach Lago Agrio, Tena und Quito heranwinken und hoffen, dass noch ein Platz frei ist.

Wer von Quito anreist, steigt am besten am Hauptbusbahnhof in einen Bus Richtung Tena, denn die halten in Baeza Colonial und Baeza Nueva Andalucia (4 US$, 2½ Std.).

Die Busse nach Lago Agrio (7 US$, 4–5 Std.) halten nur an der Straßenkreuzung, an der die Zufahrt nach Tena abgeht.

Volcán Reventador

Nach dem Ausbruch dieses spektakulären Vulkans 2002 kann man den 3562 m hohen Gipfel nicht mehr besteigen: Zurzeit ist er der aktivste Vulkan Ecuadors und stößt mehrmals pro Stunde Rauchwolken und Gesteinsbrocken aus. Aktuelle Infos zu seiner Aktivität gibt's beim Instituto Geofisico (www.igepn.edu.ec).

Der Vulkan ragt am östlichen Rand der **Reserva Ecológica Cayambe-Coca** empor, eines wenig besuchten Naturschutzgebiets mit Höhen von über 5500 m in einer Übergangszone zwischen den Anden und dem Oriente. Am Eingang des Gebiets gibt's leider weder eine Beschilderung noch ein Wachhäuschen. Die Wachstation befindet sich im Städtchen **El Chaco**, das rund 20 km weiter auf halber Strecke zwischen Baeza und der Hostería Reventador liegt (dort sind auch Infos und Karten zu Wandergelegenheiten erhältlich).

Auch wenn man seinen Gipfel nicht mehr besteigen kann: Für leidenschaftliche Vulkanbeobachter besteht dennoch kein Grund zur Traurigkeit – sie können sich einer anstrengenden Abenteuertour im privaten Nebelwaldreservat Reserva Alto Coca anschließen und den Volcán Reventador dort bewundern.

Aktivitäten

Reserva Alto Coca NATURBEOBACHTUNG

(Karte S. 64 f.; ☎ in Quito 02-252-8019; www.altococa.com; 50–120 US$/Pers.) Die beste Gelegenheit, den Volcán Reventador zu bewundern, bietet sich auf einer anstrengenden Abenteuertour in diesem privaten Nebelwaldreservat, das sich auf 1500 bis 2000 m Höhe auf der dem Vulkan gegenüberliegenden Seite des Tals erstreckt. Ausflüge müssen im Voraus über das Büro in Quito gebucht werden.

Nach einem anstrengenden vierstündigen Aufstieg vom Dorf San Carlos erreicht man eine der wahrscheinlich abgeschiedensten Unterkünfte des ganzen Landes. Von den schlichten, mit Hängematten ausgestatteten Hütten bietet sich ein grandioser Blick auf die Kapriolen des Reventador. Bei den Hütten beginnen weitere Wanderwege, die in den angrenzenden Parque Nacional Sumaco Napo Galleras hineinführen. Das Parkinnere wurde glücklicherweise nur minimal erschlossen, daher lassen sich hier ausgezeichnet Tiere beobachten.

Schlafen

Hostería Reventador HOTEL $$

(☎ 06-302-0110; http://hosteriaelreventador.com; EZ/DZ 38/49 US$; P 📶 🏊) Am naheliegendsten in der Gegend ist diese hübsche Unterkunft am Straßenrand, eine nette, kürzlich renovierte Lodge an der Cascada de San Rafael. Die modernen Zimmer bieten allen möglichen Komfort. Ganz in der Nähe beginnt der neunstündige Aufstieg zum Reventador; ob man ihn gerade in Angriff nehmen kann, wissen die Mitarbeiter der Hostería, die auch über andere Wanderstrecken in der Umgebung Auskunft geben. Zum Haus gehört ein exzellentes Restaurant.

Alle Busse von Quito oder Baeza Richtung Lago Agrio fahren hier längs.

An- & Weiterreise

Busse von Quito oder Baeza nach Lago Agrio fahren am östlichen Rand der Reserva Ecológica Cayambe-Coca entlang, wo sich der Vulkan befindet. In Bussen auf dem Weg dorthin oder zur Cascada de San Rafael kann man den Fahrer bitten, an der Hostería Reventador anzuhalten.

Lago Agrio

☎ 06 / 57 730 EW.

Die schmuddelig-graue Stadt lebt von der Ölindustrie und ist geprägt von einem chaotischen Markt, staubigen Straßen, dichtem Verkehr und rauen Bars. Die ersten Arbeiter auf den Ölfeldern gaben dem Ort seinen Namen: Lago Agrio, „Bitterer See" – nach dem texanischen „Sour Lake", der Heimat der Firma Texaco, die hier die ersten Bohrungen unternommen hat. Offiziell heißt die Stadt „Nueva Loja", doch niemand nennt sie so. Die Einheimischen sagen einfach nur „Lago". Der Ort ist ein bisschen speziell, Prostitution und Kriminalität zum Beispiel sind wegen der Nähe zur kolumbianischen Grenze an der Tagesordnung. Besucher sollten jederzeit sehr vorsichtig sein, ganz besonders aber nach Einbruch der Dunkelheit. Nach Lago fährt man eigentlich nur, weil es das Tor zur spektakulären Reserva Producción Faunística Cuyabeno (Naturreservat Cuyabeno) ist, einem der besten Tierbeobachtungsgebiete von ganz Ecuador.

Schlafen & Essen

Hotel D'Mario HOTEL $

(☎ 06-283-0172; www.hoteldmario.com; Av Quito 26-2, nahe Amazonas; Zi. mit Frühstück 20–60 US$; ❄ 📶 🏊) Diese Bleibe im Zentrum inmitten anderer Mittelklassehotels an der Avenida Quito wird von Reisegruppen bevorzugt. Die hellen Zimmer reihen sich um einen Innenhof mit Pool und Sitzbereich im Freien; manche sind etwas beengt, aber sie sind total in Ordnung. Das Restaurant im Erdgeschoss ist eines der besten vor Ort und wird vor allem für seine Pizzas (6–16 US$) gelobt.

BUSSE AB LAGO AGRIO

ZIEL	PREIS (US$)	DAUER (STD.)
Baeza	7	4–5
Coca	3	2
Guayaquil	20	13
Puyo	13	8–9
Quito	12	8
Tena	10	6

Araza Hotel HOTEL $$
(☎ 06-283-1287; www.hotel-araza.com; Av Quito 536, nahe Narvaez; EZ/DZ mit Frühstück ab 48/62 US$; P ❄ 📶 🏊) Im mit Abstand besten und sympathischsten Hotel der Stadt steigen gern Geschäftsreisende der Ölbranche ab. Die durchschnittlich großen Zimmer sind supersauber und anonym im Business-Stil gehalten sowie mit Schreibtisch, Fernseher und Bad ausgestattet. Es gibt hier auch einen hübschen tropischen Hof, ein Restaurant und eine Bar mit Großbild-Fernseher sowie einen Fitnessraum und einen Pool.

Sacha Micuna Wasi ECUADORIANISCH $
(☎ 06-283-0557; Alfaro, nahe 20 de Junio; Hauptgerichte 5 US$; ⏲ 10–17 Uhr) Gäste sollten nach dem Grill Ausschau halten, auf dem die *maitos* (*tilapia* gegrillt in Palmblättern) von Kichwa-Profis zubereitet werden. Sie werden im Ganzen serviert, zusammen mit gedämpfter *maduro* (grüner Kochbanane) oder *yuca* (Maniok) und eingelegten Zwiebeln, dazu mit einem erfrischenden Krug voll geeistem *guayusa* (amazonischer Kräutertee). Eine urbane Einführung in die Amazonas-Küche.

ℹ Praktische Informationen

Durch den anhaltenden Konflikt im benachbarten Kolumbien sind Grenzstädte wie Lago Agrio ein Tummelplatz für kolumbianische Guerillas, Paramilitärs (die gegen die Rebellen kämpfen) und Drogenschmuggler. Es ist nicht zu empfehlen, hier über die Grenze nach Kolumbien einzureisen. In der Stadt können einzelne Bars heikel und Seitenstraßen unsicher sein – deshalb hält man sich besser an die Hauptstraße (vor allem abends) oder nimmt ein Taxi zu den Restaurants weiter draußen. Touristen bekommen aber nur selten Probleme.

Banco de Guayaquil (Ecke Av Quito & 12 de Febrero; ⏲ Mo–Fr 8–16, Sa 9–12 Uhr)

Banco del Pichincha (Ecke Av Quito & 12 de Febrero)

Kolumbianisches Konsulat (☎ 06-283-2114; http://nuevaloja.consulado.gov.co; Av Quito, nahe Colombia, Edificio Moncada, 4. Stock; ⏲ Mo–Fr 8–16 Uhr)

ℹ An- & Weiterreise

BUS

Der Weg vom Dschungel in die Anden (und umgekehrt) ist dramatisch und schön; es lohnt sich, die Fahrt bei Tageslicht zu machen. Der Busbahnhof liegt rund 2 km nordwestlich vom Stadtzentrum. Von hier aus gibt es viele Busverbindungen und Optionen. Zusätzlich betreibt Transportes Putumayo Busse für Traveller, die zu den Dschungelorten Dureno und Tarapoa fahren, zum Río-Aguarico-Abschnitt des Naturschutzgebietes Cuyabeno (man hat jedoch mehr von dem Besuch, wenn man sich einer geführten Tour anschließt). Die Busse verkehren täglich und relativ oft.

FLUGZEUG

Früh reservieren, denn die Flüge sind wegen der Gäste der Dschungellodges und der Ölarbeiter, die am Wochenende nach Hause reisen, schnell ausgebucht. Wer kein Ticket mehr erwischt, kann zum Flughafen fahren und sich auf die Warteliste setzen lassen – es kommt häufig vor, dass Buchungen storniert werden, weil die Reiseveranstalter mehr Sitzplätze reservieren, als sie brauchen.

TAME (☎ 06-283-2365; Orellana nahe 9 de Octubre) bietet täglich Flüge zwischen Quito und Lago Agrio.

Der Flughafen befindet sich etwa 3 km östlich von Lago Agrio. Ein Taxi (gelbe oder weiße Pick-ups) dorthin kostet rund 3 US$.

GRENZÜBERGÄNGE

Die Grenze zu Kolumbien verläuft weniger als 20 km nördlich der Stadt. Am besten macht man einen großen Bogen um sie, denn die Gegend ist wegen Schmugglern und Guerillaaktivitäten berüchtigt. Die am häufigsten genutzte Route von Lago Agrio führt nach La Punta (rund 1½ Std.) am Río San Miguel. Taxi-Trucks fahren tagsüber von der Ecke Eloy Alfaro und Avenida Colombia nach La Punta.

Reserva Producción Faunística Cuyabeno

Dieses wunderschöne Naturschutzgebiet ist ein einzigartiges 6034 km² großes Regenwaldgebiet am Río Cuyabeno. Der im Jahreslauf unterschiedlich stark überflutete Wald bietet Lebensraum für viele Vögel und Wassertiere, darunter Amazonasdelfine, Manatis, Kaimane und Anakondas. Mehrere Affen- und Wildkatzenarten, Tapire, Pekaris, Agutis leben hier ebenfalls. Die Wipfel von Johannisbrot- und Ceibabäumen ragen aus dem Unterwasserwald hervor und bescheren atemberaubende Eindrücke und visuelle Effekte. Die Schwarzwasserflüsse, durch das faulende Laub reich an Tanninen, bilden ein Labyrinth aus Wasserstraßen, die die Lagunen speisen.

Wegen der Abgeschiedenheit – und zum Schutz der im Reservat lebenden Gemeinden – sollten Traveller das Naturschutzgebiet nur im Rahmen einer geführten Tour besuchen. Diese sind erheblich billiger als im Parque Nacional Yasuni, obwohl hier oft erheblich mehr Wildtiere zu sehen sind.

Geschichte

Die Grenzen des Schutzgebiets verändern sich parallel zur politischen Entwicklung, aber es ist erheblich größer als früher. Das Land wurde 1979 zum Naturschutzgebiet erklärt, um den Regenwald zu erhalten, die Tiere zu schützen und ein Reservat zu schaffen, in dem die indigenen Bewohner – die Siona, Secoya, Cofán, Kichwa und Shuar – ihrer traditionellen Lebensweise folgen können.

Unmittelbar nach der Gründung des Reservats in Cuyabeno wurde hier dennoch nach Öl gebohrt. In diesem Zusammenhang entstanden innerhalb des Reservats die Orte Tarapoa und Cuyabeno sowie Teile der transecuadorianischen Ölpipeline. Es folgten Straßen und Siedler. Zehntausende Hektar Wald wurden gerodet oder durch Öllecks und Giftmüll belastet. Viele der Giftstoffe sind direkt in den Río Cuyabeno gelangt.

Diverse Organisationen begannen sich für den Schutz des Gebietes einzusetzen, das – obwohl per Gesetz geschützt – in Wirklichkeit gerade wirtschaftlich erschlossen wurde. Wachposten wurden eingerichtet und die ortsansässigen Siona und Secoya wurden im Umwelt- und Tierschutz ausgebildet. Eine ecuadorianische Umweltrecht-Gruppe, die sich für ein gesetzliches Verbot der Ölförderung in Schutzgebieten einsetzt, konnte die Regierung dazu bewegen, die Grenzen des Reservats nach Osten und Süden zu verschieben und das Schutzgebiet so zu vergrößern.

Das neue Gebiet ist nun abgeschiedener und besser geschützt. Es zeigt sich, dass die organisierten indigenen Gruppen, die von ecuadorianischen und ausländischen NGOs, Touristen, Reiseveranstaltern und Umweltschutzgruppen unterstützt werden, der beste Schutz für das Gebiet sind.

Geführte Touren

Die meisten Besucher buchen ihre Touren online oder in Quito, wo die Auswahl größer ist. Der Transfer von Quito nach Lago Agrio ist aber selten im Preis enthalten. Dasselbe gilt für die Eintrittsgebühren (rund 5 US$/Pers.) zu Gemeinden im Reservat.

Rund zehn Lodges gibt es derzeit unmittelbar nebeneinander am Fluss, ein paar andere befinden sich in der Nähe einer Lagune. Unter ihnen sticht keine besonders hervor; alle bieten ähnliche Möglichkeiten zur Tierbeobachtung. Hier bewegt man sich vor allem mit dem Kanu – außer zwischen Dezember und Februar, wenn der Wasserstand zu niedrig ist. Die meisten Besucher kommen in der regenreicheren Zeit von März bis September.

Die besten Preise ergattert man – insbesondere, wenn man alleine unterwegs ist –, wenn man sich einer Reisegruppe anschließt. Beim Buchen sollte man darauf achten, ob die Hin- und Rückfahrt ab Lago Agrio enthalten ist, ob der Tag der Reise auch als Tourtag zählt, ob das Trinkwasser abgekocht oder gefiltert wird (vorzugsweise gefiltert) und ob man mit sachkundigen bzw. einheimischen Guides rechnen kann. Naturkundlich versierte Guides können viel mehr Wissenschaftliches über die Pflanzen erzählen, während einheimische Guides einen Einblick in die traditionelle Nutzung der Pflanzen geben und zeigen, wie die indigenen Bewohner diverse Produkte daraus herstellen. Die Naturkundler können fast immer Englisch.

Schlafen

Jamu Lodge DSCHUNGELLODGE **$$$**
(www.jamulodge.com; 3 Nächte mit VP 334 US$; 📶) Totenkopfäffchen toben über den Pfaden der viel gelobten, jede Menge Dschungelfeeling verbreitenden Jamu Lodge. Die angebotenen Paddeltouren im Einbaum,

die Wanderungen durch Sümpfe (bei denen man knietief durch den Schlamm watet, um Anakondas und Amazonasdelfine zu erspähen), das Schwimmen in Lagunen und die unvergesslichen Nachtexkursionen garantieren eine hautnahe Wildniserfahrung. Überdies steht die Lodge ganz allein im Reservat und erscheint dadurch noch weltabgeschiedener.

Die Einrichtungen sind sauber und so komfortabel, wie das im Dschungel eben möglich ist; sie werden mit Solarstrom versorgt. Die Guides sind für ihre Fachkenntnis und ihren Enthusiasmus berühmt.

Cuyabeno Lodge LODGE **$$$**

(☎ 02-292-6153 in Quito; www.cuyabenolodge.com.ec; EZ/DZ 3 Nächte mit VP ab 480/760 US$) Die sehr empfehlenswerte Lodge wird von Neotropic Turis (S. 73) mit Sitz in Quito in Zusammenarbeit mit den ortsansässigen Siona betrieben. Die strohgedeckten Hütten und Türme mit Warmwasserbädern und Solarstrom liegen verstreut an einem Hang (der nie überflutet ist). Die besten Zimmer befinden sich im Beobachtungsturm; sie sind geräumiger und haben Balkone. Die zweisprachigen fachkundigen Guides erhalten besonders viel Lob von den Gästen.

Das Essen und die Bedienung sind ausgezeichnet (beim Buchen wählt man zwischen Vegetarisch, Vegan, Glutenfrei oder Normal). Im Preis enthalten ist der Transfer von Lago Agrio. Kanus und Kajaks stehen zur Verfügung – wenn das Wasser hoch genug steht, kann man mit ihnen auf dem See herumpaddeln.

Tapir Lodge LODGE **$$$**

(☎ in Quito 02-380-1567; www.tapirlodge.com; 3 Nächte mit VP 6590 US$) Die 1999 eröffnete Tapir Lodge bietet Unterkünfte in mehrstöckigen Türmen; die Gäste können von ihnen aus die Baumwipfel aus nächster Nähe bewundern. Die einfachen, aber bequemen Zimmer sind mit Fernsehern, Moskitonetzen, Balkonen und heißem Wasser ausgestattet. Solarstrom gibt es rund um die Uhr. Die Lodge arbeitet mit den ortsansässigen Siona zusammen und die Führer hier sind für ihr Wissen und ihren Enthusiasmus bekannt.

An- & Weiterreise

Geführte Touren beinhalten den Transfer vom, zum und auf dem Fluss. Ausflüge nach Cuyabeno beginnen in der Regel am Flughafen von Lago Agrio.

Coca

☎ 06 / 45 200 EW.

Coca, für die meisten Besucher das wenig schmeichelhafte Tor zum Río Napo, ist der unvermeidbare Startpunkt für viele der faszinierendsten Touren durch den Regenwald Ecuadors. In den 1990er-Jahren verwandelte die Ölindustrie die winzige Siedlung am Fluss mit ihren unbefestigten Straßen in eine heiße, geschäftige Ansammlung von Betonblocks. Seit 1999 ist Coca (offiziell Puerto Francisco de Orellana) die Hauptstadt der Provinz Orellana und die letzte Bastion der „Zivilisation", bevor es auf dem Río Napo tief in den Regenwald zum Parque Nacional Yasuní und dann weiter ins Amazonasbecken geht.

Zwar lohnt die Stadt allein keine Reise, aber Coca ist trotzdem nicht ganz ohne Charme: Ein hübscher kleiner Park ziert das Zentrum und ein schmucker *malecón* (Uferpromenade) verläuft am Wasser, wo sich das ausgezeichnete Museo Arqueológico Centro Cultural de Orellana (MACCO) befindet, das 2016 seine Türen öffnete. Mittlerweile rollt der Verkehr auf einer atemberaubenden neuen Hängebrücke über den Napo auf der Via Auca in Richtung Tiguino (ebenfalls Ausgangspunkt für Abstecher in den Regenwald).

Sehenswertes

★ MACCO MUSEUM

(Museo Arqueológico Centro Cultural Orellana; www.macco.ec; Ecke 9 de Octubre & Espejo; 5 US$; Di–Fr 8–17, Sa–So 9–17 Uhr) Dieses ausgezeichnete archäologische Museum – eines der Highlights eines Coca-Besuchs – beleuchtet das kulturelle Erbe der Region Orellana und beherbergt kunstvoll restaurierte, verschiedenartige Artefakte aus der Region: von Grabvasen bis hin zu rein zeremoniellen Äxten. Die Art der Präsentation und die zweisprachigen Erläuterungstafeln (Englisch und Spanisch) sind differenziert und wundervoll in Szene gesetzt. Verschiedene amazonische Kulturen werden in ihren historischen und zeitgenössischen Kontexten gezeigt, mit feinen Kunstwerken, die die Ausstellungsstücke unterstreichen.

Geführte Touren

Eine geführte Tour in den Regenwald ist ein ganz anderes Erlebnis als ein Aufenthalt in einer der Lodges (die natürlich auch eigene Touren anbieten): Die Gruppen sind klei-

Coca

Coca

Sehenswertes
1 MACCO A3

Aktivitäten, Kurse & Touren
2 Amazon Wildlife Tours B2
3 Jorge Carriel C3

Schlafen
4 Heliconias Grand Hotel B1
5 Hostal Jungle Santa María A2
6 Hotel La Misión C2
7 Hotel Río Napo A1

Essen
8 Cevichería Colorado B3
9 La Casa del Maito B3

Ausgehen & Nachtleben
10 Bar Pappa Dans B3

Shoppen
11 Kallary Kawsay B3

ner, man ist flexibler, die Möglichkeiten für Abenteueraktivitäten sind größer und die Preise insgesamt niedriger – allerdings wird weniger Komfort geboten. Neben den Veranstaltern in Coca gibt es noch zahlreiche weitere in Quito.

★ **Amazon Wildlife Tours** NATURBEOBACHTUNG
(www.amazonwildlife.ec; Ecke Napo & García Moreno, Hotel El Auca; 100 US$/Pers./Tag) Diese erfahrene Agentur ist das beste Argument dafür, seinen Dschungelausflug in Coca zu buchen. Sie bietet eine Reihe von Touren in die freie Natur an, mit einem Schwerpunkt auf Jaguar-Expeditionen im Nationalpark Yasuní, auf das Beobachten von Amazonasdelfinen und auf Tierbeobachtungen im Naturschutzgebiet Limoncocha.

Jorge Carriel DSCHUNGELTOUREN
(☎093-971-2597; loresalavarria84@hotmail.com; Ecke Alejandro Labaka & Camilo de Torrano; 120 US$ pro Pers./Tag) Jorge hat sich auf sechs- bis achttägige Abenteuertouren tief in den Dschungel spezialisiert (des in großer Menge benötigten Diesels wegen müssen Teilnehmer tiefer in die Tasche greifen). Es geht hinab ins Gebiet von Nuevo Rocafuerte nahe der peruanischen Grenze, und zwar auf Schwarzwassernebenarmen, wo die Wahrscheinlichkeit höher ist, mehr der faszinierenden Tiere in freier Wildbahn zu sehen. Übernachtet wird in primitiven Dschungelhütten.

Otobo's Amazon Safari GEFÜHRTE TOUREN
(www.rainforestcamping.com; 200 US$/Pers./Nacht) Die abgelegene Stätte am Río Cono-

naco mit Zelten auf Plattformen und einer strohgedeckten Lodge wird von dem indigenen Huaorani Otobo und seiner Familie betrieben. Besucher wandern mit einem Englisch sprechenden einheimischen Guide im Parque Nacional Yasuní und besuchen Lagunen und ein Dorf in der Gegend.

Schlafen

Hotel Río Napo HOTEL $
(☎ 06-288-0872; www.hotelrionapo.com; Bolívar 76-06; EZ/DZ mit Frühstück 23/40 US$; ❄ 📶) Das smarte, saubere und helle Mittelklassehotel im Zentrum hat 29 komfortable Zimmer mit Klimaanlage und Kabel-TV. Wer kein Frühstück möchte, zahlt etwas weniger. Was zählt: Die Mitarbeiter sind die freundlichsten der Stadt und das Hotel ist sicher.

Hostal Jungle Santa María HOTEL $
(☎ 06-288-0287; Rocafuerte, zw. Quito & Napo; EZ/DZ ohne Bad 10/13 US$, EZ/DZ mit Klimaanlage 15/20 US$; ❄ 📶) Hier findet man das billigste annehmbare Bett in der ganzen Stadt. Die netten, sauberen Zimmer sind mit fließend Wasser (Zimmertemperatur!) ausgestattet. Man muss allerdings aufpassen, dass man sich auf dem Weg nach oben nicht den Kopf an der niedrigen Decke im Treppenaufgang stößt.

Heliconias Grand Hotel HOTEL $$
(☎ 06-288-2010; www.heliconiasgrandhotel.com.ec; Cuenca, nahe Amazonas; EZ/DZ mit Frühstück 42/66 US$; P ❄ 📶) Über 40 geflieste Zimmer im Kolonialstil umrahmen den hübschen Pool. Cocas bestes Hotel bietet die erholsamste Möglichkeit, dem städtischen Trubel zu entkommen. Zum Hotel gehört ein kleiner Wellness- und Fitnessbereich.

Hotel La Misión HOTEL $$
(☎ 06-288-0260; hlamision@hotmail.com; Camilo de Torrano; EZ/DZ 30/50 US$; P ❄ 📶 🏊) Das alteingesessene Hotel profitiert von seiner Lage direkt an der Anlegestelle der Boote, die zum Yasuní fahren. Jedes der sauberen, aber nicht mehr taufrischen Zimmer hat Kabel-TV, einen Kühlschrank und ein modernes Bad – die Aussicht auf den Río Napo ist jedoch einigen wenigen vorbehalten. Es gibt mehrere Pools. In diesen toben zwar immer lautstark Kinder herum, aber: Keine Unterkunft ist für die Einschiffung zur Yasuní-Fahrt günstiger gelegen.

Der Ausblick vom Uferrestaurant (mit Bar) La Misión ist der schönste, den Coca zu bieten hat.

Essen & Ausgehen

Jeden Abend verkaufen gut gelaunte Straßenverkäufer an der Calle Quito zwischen Rocafuerte und Espejo gegrilltes Fleisch, das sie direkt vor den Augen ihrer Kunden zubereiten: einfach fantastisch und gesellig – und billig obendrein.

La Casa del Maito FISCH & MEERESFRÜCHTE $
(Espejo 70-02; Hauptgerichte 4–6 US$; ⌚ 6–20 Uhr) Das Lokal lockt mittags mit leckerem Fisch (meistens Tilapia oder Piranha), der in Palmblättern auf dem Grill draußen zubereitet wird, viele Einheimische an. Der freundliche Inhaber, Luis Duarte, ist auch als Guide tätig.

Cevichería Colorado FISCH & MEERESFRÜCHTE $
(☎ 098-967-4646; Napo, nahe Chimborazo; Hauptgerichte 5–9 US$; ⌚ 7.30–16 Uhr) Das beliebte Lokal in der Nähe des Flusses ist *der* Ort für eine Schüssel saftiges Ceviche und ein kaltes Bier.

Bar Pappa Dans BAR
(☎ 06-288-1345; Ecke Chimborazo & Napo; ⌚ Mo–Sa 18 Uhr–spätabends) Cocas erste anständig aussehende Bar wurde im Stil einer *palapa* erbaut und bietet gute Cocktails und erstklassige Ausblicke auf den Fluss. Am Wochenende gibt es manchmal Livemusik- oder Tanzveranstaltungen – dann wird eine kleine Eintrittsgebühr verlangt.

Shoppen

An mehreren Ständen entlang des neuen *malecón* wird Kunsthandwerk der Shuar und Kichwa verkauft. Zu dem Kichwa-Laden namens **Kallary Kawsay** (Malecón; ⌚ 8–17 Uhr) gehört auch eine schnuckelige, auf den Fluss hinausgehende Bar mit leckeren Obstsäften.

Praktische Informationen

Banco del Austro (☎ 06-289-1900; Ecke Chimborazo & Quito; ⌚ Mo–Fr 9–16.30 Uhr) Auf der Quito-Seite gibt es zuverlässige Geldautomaten.

Banco del Pichincha (Ecke 6 de Diciembre & Bolívar) Hat Geldautomaten – mit Warteschlangen davor.

Nuevo Hospital Francisco de Orellana (☎ 06-286-1521; Ecke Arazá & Palmito)

Post (Napo, nahe Montalvo)

Touristeninformation (☎ 06-288-0532; www.orellanaturistica.gob.ec; Chimborazo 83-04; ⌚ Mo–Sa 7.30–16.30, Sa 8–14 Uhr; 📶) Die hilfreiche Touristeninformation bietet Travellern kostenlosen Internetzugang und Tipps zum Transport zu den Lodges am Río Napo. Darüber hinaus informieren hier Vorträge über indigene Volksgruppen und seltene Tiere, die im Nationalpark Yasuní leben. Es spricht zwar nur ein Angestellter Englisch, aber alle sind sehr freundlich.

An- & Weiterreise

BUS

Zur wachsenden Zahl der erfreulichen Neuerwerbungen von Coca gehört auch einer der besten Busbahnhöfe des Landes. Er liegt 3 km nördlich der Stadt und ist per Taxi für 2,50 US$ zu erreichen. Von hier fahren Busse zu allen wichtigen Zielorten.

Vom Markt in der Alejandro Labaka, zwei Blocks vom Flussufer entfernt, fahren *rancheras* (seitlich offene Busse oder Transporter mit schmalen, unbequemen Sitzbänken, auch *chivas* genannt) zu verschiedenen Zielen zwischen Coca und Lago Agrio sowie nach Río Tiputini im Süden. Pick-ups und Taxis der **Cooperativa Camionetas Río Napo** bedienen die Stadt und Umgebung.

Busse fahren nach Tena (8,75 US$, 4 Std.) und zu anderen, weiter südlich gelegenen Zielen im Oriente, nach Lago Agrio (3,75, 2 Std.) und Quito (12,50 US$, 10 Std.).

FLUGZEUG

Der Flughafen befindet sich knapp 2 km nördlich der Stadt, linkerhand an der Straße nach Lago Agrio. Die fünfminütige Taxifahrt kostet 2 US$.

TAME (☎ 06-288-0786; Ecke Castillo & Quito; ⏲ Mo–Fr 8–13 & 14–18, Sa & So 8–14 Uhr) fliegt mindestens einmal täglich zwischen Coca und Quito hin und her (einfacher Flug 82–98 US$).

SCHIFF/FÄHRE

Fast alle Yasuní-Lodges benutzen die Anlegestelle **Puerto La Misión** auf dem Gelände der Hostería La Misión.

Coop de Transportes Fluviales Orellana (☎ 06-288-2582; Chimborazo an den Docks) befördert bis zu 60 Passagiere in einem überdachten Kanu flussaufwärts. Tickets frühzeitig besorgen. Fährt sonntags, mittwochs und donnerstags um 7 Uhr nach Nuevo Rocafuerte (18,75 US$, 8–10 Std.) an der peruanischen Grenze. Die Rückfahrt von Nuevo Rocafuerte nach Coca ist am Mittwoch, Samstag und Sonntag um 5 Uhr (12–14 Std.).

Normalerweise gibt's mittags einen Zwischenstopp; trotzdem Verpflegung und Wasser für die lange Fahrt mitnehmen und unbedingt 30 Minuten vor Abfahrt startklar am Hauptdock von Coca auftauchen. An der Hafenmole kann man sich auch nach schnelleren Charterbooten erkundigen, die größere Gruppen für rund 70 US$ zur Grenze bringen.

Vía Auca

☎ 06

Diese Straße mit dem unglücklichen Namen (das Kichwa-Wort „auca" bedeutet „primitiv") führt von Coca über den Río Napo, dann weiter nach Süden über den Río Tiputini und den Río Shiripuno und endet im Örtchen Tiguino am Río Tiguino. Das Gebiet war ursprünglich Huaorani-Territorium und unberührter Dschungel, aber als im Zuge der Ölförderung in den 1980er-Jahren diese Straße gebaut wurde, wurden die Huaorani verdrängt. Das Gebiet wird heute zunehmend besiedelt – trotz der Bemühungen von Umweltschützern verdrängen Rinderranches und Bohrtürme den Dschungel.

Die Flüsse, über die diese Straße führt, ermöglichen den Zugang zu entlegenen Gebieten des Huaorani-Reservats und des Nationalparks Yasuní. Man sollte sich aber nur mit autorisierten Guides auf den Weg machen.

Schlafen

Shiripuno Amazon Lodge LODGE $$$

(☎ 02-227-1094 in Quito; www.shiripunolodge.com; 3 Nächte mit VP 670 US$/Pers.) Etwa 75 km südlich von Coca findet man die Shiripuno Lodge, eine der wenigen Lodges im Yasuní Nationalpark. Es handelt sich um eine einfache Unterkunft ohne Strom tief im Wald – ein echtes Dschungelerlebnis. Im Shiripuno Research Center vor Ort werden freiwillige Helfer gesucht (Mindestaufenthalt vier Wochen).

An- & Weiterreise

Täglich fahren *rancheras* bis Tiguino. Die meisten Pauschalangebote im Shiripuno Amazon Lodge beinhalten den Transfer von/nach Quito.

Bajo Río Napo

☎ 06

Der Río Napo fließt von Coca ostwärts in Richtung des Amazonas in Peru. Gleich hinter Coca entwickelt sich der Fluss zu einem breiten, kraftvollen Strom, der Dörfer und Inseln überfluten kann. Dieser lange, einsame Abschnitt am Napo, der am Rand des Nationalparks Yasuní verläuft, birgt einige der besten Dschungellodges Ecuadors und ein paar der besseren Möglichkeiten zum Beobachten von Tieren. Unterwegs sind einige der Ölförderstellen zu sehen, die ständig für kontroverse Schlagzeilen sorgen.

Bajo Río Napo & Umgebung

Bajo Río Napo & Umgebung

Sehenswertes

1 Reserva de Producción Faunística Cuyabeno B1

Schlafen

2 Amazon Dolphin Lodge B2
3 Cuyabeno Lodge B1
4 Jamu Lodge B1
5 La Selva Jungle Lodge B2
6 Napo Cultural Center A2
Napo Wildlife Center .... (siehe 6)
7 Sacha Lodge A2
8 Sani Lodge B2
Tapir Lodge .... (siehe 4)

Aktivitäten

Anakonda Amazon Cruises KREUZFAHRT
(☎ 02-336-0887 in Quito; www.anakondaamazoncruises.com; EZ-/DZ-Kabine, 3 Nächte mit VP 3279/4392 US$) Bietet die Möglichkeit, im Rahmen einer Kreuzfahrt mit drei bis sieben Übernachtungen auf dem Río Napo bis nach Nuevo Rocafuerte zu schippern. Die *Anakonda*, ein 2013 gebauter Luxusdampfer mit Platz für 40 Passagiere, steht für ein Erlebnis nahezu wie im Boutique-Hotel. Ausflüge und Aktivitäten sind im Preis inbegriffen; zusätzliche Optionen wie Luxuscampen kosten extra. Die beeindruckend geräumigen Kajüten besitzen eigene Balkone und Jacuzzis und die Gourmetverpflegung lässt keine Wünsche offen.

Unterwegs besteht an einer Stelle die Möglichkeit zum Dschungel-Glamping.

Schlafen

Aufgrund der einzigartigen Herausforderung, die der Amazonas-Regenwald darstellt, und der Erfordernis, sich im Heimatgebiet der indigenen Gemeinden behutsam und ethisch korrekt zu bewegen, ist zu empfehlen, die Reise in die Region Bajo Río Napo durch eine Lodge oder einen Reiseveranstalter buchen zu lassen (online oder in den Büros in Quito); man hat dadurch mehr von der Reise.

★ **Napo Wildlife Center** LODGE $$$
(☎ 02-600-5893 in Quito, www.napowildlifecenter.com; EZ/DZ mit VP 3 Nächte 2126/2834 US$; @ ᯤ) Die im tiefsten Nationalpark Yasuní versteckte Lodge, das luxuriöse Napo Wildlife Center (NWC), erfreut sich einer unberührten Lage mit unvergleichlichem Zugang zur Wildnis. Das Ökotourismusprojekt befindet sich in alleinigem Besitz der Kichwa-Gemeinde von Añangus, die auch fast das ganze Personal der Lodge stellt.

Einer der erfreulichsten Aspekte ist die einfache Anreise: Ein Paddelboot bringt einen in ein paar Stunden vom Río Napo über einen abenteuerlichen Schwarzwasserbach voller Tiere (darunter auch viele Vögel) bis zur Laguna Añangucocha.

Auf der anderen Seite der Lagune erfreuen sich die 16 rötlichen Zimmer des NWC bester Lage. Sie sind stilvoll eingerichtet und haben meist Seeblick. Die vier Suiten sind sogar noch größer und haben auf der Terrasse nach hinten hinaus Jacuzzis. Die schönen Gemeinschaftsbereiche sind geräumig und offen gestaltet und umfassen eine hübsche Holzveranda, eine kleine Bibliothek und eine erhöhte Aussichtsplattform. Das Essen ist köstlich und abwechslungsreich.

Die Trips werden von lokalen Añangans geführt, die eine Ausbildung zu Parkrangern im Nationalpark Yasuní und zu zweisprachigen Natur-Guides gemacht haben. Die große Attraktion für Vogelbeobachter sind die beiden Papageien-Lehmlecke auf dem Anwesen. Auch von den umliegenden Lodges strömen Hobby-Ornithologen herbei, um die Papageien, Sittiche und Aras zu beobachten. Die beste Zeit dazu ist zwischen Ende Oktober und Anfang April, wenn man bis zu zehn Papageienarten sieht – manchmal tummeln sich hier Tausende von Vögeln. Einen kurzen Spaziergang von der Lodge entfernt steht ein 36 m hoher Stahlturm, von dem aus man einen spektakulären Panoramablick auf die Baumwipfel und die vielen Vögel hat. Hier wurde sogar schon der seltene Zickzackreiher gesichtet.

Das Center hat zahlreiche Preise erhalten – nicht nur für seine enge Anbindung an die lokale Gemeinde, sondern auch für sein Umweltbewusstsein, z.B. das umweltschonende nachhaltige Abwassersystem, die Kompostlatrinen, die Solaranlagen und die erstklassigen Guides. Die empfehlenswerte Lodge gilt als die luxuriöseste und umweltbewussteste am unteren Río Napo.

Besucher mit knapper Reisekasse können im Napo Cultural Center im Nationalpark Yasuní übernachten, das von der gleichen lokalen Gemeinde betrieben wird. Die Ecolodge liegt zwar im Kichwa-Dorf am Río Napo, sodass das Erlebnis erheblich weniger „wild" ausfällt, aber es ist ein wunderbarer Ort, um mehr über die Regenwaldkultur zu erfahren, und die Einrichtungen der Lodge sind hervorragend.

Sacha Lodge LODGE **$$$**

(☎ 02-256-6090 in Quito; www.sachalodge.com; EZ/DZ mit VP 3 Nächte 1575/2100 US$; @) Die Sacha Lodge ist eine der besten Dschungellodges in Ecuador. Sie liegt spektakulär am Binnensee Laguna El Pilche und ist vom Río Napo nur ein kleines Stück zu Fuß oder per Kanu entfernt. Die 1992 eröffnete, von Schweizern betriebene Anlage hat sich auf ihrem guten Ruf nie ausgeruht und bietet eine der luxuriösesten Möglichkeiten, den Regenwald kennenzulernen.

Die Lodge beschäftigt indigene Einwohner und bildet diese auch für die Arbeit im Tourismus aus. Sie kauft fortwährend Parzellen von ecuadorianischen Kleinbauern, die diese zuvor als Farmland nutzten, um sie wieder in den Regenwald zu integrieren. Die 2025 ha zurückgewonnenes Land, das jetzt zur Aufforstung unter Schutz steht, sind das größte private Schutzgebiet in Ecuador.

Gäste werden auf der Speiseterrasse am See empfangen, die als Hauptrestaurant dient. Plankenwege schlängeln sich zu 26 Hütten, die mit geräumigem, modernem Bad, einer Trockenbox für Kameras und rund um die Uhr mit Warmwasser und Strom ausgestattet sind. Außerdem gibt es eine schattige Terrasse mit Hängematte, auf der man gut Siesta halten und Tiere beobachten kann. Tiefer im Dschungel stehen Wohneinheiten, die zwar älter, aufgrund ihrer Lage aber besser zum Beobachten von Tieren geeignet sind. Alle Zimmer haben einen Safe und sind gut abgeschirmt. Moskitonetze gibt es nicht, da die Gefahr, gestochen zu werden, gering ist. Das Essen ist vorzüglich und oben gibt's noch eine gute Bar in einer *palapa*, die abends sehr gut besucht ist.

Für Wanderungen und Kanutrips müssen normalerweise um die fünf Touristen zusammenkommen; sie werden dann von einem zweisprachigen, fachkundigen lokalen Guide begleitet. Das Gelände besteht aus flachem und hügeligem Regenwald, mehreren Seen, reißenden Flüssen und Sümpfen. Regelmäßig lassen sich sechs *Affenarten*, Tukane, Pfeilgiftfrösche, Pekaris, Faultiere, Anakondas, Kaimane und Schwarze Agutis blicken.

Der Stolz der Lodge ist der mit drei Metallpfeilern stabil verankerte Baumwipfel-Pfad 60 m über dem Boden. Vogelbeobachter lieben es, ganz früh am Morgen auf dem knarrenden Giganten zu stehen und dabei zuzusehen, wie sich der Nebel lichtet und unzählige Affen und Vögel zum Vorschein kommen. Nach oben geht es außerdem auf eine 45 m hohe Beobachtungsplattform auf einem riesigen Ceibabaum.

Schon die Anreise ist ein Abenteuer: Von Coca fährt man zwei Stunden *mit* einem motorisierten Kanu, gefolgt von einem entspannten Bummel durch den Wald auf einem erhöhten Plankenweg und einer 15-minütigen Paddeltour in einem Einbaum durch einen Kanal und über einen See.

Napo Cultural Center DSCHUNGELLODGE **$$$**

(☎ 02-254-7758; www.yasuniecolodge.travel; EZ/DZ 3 Nächte mit VP ab 868/1460 US$; 📶) 🍃 Die Lodge (ehemals Yasuní Ecolodge) bietet vier geräumige *cabañas*; jede beherbergt vier luxuriöse Zimmer mit geräumigen Duschen und Bädern, Kuppeldecken aus Holz, Terrassen mit gemütlichen Stühlen und bequemen Betten mit Moskitonetzen. Die wunderschöne Anlage liegt harmonisch eingebettet im Añangu-Dorf, sodass Gäste etwas vom Alltag einer funktionierenden Kichwa-Gemeinde mitbekommen.

La Selva Jungle Lodge LODGE **$$$**

(☎ 02-515-4000 in Quito; www.laselvajunglelodge.com; EZ/DZ 3 Nächte mit VP 1580/2430 US$) Die älteste Lodge am Bajo Rio Napo, am Ufer der Laguna Garzacocha, gehört einer norwegisch-ecuadorianischen Familie und wurde vor Kurzem renoviert. Die neugestalteten Unterkünfte – helle, luftige und ziemlich elegante Suiten – sind absolute Topklasse.

In den geräumigen Zimmern (20 m²) gibt es jetzt wunderschöne Kingsizebetten, Deckenventilatoren, Moskitonetze sowie große Schränke und luxuriöse Badezimmer. Entweder erstreckt sich davor eine private Terrasse oder ein Balkon mit Seeblick. Die drei

Familienapartments verfügen zusätzlich über einen Whirlpool. Erhöhte Holzstege verbinden die einzelnen Gebäude der Anlage. Das Essen ist köstlich und wird in einem großen Speisesaal mit Blick auf den See serviert.

Mit mehr als 500 Vogelarten ist La Selva ein wichtiges Ziel für Vogelbeobachter. 20 Gehminuten von der Lodge entfernt *befindet sich* eine 43 m hohe Plattform mit Blick auf Baumwipfel und Vögel. Oft entdeckt man auch Affen und andere Säugetiere. In der für Besucher zugänglichen großen Schmetterlingsfarm huschen diverse Falter in prächtigen Farben herum. Im See kann man auch baden und Kanu fahren.

La Selva liegt von Coca rund 2½ Stunden mit einem motorisierten Kanu flussabwärts. Danach geht es noch durch den Dschungel, gefolgt von einer Kanufahrt über die Lagune.

Yarina Ecolodge LODGE **$$$**
(☎ 02-250-4037 in Quito; www.yarinalodge.com; EZ/DZ 3 Nächte mit VP 690/920 US$) Der Río Manduro trifft eine Stunde flussabwärts von Coca auf den Napo, und nach weiteren zehn Minuten entlang des Schwarzwasserstroms findet man die Yarina Lodge, ein Camp in Hanglage mit 26 strohgedeckten Bambus-*cabañas*. Die Lodge ist vor allem auf Budgettraveller eingestellt und fühlt sich nicht ganz so abgelegen an wie die Unterkünfte weiter flussabwärts. Der Service ist hervorragend und die Guides sprechen Englisch und haben einen gewissen Enthusiasmus.

Das gut zubereitete Essen (auch für Vegetarier ist gesorgt) gibt's in der Gemeinschaftslodge, wo man auch auf Hängematten relaxen kann. Die Hütten mit zwei bzw. drei Betten sind mit Moskitonetzen, modernem Bad, Strom und (rund um die Uhr) Warmwasser ausgestattet.

Abgesehen von den erwartungsgemäß angebotenen Dschungelwanderungen und Aktivitäten gibt es in der Nähe auch einen „Rehabilitationsbereich", wo Tiere, die aus der Hand von Händlern in Coca befreit wurden, aufgepäppelt und dann wieder in die Freiheit entlassen werden. Interessierte können auch einen Kichwa-Kochkurs machen. Im Übernachtungspreis enthalten sind alle Mahlzeiten und Touren mit spanisch- und englischsprachigen lokalen Guides.

Buchung online oder über das **Büro in Quito** (☎ 02-250-4037; www.yarinalodge.com; Av Amazonas N24–240 nahe Av Colón).

Sani Lodge DSCHUNGELLODGE **$$$**
(☎ 02-243-6801 in Quito; www.sanilodge.com; EZ/DZ 3 Nächte mit VP 1270/2116 US$; 📶) Die von der örtlichen Sani-Gemeinde betriebene Sani Lodge ist eine der preisgünstigsten Optionen. Im Unterschied zu den anderen Lodges in dieser Preisklasse liegt sie sehr tief im Regenwald – so wunderschön wie kaum eine andere Dschungellodge in Ecuador.

Die Lodge entstand im Rahmen einer Vereinbarung zwischen der Gemeinde und der Occidental Oil Company. Die Sani erlaubten der Ölgesellschaft, auf ihrem Land Probebohrungen zu machen, wenn die Fir-

WAS IST DAS FÜR EIN TRIP?

Sollte der Dschungeltour-Veranstalter als Teil einer authentischen Erfahrung *ayahuasca* anbieten, sollte man sich zweimal überlegen, ob man die Tour bucht. Die halluzinogen wirkende Pflanze wird in Amazonaskulturen bei Ritualen eingesetzt. Nur professionelle Schamanen (die zu diesem Anlass nicht unbedingt „kostümiert" sein müssen) haben gelernt, ihre Patienten im Rahmen ihrer Diagnosen zu „lesen". Allenfalls im Ausnahmefall sollte man sich darauf einlassen, solche halluzinogenen Pflanzen einzunehmen.

Es gibt viele Faktoren, die berücksichtigt werden sollten, bevor man sich auf *ayahuasca* einlässt. Dazu gehören eine entsprechende Diät und eine wirklich professionelle Begleitung und Überwachung sowie bei Frauen die Beachtung des Menstruationszyklus. Kurz gesagt: Man muss sich wirklich in die Hände eines professionellen Schamanen begeben. Die gefährlichen Nebenwirkungen von *ayahuasca*, die z.B. aus dem Zusammenwirken mit anderen eingenommenen Medikamenten oder aus einer schlechten Zubereitung des Gebräus resultieren können, würden einem die ganze Reise verderben.

Zu diesem Thema gibt es viel Literatur. Ein guter Tourveranstalter sollte einen damit versorgen können, damit man vorab genau versteht, was ein echtes *ayahuasca*-Ritual bedeutet. Veranstalter, die das nicht können, sollte man meiden.

ma im Gegenzug eine Touristenlodge für sie errichtet. Nun, Occidental fand kein Öl, aber die Sani Lodge wurde trotzdem gebaut. Alle Einnahmen aus dem Tourismus kommen der Kichwa-Gemeinde zugute – in Form von Stipendien, von einem Gemeindeladen, der es den Einheimischen ermöglicht, nicht jagen zu müssen, von Mitteln für medizinische Notfälle etc.

Nach der Fahrt über einen kleinen Nebenfluss des Río Napo werden Besucher in der Freiluftbar der Lodge willkommen geheißen, mit Blick auf Sanis bezaubernden Schwarzwassersee Challuacocha. Hier gibt es zehn Hütten für zwei bis drei Personen mit eigenem Bad (Warmwasser), komfortablen Betten, Moskitonetzen und kleinen Veranden sowie vier Hütten, in denen sogar Familien Platz finden. In einem separaten per Kanu erreichbaren Abschnitt gibt's noch einen Campingbereich: eine gute Möglichkeit, um Geld zu sparen, zumal Zelte gestellt werden und eine Gemeinschaftsküche (mit Personal) und Gemeinschaftsbäder (mit fließend Wasser) dazugehören.

Affen, Faultiere und Schwarze Kaimane werden regelmäßig gesichtet. Darüber hinaus hat die Lodge mehr als 570 Vogelarten verzeichnet (von dem 30 m hohen Baumturm aus kann man sich davon überzeugen). Die Guides der Lodge (einheimische Englisch sprechende Naturkundler) haben nicht nur ausgezeichnete Sachkenntnis, sondern auch großen Respekt vor dem Dschungel. Die meisten zeigen den Besuchern gern auch die Sani-Gemeinde, um zu verdeutlichen, wie die Lodge eine wichtige, nachhaltige Wirtschaft geschaffen hat.

An- & Weiterreise

Die Preise der Flusslodges in Bajo Río Napo beinhalten den Transfer von/nach Coca. Die Kanus der Lodges legen nur an Tagen ab, an denen Gäste erwartet werden, daher sollte man im Voraus reservieren.

VON/NACH PERU

Die Aus- und Einreiseformalitäten für Ecuador werden in Nuevo Rocafuerte abgewickelt. In Peru sollte man versuchen, sie schon in Pantoja zu erledigen, notfalls in Iquitos. Boote von Nuevo Rocafuerte nach Pantoja nehmen 60 US$ pro Boot. Von Pantoja nach Iquitos kann man in einem Frachtschiff mitfahren (3–5 Tage), falls genug Fracht an Bord ist, damit sich die Fahrt für die Betreiber lohnt. Mitbringen sollte man eine Hängematte, 19 l Wasser und Nahrungsmittel, da das Essen auf den Booten nicht immer verlässlich ist. Die Fahrt kann ziemlich unbequem sein: Oft gibt es nur ein Bad, es ist ziemlich eng, und auch viele Tiere können mit an Bord sein! Die Boote unterscheiden sich sehr in ihrer Qualität, aber wer lange auf die Ankunft eines Bootes gewartet hat, ist vielleicht nicht mehr so wählerisch.

Laguna Pañacocha

Diese stille versteckte Schwarzwasserlagune ist nur eine kurze Bootsfahrt vom Río Napo entfernt, aber in dem wilden Durcheinander von Bächen wimmelt es von Tieren. Pañacocha bedeutet in der Kichwa-Sprache „See der Piranhas". Häufig kommen Reisegruppen im Rahmen eines Tagesausflugs von den hiesigen Lodges her, um Piranhas zu angeln und die Amazonasdelfine zu sehen, die sich oft in der Lagune zeigen. Seit in letzter Zeit Ölbohranlagen errichtet wurden, lassen sich allerdings nicht mehr ganz so viele Tiere blicken.

Beim Buchen einer Tour/Lodge sollte man fragen, ob die Lagune auf dem Reiseplan steht.

Schlafen

Amazon Dolphin Lodge DSCHUNGELLODGE **$$$**
(☎ 02-250-4037 in Quito; www.amazondolphinlodge.com; 3 Nächte mit Frühstück 600 US$/Pers.) Eine von mehreren Lodges nahe der Laguna Pañacocha – und wahrscheinlich die beste. Einfach, mit 11 Hütten.

An- & Weiterreise

Der See kann auch auf eigene Faust erkundet werden, falls man gerade dann, wenn man ihn braucht, das Glück hat, einen Bootsbetreiber zu finden, der einen vernünftigen Preis verlangt. Am Zusammenfluss des Río Pañayacu mit dem Río Napo sollte man ein Kanu mieten. Hierher gelangt man von Coca mit einem Boot, das in Richtung Nuevo Rocafuerte fährt.

Pañacocha liegt vier bis fünf Stunden flussabwärts von Coca (je nach Motor) bzw. auf halber Strecke nach Nuevo Rocafuerte.

Nuevo Rocafuerte

Nuevo Rocafuerte ist für viele nur ein kleiner weit entfernter Punkt auf der Landkarte und läuft insofern kaum Gefahr, seinen Zauber zu verlieren. Während wohl einige Backpacker von der Idee, auf dem Napo bis nach Peru und zum Amazonas zu paddeln, begeistert sein werden, sind nur die kühnsten dieser Herausforderung gewachsen. Bei dem wahrhaft außergewöhnlichen Abenteuer könnten zukünftige *survivor* einiges mitmachen: Die Reise kann feucht und beengt sein, Krankheiten drohen und vielleicht wird man dabei zuschauen müssen, wie das Tier geschlachtet wird, das man anschließend verzehren soll.

Nuevo Rocafuerte liegt an der peruanischen Grenze, acht bis zehn Stunden am Río Napo entlang von Coca. Hier ist ein legaler Grenzübergang nach Peru. Allerdings verkehren keine regulären Passagierschiffe und die Unterkünfte sind ausgesprochen einfach.

Die Wartezeit bis zur Weiterreise nutzt man am besten für eine geführte Tour in den Parque Nacional Yasuní oder ins Naturschutzgebiet Cuyabeno. Von Coca ausgehende Touren frequentieren zunehmend die Schwarzwasserflüsse in der Umgebung von Nuevo Rocafuerte, da die Gegend weniger von Umweltschäden betroffen ist und man mehr Tiere sehen kann als weiter flussaufwärts.

Schlafen

Hostal Yurag Wasi HOSTAL $
(☎ 06-238-2184; yuragwasi@gmail.com; EZ/DZ 10/18 US$) Einfache, saubere Zimmer.

Hostal Chimborazo HOTEL $
(☎ 06-238-2109; Zi. 10 US$/Pers.; WLAN) Saubere und bequeme holzgetäfelte Zimmer. Frühstück gibt's auch (3 US$). Das Hotel kann auch die Weiterreise organisieren.

Praktische Informationen

Infos zur Region, zu Touren oder zu Mietbooten erhält man bei dem ortsansässigen Guide Juan Carlos „Chuso" Cuenca (06-238-2182). Sein Haus ist das zweite nach dem Bootshafen.

An- & Weiterreise

Die Passagierkanus von **Coop de Transportes Fluviales Orellana** (S. 236) starten in Coca (Mi, Sa & So 5 Uhr). Die Fahrt (18,75 US$) dauert ungefähr acht bis zwölf Stunden mit Zwischenstopp in Pañacocha zum Mittagessen. Das Kanu ist überdacht; trotzdem sollte man Regenkleidung, Essen und Wasser mitbringen. Bei niedrigem Wasserstand kann die Fahrt länger dauern. Auch wer seine Fahrkarte im Voraus gekauft hat, sollte auf jeden Fall gegen 4.30 Uhr am Abfahrtsort sein, weil die Boote ablegen, sobald sie voll sind.

Wer weiter nach Peru will, sollte sich beim Ticketkauf für die Fahrt flussabwärts bei der **Coop de Transportes Fluviales Orellana** (S. 236) in Coca auch gleich nach den Telefonnummern der Frachtschiffe erkundigen, die möglicherweise nach Pantoja/Iquitos weiterfahren. Es gibt jedoch keine Garantie, dass der genannte Fahrplan eingehalten wird. Es besteht also immer die Möglichkeit, hier zu stranden. Deshalb sollte man genug Wasserreinigungstabletten, Insektenschutzmittel und Essen mitbringen. Zudem sollte man sich bereits in Quito mit peruanischem Geld eindecken.

Um nach Iquitos in Peru zu kommen (Ausgangspunkt für Boote nach Brasilien und Kolumbien) reist man am besten flussabwärts über die Grenze nach Pantoja. (Kanus gibt's für eine Pauschale von 60 US$ zu mieten.) Pantoja hat ein Hotel, ein Restaurant und eine Disco.

Parque Nacional Yasuní

Mit seiner gewaltigen Fläche von 9620 km², bestehend aus Feuchtgebieten, Marschen, Sümpfen, Seen, Flüssen und tropischem Regenwald, ist der **Nationalpark Yasuní** (2 US$, Papageien-Lehmlecke 20 US$) Ecuadors größter Park auf dem Festland. Wegen seiner unglaublichen Artenvielfalt erklärte ihn die UNESCO zum Internationalen Biosphärenreservat; wenig später, 1979, folgte die Ernennung zum Nationalpark. Weil diese Nische des Lebens von der letzten Eiszeit unberührt blieb, leben hier viele Arten schon seit Jahrhunderten, darunter mehr als 600 Vogelspezies, von denen manche anderswo unbekannt sind. Zu den hier ansässigen Tieren gehören einige schwer zu erspähende Dschungelbewohner wie Jaguare, Harpyien, Pumas und Tapire.

Geschichte

Der Nationalpark ist heute eines der letzten echten Wildnisgebiete Ecuadors. Seine geografische Unzugänglichkeit hat ihn auf eine Weise geschützt, wie aktive Schutzmaßnahmen das nicht könnten. Begrenzt vom Río Napo im Norden und dem Río Curaray im Südosten umfasst der Park den größten Teil des Wassereinzugsgebiets des Río Yasuní und Río Nashiño sowie beträchtliche Teile des Einzugsgebiets des Río Tiputini. Die Habitate des Nationalparks bestehen aus „Terra firma", bewaldeten Hügeln, die auch von den höchsten Fluten nie erreicht werden, aus *varzea* (Tiefland), das periodisch von über die Ufer tretenden Flüssen überschwemmt wird, sowie aus *igapó* (fast dauerhaft überflutetem Tiefland).

Eine kleine Zahl von Angehörigen der Völker der Tagaeri, Taromenane und Oñamenane lebt im Nationalpark. Die Parkgrenzen wurden verändert, um diese Völker zu schützen, die traditionell als Jäger und Sammler leben und sich gegen jede

1

1. Cascada de San Rafael (S. 227)
San Rafael ist Ecuadors höchster und spektakulärster Wasserfall.

2. Laguna Pañacocha (S. 240)
Pañacocha heißt auf Kichwa „See voller Piranhas". Besucher kommen hierher, um Piranhas zu angeln oder Amazonasdelfine zu beobachten.

3. Tilapia Rio Negro
Tilapia (ein in subtropischen Flüssen lebender Buntbarsch) ist Teil vieler einheimischer Spezialitäten.

4. Puyo (S. 258)
Kunst am ecuadorianischen Amazonas.

Kontaktaufnahme mit der Außenwelt zur Wehr setzen. Die angrenzende Reserva Huaorani dient dem Park als ökologische Pufferzone.

Als man im Park Öl entdeckte, wurde die Erfolgsgeschichte seiner Bewahrung flugs infrage gestellt. 1991 gab die ecuadorianische Regierung, trotz des geschützten Status des Yasuní, dem US-Konzern Conoco die Erlaubnis, mit der Erkundung der Ölvorkommen zu beginnen. Seither hat die Konzession mehrfach den Besitzer gewechselt. Conoco wurde schnell durch das Maxus Oil Consortium ersetzt, dessen Hinterlassenschaft die Maxus-Straße ist, die 150 km tief in den Park hineinschneidet. Die Straße war zwar so gebaut, dass sie wieder abgehoben und weggebracht werden konnte, aber die für den Bau erforderlichen Waldrodungen ließen sich nicht so schnell kompensieren; die Erschließung des Parkinneren für Außenstehende trägt zur weiteren Bodenerosion bei.

2007 verkündete die ecuadorianische Regierung die Yasuní-ITT-Initiative: ein Versprechen, das gewaltige unterirdische Ölfeld ITT (Ishpingo-Tambococha-Tiputini; geschätzte 846 Barrel Öl) nicht anzutasten, falls das Land in einem Zeitraum von 13 Jahren ausländische Zahlungen von rund 3,6 Mrd. US$ und einen Schuldennachlass erhält. 2013 gab der ecuadorianische Präsident Rafael Correa jedoch bekannt, dass die bis dahin bereitgestellte (durchaus erhebliche) Summe nicht ausreichend sei, und erklärte das Vorhaben für gescheitert. Seitdem sind leider Ölkonzerne angerückt und haben mit den Bohrungen begonnen.

An- & Weiterreise

Die Pauschalen der Flusslodges und Tourveranstalter beinhalten den Bootstransfer und manchmal den Flughafentransfer. Coca dient allgemein als Ausgangspunkt für die Erkundung des Parks.

Parque Nacional Sumaco Napo Galeras

Eine gute asphaltierte Straße verbindet Coca über Loreto mit Tena und führt am Südeingang zu einem großen faszinierenden Stück wenig erkundeten Nebelwalds. In keinem anderen Teil des Landes findet sich ein dermaßen ausgedehntes komplett unerschlossenes Gebiet – seine unzähligen Ökosysteme, darunter dichter Regenwald, Nebelwald, versteckte Höhlen und Klippen sowie raues vulkanisches Hochland, sind etwas ganz Besonderes.

Den Mittelpunkt des 2052 km² großen Parks bildet der 3732 m hohe **Volcán Sumaco**, an dem immer feuchtes Wetter herrscht. Der Vulkan ist gegenwärtig zwar inaktiv, aber Vulkanologen meinen, dass er wieder ausbrechen könnte. Er befindet sich ungefähr 27 km nördlich der Straße, die Cocai, Loreto und Tena verbindet.

Aktivitäten

Die strapaziöse Wanderung zum Gipfel dauert insgesamt drei bis fünf Tage. Diese Anstrengung lohnt sich, denn der Wanderpfad ist einer der wenigen in Ecuador, die gleich durch drei unterschiedliche Klimazonen führen: Regenwald, Nebelwald und *páramo* (ödes gebirgiges Hochland). Übernachtet wird in einem der drei neuen *refugios* (Berghütten) auf dem Vulkan. Die Wege sind das ganze Jahr über schlammig, etwas trockener nur zwischen Oktober und Dezember. In den höheren Regionen kann man die seltenen Wollaffen und auf der gesamten Strecke zahllose Vögel sehen.

Für jeden Versuch, den Vulkan zu besteigen, benötigt man Guides, da es sich hier um ein Schutz- und nicht um ein Erholungsgebiet handelt und man sich während des Aufstiegs zum Gipfel auf schlecht markierten Wegen durchs Unterholz schlagen muss. Im Dorf Pacto Sumaco, 9 km nördlich der Loreto-Straße, kann man über das **Centro de Turismo Comunitario** (☎ 098-421-8470, 06-301-8324; infosumaco@gmail.com) Bergführer für den Aufstieg anheuern (35 US$/Tag). Der Nationalpark hat ein **Büro** (☎ 06-301-8303, 06-301-8325) am Beginn des Wanderwegs oberhalb der Hauptstraße, kann schlichte Unterkünfte bereitstellen und hilft bei der Suche nach einem Guide.

Schlafen

Es gibt eine gute Auswahl an Unterkünften in der Gegend, aber alle sind ziemlich einfach. Wer eine mehrtägige Wanderung unternimmt, wird während des Aufstiegs im Regenwald, Nebelwald oder *páramo* zelten. Auf jeden Fall sollte man sich auf nasses Wetter einstellen.

Casita HÜTTE $
(Pacto Sumaco; 30 US$/Pers.) Eine schlichte Unterkunft mit Einrichtungen für Selbst-

versorger und einer fantastischen Dachterrasse, auf der abends herumstolzierende Tukane für Unterhaltung sorgen. Nähere Informationen gibt's in der Wildsumaco Lodge oder im Dorf.

Reserva Biológica Río Bigal LODGE **$$**
(☎098-930-6988, 098-710-5385, 099-812-3023; http://bigalriverbiologicalreserve.org; Besucher/Freiwilliger mit VP 70/55 US$/Pers.) Die Río Bigal heißt Besucher willkommen, die an einer echten Zurück-zur-Natur-Erfahrung interessiert sind (Mindestaufenthalt drei Nächte), sowie solche, die bei Forschungsprojekten mit anpacken und sich die Hände schmutzig machen möchten (Mindestaufenthalt sieben Tage, falls verfügbar). Im Preis inbegriffen sind die Übernachtung, Vollpension, Aktivitäten, Nachtwanderungen und Mulitráger für die Wanderung hinwärts. Unbedingt im Voraus reservieren!

Der Transport im Allradauto ab Loreto (1 Std.) ist nicht im Preis enthalten. Freiwillige werden auch für Bauarbeiten sowie Unterricht gesucht – mehr Infos gibt's in der *reserva*.

Wildsumaco Lodge LODGE **$$$**
(☎06-301-8343, in Quito 02-333-1189; www.wildsumaco.com; EZ/DZ mit VP 177/323 US$) Die Lodge liegt 1 km südlich von Pacto Sumaco und ist ein guter Ausgangspunkt für die Besteigung des Volcán Sumaco. Das Holzhaus mit Terrasse auf einem Hügel mit Panoramablick auf die Berge dient den Gästen als Treffpunkt. Die meisten kommen wegen der einzigartigen Möglichkeiten zur Vogelbeobachtung – hier zeigt sich eine einzigartige Mischung aus Spezies des Nebelwalds, der Andenausläufer und des Amazonasbeckens. Die Lodge besteht auf vorheriger Reservierung.

Die Zimmer sind alle einfach, aber geschmackvoll mit Holzböden, bequemen Betten, jeder Menge Warmwasser und elektrischem Strom ausgestattet. An der Lodge beginnt ein Wegenetz, das Zugang zum Lebensraum der Vögel und anderer Wildtiere ermöglicht. Im Preis inbegriffen ist ein einfacher Guide-Service. Wer einen Guide haben möchte, der auf Vogelbeobachtung spezialisiert ist, kann diesen vorab anfordern. Die schwedischen und US-amerikanischen Betreiber sind umweltbewusst und haben zum Schutz des hiesigen Waldes die Río Pucuno Foundation (www.riopucunofoundation.org) gegründet.

An- & Weiterreise

Busse von Quito nach Coca fahren auf der Loreto-Straße Richtung Osten. Die Abzweigung bei Wawa Sumaco führt hinauf nach Pacto Sumaco.

Cotundo & Archidona

☎06

Tena ist keinesfalls eine Metropole, aber die umliegenden Ortschaften Cotundo und Archidona bieten dennoch eine entspanntere amazonische Kleinstadtatmosphäre. Wer nicht hier ist, um die bei Touristen beliebten Rafting-Abenteuer zu erleben, sondern eher um die umliegenden lokalen Sehenswürdigkeiten zu erkunden, ohne dabei vom Großstadttreiben abgelenkt zu werden, für den eignen sich diese kleinen Orte.

7 km südlich von Cotundo liegt das 1560 ursprünglich als Mission gegründete Archidona, ein Dorf mit matten, pastellfarbenen Fassaden und einer schwarzweiß gestreiften Kirche, die eine gepflegte Plaza überragt. Am Sonntag ist Markttag.

Sehenswertes

Die Straße von Quito Richtung Süden nach Tena senkt sich in der Nähe des einsamen Dorfs Cotundo zum **Valle de los Petroglifos** ab, wo faszinierende Petroglyphen in die Talwände geritzt sind. Ein beschilderter Pfad führt von der Hauptstraße dorthin, doch wer die besten Zeichnungen sehen möchte, sollte einen Guide anheuern: einfach in der einladenden Huasquila Lodge fragen. Die Gegend eignet sich prima zum Höhlenwandern. Der **Gran Canyon**, 4 km nördlich von Cotundo, ist Ziel einer halbtägigen Wanderung durch eine Schlucht voller Badestellen und Höhlen entlang eines Nebenflusses des Río Jondachi.

Cuevas de Jumandí HÖHLE
(3 US$; ⏲9–17 Uhr) Rund 4 km nördlich von Archidona liegen die Cuevas de Jumandí. Das bekannteste Höhlensystem der Gegend besteht aus drei Teilen, die allerdings noch nicht umfassend erforscht sind. Die zweifelhaften Wasserrutschen, die in ein Flussbecken führen, besser links liegen lassen, und stattdessen langsam (und mit Taschenlampe) die Stalaktiten, Stalagmiten und sonderbaren Formationen bewundern. Gummistiefel und alte Kleidung sind hier das Richtige.

Wer die Höhlen ausgiebig erkunden will, braucht einen Guide aus Tena oder von vor Ort. Tourveranstalter in Tena bieten maßgeschneiderte Tagesausflüge an, bei denen auch die Höhlen besucht werden.

Schlafen

Huasquila Lodge LODGE $$

(☎ 02-237-6158 in Quito; www.huasquila.com; 69 US$/Pers. mit HP, 4 Nächte mit VP und Aktivitäten 460 US$/Pers.) Auf einem Hügel 3 km oberhalb von Cotundo liegen die 20 Hütten der Huasquila Lodge. Sie sind rustikal, aber trotzdem heimelig und gut ausgestattet. Es gibt ein gutes Restaurant, einen Pool und verschiedene organisierte Touren, von Wanderungen durch Sekundärdschungel über Ausflüge zu Felsbildern bis zu Wanderungen durch Höhlen. Ein Taxi vom Hauptplatz in Cotundo hoch zur Lodge kostet 3 US$.

Hostería Orchids Paradise HOTEL $$

(☎ 06-288-9232; www.elparaisodelasorquideas.com.ec; Zi. mit VP 60 US$/Pers.; P 📶 🏊) Die beste Unterkunft vor Ort ist dieses sympathische Hotel auf einem weitläufigen Gelände am Stadtrand an der Straße nach Tena. Hier gibt es einen riesigen Pool, ein geräumiges Palapa-Restaurant mit Bar und Strohdach sowie Hütten mit Fenstern (mit Moskitonetzen) und Warmwasser. Die Lodge hat sich einem Affenrettungsprogramm verschrieben – das Ergebnis schaukelt in den Bäumen. Die Lodge kann Ein- und Mehrtagesausflüge organisieren.

An- & Weiterreise

Den ganzen Tag über fahren ab Tena Busse nach Cotundo und Archidona (0,25 US$).

Tena

☎ 06 / 23 300 EW / 598 M

Für einen Verkehrsknotenpunkt im Dschungel ist Tena eine überraschend charmante Stadt. Viele Traveller hängen hier vor oder nach einem Trip in den Regenwald ein paar Tage ab. Architekturpreise dürfte Tena zwar so bald nicht gewinnen, aber die Einwohner sind freundlich, die Lage inmitten der von Dschungel bedeckten Hügel ist prachtvoll, und die Infrastruktur für Backpacker ist gut entwickelt. Wildwasserfanatiker kommen aus aller Welt, um auf den vielen Flüssen in der Umgebung Spaß zu haben. Deshalb gibt es hier auch viele erfahrene und empfehlenswerte Veranstalter von Kajaktouren.

Tena, die Hauptstadt der Provinz Napo, wurde 1560 gegründet und hatte schon früh unter Aufständen der indigenen Bevölkerung zu leiden. Jumandi, der Anführer der Kichwa, zettelte 1578 eine blutige, aber letztlich erfolglose Revolte gegen die Spanier an. Der Jahrestag der Stadtgründung wird am 15. November mit Livemusik und Nachbarschaftsfesten gefeiert.

Sehenswertes & Aktivitäten

An klaren Tagen kann man manchmal den Volcán Sumaco in 50 km Entfernung aus dem Dschungel ragen sehen. Die Vibes von Tena lassen sich am besten bei einem Bummel auf dem einladenden *malecón* (Uferpromenade) spüren, der einige Häuserblocks entlang des Ost- und des Westufers des Río Tena verläuft. Tenas neuere (südlichste) Fußgängerbrücke führt zum Parque Amazónico und wird von einem futuristisch anmutenden *mirador* (Aussichtsturm) bekrönt. Am besten überquert man den Fluss auf dieser Brücke und kehrt über die alte, gleich nördlich, zurück. Markttage sind freitags und samstags.

Parque Amazónico La Isla ZOO

(Zw. Ríos Pano & Tena; ⏲ 8–17 Uhr) GRATIS Auf der schicken neuen Fußgängerbrücke geht's

Tena

Sehenswertes
1 Parque Amazónico La Isla B4

Aktivitäten, Kurse & Touren
2 AquaXtreme B3
3 Caveman Adventures C3
4 Raft Amazonía B4
5 Ríos Ecuador C3

Schlafen
6 Brisa del Río B3
7 Hostal Los Yutzos B4
8 Hotel Cristian's Palace A3
9 Hotel Pumarosa C2
10 La Casa del Abuelo A2

Essen
11 Asadero de Pollos Sin Rival C6
Café Tortuga .... (siehe 6)
12 Pizzería Bella Selva 2 .... B2
13 Restaurante La Isla B3
Tienda Ahimsa .... (siehe 6)

Ausgehen & Nachtleben
14 Guayusa Lounge A2
15 La Araña Bar Coctelería B3

Unterhaltung
16 Discoteca La Gallera B2

Tena

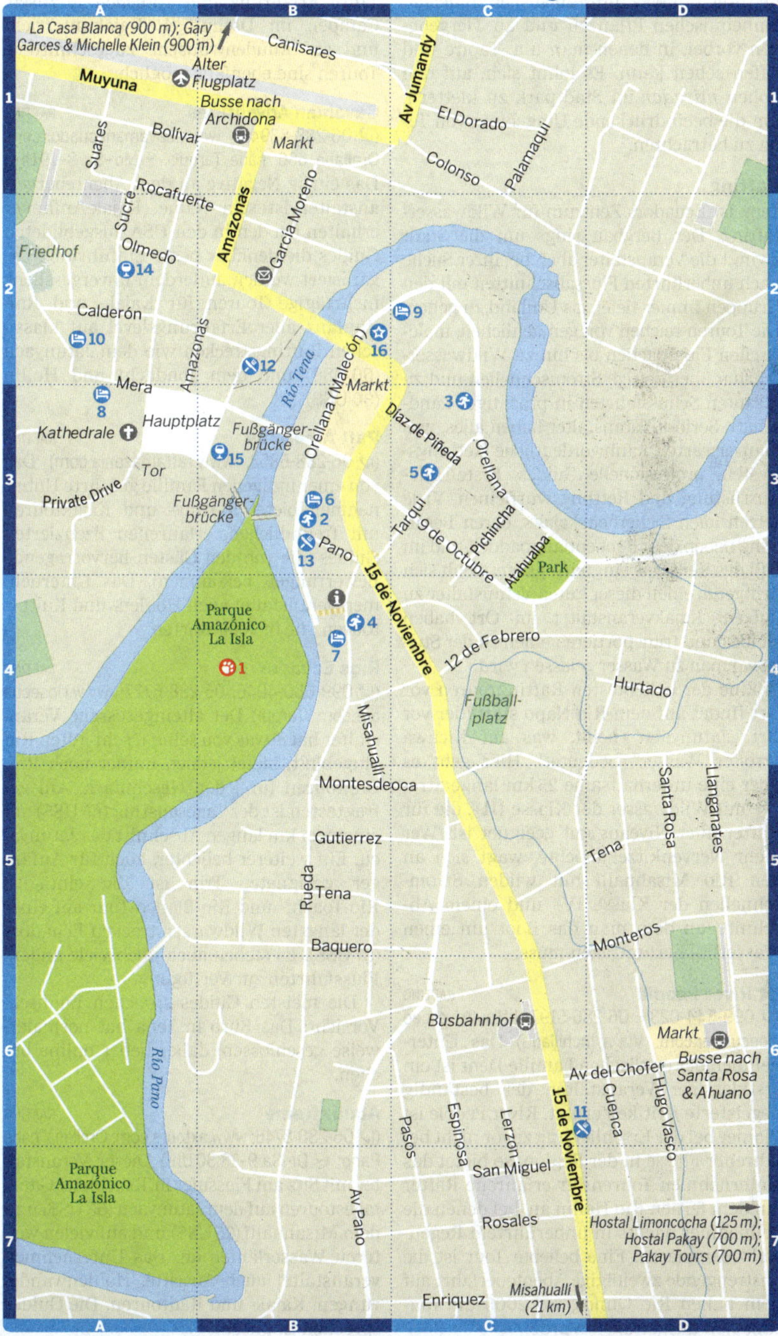

0
200 m
A
B
C
D
1
2
3
4
5
6
7
La Casa Blanca (900 m); Gary Garces & Michelle Klein (900 m)
Canisares
Alter Flugplatz
Muyuna
Busse nach Archidona
Av Jumandy
El Dorado
Bolívar
Markt
Suares
Palamaqui
Colonso
Rocafuerte
Sucre
Amazonas
García Moreno
Friedhof
Olmedo
14
Calderón
9
16
10
12
Amazonas
Río Tena
Orellana (Malecón)
Markt
Mera
8
3
Hauptplatz
Kathedrale
Fußgänger-brücke
Díaz de Piñeda
Orellana
15
5
Tor
Private Drive
Fußgänger-brücke
6
2
Tarqui
9 de Octubre
Pichincha
Pano
13
Atahualpa
Park
15 de Noviembre
Parque Amazónico La Isla
1
4
7
12 de Febrero
Hurtado
Fußball-platz
Misahuallí
Montesdeoca
Santa Rosa
Llanganates
Gutierrez
Tena
Rueda
Tena
Monteros
Baquero
Busbahnhof
Markt
Busse nach Santa Rosa & Ahuano
Río Pano
Av del Chofer
Cuenca
Hugo Vasco
11
Pasos
Espinosa
Lerzon
15 de Noviembre
Parque Amazónico La Isla
San Miguel
Av Pano
Rosales
Hostal Limoncocha (125 m); Hostal Pakay (700 m); Pakay Tours (700 m)
Enriquez
Misahuallí (21 km)

ein Stück über den Fluss auf die 27 ha große Insel. Ein Weg führt an ausgeschilderten einheimischen Pflanzen und an Tiergehegen vorbei, in denen man u.a. Tapire und Affen sehen kann. Es lohnt sich, auf den hohen *mirador* im Stadtpark zu klettern, um die beeindruckende Umgebung von Tena zu betrachten.

Rafting

Tena ist Ecuadors Zentrum für Wildwasserrafting. Der Bergbau rings um die Stadt zwingt die Veranstalter aber, bei ihrer Suche nach unberührten Flussabschnitten mit den Gruppen immer tiefer ins Umland zu gehen. Die Touren reichen von gemächlichen, malerischen Flusspartien bis hin zu Wildwasserfahrten über heftige Stromschnellen und zu rasanten Schussfahrten in prächtiger Landschaft. Seriöse Veranstalter haben alles, was man erwarten kann: ordentliche Rettungswesten, professionelle Guides, Erste-Hilfe-Ausrüstung und Rettungswurfleinen. Viele setzen auch Sicherheitskajaks, deren Besatzung neben dem Boot entlangpaddelt und im Fall des Kenterns eingreift. Es empfiehlt sich dringend, einen dieser guten Veranstalter zu nutzen. Kajakveranstalter im Ort haben Guides und transportieren einen zu der Stelle, wo man zu Wasser gelassen wird.

Eine der beliebtesten Raftingtouren vor Ort findet auf dem Río Napo statt (der vor Ort „Jatunyacu" heißt, was auf Kichwa „großes Wasser" bedeutet). Hier geht es über eine unterhaltsame 25 km lange Strecke mit Wildwasser der Klasse III+, die für Rafter aller Niveaus gut geeignet ist. Wer mehr Nervenkitzel möchte, wagt sich an den Río Misahuallí mit wilden Stromschnellen der Klasse IV+ und einem Abschnitt, an dem man das Boot um einen Wasserfall herumtragen muss.

★ River People RAFTING
(☎ 099-544-0234, 06-286-5197; http://riverpeopleecuador.com; Vla a Inchillaqu) Das Unternehmen der englischen Familie Dent ist ein erstklassiger Veranstalter, der beständig begeisterte Kritiken erntet. River People ist Pionier bei der Erschließung zuvor nicht befahrener Flüsse in der Region; so bietet das Unternehmen Touren für erfahrene Rafter auf dem fernen Río Hollín an, bei denen die Teilnehmer nachts in unberührtem Regenwald campieren. Eine beliebte Tour ist die anstrengende zweitägige Abenteuerfahrt auf dem nahen Río Quijos, wo 2005 die Rafting-WM ausgetragen wurde.

Die Guides haben alle mindestens acht Jahre Erfahrung und sprechen Englisch. Campen im Dschungel, Kajakunterricht und auf Kundenwünsche zugeschnittene Touren sind ebenfalls möglich.

Caveman Adventures RAFTING
(☎ 06-288-8394; www.cavemanecuador.com; Orellana 666, nahe Tarquí; ⌚ Mo–Sa 8–19 Uhr) Das einzig Negative an dem Abenteuerveranstalter ist sein Name. Kajak-Anfänger erhalten bei den in den USA ausgebildeten Guides die denkbar beste Einführung. Organisiert werden außerdem unvergessliche mehrtägige Touren für Kajak- und Raftingfans aller Erfahrungslevel auf klassischen Raftingstrecken wie dem Jatunyacu (60 US$) und dem Jondachi und Hollín (80 US$).

Raft Amazonía RAFTING
(☎ 06-288-6853; www.raftamazonia.com) Das von einer indigenen Familie geführte Unternehmen bietet Rafting- und Kajaktouren mit freundlichen, erfahrenen lizenzierten Guides (die von den Gästen hervorragende Bewertungen bekommen). Das Unternehmen veranstaltet auch Höhlen- und Kulturtouren, die in Tena starten.

Ríos Ecuador RAFTING
(☎ 099-680-4046, 06-288-6727; www.riosecuador.com; Tarqui) Der alteingesessene Veranstalter hat etwas von seinem sehr guten Ruf eingebüßt, bietet jedoch immer noch Raftingtouren für jeden Geschmack. Am gefragtesten ist der Tagesausflug (65 US$) auf einem 25 km langen Abschnitt des Jatunyacu. Ein weiterer beliebter, auch für Anfänger geeigneter Trip ist die eintägige Río-Toachi- und Río-Blanco-Tour auf einer der längsten Wildwasserstrecken Ecuadors (87 US$). Es stehen auch noch viele andere Flussfahrten zur Verfügung.

Die meisten Guides sprechen Englisch. Vorsicht: Das Büro in Tena hat normalerweise geschlossen, daher lieber online buchen.

AquaXtreme RAFTING
(☎ 06-288-8746; www.axtours.com; Orellana, nahe Pano; ⌚ Di–Sa 9–18.30 Uhr) Dieser Veranstalter mit Sitz am Flussufer in Tena bietet Ganztagestouren auf dem Jatunyacu (63 US$) und dem Misahuallí (75 US$) und auf vielen weiteren Wasserläufen an. Das Unternehmen veranstaltet auch Ausritte, Höhlenwanderungen, Kajak- und Radtouren. Die Guides sprechen Englisch.

Geführte Touren

Juan Garces DSCHUNGELTOUREN
(☎ 098-461-4199, 06-306-2907; joseluisgarces2002@yahoo.com) Der geschäftstüchtige Guide spricht fließend Englisch, Französisch und Kichwa und (was noch wichtiger ist) kennt den Dschungel der Region wie seine Westentasche. Er bietet Kajaktouren, Besuche bei Schokoladenherstellern und Dschungelwanderungen sowie mehrtägige Abenteuerfahrten flussabwärts Richtung peruanische Grenze. Die Preise beginnen bei 50 US$ pro Person und Tag; mit Übernachtung in seiner Sacha Sisa Lodge hinter Misahuallí kostet es natürlich etwas mehr.

Pakay Tours DSCHUNGELTOUREN
(☎ 06-284-7449, 099-033-5295; www.ecuadorpakaytours.com) Tony Altamirano mit Sitz im Hostal Pakay (s. unten) spricht Englisch und Deutsch und ist Spezialist für Regenwaldwanderungen und kulturelle Begegnungen mit Angehörigen von Regenwaldvölkern. Wer lernen möchte, mit einem Blasrohr umzugehen, oder wer Ameisen mit einem Schuss Limonensaft probieren möchte, ist bei Pakay Tours genau richtig. Auf dem Programm stehen auch Touren zu entlegeneren Zielen wie dem Parque Nacional Cuyabeno.

Gary Garces & Michelle Klein DSCHUNGELTOUREN
(☎ 099-549-8228, 099-549-8118) Das Ehepaar Gary und Michelle managt nicht nur das Hostel La Casa Blanca, sondern veranstaltet auch interessante Ausflüge. Gary blickt auf mehr als zehn Jahre Erfahrung als Guide zurück und leitet verschiedene ausgefallene Exkursionen in die Umgebung von Tena. Eine der beliebtesten ist ein zweitägiges Dschungelabenteuer (ab 180 US$) mit sieben Aktivitäten. Übernachtet wird in Hütten mit bequemen Betten, Moskitonetzen und Warmwasser; dazu gibt es großartiges Essen.

Schlafen

★ **Hostal Pakay** HOSTEL $
(☎ 06-284-7449; oberhalb der Av Perimetral; B mit Frühstück 13 US$, 3BZ/DZ/EZ 26/34/48 US$, ohne Bad 22/30/45 US$; P Wi-Fi) Das von Wald umgebene umweltfreundliche Hostal Pakay fühlt sich weniger nach Hostel in der Stadt an als nach einer Lodge im Dschungel. Die Zimmer in diesem Holzhaus sind sauber und ordentlich und Kajakfreunde und Backpacker lieben die zum Relaxen einladende Terrasse. Der Tourveranstalter im Haus ist gerade dabei, sich einen guten Namen zu machen. Das meiste Frühstücksobst stammt aus dem üppig grünen Garten.

Für den steilen Anstieg vom Busbahnhof braucht man 20 Minuten, daher besser ein Taxi nehmen.

★ **La Casa del Abuelo** PENSION $
(☎ 06-288-8926, 06-288-6318; www.tomas-lodge.com; Calle Mera 628; EZ/DZ/3BZ 22/34/50 US$; P ❄ @ Wi-Fi) Das hübsch aufgemöbelte Wohnhaus im Kolonialstil versteckt sich in einer ruhigen Straße und hält immer noch locker seinen Platz als eine der beliebtesten Unterkünfte der Stadt. Die öffentlichen Bereiche sind vollgestopft mit verschiedenstem regionalem Kunsthandwerk und die Zimmer sind gemütlich und heimelig mit hohen Decken, Lehmziegelwänden und Holzböden. Kaffee gibt's kostenlos, Frühstück kostet 3 bis 5 US$ extra. Man sollte die Eigentümer auch nach ihrer ländlichen Pension fragen, 5 km entfernt am Fluss.

La Casa Blanca HOSTEL $
(☎ 099-549-8228, 06-231-0456; www.casablancatena.com; Ecke Churiyuyo & Ishpingo; B/EZ/DZ 12/19/38 US$; Wi-Fi) 1,5 km nordwestlich der Innenstadt strebt die entspannte, blitzsaubere Casa Blanca danach, müde Rucksackreisende mit all dem zu verwöhnen, was sie in Hostels anderswo vergeblich suchten. Die traumhaft ausgestattete Küche, die großen Zimmer mit Otavalo-Wandbehängen, das „Sparschwein-System" für eisgekühltes Bier, der Extraraum zum Putzen von Dschungelstiefeln, der Wäschetrockner, die Reiseagentur im Haus ... Gary und Michelle haben wirklich an alles gedacht.

Ermäßigte Wochen- und Monatstarife. La Casa Blanca liegt im Viertel Aeropuerto Dos nördlich des alten Flugfelds; die meisten Taxifahrer kennen die Adresse inzwischen.

Brisa del Río PENSION $
(☎ 06-288-6444, 06-288-6208; Orellana, nahe Pano; 15/9 US$/Pers. mit/ohne Bad; ❄ Wi-Fi) Äißerst selten sind Backpackerherbergen im Dschungel dermaßen sauber und so günstig gelegen wie diese hier, direkt am Fluss und mit einer Gästeküche und einem winzigen Badebecken versehen. Die Gemeinschaftsbäder sind sehr sauber, die Zimmer mit eigenem Bad verfügen auch über eine Klimaanlage.

Hostal Limoncocha HOSTEL $
(☎06-284-6303; www.hostallimoncocha.com; Paso Urco, zw. Av del Chofer & Rosales; B 7 US$, EZ/DZ 14/26 US$, ohne Bad 9/16 US$; P ❄ @ 📶) Backpacker besuchen gern diese Herberge auf einem Hügel, 300 m südöstlich vom Busbahnhof. Die guten Betten hier sind die billigsten in Tena und der Ausblick ist sagenhaft – außerdem ist die Unterkunft ein altbewährter Travellertreff. Die schicken Zimmer haben saubere, eigene Badezimmer. Frühstück kostet 3 US$. Im Haus gibt's eine Gästeküche und einen Tourveranstalter.

Hostal Los Yutzos HOTEL $$
(☎06-288-6717; yutzos@outlook.com; Rueda 190; EZ/DZ mit Frühstück 27/46 US$, mit Klimaanlage 40/54 US$; P ❄ 📶) Die ruhige Lage am Fluss und die geräumigen, komfortablen Zimmer machen das Hostal zur besten Unterkunft in Tena. Es gibt einen gefliesten Balkon mit Holzliegestühlen, von dem aus man auf den rauschenden Fluss blickt. Im üppig grünen Garten gibt's Hängematten. Für Wochenenden und Ferienzeiten sollte man reservieren.

Hotel Pumarosa HOTEL $$
(☎096-759-8667, 06-288-6320; Orellana, nahe 15 de Noviembre; EZ/DZ ab 15/30 US$; P ❄ 📶 🏊) Die einladenden Zimmer im Hotel Pumarosa haben allesamt hohe Holzdecken, große Kleiderschränke und moderne weiß geflieste Badezimmer. Die Warmwasserversorgung ist verlässlich, zudem gibt's Kabel-Fernsehen, einen üppigen Garten und einen Billardtisch in der offenen Lobby. Durch die Disco samt Rollschuhbahn nebenan ist es am Freitag- und Samstagabend meistens laut, dafür haben die Gäste des Hauses dort aber auch freien Eintritt. Die faszinierendste unter den angebotenen Touren ist die zu den Plantagen, auf denen die Kakaobohnen zur Herstellung von Kallari-Schokolade wachsen.

Hotel Cristian's Palace HOTEL $$
(☎06-288-6047; hotelcristianpalace@gmail.com; Mera; mit Frühstück 25 US$/Pers.; P ❄ 📶 🏊) Dieses nobelste Hotel vor Ort ist für hiesige Verhältnisse ziemlich groß. Die geräumigen Zimmer haben gute Badezimmer, TV und meist auch Schreibtische. Sie verteilen sich um einen schmuddeligen Pool, eine Sauna und einen Fitnessraum (für Gäste kostenlos). Insidertipp: Nach einer Mini-Suite fragen, die dasselbe kostet wie ein Standardzimmer.

Essen

★ **Café Tortuga** INTERNATIONAL $
(Orellana; kleine Gerichte 1,50–5 US$; ⏲ Mo–Sa 7–19.30, So bis 13 Uhr; 📶) Alle Leute in der Stadt scheinen bei diesem immens beliebten von einem Schweizer geführten Café am Fluss hineinzuschauen, sei es wegen des großen Frühstücksangebots, der köstlichen *batidos* (Fruchtsaft-Shakes) oder wegen der Palette an Salaten, Sandwiches und Kuchen. Besonders beliebt ist das Tortuga bei Backpackern, weil man hier andere Traveller kennenlernen kann. Im Café gibt's auch eine gute Büchertauschecke.

Tienda Ahimsa VEGETARISCH $
(☎06-301-9172; Almuerzos 4 US$; ⏲ Mo–Sa 11–21 Uhr) Die bezaubernde Besitzerin dieses ausgezeichneten vegetarischen Speiselokals bereitet die meisten Gerichte auf Wunsch zu – wenn man also nicht gerade das *almuerzo* (Tagesmenü) bestellt, darf man es nicht eilig haben. Die größtenteils veganen, köstlichen *arepas,* burritos, vegetarischen Burger und Desserts sind hervorragend. Eine Speisekarte gibt es nicht; einfach fragen, was am Besuchstag auf den Tisch kommt. Veganer aufgepasst: die Desserts werden manchmal mit Milch zubereitet.

Restaurante La Isla PIZZA $
(☎06-287-1026; Ecke Orellana & Pano; Gerichte 4–9 US$; ⏲ 10–22 Uhr; 📶 👪) Dieses nette Freiluftrestaurant, das gut belegte Pizzas, Chicken Wings, Sandwiches und Säfte serviert, liegt auf dem *malecón* genau gegenüber der südlichen Fußgängerbrücke.

Asadero de Pollos Sin Rival HÜHNCHEN $
(15 de Noviembre, zw. San Miguel & Av del Chofer; viertel/halbes/ganzes Grillhuhn 3/6/12 US$; ⏲ 10–15.30 Uhr) Der Name ist Pogramm: Auch wer sonst keinem Schild in Ecuador traut – dieses hier mit der Aufschrift „konkurrenzlose Hühnchen" lügt wirklich nicht. Das Lokal ist nur zur Mittagszeit geöffnet und auch nur so lange, bis die Grillhühner ausverkauft sind.

Pizzería Bella Selva 2 PIZZA $$
(Hauptgerichte 3–18 US$; ⏲ 17–22 Uhr) Die Pizza ist so gut wie im Oriente halt möglich. Wenn's ans Abendessen geht, herrscht in keinem anderen Lokal am Fluss so viel Betrieb wie hier, wo sich ein buntes Sammelsurium aus hiesigen Familien, Geschäftsleuten und Touristen einfindet. Und was die Salsa angeht: *aiaiai*!

Ausgehen & Unterhaltung

Auf den Dancefloors von Tena pulsiert an den Wochenenden das Leben, und es lohnt sich, dabei zu sein. Sonntags bis mittwochs sind die Discos etwa von 20 bis 2 Uhr und donnerstags bis samstags bis gegen 3 Uhr geöffnet.

Guayusa Lounge LOUNGE
(☎ 06-288-8561; Sucre, nahe Olmedo; Cocktails 4 US$; ⏲ Di–Sa 16–23 Uhr) Innen wie außen ist die Atmosphäre in diesem hippen Spot einladend gechillt. Das Innere - durch die riesigen Fenster ganz hell - fühlt sich geräumig an und ist im Dschungel-Industrie-Stil gehalten. Die Außenterrasse ist von üppigem Grün umrahmt; von hier aus kann man die Frösche quaken hören. In der Lounge gibt es Cocktails mit amazonischen Kräutern wie *guayusa* und *ishpingo*, außerdem gibt's Reisschüsseln, Salate und Vorspeisen, die erfrischend anders zubereitet sind.

La Araña Bar Cocteleria BAR
(Hauptplatz; ⏲ Mo–Do 17–24, Fr & Sa bis 2 Uhr) Der beliebteste Treff zum Trinken und Zechen ist die raue „Spinne" auf der anderen Uferseite direkt an der Fußgängerbrücke. Hier ist jeden Abend viel los. Richtig voll wird's an den Wochenenden, wenn die Einheimischen und die Traveller hineinströmen - ein Kater wird nicht ausbleiben.

Discoteca La Gallera DISCO
(Orellana; 2 US$) In der Disco neben dem Hotel Pumarosa ist die Atmosphäre lustig und doch „erwachsen"; auch die angeschlossene Rollschuhbahn kann daran nichts ändern. Hotelgäste kommen kostenlos rein.

Praktische Informationen

Banco del Austro (15 de Noviembre) Diese Bank hat einen Geldautomaten.

Banco Pichincha (15 de Noviembre) Schräg gegenüber der Tankstelle; hier findet man die zuverlässigsten Geldautomaten.

Krankenhaus (☎ 06-284-6786, 06-284-6755; 15 de Noviembre, zw. Eloy Alfaro & Ambato) Südlich der Stadt an der Straße nach Puerto Napo.

Polizei (☎ 06-288-6101; Hauptplatz)

Post (Ecke Olmedo & Moreno) Nordwestlich der alten Fußgängerbrücke.

Touristeninformation (iTur; ☎ 06-288-8046; Rueda; ⏲ Mo–Fr 7.30–17 Uhr) Das freundliche Personal tut sein Bestes, um einem bei allen Fragen weiterzuhelfen. Einige Mitarbeiter sprechen Englisch.

An- & Weiterreise

Der **Busbahnhof** (Terminal Terrestre; 15 de Noviembre) liegt am südlichen Ende der Stadt. Das **Café Tortuga** (S. 250) führt eine sehr nützliche Liste über alle aktuellen Abfahrtszeiten. Zahlreiche Abfahrten zu sämtlichen Zielorten.

Ziel	Preis (US$)	Dauer (Std.)
Ambato	6,25	4
Baños	5,25	3
Coca	8,75	4
Puyo	3,15	2½
Quito via Baeza	7,50	5

Unterwegs vor Ort

An der Westseite des Markts, nahe dem **alten Flugplatz,** fahren tagsüber alle 30 Minuten Nahverkehrsbusse nach **Archidona** (0,25 US$, 15 Min.). Weitere Nahverkehrsbusse fahren von der **15 de Noviembre** in der Nähe des Busbahnhofs, u. a. nach Ahuano (1,50 US$, 1 Std.), Misahuallí (0,75 US$, 45 Min.) und Santa Rosa/San Pedro (3,75 US$, 3 Std.).

Eine große **Tankstelle** gibt es an der Avenida 15 de Noviembre auf der Strecke vom Zentrum zum Busbahnhof.

Misahuallí

☎ 06 / 5127 EW.

Früher eine wichtige Durchgangsstation für Reisende, die über den Fluss aus Coca kamen, versank Misahuallí (mi-ßa-wa-*ji*) in Bedeutungslosigkeit, als die Loreto-Straße zwischen Coca und Tena fertig war. Die zwischen zwei größeren Flüssen buchstäblich am Ende der Straße gelegene Ortschaft hat einen hübschen Sandstrand und eine berühmte Affenhorde, die es versteht, Besuchern die Sonnenbrillen zu stibitzen - und sonst nicht viel mehr.

Dank des regionalen Flughafens **Aeropuerto Jumandy** landen jedoch die meisten Flugzeuge, die von Quito kommen, wahrscheinlich erst einmal in Misahuallí, bevor sie Tena erreichen. Und viele ziehen das kleine stimmungsvolle Dorf als Basis zur Erkundung des Río Napo und des dazugehörigen Dschungels Tena vor. Die Einrichtungen für Traveller sind gut, mehrere Reiseveranstalter haben sich hier niedergelassen.

Rund um Tena

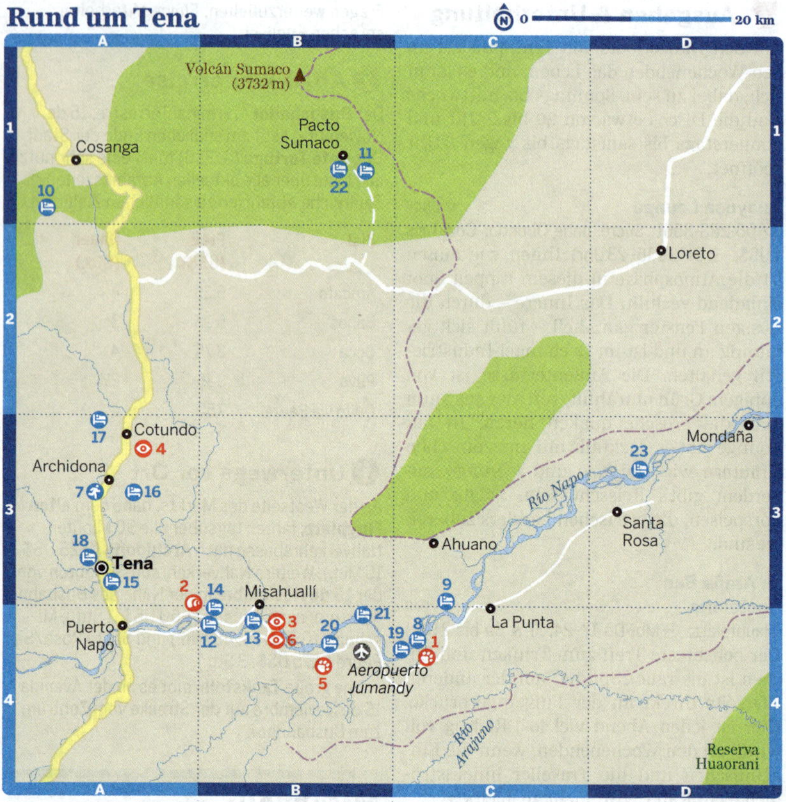

Rund um Tena

Sehenswertes
1 AmaZOOnico C4
2 Cascada Las Latas A3
3 Comunidad Shiripuno B4
4 Cuevas de Jumandí A3
5 Reserva Biológica Jatun Sacha B4
6 Sinchi Warmi B4

Aktivitäten, Kurse & Touren
Ecoselva Pepe Tapia .... (siehe 3)
Gary Garces & Michelle Klein .... (siehe 18)
Pakay Tours .... (siehe 15)
7 River People A3
Selva Verde .... (siehe 3)
Teorumi .... (siehe 3)

Schlafen
8 Anaconda Lodge C4
9 Arajuno Jungle Lodge C3
10 Cabañas San Isidro A1
11 Casita B1
12 Cotococha Lodge B4
13 France-Amazonia B4
14 Hamadryade Lodge B4
15 Hostal Limoncocha A3
Hostal Pakay .... (siehe 15)
Hostal Shaw .... (siehe 3)
16 Hostería Orchids Paradise A3
Hotel El Paisano .... (siehe 3)
17 Huasquila Lodge A3
18 La Casa Blanca A3
19 La Casa del Suizo C4
Liana Lodge .... (siehe 1)
Misahuallí Amazon Lodge .... (siehe 3)
20 Reserva Biológica Jatun Sacha Cabins B4
Río Napo Lodge .... (siehe 3)
21 Sacha Sisa Lodge B4
22 Wildsumaco Lodge B1
23 Yachana Lodge D3

Essen
El Bijao .... (siehe 3)
El Jardín .... (siehe 3)

Transport
Compañía Trans Dumbiki .... (siehe 3)

Besucher sollten aber wissen, dass das Umland seit Jahrzehnten erschlossen wird und die Zahl der Wildtiere dadurch stark abgenommen hat.

Sehenswertes

Sinchi Warmi KULTURZENTRUM
(☎06-306-3009; www.sinchiwarmiamazonlodge.com; Mahlzeiten 3–10 US$, cabañas ab 13 US$) Das von einer Gruppe von Kichwa-Frauen gegründete, gebaute und betriebene Gemeindezentrum führt Besucher durch Aktivitäten (Dschungelwanderungen, traditionelle Tanzvorführungen und Schokoladenherstellung) in die Kultur der Kichwa ein. Hier kann man Kichwa-Gerichte genießen und sogar übernachten. Das Geld, das man hier ausgibt, hilft diesen Frauen, nachhaltige Arbeit zu leisten, die es ihnen wiederum gestattet, ihre traditionelle Lebensweise fortzuführen.

Comunidad Shiripuno GEMEINDE
(☎06-289-0203; Zi. mit/ohne Bad 15/10 US$/Pers.) Einige Kilometer flussabwärts befindet sich diese Shiripuno-Gemeinde, die meist im Rahmen von Ausflügen des Reiseveranstalters Teorumi besucht wird. Das Gemeindetourismusprojekt wird größtenteils von Frauen des Dorfes betrieben, die traditionellen Tanz aufführen und zeigen, wie *guayusa*-Tee hergestellt wird. Eine Kanufahrt aus dem Ort bis hierher kostet 5 US$.

Vor Ort befindet sich ein riesiger Fels, angeblich ein Meteorit, der in der Mythologie der Kichwa eine große Rolle spielt. Es ist möglich, hier zu übernachten, aber am besten lässt man alles von Teorumi organisieren.

Geführte Touren

In Misahuallí sind interessante Tourangebote zu haben. Ein Guide (mit annehmbarem Preis), der einem zusagt, findet sich allerdings viel leichter, wenn man bereits bei der Ankunft vier oder mehr Personen beisammenhat. Auf jeden Fall sollte man sich aber an lizenzierte Guides und empfohlene Veranstalter halten.

★ **Teorumi** ÖKOTOUREN
(☎06-289-0213; www.teorumi.com; geführte Tour 61 US$ pro Pers./Tag; ⌚7–19.30 Uhr) Der Veranstalter arbeitet mit indigenen Gemeinden zusammen und ist daher eine ausgezeichnete Wahl für alle, die sich nicht nur für die Natur, sondern auch für die Kultur der indigenen Bevölkerung interessieren. Die Touren können auf die Interessen der Teilnehmer zugeschnitten werden, bei den meisten stehen aber Vogelbeobachtungen, Angeln, die Vorstellung von Heilpflanzen und Dschungelwanderungen im Mittelpunkt. Zu weiteren Aktivitäten gehören Goldwaschen und Ausritte. Man spricht Englisch und Französisch. Das Büro ist am Hauptplatz zu finden.

Die zugehörige Shiripuno Lodge in der Nähe dient oft als Ausgangspunkt für verschiedene Aktivitäten.

Der Besitzer von Teorumi ist einer der führenden Experten für Schlangen und deren Gift und hat bei der Entwicklung mehrerer Gegengifte mitgewirkt.

Ecoselva Pepe Tapia ÖKOTOUREN
(☎099-789-8900, 06-289-0019; http://ecoselvapepetapia.com; geführte Touren ab 45 US$ pro Pers./Tag) Pepe Tapia González bietet Besuchern kurzweilige ein- bis zehntägige geführte Touren, darunter Naturwanderungen und Kanutrips, mit Übernachtung in seiner rustikalen Lodge oder in Dschungelcamps. Er spricht fließend Englisch, ist Biologe und kennt sich gut mit Pflanzen, Vögeln und Insekten aus. Ecoselva befindet sich am Hauptplatz.

Selva Verde ÖKOTOUREN
(☎098-904-101, 998-215-710, 06-289-0165; www.selvaverde-misahualli.com; geführte Touren 60–95 US$ pro Pers./Tag) Luís Zapata, ein Englisch sprechender Führer mit langjähriger Erfahrung in der Region, betreibt diese zu empfehlende Tour-Agentur mit Büro am Hauptplatz. Spezialität sind Touren auf den Flüssen und Besuche in indigenen Dörfern.

Schlafen & Essen

Misahuallí ist ein guter Ort, um auf dem Hauptplatz *maitos* (in Palmblättern gegrillter Fisch) zu kosten.

Hostal Shaw HOTEL $
(☎06-289-0163; hostalshaw@hotmail.com; EZ/DZ 8/16 US$) Dieses freundliche *hostal* an der Plaza hat einfache Zimmer mit Ventilator, Moskitonetz und eigenem Bad mit Warmwasser. Im Café im Erdgeschoss – dem Lieblingstreffpunkt in Misahuallí – gibt's Espresso, einen guten Büchertausch sowie morgens Pfannkuchen und vegetarische Gerichte.

Hotel El Paisano PENSION $$
(☎06-289-0027; www.hostalelpaisano.com; Ecke Rivadeneyra & Tandalia; EZ/DZ mit Frühstück 25/35 US$; P @ ☮) Die beliebte Traveller-Unterkunft ist eine der charmanteren Herbergen im Ort. Sie bietet helle Zimmer

mit Holzböden und Moskitonetzen. Weitere Pluspunkte sind der Wäschedienst, guter Kaffee zum sehr guten Frühstück und ein Büchertausch. Die zauberhafte Besitzerin spricht Englisch, Französisch und Spanisch.

Río Napo Lodge LODGE **$$**
(☎ 06-289-0071; www.rionapolodge.com; EZ/DZ mit Frühstück 30/60 US$; Wi-Fi) Die indigene Familie, die diese ruhige Lodge an der Südseite des Río Napo betreibt, baut auch Kakao an und bietet hier einen hervorragenden Rückzugsort außerhalb der Stadt. Die Holzhütten mit den Zimmern liegen inmitten eines hübschen Gartens und sind mit Terrassen (mit Hängematten) ausgestattet.

France-Amazonia PENSION **$$**
(☎ 06-289-0009; www.france-amazonia.com; Av Principal; Zi. mit Frühstück 18–24 US$/Pers.; P Wi-Fi Pool) Gleich außerhalb des Ortes am Fluss stehen diese schattigen strohgedeckten Hütten um einen glitzernden Pool und eine sandige Feuerstelle. Die Betten sind klein, die Zimmer aber geräumig und angenehm rustikal. Im Garten gibt's viele Ecken, in denen man das angenehme Klima und das Rauschen des Flusses (über einen kleinen Weg erreichbar) genießen kann.

Misahuallí Amazon Lodge HOTEL **$$$**
(☎ 06-289-0063, in Quito 02-224-9651; www.misahualliamazonlodge.com; EZ/DZ mit Frühstück ab 80/120 US$; Wi-Fi Pool) Die penibel gepflegte Version eines Dschungelcamps: Dieses Hotel mit Ressortatmosphäre ist bei ecuadorianischen Familien beliebt. Es befindet sich in einer tollen Lage mit Blick auf den Fluss und Misahuallí (wo das Kanu ablegt, das die Gäste kostenlos hierherbringt). Die neueren hotelartigen Zimmer sind schick, die Pfahlhütten etwas in die Jahre gekommen.

El Bijao ECUADORIANISCH **$**
(Hauptgerichte 5 US$; ⏲ mittags & abends) Das Lokal auf der Plaza eignet sich prima, um die ecuadorianische Dschungelspezialität *maito* zu probieren: im Blatt einer Dschungelpflanze eingewickelter und gebackener *tilapia* (ein Flussfisch) oder eingewickeltes und gebackenes Huhn, das mit Reis, Maniok und *guayusa* (amazonischem Kräutertee) serviert wird. Das frischeste Essen bekommt, wer um die Mittagszeit da ist.

El Jardín ECUADORIANISCH **$$**
(☎ 06-289-0219; www.eljardinmisahualli.com; Hauptgerichte 10–15 US$; ⏲ Mo–Sa 12–16 & 18–22 Uhr; P Wi-Fi) Jenseits der Brücke, an der Straße nach La Punta, befindet sich El Jardín – eine erfreuliche Neuerscheinung in der lokalen Restaurantszene. Im Garten voller Blumen werden riesige Platten mit teurem, aber hervorragendem Fleisch, *tilapia* (Flussfisch) und Meeresfrüchten aufgetragen.

Praktische Informationen

In Misahuallí gibt es weder Bank noch Postamt. Bei Busfahrten, Bootstouren und Wanderungen in der Region immer den Pass mitführen! Für Bootsfahrten ein paar kleine Geldscheine dabeihaben.

An- & Weiterreise

Busse fahren tagsüber etwa jede Stunde von der Plaza ab, der letzte um 18 Uhr. Das wichtigste angefahrene Ziel ist Tena (1 US$, 1 Std.). Vom Hauptplatz fährt täglich um 8.30 Uhr ein Bus nach Quito (6 US$, 5 Std.).

Auf dem Platz fahren auch *camioneta* (Pick-up bzw. Kleintransporter) von **Compañía Trans Dumbiki** (☎ 06-289-0051) zu Zielen in der Umgebung sowie nach Tena und weiter weg.

Dank der Loreto-Straße von Tena nach Coca und weiterer Straßen längs des Río Napo ist man nicht mehr auf die Fahrt mit Kanus angewiesen. Bootsfahrten lassen sich mit den Bootsbesitzern am Strand für rund 30 US$ pro Stunde vereinbaren, aber die Tourveranstalter in der Gegend bieten günstigere Angebote.

Alto Río Napo

☎ 06

Der Río Napo wird südlich von Tena, direkt vor Misahuallí, schneller und breiter, während er an Naturschutzgebieten, kleinen Dschungelgemeinden, Ölbohrtürmen und Lodges vorbeifließt. Leider hat der Straßenbau das Verhalten der Tiere dauerhaft verändert, sodass man hier heute weniger Vierbeiner und Vögel zu Gesicht bekommt als tiefer im Dschungel.

Westlich von Misahuallí

Hat man Tena hinter sich gelassen und die Flussbrücke von Puerto Napo erreicht, sieht man unter sich aufgewühlte Wassermassen: Hier beginnt der eigentliche Río Napo. In diesem Frühstadium fließt der mächtige Wasserlauf an überraschend luxuriösen Lodges vorbei; an beiden Ufern verlaufen gute Straßen bis nach Misahuallí.

Die nördliche Uferstraße, auf der ungefähr stündlich Busse verkehren, passiert die **Cascada Las Latas**, einen spektakulären

Wasserfall auf halber Strecke zwischen Puerto Napo und Misahuallí (und von beiden ungefähr 15 Minuten Fahrzeit entfernt).

Schlafen

★Hamadryade Lodge BOUTIQUE-HOTEL $$$

(☎098-590-9992, 098-822-5413; www.hamadryade-lodge.com; DZ mit HP ab 198 US$; P ☎ ☒) Die ein paar Kilometer flussaufwärts von Misahuallí auf einem Hügel stehende elegante und umweltbewusste Dschungellodge ist über die Straße am Nordufer zu erreichen. Sie gehört einem Franzosen und hebt sich mit schickem zeitgenössischem Dekor vom typischen Aussehen einer Dschungellodge ab. Alle Bungalows haben einen eigenen Balkon mit prachtvollem Blick in den Dschungel. Es gibt einen fantastischen Pool- und Lounge-Bereich, der perfekt über der hügeligen Landschaft thront; sogar traditionelle Massagen werden angeboten.

Mit nur fünf Bungalows ist die Anlage ideal für Traveller, um stilvoll zu entspannen. Der Deluxe-Bungalow mit Platz für bis zu sechs Personen eignet sich perfekt für Familien. Mehrtägige Pauschalangebote beinhalten Ausflüge zur Reserva Biológica Jatun Sacha, zu lokalen indigenen Gemeinden und zum AmaZOOnico (S. 256).

Cotococha Lodge LODGE $$$

(☎in Quito 02-244-1721, 02-512-3358; www.cotococha.com; 3 Nächte DZ mit VP ab 550 US$) Diese ist die erste Lodge, die man am jungen Río Napo zu sehen bekommt. Die 17 km außerhalb von Tena am Südufer des Río Napo liegende ruhige Anlage besteht aus 22 strohgedeckten, miteinander durch gewundene Kieswege verbundenen Bungalows in üppig grüner Lage. Öllampen sorgen für romantische Beleuchtung. Die Hütten bieten Warmwasser und eigene Terrassen mit Blick auf den Fluss (allerdings gibt es keinen Strom).

Englisch sprechende Führer veranstalten Wanderungen und Ausflüge zu Wasserfällen; Tubing- und Raftingtrips sowie Besuche bei örtlichen Gemeinden lassen sich vereinbaren. Hier kann man gut in den Regenwald gelangen, ohne erst eine lange Flussfahrt machen zu müssen.

An- & Weiterreise

Die Lodges hier können gegen Aufschlag privaten Transport organisieren. Busse von Tena nach Misahuallí (0,75 US$, 45 Min.) fahren den ganzen Tag fast stündlich ab.

Reserva Biológica Jatun Sacha

Die 25 km² große **Reserva Biológica Jatun Sacha** (6 US$) – biologische Station und Regenwaldschutzgebiet – liegt am Südufer des Río Napo, 23 km östlich von Puerto Napo. Geleitet wird sie von der **Fundación Jatun Sacha** (☎02-331-8156, 02-243-2240, 099-490-8265; www.jatunsacha.org; Psje Eugenio de Santillan 34-248, Quito; 6 US$), einer gemeinnützigen ecuadorianischen Organisation, deren Ziel die Erforschung und Erhaltung des Regenwaldes sowie die Vermittlung seiner Bedeutung ist.

Seit den 1990er-Jahren wurden hier zahlreiche neue Spezies entdeckt, darunter der Schmetterling *Passiflora jatunsachensis*; mit einer geschätzten Zahl von 1500 Pflanzenarten pro Hektar ist die Biodiversität im regionalen Vergleich sehr hoch.

Da benachbarte Gebiete flugs für Holzfällerei und Landwirtschaft erschlossen wurden und werden, wird die Erhaltung der Artenvielfalt im Jatun Sacha immer wichtiger. Die Stiftung begnügt sich nicht damit, die vorhandenen Spezies zu registrieren und zu zählen, sondern entwickelt gemeinsam mit örtlichen Bauerngemeinden und indigenen Gruppen Aufforstungspläne und land- bzw. forstwirtschaftliche Alternativen.

Das Personal der Forschungsstation und die Besucher wohnen in rustikalen **Hütten** (30 US$/Pers. mit VP) mit Gemeinschaftsbad, die am Hang über dem Eingang an der Straße zwischen Misahuallí und La Punta stehen. Das Wasser wird mit Solarenergie erhitzt, die Mahlzeiten sind im Preis enthalten. Das Restaurant neben dem Büro am Eingang zum Reservat serviert gesunde ecuadorianische und internationale Gerichte.

Man kann hier Vögel beobachten, auf Pfaden durch den umliegenden Wald wandern und dann das Pflanzenschutzzentrum und den botanischen Garten anschauen. Außerdem besteht die Möglichkeit, einen Kletteranzug auszuleihen und den schwindelerregenden 30 m hohen Beobachtungsturm in der Mitte des Naturschutzgebiets zu erklimmen. Für Reisegruppen und Studenten gibt's Rabatt.

An- & Weiterreise

Um von Tena nach Jatun Sacha zu kommen, muss man einen Bus Richtung Ahuano oder Santa Rosa nehmen und den Fahrer bitten, am Haupteingang bzw. an der Forschungsstation zu

CHICHA, DAS FRÜHSTÜCK DER CHAMPIONS

Bevor es im Amazonasbecken Coca Cola gab, trank man *chicha* – nicht die gekochte Hochland-Version, sondern ein gut haltbares nährstoffreiches Getränk. Chicha wird als in Blätter gewickelte Paste aufbewahrt und mit Wasser vermischt getrunken.

Das Rezept ist einfach: Man kocht *yuca* (Maniok) oder die Frucht der Pfirsichpalme zu einem Brei, den Frauen (und nur Frauen) anschließend durchkauen. Seit Jahrtausenden ist Chicha in abgelegenen Gemeinden ein wichtiger Lieferant von Nährstoffen und Vitaminen. Im Dschungel, wo die Menschen sehr wenig essen, aber bis zu 6 l am Tag trinken, ist es ein wichtiges Grundnahrungsmittel. Frisch schmeckt Chicha mild und joghurtähnlich, aber mit der Zeit nimmt der Alkoholgehalt der Masse zu, weil die Bakterien aus dem Speichel die Kohlenhydrate in Zucker verwandeln. Je älter das Chicha ist, desto stärker ist es. Der Geschmack hängt von der zubereitenden Person ab, weil sich die bakterielle Zusammensetzung des Speichels je nach Frau individuell unterscheidet.

Echt scheußlichem Chicha werden böse Eigenschaften zugeschrieben. Aber kann einem etwas passieren, wenn man das Gebräu probiert? Tatsächlich ist nicht der Speichel das Gefährliche (der leitet den Fermentierungsprozess zwar ein, macht im fertigen Produkt aber nur noch einen winzigen Teil aus), sondern wenn ungefiltertes Flusswasser genutzt wurde, um die Paste trinkbar zu machen. Von denen, die nur einen Schluck probiert haben, bekommen nur sehr wenige gesundheitliche Probleme. Ein Highlight bei vielen Besuchen indigener Gemeinden in Oriente besteht darin, bei der Zubereitung von Chicha zuzuschauen und das Produkt anschließend noch zu probieren. Wohl bekomm's!

halten. Ein Taxi zum Eingang ab Misahuallí kostet 5 US$; für Busse muss man zuerst 2 km zur Kreuzung an der Hauptstraße zwischen Tena und Auano (die Straße entlang des Südufers des Río Napo) hinaufgehen.

La Punta, Ahuano & Umgebung

An der Straße, die von der Verbindungsstraße zwischen Tena und Santa Rosa nach Punta und Ahuano abzweigt, liegt auch der neue Flughafen für die Region Misahuallí und Tena, der Aeropuerto Jumandy. Im Flusshafenort La Punta gibt es den üblichen farbenfrohen Oriente-Mikrokosmos und einige einfache Flussrestaurants.

Das Hauptreiseziel von hier aus ist Ahuano, ein verschlafenes Dorf auf der anderen Seite des Flusses. Da es noch in teilweise abgeholztem Sekundärdschungel steht und nur auf dem Wasserweg erreichbar ist, fühlt man sich in Ahuano wie am Beginn einer Abenteuerreise in den abgeschiedenen Regenwald. Es bietet tatsächlich eine relativ einfache Möglichkeit, sich mit der Regenwaldkultur vertraut zu machen.

Sehenswertes

AmaZOOnico NATURSCHUTZGEBIET

(www.amazoonico.org; Erw./Kind 4/2,50 US$) In der bekannten Tiertherapiestation sieht man garantiert alle Arten von Dschungeltieren. Sie befindet sich auf dem Gelände von Selva Viva, einem 17 km² großen Primärwald-Schutzgebiet am Río Arajuno, einem schmalen Nebenfluss des Río Napo rund 3 km östlich von Ahuano. Ein Ehepaar – eine Schweizerin und ein Kichwa – gründete das Zentrum 1993, um sich um beschlagnahmte bzw. vertriebene Tiere zu kümmern.

Es ist natürlich toll, Tukane, Capybaras, Affen und Riesenschlangen aus der Nähe zu sehen, dahinter steckt aber eine traurige Realität: Diese Tiere leben hier, weil Geschäftemacher sie einfingen und für schnelles Geld verkauften oder weil ihr Lebensraum zerstört wurde. Einige der Geschichten, die man bei den ausgezeichneten Führungen zu hören bekommt, sind herzzerreißend – da wurden Tiere in Hotelzimmern zurückgelassen, da tauchten seltene Vögel im Nachlass ihrer Halter auf und da wurden schwer traumatisierte „Haustiere" beschlagnahmt, als man sie illegal verkaufen wollte. Einige gesunde Tiere werden schließlich wieder in die freie Wildbahn des Regenwalds entlassen, aber viele kommen hier in einem derart der Wildnis entfremdeten Zustand an, dass ihre Auswilderung nicht mehr möglich ist.

Spanisch- und englischsprachige Freiwillige, die die Tiere genau kennen, veranstalten

Führungen. Das Zentrum sucht ständig nach Freiwilligen (pro Monat müssen sie 250 US$ für Unterkunft und Verpflegung bezahlen), besonders nach Tierärzten (die sich mindestens zwei Monate verpflichten).

Besucher müssen sich über die Website ankündigen, denn der Telefonempfang hier ist schlecht und es gibt auch gar keine Nummer, die man anrufen könnte.

Schlafen

★ Anaconda Lodge DSCHUNGELLODGE **$$$**
(☎ 06-301-7723; www.anacondalodgeecuador.com; Isla Anaconda; ab 110 US$/Pers. mit VP;) Das herzliche chilenisch-kolumbianische Ehepaar Francisco und Silvia hat sich mit dieser Dschungellodge seinen Traum verwirklicht. Holzhütten, deren Fenster mit Moskitonetzen versehen wurden, liegen inmitten einer hübschen Gartenanlage mit einem Freiluftrestaurant, das als sozialer Mittelpunkt fungiert. Auf dieser stillen Napo-Insel können Besucher die benachbarte Kichwa-Gemeinde besuchen, im Dschungel Tiere beobachten oder Rafting und Tubing ausprobieren.

Gesunde, köstliche Mahlzeiten (auch auf diätetische Anforderungen kann Rücksicht genommen werden), Nachtwanderungen und Exkursionen runden das Erlebnis ab. Hundeliebhaber sind besonders willkommen, da drei riesige Deutsche Schäferhunde zur Familie gehören.

Yachana Lodge LODGE **$$$**
(☎ 02-252-3777 in Quito; www.yachana.com; EZ/DZ 3 Nächte mit VP ab 567/810 US$) Die auf einem 1010 ha großen Naturschutzgebiet gelegene Yachana Lodge ist die Neuauflage der alteingesessenen Lodge am Río Napo. Ein Ausbildungszentrum bildet Einwohner für nachhaltige Karriereoptionen aus; die Erträge aus der Lodge unterstützen die Arbeit des Ausbildungszentrums. So profitieren sowohl Besitzer als auch Gäste, die hier die Wunder des Dschungels und des Flusses kennenlernen dürfen und gleichzeitig einen Einblick in die indigene Kultur bekommen.

Sacha Sisa Lodge DSCHUNGELLODGE **$$$**
(☎ 098-461-4199, 06-306-2907; www.sachasisaamazon.com; DZ/3BZ mit Frühstück 100/150 US$;) Die Sacha Sisa Lodge unter Leitung des aus Tena stammenden Guides Juan Garces thront auf einem Felsen über dem Fluss und erfreut sich nicht nur entsprechend grandioser Ausblicke und herrlich frischer Luft, sondern ist auch moskitofrei. Eine Übernachtung hier ist Bestandteil von Juans wärmstens empfohlenen Touren, die aus Kajakausflügen und abenteuerlichen Dschungelwanderungen bestehen.

Arajuno Jungle Lodge DSCHUNGELLODGE **$$$**
(☎ 098-268-2287; www.arajuno.com; 2 Nächte mit VP 399 US$/Pers.) Wer auf kleine und weitab vom Schuss gelegene Herbergen steht, sollte die Arajuno Jungle Lodge in einer Biegung des Río Arajuno ausprobieren. Sie gehört dem ehemaligen Friedenskorps-Freiwilligen Thomas Larson. Die wenigen Hütten am Hang eines Hügels sind niedlich und abgeschirmt, das Wasser wird von der Sonne erwärmt. Das strohgedeckte Haupthaus hat eine große Holzterrasse und einen Essbereich oberhalb des Flusses.

Die Gäste können durch das 80 ha große Waldgelände stromern, wandern gehen, Kanu fahren und das nahegelegene AmaZOOnico besuchen.

Die Lodge arbeitet mit örtlichen Gemeinden an der Erschließung neuer Nahrungsquellen und der Verbreitung von Informationen über Gesundheit und Ernährung. Freiwillige, die sich für drei bis sechs Monate verpflichten, sind willkommen. Der Küchenchef bereitet regional inspirierte Gourmetgerichte wie geräucherte *cachama maitos* (gegrillter Fisch in Palmblättern) und *tortilla de yuca* (Maniokbrot) zu. Größeren Kindern wird das Schwungseil in den Fluss hinein gefallen. Das Personal spricht Spanisch und Englisch.

Liana Lodge DSCHUNGELLODGE **$$$**
(☎ 06-301-7702; www.selvaviva.ec; 2/3/4 Nächte 194/291/388 US$/Pers. mit VP, EZ-Aufschlag 16 US$/Nacht) Jede der neun Hütten der Liana Lodge hat zwei Doppelzimmer und eine Warmwasserdusche, aber keinen Strom. Lagerfeuer, Wanderungen durch den Wald und eine runde Theke mit Blick auf den Fluss sorgen für eine entspannte Atmosphäre. Im Pauschalpreis enthalten sind die Mahlzeiten, Führungen (darunter auch Kurse über die Bereitung von *chicha* und der Bau eines Floßes aus Balsaholz) und der Transport mit dem Kanu von Puerto Barantilla. Im Voraus online reservieren.

Man sollte sich nach **Runi Huasi** erkundigen, einer von der indigenen Gemeinde betriebenen Lodge in der Nähe, die von den Besitzern des Liana verwaltet wird. Es wird Kichwa, Englisch, Spanisch, Deutsch und Französisch gesprochen.

Zur Liana Lodge nimmt man einen Bus von Tena nach Santa Rosa (2 US$, 1 Std.) und steigt in Puerto Barantilla aus. Dann geht es zu Fuß auf der unbefestigten Straße zum Fluss an die Stelle, wo die Transportkanus warten.

La Casa del Suizo HOTEL $$$
(☎ 02-250-9504 in Quito; www.lacasadelsuizo.com; EZ/DZ mit VP 181/290 US$;) Die meisten Besucher kommen, um in der von Schweizern betriebenen **Casa del Suizo** zu übernachten, einer befestigten Anlage am Río Napo, die einen bequemen Einblick in den Regenwald gewährt. Ein Labyrinth aus überdachten Stegen verbindet die strohgedeckten Zimmer, die mit hohen Decken, blassen Lehmwänden sowie Strom, Ventilatoren, Warmwasserduschen und Balkonen mit Hängematten ausgestattet sind. Von den meisten hat man Blick auf den Fluss.

Der Transfer von und nach La Punta oder Ahuano ist nicht im Preis enthalten.

An- & Weiterreise

Acht Busse fahren täglich von Tena nach La Punta oder Ahuano (1,50 US$, 1 Std.), rund 28 km östlich von Puerto Napo. Manchmal kann man für den Rückweg nach Tena ein *colectivo* für den gleichen Preis, wie sonst die Busfahrt kostet, ergattern. Von La Punta kann man das Boot zum Zielort am Río Napo nehmen. Wer in Ahuano hält, wird mit dem Bus für fünf Minuten auf eine Flussfähre verfrachtet, ehe es weiter nach Ahuano und zu den Dörfern dahinter geht.

Puyo

☎ 03 / 36 560 EW.

Puyo gibt Rätsel auf: Während die meisten Städte versuchen, ihr Zentrum aufzupolieren und dabei die Randbezirke links liegen lassen, macht Puyo genau das Gegenteil. Die Rolle als Hauptstadt der Provinz Pastaza verleiht Puyo ein wenig Vitalität, aber insgesamt ist es nicht viel mehr als eine aus dem Dschungel gestampfte Stadt und bietet wenig, was Traveller locken könnte. Nichtsdestotrotz kommt jeder, der den südlichen Oriente bereist, fast zwangsläufig hier durch. Der grüne Dschungel reicht bis dicht an den Stadtrand heran und es gibt zahlreiche gute Unterkünfte, was nicht zuletzt den Regenwaldbesuchern zu verdanken ist, die von Baños aus die einstündige Fahrt nach Puyo unternehmen. Auch einige der besten Dschungeltourveranstalter haben sich hier niedergelassen.

Sehenswertes

Parque Etnobotánico Omaere PARK
(www.fundaciónomaere.org; Erw./Kind 3/1,50 US$; Di–So 9–17 Uhr) Weniger als 1 km nördlich vom Zentrum bietet dieser ethnobotanische Garten ein- bis zweistündige Führungen (im Eintrittspreis enthalten), überwiegend von indigenen Guides, bei denen man Pflanzen des Regenwalds und Behausungen der indigenen Einwohner kennenlernt. Der Park wird von der Pflanzenkundlerin Teresa Shiki, die den Shuar angehört, und ihrem Ehemann, dem Biologen Chris Canaday, geführt. Chris ist ein Quell an Infos zu allem, von Dschungelpflanzen bis zu ökologischen Trockentoiletten. Teresa half bei der Gründung und Bepflanzung des Parks und stellt Naturheilmittel her.

Um hinzukommen, heißt es der Loja Richtung Norden rund 300 m die Stadt hinaus bis zu einer Tankstelle linkerhand folgen. Dort biegt man nach rechts ab und geht auf der Straße über eine den Fluss querende Fußgängerbrücke und am Hotel El Jardín (S. 260) vorbei. Zurück führt ein hübscher Weg (der *paseo turístico*) hinter dem Omaere 1,7 km weiter am Fluss entlang bis zur Straße von Puyo nach Tena. Dort kann man für den Weg zurück in die Stadt einen Bus heranwinken (alle 20 Min.) oder man läuft einfach denselben Weg zurück.

Volcán El Altar VULKAN
Frühaufsteher bekommen vielleicht die spitzen weißen Zähne des Volcán El Altar (5319 m) zu sehen, des fünfthöchsten Berges von Ecuador, rund 50 km südwestlich. Wer an klaren Tagen nach Südwesten schaut, erblickt den Volcán Sangay (5230 m).

Paseo de los Monos PARK
(☎ 03-303-0801, 099-474-0070; www.losmonos.org; Erw./Kind 3/1,50 US$; 8–17 Uhr) Im Paseo de los Monos gibt's viele gerettete Tierarten zu sehen, darunter sechs Affenarten, Schildkröten und Vögel. Einige Tiere werden in Käfigen gehalten, andere laufen frei herum. Gegen eine Extragebühr kann man einen Guide anheuern, der vierstündige Wanderungen in den umliegenden Dschungel führt, um weitere Tiere des Zentrums zu sehen. Freiwillige können hier arbeiten (Mindestaufenthalt eine Woche; 130 US$/Woche).

Jardín Botánico las Orquídeas GÄRTEN
(☎ 03-253-0305; www.jardinbotanicolasorquideas.com; 5 US$; 8–18 Uhr) Besucher schwär-

Puyo

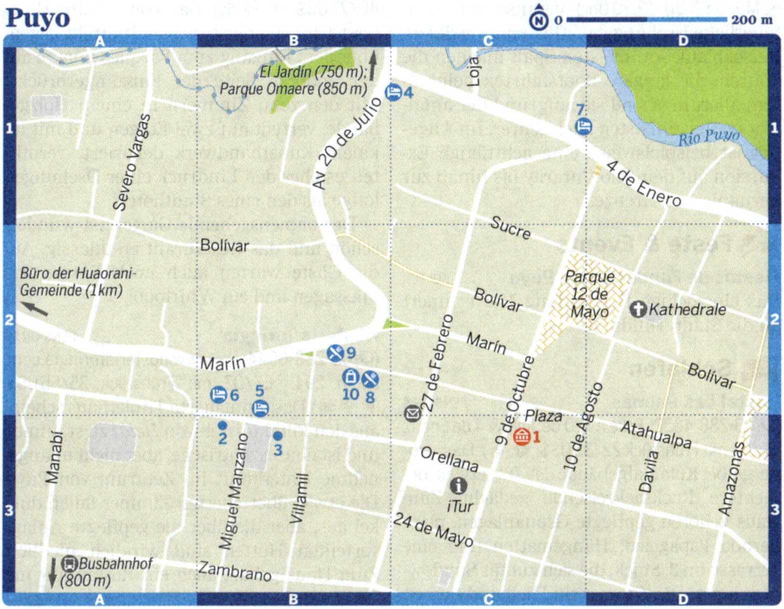

Puyo

Highlights
1 Museo Etnoarqueológico C3

Aktivitäten, Kurse & Touren
2 Papangu Tours B3
3 Shiran Nantu B3

Schlafen
4 Hostal Las Palmas C1
5 Hostal Libertad B2
6 Hostería Turingia B2
7 Posada Real C1

Essen
8 El Fariseo B2
9 EscoBar B2

Shoppen
10 Waorani B2

men von diesem privat geführten botanischen Garten, der 15 Minuten südlich von Puyo an der Straße nach Macas liegt. Der begeisterte Besitzer Omar Taeyu führt seine Besucher durch eine Landschaft von Hügeln mit üppigem Grün und voller Fischteiche; man erblickt hier wunderschöne Pflanzen und seltene Orchideen. Vorher telefonisch Bescheid sagen, dass man kommt.

Museo Etnoarqueológico MUSEUM
(☎ 03-288-5605; Ecke Atahualpa & 9 de Octubre; 1 US$; ⌚ Di–So 8–17 Uhr) Puyos winziges Museo Etnoarqueológico zeigt Keramiken, Artefakte, Modelle verschiedener traditioneller indigener Unterkünfte und eine ausgezeichnete Karte, die die Verteilung der indigenen Bevölkerungsgruppen darstellt.

Geführte Touren

Papangu Tours GEFÜHRTE TOUREN
(☎ 099-550-4983, 03-288-7684; info@papangutours.com.ec; Orellana, nahe Manzano; 3-Tages-Tour ab 45 US$ pro Pers.; ⌚ Mo–Fr) Eine von Einheimischen betriebene Agentur mit Schwerpunkt auf gemeindebasiertem Tourismus. Sie hat Ausflüge nach Sarayaku (eine Kichwa-Gemeinde) und Cueva de los Tayos (Shuar) im Programm. Die Guides stammen aus der Region und sprechen sowohl Spanisch als auch Kichwa; ein Teil der Einnahmen fließt in die am Programm teilnehmenden Gemeinden. Von Lesern wärmstens empfohlen.

Shiran Nantu ABENTEUER
(☎ 03-288-5667; www.shirannantu.com; Orellana, nahe Villamil; pro Pers. und Tag ab 50 US$;

⌚Mo–Sa 8.30–19.30 Uhr) Veranstaltet abenteuerliche Dschungelausflüge mit flexiblem Reiseablauf. Am meisten Spaß machen die Touren, die längere Bootsfahrten beinhalten; allerdings sind sie aufgrund der anfallenden Benzinkosten auch teurer. Im Angebot ist beispielsweise eine achttägige Exkursion auf dem Río Curaray bis hinab zur peruanischen Grenze.

Feste & Events

Fiestas de Fundación de Puyo KULTUR
Das einwöchige Fest Anfang Mai erinnert an die Stadtgründung.

Schlafen

Hostal Las Palmas PENSION $
(☎03-288-4832; Ecke Av 20 de Julio & 4 de Enero; EZ/DZ mit Frühstück 22/33 US$; @ 📶) Das große gelbe Kolonialgebäude ist für etwas betuchtere Rucksackreisende gedacht. Zum Haus gehören gepflegte Grünanlagen, plappernde Papageien, Hängematten und eine Terrasse im 3. Stock, die sich gut für Sundowner eignet. Die Zimmer sind hell und sauber. Im netten Hauscafé gibt's Wein, Kaffee und kleine Gerichte. Wer zwei Nächte oder länger bleibt, bekommt das Doppelzimmer für 25 US$ pro Nacht.

Hostal Libertad HOTEL $
(☎03-283-2821; Ecke Orellana & Manzano; Zi. mit Frühstück 10 US$/Pers.; P 📶) Die Zimmer in diesem familiengeführten Hotel sind zwar eng, aber alles ist sauber und freundlich. Hier gibt's außerdem WLAN, Warmwasser und TV. Parken kostet 3 US$ extra; ein toller Deal.

★ **Posada Real** PENSION $$
(☎03-288-5887; www.posadarealpuyo.com; Ecke 4 de Enero & 27 de Febrero; EZ/DZ mit Frühstück ab 34/56 US$; P 📶) Wer keine reiche ecuadorianische Großmutter hat, die er in Puyo besuchen kann, für den ist die Übernachtung hier das nächstbeste. Nur zwei Straßenblocks vom Hauptplatz, erfreut sich diese Pension einer abgeschiedenen Lage auf einem ruhigen Gelände. Ihre geräumigen Zimmer verfügen über gemütliche Leselampen und antike Möbel, die meisten auch über einen Balkon. Das Frühstück in der gediegenen Cafeteria ist ein reines Vergnügen.

El Jardín HOTEL $$
(☎03-289-2253; www.eljardinpuyo.com; Paseo Turístico, Barrio Obrero; EZ/DZ mit Frühstück ab 46/77 US$; P @ 📶) Das traumhafte Hotel liegt 1 km von der Innenstadt direkt gegenüber dem Eingang zum Parque Omaere auf der anderen Seite der Fußgängerbrücke. Mit den zehn Zimmern in einem Holzgebäude, verteilt auf zwei Etagen und mit lokalem Kunsthandwerk dekoriert, vermittelt es eher den Eindruck einer Dschungellodge als den eines Stadthotels.

Der namensgebende Garten ist wunderschön und das Restaurant erstklassig. Auf die Gäste warten auch noch Extras wie Massagen und ein Whirlpool.

Hostería Turingia PENSION $$
(☎03-288-6344; www.hosteriaturingia.com; Marín 294; EZ/DZ mit Frühstück 35/55 US$; P 📶 🏊) Das ummauerte Tirolerhaus scheint aus den Filmkulissen von *Heidi* zu stammen und ist eine exzentrische, aber nicht unangenehme Unterkunft im Zentrum von Puyo. Die etwas überteuerten Zimmer fallen dunkel aus, aber die über die gepflegte Anlage verteilten Hütten sind wirklich niedlich. Zum Haus gehört auch ein Restaurant mit Bedienung.

Huella Verde Rainforest Lodge DSCHUNGELLODGE $$$
(☎03-278-7035; http://huella-verde.org; EZ/DZ ab 70/100 US$; 📶) Die Huella Verde an einem isolierten Seitenarm des Río Bobonaza, rund 45 km südlich von Puyo, stellt sogar die größeren Yasuní-Lodges in den Schatten, denn sie bietet spektakuläre Exkursionen in intakten Regenwald zu einem Bruchteil der dort verlangten Preise an: ethno-botanische Dschungelwanderungen, Ausflüge zu Schokoladenherstellern und Kanu-Abenteuertouren in Begleitung von Kichwa-Guides (nicht im Übernachtungspreis enthalten).

Auf dem Gelände gibt's auch ein Restaurant (Hauptgerichte 6–15 US$). Die zwei Bungalows, jeder mit Bad und einer Terrasse mit Hängematten, können zusammen nur sechs Gäste beherbergen, daher ist eine Reservierung unumgänglich.

Wer in Eigenregie anreist, steuert das abseits der Straße Puyo–Macas gelegene Dorf Canelos (von Puyo per Taxi 25 US$) an und steigt dort in das kostenlos von der Lodge bereitgestellte Kanu.

Essen

EscoBar ECUADORIANISCH $
(Ecke Atahualpa & Marín; Hauptgerichte 4–8 US$; ⌚9 Uhr–spätabends) In Quito hat sich diese

Kette kess in den coolsten Vierteln niedergelassen und *palapas* (rustikale, palmstrohgedeckte Bauten) salonreif gemacht. In dem an den Seiten offenen Bar-Restaurant im 2. Stock werden ecuadorianische Craft-Biere und Cocktails ausgeschenkt und Fleisch mit *patacones* (gebratene Bananen), *yuca* (Maniok) oder Salaten serviert. Die Bedienung ist so langsam wie ein gegen den Strom ankämpfendes Kanu ohne Motor, aber der Laden ist nach wie vor der angesagteste Treff am Ort.

El Fariseo INTERNATIONAL **$**
(Atahualpa, zw. Villamil & 27 de Febrero; kleine Hauptgerichte 2–6 US$; ⏲ Mo–Sa 7.30–21 Uhr; 📶) Es macht von außen vielleicht nicht viel her, aber dieses Café ist stolzer Besitzer einer der wenigen im Oriente anzutreffenden Espressomaschinen – und die Mitarbeiter wissen damit umzugehen. Auch das Essen ist überraschend schmackhaft, zum Beispiel das ausgesprochen leckere *churrasco* (Steak mit Spiegelei). Burritos, Burger und Steaks sowie verführerische Kuchen runden die Speisekarte ab.

★ **El Jardín** ECUADORIANISCH **$$**
(☎ 03-288-7770; Paseo Turístico, Barrio Obrero; Hauptgerichte 8–16 US$; ⏲ Mo–Sa 12–16 & 18–22 Uhr; 📶) Wahrscheinlich wird nirgendwo im Oriente so gut gekocht wie in diesem stimmungsvollen Haus am Fluss auf dem Gelände des charmanten gleichnamigen Hotels, 1 km nördlich der Stadt. Die preisgekrönte Chefköchin und Inhaberin Sofia bereitet ein leckeres *pollo ishpingo* (Zimthähnchen; *ishpingo* ist eine aus dem Oriente stammende Zimtart) zu, dessen feiner, extravaganter Geschmack den Gaumen kitzelt.

Wer Lust auf ein zartes, perfekt zubereitetes Stück Fleisch auf kunstvoll arrangiertem Gemüsebett hat, ordert *lomo plancho* (gebratenes Steak). Hervorragend sind auch die vegetarischen Speisen und die Gerichte mit frischem Fisch.

Shoppen

Waorani KUNSTHANDWERK
(Asociacion De Mujeres Waorani De La Amazonia Ecuatoriana; Atahualpa, zw. Villamil & 27 de Febrero; ⏲ Mo–Fr 9–12.30 & 14–18.30 Uhr) Verkauft von Waorani-Frauen angefertigtes Kunsthandwerk, darunter Schmuck, Speere, Hängematten, Blasrohre und Netze aus Palmfasern. Die Produzentinnen erhalten einen bestimmten Anteil des Verkaufspreises von jedem einzelnen Stück.

Praktische Informationen

Banco de Guayaquil (Marín, nahe der Av 20 de Julio)

Banco del Austro (Atahualpa, nahe der 27 de Febrero)

Hospital General Puyo (www.hgp.gob.ec; Ecke 9 de Octubre & Feicán)

IESS Hospital (☎ 03-288-5378; Ecke Marín & Curaray)

iTur (☎ 03-288-5122 ext 227, 03-288-5937; Ecke Orellana & 27 de Febrero; ✉ ⏲ Mo–Fr 8.30–12.30 & 15–18 Uhr) Im Rathaus. Entweder ist der Schalter im Erdgeschoss oder das Büro im 1. Stock geöffnet. Ein weiteres, kleineres Büro befindet sich am Busbahnhof.

Post (27 de Febrero)

An- & Weiterreise

Der Busbahnhof liegt 1 km südwestlich der Stadt. Mehrmals täglich fahren Busse zu allen Zielorten.

Unterwegs vor Ort

Eine Taxifahrt von der Innenstadt zum Busbahnhof kostet 1 US$, genau wie jede Fahrt innerhalb der Stadt. Kleine Regionalbusse fahren nach Shell (0,25 US$). Abfahrt ungefähr alle 30 Minuten südlich vom Markt an der Calle 27 de Febrero.

BUSSE AB PUYO

ZIEL	PREIS (US$)	DAUER (STD.)
Ambato	3,65	3
Baños	2,50	1½
Coca	10,50	5–6
Guayaquil	12	8
Macas	5,60	2½
Quito	7	5½
Tena	3,25	2½

SÜDLICHER ORIENTE

Der nördliche Oriente hat allen Grund, den südlichen zu beneiden, denn hier ist der Dschungel wilder und urtümlicher. Flüsse schlängeln sich durch ausgedehnte Flächen Regenwald, in dem es nur winzige indigene Siedlungen, aber keine Straßen gibt. Die Gegend ist wegen fehlender Industrie noch weitgehend unzugänglich, was sich aber durch Bergbau und Ölförderung irgendwann einmal ändern kann. Die meisten Besucher kommen, um sich das Leben indigener Völker wie der Shuar anzusehen, ein Abenteuer, bei dem man mit wenig Komfort rechnen muss, weil die Tourismusbranche hier noch in den Kinderschuhen steckt.

Macas

07 / 19 000 EW.

Bienvenidos in einer Dschungelstadt fast ohne Touristenattraktionen. Auf den ersten Blick scheint's hier nichts zu geben außer lärmigen Märkten, *huecos* (einfachen, winzigen Essbuden) und Häusern aus Glas und Beton. Doch der Schein trügt: Dank einiger guter Hotels und Restaurants ist Macas *der* Ausgangspunkt für Touren in die am wenigsten erforschten Gebiete des ecuadorianischen Regenwalds – es besteht sogar die Möglichkeit, indigene Shuar und Achuar zu Gesicht zu bekommen. Und die längste ununterbrochene Raftingstrecke des Landes zieht außerdem noch Kajaksportler an. Die Natur ringsum mag noch unberührt sein, aber Macas selbst ist die kühn-moderne Hauptstadt der Provinz Morona-Santiago. Stammesangehörige tragen traditionelle Perlenketten über Nike-T-Shirts und mit Dschungelprodukten beladene Lastwagen bahnen sich laut hupend ihren Weg durch verstopfte Straßen, die Lichtjahre von Urwaldflüssen entfernt scheinen. Die Stadt ist laut und ungehobelt – aber authentisch.

Sehenswertes

Kathedrale der Jungfrau von Macas KIRCHE

Eine in Technicolor erstrahlende Jungfrau schmückt diese Kirche – sie blickt von der Fassade auf die an einen gepflegten Skatepark erinnernde Plaza. Der ruhige säulenfreie Innenraum zieht alle Aufmerksamkeit auf den gefliesten Altar, auf dem ein friedliches Macas vor der Kulisse eines Feuer speienden Vulkans dargestellt ist. Dem Gemälde der Jungfrau von Macas (entstanden gegen 1592) auf dem Altar werden Wunder zugeschrieben.

Parque Recreacional PARK

(Don Bosco & Pasaje la Randimpa; Sonnenaufgang–Sonnenuntergang) Früher oder später sehnt sich jeder mal nach einem friedlichen grünen Picknickplätzchen, besonders in Macas, wo solche Flecken Mangelware sind. Der Parque Recreacional mit Blick auf den Río Upano schafft Abhilfe.

Volcán Sangay VULKAN

Der schneebedeckte perfekte Kegel des Volcán Sangay (5230 m), rund 40 km nordwestlich, ist an klaren Tagen zu sehen. Es handelt sich um Ecuadors siebthöchsten Berg und einen der aktivsten Vulkane der Welt. Für die frühen Missionare war er ein Bild der Hölle.

Geführte Touren

Macas ist der richtige Ort, um Touren in den südlichen Oriente zu buchen, aber die Dienstleistungen sind hier nicht so perfekt wie im Norden. Dafür geben einem der ursprünglichere Regenwald und die Abwesenheit anderer Touristen das Gefühl, ein echtes Abenteuer zu erleben. Achtung: Die Shuar wünschen keine Besucher ohne Guides in ihren Dörfern, und manche Dörfer lassen gar keine Besucher hinein! Es ist daher unbedingt erforderlich, in Begleitung eines professionellen Führers zu reisen, der einem Zugang verschaffen kann und den Standpunkt der Shuar zum Tourismus berücksichtigt. Wer auf den Flüssen in der Umgebung von Macas Raftingtouren unternehmen möchte, wendet sich am besten an Veranstalter in Tena.

Tsuirim Viajes GEFÜHRTE TOUREN

(07-270-1681, 099-737-2538; leosalgado18@gmail.com; Ecke Don Bosco & Sucre; geführte Touren ab 60 US$/Pers./Tag) Hat eine ganze Reihe Dschungeltouren im Programm, darunter Besuche bei Shuar-Gemeinden, Schamanenrituale, Canyoning, Rafting, Tubing, Höhlen- und Dschungelwanderungen. Leo Salgado, der Eigentümer der Agentur, ist in einer Shuar-Gemeinde aufgewachsen und kennt die Gegend daher sehr gut. Zu den einzigartigen Angeboten gehören Shuar-Hochzeiten oder -Gelübdeerneuerungen sowie mehrtägige Höhlenexpeditionen mit lizenzierten, erfahrenen Guides.

Real Nature Travel VOGELBEOBACHTUNG

(07-270-2525, 07-252-5041; www.realnaturetravel.com; Av la Ciudad; Tagestouren 120 US$/Pers.;

Macas

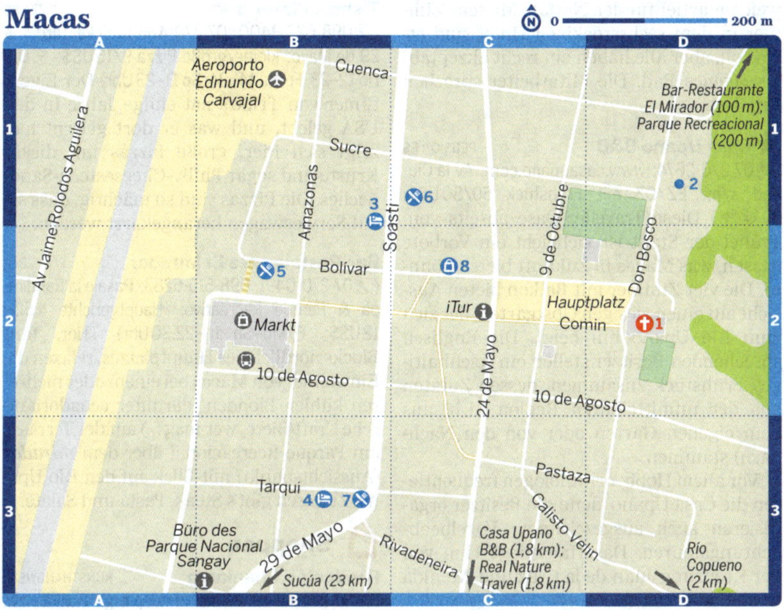

Macas

Sehenswertes
1 Kathedrale der Jungfrau von Macas D2

Aktivitäten, Kurse & Touren
2 Tsuirim Viajes D1

Schlafen
3 Hostal Casa Blanca B1
4 Hotel Sol de Oriente B3

Essen
5 JungLab B2
6 La Maravilla C1
7 Tisho's Pizzeria B3

Shoppen
8 Fundación Chankuap C2

9-tägige Tour für 2 Pers. 2000–3600 US$) Vogel- und Naturfreunde sind hier absolut richtig: Die Vogelbeobachtungstouren decken die Region, einschließlich des Parque Nacional Sangay, ab (gut für Leute, die nur einen Tag Zeit haben), führen aber gewöhnlich in sehr viel entlegenere Gefilde, in den Nebelwald und in den andinischen *páramo* (Hochgebirge). Je länger man unterwegs ist, desto mehr sieht man natürlich. Die Mitarbeiter sprechen fließend Englisch.

Feste & Events

Chonta Festival KULTUR

Das Chonta Festival (Pfirsichpalmenfest) in der letzten Maiwoche ist das wichtigste Shuar-Fest im Jahr. Ein Shuar-Guide kann helfen, einem eine Einladung zu diesem großen Ereignis zu verschaffen, bei dem die Teilnehmer vier Stunden ununterbrochen tanzen, um bei der Fermentierung der *chicha* (ein vergorenes Getränk aus Mais oder Maniok) zu helfen.

Schlafen

Hostal Casa Blanca HOTEL $

(☎ 07-270-0195; Soasti, zw. Sucre & Bolívar; Zi. mit Frühstück 15–35 US$; ❄ 📶 🏊) Die ältesten, angenehmsten Zimmer verteilen sich um den kleinen Pool im Garten hinter dem Haus, auch wenn sie auf den Gemeinschaftsbereich hinausgehen. Die billigeren Zimmer haben keine Klimaanlage. Das „weiße Haus“ ist die beste Wahl im Zentrum.

Hotel Sol de Oriente HOTEL $

(☎ 07-270-2911; Tarqui, zw. Amazonas & Soasti; EZ/DZ 15/30 US$) Ein annehmbares Ausweichquartier für den Notfall. Manche Zimmer in dem sechsstöckigen Hotel sind etwas oll, aber alle haben ein recht akzeptables eigenes Bad. Die Mitarbeiter sprechen Englisch.

★ Casa Upano B&B PENSION $$
(☎ 07-270-2674; www.casaupano.com; Av la Ciudad s/n; EZ/DZ mit Frühstück 50/80 US$; P @) Diese Traveller-Oase abseits vom Trubel der Stadt ist vielleicht ein Vorbote dessen, was Macas in Zukunft bieten könnte. Die vier Zimmer mit Balkon bieten Aussicht auf einen riesigen Obstgarten, der sich zum Río Upano hin neigt. Die Englisch sprechenden Besitzer stellen ein reichhaltiges Frühstück zusammen, dessen Zutaten aus der unmittelbaren Region (d.h. aus dem eigenen Garten oder von den Nachbarn) stammen.

Vor allem Hobbyornithologen frequentieren die Casa Upano, denn die Besitzer organisieren auch ausgezeichnete Vogelbeobachtungstouren. Das Haus liegt 1 km von der Kreuzung Juan de la Cruz und Avenida la Ciudad entfernt.

Essen & Ausgehen

La Maravilla ECUADORIANISCH $
(Soasti, nahe Sucre; Hauptgerichte 3–6 US$; ⊙ Mo–Sa 16–24 Uhr) Die blaue Casita ist mit Abstand die charmanteste Lokalität vor Ort. Hier steht von den blinkenden Lichtern auf der Veranda bis hin zu den roten Polstersesseln vollkommen das Ambiente im Vordergrund. Bei den *tablas* (Schneidebrettern) mit Fleisch, Käse und *yuca*-Fritten (Maniok) kann man prima entspannen. Am Wochenende gibt's Livemusik aus den Anden, wodurch das Lokal auch zur besten Option in Sachen Unterhaltung in der Stadt wird.

Die kreative Getränkekarte bietet mit aphrodisierenden Kräutermixturen und *hueso de chuchuguazo* (Wurzelbier mit Rum) eine sehr kreative Auswahl.

JungLab FUSIONSKÜCHE $$
(☎ 07-270-2448; Ecke Bolivar & Amazonas; Hauptgerichte 5–15 US$; ⊙ Mo–Sa 12–23 Uhr) Ist die Fusionsküche bis nach Macas vorgedrungen? In diesem überraschenden, lauschigen Lokal in der Nähe des Busbahnhofs sieht es ganz danach aus. Mit Fleischgerichten rechnet man im ecuadorianischen Dschungel – aber nicht mit so kreativ zubereiteten. Unbedingt die berühmte *cerveza de cacao* (Kakaobier) probieren.

Tisho's Pizzeria PIZZA $$
(☎ 098-622-9400, 07-270-4663; Ecke Tarqui & 29 de Mayo; kleine/große Pizza 9/16 US$; ⊙ Di–Do 12–23, Fr–Sa 14–24, So 11–23 Uhr) Der Eigentümer von Tisho's hat einige Jahre in den USA gelebt, und was er dort gelernt hat, zeigt sich hier: große Pizzas mit dicker Kruste und sogar Philly-Cheesesteak-Sandwiches. Die Pizzas sind so mächtig, dass sie auf Servierwagen herangekarrt werden.

Bar-Restaurante El Mirador BAR
(☎ 07-270-0491, 098-515-6283; Pasaje la Randimpa & Parque Recreativo; Hauptgerichte 4,50–12 US$; ⊙ Mo–Sa 16–22.30 Uhr) Hier, fünf Blocks nördlich des Hauptplatzes, relaxen die Einwohner von Macas bei einem oder mehreren kühlen Blonden (darunter ecuadorianische Craft-Biere, wer mag…) auf der Terrasse am Parque Recreacional über dem *mirador* (Aussichtspunkt) mit Blick auf den Río Upano. Zu essen gibt's Steak, Pasta und Salate.

Shoppen

Fundación Chankuap KUNSTHANDWERK
(☎ 07-270-1176; www.chankuap.org; Bolívar, zw. Soasti & 24 de Mayo; Mo–Fr 8.30–13 & 14–20.30, Sa & So 8.30–14.30 Uhr) Die Stiftung unterstützt Shuar- und Achuar-Gemeinden durch den Verkauf von Kunsthandwerk, Kräuterheilmitteln und Kosmetikprodukten. Unser absoluter Favorit ist die Seife mit Zimt aus der Region – aber hier gibt es Zimt auch in anderer Form, Schokolade aus lokal angebautem Kakao und Kaffeebohnen.

Praktische Informationen

iTur (Ecke Comín & 24 de Mayo; ⊙ Mo–Fr 8–17 Uhr) Winzig, aber versucht zu helfen.

Ministerio del Ambiente (Ecke Juan de la Cruz & 29 de Mayo; ⊙ Mo–Fr 8–17 Uhr) Bietet grundlegende Infos zum Parque Nacional Sangay.

An- & Weiterreise

BUS

Der **Busbahnhof** liegt an der Avenida Amazonas, mitten in der Stadt.

FLUGZEUG

Momentan fliegt **TAME** (☎ 07-270-4940; Edmundo Carvajal Airport) nicht nach Macas, aber irgendwann gibt's vielleicht mal wieder Flüge von dem kleinen **Edmundo Carvajal Airport** (Amazonas zw. Sucre & Cuenca) nach Quito.

Beim Flug hat man links im Flugzeug den besten Blick auf die Berge, an klaren Tagen kann man u. a. den Sangay/Cotopaxi erkennen.

BUSSE AB MACAS

ZIEL	PREIS (US$)	DAUER (STD.)
Cuenca	11	7
Gualaquiza	10	6
Guayaquil	12,50	8
Puyo	5	2,5
Quito	12	8
Riobamba	6,50	4
Sucúa	1	¾

Sucúa

☎07 / 12 620 EW.

Das ausgedehnte Sucúa mit seinen breiten gepflegten Straßen bildet den Übergang vom geschäftigen Macas in den tiefen Dschungel. Da Sucúa ehrlich gesagt hübscher ist als Macas, lohnt sich eine Halbtagsreise hierher. Alte Männer treten hier bedächtig in die Pedale ihrer Fahrräder, während ein Verkäufer Fleisch unter der einzigen Ampel im Ort grillt, gegenüber einer Plaza voller Feigenbäume und zirpender Grillen. In der Gegend von Sucúa leben viele Mitglieder der Shuar und in dem Städtchen begegnet man Angehörigen dieser Ethnie. Sonntag ist Markttag.

Sehenswertes

Parque Botánico PARK

(☎07-274-0211; abseits der Av Oriental; ⏲Di–Sa 8–17 Uhr) GRATIS Rund 3 km südöstlich der Innenstadt von Sucúa befindet sich der Parque Botánico mit einem nagelneuen Besucherzentrum, einem Restaurant, einem liebevoll gehegten *orquideario* (Orchideengarten) und Spazierpfaden durch subtropischen Wald. Taxis vom Zentrum von Sucúa verlangen 1,50 US$.

Schlafen & Essen

Hostal Romanza HOSTEL $

(☎07-274-1141; Olson & Carvajal; EZ/DZ mit Frühstück 15/30 US$;) Gleich neben dem Park kann man seinen Kopf in dem sauberen, sicheren und absolut guten Hostal Romanza wunderbar ins Kopfkissen sinken lassen.

Tisho's Pizzeria PIZZA $

(☎07-274-1131; Ecke Pástor Bernal & Sangurima; Hauptgerichte 3–7 US$; ⏲11–23 Uhr) Einen Block abseits des Hauptplatzes serviert Tisho's Pizzeria US-amerikanische Gerichte, inspiriert von Tishos mehrjährigem Aufenthalt in den Vereinigten Staaten, darunter Cheesesteak-Sandwiches und „Texas"-Pizza.

An- & Weiterreise

Von Sonnenaufgang bis Sonnenuntergang fahren von der Ecke des Hauptplatzes zahlreiche Busse und Pick-ups nach Macas (1 US$, 45 Min.). Andere starten Richtung Süden nach Gualaquiza (9 US$, 5 Std.).

Gualaquiza

☎07 / 9230 EW. / 950 M

Das Kolonialstädtchen Gualaquiza liegt zwischen sanften Hügeln inmitten dichten Dschungels und ist die schönste Siedlung im südlichen Oriente. Eine Kirche mit einem Dach in abgestuften Türkistönen thront über der Stadt.

Sehenswertes & Aktivitäten

Was Tourismus angeht, erwacht Gualaquiza gerade aus einem langen Dornröschenschlaf. Die Hauptaktivität der Besucher besteht darin, die Wasserfälle ringsum zu bewundern oder in ihnen zu baden. Je weiter man sich von der Stadt entfernt, desto spektakulärer werden die Wasserfälle. Der erste in der Reihe ist die **Cascada Las Culebrillas**, zu erreichen nach einer 1,5 km langen Taxifahrt (2 US$) auf der Straße Richtung Macas. Nach 12 km auf derselben Straße folgt die **Caverna y Cascadas la Dolorosa** (gute Badestelle) und schließlich der eindrucksvolle Wasserfall in der **Reserva Ecológica al Bosque Paraíso**, 20 km von Gualaquiza. Die Busse Richtung Macas lassen einen auf Anfrage in der Nähe eines Wasserfalls aussteigen.

Man sollte sich vor Ort nach den ausgezeichneten Höhlenwanderungen 15 km westlich der Stadt nahe dem Dorf Nueva Tarquí erkundigen (Taschenlampen und Ersatzbatterien mitnehmen).

Ciclos RADFAHREN
(☎ 07-278-0579; Orellana 4–35, nahe dem Markt; ⏱ 8–18 Uhr) Ciclos, ein Fahrradladen, der von Angel und Erwin Barros betrieben wird, hält Infos zu Radtouren bereit. Eine ausgezeichnete Tour führt durch die Hügel nach La Florida (2½ Std.). Es ist das Beste, ein eigenes Fahrrad dabeizuhaben, vielleicht stehen aber auch Mietfahrräder zur Verfügung.

Schlafen & Essen

Posada D'León PENSION $
(☎ 099-095-6649, 07-278-1983; Ecke Gonzalo Pesántez & Domingo Comín; EZ/DZ 10/20 US$; 📶) Die Posada D'León ist ein adrettes cremeweißes Gebäude mit zehn soliden gepflegten Zimmern. Das Hotel liegt ein paar Schritte unterhalb vom Hauptplatz.

Los Pinchos FASTFOOD $
(Plaza; Hauptgerichte 1–6 US$; ⏱ 12–24 Uhr) In der stimmungsvollen Bar Los Pinchos auf dem Hauptplatz gibt's für einen Dollar das Stück die namensgebenden *pinchos* (Spieße mit gegrilltem Fleisch und Gemüse).

Praktische Informationen

Der **Touristenstand** (☎ 07-278-0109; García Moreno, nahe Pesantez; ⏱ Mo–Fr 9–17 Uhr) bietet Infos zu den nahegelegenen Inkastätten und Attraktionen.

An- & Weiterreise

Der Busbahnhof liegt vom Hauptplatz aus vier Blocks den Hügel hinunter. Mehrmals täglich fahren Busse über Zamora (3,50 US$, 4 Std.) nach Loja (6 US$, 5½ Std.). Außerdem geht's über Sigsig bis nach Cuenca (10 US$, 7 Std.). Richtung Norden fahren Busse nach Sucúa (9 US$, 5 Std.) und Macas (10 US$, 6 Std.).

Kapawi Ecolodge & Reserve

Im Herzen der Achuar-Wildnis, mitten in einem der abgelegensten Teile des ecuadorianischen Amazonasgebietes, bietet die **Kapawi** (www.kapawi.com; EZ/DZ 3 Nächte mit VP ab 1388/2136 US$) 🍃 ein urtümliches, ökologisch und kulturell akzeptables Erlebnis. Viele Veranstalter behaupten, ähnlich vorzugehen, aber das trifft nur auf wenige wirklich zu. Diese Lodge ist für ihren Ansatz vielfach ausgezeichnet worden und wird ausschließlich von Achuar gemanagt.

Sie besteht aus 18 strohgedeckten, auf Stelzen über einem See stehenden Hütten mit Fenstern mit Moskitonetzen, eigenem Bad und Balkon. Nachhaltige Technologien wie Solarstrom, Mülltrennung, Recycling, Wasseraufbereitung und der Einsatz biologisch abbaubarer Seife sind hier alltäglich.

Besucher gehen nicht einfach nur los, um die Achuar zu fotografieren, sondern werden in deren Wohnungen eingeladen, mit Maniokbier bewirtet und können so in einen einmaligen kulturellen Austausch treten. Die kleinen Gruppen werden von einem Achuar-Führer und einem Naturkundler begleitet, die als Gespann arbeiten und den Besuchern die Besonderheiten des Regenwalds aus ökologischer und aus kultureller Perspektive erklären.

Die Lodge befindet sich gleich abseits des Río Pastaza an einem Altarm des Río Capahuari und ist mit dem Kanu von dem nahegelegenen Flugfeld aus zu erreichen. Die nächstgelegene Stadt ist zehn Tage Fußmarsch entfernt. Im Pauschalpreis sind alle Mahlzeiten und geführte Touren sowie der Transfer von/nach Quito enthalten.

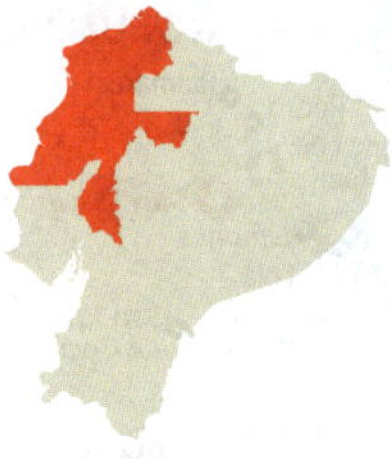

Nordküste & Tiefland

Inhalt ➜

Gut essen

- Amalur (S. 287)
- Azuca (S. 280)
- Seaflower Lateneus (S. 281)
- Trovador Café (S. 291)
- Hermanacho (S. 289)

Schön übernachten

- Playa Escondida (S. 282)
- Bam-Bú (S. 284)
- Hotel Bambu (S. 287)
- Casa Ceibo (S. 289)

Auf an die Nordküste & ins Tiefland!

An Ecuadors Nordküste verirren sich nur wenige ausländische Touristen – in einem so vielfältigen Land ist die Konkurrenz hart. Aber für Surfer und abenteuerlustige Naturfreunde ist die Region ein wahres Paradies.

Die Region lockt mit ruhigen Stränden, mächtigen Wellen, Mangrovenwäldern, indigenen Dschungelsiedlungen und bezaubernden afroecuadorianischen Dörfern. Sie ist spürbar ärmer als der Rest des Landes, macht dies aber mit ihrem besonderen Kulturmix wett.

Topziele für Backpacker sind die sonnenverwöhnten Strandorte Same, Mompiche und Canoa weiter südlich, mit toller Brandung, superrelaxter Atmosphäre und Party bis in die Morgenstunden.

2016 hat ein Erdbeben mit Epizentrum in Manta die Region stark verwüstet; die Auswirkungen waren auch bei unserem Besuch 2017 noch spürbar.

Reisezeit

Manta

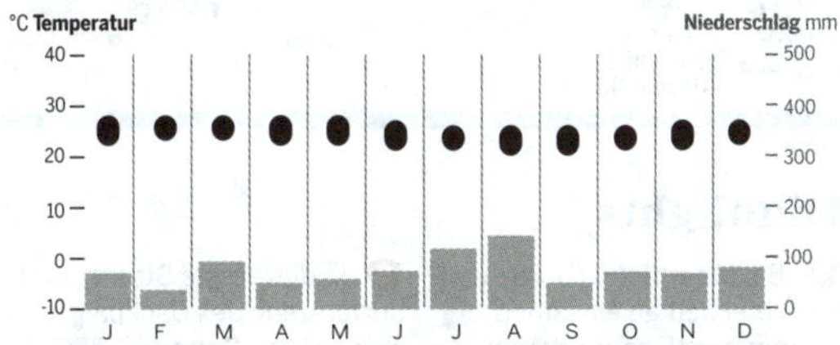

Dez.–März Die Regenzeit bringt Schauer und lästige Insekten, aber auch Hitze und Sonne.

Jul.–Aug. Die Badeorte quellen vor Inlandstouristen förmlich über; Urlaubsspaß überall.

Sept.–Nov. An der Küste ist es herrlich ruhig und das Wetter ist immer noch genial.

Highlights

❶ Bei **Mompiche** (S. 283) kilometerweit an einsamen Stränden entlangspazieren.

❷ In der **Playa de Oro Reserva de Tigrillos** (S. 273) unter dem üppig grünen Blätterdach des Urwalds lustwandeln.

❸ In die lässige Strand- und Surferszene des Backpackermekkas **Canoa** (S. 286) eintauchen.

❹ In den Wellen vor der malerischen Strandkulisse von **Same** (S. 280) herumtollen.

❺ Die grüne Landschaft der tierreichen **Reserva Biológica Bilsa** bestaunen (S. 281).

❻ An Ecuadors feuchtheißer Nordgrenze zu den afroecuadorianischen Rhythmen von **San Lorenzo** (S. 271) wippen.

WESTLICHES TIEFLAND

Die meisten Reisenden passieren das westliche Tiefland nur auf dem Weg zu den Attraktionen der Küste. Dabei ist das fruchtbare Ackerland mit seinen sanften Hügeln nicht ohne Reiz. Es beherbergt sehr authentische und sehr schmuddelige Städte, große Kakao-, Ölpalmen- und Bananenplantagen sowie ein paar spärliche Reste von Tropenwald.

Von Quito nach Santo Domingo de Los Colorados

Ein großer Teil der Strecke von Quito nach Westen ist von atemberaubender Landschaft geprägt, mit steilen Abhängen, die sich in dunstiger Leere verlieren, während hinter scharfen Kurven plötzlich üppig grüne Hügel ins Blickfeld rücken. Diese Strecke legt man am besten morgens zurück, wenn die Chancen auf einen klaren Himmel am besten sind.

Außerhalb von Quito schraubt sich die Straße hinauf in den *páramo* (Höhengrasland der Anden), wo der Blick im Norden bzw. Süden auf die erloschenen Vulkane Atacazo (4463 m) und Corazón (4788 m) fällt. Die kurvenreiche Abfahrt führt ins Tal des Río Toachi, wo die Luft dicker wird und erste tropische Pflanzen sprießen.

Auf den kurvigen Straßen sollte man vorsichtig fahren – Drängeln ist ein nationales Hobby.

Schlafen

Tinalandia Lodge LODGE $$$

(☎ 99-946-7741; Vía Alog, Km 85 (Ruta 20); Zi. inkl. Mahlzeiten 100 US$ pro Pers.; P) Tinalandia liegt etwa 16 km außerhalb von Santo Domingo und wurde eigentlich für Golfer gebaut, ist aber besonders für seine erstklassigen Möglichkeiten zur Vogelbeobachtung bekannt. Das rustikale Resort befindet sich auf einer Höhe von 600 m in einem Feuchtwald der Voranden. Die Gäste kommen in verwitterten Bungalows mit eigenen Bädern und Warmwasserduschen unter. Vogelbeobachtungstouren kosten etwa 75 bis 220 US$.

Die trockensten Monate (Mai und Juni) sind bei Vogelbeobachtern besonders beliebt. Leckere Gerichte aus frischem Gemüse von der Hydrokulturfarm sind im Zimmerpreis inbegriffen. Eine Reservierung vorab ist ratsam – über die Website, telefonisch oder über größere Reisebüros in Ecuador. Für Gäste mit Reservierung kann das Personal auch den Transport von Quito zur Lodge organisieren.

An- & Weiterreise

Tinalandia liegt 18 km östlich von Santo Domingo. Reisende, die kein eigenes Fahrzeug haben, können mit dem Bus in Richtung Alluriuian fahren und sich unterwegs absetzen lassen.

Santo Domingo de Los Colorados

☎ 02 / 270 835 EW. / 500 M

Diese betriebsame und absolut reizlose Stadt ist ein wichtiges Wirtschaftszentrum und ein bedeutender Verkehrsknotenpunkt. Sie hat kaum Attraktionen, die sie zu mehr als einer reinen Durchgangsstation machen könnten. Der Hauptgrund, hier Halt zu machen, ist die Organisation eines Besuchs der faszinierenden Tsáchila-Gemeinden. Santo Domingo hat auch seine zwielichtigen Seiten – Besucher sollten achtsam sein und den Bereich rund um den Markt und die Calle 3 de Julio nach Einbruch der Dunkelheit meiden.

Sehenswertes & Aktivitäten

Tsáchila-Gemeinden GEMEINDE

(Eintritt 10–20 US$) Das Volk der Tsáchila zählt um die 3000 Mitglieder. Ihre acht Gemeinden sind über ein 10 500 km² großes Reservat rund um Santo Domingo verteilt. Es wird eine Führung durch die Gemeinden angeboten, zu der auch eine Präsentation traditioneller Heilpflanzen, eine Erklärung der Bräuche und Traditionen sowie eine Tanzaufführung gehören. Die Tsáchila fertigen Schmuck und hübsche Handwebwaren in knalligen Regenbogenfarben.

José Aguabil (☎ 09-770-8703; Tagestour ab 15 US$), das Oberhaupt der El-Poste-Gemeinschaft, ist der richtige Ansprechpartner für alle, die an einem Besuch interessiert sind. Auch das 17 km von Santo Domingo an der Straße nach Quevedo liegende Chihuilpe kann besucht werden. Hierfür kontaktieren Traveller am besten **Tsapini Calasacón,** (☎ 098-884-9835), das Oberhaupt dieser Gemeinschaft. Um **Los Naranjos** (☎ 098-557-0207; Tour mit Aurareinigung 12,50 US$, Aufenthalt mit Übernachtung 25 US$) zu besuchen, wendet man sich an Alejandro Aguibil. Pro Besucher wird je nach Anzahl der gebuchten Aktivitäten eine Gebühr von etwa 10 bis 20 US$ fällig. Auch die Reisebüros in Mindo können bei der Kontaktaufnahme zu den Gemeinden helfen.

Schlafen & Essen

Hotel Del Pacífico HOTEL **$$**

(☎ 02-275-2806; Av 29 de Mayo 510 zw. Ibarra und Latacunga; EZ/DZ 30/40 US$, mit Klimaanlage 38/48 US$; P ❄ Wi-Fi) Es gibt eigentlich keinen Grund, in Santo Domingo zu übernachten. Wer trotzdem hier strandet, versucht sein Glück am besten in diesem zentralen Hotel. Es hat saubere, geräumige Zimmer mit Fliesenböden und verglasten Fenstern und liegt im Stadtzentrum zwischen dem Hauptplatz und dem Markt.

La Tonga INTERNATIONAL **$**

(☎ 02-276-7950; Ecke Río Toachi & Galapagos; Hauptgerichte 4–5 US$; ⏲7–22.30 Uhr) Im schicken Speiseraum werden gut zubereitete internationale Gerichte, vegetarische Speisen und *criollo*-Spezialitäten (Küche mit spanischem Einfluss) serviert. Das La Tonga befindet sich im Gran Hotel Santo Domingo. Mittwochs kommt *tonga* auf den Tisch, ein Küstengericht aus Hühnchen und Kochbananen in Erdnusssoße, das bei den Gästen sehr beliebt ist.

An- & Weiterreise

Santo Domingo ist ein wichtiger Verkehrsknotenpunkt mit Verbindungen nach ganz Ecuador. Der Busbahnhof liegt fast 2 km nördlich der Innenstadt. Von hier fahren regelmäßig Busse in viele große Städte (die Hauptziele werden stündlich angefahren). Es gibt auch Internetzugang, einen Geldautomaten und eine Gepäckaufbewahrung.

DIE NORDKÜSTE

Die Nordküste ist ein üppig grüner Landstrich mit tropischem Regenwald und Mangrovengewirr, einigen einladenden Stränden, bitterarmen Dörfern im Hinterland und entspannten Surferorten. Sie ist die Heimat der größten afroecuadorianischen Bevölkerungsgruppe des Landes, der die Gegend ihre typische Marimbamusik und lebhaften Festivals sowie hervorragende Gerichte mit Meeresfrüchten verdankt.

Traveller, die diese Gegend erkunden wollen, sollten gesunden Menschenverstand und Lust auf Abenteuer im Gepäck haben. Manche Besucher lassen sich von der frappierenden Armut, der vergleichsweise hohen Kriminalitätsrate und dem fehlenden Komfort abschrecken. Die Partystrände sind nicht jedermanns Fall, aber wer ein Weilchen sucht, wird auch ruhige Strandabschnitte finden.

Die Region wurde beim verheerenden Erdbeben von 2016 am stärksten verwüstet und in vielen Städten sind die Auswirkungen des Bebens immer noch sichtbar. Mit seinen Ausgaben als Tourist kann man dabei helfen, den Wiederaufbau vor Ort voranzubringen.

BUSSE AB SANTO DOMINGO

ZIEL	PREIS (US$)	DAUER (STD.)
Ambato	5,25	4
Atacames	4	4
Bahía de Caráquez	5	5
Loja	11	12
Coca	13	16
Esmeraldas	4,75	3½
Guayaquil	7,25	5
Ibarra	9	6½
Manta	8	6
Mindo	4,50	2
Muisne	7,50	5
Puerto Viejo	6	5
Quito	3,50	3

DIE TSÁCHILA

Die Tsáchila, von den frühen spanischen Siedlern auch „Colorados" genannt, sind sowohl für ihre *curanderos* (Medizinmänner) als auch für ihre wunderschönen Webwaren in knalligen Regenbogenfarben bekannt. Die für diese Volksgruppe typischen Merkmale sind leicht zu erkennen: Sie bemalen ihre Gesichter mit schwarzen Streifen, und die Männer färben ihre Pilzkopffrisuren rot.

Heutzutage ist es sehr viel wahrscheinlicher, Tsáchila zu treffen, die sich der westlichen Kultur angepasst haben. Bei all den Kuriositätenläden, die Postkarten mit Fotos von ihnen verkaufen, Gaffern in Santo Domingo, die sie „bemalte Tiger" nennen, und Busfahrern, die sich über ihre Haarfarbe beschweren, die angeblich die Kopflehnen der Sitze beschmutzt, ist es kein Wunder, dass sich die Tsáchila mit ihren Bräuchen aus der Öffentlichkeit zurückgezogen haben. In den letzten Jahren konnten die Tsáchila jedoch wichtige Siege erringen, vor allem durch die Gründung einer eigenen Provinz im Jahr 2007, die der Gruppe eine bedeutendere Rolle im nationalen politischen System gewährt.

Kasama, das Neujahr der Tsáchila (das mit dem Ostersamstag zusammenfällt), ist für sie eine Zeit, in der sie ihre Wurzeln feiern. Alle Dorfbewohner versammeln sich und wünschen sich gegenseitig alles Gute für das neue Jahr. Musik, Tanz und Theater sorgen für festliche Stimmung; dazu wird Rohrzucker-*chicha* ausgeschenkt (ein Getränk aus fermentiertem Mais oder Yucca, das zur Tradition vieler indigener Kulturen in Ecuador dazugehört). Obwohl Kasama das wichtigste Fest der Tsáchila ist, wird es nach einer 30-jährigen Unterbrechung erst seit 1998 wieder begangen. An die Wiederaufnahme ist auch die vage Hoffnung geknüpft, dass schließlich auch andere wichtige Besonderheiten ihrer Landschaft – wie z. B. das *guatusa* (Agouti, ein Nagetier) und das Gürteltier – zurückkehren werden.

San Lorenzo

☎ 06 / 20 209 EW.

Am Ufer eines dumpfigen, stillen Meeresarmes liegt, umgeben von grünem Urwald, San Lorenzo, ein verwahrloster und gefährlicher Mischmasch aus flirrender Hitze, tropischen Rhythmen und bröckelnden Ladenfassaden. Der Reiz dieser abgelegenen afroecuadorianischen Stadt sind die Marimba- und Salsaklänge, die sie erfüllen. San Lorenzo hat einige tolle Musikfestivals und ist ein hervorragender Ausgangspunkt für einen Besuch der nahegelegenen Reserva Ecológica de Manglares Cayapas Mataje.

Die Straße hierher wurde erst Mitte der 1990er-Jahre fertiggestellt und so erhält sich die Stadt noch immer das Flair eines vergessenen Außenpostens. Es herrscht große Armut, der Tourismus ist kaum entwickelt und die Fortbewegung von A nach B ist mühsam. Wer jedoch das Flair alter Hafenstädte mag, wird sich hier sehr wohlfühlen.

Sehenswertes

Reserva Ecológico de Manglares Cayapas-Mataje NATURSCHUTZGEBIET
(☎ 02-398-7600; www.ambiente.gob.ec/reserva-ecologica-manglares-cayapas-mataje) Millionen von Zugvögeln passieren zwischen Juni und Juli dieses Küstenreservat und sorgen für ein lautes und denkwürdiges Spektakel. Das 513 km² große Naturschutzgebiet bietet fünf verschiedenen Mangrovenarten einen Lebensraum. Außerdem findet sich hier der größte Mangrovenwald der Welt, der Manglares de Majagual nahe den Dörfern La Tola und Olmedo. Der größte Teil des Reservats befindet sich auf Meereshöhe, und kein Punkt liegt höher als 35 m. San Lorenzo liegt mitten im Naturschutzgebiet und ist somit ein guter Ausgangspunkt.

Eines der Highlights des Naturschutzgebiets ist der unberührte 11 km lange Inselstrand San Pedro nahe der kolumbianischen Grenze. Bevor man diese Gegend besucht, sollte man sich allerdings über die Sicherheitslage informieren. Das Naturschutzgebiet ist über die Asphaltstraße von San Lorenzo oder Borbón aus zu erreichen; wer es ausgiebig erkunden will, sollte eine Bootstour bei einer örtlichen Agentur buchen.

Geführte Touren

Boote zu den nahegelegenen Stränden fahren um 7.30 und um 14 Uhr ab (3 US$). Der Tourguide **Andrés Carvache** (☎ 06-278-0161; andrescarvache@yahoo.es) organisiert diese und

SICHER REISEN IN NORDECUADOR

Vor einigen Jahren hat das US-Außenministerium eine Reisewarnung für Ecuadors nördliche Grenzregion erlassen, die sich auf die Provinzen Sucumbios, das nördliche Orellana, Carchi und den Norden von Esmeraldas (von Esmeraldas bis nach San Lorenzo) erstreckt. Auch das Auswärtige Amt rät zu besonderer Vorsicht bei Reisen ins Grenzgebiet zu Kolumbien sowie bei Fahrten durch die Provinzen Esmeraldas, Orellana, Napo und die Küstengegend in und um die Stadt Esmeraldas sowie bei Besuchen der Stadt Santo Domingo. Entführungen und Kriminalität waren in diesen Regionen bis vor Kurzem ein großes Problem. Die Gefahr hat zwar abgenommen, aber man sollte sehr wachsam sein, wenn man die betreffenden Provinzen bereist. Einige Toptipps für mehr Sicherheit:

- Möglichst nicht von San Lorenzo aus über die Grenze nach Kolumbien reisen.
- Fußgänger sollten in Gruppen unterwegs sein – vor allem nachts. Noch besser ist ein registriertes Taxi.
- An der Küste nachts nicht das zentrale Touristenviertel (die Amüsiermeile mit den dröhnenden Bars) verlassen.
- Kokain meiden. Der Stoff kann einen auf verschiedenste Art in ganz üble Probleme verwickeln.
- Nur kleine Mengen Bargeld mitführen; die Kamera und andere teure Geräte im Hotel lassen.
- Als Faustregel gilt: Da, wo sich auch Frauen und Kinder aufhalten, ist es sicherer.

andere Bootstrips. Er ist an der rechten Seite des Piers in einem Ecuador-Pacifico-Büro auf Pfählen anzutreffen.

Es ist nicht möglich, die Mangroven mit öffentlichen Verkehrsmitteln zu erkunden. Eine Tour kann über die **Cooperativa San Lorenzo del Pailón** (☎099-795-0944) organisiert werden, eine autorisierte Agentur, die private Bootstouren für 20 bis 30 US$ pro Stunde anbietet. Ihr Büro befindet sich neben dem Büro des *capitanía* (des Hafenkapitäns). Touren können auch über Andres Carvache arrangiert werden; hier kostet ein zwei- bis dreistündiger Ausflug 60 bis 80 US$.

Feste & Events

San Lorenzo Marimba Festival MUSIK
(⏲Mai) Das dreitägige Festival, das normalerweise in der letzten Maiwoche stattfindet, bringt den Rhythmus, bei dem jeder mit muss.

Fiestas de San Lorenzo MUSIK
(⏲Aug.) Um den 10. August herum steigt dieses pulsierende Festival mit Salsa-Livemusik, Tanzdarbietungen und mehr.

Schlafen & Essen

Das Angebot ist nicht gerade üppig. Moskitonetze und Ventilatoren sind unerlässlich, vor allem in der Regenzeit.

Gran Hotel San Carlos 2 HOTEL $
(☎06-278-1189; Av 26 de Agosto, nahe José Garcés, neben einer Filiale der BanEcuador; EZ/DZ ohne Klimaanlage 12/25 US$, EZ/DZ mit Klimaanlage 15/30 US$; P ❄ 📶) Das Gran San Carlos 2 ist komfortabel und bietet hochmoderne Klimaanlagen, Kabelfernsehen und makellos saubere Fußböden. Es ist die 5 US$ extra wert, wenn man das Gran Hotel San Carlos Nr. 1 zu schlicht findet.

Gran Hotel San Carlos HOTEL $
(☎06-278-0284; Ecke Imbabura & José Garcés; EZ/DZ ohne Bad 8/15 US$, EZ/DZ mit Klimaanlage 13/25 US$; P ❄ 📶) Das Gran Hotel San Carlos 1 hat saubere, helle Zimmer mit großen Fenstern. Die Gemeinschaftsbereiche sind in kitschigen Regenbogenfarben eingerichtet. Das Partnerhotel San Carlos 2 ist hübscher, kostet aber ein paar Dollars mehr.

Doña Luca ECUADORIANISCH $
(Eloy Alfaro; Hauptgerichte 2,50–8 US$; ⏲6–21 Uhr) Die wohl beste kulinarische Adresse der Stadt. Das zwanglose Lokal serviert Frühstück und eine große Auswahl an Gerichten, von Fleisch bis zu köstlichen Meeresfrüchten aus der Region. Es befindet sich im Stadtzentrum zwischen der Durchfahrtsstraße und dem Parque Central.

El Chocó ECUADORIANISCH $
(Imbabura nahe Tácito Ortiz; Hauptgerichte 2–6 US$; ⏲Mo–Sa 7–24 Uhr) Dieses saubere

und beliebte Lokal direkt an der Hauptstraße hat typische Gerichte mit lokalen Meeresfrüchten wie Ceviche und *encocado de camarones* (Garnelen-Kokos-Eintopf) im Angebot.

Praktische Informationen

Cyber San Lorenzo (Tacino Ortiz; 8–20 Uhr) Internetcafé neben dem Hotel Pampa de Oro mit zuverlässigem Zugang ins Netz.

Hospital Divina Providencia (06-278-0188; Av Carchi & Av Principal) Das größte Krankenhaus der Stadt ist katholisch und gilt als eines der besten der Region. Es liegt neben dem San Lorenzo Technical College in der Nähe vom Busbahnhof (Terminal Terrestre).

Ministerio del Ambiente (06-278-0184; Parque Kennedy; Mo–Fr 9–19 Uhr) Bietet Infos zum Reserva Ecológica de Manglares Cayapas Mataje.

Polizei (06-278-0672; gegenüber vom Parque Central) Wer über die Küstenstraße nach Kolumbien ein- oder von dort ausreist (was nicht ratsam ist), muss sich wegen der Reiseformalitäten bei der Polizeistation oder beim Hafenkapitän am Pier melden.

An- & Weiterreise

BUS

Die Busse der Busgesellschaft La Costeñita fahren von 5 bis 16 Uhr stündlich vom Busbahnhof (Ecke Av Esmeraldas und Av Armada Nacional) nach Esmeraldas (5,50 US$, 5 Std.). Busse von Trans Esmeraldas bieten regelmäßige Verbindungen nach Manta (9 US$) und Quito (16 US$) über Ibarra (7 US$). Abfahrt ist vor der Kirche in der 10 de Agosto.

SCHIFF/FÄHRE

Boote von **Ecuador Pacífico** (06-278-0161; andrescarvache@yahoo.es; Simon Bolívar, nahe Imbabura) fahren um 7.30, 10.30 und 13 Uhr nach Limones (3 US$, 1½ Std.) und von dort weiter nach La Tola (5 US$, 45 Min.). In La Tola kann man in einen Bus nach Esmeraldas umsteigen.

Um die Grenze nach Kolumbien zu überqueren, gibt's Boote um 7.30, 14 und 16 Uhr (3 US$); hinzu kommt noch die Busverbindung ins kolumbianische Tumaco. Die Sicherheitslage hat sich in den letzten Jahren wieder verbessert, es ist aber trotzdem ratsam, die Einheimischen nach der aktuellen Situation zu fragen, bevor man die Grenze überquert.

San Miguel

06 / 1092 EW.

San Miguel ist eine bescheidene, freundliche afroecuadorianische Gemeinde, deren Bewohner in strohgedeckten Pfahlbauten im Wald leben. Ganz in der Nähe liegen am Fluss verstreut auch einige Chachi-Hütten. Das Dorf ist ein sehr guter Ausgangspunkt für alle, die die Tieflandbereiche der Reserva Ecológica Cotacachi-Cayapas besuchen wollen.

Oberhalb des Dorfs und der San Miguel Lodge thront die Cotacachi-Cayapas-Rangerstation.

Schlafen

San Miguel Lodge LODGE $

(06-0303-5008; San Miguel; Zi. inkl. Frühstück 10 US$ pro Pers., Mahlzeiten 3–4 US$) Die rustikale 6-Zimmer-Lodge oberhalb des Dorfs hat eine kühle Veranda, spektakuläre Aussicht und schlichte Zimmer mit Moskitonetzen. Sie serviert einfache Mahlzeiten. Für weitere Informationen Merlin oder Leiler Nazareno unter der angegebenen Nummer anrufen.

An- & Weiterreise

Der Bootsführer des täglich verkehrenden Passagierkanus aus Borbón (ein vom Glück verlassener Holzhafen 30 km flussabwärts) verbringt die Nacht etwa 15 Minuten flussabwärts von San Miguel. Er fährt nur zurück nach San Miguel, wenn eine Reservierung durch Passagiere vorliegt, weshalb man unbedingt vorab in der **San Miguel Lodge** (s. oben) buchen sollte. Das Kanu fährt gegen 4 Uhr morgens in San Miguel los.

Busse der Unternehmen La Costeñita und Transportes del Pacífico verkehren zwischen 7 und 18 Uhr etwa einmal stündlich nach Esmeraldas (3 US$, 4 Std.) und San Lorenzo (1,50 US$, 1 Std.).

Ein täglich verkehrendes Passagierboot fährt um 11 Uhr nach San Miguel (8 US$, 3 Std.). Nach dem „Canoa San Miguel" fragen. Es kann Passagiere überall am Río Cayapas oder in San Miguel absetzen. Mehrere Boote steuern unregelmäßig andere Ziele an; am besten an der Anlegestelle fragen!

Playa de Oro

Wenn man dem Río Santiago von Borbón landeinwärts folgt, ist die letzte flussaufwärts gelegene Siedlung das entlegene Dorf Playa de Oro. Die afroecuadorianischen Bewohner des Dorfes sind die Nachkommen von Sklaven, die vor 500 Jahren zum Goldwaschen hierhergebracht wurden. Der Charme von Playa de Oro liegt in seiner Authentizität. Die Einheimischen tun das, was sie und ihre Vorfahren schon immer getan haben, nämlich den Wald durchstreifen, sich von der Flussströmung treiben lassen, nach Gold suchen, Trommeln herstellen oder ihre Kinder in traditionellen Tänzen unterrichten. Wenn Besucher Interesse an ihrer Lebensweise zeigen, erfüllt das die Bewohner mit stillem Stolz.

Der Ort bietet sich auch als Zugang zur umgebenden Playa de Oro Reserva de Tigrillos an.

Sehenswertes

Playa de Oro Reserva de Tigrillos WILDSCHUTZGEBIET

GRATIS Eine halbe Stunde flussaufwärts von Playa de Oro erreicht man die Playa de Oro Reserva de Tigrillos, ein 100 km² großes Wildschutzgebiet, das der Gemeinschaft von Playa de Oro gehört und von ihr auch verwaltet wird. Das Reservat grenzt an die Reserva Ecológica Cotacachi-Cayapas und dient dem Schutz der heimischen Dschungelkatzen – aber Besucher müssen schon lange suchen, um eine zu Gesicht zu bekommen.

Touren zum Schutzgebiet können bei der NGO Maquipucuna (S. 136) gebucht werden, die ihren Sitz bei Mindo hat. Wer in einer der Lodges von Playa de Oro übernachtet, kann sich auch beim Hotelpersonal für einen Besuch des Reservats anmelden.

Schlafen

Playa de Oro Lodge LODGE $$

(☎ 99-421-8033; www.maquipucuna.org/playa-de-oro; Zi. inkl. Mahlzeiten 84 US$ pro Pers.) Die NGO Maquipucuna, die die Lodge im Nebelwald bei Mindo verwaltet, unterstützt die örtliche Gemeinde auch bei der Leitung der Playa de Oro Lodge. Eine Kanutour hierher kostet 80 US$ pro Gruppe, ein Guide ist für 25 US$ pro Tag buchbar. Die Lodge verfügt über drei Hütten, rustikale Campingstellplätze und eine Forschungsstation.

Tigrillos Lodge HÜTTE $$

(www.maquipucuna.org/playa-de-oro; Zi. inkl. Mahlzeiten 84 US$ pro Pers.) Flussaufwärts von Playa del Oro bietet diese rustikale gemeindegeführte Lodge acht Zimmer mit Privatbädern. Um hierher zu gelangen, muss man einen Bootstransport bei der NGO Maquipucuna buchen, die ihren Sitz in der Nähe von Mindo hat.

An- & Weiterreise

Das Dorf Playa de Oro liegt von Borbón etwa fünf Stunden flussaufwärts, es gibt aber keine regulären Bootsverbindungen. Man muss von Borbón aus den Bus nach Selva Alegre (3 US$, 2 Std.)

DAS PARADIES BEWAHREN

Playa de Oro liegt einige Fahrtstunden landeinwärts mitten in der Wildnis. Seine Lage am buchstäblichen Ende der Welt hat dazu beigetragen, dass es bis heute ein Naturparadies geblieben ist. Es ist die Art von Ort, wo man nachts durchs Fenster das Kreischen der Bergozelots hört. Aufgrund des zunehmenden Drucks durch die Bergbauindustrie haben die Einheimischen sich dem Tourismus zugewandt, in der Hoffnung, so ihren Dschungel bewahren zu können.

Der Großteil der Gegend rund um das Naturschutzgebiet hat sich infolge der Goldförderung in den letzten 15 Jahren dramatisch verändert. Dort, wo früher kleine Dörfer lagen, haben Maschinen für die Goldwäsche große Kiesberge aufgeschüttet. Das Flusswasser ist mit Zyanid und Arsen verseucht, die im Abbauprozess eingesetzt werden. Bisher haben sich die Dorfbewohner den Angeboten von Unternehmen der Gold- und Holzbranche gegenüber standhaft gezeigt, die ihnen als Gegenleistung für ihr Land Güter und Dienstleistungen (ein Generator, eine neue Straße, Arbeitsplätze beim Abholzen ihres eigenen Waldes) anbieten.

In Playa de Oro ist jeder Dorfbewohner über 14 Jahren in wichtigen Angelegenheiten stimmberechtigt. Einige Dorfbewohner plädieren seit Langem für den Ökotourismus als vernünftige, unschädliche Nutzungsform. Doch weil sie darauf beharren, die Kontrolle über den Ökotourismus zu behalten und ihn nicht in die Hände von großen Reiseagenturen zu geben, die ein großes Stück vom Kuchen haben wollen, sind sie auf Individualreisende und Kleingruppen angewiesen. Vor Kurzem ist die Gemeinde eine Partnerschaft mit Maquipucuna (www.maquipucuna.org) eingegangen, einer nichtstaatlichen Organisation, die zwischen Quito und Mindo eine Ökolodge betreibt und verspricht, die Region auf verantwortungsbewusste Weise für den Tourismus zu öffnen. Fraglich bleibt, ob die spärlichen Einkünfte auch in Zukunft noch ausreichen werden, um das Naturschutzgebiet zu erhalten.

nehmen. Wer im Vorfeld reserviert hat, wird von dort mit einem Motorboot abgeholt und ins Dorf oder zum Reservat gebracht.

Am besten bucht man seinen Trip in der **Maquipucuna Lodge** (S. 136). Sie liegt zwischen Quito und Mindo und ist das Verbindungsglied zwischen Gemeinde und Außen-/Touristenwelt. Die Mitarbeiter stimmen mit der Gemeinde die beste und sicherste Zeit zur Überquerung des Flusses sowie andere logistische Fragen ab.

Reserva Ecológica Cotacachi-Cayapas

In diesem Reservat, Ecuadors größtem Schutzgebiet in den Westanden, kann man noch echte Wildnis abseits ausgetretener Pfade erleben. In Höhenlagen, die von etwa 200 m bis 4939 m reichen, wechseln die Lebensraumtypen in rascher Folge von tropischem Feuchtwald über Regenwald und Nebelwald bis hin zum *páramo* (hoch gelegenes Grasland in den Anden). Dieser schnelle Wandel ruft den sogenannten „Edge-Effect" hervor, der eine unfassbare Vielfalt von Flora und Fauna in den Grenzflächen beschreibt.

Die tiefer gelegenen Ausläufer des Naturschutzgebiets sind die Heimat des indigenen Volks der Chachi, das vor allem für seine Korbflechtarbeiten bekannt ist, die man vor Ort direkt von den Künstlern kaufen kann. Die noch etwa 5000 verbliebenen Chachi, vorwiegend Fischer und Bauern, die für den Eigenbedarf produzieren, leben in an den Seiten offenen Strohhütten am Flussufer. In den letzten Jahrzehnten wurden die Chachi von einer Epidemie der Flussblindheit heimgesucht. Diese Krankheit wird von Kriebelmücken übertragen, welche besonders im April und Mai aktiv sind. Durch Impfungen konnte die Krankheit regional eingedämmt werden, aber um sich zu schützen, sollte man unbedingt Insektenschutzmittel auftragen und Malariatabletten einnehmen.

Reisezeit

Während der Regenzeit (Dez.–Mai) sind die Flusspegel ziemlich hoch, wodurch die Reise viel zügiger vorangeht. Zu dieser Zeit sind allerdings auch die größten Schwärme von Stechmücken, Kriebelmücken und anderen Insekten unterwegs. Deshalb muss man während der Morgen- und Abenddämmerung, wenn sie in Massen auftreten, die Haut auf jeden Fall bedeckt halten.

Selbst in den Monaten der Regenzeit klart der Himmel am Morgen oft auf. In einigen der weiter im Landesinneren gelegenen Gegenden wurden schon bis zu 5000 mm Regen gemessen; San Miguel ist allerdings ein bisschen trockener. In den weniger feuchten Monaten zwischen September und Anfang Dezember sind für gewöhnlich nicht ganz so viele Insekten unterwegs, und man hat größere Chancen, Wildtiere zu beobachten, auch wenn zu dieser Zeit der Fluss oft nur eingeschränkt befahrbar ist.

Sehenswertes & Aktivitäten

Die **Cotacachi-Cayapas-Rangerstation** (☎ 06-278-6029; http://areasprotegidas.ambiente.gob.ec; ⌚ 8–17 Uhr) in San Miguel bietet geführte Touren durch das Reservat. Die Ranger fungieren auch als Guides und verlangen pro Tag etwa 10 US$ (der Zutritt zum Naturschutzgebiet ist kostenlos). Für Ausflüge auf dem Fluss sind zwei Guides notwendig, einer für jedes Ende des mit Paddel und Stange betriebenen Einbaums. Alternativ schließt man sich einer geführten Tour an, die eine der Lodges (S. 273) in San Miguel anbietet.

Die Hügel sind das Zuhause solch selten gesichteter Säugetiere wie des Großen Ameisenbären, des Baird-Tapirs, des Jaguars und, in den obersten Höhenlagen des Schutzgebietes, des Brillenbären. Die Chancen, diese Tiere auch wirklich zu Gesicht zu bekommen, sind sehr gering. Häufig können jedoch Affen, Eichhörnchen, Faultiere, Neunbinden-Gürteltiere, Fledermäuse und eine große Vielfalt von Vogelarten gesichtet werden.

An- & Weiterreise

Das Naturschutzgebiet von Cotacachi-Cayapas ist über das Hochland (Laguna Cuicocha nahe Cotacachi) oder über San Miguel zugänglich. Das Wandern von einer Region in die andere ist allerdings so gut wie unmöglich, da die steilen und dicht bewucherten Hänge der Westanden beinahe undurchdringlich sind.

Von San Miguel aus dauert die Fahrt mit dem Kanu bis zur Parkgrenze etwa zwei bis drei Stunden. Nach weiteren ein bis zwei Stunden ist ein traumhafter kleiner Wasserfall mitten im Urwald erreicht. Da die wenigen Pfade schlecht gekennzeichnet sind, kommt man um das Anheuern eines Guides (buchbar in San Miguel) nicht herum. Die **Lodge** in Playa de Oro ist gleichzeitig Zugangspunkt zum Naturschutzgebiet.

Esmeraldas

☎06 / 161 868 EW.

Esmeraldas ist hässlich, gefährlich und schmutzig und es gibt wirklich keinen Grund, sich länger in der Stadt aufzuhalten. Die meisten Reisenden übernachten hier nur einmal (wenn es sein muss) und machen sich dann nach Südwesten zu den beliebten Strandorten Atacames, Súa und Mompiche auf. Zumindest bietet die Stadt viele Busverbindungen.

Wer schon mal hier ist, probiert am besten am *malecón* (Uferpromenade) ein Fischgericht zum Mittagessen und stattet dem Kulturzentrum einen Besuch ab. Es informiert über den ersten Landgang der spanischen Konquistadoren in Ecuador, der genau hier stattfand.

Sehenswertes

Centro Cultural Esmeraldas MUSEUM

(Bolívar 427; Di–Fr 9–17, Sa & So 10–16 Uhr) GRATIS In dieser Mischung aus Museum, Bibliothek und Bücherladen kann man alles Mögliche finden, von Infomaterial zur jüngsten Stadtgeschichte bis hin zu feinen Keramikarbeiten und Goldschmiedekunst aus der alten Tolita-Kultur. Einige Ausstellungsstücke haben englischsprachige Beschilderungen, und ein paar Videodokumentationen sind ebenfalls auf Englisch. Das Personal ist sehr zuvorkommend. Zur Zeit der Recherche war das Museum wegen Bauarbeiten an den Wochenenden geschlossen, aber die Mitarbeiter versprachen eine baldige Wiedereröffnung.

Geführte Touren

Mandagua Tours GEFÜHRTE TOUREN

(☎991-391-649, 98-145-6235; pandafinu@hotmail.com) Javier Valencia bietet Touren zu Zielen in der gesamten Provinz Esmeraldas an.

Schlafen

Hotels und Hostels gibt's hier viele; die billigsten Unterkünfte sind aber unzumutbar. Während der Regenzeit darauf achten, dass das Zimmer mit einem Moskitonetz ausgestattet ist.

El Trébol HOTEL $

(☎06-272-2101; Cañizares 1-18; Zi. 16 US$/Pers.; ❄📶) Das von Farnen gesäumte Hotel vermietet sehr große Zimmer mit Kabel-TV, aber ohne Warmwasser. Es bezaubert – ganz wie der Besitzer – mit einer guten Kombination aus Alter und Charme.

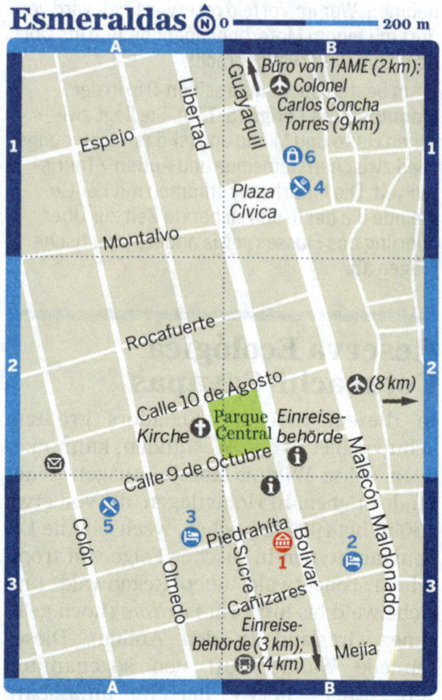

Esmeraldas

Sehenswertes
1 Centro Cultural Esmeraldas B3

Schlafen
2 El Trébol B3
3 Hotel Perla Verde A3

Essen
4 AKI Supermercado B1
5 Parrilladas El Toro A3

Shoppen
6 Centro Artesenal B1

Hotel Perla Verde BUSINESSHOTEL $$

(☎099-501-2909; www.hotelperlaverde.ec; Piedrahíta zw. Olmedo & Sucre; EZ/DZ mit Frühstück 45/55 US$; P❄📶) Das beste Hotel der Stadt. Es liegt zentral und hat geräumige Zimmer mit vielen Annehmlichkeiten (sofern man sich nicht an der teils grässlich hässlichen Kunst an den Wänden und den dunklen Fluren stört). Das Personal ist freundlich, und auch das Restaurant im Erdgeschoss ist empfehlenswert.

Essen

Das Essen in den vielen billigen Cafés und *comedores* (günstige Restaurants) am Straßenrand ist oft gut; eine brauchbare Essmeile ist die Olmedo zwischen Mejía und Piedrahíta. Gegenüber vom Busbahnhof Terminal Terreste gibt's ein paar gute Imbissbuden.

AKI Supermercado SUPERMARKT $
(Ecke Malecón Maldonado & Montalvo, Plaza Civica) Ein guter Supermarkt, um die Vorräte aufzustocken. Am Busbahnhof (Terminal Terreste) gibt's eine weitere Filiale.

Parrilladas El Toro STEAKHAUS $$
(Calle 9 de Octubre 4-23; Hauptgerichte 7–10 US$; ⌚17–24 Uhr) Trotz der nicht sehr einladenden Einrichtung ist das El Toro ein annehmbares Steakhaus. Seine Spezialitäten sind jede Art von Rind und Koteletts. Im Hof mit Strohdach sitzt man schöner als im Innenraum.

Shoppen

Centro Artesenal KUNST & KUNSTHANDWERK
(Ecke Malecón Maldonado & Plaza Cívica; ⌚Mo–Fr 8–17, Sa & So 9–17 Uhr) Dies ist die beste Adresse, um nach Wandteppichen, Körben, *tagua*-Schnitzereien (aus pflanzlichem Elfenbein) und anderem Kunsthandwerk der Chachi zu stöbern.

Praktische Informationen

Esmeraldas dürfte die gefährlichste Stadt in ganz Ecuador sein. Besucher sollten es vermeiden, nach Einbruch der Dunkelheit hier einzutreffen und nachts in der Stadt herumzulaufen. Lieber ein Taxi nehmen!

Einreisebehörde (☎06-272-4624) Bei der Policía Civil Nacional, 3 km außerhalb der Stadt (mit dem Taxi fahren!). Hier holt man sich seinen Ein- bzw. Ausreisestempel, wenn man als Grenzübergang die selten genutzte Küstenstraße aus/nach Kolumbien gewählt hat. Ein- und Ausreiseformalitäten regelt auch die zentrale Polizeistation auf dem Hauptplatz (Libertador und 9 de Octubre).

Polizei (Ecke Bolívar & Cañizares) Zwei Häuserblocks südlich des Hauptplatzes

Touristeninformation (☎06-272-7340; www.turismo.gob.ec; Bolívar; ⌚Mo–Sa 9–12 & 14–18 Uhr) Zwischen Calle 9 de Octubre und Piedrahíta

An- & Weiterreise

BUS

Der neue Busbahnhof, der Terminal Terreste, liegt 4 km vom Stadtzentrum entfernt an der Straße nach Atacames. Ein bequemer Sitzplatz der *cama*-Klasse in Langstreckenbussen ist zwar teurer, aber das Rückgrat wird es einem danken. Eine Taxifahrt vom Terminal Terreste ins Stadtzentrum kostet 2,50 US$.

FLUGZEUG

Das **TAME-Büro** (☎06-272-6863; www.tame.com.ec; Centro Comercial, Av Maldonado nahe Manabi; ⌚Mo–Sa 10–20, So bis 19 Uhr) befindet sich im unteren Stock des schicken Einkaufszentrums im Centro Comercial, das etwa fünf Blocks vom Stadtzentrum entfernt auf der Maldonado liegt; es gibt noch ein zweites Büro am **Flughafen** (☎95-956-0672; Highway 15). TAME bietet täglich Flüge nach Quito (einfache Strecke 75 US$) und Guayaquil (einfache Strecke 138 US$, 1 Zwischenstopp) sowie nach Cali in Kolumbien (einfach/Hin- & Rückflug 196/240 US$; einfache Flüge werden nur an kolumbianische Staatsbürger verkauft).

Unterwegs vor Ort

Der **Flughafen** liegt rund 8 km außerhalb der Stadt, auf der anderen Seite des Río Esmeraldas. Eine Taxifahrt vom Flughafen direkt nach Atacames, also ohne Halt in Esmeraldas, kostet etwa 25 US$.

Eine Taxifahrt zum Strand kostet 1,50 US$. Alternativ steigt man in einen Selectivo-Bus mit der Aufschrift „Las Palmas No 1", der auf der Bolívar in Richtung Norden fährt. Die Mindestpauschale für Taxis liegt bei 1,50 US$, nach 23 Uhr ist sie doppelt so hoch.

BUSSE AB ESMERALDAS

ZIEL	PREIS (US$)	DAUER (STD.)
Atacames	1	1
Guayaquil	11–12	9
Manta	12	10
Mompiche	3,90	2½
Muisne	2,50	2
Quito	9–11,25	6
San Lorenzo	5,30	5
Santo Domingo	4,75	4

Atacames

☎06 / 16 855 EW.

Atacames ist schwer zu begreifen. Der Strand ist gerade eben noch annehmbar, die Stadt ist schmutzig, nicht gerade ungefährlich und hoffnungslos überbevölkert – und trotzdem lieben die *serranos* (Gebirgsbewohner) sie wegen ihrer Partyszene, der Ceviche-Stände am Strand und ihrer günstigen Lage zu den Stränden der Umgebung. Wer die liebe lange Nacht bei billigen Drinks zu Reggaeton abhotten möchte, ist hier richtig. Alle anderen finden weiter südlich schönere Strände, höhere Wellen und mehr Entspannung.

Geführte Touren

Fischer am Strand bieten für Touristen Bootstouren in die Umgebung an und passieren dabei auch die Isla de Pajaros, die unmittelbar vor der Küste liegt. Für eine 75-minütige Tour werden etwa 20 US$ pro Nase fällig, für einen Angelausflug um die 40 US$.

Schlafen

Atacames hat zig Hotels, an verlängerten Wochenenden mit Feiertagen kann es aber trotzdem richtig voll werden. In der Hauptsaison ist rechtzeitige Reservierung ratsam.

Hostal Ludos HOTEL $

(☎98-191-5052; Malecón; Zi. 10–20 US$ pro Pers.; 📶 🅿) Das neue Bambusgebäude am *malecón* hat eine Karaoke-Veranda und saubere Zimmer mit frischer Meeresbrise und kleinen Mansardenbereichen. Die Mitarbeiter sind bei der Buchung von Touren behilflich und bieten auch einen Ausflug zum interessanten Archäologiemuseum in der nördlichen Küstenstadt Àfrica. In den meisten Zimmern stehen Etagenbetten.

Hostal Jennifer HOTEL $

(☎06-273-1055; in der Nähe des Malecón; EZ/DZ mit Warmwasser 18/35 US$, ohne Warmwasser 15/25 US$) In dieser einfachen, schnörkellosen Unterkunft stehen den Gästen saubere, spartanisch eingerichtete Zimmer mit relativ viel Licht (jedes Zimmer hat Fenster) zur Verfügung. Freundliches Personal. Das Betongebäude verfügt über einen kleinen Swimmingpool und ist nur einen halben Block vom Trubel der Stadt entfernt.

Essen

Cocada (Kokosmakronen) und *batidos* (Fruchtshakes) gehören zu den hiesigen Spezialitäten, die überall verkauft werden. Am Ufer gibt's Stände mit Meeresfrüchten.

Ceviche-Stände FISCH & MEERESFRÜCHTE $

(Malecón; Ceviche 5–10 US$) Es gibt diverse Ceviche-Stände am Strand und an einigen zentralen Stellen entlang des *malecón*. Am allerbesten sucht man sich einen Stand aus, der möglichst sauber aussieht, um fangfrischen *ceviche de concha* (mit Muscheln) oder *ceviche de pescado* (mit Fisch) zu schmausen.

Camarones Por Un Dollar $1 FISCH & MEERESFRÜCHTE $$

(Malecón; Mittagsangebote 4–6 US$; Hauptgerichte 7–20 US$; ⌚11–22 Uhr; 📶) Nicht vom Namen täuschen lassen – das einzige Gericht auf der Karte, das einen Dollar kostet, ist eine Portion Reis. Das gemütliche Fischrestaurant ist trotzdem immer rappelvoll. Sein Erfolgsrezept? Große Familienplatten randvoll mit frischen Meeresfrüchten sowie täglich wechselnde Mittagsgerichte und Suppen ab 2 US$.

Shoppen

Kunsthandwerksmarkt KUNST & KUNSTHANDWERK

(Malecón; ⌚9–20 Uhr) Am westlichen Ende des *malecón* gibt's einen winzigen Kunsthandwerksmarkt.

Praktische Informationen

Am Strand herrscht eine starke Strömung, Rettungsschwimmer arbeiten aber erst ab Mitte der Woche und am Wochenende. Jedes Jahr ertrinken hier Menschen; man muss also unbedingt seine eigenen Grenzen kennen.

Nachts gilt der Strand als unsicher. Es wurde schon von Überfällen und Vergewaltigungen berichtet. Deshalb sollte man in den gut beleuchteten Gegenden vor den Hotels bleiben und den einsamen Strandabschnitt zwischen Atacames und Súa meiden, da von hier sogar Überfälle mit Messern gemeldet wurden. Es versteht sich sicherlich von selbst, dass Wertsachen am Strand zu keiner Tages- oder Nachtzeit sicher sind.

Banco del Pichincha (Malecón; ⌚Mo–Fr 8–14 Uhr) Neben dem Hotel Castel. Die Bank hat einen Geldautomaten. Außerdem gibt's hier einen Geldautomaten der Banco de Guayaquil.

An- & Weiterreise

Alle Busse halten an der Hauptstraße von/nach Esmeraldas bei den *taxis ecológicos*. Einen Busbahnhof gibt's nicht, und die Büros der verschiedenen Busunternehmen liegen im Stadtzentrum verstreut. Busse nach Esmeraldas (0,80 US$,

Atacames

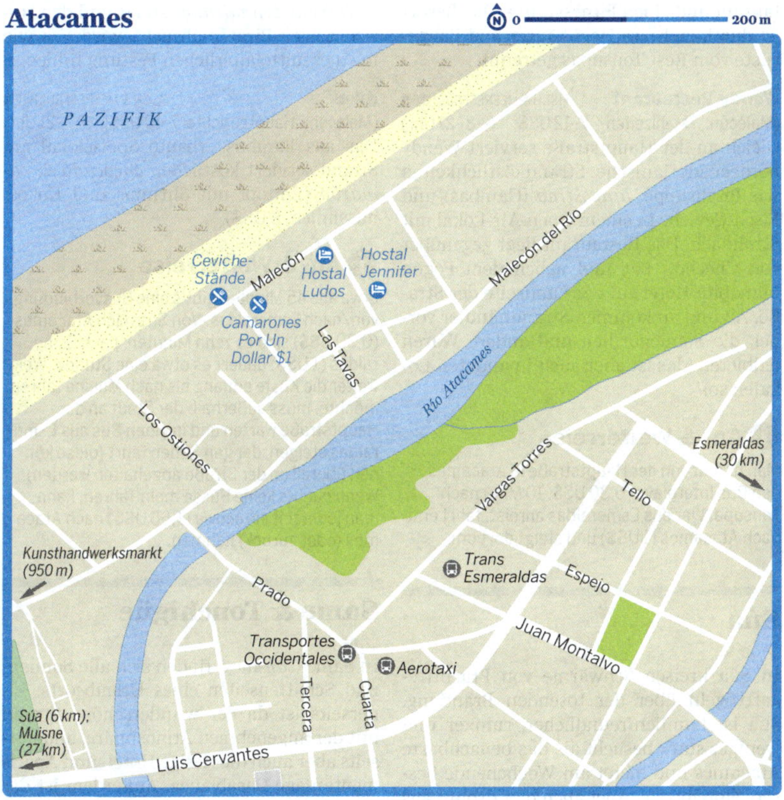

1 Std.) starten normalerweise in Súa. Die meisten Busse von Esmeraldas nach Atacames fahren für etwa 0,50 US$ weiter nach Súa (10 Min.), Same (20 Min.) und Tonchigüe (25 Min.). Es gibt auch regelmäßige Busse nach Muisne (2 US$, 1½ Std.). *Ecovias* (Motorradtaxis) berechnen für die Fahrt nach Súa 2 US$; nach Same werden 7 US$ fällig.

Die folgenden Busunternehmen steuern täglich Quito (9 US$, 7 Std.) und Guayaquil (11–12 US$, 8 Std.) an: **Transportes Occidentales** (☎ 06-276-0547; Ecke Prado & Cuarta), **Trans Esmeraldas** (Ecke Vargas Torres & Juan Montalvo) und **Aerotaxi** (Cuarta). Wer in der Hauptsaison an einem Sonntag nach Quito möchte, sollte sein Ticket im Voraus kaufen.

Tonsupa

Die Stadt nur 5 km nördlich von Atacames hat einen weitläufigen von Hochhäusern gesäumten Sandstrand, der reichlich Platz zum Spazierengehen bietet. Hier herrscht weniger Partytreiben, was der Nachtruhe zuträglich ist. Am Strand kann man Whalewatching-Touren für 15 bis 20 US$ buchen (der Preis hängt von Gruppengröße und Verhandlungsgeschick ab).

Schlafen & Essen

Neben dem riesigen Makana Resort gibt's auf der anderen Seite der Stadt viele preiswerte Unterkünfte (Hostels und Hotels), die näher am *malecón* liegen.

Makana Resort RESORT **$$$**
(☎ 06-246-5242; www.ghlhoteles.com; Grey St, am Nordende des Strandes von Tonsupa; Zi. mit Frühstück 122–159 US$; P ❄ 📶 🏊) Der strahlend weiße Hotel- und Apartmentkomplex direkt am Strand vermietet 31 riesige Zimmer im postmodernen Stil, allesamt mit Meerblick, eigenem Balkon und Kochnische. Es ist das angenehmste Hotel im Umkreis von gut 150 km. Dazu gibt's einen großen Infinity Pool, einen Whirlpool, ein Res-

taurant und einen Fitnessraum. Das Resort ist durch mehrere Hochhäuser und Baugerüste vom Rest Tonsupas getrennt.

Wendy Restaurant FISCH & MEERESFRÜCHTE $
(Malecón; Mahlzeiten 7–12 US$; ⌚8–21 Uhr) Gleich an der Hauptstraße serviert Wendy nordecuadorianische Strandköstlichkeiten wie Fischsuppe, *langostina* (Gambas) und Fisch-Ceviche in einem Open-Air-Lokal mit Strohdach. Das Restaurant liegt gegenüber von Checho's Bar und neben dem Fogón Manabita Hotel auf der Landseite der Straße. Ab und an kommen Strandhändler vorbei, die Sonnenbrillen und andere Waren feilbieten (das ist aber auch in anderen Lokalen so).

An- & Weiterreise

Man nimmt von der Hauptstraße in Atacames den Bus Interplaya (0,30 US$, 10 Min.) nach Tonsupa. Wer aus Esmeraldas anreist, fährt erst nach Atacames (1 US$) und steigt dort um.

Súa

☎02

In Súa kreisen Schwärme von Prachtfregattvögeln über der tosenden Brandung. Súa ist familienfreundlicher, ruhiger und weniger stark besucht als das benachbarte Atacames und bietet am Wochenende bessere Hotelpreise. Aber auch hier dröhnt aus den Cocktailbars entlang des Strandes laute Musik, sodass auch Súa nicht gerade ein idyllisches Plätzchen ist. Zwischen Juni und September sind vor der Küste Buckelwale zu sichten. Es ist möglich, den Strand entlang von Atacames nach Súa zu gehen, aber man sollte dabei die Gezeiten im Auge behalten und keinesfalls bei Nacht unterwegs sein (lieber ein *ecovia* nehmen).

Schlafen & Essen

Hotel Chagra Ramos HOTEL $
(☎06-247-3106; hotelchagraramos@hotmail.com; am Nordende des Malecón; Zi. 13 US$ pro Pers.; P 📶) Das freundliche windgepeitschte Strandhotel ist die beliebteste Unterkunft am Ort. Die Zimmer sind sauber, wenn auch etwas abgewetzt, mit altertümlichen Bädern, flaumweichen Matratzen und ausgesprochen hübscher Aussicht. Es gibt kein Warmwasser, aber ein gutes, preiswertes Restaurant. Die achtzigjährige Inhaberin Aida ist eine wahre Inspirationsquelle.

Wer auf den *mirador* steigt und den Horizont nach Piraten absucht, wird sich wie in einer mittelalterlichen Festung fühlen.

Kikes FISCH & MEERESFRÜCHTE $
(Malecón; Hauptgerichte 7–10 US$; ⌚7–21 Uhr) Das aus Bambus erbaute Speiselokal am Strand serviert köstlichen *encocado de camarón* (Eintopf mit Shrimps und Kokosnussmilch, 8 US$).

An- & Weiterreise

Etwa alle 45 Minuten gibt's eine Busverbindung von/nach Esmeraldas. Von Súa nach Atacames (0,30 US$) sind es zehn Minuten, nach Esmeraldas (1 US$) dauert es etwa eine Stunde. Wer weiter die Küste entlang bis nach Muisne fahren möchte, muss außerhalb der Stadt an der Hauptstraße warten und in einen Bus aus Esmeraldas steigen, der gen Süden fährt (diese können überall an der Straße angehalten werden). Wenn nachts keine Busse mehr fahren, kann man jederzeit ein *ecovia* (1,50 US$) nach Atacames (oder zurück) nehmen.

Same & Tonchigüe

☎06

In Same (*sah*-mey) finden sich alle Sonnen- und Schattenseiten eines Urlaubsorts: Einerseits ist da der wunderschöne Strand mit der angenehmen Atmosphäre, andererseits aber auch die riesige Hotel- und Apartmentanlage Casablanca. Außerdem ist der tolle Strand leider alles andere als makellos und hätte – nach dem Vorbild Mompiches – dringend ein Eingreifen der Stadt nötig, um ihn sauber zu halten.

Die Gemeinde hat bereits private Sicherheitskräfte für die kleine Straße am Strand engagiert. Im Vergleich zu Atacames ist Same jedoch geradezu entzückend – *mucho mas tranquilo*, um es mit den Worten der Einheimischen zu sagen. Am Strand gibt's Stehpaddelbretter (10 US$/Std.) zu mieten, außerdem gibt's ein paar hübsche kleine Restaurants in dem versteckten Örtchen.

Tonchigüe ist ein winziges Fischerdorf etwa 3 km westlich, am selben Sandstrand wie Same. Wer früh am Morgen kommt, kann zusehen, wie die Fischer ihren Fang an Land bringen.

Schlafen

Azuca HOTEL $
(☎98-882-95881; azuca2@hotmail.com; Same; Zi. 10 US$ pro Pers.; 📶) Diese unglaublich günstige Unterkunft liegt nur einen kurzen Fuß-

weg vom Strand entfernt (da, wo Sames Hauptstraße von der Küstenstraße abzweigt). Sie hat ein ausgesprochen uriges Flair und fünf relativ komfortable, geräumige Zimmer ganz in Holz, mit Balkons und Moskitonetzen (zwei Räume haben Gemeinschaftsbäder); das Bettzeug wirkt allerdings etwas schmuddelig. Die Inhaberin und Künstlerin Evelyn stammt aus Cali in Kolumbien und serviert täglich frische Fischgerichte (9 bis 15 US$).

El Acantilado HÜTTE **$$**
(☎ 06-302-7620; www.elacantilado.net; EZ/DZ 45/90 US$, cabana für bis zu 6 Pers. 120 US$, Camping 20 US$; P 📶 🏊); P 📶 🏊) Aus den Zimmern dieser Unterkunft, die am Steilhang oberhalb der tosenden Wellen thront, hat man einen ungehinderten Blick aufs Meer – zwischen Juni und September perfekt für die Walbeobachtung! In den rustikalen Suiten ist man den Elementen ganz nah: Einzig ein Insektengitter liegt zwischen den Zimmern und dem eigenen kleinen Garten mit Blick hinunter aufs Meer und auf den Strand. Es ist auch ein Campingplatz verfügbar.

Im September 2017 haben die Inhaber des Hotels gewechselt. Die Hütten sind oft mit Studentengruppen ausgebucht.

Isla del Sol HOTEL **$$**
(☎ 06-247-0470; www.cabanasisladelsol.com; Tonchigüe; DZ/4BZ/Suite 60/72/112 US$; P ❄ 📶 🏊) Eine gute Adresse der mittleren Preiskategorie: neue moderne Suiten mit Wohnbereich, Strandterrasse, Klimaanlage und Flachbildfernseher (und ein paar billigere verwohnte Hütten nach hinten hinaus mit Holzböden, Balkendecken und kleinen Veranden). Hier kann man sich auf Englisch verständigen und auf Wunsch auch Kajaks leihen (10 US$/2 Std.).

Essen

La Terraza PIZZA **$**
(Same; Pizza 8–10 US$; ⏱12–16 & 18–23 Uhr; P 📶) Das von Spaniern betriebene La Terraza hat eine tolle Lage am Strand. Die beliebten Pizzas sorgen die ganze Woche über für massig einheimische Kundschaft. Pepo, der vor 30 Jahren als einer der ersten Einwanderer nach Same kam, vermietet auch Zimmer im Obergeschoss (15 US$ pro Pers.).

★ **Seaflower Lateneus** FISCH & MEERESFRÜCHTE **$$**
(☎ 06-247-0369; Same; Hauptgerichte 15–25 US$; ⏱9–23 Uhr) Hier zaubert einer der besten Köche der Nordküste (in Ecuador geboren, in Europa ausgebildet) köstliche Platten voll gegrillter Meeresfrüchte (wir empfehlen die *spaghetti marinera*). Fürs Wochenende ist Reservierung ratsam, denn dann wimmelt das Lokal von Cocktail schlürfenden Wochenendausflüglern – das Seaflower ist nebenbei auch noch Sames beste Bar. An den Decken hängen jede Menge Dekoflaschen – nicht den Kopf anstoßen!

Der Inhaber vermietet auch Zimmer – eins trägt sogar den Namen „Suite“!

ABSEITS DER ÜBLICHEN PFADE

RESERVA BIOLÓGICA BILSA

Hartgesottene Abenteurer auf der Suche nach ganz und gar abseits der ausgetretenen Pfade liegenden Zielen sollten sich auf den Weg zur Reserva Biológica Bilsa, 30 km westlich von Quinindé, machen. In dem 30 km² großen Naturschutzgebiet in den Montañas de Mache erwarten die Besucher tosende Wasserfälle und eine atemberaubende Tierwelt. Dieser letzte Überrest von tropischem Vor-Anden-Feuchtwald besitzt eine außergewöhnlich große Artenvielfalt, zu der außer Brüllaffen auch bedrohte Vogelarten, Jaguare und Pumas gehören. Das Naturschutzgebiet, das von der **Fundación Jatun Sacha** (☎ 02-243-2240; www.jatunsacha.org; La Yecita, Km 80 Esmeraldas Quinindé; Zi. inkl. aller Mahlzeiten 30 US$ pro Pers.) verwaltet wird, liegt innerhalb des 1200 km² großen Ökoreservats Mache Chindul, das leider nur 2 bis 3 % des Urwalds der Region schützt, während der Rest für Holzwirtschaft, Ölförderung und andere industrielle Aktivitäten genutzt wird.

Dieser Trip ist nur etwas für Unerschrockene: In der Regenzeit (Jan.–Juni) führt nur ein matschiger 25 km langer Pfad hierher, den man entweder zu Fuß oder auf dem Rücken eines Maultiers zurücklegt. Von Oktober bis Dezember kann man mit dem Auto oder Lastwagen anreisen. Wer das Reservat besuchen will, muss sich vorher bei der Fundación Jatun Sacha anmelden.

Toquilla y Mar PERUANISCH **$$**
(☎099-384-1496; Same; Hauptgerichte 9–20 US$; ⏲8–22 Uhr) Das Open-Air-Strandlokal serviert frisch zubereitetes Seafood mit peruanischem Touch: gebratenen Reis mit Muscheln, Krebs mit Knoblauch und neun Ceviche-Varianten. Nach dem Essen sollte man sich einen Kaffee genehmigen – er stammt direkt von der Familienfinca im Süden Ecuadors. Wie viele andere Restaurants der Region vermietet auch Fabiola gemütliche Gästezimmer.

An- & Weiterreise

Busse, die in nordöstlicher Richtung nach Esmeraldas bzw. in südlicher Richtung nach Muisne unterwegs sind, halten auch in Same und Tonchigüe. Zwischen Tonchigüe und Esmeraldas verkehren *rancheras* (Busse mit offenen Seiten oder Lkws, die mit unbequemen schmalen Bänken ausgestattet sind – auch *chivas* genannt).

Corredor Turistico Galera-San Francisco

Etwa 3 km südlich von Tonchigüe führt eine Abzweigung zu diesem rauen, besucherarmen Küstenabschnitt mit einigen coolen Hotels, entlegenen afroecuadorianischen Dörfern und ganz viel unberührter Küstenlandschaft.

Schlafen

★ **Playa Escondida** HÜTTE **$**
(☎99-650-6812, 06-302-7496; www.playaescondida.com.ec; Corredor Turistico Km 10; Camping 8,50 US$ pro Pers., Hütte 25 US$ pro Pers., Strandnutzung für Tagesbesucher 5 US$; 📶) Wer eine abgeschiedene Bleibe sucht, ist an der netten, abgelegenen Playa Escondida genau richtig: Mitten in einem 100 Hektar großen Schutzgebiet stehen hier rund um eine schöne Bucht mit Strand einige rustikale Hütten. Ein Restaurant tischt Meeresfrüchte, Fleisch und vegetarische Kreationen auf. Es werden geführte Touren und andere Aktivitäten angeboten. Kinder unter 12 Jahren zahlen die Hälfte. Die Unterkunft liegt nur 1 km östlich des Cumilinche Club.

Cumilinche Club HÜTTE **$$**
(☎06-302-7526; cumilincheclub@hotmail.com; Corredor Turistico Km 11, nahe Punta Galera; EZ/DZ/3BZ 41/61/80 US$) An einer einsamen Bucht mit Ministrand vermietet diese abgelegene Lodge strohgedeckte Lehmziegelhäuschen mit großem Wohnbereich und Platz für die ganze Familie. Zur Anlage gehört ein Restaurant und die Gäste können ganz entspannt in der Hängematte auf der eigenen Veranda schaukeln. Klimaanlage gibt's keine, aber Meerbrisen sorgen für angenehme Kühle.

An- & Weiterreise

Hierher kommt man am besten mit dem eigenen Auto (oder per Taxi von Atacames, 20 US$). Die Straße entlang der Küste verwandelt sich unterwegs in eine unbefestigte Piste, bevor sie schließlich Muisne erreicht.

Von Atacames, Sua, Same oder Tonchigüe fahren Nahverkehrsbusse (1 US$, alle 2 bis 3 Std.) nach Punta Galera. Den Fahrer bitten, an der Playa Escondida anzuhalten. Man kann auch mit dem Bus nach Abdon Calderon oder Tonchigüe fahren und dort ein Dreiradtaxi oder *camioneta* für die 10 km lange Strecke zur Playa Escondida (5 US$) nehmen.

Muisne

Muisne ist eine heruntergekommene Arbeiterstadt, die von einem Fluss und dem Meer eingerahmt wird. In ihrem kleinen, genauso heruntergekommenen Hafen werden Bananen verladen – ein geschäftiger, wenn auch hier nicht sehr bedeutsamer Industriezweig. Durch die relativ abgeschiedene Lage sind hier weit weniger Touristen anzutreffen als in den beliebteren Strandorten, die Stadt ist aber ein interessantes Ziel abseits der ausgetretenen Pfade. Der lange, von Palmen gesäumte Strand ist das Beste am ganzen Örtchen. Die wenigen noch verbliebenen Mangroven der Gegend sind geschützt und einen Abstecher wert.

Das Erdbeben von 2016 hat Muisne starke Schäden zugefügt, und bei unserem Besuch Ende 2017 befand sich die Hauptstraße immer noch im Wiederaufbau. Es gibt jedoch eine schöne Fußgängerbrücke vom Festland zur Insel – ein Projekt der Correa-Regierung – und einen hübschen Platz auf der Festlandseite. Am Fuß der Brücke befinden sich Verzierungen in Form von Fußballmotiven.

Auf der Insel gibt's keinen Geldautomaten, man sollte also genug Bargeld mitnehmen.

Sehenswertes & Aktivitäten

Congal Bio-Station NATURSCHUTZGEBIET
(☎02-2243-216; www.jatunsacha.org/congal-bio marine-station) 🍃 Nur 2 km von Muisne entfernt liegt dieses 650 ha große Meeresschutz-

gebiet, das 2000 von Jatun Sacha gegründet wurde und sich dem Schutz der Mangroven sowie der ökologisch sinnvollen Aquakultur widmet. Es werden immer freiwillige Mitarbeiter gesucht, Besucher sind aber auch willkommen. Es gibt herrliche Möglichkeiten zum Schnorcheln und Tauchen sowie komfortable private Hütten. Übernachtung mit Vollpension (auf dem Speiseplan stehen Meeresfrüchte) kostet 40 US$ pro Person/ Tag.

Fundecol ÖKOTOUR
(Foundation for Ecological Defense; ☎06-248-0519; Touren 25–50 US$/Tag) Die ortsansässige Umweltschutzstiftung organisiert Besuche in Gemeinden und Mangroventouren. Die Kosten hängen von der Art der Tour und der Gruppengröße ab. Es werden auch Bootstouren auf dem Río Muisne arrangiert, wo die letzten Mangroven zu sehen und die Auswirkungen des gewerblichen Garnelenfangs zu spüren sind. Fundecol liegt gegenüber vom Krankenhaus in Muisne.

Schlafen & Essen

Die meisten Unterkünfte auf der Insel wurden beim Erdbeben zerstört. Wer ein Zimmer findet, sollte wissen, dass die Moskitos in der Regenzeit zur echten Plage werden können; also unbedingt darauf achten, dass ein Moskitonetz im Raum ist.

Auf dem Festland gibt's ein paar Restaurants und Unterkünfte, z. B. **Viejo Willy** (3 de Octubre; 5–6 US$; ⌚19–23 Uhr), ein beliebtes Lokal, das das Erdbeben überlebt hat. Wer Lust auf Fisch und Meeresfrüchte hat, muss den weiten Weg bis zum Strand laufen – es lohnt sich!

Las Palmeiras FISCH & MEERESFRÜCHTE $
(am Strand; Hauptgerichte 7–13 US$; ⌚7–19 Uhr) Das schlichte Strandlokal serviert zum Blick aufs Meer Garnelen oder Fisch aus dem Tagesfang.

Anreise & Unterwegs vor Ort

Die Busse aus Esmeraldas fahren bis zum zementierten Bootsanleger von El Relleno. Von hier aus geht's mit einem motorisierten Kanu über den blauen Río Muisne hinüber zur Insel (0,20 US$). Dank der neuen Fußgängerbrücke kann man jederzeit zur Insel laufen. Bis 17 Uhr verkehren auch Autofähren.

Von El Relleno fahren etwa alle 30 Minuten Busse nach Esmeraldas (2 US$, 2½ Std.) ab, die unterwegs auch in Same, Súa und Atacames halten. Es gehen täglich fünf Busse nach Santo Domingo de los Colorados (6 US$, 5 Std.), wo man nach Quito oder Guayaquil umsteigen kann. **Transportes Occidentales** (☎06-243-4009; Ecke Calle Principal & El Relleno) betreibt einen Nachtbus von/nach Quito (9 US$, 8½ Std.). Wer weiter nach Süden will, nimmt einen Bus nach El Salto und steigt dort in einen Bus nach Pedernales (3 US$, 3 Std.) um. Von dort gibt's Verbindungen in andere Küstenorte weiter südlich.

Die Hauptstraße von Muisne geht direkt vom Pier ab und führt quer durchs Zentrum zum Strand. Von einem Ende zum anderen sind es 2 km. *Ecovias* wetteifern am Pier um Passagiere. Der 1 US$, den die wilde Fahrt bei Rikscha-Höchstgeschwindigkeiten durch Schlaglöcher und über spitzen, rutschigen Schotter kostet, ist gut angelegt. Bei unserem Besuch Ende 2017 wurde die Straße gerade renoviert.

Mompiche

☎05

Das kleine Fischerdorf mit Weltklassewellen und traumhaftem, 7 km langem, unberührtem (wenn auch etwas gräulichem) Sandstrand ist bei Backpackern und Surfern schon seit vielen Jahren beliebt. Es bietet eine großartige Brandung sowie billige Restaurants und Unterkünfte. Bis zum Bau der neuen Straße vor zehn Jahren war Mompiche fast gänzlich von der modernen Welt abgeschottet. Selbst heute gibt's hier nur wenige Autos, und immer noch kennt jeder jeden. Neben dem herrlichen von Palmen gesäumten Sandstrand hat Mompiche nicht viel zu bieten (es gibt nicht mal einen Geldautomaten), aber gerade das macht seine Schönheit aus.

Wie in großen Teilen der Region nahm beim Erdbeben von 2016 auch die Infrastruktur von Mompiche schweren Schaden; viele Geschäfte befinden sich noch immer im Wiederaufbau. Allerdings wird der Strand infolge des Meeresspiegelanstiegs inzwischen bei Flut komplett überschwemmt und ist somit ein Viertel des Tages nicht nutzbar. Außerdem sind die Strandhotels weiter nördlich bei Tidehochwasser nicht über Land erreichbar.

Aktivitäten

Von November bis Ende Februar lockt die beste Brandung mit bis zu 2 m hohen Wellen – das übrige Jahr ist das Meer relativ ruhig. Es gibt einen Break an einer Flussmündung nördlich des Orts und einen steilen Point Break (für Könner) südlich des Orts. Zwei freundlich konkurrierende Unternehmen in der Stadt verleihen Surfbret-

PLAYA NEGRA: SCHWARZER SAND IM SCHATTEN DES BERGBAUS

Generationen von Einheimischen aus Mompiche erinnern sich daran, wie sie am schwarzen Sandstrand der Playa Negra nach Austern fischten. Aber der verlockende Sand beinhaltet auch Titanablagerungen, und seit 2012 führen die Einheimischen einen Krieg gegen die Planierraupen, die den Strand aufwühlen. 2017 hat eine Online-Petition bei change.org über 5000 Unterschriften erzielt. Weitere Informationen dazu gibt's unter dem Hashtag #SalvemosPlayaNegra. Der Tourismusminister Enrique Ponce de León bezeichnet den Rohstoffabbau in dieser Region als Verbrechen gegen die Umwelt und den Tourismus.

ter und geben Kurse zum gleichen Preis: Jefferson Panezo von **La Peña Escuela de Surf** (☎9672-74-255; La Fosforera; ⊙8–17 Uhr) ist einer von ihnen.

Am Strand werden Bootstouren zur Walbeobachtung und nach Isla Portete, Muisne, zu nahen Mangrovenwäldern und zu einigen einsamen Stränden angeboten. Sie kosten je nach Auslastung des Bootes etwa 25 US$ pro Person und Stunde. Ramon im **Banana Hotel** (☎099-739-6244) gibt weitere Auskünfte; er veranstaltet auch beliebte Dschungeltouren.

Schlafen

The Mudhouse HOSTEL $

(☎093-911-2203; www.the-mud-house.com; Via a Mompiche; B/DZ 9/25–30 US$, Familienhütte 50–60 US$; P 📶) Relativ neu in Mompiche ist das Mudhouse. Es wird von einem freundlichen amerikanischen Einwandererpaar geführt und bietet Privatzimmer sowie Gemeinschaftsunterkünfte. Die schönsten Zimmer haben Freiluftduschen aus Stein. Das *hostal* hat Kapazitäten für Einzelreisende, Paare und Familien, und Mendy hält in ihrem Spiralhefter jede Menge Informationen zu Aktivitäten in der Region bereit.

Das Mudhouse liegt gegenüber der Polizeistation, kurz vorm Ortszentrum.

Bam-Bú HOTEL $

(☎095-978-0941; www.bambu-hotel.com; 100 m nördlich der T-Kreuzung, zw. La Fosforera & Gaviotas; Zi. mit Frühstück 25 US$/Pers.; P 📶) Die dreistöckige Mikadokonstruktion aus Trägern, Bögen, Laubengängen und Veranden besteht fast komplett aus Bambus (und hat das Erdbeben von 2016 gut überstanden). Die Zimmer (sechs davon mit Meerblick) sind groß, mit modernen Bädern, komfortablen Betten und sehr einfacher Ausstattung. Im Erdgeschoss gibt's ein freundliches Restaurant mit Bar – hier kann man jede Menge Spaß haben. Es gibt auch Yogakurse und einen Wäschereiservice.

Gäste, die kein Zimmer mit Meerblick haben, können sich auf der hübschen Veranda im dritten Stock entspannen.

Iruña HÜTTE $$

(Las Pigualas; teremompiche@yahoo.com; DZ 40 US$, Zi. ab 50 US$) Einen 45-minütigen Strandspaziergang von Mompiches Zentrum entfernt liegt diese wunderbar abgelegene Anlage. Die sechs geräumigen *cabañas* sind zwischen Palmen um ein nettes Restaurant und einen Gemeinschaftsbereich direkt am Strand gruppiert und mit Moskitonetzen, Kühlschränken und Ventilatoren ausgestattet. Auf Anfrage gibt's auch leckere Mahlzeiten.

Das Hotelpersonal kann Gäste in Mompiche abholen oder die Bootsüberfahrt ab Muisne organisieren. Achtung: Bei Flut ist die Anlage auf dem Landweg nicht zu erreichen!

Los Balcones de Mompiche HOTEL $$

(Via a Mompiche; DZ 45 US$; P ❄ 📶) Hätte Mompiche ein Fünf-Sterne-Hotel, dann wäre es dieses. Dank Klimaanlage, Kabelfernsehen und einem kleinen, sauberen Swimmingpool fühlt man sich zwar nicht wie am Strand von Miami, kann aber ein paar schöne Annehmlichkeiten genießen. Das Hotel steht etwas versetzt von der Hauptstraße und ist dadurch etwas ruhiger.

Essen

La Facha INTERNATIONAL $

(www.lafachahostel.com; 100 m nördlich der T-Kreuzung, gegenüber von La Casona; Hauptgerichte 5–8 US$; ⊙8–22 Uhr) Ein charmantes Team aus jungen Einheimischen (leidenschaftliche Surfer, die auch das Hostel im selben Gebäude betreiben) serviert leckere Burger, Salate und Sandwiches. Zu finden in der Calle Fosforeras, die parallel zum *malecón* verläuft. Vermietet auch gute Zimmer (mit Gemeinschaftsbad 13 bis 15 US$, mit Privatbad 20 US$).

La Chillangua FISCH & MEERESFRÜCHTE $
(Via a Mompiche; Hauptgerichte 5–8 US$; ⌚7–19 Uhr) Das einfache *comedore* an der Hauptstraße gegenüber der Farmacia Rogers bietet zwar keinen Meerblick mehr, ist aber immer noch eine gute Wahl. Es gibt üppige Frühstücksgerichte wie *majado de verde* (grüne Kochbananen mit Quark, Paprikaschoten und Spiegelei).

El Chivo Pizzeria ITALIENISCH $
(Chivo's Pizzeria; ☎098-300-7557; La Fosforera, 100 m nördlich der T-Kreuzung; Hauptgerichte 6–9 US$; ⌚18–22 Uhr) Früher Suly's genannt, serviert diese Pizzeria eine gute Mischung italienischer Klassiker, z. B. Lasagne, Spaghetti, Pizza und üppig gefüllte Calzone.

An- & Weiterreise

Täglich verbinden mehrere Busse Mompiche mit Esmeraldas (5 US$, 3½ Std.); sie halten unterwegs in Same und Atacames.

Isla Portete

Die palmenbestandene Insel nur 2 km südlich von Mompiche hat einen langen Strand mit hellem Sand, an dem kaum etwas los ist. Es gibt Seafood-Imbisse am Strand und eine große Hotelanlage auf der anderen Seite des Meeresarms. Davon abgesehen finden Besucher hier eine anständige Brandung (mit einer langen, 1 m hohen rechten Welle von Dezember bis Ende März) und ein weitgehend menschenleeres Inselparadies. Einige einheimische Fischer bieten auf Nachfrage Bootstouren zu Nachbarinseln und anderen, weiter entfernten Zielen an. Von der Hotelanlage des Royal Decameron kann man zu einem imposanten natürlichen Steinbogen gehen, den die Brandung aus dem Fels ausgewaschen hat.

Schlafen

Cabaña Caña Brava CABAÑA $$
(☎099-191-8054; EZ/DZ 35/50 US$) Unser Favorit Donde Tito hat das Erdbeben zwar nicht überstanden, aber Cabaña Caña Brava ist ein guter Ersatz. Es befindet sich am Meeresarm gegenüber vom Decameron und bietet Zimmer mit Moskitonetzen; einige verfügen über Balkons mit schönem Ausblick. Einfach, aber gut.

Royal Decameron RESORT $$$
(☎06-299-7300; www.decameron.com.ec; Zugang vom Festland 1 km südlich von Mompiche; DZ/3BZ/4BZ all-inklusive 177/191/317 US$; P ❄ 📶 🏊) Das Megaresort für die Elite Ecuadors liegt auf der anderen Seite des Meeresarms, gleich gegenüber von Isla Portete, auf dem Festland. Es hat fast 300 Zimmer und ein ganzes Sammelsurium an Pools, Fitnessräumen, Tennisplätzen, Bars, Büfettrestaurants, Diskos etc. Die Deluxe-Zimmer bieten Meerblick und sind mit ecuadorianischen Textilien und allem modernen Komfort ausgestattet.

Gleich gegenüber auf der Isla Portete befindet sich der dazugehörige Beach Club mit Kajaks und anderen Wassersportgeräten; er ist für Hotelgäste mit einem kostenlosen Bootsservice zu erreichen.

An- & Weiterreise

Es gibt keine Busverbindung hierher. Besucher nehmen am besten ab Mompiche ein Taxi (5 US$) und dann eine Flussfähre (0,50 US$) über den Meeresarm zur Insel.

Cojimíes

Die strandgesäumte Landzunge liegt ein bisschen weitab vom Schuss, ist aber für Traveller, die dem Rummel von Canoa und Mompiche entkommen wollen, den Abstecher allemal wert. Es gibt einen hübschen Stadtstrand mit hellbraunem Sand auf der Seite zum Meeresarm hin und auf der Ozeanseite einen endlosen unberührten Traumstrand, der sich bis nach Perdernales 38 km weiter südlich erstreckt.

Ansonsten sind die Hauptattraktionen des bescheidenen Dorfs eine Ansammlung von Strandimbissen und die Bootstouren zur entlegenen Isla de la Amor (eine Strecke 15 US$ pro Boot). Die Einheimischen erzählen sich den Witz, dass man zu zweit auf die Insel fährt und zu dritt (also mit Baby im Arm) zurückkommt.

Schlafen & Essen

Hotel Santorini HOTEL $
(☎099-377-9957; santorini_hotel@hotmail.com; 200 m nördlich des Malecón Turistico; EZ/DZ 15/30 US$; P 📶) Der Betonblock steht gerade nah genug am Meer, um von der Brise zu profitieren. Die Doppeldeckerzimmer haben keinen Meerblick, aber dafür gibt's Etagenbetten, einen flippigen Gemeinschaftsbereich und einfachen Zugang zum Strand.

Restaurant Aurita FISCH & MEERESFRÜCHTE $
(☎05-239-1236; Malecón; Hauptgerichte 6–10 US$; ⌚7–20 Uhr) Das einfache Restaurant

am Meer blickt auf die Fischerboote auf dem Wasser und bietet köstliche Meeresfrüchte aus der Provinz Manabí. Es ist für seine riesigen Shrimps (aus der Region stammend) bekannt, serviert aber auch leckeres Ceviche sowie *concha* (Schalentiere) und *encocado de pescado* (in reichhaltiger, würziger Kokosnusssoße gekochter Fisch). Die Atmosphäre ist ungezwungen: Man speist an Picknicktischen aus Plastik direkt am Strand.

An- & Weiterreise

Von Pedernales (Ecke Juan Pereira/Velasco Ibarra) fährt ein *buseta* (Intercity-Bus) Bus nach Cojimíes (1 US$, 45 Min.).

Canoa

☎ 05 / 6887 EW.

Canoa ist ein verschlafenes Dörfchen mit einem Herzen aus Gold. Der hübsche Strand wird im Norden von einer malerischen Steilküste begrenzt, im Süden erstreckt er sich bis zum Horizont. Trotz seiner wachsenden Beliebtheit bei Sonnenanbetern und Surfern ist das Dorf weiterhin ein entspannter Ort, an dem Kinder in der Dämmerung noch im Sand herumtollen und Fischer in den frühen Morgenstunden vor Sonnenaufgang aufs Meer hinausfahren. Abends werden die Bars und Pensionen am Strand von Backpackern bevölkert, die bei einem Rum-Cocktail Traveller-Erfahrungen austauschen.

In der Hauptsaison (Jan.–März), wenn die Wellen eine Höhe von über 2 m erreichen, werden hier internationale Surfwettbewerbe ausgetragen. Dann ist es auch relativ schwierig, eine Unterkunft zu finden. Am besten vor der Reise informieren!

Nach dem Erdbeben von 2016 wird Canoa noch etwas Zeit brauchen, um sich wieder vollständig zu erholen.

Sehenswertes & Aktivitäten

Hier herrschen starke Gezeitenströmungen; Schwimmer sollten nah am Strand bleiben. Bei Ebbe sind die Höhlen am nördlichen Ende des Strandes erreichbar, in denen Hunderte von Fledermäusen leben. Eine beliebte Radtour ist die etwa einstündige Fahrt über den Radweg nach Bahía de Caráquez. Surf Shak (S. 288) bietet Höhlentouren per Kajak (25 US$, 3 Std.), Paragliding (45 US$, 20 Min.) sowie Surfunterricht (25 US$, 1½ Std.) an.

Reserva Ecologico Jama-Coaque NATURSCHUTZGEBIET

(Comuna Camarones) Es ist zu hoffen, dass dieses Naturschutzgebiet 26 km südlich von Perdanales und 3 km abseits der Hauptautobahn sich bald für den Tourismus öffnet. Die neueste Information ist, dass die Third Millenium Alliance (www.tmalliance.org) zusammen mit der Gemeinde und der Regierung daran arbeitet, zugängliche Wanderwege und einfache Servicedienste einzurichten. In dem artenreichen Paradies wurden seit 2009 über 40 neue Froscharten entdeckt, und das gesamte Reservat wurde von BirdLife International zum Important Bird Area (IBA, Bedeutendes Vogelschutzgebiet) erklärt.

Wer die Third Millenium Alliance kontaktiert, kann hier auch Freiwilligenarbeit leisten.

Río-Muchacho-Biobauernhof FREIWILLIGENARBEIT

(☎ 05-302-0487; www.riomuchacho.com; über Canoa Jama Km 10, Troncal del Pacifico, nordöstlich von Canoa) Auf dem Río-Muchacho-Biobauernhof können sich Gäste und Einheimische beim Mithelfen die Hände schmutzig machen und dabei etwas über nachhaltige Anbaumethoden lernen. Die meisten Gäste kommen im Rahmen einer Tour von drei Tagen und zwei Nächten zum Preis von 172 US$ pro Person hierher; für Gruppen gibt's Ermäßigungen. Außerdem gibt's Kurzseminare von ein bis drei Tagen Dauer und einwöchige bis einmonatige Kurse (300 bis 1200 US$). Für 300 US$ im Monat (Kost und Logis) kann man auch als freiwillige Hilfskraft mitarbeiten.

Die Gästegruppen werden bewusst klein gehalten; vorherige Reservierung ist erwünscht. Übernachtet wird in rustikalen Hütten mit Gemeinschaftsduschen und Komposttoiletten (Bett im Schlafsaal/Privatzimmer 8/18 US$). Heiß begehrt ist das Baumhaus mit Stockbetten. Zum Biobauernhof am gleichnamigen Fluss führt eine 7 km lange unbefestigte Piste, die von der Straße nördlich von Canoa landeinwärts abzweigt. Er ist am besten zu Pferd oder mit dem Taxi (10 US$) von Canoa aus zu erreichen.

Surfen

Es gibt hier ausschließlich Strandbrecher. Aber im Gegensatz zu anderen Surfspots entlang der Küste gibt's diese das ganze Jahr über – richtig hoch sind sie von Januar bis Ende März. Die meisten Pensionen vermieten Boards (halber/ganzer Tag 5/15 US$) und bieten Unterricht im Wellenreiten (90 Min. für 25 US$) an.

Schlafen

★ Hotel Bambu HOTEL $

(☎ 05-258-8017; www.hotelbambuecuador.com; am Nordende des Malecón; B/EZ/DZ 10/30/40 US$, Camping 20 US$; P ☎) Das schönste Hotel am Ort hat ein tolles Restaurant mit Bar und Sandboden sowie Hütten mit Bambusdächern, Holzfensterläden, Moskitonetzen und Warmwasserduschen. Meerblick bieten nur einige davon, aber die meisten profitieren von der angenehm kühlen Meeresbrise. Ein Neuzugang ist der preiswerte, voll ausgestattete Campingbereich mit Hochbeeten. Es gibt auch Möglichkeiten zum Tischtennis- und Billardspielen!

★ Casa Shangri-La PENSION $

(☎ 099-146-8470; Antonio Aviega, 100 m nördlich vom Ort an der Hauptstraße; Camping/Zi. 7,50/10 US$ pro Pers.; ☎ ☎) Diese fantastische, von Sternfrucht- und Papayabäumen umgebene Unterkunft wird von dem freundlichen Holländer Jeroen geführt, der hier einen relaxten Surfertreff mit großem Garten, Tauchbecken, sehr hübschen Zimmern und einer chilligen Atmosphäre geschaffen hat. Es gibt auch eine Bar, eine Bibliothek und einen Surfbrettverleih. Das Gästehaus liegt einen kurzen Fußweg vom Ort entfernt, sodass die Gäste nicht die ganze Nacht den Reggaeton der Strandbars im Ohr haben.

Jeroen hat die Casa Shangri-La nach dem Erdbeben von 2016 wieder neu aufgebaut. Er veranstaltet Touren zu einer wunderschönen Kakaoplantage im nahegelegenen El Águila, auf der eine Vielzahl an Vögeln und Brüllaffen leben.

Hostal Canoamar HOSTEL $

(☎ 05-258-8081; www.canoamar.com; Malecón; EZ/DZ 20/25 US$; P ☎) Das dreistöckige Gebäude bietet einen schönen Meerblick, frische Meeresluft und Zimmer mit Bambuswänden, Moskitonetzen und angenehm festen Matratzen. Sparsame Traveller werden die Gemeinschaftsküche zu schätzen wissen.

Neben dem La Vista Hotel direkt am Strand gelegen.

Posada Olmito PENSION $

(☎ 099-553-3341; www.olmito.org; am Malecón; DZ 26 US$, Frühstück 3 US$; P ☎) Direkt am Strand steht dieses extrem rustikale Konglomerat, ideal für Strandfaulenzer. Die schicken Bambuszimmer mit Ventilatoren haben kleine Privatbäder mit Warmwasser und sind ausreichend sauber. Die Atmosphäre ist mehr als relaxt, es gibt Hängematten, und auf dem Boden liegen dösende Hunde. In der Bar und am Grillplatz ist abends viel los.

Amalur PENSION $

(☎ 098-303-5039; www.amalurcanoa.com; Ecke San Andres & Francisco Aveiga; B 10–12 US$, EZ/DZ 20/25 US$; ☎) Amalur liegt zwar zwei Blocks vom Strand entfernt und blickt auf einen trostlosen Fußballplatz, ist aber eine gute Option für Leute, die abseits des Trubels wohnen möchten. Die Zimmer mit Bambusbetten, Hartholzböden, hellen Duschbädern und supersauberem Bettzeug sind prima. Das Restaurant im Erdgeschoss ist in leuchtenden Orange-Rosa-Tönen gestrichen und spielt sanften Jazz. Außerdem gibt's Tischtennis und Yogastunden.

La Vista Hotel PENSION $

(☎ 099-228-8995; am Malecón, neben Coco Loco; EZ/DZ/3BZ/4BZ 25/35/45/55 US$; P ☎) Das La Vista steht direkt am Strand und ist eine etwas gehobenere Pension in einem vierstöckigen Gebäude. Die geräumigen, hübsch eingerichteten Zimmer haben Balkendecken und verglaste (nicht nur vergitterte) Fenster. Wie überall in Canoa steigen die Preise am Wochenende um 5 US$ pro Nacht.

Cocoa Inn HOTEL $$

(☎ 099-228-9372; www.cocoainn.com; am Südende des Malecón; DZ/4BZ/Suite 30/40/50 US$; P ☎) Hübsch, sauber und mit bunten Bettdecken ausgestattet – das neue, chilenisch geführte Hotel hat das Erdbeben von 2016 abgesehen von einigen kaputten Fliesen gut überstanden. Es liegt am äußersten Südende des bebauten *malecón* und ist aufgrund seines jungen Alters eine bessere Option in dieser Preisklasse als viele andere Hotels in der Nähe.

Essen

Amalur SPANISCH $

(www.amalurcanoa.com; Ecke Francisco Aviega & San Andres, im Amalur Hotel; Hauptgerichte 7–12 US$; ⏲ 8–22 Uhr; ☎) Das adrette, minimalistische Restaurant wird von einem spanischen Koch geführt („Amalur" ist baskisch und bedeutet „Mutter Erde") – ein toller Ort, um essen zu gehen, und ein riesiger Unterschied zu anderen Restaurants, die man sonst in ecuadorianischen Dörfern findet! Auf einer Tafel sind die Angebote des Tages angeschrieben, darunter sind Leckereien wie frischer Tintenfisch *a la plancha*, *pulpo a la Gallega* (mit Paprika gekochter Tintenfisch), gut gewürzte Auberginen (aus eigenem Anbau) in Salsa und ein traumhaft zarter Seebarsch.

Surf Shak INTERNATIONAL $
(Malecón; Hauptgerichte 5–10 US$; ⌚8–24 Uhr; 📶) Der Surf Shak versorgt ausländische Touristen in Partylaune mit bester Pizza, Burgern, deftigem Frühstück und einer großen Auswahl von Rum-Cocktails. Hier herrscht die perfekte Californiadreamin-Surferatmosphäre.

ℹ Praktische Informationen

Canoa hat keine Banken (die nächsten Geldautomaten sind in San Vicente).

ℹ An- & Weiterreise

Busse zwischen Bahía de Caráquez (1 US$, 45 Min.) und Pedernales oder Esmeraldas halten auch in Canoa. Das Büro von Coachtur befindet sich drei Blocks landeinwärts vom Hotel Bambu. Das Busunternehmen bietet stündlich Verbindungen nach Portoviejo (4 US$, 2½ Std.), Manta (5 US$, 3 Std.) und Guayaquil (9 US$, 6 Std.).

Bahía de Caráquez

☎05 / 26 100 EW.

Auf der geschäftigen Halbinsel von Bahía de Caráquez stehen strahlend weiße Hochhäuser neben Häusern mit roten Ziegeldächern. Mit dem Río Chone auf der einen und dem Pazifik auf der anderen Seite rekelt sich die schmucke ehemalige Hafenstadt in der Sonne und verströmt eine wunderbar entspannte Atmosphäre. Sie hat einen hübschen Strand und ist bei Touristen aus dem Inland sehr beliebt, auch wenn sich nicht allzu viele Ausländer hierher verirren.

In der ersten Hälfte des 20. Jhs. war die Stadt Ecuadors wichtigster Hafen; durch die langsam erodierenden Sandbänke wurde diese Ehre aber Guayaquil und Manta zuteil, und Bahía konnte sich fortan sich selbst widmen.

Die Stadt wurde beim Erdbeben von 2016 völlig zerstört, viele Geschäfte und Einrichtungen wurden dem Erdboden gleichgemacht. Die Tourismusbranche ist gerade dabei, sich langsam wieder zu erholen.

Bahía de Caráquez

Bahía de Caráquez

Sehenswertes
1 Iglesia de La Merced A5
2 Mirador La Cruz A5
3 Museo Bahía de Caráquez B5

Schlafen
4 Centro Vacacional Life B2

Essen
5 D'Camaron A2
6 Hermanacho A2
7 Puerto Amistad B5

Sehenswertes & Aktivitäten

Vom Strand starten Bootstouren zur herzförmigen Isla Corazón und zu Whalewatching-Touren (25 US$/Std.).

Kirche von La Merced KIRCHE

(Plaza Sucre) Die Kirche entstand 1912 aus Materialien, die aus den USA und Europa importiert wurden. Sie hat zwei große Erdbeben überstanden. Alberto Santos, ein erfolgreicher Geschäftsmann, der Anfang des 20. Jhs. in Bahía de Caráquez lebte, hat seine Spuren in der Stadt hinterlassen: Mit seinen Spenden finanzierte er die Kirche und mehrere Statuen am Ufer.

Museo Bahía de Caráquez MUSEUM

(www.museos.gob.ec/redmuseos/bahia/bahia.html; Ecke Malecón Santos & Peña; ⌚ Di–Fr 8.30–16.30, Sa 9–14.30 Uhr) GRATIS In dem sehr guten und modernen Museum können sich Besucher einen Einblick in die Geschichte der indigenen Völker der Gegend verschaffen. Zur Sammlung gehören Hunderte präkolumbianischer Töpferwaren. Auch lokales Kunsthandwerk wird hier verkauft.

Mirador La Cruz AUSSICHTSPUNKT

(Barrio de La Cruz, nahe Av 3 de Noviembre) Hoch über der Halbinsel, am südlichen Ende der Stadt, liegt dieser Aussichtspunkt mit einem tollen Blick über Stadt, Meer und Fluss. Er ist zu Fuß oder mit dem Taxi zu erreichen.

Isla Corazón INSEL

(☎ 05-267-4836; www.islacorazon.com; San Vicente oder Puerto Portovelo; Eintritt inkl. 2-stünd. Führung ab 10 US$) Vogelbeobachter sollten unbedingt die Isla Corazon besuchen, wo man an Führungen durch die Mangroven teilnehmen und Fregattvögel, Reiher, Fischreiher und andere Vogelarten beobachten kann. Die Insel liegt 7 km östlich von San Vicente und ist mit dem Bus (0,50 US$) oder Taxi (5 US$) erreichbar. Wer eine Tour buchen will, ruft am besten Leonidas Vega oder Juan Montalvo in der Santa-Rosa-Kirche in San Vicente unter der angegebenen Nummer an.

Schlafen

Die Hotelbranche von Bahía hat noch mit den Auswirkungen des Erdbebens von 2016 zu kämpfen. Am besten sucht man sich eine Unterkunft an der Küste weiter südlich.

Centro Vacacional Life HÜTTE $

(☎ 05-269-0496; Ecke Octavio Vitteri & Daniel Hidalgo; Zi. 20 US$ pro Pers.; ❄ 📶) Die Häuschen sind nur zwei Blocks vom Strand entfernt und bieten Platz für je fünf Personen. Sie wirken von außen zwar nichtssagend, verfügen aber über eigene Küchen, zwei Schlafzimmer, gemütliche Möbel und Plasmafernseher. Dazu gibt's einen Rasenspielplatz, einen Billardtisch und eine Tischtennisplatte. Da alle anderen Unterkünfte Bahías beim Erdbeben zerstört wurden, sind diese Hütten quasi die einzige verbliebene Option im Stadtzentrum.

Casa Ceibo LUXUSHOTEL $$$

(☎ 05-239-9399, 099-470-3622; www.casaceibo.com; Av Sixto Durán Ballén; DZ/Suite mit Frühstück ab 110/240 US$; P ❄ 📶 🏊) Wer ein bisschen verwöhnt werden will und dabei die Abgeschiedenheit sucht, ist in diesem abgeschotteten Luxushotelkomplex 4 km von Bahías Zentrum entfernt genau richtig. Er liegt an der Straße, die aus der Stadt herausführt, unmittelbar hinter dem Busbahnhof. Mit seinen vornehmen, mit allen Annehmlichkeiten ausgestatteten Zimmern, den minimalistischen Gemeinschaftsbereichen und dem riesigen gepflegten Garten, der bis hinunter zum Fluss reicht, ist dies definitiv das eleganteste Hotel der Stadt.

Sowohl Kajak- und Radfahren als auch die Nutzung des Fitnessraums, der Jacuzzis und Pools sind inbegriffen, und es gibt ein vollwertiges Restaurant.

Essen

An der Anlegestelle am Fluss findet sich eine Reihe verwitterter Restaurants, die die perfekte Location für ein Essen bei Sonnenuntergang abgeben. Sie sind für ihre Gerichte mit Meeresfrüchten (besonders Ceviche) bekannt. Den ganzen Tag über, von morgens bis Mitternacht, findet sich hier ein geöffnetes Restaurant. Direkt am *malecón* befindet sich ein großartiges, langjähriges Ceviche-Lokal, das bei den Einheimischen sehr beliebt ist.

Hermanacho CEVICHE $

(☎ 05-269-2483; Malecón; Ceviche 4–12 US$; ⌚ 8–15 Uhr) Die Leute kommen sogar aus Canoa hergefahren, um dieses langjährige und beliebte Ceviche-Lokal zu besuchen. Man kann eine halbe Portion von Pedro Avilas *mixto*-Shrimps oder Hummer-Ceviche (4 bis 6 US$) bestellen, aber wer wirklich Hunger hat, bestellt gleich die komplette Portion (8 bis 12 US$). Das Restaurant liegt gegenüber von D'Camaron direkt am Ufer.

MANGROVEN IN GEFAHR

Die Küstenmangroven Ecuadors sind ein wichtiger Lebensraum. Sie helfen einerseits, die Erosion der Küste einzudämmen, andererseits bieten sie zahlreichen Vogelarten, Fischen, Weich- und Krustentieren ein Zuhause. Unglücklicherweise war es von jeher schwer zu sagen, wem diese tropischen Küstenwälder gehören, was sie der Gefahr der kommerziellen Ausbeutung aussetzt.

Kleine Krebs- und Garnelenfischer nahmen anfangs ungeschützte und unbeaufsichtigte Mangrovengebiete in Besitz, was aber das Mangroven-Ökosystem nicht ernsthaft gefährdete, weil ihre Fangmengen einfach zu gering waren.

Das alles änderte sich in den 1980er-Jahren, als Garnelenfarmen auf der Bildfläche erschienen, die Garnelen unter künstlichen Bedingungen in viel, viel größeren Mengen züchteten, als man durch traditionelle Methoden hätte fangen können. Zum Bau der Farmen mussten die Mangroven abgeholzt werden. Angehende Besitzer von Garnelenfarmen kauften Land von der Regierung, fällten die Mangroven und begannen mit der Garnelenzucht. Die Nettogewinne dieser Farmen waren so hoch, dass die Idee schnell populär wurde und sich über die ganze Küste verbreitete, wodurch in den 1980er- und frühen 1990er-Jahren 80–90 % der ecuadorianischen Mangroven vernichtet wurden (wer die Küste entlangfährt, wird überall die Garnelenfischer in ihren langen, flachen Booten sehen). Obwohl es mittlerweile Gesetze gibt, die diese Zerstörung eindämmen sollen, ist es schwierig, diese in abgelegenen Küstenregionen auch wirklich durchzusetzen.

Die Garnelenfarmen hatten kurz- und mittelfristig gesehen eine Menge negativer Auswirkungen. Früher waren die Mangroven für viele Familien eine nachhaltige Überlebensgrundlage, heute beschäftigen die Garnelenfarmen nur eine Handvoll Saisonarbeiter. Dort, wo die Mangroven einst einer großen Artenvielfalt Schutz boten, sind heute nur noch Garnelen aus kommerzieller Zucht zu finden. Die Erosion der Küsten und die Verschmutzung durch die Abfälle der Farmen haben sich zu einem ernsthaften Problem entwickelt. Krankheiten und wirtschaftlicher Niedergang haben dazu geführt, dass heute viele Garnelenfarmen verlassen daliegen. Inzwischen sind Muisne, Bahía de Caráquez und einige andere Küstenorte bemüht, neue Mangroven anzupflanzen. In den meisten größeren Touristenorten werden Mangroventouren angeboten.

Puerto Amistad INTERNATIONAL **$**
(Malecón Santos; Hauptgerichte 6–12 US$; ⌚Mo–Do 12–23, Fr–Sa 12–2 Uhr) Puerto Amistad ist bei den hier ansässigen Ausländern für seine leckeren Gerichte, die starken Cocktails und die hübsche, luftige Terrasse über dem Wasser beliebt. Salate, herzhafte Crêpes, Quesadillas, die Gerichte mit Meeresfrüchten und die Steaks sind hervorragend; die Bedienung ist freundlich und professionell. Das etwas gehobenere Restaurant ist gleichzeitig Bahías Jachtclub und ein guter Ort, um Segler auf der Durchreise kennenzulernen.

D'Camaron FISCH & MEERESFRÜCHTE **$**
(www.dcamaron.com.ec; Bolívar zw. Plaza Acosta & Leannen; Hauptgerichte 7–11 US$; ⌚Mo–Fr 9.30–18, Sa & So 8.30–18 Uhr) Wie der Name vermuten lässt, sind Garnelen die Spezialität dieses lässigen Restaurants im Freien nahe dem Wasser. Mit gegrillten Garnelen und einem Cocktail in der Hand lässt sich die Meeresbrise am besten genießen.

ℹ Praktische Informationen

Banco de Guayaquil (Ecke Bolívar & Riofrío) Tauscht Reiseschecks um und hat einen Geldautomaten.

ℹ An- & Weiterreise

Eine Brücke über den Río Chone verbindet Bahía mit San Vicente (und dem Rest der Nordküste). Auf diese Weise kann man sich die lange Fahrt um die Bucht oder die Fahrt mit der Flussfähre sparen.

Der Busbahnhof liegt 4 km vom Stadtzentrum entfernt am *malecón* in Richtung Chone. Von hier verkehren reguläre Busse und *ejecutivo*-Verbindungen (1. Klasse) über Santo Domingo (*regular/ejecutivo* 5/6 US$) nach Quito (*regular/ejecutivo* 10/12 US$, 8 Std., 4-mal tgl.). Es fahren auch Busse nach Guayaquil (7,50 US$, 6 Std., 7-mal tgl.), Manta (3 US$, 3 Std., 3-mal tgl.) und Canoa (1,25 US$, 45 Min., alle 30 Min.).

Manta

05 / 217 553 EW.

Manta ist die größte Stadt der Provinz (und die fünftgrößte in Ecuador). Die geschäftige, wohlhabende Hafenstadt hat jede Menge Hochhäuser und ein paar Stadtstrände, an die es vorwiegend einheimische Touristen zieht. Als wichtiges Zentrum der fisch- und thunfischverarbeitenden Industrie ist dies einer jener Orte, die man schon von Weitem riechen kann… Die kurioseste Attraktion ist somit auch die riesige Skulptur eines Thunfischs. Eigentlich gibt's nur wenige Gründe, hierherzukommen – die Strände anderswo an der Küste sind viel besser –, die Stadt ist aber ein wichtiger Verkehrsknotenpunkt, hat ein lebhaftes Nachtleben, und auch wer sich auf dem Weg ins Kunsthandwerkerdorf Montecristi befindet, wird um Manta kaum herumkommen.

Sehenswertes

Museo Arqueológico del Banco Central MUSEUM

(Malecón zw. Calle 9 & Av 2; Eintritt 1 US$; Mo–Fr 8.30–17 Uhr) Das komplett modernisierte Stadtmuseum wurde 2009 an seinem heutigen Standort wiedereröffnet und stellt wertvolle Artefakte der präkolumbianischen Manta-Kultur, eine Auswahl ecuadorianischer Gemälde und schrägen Fischerei-Krimskrams aus.

Playa Murciélago STRAND

(am Malecón zw. Calle 30 & Calle 19) Dieser Strand ist weniger geschützt als die meisten Strände der Region und hat größere Wellen (auch wenn sie nicht riesig sind, gibt es doch einen starken Sog). Die Playa Murciélago ist der beliebteste Strand der Stadt, befindet sich etwa 2 km nordwestlich des Zentrums (in der Nähe des Hotels Balandra) und ist gesäumt von Snackbars, Restaurants und Sonnenschirmverleihen.

Tarqui-Strand STRAND

(Malecón) Am östlichen Ende dieses Sandstrands geht's früh am Morgen zu wie in einem Bienenstock, wenn zahlreiche Fischverkäufer Hai, Thunfisch, Schwertfisch, Doraden und andere Fische feilbieten (deren Größe mit jedem Jahr abzunehmen scheint). Hier befindet sich auch der sogenannte Parque del Marisco: jede Menge Stände, die direkt am Strand eine große Auswahl von Gerichten aus frischem Fisch und Meeresfrüchten verkaufen, darunter auch – schenkt man den Einheimischen Glauben – die besten Ceviches des ganzen Landes.

Der Strand eignet sich auch gut zum Schwimmen.

Schlafen

Manakin PENSION $$

(05-262-0413; hostalmanakin@hotmail.com; Ecke Calle 17 & Av 21; EZ/DZ mit Frühstück 55/65 US$;) Fast im Herzen des Ausgehviertels befindet sich das Manakin, ein umgebautes einstöckiges Haus mit einem angenehm entspannten Flair. Die schmalen, adretten, wohlduftenden Zimmer sind hübsch eingerichtet und das Haus bietet nette Plätzchen zum Ausspannen – beispielsweise die Terrasse vor dem Haus. Das Einkaufszentrum ist nur ein paar Gehminuten entfernt. Was will man mehr?

Hotel Balandra HOTEL $$$

(05-262-0545; www.hotelbalandra.com; Av 7 nahe Calle 20; EZ/DZ 103/152 US$, Deluxe-Zi. 155 US$; @) Ein kleines, aber gehobenes Hotel am Hang mit hübsch eingerichteten Deluxe-Zimmern und Hütten mit zwei Schlafzimmern, von denen einige einen Balkon zum Meer hin haben. Im Garten stehen kunstvoll geschnittene Sträucher, es gibt einen kleinen Fitnessraum, eine Sauna, einen Pool und einen Spielplatz. Achtung: An den Wochenenden sind viele Familien zu Gast, die die Ruhe etwas stören können.

Essen

Comedores, die Gerichte mit Meeresfrüchten servieren, säumen das Ostende des Strands am Malecón de Tarqui. An der Playa Murciélago wimmelt es von Cafés, die besten Blick auf das Strandleben bieten.

Trovador Café CAFÉ $

(05-262-9376; Av 3 & Calle 10, Pasaje Hermanos Egas Miranda; Hauptgerichte 2–5 US$; Mo–Sa 7.30–18 Uhr) In einer hübschen Fußgängerzone, nicht weit vom *malecón* entfernt, versteckt sich dieses Café, das schaumige Cappuccinos, Sandwiches und günstige Mittagsgerichte serviert. Es ist in einem alten Kolonialgebäude untergebracht und bietet Sitzgelegenheiten im Freien.

Parrillada Oh Mar GRILL $$

(Ecke Av 20 & Flavio Reyes; Hauptgerichte 9–12 US$; Mo–Sa 12–23 Uhr) Das einladende Grillrestaurant mit Glaswänden mitten in Mantas Ausgeh- und Amüsierviertel ist eine hervorragende Adresse, um ein sättigen-

Manta

0 — 500 m
A
B
C
D
E
F
G
1
2
3
4
2
Hafen-gebiet
Malecón de Manta (Chávez Gutiérrez)
PAZIFIK
4
Av 1
Calle20
Calle19
Calle16
Av 6
Av 2
Av 3
Av 7
Open-Air-Theater & Plaza
Plaza 4 de Noviembre
Av 1
Calle 11
5
Calle17
Av 8
Städtische Touristen-information
Plaza
Civic Plaza
Wellenbrecher
6
Av Flavio Reyes
Av 11
Av 4
Av 5
7
1
Wellenbrecher
Fischereihafen
3
Terminal Terrestre de Manta (3 km); Aloy Alfaro International (6 km)
Calle 16-A
Calle 15
Calle 14
Av 19
Calle 13
Av 18
Av 6
Av 8
Av 9
Calle 6-A
Calle 105
Calle 12
Calle 9
Av 10
Av 11
Calle 17
MANTA
Av 20
Av 21
Calle 11
Av 15
Av 12
Av 13
Av 14
Av 24 de Mayo
Av 9
Malecón de Tarqui
Av 105
Calle 104
Av 22
Av 19
Av 16
Calle 10
Av 17
Av 23
Calle 102
Av 106
Av 107
Av 4 de Noviembre
Río Manta
Calle 101
Av 108
Av 25
Av 24
Calle 8
Calle 7
Calle 6
Av 24 de Mayo
Polizeiwache (100 m); Montecristi (11 km); Portoviejo (39 km)
Markt
Av 109

Manta

Sehenswertes

1	Museo Arqueológico del Banco Central	D3
2	Playa Murciélago	A1
3	Tarqui Beach	G3

Schlafen

4	Hotel Balandra	A2
5	Manakin	A2

Essen

6	Parrillada Oh Mar	A3
7	Trovador Café	D3

des Steak und ein Glas guten argentinischen Rotwein zu genießen.

Praktische Informationen

Städtische Touristeninformation (☎05-262-2944; Av 3 N10-34; ⏲Mo–Fr 8–12.30 & 14.30–17 Uhr) Das Personal ist freundlich und hilfsbereit.

Polizei (Av 4 de Noviembre, nahe Calle 104)

Post (Calle 8) Im Rathaus.

An- & Weiterreise

BUS

Die meisten Busse starten am neuen Terminal Terreste nahe dem Flughafen. Auch die Busse zu in der Nähe liegenden Städten und Dörfern der Provinz Manabí, wie Montecristi (0,50 US$, 15 Min.), fahren vom Busbahnhof ab.

Es gibt Busse nach Jipijapa (0,90 US$, 1 Std.), Canoa (4 US$, 3½–4 Std.), Bahía de Caráquez (2,50 US$, 3 Std.), Guayaquil (5 US$, 4 Std.), Esmeraldas (7 US$, 6 Std.) und Ambato (8 US$, 10 Std.).

Die *Ejecutivo*-Busse nach Quito (10 US$, 9 Std.) und nach Guayaquil (7,50 US$, 4 Std.) fahren den ganzen Tag über von einer relativ kleinen Haltestelle auf dem *malecón* ganz in der Nähe ab.

FLUGZEUG

Das **TAME-Büro** (☎05-262-2006; Malecón de Manta zw. Av 13 & 14) von Manta befindet sich direkt am Ufer hinter dem Freilufttheater. TAME bietet täglich ein bis zwei Flüge von/nach Quito (einfache Strecke ab 86 US$, 30 Min.) an. Die Flugtickets können auch am Morgen des Abflugs noch am Flughafen gekauft werden, doch aufgepasst: Am Wochenende und in der Ferienzeit sind manchmal alle Flieger komplett ausgebucht! Wer planen kann und seine Tickets ein paar Tage im Voraus kauft, kann mit großen Rabatten rechnen.

Der Flughafen liegt etwa 3 km östlich von Tarqui; eine Taxifahrt kostet um die 2 US$ (10 Min. Fahrtdauer).

Montecristi

☎05 / 46 312 EW.

In Montecristi werden die feinsten Strohhüte des Planeten hergestellt – auch wenn sie fälschlich als „Panamahüte" bezeichnet werden. Wer einen erwerben möchte, fragt nach einem *sombrero de paja toquilla* (die Hüte bestehen aus einem feinen, fasrigen Stroh, das nur in dieser Region wächst). Die Straße, die in die Stadt führt, und die Plaza sind von zahlreichen Hutläden gesäumt, die meisten Waren dort sind jedoch billig und zu locker geflochten.

Montecristi wurde um das Jahr 1628 gegründet, als die *manteños* ins Landesinnere flohen, um den regelmäßigen Plünderungen durch Piraten zu entkommen. Die zahlreichen unrestaurierten Kolonialhäuser ver leihen dem Dorf eine etwas gespenstische Atmosphäre. Die Hauptattraktion des Ortes sind handgefertigte Hüte, außerdem gibt's eine wunderschöne Kirche auf dem Hauptplatz. Sie beherbergt eine Statue der Jungfrau Maria (die Wunder bewirken soll) und eine Statue von Eloy Alfaro, der in Montecristi geboren wurde und zweimal Präsident von Ecuador war. Sein Grab befindet sich im Rathaus; auf dem Hügel steht ein neues Museum, das ihm zu Ehren eröffnet wurde.

Sehenswertes

Museo Historico de Montecristi MUSEUM
(Centro Cívico Ciudad Alfaro; www.ciudadalfaro.gob.ec; Prolongacion 10 de Agosto; ⏲9–16.30 Uhr) GRATIS Der Revolutionär und zweimalige Präsident Ecuadors Eloy Alfaro wurde in Montecristi geboren, und die Stadt erweist ihm eine großartige Hommage: ein Museum auf dem Hügel mit herrlichem Panoramablick auf die Stadt. Es zeigt eine alte Lokomotive, um Alfaros Pionierarbeit beim Bau der Eisenbahnlinie zwischen Guayaquil und Quito – die die Anden mit dem Pazifik verbindet – zu gedenken. Außerdem sind zahlreiche Briefe und Ausstellungsstücke zu sehen, die ihn als den Mann würdigen, der den einst Entrechteten Ecuadors – den Ureinwohnern, Afroecuadorianern und Frauen – Würde, Bürgerrechte und militärischen Rang verlieh.

Nebenbei gesagt: Die Toiletten des Museums sind wunderschön!

Basilica Santisima Virgen de Montserrat KIRCHE

(Calle Sucre, La Madre Parque) Die wunderschöne Kirche stammt aus dem frühen 20. Jh. und beherbergt eine Statue der Jungfrau Maria, die Wunder bewirken soll. Während das Museo Historico de Montecristi oben auf dem Hügel das politische Erbe der Stadt präsentiert, ist dieses Gotteshaus das spirituelle Zentrum der Stadt.

Shoppen

José Chávez Franco KLEIDUNG

(Rocafuerte 386; 7–19 Uhr) Hier bekommt man einen qualitativ hochwertigen Panama-Strohhut für unter 100 US$, aber da sollte man genau hinsehen. Die Hüte sind weder vorgeformt noch haben sie ein Außenband an der Krempe, günstiger als hier sind sie aber auch kaum irgendwo auf der Welt zu bekommen.

José weist gern darauf hin, dass er auch exquisite Sombreros für weitaus höhere Preise verkauft; man sollte sich beim Anprobieren genug Zeit lassen.

An- & Weiterreise

Tagsüber ist Montecristi mit einem der vielen Busse zu erreichen, die am Busbahnhof in Manta losfahren (0,50 US$, 30 Min.).

Südküste

Inhalt ➜

Gut essen

- ➜ El Morro Restaurant (S. 329)
- ➜ Manso Mix (S. 308)
- ➜ Pique & Pase (S. 308)
- ➜ Delfin Mágico (S. 320)
- ➜ Pigro (S. 324)

Schön übernachten

- ➜ Mansion del Rio (S. 306)
- ➜ Hostería Mandála (S. 315)
- ➜ Balsa Surf Camp (S. 323)
- ➜ Chescos (S. 326)
- ➜ Hostería Farallón Dillon (S. 325)

Auf an die Südküste!

Breite Sandstrände, üppige Naturschutzgebiete und artenreiche Inseln sind nur einige der Reize an der Südküste Ecuadors. Die Gegend ist ideal, um Tiere zu beobachten, für Outdooraktivitäten wie Surfen, Wandern und Gleitschirmfliegen oder einfach für faule Tage am Strand.

Als Tor in diese Region dient Guayaquil, eine quirlige Tropenstadt, die sich in den vergangenen Jahren enorm gewandelt hat. Westlich davon liegt an der Küste die Ruta Spondylus. Vor Puerto Lopez lassen sich Buckelwale und Kolonien von Blaufußtölpeln beobachten, in Montañita tummelt sich die Surfer- und Partyszene und Entspannung bieten friedliche Küstenorte wie Ayampe und Olón.

Südlich von Guayaquil erstreckt sich fast nur Bananenland, kilometerweites *oro verde* (grünes Gold). Machala ehrt seine Bananentradition und ist auch Zugangsort zur urtümlichen, von Mangroven bewachsenen Insel Jambelí. Einen Besuch lohnt auch das malerische Zaruma in den Bergen.

Reisezeit

Guayaquil

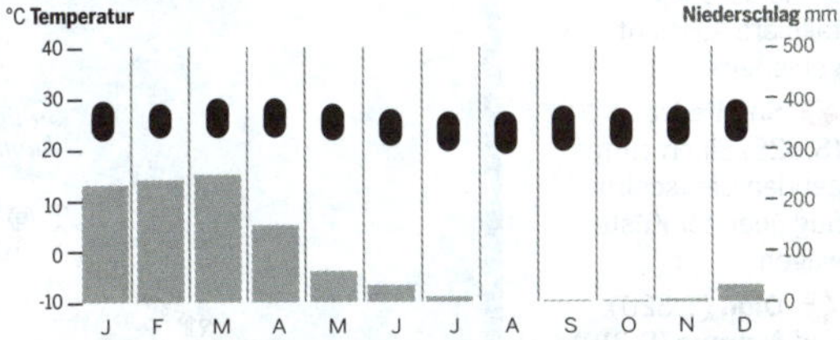

Jan.–Mai In der Regenzeit ist es heiß, feucht und sonnig. Ab und zu gibt's kräftige Regenfälle.

Juni–Dez. Kühler und bewölkter (Trockenzeit). Von Juni bis September kann man Buckelwale sehen.

Ende Dez.–April Hochsaison, jetzt besuchen die Ecuadorianer die Ferienorte an der Küste.

Highlights

1 Isla de la Plata (S. 319) Mit nistenden Tölpeln und anderen Vögeln auf Tuchfühlung gehen.

2 Montañita (S. 321) In diesem Surfer-Mekka wellenreiten und fruchtige Cocktails zu tropischen Klängen schlürfen.

3 Guayaquil (S. 297) Über den *malecón* bummeln, in Ecuadors besten Restaurants essen und durch die gepflasterten Straßen von Cerro Santa Ana spazieren.

4 Salinas (S. 325) Stehpaddeln, Jetski fahren und auf dem Bananenboot reiten – dies ist Ecuadors Gegenstück zu Miami Beach.

5 Parque Nacional Machalilla (S. 317) Gewaltige Buckelwale auf ihrer jährlichen Wanderung sehen, die sich nur Meter vom Boot entfernt im Wasser tummeln.

6 Zaruma (S. 333) Durch die schöne ehemalige Bergbaustadt schlendern und die kühle Luft sowie die spektakuläre Aussicht genießen.

7 San Pedro (S. 325) Einen aufregenden Gleitschirmflug über der Küste wagen.

8 Olón (S. 320) und **Ayampe** (S. 319) In diesen stillen Küstenorten ausspannen.

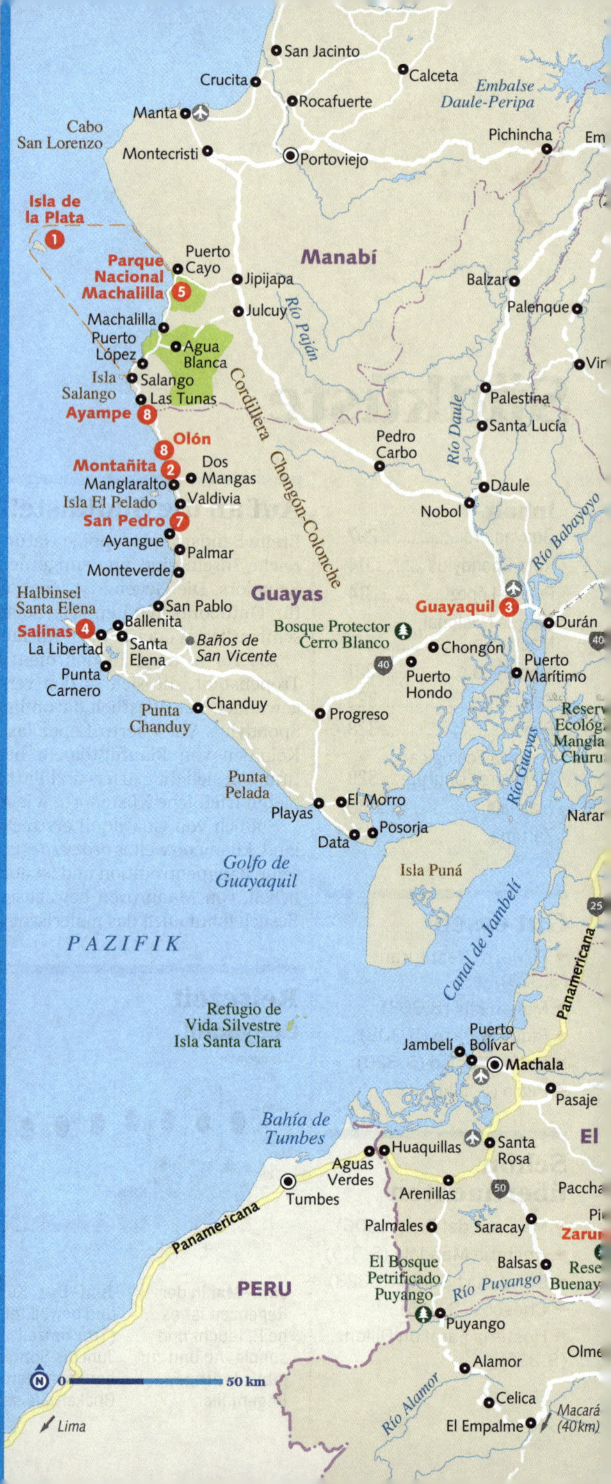

GUAYAQUIL

☎04 / 2,69 MIO. EW.

Guayaquil ist nicht nur das Wirtschaftszentrum Ecuadors, sondern zugleich auch eine lebendige, wachsende Großstadt, die immer mehr an Selbstbewusstsein gewinnt. Ein halbes Dutzend Wolkenkratzer prägen die großstädtische Silhouette, und etliche Hügel werden von bunten Favelas eingenommen. Das Herz der Stadt pocht jedoch am *malecón* (dem Hauptplatz am Fluss) am Río Guayas,

Das malerische Viertel Las Peñas oberhalb des Flusses ist der geografische und historische Kern der Stadt, während die wichtigste Verkehrsachse der Innenstadt, die Avenida 9 de Octubre, Büroangestellte, Einwohner und Kauflustige durch die Stadt schleust. Neben neu belebten Plätzen, Parks und massiven Stadterneuerungsprojekten hat Guayaquil auch muntere Bars und eine wachsende Theater-, Film- und Kunstszene, deren Kreativität nicht zuletzt von mehreren großen Universitäten angeregt wird.

Alle Flieger zu den Galapagosinseln starten in Guayaquil oder machen hier einen Zwischenstopp, daher eignet sich die Stadt neben Quito am besten, eine Reise zu dem Archipel zu organisieren.

Geschichte

Nach einer weit verbreiteten Legende soll der Name Guayaquil auf Guayas, den großen Häuptling der Puna, der tapfer gegen die Inka und danach die Spanier kämpfte, sowie auf seine Frau Quill zurückgehen. Guayas soll Quill getötet haben, damit sie nicht in die Hände der Konquistadoren fiel, und sich anschließend ertränkt haben. Mehrere Historiker behaupten hingegen, der Name der Stadt gehe auf die Wörter *hua* (Land), *illa* (schöne Wiese) und Quilca, einen der Nebenflüsse des Río Guayas, zurück, an dem der Stamm der Quilca lebte, bis er im 17. Jh. ausgelöscht wurde. Nach dieser Theorie heißt Guayaquil also wörtlich: „das Land mit einer schönen Wiese auf dem Land der Quilcas".

Eine Siedlung wurde in der Region erstmals gegen 1534 gegründet und schließlich 1547 an ihre jetzige Stelle auf dem Santa-Ana-Hügel verlegt. Die Stadt war ein wichtiger Hafen und eine wichtige Werft für die Spanier, wurde aber immer wieder von Piratenüberfällen und Feuersbrünsten heimgesucht. Besonders verheerend war das „Große Feuer" von 1896, bei dem beträchtliche Teile der Stadt völlig zerstört wurden. Guayaquil erlangte am 9. Oktober 1820 seine Unabhängigkeit von Spanien und war danach eine unabhängige Provinz, bis Simón Bolívar sie 1822 dem neu gegründeten Großkolumbien zuschlug. Als Bolívars Staatengründung 1830 scheiterte, wurde Guayaquil ein Teil der neu gegründeten Republik Ecuador.

Sehenswertes & Aktivitäten

Obwohl die meisten Besucher hier nur einen kurzen Stopp auf dem Weg zu den Galapagosinseln einlegen, hat die Stadt durchaus etliche Sehenswürdigkeiten zu bieten, meist auch noch in Gehweite voneinander entfernt. Auch wer nur wenig Zeit hat, sollte unbedingt einen Spaziergang auf dem Malecón 2000 (auch Malecón Simón Bolívar oder schlicht *el malecón* genannt) machen und die gepflasterten, verschlungenen Straßen des Hügelviertels Las Peñas besuchen. Dies ist vor allem nachts ein reizvolles Ziel, wenn vom Río Guayas eine kühle Brise weht und unten die hellen Lichter der Stadt funkeln.

El Malecón

Malecón 2000 PLATZ

(Karte S. 300 f.; Malecón Simón Bolívar; ⏲6–23 Uhr) Eines der umfangreichsten Stadterneuerungsprojekte Südamerikas ist der Malecón 2000, der Denkmäler, Spielplätze, Skulpturen, Gärten und die Aussicht auf den Fluss bietet. *El malecón* zieht sich von seinem südlichsten Punkt am Mercado Sur 2,5 km entlang dem breiten Río Guaya bis zum Cerro Santa Ana Las Peñas im Norden. Er ist eine von der Polizei bewachte öffentliche Promenade mit Restaurants, einem Museum, einem Veranstaltungsort, einem IMAX-Kino und einem Einkaufszentrum.

Am nördlichen Ende hat man einen guten Blick auf die kolonialzeitlichen Viertel Las Peñas und Cerro Santa Ana und in der Ferne auf den Puente de la Unidad Nacional (Brücke der nationalen Einheit) über den Río Daule.

★Museo Antropológico y de Arte Contemporáneo MUSEUM

(MAAC; Karte S. 300 f.; ☎04-230-4000, 04-230-9385; Ecke Malecón Simón Bolívar & Loja; ⏲Di–Fr 8.30–16.30, Sa & So 10–16 Uhr) GRATIS Das Ende der Uferpromenade markiert das moderne MAAC, ein Museum für Anthropologie und Archäologie mit einer herausragenden ständigen Sammlung präkolumbischer Artefakte sowie mit Videos, die künstlerische Techniken alter Völker zeigen. Auf Wechselausstellungen werden zum Nachdenken anregende Werke zeitgenössischer ecuadorianischer Künstler vorgestellt. Im MAAC gibt's auch ein modernes, 350 Plätze fassende **Theater** (Karte S. 300 f.; ☎ 230-9400; www.maaccine.com; 2 US$), das für Theateraufführungen, Konzerte und Filmvorführungen genutzt wird.

Museo en Miniatura „Guayaquil en la Historia" MUSEUM

(Karte S. 300 f.; ☎ 04-256-3069; Malecón Simón Bolívar; Mo–Fr 15–18, Sa & So 8–18 Uhr; 3 US$) Das witzige Museum führt Besucher auf eine flotte Reise durch die Geschichte Guayaquils. Dargestellt wird sie mit aufwendigen Miniaturszenen, die wichtige Ereignisse der letzten 500 Jahren nachbilden (darunter Piratenangriffe, verheerende Feuersbrünste, revolutionärer Aufstände und ein ebenso kühnes Sanierungsprojekt aus jüngerer Zeit). Die ganze Tour dauert etwa 45 Minuten und wird auch in englischer Sprache angeboten.

La Rotonda DENKMAL

(Karte S. 300 f.; Malecón Simón Bolívar) Etwa in der Mitte des *malecón* steht eines der eindrucksvollsten Denkmäler von Guayaquil, besonders wenn es nachts angestrahlt wird. Flankiert von kleinen Springbrunnen ist die historisch verbürgte, aber mysteriöse Begegnung der Revolutionäre Bolívar und San Martín dargestellt, die 1822 in Guayaquil stattfand.

La Perla RIESENRAD

(Karte S. 300 f.; www.laperladeguayaquil.com; Malecón Simón Bolívar; Di–Fr/Sa & So 0,50/5 US$; Di–So 10–22 Uhr) Auf der Fahrt mit dem 57 m hohen Riesenrad, dem größten Südamerikas, bietet sich ein toller Blick auf die Stadt, die Altstadt und die Flüsse dahinter.

Las Peñas & Cerro Santa Ana

Die beiden historischen Viertel gehören zu den ältesten der Stadt, denn Teile davon blieben von den vielen Bränden verschont, die hier im Laufe der Jahre gewütet haben. Die über 400 Jahre alten Straßen und Gebäude wurden restauriert und zu einer idealisierten Version eines traditionellen südamerikanischen Bergdorfs gemacht, mit bunt getünchten Häusern und Kopfsteinpflastergassen. Der Blick vom Gipfel des Hügels ist spektakulär, insbesondere bei Nacht. Kleine, zwanglose, von Familien geführte Restaurants und Nachbarschaftskneipen säumen die Stufen. Das Gebiet ist absolut sicher, weil freundliches Sicherheitspersonal hier patrouilliert und dafür sorgt, dass der Fußgängerverkehr auf den steilen Treppen ungehindert fließen kann.

Numa Pompilio Llona STRASSE

(Karte S. 300 f.) Diese historische Straße, die nach einem bekannten Dichter aus der Stadt (1832–1907) benannt ist, beginnt am nördlichen Ende des *malecón,* rechts von den Stufen, die auf den Cerro Santa Ana hinaufführen. In der schmalen, kurvigen Straße sieht man an den Wänden der Häuser hier und da schlichte Gedenktafeln, die verkünden, dass in diesen unscheinbaren Gebäuden früher Präsidenten des Landes wohnten. Die kolonialen Holzhäuser dürfen elegant vor sich hin altern, wenn auch mit neuem Anstrich.

In der Gegend leben mehrere Künstler und in der Straße selbst gibt's einige Kunstgalerien und Kunsthandwerksläden.

Die Numa Pompilio Llona verläuft schließlich dicht am Fluss entlang mit einem schönen asphaltierten Fußgängerweg direkt am Ufer.

Cerro Santa Ana STADTVIERTEL

(Karte S. 300 f.) Die Hügelenklave mit ihren leuchtend bunten Häusern, Cafés, Bars und Souvenirläden ist eine der typischsten Ansichten von Guayaquil. Ein schmaler Weg mit 444 Stufen schlängelt sich hinauf zum **Fortín del Cerro** (Bergfeste; Karte S. 300 f.). Kanonen, die einst Guayaquil vor Piraten schützen sollten, zielen über die Brustwehr auf den Fluss; sie werden heute noch anlässlich von Feierlichkeiten abgefeuert.

Man kann auf den **Leuchtturm** (Karte S. 300 f.; 10–22 Uhr) GRATIS steigen, von dem aus man einen spektakulären Blick auf die Stadt und ihre Wasserläufe hat, und die winzige Kapelle gegenüber besuchen.

Museo de la Musica Popular Guayaquileña Julio Jaramillo MUSEUM

(Karte S. 300 f.; Edificio 3 Bldg, 2. OG; Mi–Sa 10–17, So bis 15 Uhr) GRATIS Das kleine originelle Museum lohnt einen Besuch beim Bummel durch dieses historische Viertel. Ein Teil ist den großen Sängern und Liedermachern Ecuadors gewidmet (besonders dem legendären Julio Jaramillo) und zeigt u. a. alte Victrola-Grammophone und Mandolinen. Im anderen Teil dreht sich alles ums Bier, z. B. Pilsener, das einst in einer Brauerei in der Nähe gebraut wurde.

Pilsener vom Fass (4 US$) gibt's auch im Museumscafé. Um das Museum zu finden, folgt man der Numa Pompilio Llona Richtung Osten bis in den verkehrsfreien Innenhof.

Iglesia de Santo Domingo KIRCHE
(Karte S. 300 f.; nahe Pedro Carbo & Sgto Buitrón) Hinter dem Teatro Bogotá befindet sich die älteste Kirche in Guayaquil. Das Gebäude geht auf das Jahr 1548 zurück und wurde 1938 restauriert.

Stadtzentrum

In der Avenida 9 de Octubre, der wichtigsten Geschäftsstraße der Innenstadt, findet man Schuhgeschäfte, Läden für hochwertige Elektronik, Warenhäuser und Fastfood-Restaurants.

Museo Nahim Isaias MUSEUM
(Karte S. 300 f.; ✆ 04-232-4182; Ecke Pichincha & Ballén; ⏲ Di–Fr 8.30–17, Sa 10–16 Uhr) GRATIS Das Nahim Isaias befindet sich in einem Gebäude an der Plaza de Administración und stellt über 2000 Bilder, Skulpturen, Gemälde und Artefakte vom 16. bis 19. Jh. aus, darunter Exponate aus der Kolonialzeit und religiöse Objekte.

Palacio Municipal HISTORISCHES GEBÄUDE
(Karte S. 300 f.; 10 de Agosto) Gegenüber vom *malecón* erhebt sich der prunkvolle, graue Palacio Municipal mit den Büros des Stadtrats und des Bürgermeisters. Das kunstvolle Gebäude stammt aus dem Jahr 1921 und erweist mit seinen Kuppeln oben auf den vier Ecken und den griechischen Säulen in der zweiten Etage sowohl dem Neoklassizismus als auch dem Barock die Ehre.

Parque Bolívar & Umgebung

Guayaquil ist vielleicht die einzige Stadt der Welt, in deren Zentrum Landleguane leben, die manchmal eine Länge von mehr als einem Meter erreichen. Diese prähistorisch aussehenden Tiere (eine andere Art als die auf den Galapagosinseln beheimatete) sind ein überraschender Anblick auf einem der berühmtesten Plätze von Guayaquil, dem Parque Bolívar, der auch als Parque Seminario bezeichnet wird. Rund um die kleinen Ziergärten des Platzes stehen mehrere der Spitzenhotels der Stadt. Man sollte die Augen offen halten, denn man entdeckt die Reptilien manchmal auch in den Gassen des Cerro Santa Ana.

Kathedrale & Parque Bolívar KIRCHE
(Karte S. 300 f.; zw. Chile & Chimborazo) An der Westseite des Parque Bolívar befindet sich die Kathedrale, die 1547 aus Holz erbaut wurde, später aber wie so vieles in Guayaquil einem Brand zum Opfer fiel. Das gegenwärtige Gebäude wurde 1948 fertiggestellt und 1978 renoviert. Es ist schlicht und modern, hat aber ein äußerst prunkvolles Eingangsportal. Der Park rings um die Kathedrale wird wegen der vielen hier lebenden Reptilien auch Parque de Las Iguanas genannt. Wer genau hinschaut, sieht die Leguane auf den Steinen grasen.

Museo Municipal MUSEUM
(Karte S. 300 f.; ✆ 04-259-4800; http://museodeguayaquil.com; Sucre; ⏲ Di–Sa 9–17.30 Uhr) GRATIS Einen Block südlich vom Parque Bolívar stößt man auf dieses Museum und die **Stadtbibliothek** (Karte S. 300 f.; 10 de Agosto; ⏲ Mo–Fr 9–17, Sa 9–14 Uhr), die sich auf der Rückseite des Gebäudes befindet. Im archäologischen Saal im Erdgeschoss sind hauptsächlich Inka- und präinkazeitliche Keramiken ausgestellt, darunter mehrere Figürchen der Valdivia-Kultur (um 3200 v. Chr.), der ältesten Kultur im ecuadorianischen Raum. Ebenfalls im Erdgeschoss liegt die kolonialzeitliche Abteilung mit vielen religiösen Gemälden und ein paar Haushaltsgegenständen aus dieser Zeit. Im Obergeschoss verteilen sich Säle zur modernen Kunst und zur Völkerkunde.

Nördliches Stadtzentrum

Malecón El Salado PLAZA
(⏲ 6–24 Uhr) Wie der bekanntere Malecón 2000 ist der Malecón El Salado ein attraktives Stadterneuerungsprojekt am Flussufer und bei den Anwohnern sehr beliebt. Ein stromlinienförmiges modernes Gebäude am Mündungsgebiet beherbergt mehrere Restaurants und Cafés sowie ein winziges Theater namens **Sala La Bota** (Tickets 5–25 US$) mit einem angrenzenden hippen Café. Hier kann man auch **Ruderboote** (4 US$ pro 30 Min.) ausleihen (1–5 Pers. pro Boot).

Einheimische Familien mit Kindern im Schlepptau kommen an den Wochenenden abends zum Malecón El Salado, um sich die „tanzenden Springbrunnen", ein choreografiertes Wasserspiel, anzusehen (19, 19.30 & 20 Uhr). Ein großes modernistisches Gebäude beherrscht die Plaza Rodolfo Baquerizo Moreno, den großen Platz gleich südlich des *malecón*. In ihm finden zeitweise Ausstellungen und Events statt.

Guayaquil – Stadtzentrum

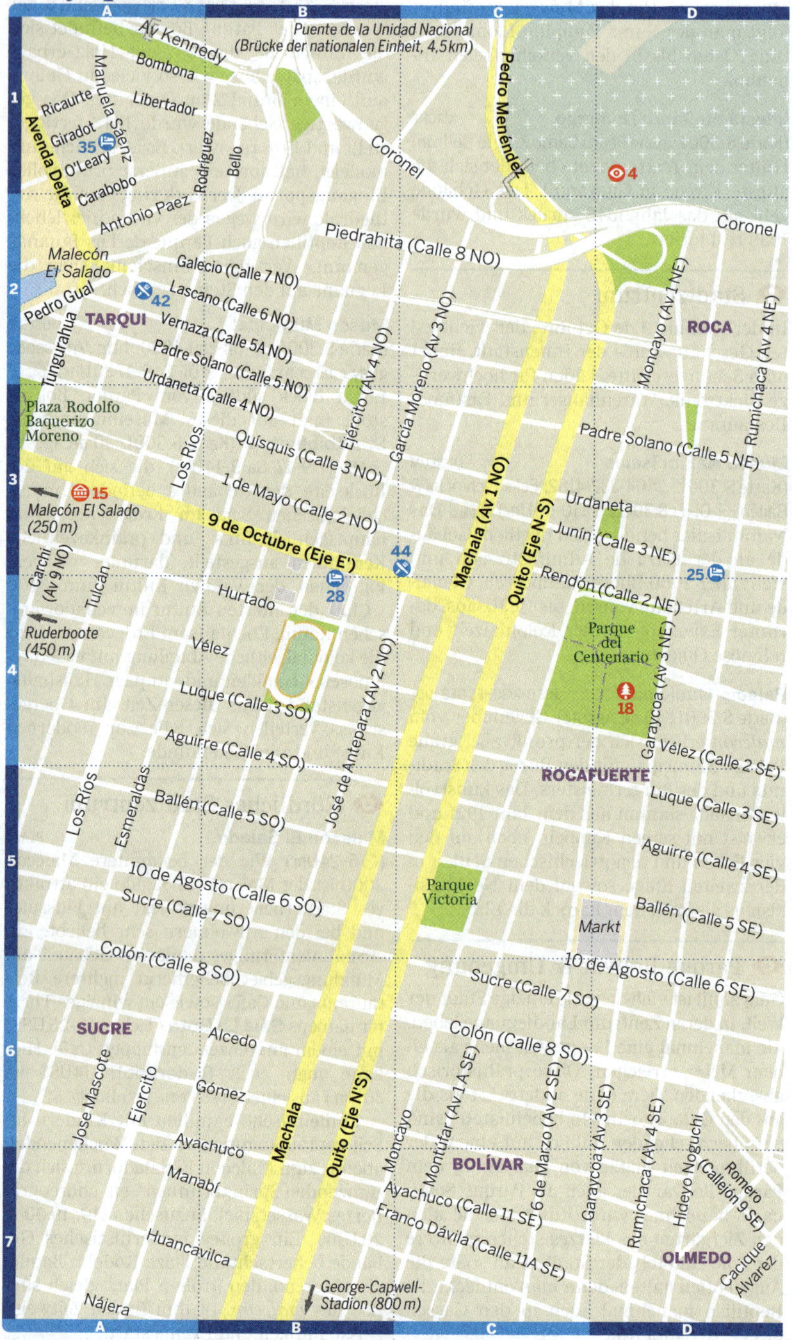

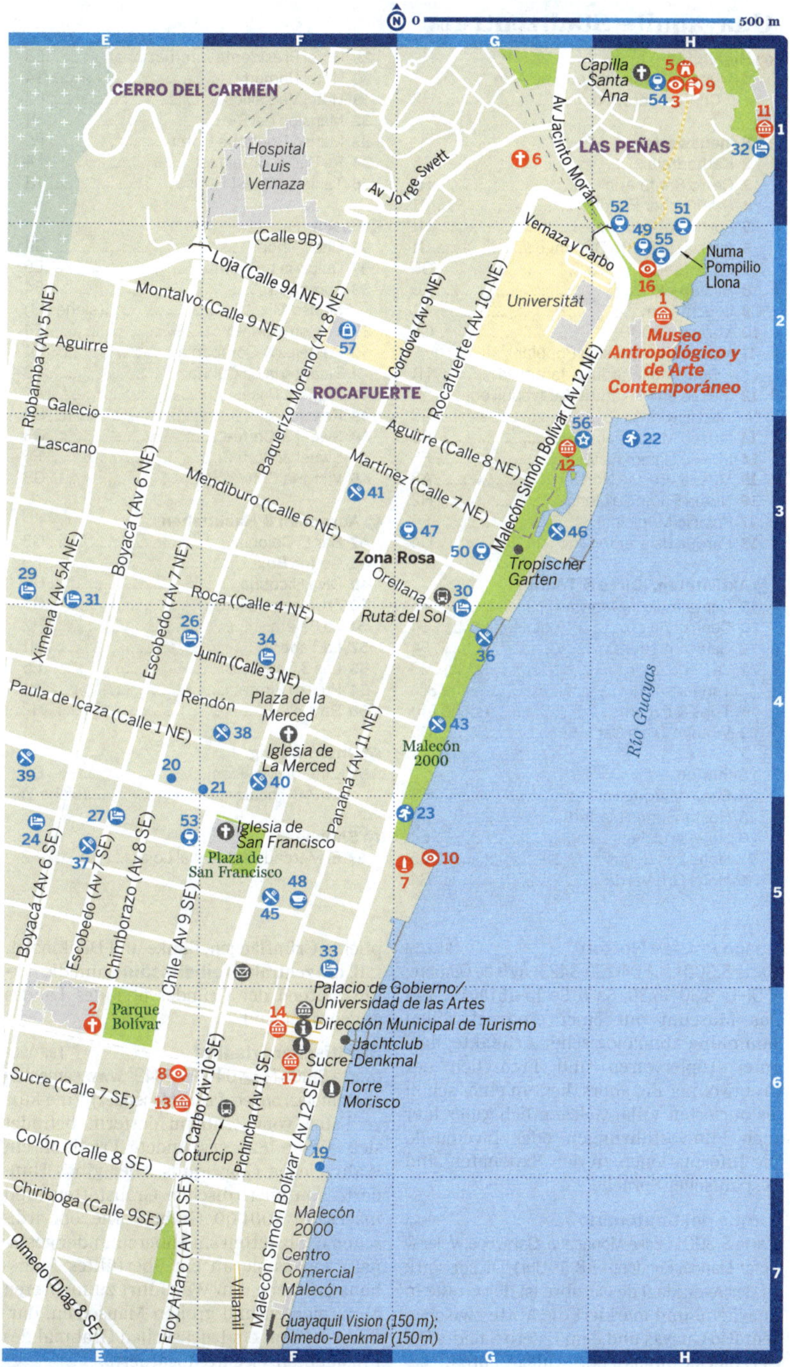

0
500 m
CERRO DEL CARMEN
Hospital Luis Vernaza
Av Jorge Swett
Capilla Santa Ana
LAS PEÑAS
Av Jacinto Morán
Vernaza y Carbo
Numa Pompilio Llona
Universität
Museo Antropológico y de Arte Contemporáneo
(Calle 9B)
Loja (Calle 9A NE)
Montalvo (Calle 9 NE)
Aguirre
Galecio
Lascano
Riobamba (Av 5 NE)
Baquerizo Moreno (Av 8 NE)
Cordova (Av 9 NE)
Rocafuerte (Av 10 NE)
Malecón Simón Bolívar (Av 12 NE)
ROCAFUERTE
Aguirre (Calle 8 NE)
Martínez (Calle 7 NE)
Mendiburo (Calle 6 NE)
Boyacá (Av 6 NE)
Ximena (Av 5A NE)
Escobedo (Av 7 NE)
Zona Rosa
Orellana
Ruta del Sol
Tropischer Garten
Roca (Calle 4 NE)
Junín (Calle 3 NE)
Rendón
Paula de Icaza (Calle 1 NE)
Plaza de la Merced
Iglesia de La Merced
Panamá (Av 11 NE)
Malecón 2000
Río Guayas
Iglesia de San Francisco
Plaza de San Francisco
Boyacá (Av 6 SE)
Escobedo (Av 7 SE)
Chimborazo (Av 8 SE)
Chile (Av 9 SE)
Palacio de Gobierno/ Universidad de las Artes
Dirección Municipal de Turismo
Jachtclub
Sucre-Denkmal
Torre Morisco
Parque Bolívar
Sucre (Calle 7 SE)
Carbo (Av 10 SE)
Pichincha (Av 11 SE)
Coturcip
Colón (Calle 8 SE)
Chiriboga (Calle 9SE)
Olmedo (Diag 8 SE)
Eloy Alfaro (Av 10 SE)
Villamil
Malecón Simón Bolívar (Av 12 SE)
Malecón 2000
Centro Comercial Malecón
Guayaquil Vision (150 m); Olmedo-Denkmal (150 m)

Guayaquil – Stadtzentrum

Highlights
1 Museo Antropológico y de Arte Contemporáneo ... H2

Sehenswertes
2 Kathedrale ... E6
3 Cerro Santa Ana ... H1
4 Städtischer Friedhof ... D1
5 Fortín del Cerro ... H1
6 Iglesia de Santo Domingo ... G1
7 La Rotonda ... G5
8 Bibliothek ... E6
9 Leuchtturm ... H1
10 Malecón 2000 ... G5
11 Museo de la Musica Popular Guayaquileña Julio Jaramillo ... H1
12 Museo en Miniatura „Guayaquil en la Historia" ... G3
13 Museo Municipal ... E6
14 Museo Nahim Isaias ... F6
15 Museo Presley Norton ... A3
16 Numa Pompilio Llona ... H2
17 Palacio Municipal ... F6
18 Parque del Centenario ... D4

Aktivitäten, Kurse & Touren
19 Captain Henry Morgan ... F6
20 Centro Viajero ... E4
21 Galasam Tours ... F4
22 La Perla ... H3
Tangara Tours ... (siehe 35)
Trips & Dreams ... (siehe 25)
23 Vintage Train Car ... G5

Schlafen
24 Casa de Romero ... E5
25 Hostal Suites Madrid ... D3
26 Hotel Andaluz ... E4
27 Hotel Las Peñas ... E5
28 Hotel Oro Verde ... B4
29 Hotel Presidente Internacional ... E3
30 Hotel Ramada ... G4
31 Hotel Versailles ... E3
32 Mansion del Rio ... H1
33 Manso Boutique Hotel ... F5
34 Re Bed & Breakfast ... F4
35 Tangara Guest House ... A1

Essen
36 Chop Chops ... G4
37 Dulceria La Palma ... E5
38 Lorenabo ... F4
Manso Mix ... (siehe 33)
39 Mi Comisariato ... E4
40 Pasteles & Compania ... F4
41 Picanteria La Culata ... F3
42 Pique & Pase ... A2
43 Resaca ... G4
44 Sweet & Coffee ... C3
45 Sweet & Coffee ... F5
46 Victoria Café ... G3

Ausgehen & Nachtleben
47 Bar El Colonial ... G3
48 Coffee Box ... F5
49 Diva Nicotina ... H2
50 Frutabar ... G3
51 La Paleta ... H2
52 La Taberna ... H1
53 Las 3 Canastas ... E5
54 Puerto Pirata ... H1
55 Rayuela ... H2

Unterhaltung
56 Cinema Malecón ... G3
MAAC-Theater ... (siehe 1)

Shoppen
57 El Mercado Artesanal Loja ... F2

Museo Presley Norton MUSEUM
(Karte S. 300 f.; ☎ 04-229-3423; Av 9 de Octubre; ⏲ Di–Fr 8.30–16.30, Sa & So 10–16 Uhr) GRATIS Das Museum mit einer eindrucksvollen Sammlung archäologischer Artefakte, darunter Töpferwaren und Figürchen der Ureinwohner Ecuadors, liegt in einer schön restaurierten Villa. Gelegentlich gibt's hier auch Filmvorführungen oder Livemusik. Die Informationen zu den Exponaten sind in spanischer Sprache.

Parque del Centenario PARK
(Karte S. 300 f.; Ecke Monocayo, Garaycoa, Velez & Victor Manuel Rendon; ⏲ 8–19 Uhr) Dieser Park an der Avenida 9 de Octubre ist der größte in Guayaquil und markiert die Mitte zwischen dem Río Guayas und dem Estero Salado. Die vier Blocks umfassende Anlage enthält gepflegte Grünflächen, Bänke und Denkmäler, z. B. die zentrale **Freiheitssäule**, um die herum Statuen der Gründerväter des Landes angeordnet sind.

Städtischer Friedhof FRIEDHOF
(Karte S. 300 f.; ☎ 04-229-3849; www.cementeriopatrimonial.org.ec; Pedro Menéndez) Eine kurze Fahrt vom Zentrum entfernt befindet sich dieser 1823 gegründete Friedhof, ein Wahrzeichen Guayaquils. Hier gibt's Hunderte von oberirdischen Grabstätten (und insgesamt 700 000 Gräber). Die oberirdischen Grabstätten sind übereinander gestapelt, sodass sie an ein überfülltes Mietshaus erinnern. Ein Weg führt zu mehreren Monumenten und großen Mausoleen, darunter zu dem eindrucksvollen Grabmal des Präsidenten Vicente Rocafuerte.

Außerhalb von Guayaquil

Parque Histórico Guayaquil ZOO, MUSEUM
(04-283-2958; www.parquehistorico.gob.ec; Av Esmeraldas; Mi–So 9–16.30 Uhr) GRATIS Bei dieser großen Anlage jenseits des Puente Rafael Mendoza Aviles östlich des Río Daule handelt es sich um ein Zwischending aus Geschichts- und Tierpark. Sie ist in drei „Zonen" unterteilt: die **Zone für bedrohte Tiere** mit 45 Säugetier- und Reptilienarten in einem naturähnlichen Habitat; eine **Zone für städtische Architektur**, die die Entwicklung der Architektur in Guayaquil im frühen 20. Jh. veranschaulicht und in der es ein Restaurant gibt; und eine **Traditionszone**, in der ländliches Brauchtum, Kunsthandwerk und Landwirtschaft im Mittelpunkt stehen.

Eine Taxifahrt aus der Stadt hierher kostet etwa 5 bis 6 US$, ansonsten bietet sich auch der Bus Richtung Durán ab dem Terminal Río Daule an. Es ist einfacher, den Bus zurück nach Guayaquil vor dem großen Einkaufszentrum an der Hauptstraße, etwa 200 m vom Park entfernt, zu nehmen.

Geführte Touren

Inzwischen sind die Preise für Kreuzfahrten zu den Galapagosinseln nicht mehr günstiger als in Quito, Flüge auf die Inseln kosten aber etwas weniger.

My Trip to Ecuador GEFÜHRTE TOUREN
(Karte S. 307; 09-8727-3727; http://mytriptoecuador.net; Victor Emilio Estrada 727 nahe Guayacanes, Luis Antonio Bldg, 2. OG, Büro 2; Touren ab 65 US$ pro Pers.) Mario, ein enthusiastischer Guide, leitet den vielleicht besten Tourveranstalter des Landes. Seine Begeisterung für Ecuador ist einfach ansteckend. Er ist charmant, sachkundig und flexibel und organisiert Ausflüge aller Art, die von kurzen Stadttouren in seiner Heimatstadt Guayaquil bis zu zweiwöchigen Abenteuern auf den Galapagosinseln und im Amazonasgebiet reichen. Es wird Englisch und Portugiesisch gesprochen. Maßgeschneiderte Trips und Transfers sind ebenfalls möglich.

Die Exkursion „Fisherman's Trail" (110 US$ pro Pers.) bringt Besucher in ein ruhiges untouristisches Dorf etwa eine Stunde von Guayaquil entfernt, wo man sich Krabben und Meeresfrüchte schmecken lassen kann und danach zu einer Delfintour aufbricht. Die Tour „Guayaquil and Cacao Trail" (95 US$/Pers.) führt zunächst in die Altstadt von Guayaquil und danach zu einer lokalen Kakaofarm, wo man zu Mittag isst und danach selbst Schokolade macht sowie diese natürlich verkostet.

Trips & Dreams GEFÜHRTE TOUREN
(Karte S. 300 f.; 099-235-1335; www.tripsanddreams.com; Quísquis 305 nahe Rumichaca) Dieser Veranstalter teilt sich die Räumlichkeit und die Verwaltung mit dem Hostal Suites Madrid. Nach Christopher Jimenez fragen, dem äußerst sachkundigen und freundlichen Manager. Organisiert Touren aller Art, besonders ermäßigte Fahrten zu den Galapagosinseln.

Tangara Tours GEFÜHRTE TOUREN
(Karte S. 300 f.; 04-228-2828; www.tangara-ecuador.com; Ciudadela Bolivariana, Ecke Manuela Sáenz & O'Leary, Block F, Casa 1) Hat seinen Sitz in der gleichnamigen Pension, die auf Cañari- und Inkaruinen erbaut wurde. Sehr zu empfehlen für lokale Tagestouren nach Cuenca.

Tren Ecuador ZUGFAHRT
(1800-873-637; www.trenecuador.com; hin & zurück 22 US$; Abfahrt Do–So 8 Uhr) Die ganztägige Zugfahrt führt von Durán nach Yaguachi und weiter durch Bananen-, Zuckerrohr- und Ananasplantagen nach Bucay, 88 km östlich von Guayaquil. In Bucay gibt's einen dreistündigen Aufenthalt, der mit diversen Outdooraktivitäten verbracht werden kann.

Bei der Ankunft in Bucay warten Tourveranstalter am Zug und bieten Gelegenheiten zum Reiten, Mountainbiken und Besuch von Wasserfällen (an denen auch Abseilen möglich ist). All das kostet extra. Die Rückfahrt erfolgt mit dem Bus, mit Ankunft in Guayaquil gegen 17.30 Uhr. Der ganze Trip ist etwas touristisch (am Bahnhof von Bucay gibt's eine Tanzaufführung), aber dennoch ein vergnüglicher, bei ecuadorianischen Urlaubern beliebter Ausflug. Ein Taxi zum Abfahrtsbahnhof in Durán kostet vom Stadtzentrum 8 US$. Tickets werden im **historischen Waggon** (Karte S. 300 f.; Malecón Simón Bolívar; Mo–Fr 9–12.30 & 13.30–18, Sa & So 10–12.30 & 13.30–16.30 Uhr) am *malecón* verkauft.

Captain Henry Morgan BOOTSTOUREN
(Karte S. 300 f.; 04-251-7228; Simón Bolívar Pier, nahe Sucre; Erw./Kind 7/5 US$; Mo, Mi & Do 16, 18 & 19.30, Fr 16 & 18, Sa 12,30, 14, 16, 18, 19.30 & 21, So 12, 14, 18 & 19.30 Uhr) Das nach dem berüchtigten Piraten (der nie bis nach

Guayaquil kam) benannte nachgebaute Segelboot unternimmt einstündige Fahrten auf dem Fluss. Es gibt Alkohol und Tanz, aber die Tour ist durchaus kinderfreundlich.

Guayaquil Vision BUS
(☎ 09-6882-3935, 04-292-5332; www.facebook.com/GuayaquilVision/; Erw./Kind 8/4 US$; ⌚ Buchungsbüro Di–So 9–20, Mo bis 19 Uhr) Veranstaltet Hop-on-Hop-off-Rundfahren durch das Zentrum und die umliegenden Vororte mit Doppeldeckerbussen. Täglich starten an der Plaza Olmedo am *malecón* zahlreiche Touren.

Dreamkapture Travel GEFÜHRTE TOUREN
(☎ 04-227-3335; www.dreamkapture.com; Villa 21, Juan Sixto Bernal) Gute Touren zu den Galapagosinseln und andere Ausflüge. Es gibt Englisch, Spanisch und Französisch sprechende Guides.

Centro Viajero GEFÜHRTE TOUREN
(Karte S. 300 f.; ☎ 099-235-7745; www.centroviajero.com; Baquerizo Moreno 1119 nahe Av 9 de Octubre, Büro 805, 8. OG) Organisiert Galapagos-Pauschalreisen und maßgeschneiderte Touren zu den Stränden und zum Amazonas. Man spricht Spanisch, Englisch und Französisch; nach dem Manager Douglas Chang fragen.

Galasam Tours GEFÜHRTE TOUREN
(Karte S. 300 f.; ☎ 04-230-4488; www.galasam.com.ec; Av 9 de Octubre 424, Grand Pasaje, EG, Büro 9A) Organisiert Kreuzfahrten zu den Galapagosinseln und geführte Touren. Auf der Website locken oft gute Last-Minute-Angebote.

Feste & Events

Karneval KULTUR, RELIGION
(Malecón Simón Bolívar; ⌚ Feb. o. März) An den Tagen unmittelbar vor Aschermittwoch und dem Beginn der Fastenzeit ist Guayaquils Flussufer ein Rausch der Farben und Fiestas. Neben der Tradition, Wasser über die Teilnehmer zu spritzen, gibt's einen Karnevalsumzug mit mehreren Wagen, die Ecuadors unterschiedliche Bräuche feiern, und mit etwa 1500 Tänzern und Musikern.

Simón Bolívars Geburtstag & Tag der Gründung Guayaquils KULTUR, GESCHICHTE
(⌚ 24. & 25. Juli) Die Stadt feiert mit Umzügen, Schönheitswettbewerben, Feuerwerk, Gelagen und Tanz den Geburtstag Simón Bolívars (Día de Simon Bolivar) und den Tag der Gründung Guayaquils.

Unabhängigkeitstag & Día de la Raza KULTUR, GESCHICHTE
(⌚ Okt.) Diese beiden Events sorgen für ein langes Festwochenende mit Kulturevents, Umzügen und größerem Andrang als gewöhnlich auf dem *malecón*. Der Unabhängigkeitstag ist der 9. Oktober (1820), der Día de la Raza der 12. Oktober.

Silvester KULTUR
(⌚ 31. Dez.) Lebensgroße Puppen (*viejos*) aus Pappmaschee, die das alte Jahr symbolisieren und teilweise berühmten Persönlichkeiten und Politikern nachempfunden sind, werden in den Hauptstraßen ausgestellt und um Mitternacht in Freudenfeuern verbrannt. Die Straßen in der Innenstadt werden zu dieser Zeit gesperrt. Fußgänger sollten auf Feuerwerkskörper und Feuer achten.

ISLA SANTAY

Das von Mangroven bewachsene Schutzgebiet der Isla Santay hat eine völlig andere Atmosphäre als die anderen Attraktionen Guayaquils. Santay ist Teil des Stadtbegrünungsprogramms der Regierung und eine der Initiativen des ökotouristischen Projekts „Guayaquil Ecológico", das auf Erholungsgebiete mit ökologischem und touristischem Potenzial abzielt. 2014 wurde eine autofreie Brücke eingeweiht, über die Fußgänger und Radfahrer die Insel erreichen können.

Das friedliche 2200 ha große Eiland im Río Guayas ist ein wohltuendes Refugium vom städtischen Treiben Guayaquils und mit 128 Vogelarten ideal zur Vogelbeobachtung (zudem entdeckt man in den trüben Gewässern eventuell auch Kaimane). Hölzerne Laufstege führen auf der Insel durch ein kleines Fischerdorf mit etwa 200 Einwohnern (und ein paar einfachen Essensangeboten). Eine zweite Brücke verbindet Santay mit dem Kanton Durán.

Die 840 m lange Santay-Brücke befindet sich ein paar Kilometer südlich des *malecón* gegenüber der El-Oro-Straße.

Schlafen

Die Palette der Unterkünfte reicht von gehobenen Geschäftshotels bis zu Boutique-Pensionen und Hostels. Einige Besucher ziehen es vor, in den nördlichen Vorstädten zu übernachten, aber das ist für den Weg zum Flughafen oder zum Busbahnhof nicht wirklich praktischer als im Zentrum unterzukommen. Außerdem ist man dann gezwungen, für alle Unternehmungen ein Taxi zu nehmen. Wenn man also dort absteigt, sollte der Grund nur in der Qualität der jeweiligen Unterkunft liegen.

Stadtzentrum

Der Straßenlärm kann lästig sein, gleichgültig in welche Preisklasse das Hotel fällt. Eventuell sollte man für die Nächte Ohrstöpsel mitbringen.

Hostal Suites Madrid HOTEL $

(Karte S. 300 f.; ☎ 04-230-7804; www.hostalsuitesmadrid.com; Junín 305 nahe Rumichaca; Zi. inkl. Ventilator/Klimaanlage ab 25/30 US$; P ❄ @ ᯤ) Das auf ausländische Touristen eingestellte Hotel (hier wird Englisch, Französisch und Italienisch gesprochen) versprüht mit seiner farbenfrohen gekachelten Lobby, den hohen Decken und der exotischen Wanddekoration marokkanisches Flair. Praktischerweise ist das blitzsaubere und sichere Refugium nur zehn Gehminuten vom *malecón* entfernt. Die hübsche Dachterrasse punktet mit Blick auf die Stadt und Computern für die Gäste, zudem gibt's eine Küche für Selbstversorger.

Hotel Andaluz HOSTEL $

(Karte S. 300 f.; ☎ 04-231-1060, 04-231-1057; www.facebook.com/pg/hotelAndaluzgye; Baquerizo Moreno 840 nahe Junín; EZ/DZ/2BZ 25/34/40 US$; ❄ @ ᯤ) Die hellen, mit einigen ecuadorianischen Kunstelementen eingerichteten Zimmer sind zwar nicht so reizvoll wie die Fassade, aber das freundliche, preiswerte Andaluz hat auf jeden Fall Charakter und ist durchgängig in einem antiken Thema gestaltet, z. B. mit alten Singer-Nähmaschinen, historischen Uhren und Fotografien sowie Modellschiffen in der Lobby. Prima zum Relaxen ist die Terrasse oben.

Casa de Romero B&B $

(Karte S. 300 f.; ☎ 04-603-6244; www.hostelromero.com; Ecke Vélez 501 & Boyacá, 7. OG; EZ/DZ 30/40 US$, mit Gemeinschaftsbad 22/36 US$; ❄ @ ᯤ) Wer den Lebensstil der *guayaquileños* im Stadtzentrum kennenlernen will, kann es mit dieser freundlichen Unterkunft probieren. Sie hat neun große Zimmer in zwei Etagen eines Apartmenthochhaus. Alle sind mit Fernsehern ausgestattet, einige haben Balkone. Es gibt auch eine schöne Lounge und eine Gästeküche (mit Waschmaschine). Im Preis ist ein kontinentales Frühstück enthalten.

Hotel Versailles HOTEL $

(Karte S. 300 f.; ☎ 04-308-778; www.hotelversailles.com.ec; Ecke Junín & Ximena; EZ/DZ ab 27/35 US$; ❄ @ ᯤ) Zwar kann es dem Vergleich mit seinem Namenspatron nicht standhalten, trotzdem ist das Versailles (nur ein paar Blocks von der Avenida 9 de Octubre entfernt) eine gute Wahl. Die Zimmer mit Marmorböden sind geräumig (einige jedoch fensterlos und dunkel) und haben hochwertige Duscharmaturen, Minikühlschränke und Flachbildfernseher. Bei unserem Besuch wurde vor Ort gerade ein Restaurant gebaut.

★ Manso Boutique Hotel HOTEL $$

(Karte S. 300 f.; ☎ 04-252-6644, in den USA 786-245-4973; www.manso.ec; Ecke Malecón Simón Bolívar & Aguirre; B 15 US$, EZ/DZ/3BZ inkl. Frühstück ab 55/63/82 US$, mit Gemeinschaftsbad 38/48/60 US$; ❄ @ ᯤ) 🍃 Abgesehen von der unschlagbaren Lage am *malecón* punktet das Manso, sowohl ein Hostel als auch ein Boutique-Hotel, mit seiner Unterbringung in einem atmosphärischen historischen Gebäude. Die Zimmer unterscheiden sich in Komfort und Stil; die besten sind hell, haben hohe Decken und sind mit etwas Farbe an der Wand und gerahmten Bildern aufgepeppt. Das Haus hat ein alternatives Flair: Es gibt Holzskulpturen, Fotoausstellungen und Gemeinschaftsbereiche mit Hängematten sowie ein pescetarisches Restaurant.

Hotel Las Peñas HOTEL $$

(Karte S. 300 f.; ☎ 04-232-3355; www.hlpgye.ec; Escobedo 1215 nahe Vélez; EZ/DZ/3BZ inkl. Frühstück 49/61/67 US$; P ❄ ᯤ) Das nicht weit vom *malecón* und der Avenida 9 de Octubre entfernte Las Peñas bietet ein gutes Preis-Leistungs-Verhältnis und äußerst geräumige Zimmer mit alten Fernsehern, Minikühlschränken, Safes und warmen Duschen. Die Eckzimmer haben große Fenster und eine schöne Aussicht. Gäste können sich über drei Frühstücksangebote freuen, darunter amerikanisches Frühstück und Frühstück nach Guayaco-Art.

Hotel Presidente Internacional HOTEL $$
(Karte S.300f.; ☎ 04-230-6779; www.presidenteinternacional.com; Junín nahe Riobamba; EZ/DZ 40/67 US$; ❄@📶) In diesem eher heruntergekommenen Stadtteil wirkt ein uniformierter Hotelportier ungewöhnlich, aber das neunstöckige Hotel Presidente bietet mit polierten Holzböden, hochwertigen Bädern und dezenten Kunstwerken auch echte Qualität – es gibt sogar einen kleinen Fitnessraum und einen Whirlpool.

Re Bed & Breakfast PENSION $$
(Karte S.300f.; ☎ 04-231-0111; www.rebandb.com; Junín 428 nahe Córdova, 3. OG, Apr. D; B/EZ/DZ inkl. Frühstück 17/44/59 US$; ❄📶) Die kleine Pension in einem Apartmenthaus besteht aus fünf einfachen Zimmern, die mit Schablonenzeichnungen, Pop-Art und bunten Vorhängen ausstaffiert sind. Es gibt eine Gästeküche, ein kleines Wohnzimmer mit viel natürlichem Licht und eine freundlich alternative Atmosphäre, in der sich jeder gleich heimisch fühlt.

★ **Mansion del Rio** HOTEL $$$
(Karte S.300f.; ☎ 04-256-6044; www.mansiondelrio-ec.com; Numa Pompilio Llona 120, Las Peñas; Zi. inkl. Frühstück ab 177 US$; ❄@📶) Das Mansion del Rio in einem liebevoll restaurierten Wohnhaus aus den 1920er-Jahren versteckt sich in einer Kopfsteinpflastergasse am Fluss in Las Peñas. Die Zimmer sind mit sorgsam ausgewählten Antiquitäten und vielen originalen Elementen (Kronleuchter, Vintage-Tapeten, Messingarmaturen) eingerichtet. Von der Dachterrasse genießt man einen wunderbaren Blick.

Hotel Oro Verde LUXUSHOTEL $$$
(Karte S.300f.; ☎ 04-232-7999; www.oroverdehotels.com; Ecke Av 9 de Octubre & García Moreno; Zi. inkl. Frühstück ab 160 US$; P❄@📶🏊) Noch immer ist das Oro Verde rund vier Blocks westlich des Parque del Centenario das feinste Hotel der Stadt – nicht so sehr wegen der edlen Zimmer, sondern vor allem wegen der erstklassigen Einrichtungen, darunter ein Kasino, mehrere ausgezeichnete Restaurants, eine Sauna und ein Fitnessraum.

Hotel Ramada HOTEL $$$
(Karte S.300f.; ☎ 04-2565-555; www.ramada.com; Malecón Simón Bolívar & Luzarraga; EZ/DZ inkl. Frühstück ab 93/105 US$; P❄📶🏊) Das schicke, elegante Hotel im Business-Stil am *malecón* hat Zimmer mit Flussblick, einen Pool und einen Fitnessraum.

Nördliche Vororte

Mehrere typische Businesshotelketten wie Hilton (siehe unten), Sheraton und Howard Johnson liegen in der Nähe der Mall del Sol.

★ **NucaPacha** HOSTEL $
(Karte S.307; ☎ 04-261-0553; www.nucapacha.com; Bálsamos Sur 308; B 11,50, EZ/DZ 22/35 US$, ohne Bad 19/29 US$; @📶🏊) Das angenehme Hostel in einer ruhigen Straße in Urdesa hat einen Pool, einen Innenhof und Hängematten inmitten von Mango- und Papayabäumen sowie tropischen Pflanzen. Die einfachen Zimmer sind alle mit Ventilator ausgestattet, einige zieren bunte Kunstwerke. Es gibt auch eine saubere Gemeinschaftsküche (mit gefiltertem Trinkwasser) und kostenlose Stadtspaziergänge. Die Mitarbeiter sind freundlich und der Preis stimmt.

Wäsche kostet 6 US$ pro Ladung. Wer hier übernachtet, sollte Haustiere mögen, denn zum Hostel gehört ein freundlicher Hund namens Nacho.

★ **El Escalon** PENSION $$
(Karte S.307; ☎ 04-328-8239; www.escalonhotel.com; Rendon Seminario; EZ/DZ ab 60/85 US$; P❄📶) Diese einladende, von einem Zaun geschützte Villa in einer ruhigen Wohnstraße nicht weit vom Geschehen in Urdesa hat makellose Zimmer und einen friedlichen Garten, der an Mangrovenbäume grenzt. Alle Zimmer verfügen über Fernseher, warmes Wasser und Kühlschränke. Zum Frühstück werden u. a. Eier, Toast, Getreideflocken, Jogurt und frischer Saft angeboten (ab 2,50 US$), In der gemütlichen Lobby kann man prima spielen oder lesen.

Tangara Guest House PENSION $$
(Karte S.300f.; ☎ 04-228-2828; www.tangara-ecuador.com; Ciudadela Bolivariana, Ecke Manuela Sáenz & O'Leary, Block F, Casa 1; EZ/DZ/3BZ inkl. Frühstück ab 35/56/69 US$; ❄📶) Das Tangara hat nette, aber ziemlich einfache Zimmer, eine kleine Veranda mit Hängematte und eine Lounge. Auch eine Gästeküche ist vorhanden. Der Besitzer spricht Englisch und hat nützliche Tipps zur Erkundung Guayaquils. Zwar ist die Lage nicht die beste, um die Stadt zu entdecken, dafür befindet es sich aber in der Nähe der Universität.

Hilton Colón Guayaquil LUXUSHOTEL $$$
(Karte S.307; ☎ 04-268-9000; www.hiltoncolon.com; Francisco de Orellana 111; Zi. ab 172 US$; P❄@📶🏊) Eine der luxuriösesten Optio-

Guayaquil – Nördliche Vororte

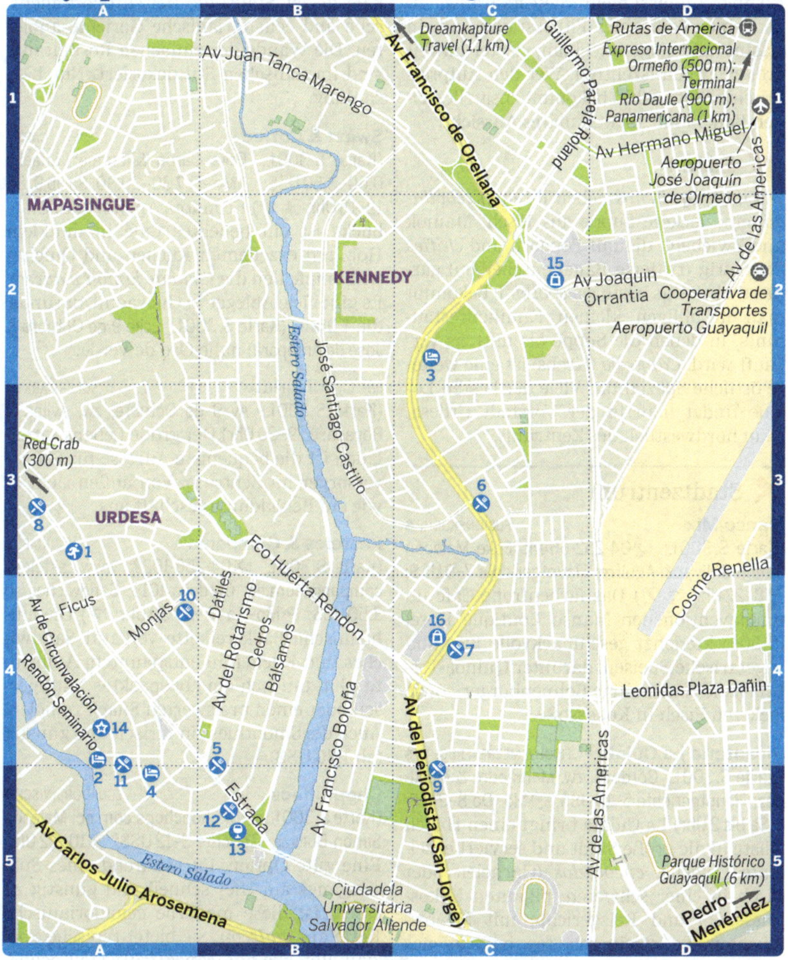

Guayaquil – Nördliche Vororte

Aktivitäten, Kurse & Touren
1 My Trip to Ecuador A3

Schlafen
2 El Escalon A4
3 Hilton Colón Guayaquil C2
4 NucaPacha A5

Essen
5 Café El Español B4
6 Cocolon C3
7 La Alameda de Chabuca C4
8 Lo Nuestro A3
9 Maverick C5
10 Palo Ceviches A4
11 Puerto Moro A4
12 Sushi Isao B5

Ausgehen & Nachtleben
13 Live by Chavela B5

Unterhaltung
14 Pop Up Teatro Café A4

Shoppen
15 Mall del Sol C2
16 San Marino C4

nen der Stadt. Dieser riesige, funkelnde Komplex umfasst mehrere Restaurants, Läden, einen Pool, einen Fitnessraum und ein Kasino und liegt im Finanzviertel unweit großer Einkaufszentren. Wer den Aufpreis für eine Suite zahlt, bekommt zusätzlich einen Balkon mit spektakulärer Aussicht.

Essen

Die *guayaquileños* lieben ihren *encebollado*, eine leckere Suppe aus Fisch, Maniok und Zwiebeln, die mit Popcorn und *chifles* (knusprig frittierte Bananenscheiben) garniert wird. Das beste *encebollado* bekommt man in billigen kleinen Familienrestaurants, in denen die Suppe bis mittags verkauft wird. *Cangrejo* (Krebs) ist eine weitere örtliche Spezialität. Viele der besten Lokale findet man in der Vorstadt Urdesa, 4 km nordwestlich des Zentrums.

Stadtzentrum

Manso Mix FUSIONSKÜCHE **$**
(Karte S. 300 f.; 04-252-6644; Ecke Malecón Simón Bolívar & Aguirre; Hauptgerichte 7–9 US$; 8–22 Uhr;) Das farbenfrohe Café im unkonventionellen Manso Boutique Hotel (S. 305) kredenzt geschmackvolle Bio- und vegetarische Speisen, darunter Quinoa-Tortillas und reichhaltige Bohnenburger, sowie leckeren Fisch in Kokossoße.

Picanteria La Culata FISCH & MEERESFRÜCHTE **$**
(Karte S. 300 f.; Córdova, zw. Mendiburo & Martínez; Hauptgerichte 5–10 US$; Mo–Do 8–24, Fr & Sa bis 2 Uhr) La Culata bringt einen Hauch Küste in die große Stadt und serviert exzellente Ceviche, *encocados* (Garnelen oder Fisch in einer schweren, pikanten Kokosnusssoße) und Reisgerichte mit Meeresfrüchten. Es ist ein relaxtes, halb offenes Restaurant (mit Wandbildern, die ein *cabaña*-Ambiente am Strand vortäuschen) und tagsüber wie abends gut besucht.

Dulceria La Palma CAFÉ **$**
(Karte S. 300 f.; Escobedo zw. Vélez & Luque; Gebäck ab 0,30 US$; 7.30–19 Uhr) Altmodisches Café mit Deckenventilatoren und Schwarz-Weiß-Fotos von Guayaquil und eines der stimmungsvollsten Lokale im Zentrum, bestens für ein Frühstück, für Snacks wie *cachitos* (knusprige Mini-Croissants) sowie für diverses Gebäck und Eiskugeln.

Lorenabo VEGETARISCH **$**
(Karte S. 300 f.; 09-9383-7990; Paula de Icaza 427, zw. Moreno & Cordova; Hauptgerichte 5–8 US$; Mo–Fr 12–18 Uhr;) Eines der wenigen Lokale in der Stadt, die fleischfreie italienische und ecuadorianische Gerichte anbieten. Die Wände des einfachen Restaurants sind im indischen Stil dekoriert. Nur Barzahlung.

Sweet & Coffee CAFÉ **$**
(Karte S. 300 f.; Ecke Carbo & Luque; Snacks 0,60–3,50 US$; Mo–Fr 7.30–20.30, Sa ab 9, So 12–18 Uhr;) Ecuadors Antwort auf Starbucks ist ein beliebtes Café in dunklem Holz mit exzellenten Kuchen und Quiches (wir empfehlen die *torta de jamón y queso*). Es gibt viele Ableger in Guayaquil, darunter die **Filiale** (Karte S. 300 f.; Ecke 9 de Octubre & José de Antepara) nahe Oro de Verde.

Mi Comisariato SUPERMARKT **$**
(Karte S. 300 f.; Av 9 de Octubre, zw. Avilés & Boyacá; 9–20 Uhr) Der große Lebensmittelladen ist die bequemste Adresse für Selbstversorger im Zentrum. Von außen sieht er wie ein Bekleidungsgeschäft aus.

Pasteles & Compania CAFÉ **$**
(Karte S. 300 f.; 04-256-1022; www.pastelesycompania.com.ec; Cordova 1015; Sandwiches ab 3,50 US$; Mo–Sa 10–20.30 Uhr;) Die einheimische Bäckereikette verkauft Sandwiches und Kuchen in entspanntem Ambiente. Gut, um sich ein abgepacktes Mittagessen oder einen preiswerten Snack zu holen. Auch die Smoothies sind frisch und günstig (ab 1,30 US$).

Chop Chops ECUADORIANISCH **$**
(Karte S. 300 f.; www.chopchops.com.ec; Malecón Simón Bolivar; Gerichte 3–12 US$; 10–22 Uhr) Eine gute Option, um während eines Spaziergangs am Ufer schnell und günstig zu essen, ist diese moderne ecuadorianische Kette am *malecón*. Sie bietet typische Spezialitäten wie *patacones* (frittierte Kochbananen) mit Käse und verschiedene Gerichte mit Fleisch, Reis und Bohnen sowie große Salate an.

Pique & Pase ECUADORIANISCH **$$**
(Karte S. 300 f.; Lascano, zw. Tulcán & Carchi; Hauptgerichte 8–15 US$; 12–23 Uhr;) Das beste Restaurant für traditionelle ecuadorianische Spezialitäten wartet auch mit traditionell gekleideten Kellnern auf. Man sitzt an Tischen mit Holzbänken und teilt sich am besten mehrere kleine Gerichte wie *bolon verde* (gebratene Kochbananen mit Käsebrei), *humitas* (Maisklöße in einem Maishüllblatt gedämpft) oder *guatita con moro de lentejas* (Eintopf aus Rinderkut-

teln mit gemischtem Reis und Linsen), bevor man als Hauptgang ein Fleisch- oder Meeresfrüchtegericht bestellt.

Maverick PIZZA $$

(Karte S. 307; ☎ 09-9610-0129; www.facebook.com/Maverickpizzaec; Av del Periodista; Pizzas 10–23 US$; ⌚ Di–Sa 17–22, So 16–21 Uhr; ❄ 📶) Dieses unauffällige Restaurant an der Hauptstraße Avenida del Periodista (San Jorge) hat weiße Wände, schwarze Bänke und schlichte Kreidetafeln mit witzigen Slogans und lustigen Zeichnungen. Das selbsternannte „unorthodoxe" Lokal serviert köstliche handgemachte Pizzas mit Böden aus Maniokmehl. Als Belag gibt's Gemüse, Carbonara, Rind, Huhn, Schwein und Chimichurri. Normale Weizenmehlpizza ist auch erhältlich.

Victoria Café ECUADORIANISCH $$

(Karte S. 300 f.; ☎ 098-594-8506; www.facebook.com/VictoriaCafeGye; Malecón Simón Bolívar; Hauptgerichte 7–17 US$; ⌚ 11–23 Uhr) In dem hübschen, schattigen Lokal an einem kleinen Ententeich kann man sich typische ecuadorianische Speisen, Ceviches, Salate, Fleisch- und Fischgerichte oder Pasta schmecken lassen oder auf ein Sandwich, ein Dessert oder einen Kaffee vorbeischauen. Das Victoria Café nimmt zwar *malecón*-Preise, doch es liegt sehr günstig, um beim Spaziergang um Ufer eine Pause zu machen.

Resaca INTERNATIONAL $$

(Karte S. 300 f.; ☎ 09-9942-3390; Malecón Simón Bolívar, nahe Junín; Hauptgerichte 11–19 US$, Cocktails ab 9 US$; ⌚ Mo–Sa 12–24, So bis 20.30 Uhr) In diesem fröhlichen Restaurant mit zwei Etagen am *malecón* kommen sättigende ecuadorianische Klassiker wie Ceviche und Krabbensuppe sowie Salate und gemischte Fleisch- und Reisgerichte auf den Tisch. Die hübsche Dachterrasse ist ein nettes Fleckchen, um hausgemachte Maragaritas, Piña Coladas, Frozen Daiquiris oder Long Island Ice Teas zu trinken.

Nördliche Vororte

Palo Ceviches CEVICHE $

(Karte S. 307; ☎ 04-604-8223; Calle 11B NO; Ceviches ab 7,50 US$; ⌚ Di–Fr 10–17, Sa & So 9–17 Uhr) Frische, würzige Ceviches in Glaskrügen (garniert mit Kochbananenchips) bekommt man in diesem neuen modernen, zwanglosen Restaurant in Urdesa. Die Gäste können drinnen oder draußen sitzen und Shrimps-, Fisch-, Oktopus- oder Meeresfrüchte-Ceviche mit der speziellen Soße des Hauses essen. Als Beilagen gibt's knusprige Calamari, Kochbananenchips und heiße Salsa.

Café El Español CAFÉ $

(Karte S. 307; www.elespanolgourmet.com; Ecke Estrada & Cedros; Crêpes ab 3,25 US$, Sandwiches ab 4,99 US$, Hauptgerichte ab 7 US$; ⌚ 8–20 Uhr; ❄ 📶) Eine zweistöckige Kombination aus gehobenem Café und spanischem Feinkostladen (Käse und Schinken sind die Spezialität). Hier erwarten einen gute Sandwiches und Tische drinnen sowie im Freien.

Sushi Isao JAPANISCH $$

(Karte S. 307; ☎ 04-288-9936; Balsamos 102, nahe Estrada; Hauptgerichte 9–16 US$; ⌚ Di–Do 11–23, Fr & Sa 10–24 Uhr) Das Sushi Isao ist eines der besten japanischen Restaurants in der Stadt, ein kleines, zwangloses Lokal, beliebt bei japanischen Expats. Die Zutaten sind frisch und die Gerichte gekonnt zubereitet. Die üppigen Schüsselgerichte bieten ein fantastisches Preis-Leistungs-Verhältnis. Zur Auswahl stehen Lachs, Shrimps, Thunfisch, Oktopus, Aal auf Seetang, *tamago* (Rührei) und Reis.

Puerto Moro STEAKHAUS $$

(Karte S. 307; ☎ 04-288-4630, 09-8948-8750; www.facebook.com/pg/puertomoroec; Circunvalación Sur 320; Hauptgerichte 9–20 US$; ⌚ Mo–Do 12–23, Fr & Sa bis 24, So bis 22 Uhr) Das modern gestaltete Grill-, Seafood- und Steakrestaurant kredenzt amerikanische und ecuadorianische Küche sowie Cocktails. Zu den Fleischgerichten werden verschiedene Soßen gereicht, darunter Kräutersoße und Olivenöl, scharfe Salsa und Käsesoße.

Cocolon ECUADORIANISCH $$

(Karte S. 307; ☎ 04-263-4181; Av Francisco de Orellana; Hauptgerichte 8–14 US$; ⌚ 12–23 Uhr) In der Nähe des Hilton Colon Guayaquil und der Mall del Sol Cocolon lockt das modern und fröhlich mit knallroten Stühlen und Fotos an den Wänden eingerichtete Cocolon mit guten ecuadorianischen Gerichten. *La ultima cena* (gegrillte Lende mit Reis, Bohnen und alle, was dazugehört) ist ein Klassiker. Abenteuerlustige sollten die *guatita* (Eintopf mit Kutteln und Kartoffeln in einer würzigen Soße auf Erdnussbasis) probieren.

★ Lo Nuestro ECUADORIANISCH $$$

(Karte S. 307; ☎ 04-462-7233; www.lonuestro.com.ec; Estrada 903; Hauptgerichte 15–40 US$;

⌚12–23 Uhr) Das Restaurant in einer 100 Jahre alten Villa mit hölzernen Fensterläden und alten Möbeln ist eines der stimmungsvollsten der Stadt und ein guter Ort, um Ceviche, Seebarsch mit Krebs und andere Fischgerichte zu genießen. Am Wochenende spielen abends Musiker, dann sollte man reservieren. Platz lassen für die hausgebackenen Kuchen, die auf Servierwagen ausgestellt sind! Auch die Weinauswahl ist gut.

Red Crab FISCH & MEERESFRÜCHTE **$$$**
(☎04-238-0512; www.redcrab.com.ec; Estrada 1205, nahe Laurales; Hauptgerichte 13–22 US$; ⌚So–Fr 10–22, Sa bis 23 Uhr) In diesem beliebten und fröhlichen Restaurant wird das berühmte Krustentier auf über ein Dutzend Arten zubereitet. Hier dreht sich alles um Unterwasserwelt mit schlechter Beleuchtung und leckere (aber überteuerte) Krabben-, Meeresfrüchte- und Fischgerichte.

La Alameda de Chabuca PERUANISCH **$$$**
(Karte S. 307; ☎04-269-0641; Pasaje 9, abseits der Av Francisco de Orellana; Hauptgerichte 12–17 US$; ⌚Di–So 12.30–16.30 & 19–22 Uhr) Das elegant eingerichtete Restaurant gegenüber der San Marino Mall ist ein Schaukasten der besten peruanischen Küche Guayaquils. Zum breiten Speisenangebot gehören köstliche Ceviche, reichhaltige *parihuela* (Meeresfrüchte in einer schweren Weißweinsoße) und zartes *lomo saltado* (Steakscheiben, Kartoffeln, Zwiebeln und Tomaten auf Reis).

Ausgehen & Nachtleben

Im ehemaligen Rotlichtviertel (das immer noch als Zona Rosa bezeichnet wird) hinter dem *malecón* zwischen der Aguirre und der Orellana gibt's etwa ein Dutzend Bars und Clubs (am Wochenende wird Eintritt in unterschiedlicher Höhe fällig). In Las Peñas, am Hügel nördlich des Zentrums, trifft man sich, um Sangria oder ein Glas Wein zu trinken. Schickere Bars findet man im nördlichen Vorort Urdesa und im Gebiet von Samborondón.

Las 3 Canastas SAFTBAR
(Karte S. 300 f.; Ecke Vélez & Chile; Getränke ab 1,60 US$, Obstschüsseln ab 2,30 US$; ⌚Mo–Sa 8.30–18.30 Uhr) In der nur tagsüber geöffneten Saftbar mit Tischen auf dem Bürgersteig und Barhockern herrscht immer reger Andrang. Hier gibt's verschiedene Fruchtsäfte, Obstsalate, Müslis und fruchtige Desserts mit Sahne.

Live by Chavela LOUNGE
(Karte S. 307; ☎09-9691-7926; Circunvalación Sur 106 (Av de Circunvalación), nahe Estrada; ⌚Mi–Sa 22 Uhr–open end) Derzeit ist die stilvolle Lounge in Urdesa die angesagteste Nachtbar. Hier tummeln sich gut gekleidete, tanzwütige Gäste mit dicker Brieftasche. Der Mindestverzehr liegt üblicherweise um die 25 US$. Im Haus befindet sich ein hervorragendes Steakrestaurant, wo man sich vor den Cocktails stärken kann.

La Paleta BAR
(Karte S. 300 f.; www.facebook.com/lapaleta.enlasrocas; Numa Pompilio Llona 174; ⌚Di–So 20–3 Uhr) In der kleinen Lounge-Bar mit ihren höhlenartigen Nischen, den Hipsters und der Ambient-Musik im Hintergrund lässt sich gut ein ganzer Abend verbringen. Es gibt Bier und Edelcocktails sowie Tapas.

Puerto Pirata BAR
(Karte S. 300 f.; ☎09-323-7231; Escalón 384; ⌚17–2 Uhr) Nach dem Aufstieg auf den Cerro Santa Ana kann man in diesem als Piratenschiff aufgemachten Lokal unterhalb des Leuchtturms mit Getränken und Essen wieder zu Atem kommen. An den Wochenenden gibt's Livemusik, dienstags Karaoke.

Frutabar SAFTBAR
(Karte S. 300 f.; ☎04-230-0743; www.frutabar.com; Malecón Simón Bolívar 504; Säfte ab 1,75 US$, Hauptgerichte 5–7 US$; ⌚Mo–Sa 11–24, So bis 23.30 Uhr) In der Restaurant-Bar mit Surferflair werden Gourmet-Sandwiches, Snacks und leckere tropische Fruchtsäfte und Cocktails serviert. Prima für einen Drink zu Reggae und Lounge-Beats.

Coffee Box CAFÉ
(Karte S. 300 f.; ☎04-600-2302; www.coffeebox.net; Ecke Pichincha & Luque; ⌚Mo–Fr 7.30–19, Sa 10.30–20 Uhr) Unweit des *malecón* bietet dieses praktische moderne Café einen Koffeinschub, der es in sich hat (es ist eines von wenigen, die Kaffee mit frischen Bohnen zubereiten) sowie Kuchen und süßes Gebäck. Tagsüber kommt man in den Genuss von Brunch und bis 20 Uhr locken zwei Drinks zum Preis von einem!

La Taberna BAR
(Karte S. 300 f.; Cerro Santa Ana; ⌚19 Uhr–open end) Die lebhafte, szenige Kneipe liegt in Las Peñas die Treppen hoch und dann die erste Gasse links. Hier gibt's Salsa, fröhliche Gäste und viel Zuneigung zu Guayaquils Barcelona Sporting Club: Überall hängen Trikots und alte Fußballmemorabilien.

PLAZA LAGOS

Einer der reizvollsten und nobelsten Plätze Guayaquils zum Ausgehen ist die **Plaza Lagos** (☎ 04-511-5800; www.plazalagos.com.ec; Km 6,5 auf der Via Puntilla; ⌚ Mo–Do 8–23.30, Fr & Sa 8–1, So 8–22.30 Uhr), eine schön gestaltete Anlage mit feinen Restaurants, Designer-Boutiquen, Weinbars und Straßencafés inmitten von Palmen, plätschernden Springbrunnen, Promenaden sowie einem künstlichen See. Mit der kolonial anmutenden Architektur und der tropischen Brise wirkt der Platz ein bisschen wie eine Mischung aus Miami und Mittelmeer.

Rund zwei Dutzend Speiselokale bieten eine breite Auswahl von südamerikanischer Fusionsküche bis zu spanischen Tapas. Neben den Nobelrestaurants servieren zudem eine Handvoll Cafés Italienisches, Gourmetsandwiches, Kuchen und dergleichen. Hier an den Straßentischen zu speisen ist ein Vergnügen, besonders an Wochenenden, wenn es in einigen Lokalen Livemusik gibt. Zu beachten ist jedoch, dass die Preise hier höher sind als anderswo – aber im Allgemeinen auch die Qualität.

Der Platz liegt auf der anderen Seite des Río Daule im Nobelviertel Samborondón. Ein Taxi vom Zentrum Guayaquils kostet etwa 8 bis 10 US$.

Bar El Colonial BAR
(Karte S. 300 f.; ☎ 096-774-6535; www.facebook.com/ElColonialGYE; Rocafuerte 623; ⌚ Di–Mi 17–24, Do–Sa bis 3 Uhr) Diese limettengrüne Kneipe mit lebensgroßen Figuren, die aus dem Fenster hängen, kann man gar nicht verpassen – es handelt sich um einen der ältesten Treffs in der Zona Rosa. An den Wochenenden wird abends oft Livemusik geboten.

Diva Nicotina BAR
(Karte S. 300 f.; ☎ 04-504-8763; www.facebook.com/DivaNicotinaBar; Cerro Santa Ana; ⌚ Mo–Do 19–24, Fr & Sa bis 2 Uhr) Im stimmungsvollen Diva Nicotina zu Füßen des Hügels verkehren gut gelaunte junge Leute. Proppenvoll wird es, wenn's Livemusik gibt.

☆ Unterhaltung

Up Teatro Café DARSTELLENDE KÜNSTE
(Karte S. 307; ☎ 09-9123-4500; Av de Circunvalación; Karten ab 5 US$; ⌚ Di–Do 18.30–24, Fr & Sa bis 2 Uhr) In das unkonventionelle Minitheater mit Café kommt ein hippes Publikum, um den ganzen Abend lang Kurzvorstellungen zu sehen. Die etwa 20 Zuschauer wechseln im Lauf des Abends, im Durchschnitt sieht sich jeder fünf Aufführungen an. Zwischendurch serviert das Café Tapas-Gerichte und tollen Kaffee. Die Aufführungen sind in spanischer Sprache, mit etwas Glück erwischt man aber eine Show ohne Dialoge.

Kinos

Filmbesucher in den nördlichen Vorstädten haben die Auswahl zwischen verschiedenen Kinos mit mehreren Sälen in den großen Einkaufszentren. Ein **IMAX-Kino** (Karte S. 300 f.; ☎ 04-256-3078; www.cinemamalecon.com; Malecón Simón Bolívar, nahe Loja; Karten 5 US$, 3D-Filme 6 US$) befindet sich am *malecón.*

Sport

Die *guayaquileños* fiebern in Gelb und Schwarz mit ihrem geliebten Fußballverein Barceloña Sporting Club mit. An Spieltagen wirkt die Stadt vielerorts wie ausgestorben, denn wer nicht in dem 90 000 Plätze fassenden **Estadio Monumental Isidro Romero Carbo** (Barceloña Sporting Club, Estadio Monumental Banco del Pichincha; ☎ 04-220-0550; https://barcelonasc.com.ec; Av Barcelona, zw. San Eduardo & Bellavista; Karten 5–20 US$) in der nördlichen Vorstadt El Paraíso ist, klebt zu Hause oder in einer Bar vor dem Fernseher. Der andere Verein der Stadt, Emelec, dessen **Estadio George Capwell** (Emelec; ☎ 04-241-6000; www.emelec.com.ec; Quito, zw. José de San Martín & General Gómez) sich gleich südlich des Zentrums in Centenario befindet, war in den letzten Jahren allerdings das bessere Team. Wenn Barceloña und Emelec gegeneinander spielen, sollte man es vermeiden, die Farben eines der Teams zu tragen, ganz besonders bei einem Stadionbesuch (Tickets ab 5 US$), denn dann könnte man den Zorn der Anhänger der gegnerischen Mannschaft provozieren. Die Termine der Spiele stehen auf den Websites der Teams.

Shoppen

Eines der größten Einkaufszentren in ganz Südamerika, die **Mall del Sol** (Karte S. 307; ☎ 04-208-2100; www.malldelsol.com.ec; Av Juan

Tanca Marengo; ⌚ Mo–Sa 10–21, So 10–20 Uhr), liegt in der Nähe des Flughafen. **San Marino** (Karte S. 307; www.sanmarino.com.ec; Av Francisco Orellana; ⌚ Mo–Do & So 10.30–21, Fr & Sa 10–22 Uhr) im Vorort Kennedy ist ein großes, ebenso nobles Einkaufszentrum.

El Mercado Artesanal Loja MARKT
(Karte S. 300 f.; Baquerizo Moreno; ⌚ Mo–Sa 9–17, So 10–16 Uhr) Der große Kunsthandwerksmarkt hat eine riesige Auswahl an Kunsthandwerk aus ganz Ecuador, z. B. Pullover im Otavalo-Stil, Panamahüte, geschnitzte Schachfiguren, Gemälde aus Massenproduktion, Brieftaschen, Tücher, Lederwaren, Geschenke und Modeschmuck. Feilschen gehört hier dazu.

Praktische Informationen

GEFAHREN & ÄRGERNISSE

In Guayaquil gibt's reichlich Armut und die üblichen Probleme einer Großstadt, aber nichts, weswegen man panisch werden müsste. Die wichtigsten Touristengebiete um die Avenida 9 de Octubre, den Malecón 2000, Las Peñas und die Restaurantmeile in Urdesa sind absolut sicher. Häufig sieht man draußen vor Restaurants Sicherheitspersonal in Schutzkleidung und in den Straßen Touristenpolizei, doch das ist kein Grund zur Beunruhigung – sie sind immer da. Das Gebiet unmittelbar nördlich und südlich des Parque del Centenario wirkt nachts zwielichtig, aber es reicht, seinen gesunden Menschenverstand einzuschalten und die üblichen Vorsichtsmaßregeln zu beherzigen, an die man sich in jeder Großstadt halten würde.

GELD

Banken und Geldautomaten gibt's im ganzen Zentrum, besonders rund um die Plazas der Stadt.

MEDIEN

E El Universo und *El Telégrafo* sind die wichtigsten lokalen Zeitungen in Guayaquil, die die kulturellen Ereignisse in der Stadt auflisten.

MEDIZINISCHE VERSORGUNG

Einige rund um die Uhr geöffnete Apotheken finden sich in der Avenida 9 de Octubre. Das Krankenhaus **Clínica Kennedy** (☎ 04-228-9666; Av del Periodista) ist ebenfalls rund um die Uhr geöffnet.

NOTFALL

Cruz Roja (Rotes Kreuz) ☎ 131

Polizei ☎ 101

POST

Post (Karte S. 300 f.; Ecke Carbo & Aguirre; ⌚ Mo–Fr 8–18, Sa bis 12 Uhr) Für Sendungen ins In- und Ausland.

TOURISTENINFORMATION

Dirección Municipal de Turismo (Karte S. 300 f.; www.turismo.gob.ec; Ecke Pichincha & Ballén, Museo Nahim Isaias; ⌚ Mo–Fr 9–17 Uhr) Die Mitarbeiter der kleinen Touristeninformation für Stadt- und Regionalinfos sind freundlich, sprechen meistens aber nur Spanisch.

An- & Weiterreise

BUS

Der riesige **Terminal Terrestre** (☎ 04-213-0166; http://ttg.ec; Av Benjamin Rosales) gleich nördlich vom Flughafen ist gleichzeitig ein weitläufiges Einkaufszentrum (mit Läden, Restaurants, Internetcafés usw.) und Verkehrsknotenpunkt. Kleine Büros von mehr als 100 Busunternehmen reihen sich auf der einen Seite im Erdgeschoss des Gebäudes aneinander. Schalter sind nach Region sortiert, Ziele und Abfahrtzeiten meist deutlich angegeben. Die Busse fahren von der ersten und zweiten Ebene ab.

BUSSE AB GUAYAQUIL

ZIEL	BUSGESELLSCHAFT	DAUER (STD.)	HÄUFIGKEIT	PREIS (US$)
Máncora	Cruz del Sur	8	1-mal tägl. um 9 oder 14 Uhr, Abfahrtszeit wechselt je nach Tag	41
Trujillo	Cruz del Sur	18	1-mal tägl. um 9 oder 14 Uhr, Abfahrtszeit wechselt je nach Tag	60–80
Lima	Cruz del Sur	24	1-mal tägl. um 9 oder 14 Uhr, Abfahrtszeit wechselt je nach Tag	90–100
Lima	Expreso Internacional Ormeño	26	tägl., Abfahrtzeiten variieren	90
Chiclayo	CIVA	15	1-mal tägl. um 21 Uhr	25–32

Fast alle Busunternehmen verkaufen Tickets im Voraus, die einen Sitzplatz garantieren. Ansonsten kann man auch einfach zum Busbahnhof kommen und einen Bus aussuchen, der am gleichen Tag zum gewünschten Ziel fährt. Am Freitagabend und an Feiertagen können die Plätze knapp werden.

Die beste Verbindung nach Quito bieten die Abendbusse von **Panamericana** (☎ 04-213-0638; www.panamericana.ec; Terminal Terrestre; 10 US$; 8 Std.). Busse nach Cuenca starten am **Terminal Terrestre** (S. 312) und fahren sowohl über El Cajas (8,25 US$, 4 Std.) als auch auf der weniger direkten Route über La Troncal (7,25 US$, 5 Std.).

Busse nach Peru

Nach Peru kommt man am einfachsten mit einem der internationalen Busse, die am **Terminal Terrestre** starten. Sie sind sehr praktisch, da sie an der Grenze warten, während die Passagiere die dort nötigen Formalitäten erledigen.

Cruz del Sur (www.cruzdelsur.com.pe) hat neuere Fahrzeuge als die der ecuadorianischen Busgesellschaften; sie haben größere und komfortablere Sitze, besseres Mittagessen und manchmal funktionierendes WLAN.

Ein weiteres empfehlenswertes Unternehmen ist **CIVA** (http://civa.com.pe) mit täglichen Verbindungen von Guayaquil nach Chiclayo samt Anschluss nach Lima und anderen Orten.

Expreso Internacional Ormeño (www.grupo-ormeno.com.co; Centro de Negocios El Terminal, Bahia Norte, Büro 34, Bloque C) fährt täglich nach Lima. Büro und Busbahnhof befinden sich in der Avenida de las Americas gleich nördlich des Hauptbusbahnhofs.

Minivan

Minivans von **Ruta del Sol** (Karte S. 300 f.; ☎ 04-294-2060; www.rutadelsol.com.ec; Panama 501 nahe Orellana) fahren hinter dem Hotel Ramada am *malecón* direkt nach Salinas (ca. 10 US$, 2½ Std.). Sie verkehren zwar stündlich von 6 bis 20 Uhr, aber es ist besser, einen Platz zu reservieren.

Coturcip (Karte S. 300 f.; ☎ 04-239-6439; Pichincha und Carbo) bietet stündliche Verbindungen nach Malacha (ca. 12 US$, 2,5 Std.) von der Innenstadt aus und Flughafentransfers vom Flughafen in Machala zum Flughafen in Guayaquil (ca. 60 US$, 3 Std.).

FLUGZEUG

Der schicke und moderne internationale **Aeropuerto José Joaquín de Olmedo** (GYE; Karte S. 307; ☎ 04-216-9000; www.tagsa.aero; Av de las Américas) befindet sich östlich der Avenida de las Américas rund 5 km nördlich des Zentrums. Alle Flieger zu den Galapagosinseln starten hier oder legen auf dem Weg von Quito einen Zwischenstopp ein. Überall im Flughafen gibt's kostenloses WLAN. Ein Touristeninformationsschalter in der Ankunftshalle hilft bei der Unterkunftssuche und informiert über Verkehrsverbindungen.

Inland

Es gibt viele Inlandsflüge in alle Landesteile, am häufigsten nach Quito (1 Std.) mit **Avianca** (☎ 1-800-003-434; www.avianca.com; Av Francisco de Orellana), **LAN** (☎ 04-259-8500; www.lan.com; Aeropuerto José Joaquín de Olmedo) oder **Tame** (☎ 04-256-0728; www.tame.com.ec; Av 9 de Octubre 424, Gran Pasaje). Ein einfaches Ticket ist ab 78 US$ zu haben. Den schönsten Blick im Flugzeug nach Quito bietet ein Platz auf der rechten Seite.

Tame fliegt außerdem täglich nach Cuenca (hin & zurück ab 85 US$, 50 Min.) und Loja (hin & zurück ab 96 US$, 60 Min.). Es gibt in der Regel auch Flüge nach Tulcán, Latacunga und Esmeraldas. Avianca, Tame und LAN fliegen täglich nach Baltra (2 Std., hin & zurück ab 278 US$) und San Cristóbal (2 Std., hin & zurück ab 256 US$) auf den Galapagosinseln.

ℹ Unterwegs vor Ort

VOM/ZUM BUSBAHNHOF

Der Busbahnhof liegt etwa 2 km vom Flughafen entfernt. Ein Taxi zwischen beiden kostet etwa 3 US$, ansonsten fährt auch der Metrovia-Bus (0,30 US$) Richtung Norden bis zum Terminal Río Daule gegenüber vom Busbahnhof.

Vom Stadtzentrum verkehren zwei praktische **Metrovia-Linien** zum **Terminal Río Daule** gegenüber dem Busbahnhof. Günstig gelegene Haltestellen sind die in der Avenida Quito (in der Nähe vom Parque del Centenario) und in der Rocafuerte, einen Straßenblock nördlich der 9 de Octubre.

Ein Taxi vom oder zum Zentrum kostet etwa 5 US$.

VOM/ZUM FLUGHAFEN

Der Flughafen befindet sich etwa 5 km nördlich des Zentrums. Für ein **Taxi** (☎ 04-282-3333; www.fastline.com.ec) zahlt man in beide Richtungen rund 5 US$, die Fahrt dauert etwa 20 Minuten. Am Flughafen stehen überwiegend gelbe Taxis mit der Aufschrift **Cooperativa de Transportes Aeropuerto Guayaqui** (Karte S. 307; ☎ 04-216-9141); sie fahren in die Stadt oder auch zu anderen Zielen im Land. Hinten an den Sitzen sind die Preise angegeben.

Busse der grünen Linie von **Metrovia** (☎ 04-259-7680; http://metrovia-gye.com.ec) verkehren von der gegenüberliegenden Straßenseite vor dem Flughafen ins Zentrum (0.30 US$). Die Haltestelle „Plaza del Centenario“ in der Avenida Machala ist die günstigste im Zentrum. Zurück zum Flughafen fährt der Metrovia-Bus einen Block südlich in der Avenida Quito ab und benötigt für die Strecke etwa 45 Minuten.

Bosque Protector Cerro Blanco

15 km westlich von Guayaquil gibt's in diesem **Naturschutzgebiet** (☎09-8622-5077; www.bosquecerroblanco.org; Km 16, Hwy 40, Via a La Costa; 4 US$; ⏲ Sa & So 8–16 Uhr, wochentags mit Anmeldung) einen der letzten erhaltenen tropischen Trockenwald des Landes. In dem 6078 ha großen Cerro Blanco leben Jaguare, Pumas, Affen, Hirsche, Waschbären und mehr als 200 Vogelarten, darunter der seltene und als gefährdet eingestufte Große Soldatenara (das Symbol des Schutzgebiets). Viele Besucher kommen im Rahmen eines Tagesausflugs von Guayaquil her.

Das private Schutzgebiet wird von der Fundación Pro-Bosque verwaltet. Es gibt eine Biofarm, ein Informationszentrum mit Ausstellungen über die lokale Ökologie und die hiesige Vogelwelt (auf Spanisch) und eine Tierrettungsstation. Dazu gehört auch eine Voliere mit mehreren Großen Soldatenaras. Spanischsprachige Führer bieten geführte Wanderungen in der Natur an (2–4 Std., pro Gruppe 12–20 US$).

Aktivitäten

Gleich westlich des Cerro Blanco liegen die **Puerto-Hondo-Mangroven**. Zuständig für den Schutz dieses gefährdeten Habitats ist das **Spa and Recreation Center Puerto Hondo** (☎09-9140-0186; Kajakfahren 5 US$ pro Std.; ⏲ Di–So 10–16.30 Uhr), das schöne Kajakfahrten durch das Gebiet organisiert.

An der Fernstraße nach Santa Elena befindet sich der **Laguna Park** (☎09-9734-4003; Km 27, Hwy 40, Via a La Costa; Aktivitäten pro Std./Tag 5/10 US$, Camping 16 US$ pro Pers., Suite 30 US$ pro Pers.; ⏲ Di–So 10–18 Uhr; 👪), wo 17 Aktivitäten von Stehpaddeln bis Angeln möglich sind. Außerdem gibt's den Baumkronen-Abenteuerpark **Bosque Aventura** (☎09-9102-4573; www.bosqueaventuraec.com; Km 33, Hwy 40, Via a la Costa; 15 US$; ⏲ Sa & So 9–18 Uhr). Beide Einrichtungen bieten den perfekten Ausgleich zum geschäftigen Großstadtleben in Guayaquil.

An- & Weiterreise

Den Cerro Blanco und Puerto Hondo erreicht man mit einem Bus der Cooperativa de Transportes Chongón, der in der Innenstadt von Guayaquil von der Kreuzung Calle 10 de Agosto und García Moreno abfährt. Man kann auch jeden Bus nach Playas oder Salinas vom **Terminal Terrestre** (S. 312) in den nördlichen Vororten nehmen. Alle Fahrzeuge halten auf Wunsch am Parkeingang, der mit einem Schild gekennzeichnet ist.

RUTA SPONDYLUS

Dieser Küstenabschnitt, einst Ruta del Sol genannt, hat sehr viel mehr zu bieten als Sonne und Sand. Das Landschaftsbild der Gegend reicht von einem Mix aus Trockenbüschen und Kakteen bis hin zu üppig grünen bergigen Nebelwäldern, schönen Stränden und vorgelagerten Inseln mit einer einmaligen Flora und Fauna.

Puerto López

☎05 / 16 000 EW.

Der lange, breite Strand und die Nähe zu den Naturwundern des Parque Nacional Machalilla haben aus diesem ruhigen Fischerdorf einen Travellertreff an der ecuadorianischen Küste gemacht. Vor allem in der Walbeobachtungssaison bevölkern Besucher den *malecón* und die staubigen Straßen, in denen es erstaunlich viele gute Unterkünfte, Cafés und Restaurants gibt. In den ganz frühen Morgenstunden, noch ehe die Reisegruppen ihre Tagesausflüge antreten und sich einige Sonnenhungrige ihren Platz auf dem Sandstrand sichern, nehmen die Fischer am Strand ihre nächtlichen Fänge aus. Dabei wimmelt es in der Luft von Fregattvögeln und Geiern, die versuchen, sich einige Bissen im Sturzflug zu erhaschen.

Aktivitäten

Travesia Surf & Bikes SURFEN, MOUNTAINBIKEN
(☎09-9957-0396, 09-8864-6618; www.facebook.com/travesiasurfnbikes; 2 Std. Unterricht 30 US$) Wer surfen lernen (oder seine Fähigkeiten auffrischen) möchte, kann bei Miguel, dem Englisch sprechenden Besitzer des Hostal Yemayá, Unterricht nehmen. Er verleiht auch Surfbretter, Stehpaddel, Kajaks (15 US$ pro Std.) und Mountainbikes (20 US$ pro Tag) inklusive Helm und Fahrradschloss sowie Schnorchelausrüstung.

Geführte Touren

Zahlreiche Veranstalter bieten Touren zur Isla de la Plata und zu dem auf dem Festland gelegenen Teil des Parks an. Wanderungen, Ausritte, Mountainbiketouren und Angelausflüge sind ebenfalls möglich. Manche Unternehmen haben Führer, die Deutsch, Englisch oder Französisch sprechen.

Von Juni bis in den September sind Walbeobachtungstouren in Verbindung mit Besuchen auf der Isla de la Plata beliebt (ab 45 US$). Im Juli und August sind gute Walsichtungen so gut wie garantiert, im Juni und September sieht man die Tiere vielleicht nur kurz, von fern oder nur einzelne Wale. Auf der Isla de la Plata bekommen die Teilnehmer ein Mittagessen, es gibt eine geführte Wanderung und eine kurze Gelegenheit zum Schnorcheln. Die Fahrt zur Insel dauert gut über eine Stunde und kann rau sein; gegen den Wind und die Gischt eine Regenjacke mitnehmen. Empfehlenswert ist auch ein Mittel gegen Seekrankheit.

Lizenzierte Unternehmen befinden sich an der Córdova und dem Malecón Julio Izurieta. In den Straßen auf Schnäppchenjagd nach billigeren Walbeobachtungstouren zu gehen empfiehlt sich nicht, denn Fischerboote sind langsamer und kleiner, und auf ihnen fehlt die offiziell vorgeschriebene Ausrüstung.

Außerhalb der Walbeobachtungszeit werden ähnliche Touren zur Insel angeboten, bei denen man Vögel und Seelöwen beobachten kann und vielleicht auch Delfine sieht. Die meisten Veranstalter organisieren außerdem viele andere Exkursionen in der Gegend – z.B. Besuche an Stränden oder Camping und/oder Ausritte im Gebiet von Agua Blanca und San Sebastián. In der Regel wird es billiger, wenn man Agua Blanca auf eigene Faust aufsucht.

Exploramar Diving TAUCHEN
(☎ 02-256-3905; www.exploradiving.com; Malecón Julio Izurieta; Paket mit 2 Tauchgängen ab 140 US$, Schnorcheln 40 US$; ⏱ 8–18 Uhr) Dieses PADI-zertifizierte Tauchcenter am *malecón* bietet Tauchgänge und Schnorchelausflüge vor der Küste.

Machalilla Tours ABENTEUER
(☎ 09-3984-5839; www.machalillatours.org; Malecón Julio Izurieta; Touren ab 45 US$; ⏱ 9.30–17.30 Uhr) Veranstaltet Standardausflüge sowie Reit-, Kajak- Mountainbike- und Gleitschirmexkursionen und Touren zu den Stränden Los Frailes und Agua Blanca.

Schlafen

In der geschäftigen Walbeobachtungssaison sollte man unbedingt vorab reservieren, ebenso in der Hauptsaison für Strandurlauber (Ende Dez.–April). In der Nebensaison fallen die genannten Preise. Wenn nur wenige Gäste da sind, kann es sich lohnen, nach einem Rabatt zu fragen.

Hostal Yemayá HOSTEL $
(☎ 09-9957-0369, 09-8864-6118; www.facebook.com/YemayaPuertoLopez; General Córdova; B 10 US$, Zi. 15–20 US$/Pers.; ❄ 📶) Das Yemayá ist nur ein paar Minuten vom Strand entfernt und bietet ein gutes Preis-Leistungs-Verhältnis. Es hat ein paar einfache, saubere Zimmer mit Ventilatoren oder Klimaanlagen, warmem Wasser und Fernsehern. Der nette begrünte Innenhof ist mit Tischen und Stühlen ausgestattet. Miguel, der freundliche Besitzer, spricht Englisch und veranstaltet Touren mit verschiedenen Aktivitäten. In dem winzigen angrenzenden Café gibt's den besten Kaffee der Stadt.

Hostal Maxima PENSION $
(☎ 09-9056-1950; www.hotelmaxima.org; Gonzáles Suárez, nahe Machalilla; Zi. mit/ohne Bad 10/7 US$/Pers.; 📶) Das preiswerte Hotel hat schäbige, aber saubere Zimmer mit Ventilator und einen freundlichen, Englisch sprechenden Besitzer. Der rasenbewachsene Hof mit Hängematten blickt auf eine offene Küche, wo sich Gäste etwas kochen können. Auch Zelten ist hier möglich (pro Pers. 5 US$).

★ **Hostería Mandála** HÜTTEN $$
(☎ 05-230-0181; www.hosteriamandala.info; DZ 35–155 US$; P @ 📶) Zweifellos ist die Anlage am Strand nördlich vom *malecón* die netteste Unterkunft im Ort. Den riesigen Walschwanz in Regenbogenfarben, der die Gäste begrüßt, kann man gar nicht übersehen. Die Hütten verteilen sich über einen üppigen Blumengarten. Alle Zimmer sind rustikal und elegant. Holz, Bambus und farbenfrohe Stoffe machen sie zu zauberhaften, gemütlichen Refugien.

Hostería Itapoá HOSTEL $$
(☎ 05-230-0071, 09-9314-5894; www.hosteriaitapoa.com; Malecón Julio Izurieta, nahe Calle Abdon Calderon; EZ 16 US$, DZ 20–40 US$; ❄ 📶) 🍃 Im üppig grünen Garten der freundlichen familiengeführten Unterkunft gegenüber dem Strand liegen ein paar strohgedeckte Hütten, die an ein Versteck auf einer tropischen Insel erinnern. Sie sind mit eigenen Bädern, warmem Wasser und Moskitonetzen ausgestattet und haben Balkone mit Hängematten. Außerdem gibt's ein kleines Restaurant mit Bar und ein Kakaoprojekt mit der Möglichkeit, die Schokolade (100 % bio) zu probieren.

Das gute Frühstück (3 US$) wird in dem Café auf einer erhöhten Holzplattform draußen vor dem Eingang serviert. Die Besitzer spenden einen Teil des Profits an das Itapoá Reserve Rainforest Project, das beim Schutz des umliegenden Habitats hilft. Gäste können außerdem Mountainbikes und Surfbretter ausleihen.

Nantu Hostería HOTEL **$$**
(☎ 05-230-0040; www.hosterianantu.com; Malecón Julio Izurieta; EZ/DZ 40/56 US$; ❄📶🏊) Das Nantu liegt am Strand und hat schicke, vor Kurzem renovierte Zimmer mit blütenweißen Wänden, Holzelementen, freundlichen Möbeln mit leuchtend bunten Akzenten sowie subtile Blumenwandmalereien. Natürliche Farben, rustikale hölzerne Wandelemente und Strohdächer prägen die Hütten, die alle über Terrassen mit Hängematten verfügen. Darüber hinaus gibt's einen kleinen Pool, einen Whirlpool und eine zweistöckige Lounge mit Bar, Restaurant und einem Billardtisch.

Punta Piedrero PENSION **$$**
(☎ 05-230-0013, 09-8337-7774; www.puntapiedreroecolodge.com; Malecón Julio Izurieta; EZ/DZ ab 30/50 US$, Camping ab 8 US$; ❄📶) 🍃 Die letzte Unterkunft am Strand Richtung Süden (hinter dem Pier). Es handelt sich um ein ruhiges Haus mit 14 sauberen, gekachelten Zimmer, die Fernseher, warmes Wasser und einen wunderbaren Meerblick bieten. Relaxen kann man in den Hängematten auf den Balkonen, die zum Strand blicken, oder in den Gemeinschaftsbereichen am Grill und am Lagerfeuerplatz. Eine Gästeküche ist ebenfalls vorhanden, zudem kann man hier zelten.

Essen & Ausgehen

Es gibt zwanglose, preiswerte Restaurants, die ecuadorianische Küche sowie Fisch- und Meeresfrüchtegerichte (zubereitet aus dem Fang des Tages) servieren, sowie italienische Restaurants und ein paar nette Cafés mit europäischem Gebäck im Angebot.

Restaurant Danica ECUADORIANISCH **$**
(Hauptgerichte 4 US$; ⏲ 8.30–22 Uhr) Trotz des Betonbodens und der Plastikstühle ist das Freiluftrestaurant immer voll. Das Erfolgsgeheimnis: köstlicher Fisch, Garnelen, Huhn oder Schweinekoteletts vom Holzkohlegrill (serviert mit Reis und Linsen). Zu erkennen am wabernden Rauch am *malecón* (in der Seitenstraße unweit des Banco del Pichincha).

Café Madame CAFÉ **$**
(☎ 09-8436-7851; Malecón; Crêpes ab 2,50 US$, Hauptgerichte ab 6 US$; ⏲ 10–18 Uhr; 📶✍) Strandbar und Biocafé mit einer schattigen Veranda und Holztischen. Man kann Crêpes, Eiscreme, Fruchtsmoothies, Sandwiches, Omeletts und Salate bestellen oder an dem malerischen Fleckchen einen Sundowner trinken.

Fercho's Café CAFÉ **$**
(Malecón; Gerichte 3,50–6 US$; ⏲ Fr–Mi 7.30–21 Uhr) In einem Bogengang am *malecón* befindet sich dieses kleine Café mit nur fünf Tischen und einer Decke, die mit Seiten aus Zeitschriften, Fotos und Zeitungsausschnitten dekoriert ist. Hier bekommt man preiswertes, herzhaftes Frühstück (kontinental, amerikanisch oder *ranchero* – mit Wurst oder Schinken) sowie Salate, Ceviches, Sandwiches, Hamburger und Kaffee.

Restaurant Carmita SÜDAMERIKANISCH **$$**
(☎ 09-9372-9294; Malecón; Hauptgerichte 6–13 US$; ⏲ 9–21 Uhr; 📶) Der Innenhof dieses beliebten ecuadorianischen Restaurants am *malecón* ist perfekt, um Leute zu beobachten. Es gibt günstige Fischgerichte sowie Ceviches und Gerichte mit gemischtem Reis und Hühnchen. Den Oktopus in Knoblauchsoße muss man probiert haben! Mittags und abends sollte man nach den Tagesangeboten fragen.

Bellitalia ITALIENISCH **$$**
(☎ 09-9617-5183; Juan Montalvo; Hauptgerichte 9–12 US$; ⏲ Mo–Sa 18–22 Uhr) Man wird kaum zufällig an diesem wunderbaren Restaurant vorbeikommen, das sich in einer Nebenstraße versteckt, doch wegen der feinen italienischen Küche und des romantischen, gartenähnlichen Ambientes sollte man es gezielt suchen. Es liegt einen Straßenblock landeinwärts vom Strand (um die Ecke von der Hostería Itapoá). Reservierung ist ein Muss, besonders am Wochenende.

Shoppen

Pacha Chocolates SCHOKOLADE
(☎ 05-230-0323; Av Machalilla; geführte Touren 25 US$, Schokoriegel 4 US$; ⏲ 9–19 Uhr) Der Laden an der Hauptstraße ist ein Traum für Schokofreunde mit allen möglichen Versuchungen: heiße Schokolode, Schokoladencrêpes, Brownies und Mousse. Außerdem gibt's Seifen, Kakaobutter und vieles mehr. Pacha bietet auch dreistündige Kakaotouren am Vormittag an (mind. 4 Pers.), bei denen man den Weg von der Bohne bis zum

Riegel sehen (sowie kosten!) kann und die Verarbeitungsprozesse kennenlernt.

Praktische Informationen

Der **Banco del Pichincha** (Malecón Julio Izurieta; Mo–Fr 9–16 Uhr) hat einen verlässlichen Geldautomaten.

Die **Touristeninformation** (abseits der Ruta del Spondylus; variierende Öffnungszeiten) befindet sich in einer Seitenstraße der Ruta del Spondylus, ist aber oft nicht besetzt. Infos zur Gegend bekommt man auch in den Pensionen und bei den Tourveranstaltern.

An- & Weiterreise

Alle Busse starten am neuen **Busbahnhof** (Terminal Terrestre; Ruta del Spondylus) 2,5 km nördlich der Stadt. Ein *mototaxi* zum/vom Zentrum kostet etwa 1 US$.

NACH QUITO

Carlos Aray Ejecutivo bietet um 5.05, 9.15 und 19 Uhr Verbindungen nach Quito (14 US$, 10 Std.) via Jipijapa, Portoviejo, Chone und Santo Domingo. Alternativ nimmt man einen Bus nach Portoviejo oder Manta und steigt dort um.

Reina de Camino (05-303-6002;) hat mit einem Bus 1. Klasse um 20 Uhr die komfortabelste Fahrt nach Quito (14 US$, 10 Std.) im Angebot.

AN DIE SÜDKÜSTE

Busse der **Cooperativa Manglaralto** fahren zwischen 4 und 19 Uhr alle 20 Minuten nach Santa Elena (4 US$, 1½ Std.) und halten unterwegs in Montañita (2,50 US$).

Unterwegs vor Ort

Alles im Ort ist zu Fuß erreichbar, doch wer sich schlapp fühlt, kann sich eines der herumflitzenden *mototaxis* nehmen (rund 1 US$). Eine Taxifahrt nach Agua Blanca oder zum Strand Los Frailes kostet hin und zurück jeweils 16 US$, zu beiden 26 US$.

Parque Nacional Machalilla

05

Ecuadors einziger Küstennationalpark erinnert daran, wie ein großer Teil der mittel- und südamerikanischen Pazifikküste früher aussah. Nachdem diese Landschaft nun fast völlig verschwunden ist, ist dies einer der am stärksten bedrohten tropischen Wälder weltweit. Der 1979 geschaffene Park schützt nur einen kleinen Teil der rapide schwindenden Küstenhabitate des Landes, nämlich rund 50 km an Stränden, rund 400 km² tropischen Trocken- und Nebelwald sowie rund 200 km² ha Meeresfläche (einschließlich der Inseln vor der Küste, von denen die Isla de la Plata die wichtigste ist).

Neben seltenen und exotischen Arten gibt's im Park auch eine bedeutende archäologische Stätte der Manta-Kultur, die gegen 500 n. Chr. aufkam und bis zur spanischen Eroberung anhielt. Außerdem finden sich hier Zeugnisse der viel älteren Machalilla- und Chorrera-Kulturen aus der Zeit zwischen ca. 800 und 500 v. Chr. und sogar der Salango-Kultur von 3000 v. Chr.

Sehenswertes & Aktivitäten

Parque Nacional Machalilla — NATIONALPARK

GRATIS Der einzige Küstennationalpark Ecuadors umfasst abgelegene Strände, Korallenformationen, zwei Inseln vor der Küste, tropischen Trockenwald, Küstennebelwald, archäologische Stätten und 200 km² Ozean. Dies ist ein wunderbares und einzigartiges Gebiet. In dem seltsam aussehenden, artenreichen Wald leben über 200 Vogelarten, darunter Küstenpapageien und Sittiche sowie Meeresvögel wie z. B. Fregattvögel, Pelikane und Tölpel – manche davon nisten auf den Inseln vor der Küste. Andere Tiere sind u. a. Hirsche, Hörnchen, Brüllaffen, Ameisenbären und diverse Arten von Eidechsen, Schlangen und Leguanen.

Agua Blanca — DORF

(09-8161-0095; www.comunidadaguablanca.com; 5 US$; 8–17 Uhr) Ein Besuch in der kleinen indigenen Gemeinde und ihrem Umland bietet die Gelegenheit, dem Teer und Beton des modernen Ecuador zu entkommen. Die Abzweigung befindet sich rund 5,5 km nördlich von Puerto López auf der rechten Seite der Straße. Hier zahlt man eine Gebühr von 5 US$ (die auch den Eintritt in das Museum und einen Führer abdeckt). Von hier fährt man weitere 6 km auf einer staubigen, holprigen Straße bis zum Dorf. Dort kann man präkolumbische Kunst sehen und in einem Schwefelteich baden, man bekommt eine kostenlose Schlamm-Gesichtsmaske und kann in den umliegenden Wäldern wandern.

Archäologisches Museum — MUSEUM

(09-9443-4864; www.comunidadaguablanca.com; 8–17 Uhr) Das kleine Museum lohnt den Besuch. Die Spanisch sprechenden Führer erklären die Bedeutung der Ausstel-

Parque Nacional Machalilla

lungsstücke, zu denen gut erhaltene Werkzeuge, Keramiken und Urnen gehören. Die informative Führung setzt sich dann an der nicht weit entfernten Manta-Stätte fort, die ein wichtiges politisches Zentrum der Manta gewesen sein soll. Einige der etwa 400 Gebäude warten auf eine umfassendere Ausgrabung. 2016 begannen Archäologen mit der Freilegung eines Hauses und fanden dort über 250 Artefakte. Besucher können in das Gebäude hineinblicken.

Los Frailes STRAND

(⏲8–16 Uhr) Der zu beiden Seiten von dramatischen Landzungen eingerahmte Strand ist einer der hinreißendsten in Ecuador. Die Ausfahrt befindet sich etwa 10 km nördlich von Puerto López, gleich vor der Ortschaft Machalilla. Hinter der Rangerstation sind es noch 3 km über eine unbefestigte Straße bis zum Strand. *Mototaxis* (Tuk-tuks) warten am Eingang und fahren Besucher zum Strand (2 US$).

Nördlich vom Strand gibt's einen malerischen Aussichtspunkt (in der Walsaison ein Fernglas mitbringen) und einen 4 km langen Wanderweg, der durch den Trockenwald zu zwei entlegenen Stränden führt – wer es bis zum zweiten Strand schafft, hat diesen wahrscheinlich ganz für sich allein und sollte auf Blaufußtölpel achten. Schwimmer müssen bei großen Wellen vorsichtig sein, denn es kann starke Unterströmungen geben.

San Sebastián & Julcuy WANDERN, REITEN

Dic ausgezeichnete vier- bis fünfstündige Wanderung bzw. der Ausritt zu Pferde führt von Agua Blanca nach Südosten. Der Weg führt hinauf in eine Übergangszone zu den Resten feuchten Nebelwalds bei San Sebastián, rund 600 m über dem Meeresspiegel. Wer die hin und zurück 20 km lange Tour nicht zu Fuß machen will, kann ein Pferd mieten; einen Führer (20 US$) zu engagieren ist vorgeschrieben.

An- & Weiterreise

Mindestens stündlich fahren Busse die Küste auf der Ruta del Spondylus zwischen Puerto López und Jipijapa (hi-pi-*ha*-pa) hoch und runter (1 US$, 4 Min.). Die Hauptstraße führt direkt durch den Park, die Busse können einen also problemlos überall absetzen. Auf dem Rückweg winkt man einfach einen Bus heran, allerdings kann es lange dauern, bis einer kommt. Alternativ läuft man die 5 km zurück zur Stadt (viel Wasser mitnehmen). Am sinnvollsten ist es, in Puerto López ein Taxi (hin & zurück 15–20 US$) zu nehmen oder in der Stadt einen Führer mit eigenem Fahrzeug zu engagieren.

Bootsausflüge zur Isla de la Plata (Silberinsel) können über Tourveranstalter in Puerto López und bei den Unterkünften an der Küste gebucht werden.

Salango, Las Tunas & Ayampe

Entlang der Küste folgen nacheinander die schläfrigen Städte Salango, Las Tunas und Ayampe, wo der Río Ayampe in den Ozean mündet (starke Strömungen machen das Schwimmen hier schwierig), und die üppig grünen Hügel rücken bis dicht an den Strand. Wer auf der Suche nach Einsamkeit ist, findet in den Pensionen hier Freundlichkeit, Ruhe und Frieden. Nur 6 km südlich von Puerto López liegt das verschlafene Fischerdorf **Salango**. Man kann mit Fischerbooten (10 US$/Pers.) zur 2 km entfernten **Isla Salango** übersetzen, einem Paradies für Vögel – darunter Blaufußtölpel, Pelikane und Fregattvögel – mit guten Schnorchelmöglichkeiten.

Sehenswertes & Aktivitäten

Archäologisches Museum Salango MUSEUM

(☎ 05-257-4304; www.salango.com.ec/museo-arqueologico-salango.php; Erw./Kind 2,50/1,50 US$; ⏲ 9–17.30 Uhr) Das Museum zeigt eine faszinierende Sammlung von über 245 Keramiken, die aus der Zeit zwischen 3000 v. Chr. und 1500 n. Chr. stammen und Zeugnisse von Siedlungen der Valdivia-, Machalilla-, Chorrera-Engoroy-, Bahia- und Guangala-Kulturen sind. Archäologen machen an dieser Stelle noch immer neue Entdeckungen, und in der Stätte gibt's ein Forschungslabor. Das Museum hat ein paar Hütten am Strand (15 US$/Pers.) für Besucher, die hier länger bleiben und sich mit archäologischen Projekten und Forschung beschäftigen wollen (nur nach vorheriger Anmeldung).

Das Festival de la Balza findet jedes Jahr rund um den 12. Oktober statt. Die Einheimischen segeln dann mit Nachbauten traditioneller Bambusboote an der Küste entlang. Solche Boote wurden genutzt, um Waren bis nach Mexiko zu bringen. Das Museum befindet sich am Nordrand von Salango eine Querstraße hinter dem Strand.

NICHT VERSÄUMEN

ISLA DE LA PLATA

Die Isla de la Plata (Silberinsel) ist ein ziemlich getreues Abbild einer Galapagosinsel, aber per Boot nur etwa eine Stunde von Puerto López entfernt. Wer sich in der Gegend aufhält, sollte sie auf keinen Fall versäumen. Agenturen in Puerto Lopez, z. B. Machalilla Tours (S. 321), bieten Tagestouren zu dieser „Galapagosinsel für Arme" an, die eine zweistündige geführte Wanderung und Schnorcheln an einem Riff vor der Küste beinhalten. Zwischen Juni und Oktober kann man Wale beobachten.

Für den Namen der Insel gibt es zwei Erklärungen: Nach der einen handelt es sich um eine Anspielung auf einen angeblich von Sir Francis Drake hier vergrabenen Schatz, nach der anderen bezieht er sich auf das silbrige Schimmern der mit Guano bedeckten Klippen bei Mondschein. Auf der Insel nisten Kolonien von Meeresvögeln: Man findet hier viele Blaufußtölpel, und auch Fregattvögel, Rotfußtölpel, Pelikane und diverse Arten von Möwen, Meerschwalben und Sturmvögel werden oft beobachtet. Albatrosse kann man von April bis Oktober sehen, und oft ziehen Delfine vorbei.

Ein steiler Anstieg führt von der Bootsanlegestelle zu zwei Rundwanderwegen, die mit bzw. gegen den Uhrzeigersinn laufen: Die eine ist der 3,5 km lange **Sendero Punta Machete**, die andere der 5 km lange **Sendero Punta Escalera**. Beide Wege sind rau und der Sonne ausgesetzt, man braucht also festes Schuhwerk und viel Trinkwasser.

Abel Munoz BOOTSTOUREN
(☎ 09-9399-8515; 15–20 US$ pro Pers.) Der einheimische Guide und Bootsführer Abel Munoz bietet anderthalbstündige Bootsfahrten zur Isla Salango, wo man unberührte Strände besuchen und Pelikane, Tölpel und andere Tiere sehen kann. Er hat auch Schnorchelausrüstung an Bord (im Preis enthalten).

Schlafen & Essen

La Buena Vida PENSION $$
(☎ 09-9486-3985; http://surflabuenavida.com; nahe Ruta del Spondylus, Ayampe; Zi. inkl. Frühstück 40–75 US$; ❄ 📶) Das von einem ecuadorianisch-amerikanischen Paar geführte La Buena Vida hat sieben farbenfrohe Zimmer mit Ventilator und Meerblick. Die freundlichen Gastgeber, das gute Frühstück und das einladende halb offene Café mit Bar, die perfekt für einen Sundowner ist, haben es sehr beliebt gemacht. Surfunterricht wird ebenfalls angeboten (25 US$).

Finca Punta Ayampe HÜTTEN $$
(☎ 09-9189-0982; www.fincapuntaayampe.com; Ayampe; Zi. 60–70 US$; 📶) Wie ein Refugium am Ende der Welt wirkt diese idyllische Unterkunft mitten im Regenwald. Die hohen Bambusschlafzimmer sind lichtdurchflutet, und der große Loungebereich, der mit klobigen Holztischen ausgestattet ist, wartet mit spektakulärem Meerblick auf. Surfen, Tauchen, Kajakfahren und Vogelbeobachtungstouren können arrangiert werden. Das gute Restaurant serviert frische Ceviches, Burritos, Fischgerichte, Pasta, Salate und Sandwiches.

Cabañas La Tortuga HÜTTEN $$
(☎ 05-257-5178, 05-257-5163; www.latortuga.com.ec; Ayampe; DZ/3BZ inkl. Frühstück 70/90 US$; 📶) Die strohgedeckten Strandhütten der Cabañas La Tortuga sind sehr gepflegt und verfügen über Ventilator, Moskitonetze und warmes Wasser. Gäste können den Pool, die Gemeinschaftsküche, einen Billardtisch und den Grillbereich nutzen, außerdem sind Kajaks und Fahrräder ausleihbar (10 US$/Std.). In der Hochsaison gibt's auch ein Restaurant mit Bar.

Azuluna Eco-Lodge LODGE $$$
(☎ 05-234-7093, 09-9951-0542; www.azulunaecuador.com; abseits der Ruta del Spondylus, Las Tunas; DZ ab 79–149 US$; ❄ 📶) 🍃 Mit Stroh gedeckte Bungalows aus Bambus, Holz und Palmwedeln liegen abgeschieden auf einem Hügel südlich von Salango. Von jedem bietet sich ein traumhafter Blick aufs Meer, den man in der Hängematte auf dem Balkon genießen kann. Schöne Akzente setzen die handgemalten Wandbilder, die mit farbigen Elementen verzierten Fenster und die gefliesten Böden im Bad.

Außerdem gibt's ein nettes Restaurant (Hauptgerichte 5–12 US$) und einen Loungebereich. Das Azuluna legt Wert auf Nachhaltigkeit und bemüht sich um Recycling und den Einsatz natürlicher Baumaterialien. Zudem werden 10 % des Zimmerpreises für die Unterstützung von Entwicklungsprojekten in Las Tunas und Umgebung verwendet.

Delfin Mágico FISCH & MEERESFRÜCHTE $$
(☎ 05-2574-4291, 09-9951-3938; www.delfinmagico.com.ec; Salango; Hauptgerichte 12–25 US$; ⏱ 12–19 Uhr; 📶) In Salango lohnt ein Besuch im wie eine Unterwasserwelt gestalteten Delfin Mágico, das hervorragenden Fisch und Meeresfrüchte serviert. Hier schmeckt einfach alles, von verschiedenen Zackenbarscharten über Oktopus, Shrimps und Wolfsbarsch, mariniert in verschiedenen köstlichen Soßen und mit einheimischen spanischen Kochtechniken zubereitet. Früh kommen, um langes Warten zu vermeiden.

An- & Weiterreise

Busse fahren etwa stündlich auf der Ruta del Spondylus die Küste zwischen Montañita und Puerto López auf und ab; man kann sie überall auf der Strecke heranwinken. Lokale Taxis und *mototaxis* zwischen den Städten kosten etwa 3 bis 7 US$.

Olón

Ein paar Kilometer nördlich von Montañita liegt Olón. Das Dorf hat einen langen Strand mit Wellen, die für Surf-Neulinge geeignet sind, und eine Landschaft, die sich dramatisch vom trockenen Buschland weiter südlich unterscheidet. Dieser üppige Nebelwald ist Teil der Cordillera Chongón-Colonche, eines niedrigen Küstengebirges. Das Gebiet ist einer der wenigen Orte auf Erden, an denen man Nebelwald und Strand so dicht beieinander findet; in dem Wald leben u. a. Jaguare, Brüllaffen und die gefährdeten Großen Soldatenaras.

Schlafen

La Mariposa HOTEL $
(☎ 04-278-8120; www.lamariposahostal.com; Calle 13 de Diciembre, nahe Rosa Mística; DZ 30–35 US$; ❄ 📶) Nur zwei Minuten vom Strand lockt dieses einladende, entspannte

Hotel unter italienischer Leitung mit einem hübschen Kokospalmen-Garten. Von den oberen Etagen hat man Meerblick und der nette Innenhof ist mit Hängematten ausgestattet. Auf Wunsch gibt's kontinentales Frühstück (ab 3,50 US$).

Samaí Lodge PENSION **$$$**
(☎ 099-462-1316; www.samailodge.com; DZ inkl. Frühstück ab 114 US$; ❄ 📶 🏊) Die Samaí Lodge mit Blick auf den Wald wirkt wie eine idyllische Oase. Zwölf Hütten verteilen sich über das Anwesen; viele haben raumhohe Fenster und Hängematten, sodass man den Ausblick bis zur Küste genießen kann und mit etwas Glück am gleichen Ort Wale und Affen sieht. Es gibt auch einen Whirlpool, Yogastunden, ein Spa, einen Pool und leckeres Essen.

Ein Taxi von/nach Olón (7 km) kostet etwa 7 US$. Zur Lodge führt eine 2 km lange unbefestigte Straße – man sollte sich nicht an der Hauptstraße absetzen lassen, denn von dort geht's noch einen langen, manchmal moddrigen Weg den Hügel hinauf, was gerade mit Gepäck anstrengend ist.

An- & Weiterreise

Bequeme **Busse von CLP** (☎ 04-293-3001, 04-293-3009, 04-294-4322; http://libertadpeninsular.com) starten gleich nördlich von Olón an der Hauptstraße und fahren nach Guayaquil (6,25 US$, 2½–3 Std., 5-6-mal tägl.). Die Busse sind mit Fernsehern (mit Filmen), WLAN, Klimaanlage, verstellbaren Sitzen und Toiletten ausgestattet. Sie halten auch in Montañita. Den aktuellen Fahrplan erfährt man am Busbahnhof oder auf der Website.

Montañita

☎ 04 / 1200 EW.

Das Stranddorf Montañita ist eine Partymeile voller Surfer. Die Atmosphäre ist entspannt und lockt einen ständigen Strom kosmopolitischer Backpacker an – aus Südamerika und dem Rest der Welt. Wegen der billigen Unterkünfte und der Rasta-Stimmung schlagen manche Traveller hier zeitweilig Wurzeln und finanzieren ihren Lebensunterhalt mit dem Flechten von Zöpfen, der Herstellung von Schmuck oder der Arbeit an der Rezeption einer Pension. Montañita ist ideal für jeden, gleichgültig welchen Alters, der mit Kleidervorschriften in Restaurants Probleme hat: Hier ist es angesagt, ohne Hemd und barfuß herumzulaufen.

Aktivitäten

Die Wellen sind fast ganzjährig zum Surfen geeignet, die besten Bedingungen herrschen aber zwischen Dezember und Mai. Anfänger sollten berücksichtigen, dass die Wellen sehr hoch sein können und oft Rückströmungen auftreten. Erfahrene Surfer wagen sich an die Wellen von La *Punta* am Nordende des Strands, rechtsbrechende Wellen, die bei starkem Seegang zwei bis drei Meter hoch sind. Die meisten Hotels arrangieren den Verleih von Surfbrettern.

Balsa Surf Camp ist eine empfohlene Surfschule, ebenso **Montañita Surf & Dive** (☎ 09-8098-5370; Tauchen ab 19 US$, Surfunterricht 25 US$, Surfbrettverleih 5 US$ pro Std.; ⏱ 10–18 Uhr). Auch Tauchen, Radtouren, Wanderungen und Spanischkurse sind im Angebot.

Kurse & Geführte Touren

Montañita Spanish School SPRACHE
(☎ 09-9758-5207; www.montanitaspanishschool.com; nahe Ruta del Spondylus; 20 Std. Gruppen-/Privatunterricht 170/240 US$, 5-tägiger Surfunterricht 80 US$) Die Schule mit Blick auf die Stadt ist *der* Ort, um Spanisch zu lernen. Sie bietet auch Kombinationen aus Spanisch- und Surfunterricht an. Die Schule liegt an einer namenlosen Straße östlich vom eigentlich Dorf Montañita, abseits der Ruta del Spondylus. Die genaue Wegbeschreibung erfährt man telefonisch von der Schule oder von Einheimischen.

Machalilla Tours ABENTEUERTOUREN
(☎ 099-169-4213; ⏱ 9–18 Uhr) Machalilla Tours in der Hauptstraße nahe der Banco Bolivariano hat ein breites Angebot an Aktivitäten, darunter Wandertouren durch den Regenwald (35 US$), Radtouren (35 US$), Reitausflüge (45 US$) sowie Paragliding (40 US$) und Parasailing (35 US$).

Schlafen

In dieser Partystadt ist Lärm in vielen Hotels ein Problem, vor allem an Wochenenden und in der Hauptsaison; es empfiehlt sich also, Ohrstöpsel mitzubringen. Wer Ruhe schätzt und gleichzeitig am Strand wohnen möchte, sollte sich die Unterkünfte an der Hauptstraße in die Stadt und am Strand anschauen. Die meisten Hotels haben Moskitonetze, während das Meer für eine leichte Brise sorgt. In manchen Unterkünften gibt's nur kaltes Wasser, also vor der Buchung nachfragen.

ABSTECHER

DOS MANGAS: ABSEITS DES STRANDS

Das im Hinterland gelegene Dorf **Dos Mangas** und der gleichnamige Nationalpark, die oft als als Abstecher von Montañita aus besucht werden, sind Ausgangspunkt für Wanderungen oder Ausritte, die tiefer in den tropisch-feuchten Wald der Cordillera Chongón-Colonche hineinführen.

Im Dorf gibt's *tagua*-Schnitzereien und *paja toquilla* (Panamahüte) zu kaufen. Besucher können hier abgelegene Küstendörfer besuchen und gegen einen kleinen Unkostenbeitrag für Mahlzeiten, Führer und Maultiere bei einheimischen Familien übernachten. Die Dörfer sind fast alle eine einfache Tageswanderung oder einen leichten Ausritt vom Dorf Manglaralto (rund 12 km weiter nördlich) entfernt. Es lassen sich Touren mit Übernachtung organisieren, auf denen man Vögel beobachtet oder abgelegene Wasserfälle und andere Naturattraktionen besucht.

Guides und Pferde kann man im **Centro de Información Sendero Las Cascadas** (☎09-9734-6906; nahe Ruta del Spondylus; Parkeintritt 2,50 US$/Pers.; ⏲8.30–16.30 Uhr), einem kleinen Kiosk in Dos Mangas, mieten. Die freundlichen Führer (20 US$, nur Spanisch sprechend) bringen einen bei vier- bis fünfstündigen Wanderungen durch den Wald bis auf 60 m Höhe und zu den 80 m hohen Wasserfällen (die in der warmen Jahreszeit ausgetrocknet sein können). Man kann auch Pferde mieten (10 US$), Mittagessen buchen und Stiefel (1 US$) ausleihen, die empfehlenswert sind, wenn es matschig ist. Entweder bucht man im Voraus bei **Vicente Laines** (☎099-202-0348; Touren für bis zu 8 Pers. 20 US$) oder Machalilla Tours (S. 321), oder man kommt einfach morgens her und hofft, dass es klappt.

Für die 7 km von Montañita nach Dos Mangas nimmt man am besten ein Taxi (5 US$, 30 Min.).

Im Ort

Tiki Limbo HOSTEL $
(☎04-206-0019; www.tikilimbo.com; DZ inkl. Frühstück ab 30 US$; ❄📶) Das Tiki Limbo übertrifft die Konkurrenz hinsichtlich der Lage in der Stadt und der Dekoration: Die pastellfarbenen Zimmer haben Betten aus Bambus und Bettüberwürfe im Zebramuster. Alle verfügen über Klimaanlage und ein privates Bad mit warmem Wasser. In der Lounge im zweiten Stock können Gäste in Hängematten oder auf Liegestühlen relaxen; auch Surfkurse sind im Angebot. Das Restaurant unten ist ziemlich gut.

Casa Blanca HOSTERÍA $
(☎09-9918-2501; Zi. 10 US$/Pers.) Eines der wichtigsten Gebäude an der geschäftigsten Kreuzung in der Stadt – für diesen Preis ist die Lage unschlagbar. Das Casa Blanca befindet sich mitten im Zentrum des Geschehens. Die Privatzimmer sind einfach und sauber, wenngleich etwas abgewohnt, und haben frische weiße Laken. Einige Zimmer verfügen über Balkone mit Hängematten. Am Wochenende Ohrstöpsel mitbringen.

Boutique Hotel Rocio BOUTIQUE-HOTEL $$
(☎04-206-0181; www.rocioboutiquehotel.com; DZ inkl. Frühstück ab 60 US$; ❄📶) Die charmanteste Pension der Stadt würde mit ihren steinernen Wänden und den frischen blau-weißen Farbakzenten auch gut auf eine griechische Insel passen. Die Schlafzimmer sind schön gestaltet, einige haben gemusterte Fußböden und Balkone mit Stadtblick. Das ziemlich gute Restaurant in der ersten Etage bietet mediterrane Küche wie Hummus, Falafel, griechische Salate und Köfte.

Das Hotel liegt ein paar Blocks hinter dem Strand in einer Parallelstraße zur Ruta del Spondylus.

Hotel Hurvínek HOSTERÍA $$
(☎04-206-0068, 09-8454-5354; www.hurvinek.ec; Calle 10 de Agosto; EZ/DZ/3BZ inkl. Frühstück 30/40/55 US$; 📶) Die mit Ventilatoren ausgestatteten geräumigen Zimmer dieser hellen und sonnigen Pension sind von den polierten Holzböden und dem rustikalen Holzmobiliar bis zu den hübsch gefliesten Badezimmern sehr schön gestaltet. Das Frühstücksbüfett wird im Loungebereich im Erdgeschoss aufgebaut. Um zum Hurvínek zu kommen, nach dem Abbiegen von der Hauptstraße an der ersten Querstraße im Ort links fahren; das Haus liegt dann rechts auf der halben Höhe der Straße.

Außerhalb des Orts

Hostal Mamacucha PENSION $

(☎09-9402-9356; B ab 8 US$, Zi. 10 US$/Pers.;) Dieses superfreundliche Hostel mit Wandbildern und bunten Wänden hat einfache Zimmer um einen kleinen Hofgarten und bietet ein gutes Preis-Leistungs-Verhältnis. In den Bädern gibt's warmes Wasser. Außerdem hat die Pension einen Billardtisch, einen Fernsehraum, Moskitonetze und kostenlosen Tee und Kaffee. Oft bereiten die Gäste das Abendessen wie in einer großen Familie gemeinsam zu. Angeboten werden zudem Radtouren, Surfunterricht und nächtliche Wanderungen zu Spitzenpreisen.

Es befindet sich nördlich vom Fluss, ein paar Blocks hinter dem Strand.

Hostal Esperanto HOSTERÍA $

(☎099-970-4569; www.esperantohostal.com; B 15 US$, DZ ab 30 US$; @) Das vierstöckige Gebäude liegt gleich hinter dem von einer Kuppel gekrönten Dharma Beach Hotel etwas zurückgesetzt vom Strand und hat behagliche Zimmer mit Holzakzenten und Balkon sowie eine Panorama-Dachterrasse. Es hat auch eine kleine Lounge und eine Gemeinschaftsküche mit kostenlosem Kaffee. Zu den angebotenen Aktivitäten gehören Ukulele- (7 US$/Std.) und Spanischunterricht (10 US$/Std.).

Eine der umweltfreundlicheren Unterkünfte in Montañita: Das Hostel recycelt Abfälle und bereitet das Wasser im Garten wieder auf.

★**Balsa Surf Camp** BUNGALOWS $$

(☎04-206-0075; www.balsasurfcamp.com; EZ/DZ ab 40/60 US$;) In einem üppigen Garten gegenüber einem Sandweg zum Strand liegt dieses hübsche Refugium aus selbstgezimmerten, zweigeschossigen Bungalows mit Strohdächern. Es gibt auch einen Whirlpool und ein Spa (Massagen ab 30 US$) sowie eine Surfschule (Surfbrettverleih ab 5 US$, Unterricht 25 US$).

Das Surf Camp liegt in einer Straße, die parallel zum Strand verläuft.

★**Hostal Kundalini** HOSTEL $$

(☎09-5950-5007; www.hostalkundalini.com.ec; Zi. inkl. Frühstück 42–105 US$;) Früher nur ein strohgedecktes Gebäude auf einem Rasenstück mit vier Zimmern liegt das Kundalini am Strand direkt vor einem Surf-Break. Heute ist es ein schickes Hostel/Boutique-Hotel im tropischen Stil mit 22 Zimmern und einem erstklassigen Strandrestaurant. Die Zimmer sind wunderschön gestaltet und haben Betten mit Bambuskopfteilen.

Die Anlage besticht mit gepflegten Rasenflächen, die von Hecken und Palmen, Hängematten und farbenfrohen Sonnenliegen umringt sind. Jede Woche finden kostenlose Yogastunden statt und die Gäste können Surfbretter ausleihen (5 US$ für 2 Std.).

Montañita Estates BOUTIQUE-HOTEL $$

(☎09-3903-6465, 04-206-0153; www.montanitaestates.com; Ruta del Spondylus; DZ inkl. Frühstück 50–80 US$, Haus 45 US$/Pers.; P) Gleich außerhalb der Stadt an der Hauptstraße steht dieses tropische Hotel mit zwei Pools, hübschen Gärten und schönem Ausblick. Alle Zimmer sind mit Fernseher, Kingsize-Betten und Klimaanlagen ausgestattet, die Deluxe-Zimmer verfügen zusätzlich über Kühlschrank, Safe, Whirlpool und Hängematten. Außerdem gibt's ein Haus für neun Personen mit eigener Küche und einem Balkon mit Meerblick.

Das Hotel hat ein Restaurant, eine Bar, einen Kinderpark, einen Fitnessraum, ein Spa und einen Billardtisch, außerdem sind hier elf Katzen zu Hause. Es bietet Yogastunden (8 US$) und Surfbrettverleih (20 US$ pro Tag) an.

Nativa Bambu HÜTTEN $$$

(☎04-206-0097; www.nativabambu.com; Ruta del Spondylus; DZ/Suite inkl. Frühstück 90–110/115–140 US$;) Die ruhig gelegenen strohgedeckten Holzhütten mit kleinen Veranden haben einen wunderbaren Blick über Montañita und das Meer. Das Nativa Bambu ist zudem bekannt für den freundlichen, professionellen Service und die hochwertige Ausstattung (gute Betten, Kaffeemaschinen, in einigen Hütten Direct TV). Zudem ist es umweltbewusst und hat Solarzellen, ein Recyclingprogramm und einen Garten, in dem Pflanzen verkauft werden.

Der Eingang ist an der Fernstraße nahe der Calle Principal ausgeschildert.

Essen

Fast alle Freiflächen an der Straße wurden zu zwanglosen Restaurants umfunktioniert, darunter auch Straßenkarren, die Obstsalat, Empanadas, Sandwiches, *encebollado* (Suppe mit Fisch, Yukka und Zwiebeln); Ceviches, Burger und brodelnde *cazuela* (Eintopf aus Fisch und Meeresfrüchten) verkaufen. Lokale, die eher auf

Ecuadorianer zielen, bieten meist preisgünstige *almuerzos* (Mittagessen; 2–4 US$) und *meriendas* (preiswerte Abendmenüs). Auch internationale Gerichte sind leicht zu bekommen.

Donde Garci BÄCKEREI $
(Kuchen 0,60–1,20 US$; ⏲6–23 Uhr) Leckere Kekse und Kuchen nach kolumbianischer Art – unbedingt die mit Dulce de leche gefüllten Gebäckkegel versuchen!

Man findet die Bäckerei an der Kreuzung der Fernstraße mit der Calle Principal.

Restaurant Surf Food ECUADORIANISCH $
(Mahlzeit ab 3,50 US$; ⏲8–24 Uhr) Dieses Café, in dem sich immer viele Einheimische drängen, hat null Atmosphäre (es ist sehr einfach mit schlichten Tischen und Stühlen), doch es ist ideal für eine gute und preiswerte ecuadorianische Mahlzeit. Das Essen schmeckt gut. Es gibt z. B. panierte Garnelen oder Fisch in Kokossoße mit Reis, Linsen und Kochbananen. Die Mahlzeiten umfassen eine Suppe und ein Getränk. Die Karte wechselt täglich.

Mas Alla EMPANADAS $
(Ruta del Spondylus; Empanadas ab 1 US$, Pizzastück ab 1,25 US$; ⏲12–22 Uhr; 📶) Wer Lust auf einen schnellen und preiswerten Snack hat, ist in diesem Café mit Hippie-Flair und zwanglosen Sitzgelegenheiten drinnen und draußen richtig. Hier gibt's Kaffee, Bier, hausgemachte Pizzastücke (die vegetarische Pizza ist dick mit Paprika, Aubergine und Broccoli belegt) und frische Empanadas mit Käse, Hühnchen, Schinken und mehr. Das Mas Alla liegt direkt an der Brücke.

Papillon INTERNATIONAL $
(Crêpes 6,50–13 US$; ⏲8–23 Uhr; 📶) Im Papillon gibt's Tex-Mex-Küche, ecuadorianische Gerichte, Meeresfrüchte, Paella und eine großartige Auswahl an süßen und herzhaften Crêpes. Die derben Holzmöbel sorgen für ein rustikales Flair. Es befindet sich in der Straße mit den Cocktail-Verkäufern, die im Westen am Strand endet.

★ Tiki Limbo INTERNATIONAL $$
(☎09-9954-0607, 04-206-0019; www.tikilimbo.com; Hauptgerichte 8–15 US$; ⏲8.30–24 Uhr; 📶🍸) Montañitas bestes Restaurant mitten im Ortszentrum hat ein bunt gemischtes Angebot internationaler Gerichte (Fajitas, Falafel, hausgemachte Burger, Garnelen in Sesamkruste, Meeresfrüchteplatten), serviert in einem charmanten Ambiente mit gepflegten Bambusmöbeln und blütenweißen Kissen. Zum Abschluss der Mahlzeit bestellt man am besten einen Milchshake mit viel Nutella oder Vanilleeis oder die Bannoffee-Waffeln. Auch die Auswahl an Frühstücksgerichten ist gut.

Pigro ITALIENISCH $$
(☎09-8153-0076; www.facebook.com/restaurantepigro; Hauptgerichte 7–14 US$; ⏲12.30–23.30 Uhr; 🍸) Im Pigro gibt's nobles Essen, das sich jeder leisten kann, darunter hausgemachtes cremiges Risotto, leckere Pasta mit Meeresfrüchten, herzhafte Lasagne und andere italienische Gerichte (aber keine Pizza). Gute Cocktails und zwangloses Ambiente. Es liegt am östlichen Ende der Hauptstraße zum Strand, wo die Cocktail-Verkäufer stehen.

Ausgehen & Nachtleben

Auf der am Strand endenden Nebenstraße stehen viele Karren, die meist bis spät in die Nacht tropische Cocktails, Bier und Shakes verkaufen. Der **Lost Beach Club** (www.lostbeachclub.com; Malecón; Eintritt ab 25 US$; ⏲22 Uhr–open end) schmeißt große Tanzpartys mit DJs aus Ecuador und anderen Ländern. Das Restaurant **Hola Ola** (www.facebook.com/hola.ola.cafe; Hauptgerichte 7–14 US$; ⏲8–24 Uhr) verwandelt sich nach Sonnenuntergang in ein angesagtes Nachtlokal mit Livemusik und Tanz.

★ Montañita Brewing Company BRAUEREI
(www.montanitabrewingcompany.com; ⏲12–22 Uhr) Die einzige Kleinbrauerei an der ecuadorianischen Küste serviert am Nordende des Strandes mit Blick auf den Sand Amazonian Inidian Pale Ale, Chocolate Stout, Brombeer-, Jalapeno- und Maracuja-Blondes sowie tropische Cidres (Mango, Limette, Ingwer) – alles frisch vom Fass. Die erstklassigen Getränke gehen nicht in den Export, man kann sie nur in Montañita genießen.

An den meisten Wochenenden gibt's Livemusik, die Palette reicht von Jazzbands bis zu Klassikkonzerten. Das benachbarte Restaurant serviert Sushi, das man zu seinem Bierchen essen kann.

Praktische Informationen

Frauen sollten am Strand nachts allein vorsichtig sein, denn es gab Berichte über Übergriffe.

In der Stadt haben die **Banco Bolivariano**, die **Banco de Guayaquil** und die **Banco Pichincha** (in der Nähe des Taxistandes) Geldautomaten.

An- & Weiterreise

Die Busse von **CLP** (S. 321) sind die bequemste Option. Sie fahren in Olón los und halten auf dem Weg Richtung Süden nach Guayaquil (6 US$, 2½–3 Std., 6-mal tägl.) in Montañita. Weitere Busse, die in Montañita halten, fahren weiter nach Santa Elena (3 US$, 2 Std.), La Libertad (2,50 US$, 1¾ Std.) und etwa alle 20 Minuten nach Puerto López (2,50 US$, 1¼ Std.) im Norden. Der **Hauptbusbahnhof** (☎ 04-266-0203; Segundo Rosales, nahe Ruta del Spondylus) und das Ticketbüro befinden sich an der Hauptstraße.

Die beiden örtlichen Taxiunternehmen sind **Montañisol S.A** (☎ 09-3914-0192, 09-8279-5312, 04-206-0217; montanisol@gmail.com; ⌚ 24 Std.) und **Montañisol Compañía De Taxis** (☎ 09-6891-1333; www.montanisol.com). Sie liegen gleich abseits der Fernstraße und bieten Fahrten nach Puerto López (25 US$) ebenso wie ins ferne Guayaquil (80 US$).

VON DER HALBINSEL SANTA ELENA NACH GUAYAQUIL

Östlich der Santa-Elena-Halbinsel scheint die Landschaft wie gemacht für Cowboys. Die Gegend wird zusehends trockener und struppiger, die Ceiba-Bäume weichen bis zu 5 m hohen Kandelaberkakteen. Doch am westlichsten Punkt erstreckt sich Salinas, die schickste Strandstadt an der Südküste mit einem makellosen Strand (und vielen Wassersportmöglichkeiten) vor der Kulisse von Apartmenthochhäusern und Hotels. Ein ausgesprochen malerischer Aussichtspunkt markiert den westlichsten Punkt Ecuadors. Puerto Lopez im Norden vermarktet sich zwar besser, doch Salinas eignet sich besser zur Walbeobachtung, da die Tiere hier dichter an der Küste vorbeiziehen. Außerdem gibt's in der Stadt ein faszinierendes Walmuseum. Landeinwärts von Salinas liegt der Verkehrsknotenpunkt Santa Elena.

Im Westen Santa Elenas befindet sich ein paar Blocks von der Hauptstraße das Museum **Los Amantes de Sumpa** (☎ 04-294-1020; ⌚ Di–So 9–17 Uhr) GRATIS, das über einem alten Friedhof des indigenen Sumpa-Volkes gebaut wurde. Die Hauptausstellung zeigt mehrere 5000 bis 8000 Jahre alte Skelette, darunter zwei sich umarmende *amantes* (Liebende) in der Haltung, in der sie gefunden wurden.

Am Rand von Ballenita gleich nördlich von Santa Elena liegt auf einer Klippe die charmant-eigenwillige **Hostería Farallón Dillon** (☎ 04-295-3640; www.farallondillon.com; Zi. ab 69 US$; ❄ 📶 🏊). Das Projekt eines ehemaligen Kapitäns ist mit zahlreichen Dingen aus der Bootsfahrt dekoriert, von einem Mast in voller Größe samt Mastkorb über Rettungsringe, Anker und Navigationslichter bis zu einer originalen stählernen Schiffstür, die in die Küche des Restaurants führt. Die ganz mit Holz ausgebauten Zimmer haben einen atemberaubenden Meerblick und sind mit witzigen Details dekoriert, z. B. Lampenschirmen aus nautischen Karten. Dieses großartige bizarre Haus muss man gesehen haben – auf jeden Fall sollte man wenigstens zum Mittagessen oder auf einen Drink herkommen und sich ein wenig umschauen.

In der Nähe des Orts San Pedro wird **Paragliding** (☎ 09-8113-1666; Km 41, abseits der Ruta del Spondylus, San Pedro; 30 US$ pro Pers.; ⌚ 10–18 Uhr) von den grasbewachsenen Klippen direkt nördlich der Ayangue angeboten. Die Piloten veranstalten aufregende und preisgünstige 15-minütige Tandemflüge über der Küste. Man kann bei Reisebüros in Montañita Touren hierher buchen oder einfach selbst herkommen.

Salinas

☎ 04 / 50 000 EW.

Auf den ersten Blick erinnert Salinas mit seinen hohen weißen Apartmenthäusern vor dem hellweißen Sandstrand, auf dem sich die Sonnenhungrigen tummeln, an Miami Beach. Die Seitenstraßen wirken zwar heruntergekommen und keineswegs wie der Tummelplatz wohlhabender Ecuadorianer, gleichwohl ist Salinas einer der schickeren Ferienorte und auf jeden Fall der größte Urlaubsort an der Südküste. Zudem befindet sich hier der westlichste Punkt des ecuadorianischen Festlands, ein malerisches Fleckchen namens La Chocolatera – ein Muss für alle, die hier durchkommen.

Der Ferienort zieht sich über mehrere Kilometer längs des Strandes und des von Restaurants und Bars gesäumten *malecón*. Auf der einen Seite endet es an dem großen Hotel Barcelo Colon Miramar; am anderen Ende liegen der Jachtclub, die Plaza und die Kirche. Weiter westlich erstreckt sich der ebenso schöne, aber ruhigere Strand Chipipe – eine gute Option, wenn man in der Hochsaison (Mitte Dezember bis Ende April) den Massen entfliehen will.

Sehenswertes

La Chocolatera NATIONALPARK

(Eingang über die Marinebasis Salinas; ⌚8–17 Uhr) GRATIS Der westlichste Punkt Ecuadors bietet drei Attraktionen: den **Strand La Fae** mit einem Plankenweg, von dem aus man eine Seehundkolonie beobachten kann; **El Morro** („Der Hügel") mit einem Leuchtturm und einem unfassbar spektakulären Blick auf Salinas, und den Punkt **La Chocolatera,** der nach den Wellen benannt wurde, die sich ganz eigenartig an den Felsen brechen und mit ihrem Schaum an eine riesige Schüssel Schokolade erinnern.

Man kann von Salinas bis La Chocolatera laufen oder radeln, die Hitze kann jedoch überwältigend sein. Am besten nimmt man ein Taxi (6–9 US$) und bittet den Fahrer zu warten, bis man alle drei Attraktionen gesehen hat. Zu La Chocolatera gelangen Besucher nur durch die Marinebasis Salinas, daher müssen sie einen Pass oder Ausweis mitnehmen.

Am Strand La Fae finden manchmal Surfwettbewerbe statt, und Inline-Speedskater lieben die Hügel und die perfekt asphaltierten kurvenreichen Straßen rund um den Nationalpark.

Playa de San Lorenzo STRAND

(Malecón) Salinas wichtigster und vollster Strand erstreckt sich am *malecón,* den Dutzende Restaurants und Hotels säumen. Am Strand gibt's Volleyballfelder, ein Pier (an dem Bootsfahrten und Walbeobachtungstouren angeboten werden) und jede Menge Wassersport. Das Wasser ist hier wegen der geschützten sichelförmigen Bucht ruhiger als an anderen Stränden in der Gegend und perfekt zum Schwimmen.

Playa de Chipipe STRAND

Westlich vom Strand San Lorenzo erstreckt sich der ebenso gepflegte Chipipe, an dem sich nur ein Bruchteil der Besucher des Nachbarstrandes tummelt. Wer es ruhiger mag oder mehr Platz zum Spielen möchte, ist hier genau richtig.

Walmuseum MUSEUM

(Bar de Ostras, Austernfängerbar; ☎04-277-8329, 09-9787-4425; www.museodeballenas.org; Enríque Gallo, zw. Calles 47 & 50; 3 US$; ⌚nur nach Vereinbarung 7–20 Uhr) Das kleine, informative Walmuseum wird vom enthusiastischen Ben Hasse, einem Pionier der Walbeobachtung in der Gegend, geleitet und zeigt mehrere Walskelette, darunter ein vollständiges zusammengesetztes Skelett eines 11 m langen Buckelwals. Andere interessante Exponate sind Delfinföten, Seelöwen-Exponate und Tintenfischkiefer sowie ein 80 Jahre alter spitz zulaufender Walschädel.

Aktivitäten

Walbeobachtungstouren sind von Juni bis Oktober die große Attraktion. 13 km vor der Küste von Salinas sinkt der Festlandssockel von 400 m auf über 3000 m ab (diese Tiefe wird ca. 40 km vor der Küste erreicht). Auf einer einstündigen Segeltour kann man also schon in sehr tiefe Gewässer kommen, wo man gute Möglichkeiten hat, Schwertfische, Fächerfische, Thunfische, Goldmakrelen oder Schwarze Marline zu **angeln** (beste Saison ist von Sept.–Dez.).

An den Stränden Chipipe und San Lorenzo werden jede Menge Wassersportaktivitäten angeboten – einfach am Strand nach Bananenbooten, Jetskis oder Stehpaddelbrettern fragen.

Soerma Tours WALBEOBACHTUNG, WASSERSPORT

(☎09-9617-7537; soermatour@gmail.com; Malecón; geführte Touren ab 16 US$) Der Tourveranstalter bietet zwischen Juni und September anderthalbstündige Walbeobachtungstouren, die am Pier am Strand San Lorenzo starten, sowie Bananenbootfahrten (3 US$), Kajakverleih (10 US$), Jetskifahren (20 US$), Paragliding (25 US$) und Angeltouren (60 US$).

Schlafen

Die Bandbreite der Unterkünfte in Salinas ist groß und reicht vom vereinzelten unkonventionellen Hostel bis zu Fünfsternehotels und vielen veralteten Pensionen für ecuadorianische Urlauber. Von Mai bis Mitte Dezember fallen die genannten Preise häufig um 20 bis 30 %, in der Osterwoche, zu Weihnachten, zu Neujahr und über Karneval liegen sie aber noch höher.

★ **Chescos** HOTEL $

(☎02-770-875, 09-9160-6612; www.chescos.com; Malecón; B ab 10 US$, EZ/DZ ab 20/24 US$; ❄📶) In diesem funkigen neuen Hostel am *malecón* trifft sich die Jugend. Die Atmosphäre ist einladend, es gibt eine Fernsehlounge mit Schaukeln als Sitzgelegenheiten und Spiele wie Jenga und Beer Pong. Außerdem wurde gerade eine neue Bar gebaut, die an einen Balkon mit Strandblick grenzt.

Coco's Boutique Hostal PENSION $
(☎ 04-277-0361; www.hostal-cocos.com; Malecón; EZ/DZ 25/35 US$; ❄📶) Das Coco's, zentral am Wasser gelegen und mit einigen Kunstwerken, ist wegen seiner schönen, aber einfach eingerichteten Zimmer mit Bad und Fernseher (teils aber mit wenig Tageslicht) eine gute Option. Es befindet sich am westlichen Ende des *malecón*.

Hotel Francisco III HOTEL $
(☎ 09-9155-2127, 04-277-0881; www.hotelfranciscoecuador.com; Ecke Malecón & Calle 27; DZ ab 30 US$; ❄📶🏊) Das hübscheste der Franciscos in Salinas hat eine gute Lage mitten auf dem *malecón*. Die sonnigen offenen Korridore sind angenehm, aber leider könnten die Zimmer selbst auch mehr natürliches Licht gebrauchen.

Big Ralph's Hostal & Restaurant PENSION $$
(☎ 04-312-7120, 09-9618-8111; www.bigralphhostal.com; Ecke Av San Lorenzo & Carlos Espinoza; EZ 25 US$, DZ 34–48 US$; ❄📶) Etwa zehn Minuten zu Fuß vom *malecón* liegt das Big Ralphs, das von englisch-ecuadorianischen Besitzern geführt wird und bei von Heimweh geplagten Europäern sehr beliebt ist. Dekoriert ist es mit Reminiszenzen an England wie der britischen Fahne und Bildern von London. Das Restaurant serviert sogar Fish 'n' Chips und richtiges englisches Frühstück (8 US$). Die einfachen Zimmer mit Lehmziegelwänden liegen um einen friedlichen Innenhof und haben Böden aus Terrakottafliesen.

Hotel Marvento I HOTEL $$
(☎ 04-277-0975; www.hotelmarvento.com; Ecke Guayas & Enríquez Gallo; Zi. inkl. Frühstück 35–60 US$/Pers.; ❄📶🏊) Wer nicht unbedingt einen Blick aufs Meer haben will, für den ist das nur einen Block vom *malecón* entfernte Hotel eine gute Option. Alles, von den blanken Marmorböden bis hin zu den rustikalen Holzmöbeln, ist in gutem Zustand. Auf dem Dach gibt's einen kleinen Pool, und ein Hotelrestaurant ist ebenfalls vorhanden.

Barcelo Colon Miramar HOTEL $$$
(☎ 04-2771610; www.barcelo.com; Malecón, nahe Calle 38; Zi. inkl. VP ab 167 US$/Pers.; ❄@📶🏊) Das größte Hotel der Stadt ist zugleich das luxuriöseste. Es bietet die Einrichtungen eines großen Hotelresorts: einen Pool, Fitnessraum, Sauna, drei Restaurants (Mahlzeiten und Cocktails sind im Preis enthalten) und mehrere Bars und Lounges. Die Gäste können kostenlos Strandfußball, Tischtennis und Volleyball spielen, und jede Woche gibt's verschiedene Unterhaltungsangebote für Erwachsene und Kinder. Dennoch fraglich, ob es den hohen Preis wert ist.

Essen

Die meisten Restaurants liegen direkt am *malecón* oder ein, zwei Blocks entfernt. Das Angebot ist vielfältig, es gibt z. B. Grill-, Empanada-, französische, italienische und viele Meeresfrüchterestaurants. Aber Achtung, manche sind in der Nebensaison geschlossen oder haben verkürzte Öffnungszeiten.

Pedro's Empanadas EMPANADAS $
(Cosme Renella; Empanadas ab 1,80 US$; ⏲16–23 Uhr) Abseits der Touristenmeile, einen Block landeinwärts vom Strand Chipipe, verkauft dieser preiswerte einheimische Empanada-Laden mit Plastikstühlen gute handgemachte Empanadas aus Kochbananenteig. Es gibt sie u. a. in den Geschmacksrichtungen Garnelen und Rind, Käse und Hühnchen oder Krabben. Dazu schmecken die frischen Säfte, z. B. Papaya-, Melonen-, Erdbeer-, Blaubeer- oder Kokos- und Limettensaft.

Cevicheria Lojanita FISCH & MEERESFRÜCHTE $
(Ecke Enriquez Gallo & Aviles; Hauptgerichte 5,50–10 US$; ⏲8.30–20.30 Uhr) Die Cevicheria Lojanita ist ein großer gelber Komplex im Stil eines Food Courts. Die Ceviches sind frisch und werden in großen Portionen und verschiedenen Geschmacksrichtungen serviert. Außerdem gibt's Gerichte wie Reis mit Krabben, Garnelen oder Meeresfrüchten, gegrillte Fischfilets, Meeresfrüchtespaghetti und -omeletts, gegrillten Hummer und Dutzende andere – alle vom Meer inspiriert.

Oui Chef FRANZÖSISCH $$
(☎ 09-8007-2240; Enriquez Gallo; Hauptgerichte 6–15 US$; ⏲Di–Sa 12–15.30 & 18.30–22.30, So 9–21.30 Uhr) Dieser Newcomer ist einer der coolsten Treffs der Stadt. Ein umgebauter VW-Campingbus steht hinter einer schmalen Terrasse mit Holztischen und Lichterketten. Es gibt typisch Französisches wie Crêpes und Bœuf Bourguignon und zum Abschluss Schokoladendesserts und richtigen gemahlenen ecuadorianischen Kaffee. Alle Zutaten stammen von örtlichen Farmen. Der Wagen steht hinter dem Hotel Barcelo Colon.

Luv 'n' Oven ECUADORIANISCH **$$**
(☎ 09-9957-8101; Malecón; Hauptgerichte 6–16 €, Hummer ab 26 US$; ⊙ 11–23 Uhr; 📶) Das einladende Restaurant am Wasser serviert gute Meeresfrüchtegerichte, z. B. Ceviches, Risottos, leckere *encocados* (Eintopf mit Meeresfrüchten und Kokosmilch) und Tintenfischreis. Außerdem gibt's Pasta, Steak und mit Käse und Schinken gefülltes Hühnchen. Eine weitere Filiale mit klimatisiertem Innenraum befindet sich weiter hinten am *malecón*.

Casa Grill GRILLRESTAURANT **$$**
(☎ 04-277-2509; Malecón; Mittagessen ab 6 US$, Hauptgerichte abends ab 9–12,50 US$; ⊙ 12–24 Uhr) Casa Grill hat große Glasfenster und eine funkelnde neue Terrasse mit Blick aufs Wasser und ist ein Paradies für alle, die gern Fleisch essen. Das beste Preis-Leistungs-Verhältnis bieten die Grillteller zum Teilen. Der Parilla Casa Grill (32 US$) besteht aus zwei Schweinekoteletts, zwei Steaks, einer Portion Lammfleisch, einer Blut-, Chorizo- und Longazina-Wurst, geröstetem Mais am Stil und einem Salat.

Lui e Lei FISCH & MEERESFRÜCHTE **$$**
(☎ 09-9957-8101; Malecón; Frühstück ab 4 US$, Abendessen 9–16 US$; ⊙ 8–22 Uhr) Ein schlichtes Lokal, das morgens Pfannkuchen und kontinentales Frühstück serviert und abends Meeresfrüchte. Zu den Spezialitäten gehören die Muscheln Lui e Lei (Muscheln mit Meeresfrüchtesoße), die *cazuela de mariscos* (Meeresfrüchteeintopf mit zerdrückten Kochbananen, Erdnüssen und Gewürzen) und die *mariscos gratinado* (gemischte Meeresfrüchte in weißer Soße, mit Mozzarella und Schinken als Gratin gebacken. Man findet es am westlichen Ende des *malecón*.

Ausgehen & Nachtleben

Die meisten Restaurants am *malecón* servieren Cocktails und Bier. Eine lebhaftere Atmosphäre herrscht z. B. in der **Aloha Bar** (☎ 09-8857-2755; www.facebook.com/AlohaBarEcuador; Malecón; ⊙ Mo–Sa 19–2 Uhr; 📶).

Praktische Informationen

In Salinas herrscht kein Mangel an Geldautomaten. Am *malecón* kann man es bei der **Banco Pichincha** oder bei **JEP** versuchen.

Die **Touristeninformation** (Strand San Lorenzo; ⊙ 9–17 Uhr) befindet sich am äußersten westlichen Ende des Strandes. In der kleinen Hütte bekommen Reisende Karten, Informationen und Tipps zur Gegend.

An- & Weiterreise

Bus 30C von CITSE pendelt den ganzen Tag zwischen Salinas (1 US$, 45 Min.) und dem **Busbahnhof Santa Elena** (Hwy 15, zw. Santa Elena & Ballenita) und fährt los, sobald er voll ist. Taxis von/nach Santa Elena kosten 5 US$.

NACH GUAYAQUIL

Turismo Ruta del Sol (☎ 04-277-0358, 09-9464-0915) betreibt stündlich Minivans zwischen Salinas und Guayaquil (12 US$, 2½ Std., 6–20 Uhr). Wer etwas mehr zahlt, wird direkt vor seinem Hotel abgesetzt. Wenn man vorher anruft, kann man sich abholen lassen.

Busse nach Guayaquil fahren ab Santa Elena (4,25 US$, 2½ Std., 4–19 Uhr alle 15 Min.).

NACH NORDEN

Busse nach Montañita (1,70 US$, 1½-2 Std., 4.45–19 Uhr alle 20 Min.) fahren vom Busbahnhof Santa Elena. Einige von ihnen bedienen auch andere Küstendörfer im Norden. Alternativ steigt man in Montañita in einen Bus um, der weiter die Küste hochfährt.

Man sollte dem Fahrer auf jeden Fall sagen, wo man abgesetzt werden möchte, da sich dort vielleicht keine reguläre Haltestelle befindet.

Playas

☎ 04 / 35 000 EW.

Die *guayaquileños*, die übers Wochenende ins heruntergekommene, staubige Playas kommen, sind nicht auf der Suche nach elegantem Stadtleben: Sie locken der lange, breite und relativ stadtnahe Strand und die frischen Meeresfrüchte.

Schlafen & Essen

★ **La Posada del Sueco** HOTEL **$$**
(☎ 099-372-2888; Km 2; DZ 65–75 US$; 🅿 📶 🏊) Der schöne, umweltbewusste Strandkomplex im Besitz eines schwedisch-ecuadorianischen Paares hat sechs attraktive Zimmer um einen Garten, der üppig mit Bougainvillea, Passionsfruchtranken und Obstbäumen bepflanzt ist. Das Hotel liegt 2 km von Playas Richtung Data.

Restaurant Jalisco FISCH & MEERESFRÜCHTE **$**
(Ecke Paquisha & Alexander; Hauptgerichte 3–10 US$; ⊙ 10–20 Uhr) Das Jalisco ist eine lokale Institution mit Plastikstühlen und serviert seit rund 40 Jahren billige *almuerzos*, Meeresfrüchteteller und Ceviches. Nach den Mittagsangeboten für 2,50 US$ fragen!

ABSTECHER

EL MORRO

Nach zehn Fahrminuten von Playas aus nach Osten erreicht man das wenig bekannte Fischerdorf El Morro. Es liegt abseits der internationalen Touristenroute und die Atmosphäre ist völlig anders als in Playas. Zu den Attraktionen des Orts gehören eine der ältesten erhaltenen **Kirchen** (Provincal Playas-Puerto del Morro, El Morro; ⏲ Di–Fr 9–12 & 15–18, Sa 9–12 Uhr) der Region und eine 125 Jahre alte **Bäckerei** (El Morro; Brot ab 0,50 US$; ⏲ Öffnungszeiten variieren), die unglaublich gutes süßes Brot verkauft, das jeden Morgen auf traditionelle Weise im Steinofen gebacken wird – immer 90 Brote gleichzeitig.

Doch der Hauptgrund für die Fahrt hierher ist der Hafen El Morro, der an den von Mangroven gesäumten Rio de Horno grenzt, wo Delfine und exotische Fregattvögel leben. **Tourveranstalter** (☎ 09-9130-2594, 09-6793-7980; Touren ab 30 US$; ⏲ 9–16.30 Uhr) bieten Bootstouren an, um beide zu sehen; danach kann man am Hafen die beste Krabbensuppe aller Zeiten essen.

Am einfachsten erreicht man El Morro von Playas mit dem Taxi (3 US$, 20 Min.), man sollte auch gleich ein Taxi für die Rückfahrt buchen.

Am Pier lohnt das **Restaurant El Morro** (☎ 09-8141-0236; El Morro; Mittagessen 3–8 US$; ⏲ 8–15.30 Uhr) im 2. OG des orange-weißen Hauses (im ersten Stock ist ein anderes Restaurant) den Besuch, denn das Essen ist wirklich köstlich. Es hat zwar nur ein paar Holztische mit Plastikstühlen und macht äußerlich nicht viel her, doch die Krabbensuppe dürfte die beste sein, die man je essen wird. Wenn sie alle ist, war's das, neue gibt's erst am nächsten Tag.

ℹ An- & Weiterreise

Busse von **Transportes Villamil** (☎ 04-276-0942, 04-276-1675; www.cooperativavillamil.com.ec; Mendez Gilbert; ⏲ 4–23 Uhr) und **Transportes Posorja** fahren nach Guayaquil (2,85 US$, 2 Std., 4–20 Uhr alle 30 Min.). Die Villamil-Busse sind Direktbusse, die Posorja-Busse fahren über Posorja.

SÜDLICH VON GUAYAQUIL

Die meisten Traveller fahren hier auf dem Weg nach Peru schnell durch, dabei gibt es in diesem landwirtschaftlich wichtigen Teil des Landes Naturschutzgebiete, Kakaofarmen, die man besuchen kann, und ein bezauberndes Gebirgsstädtchen.

Reserva Ecológica Manglares Churute

☎ 04

Das 500 km² große **nationale Schutzgebiet** (nahe Hwy E25; ⏲ 8–17 Uhr) GRATIS schützt ein Mangrovengebiet südöstlich von Guayaquil. Ein großer Teil der Küste war einst ein Mangrovensumpf – ein wichtiges und einmaliges Habitat. Das hier ist eine der wenigen verbliebenen Mangrovenküsten; der Rest wurde für die Krabbenzucht zerstört. Im Binnenland gibt es auf Hügeln, die eine Höhe von 700 m über dem Meeresspiegel erreichen, einige tropische Trockenwaldgebiete.

Untersuchungen über die Gegend innerhalb des Schutzgebiets belegen, dass der Übergang der Habitate von Küstenmangroven zu Bergwäldern eine starke Artenvielfalt mit einem hohen Anteil endemischer Arten unterstützt. An der Küste werden oft Delfine beobachtet, und auch viele andere Tier- und Vogelarten können Naturbeobachter bestaunen.

Das **Informationszentrum** (☎ 09-3919-6806; abseits des Hwy E25; ⏲ 8–17 Uhr) des Schutzgebiets befindet sich auf der Fahrt Richtung Machala, das 50 km südöstlich von Guayaquil liegt, auf der linken Seite der Hauptstraße zwischen Guayaquil und Machala. Hier sollte man vor dem Parkbesuch anhalten und sich registrieren.

Alle Busse, die zwischen Guayaquil und Naranjal oder Machala unterwegs sind, können einen am Informationszentrum des Parks absetzen. Um wegzukommen, einfach an dem Schild an der Straße (das alle Fahrer kennen) einen Bus heranwinken; man sollte aber auf eine längere Wartezeit gefasst sein.

Eine Taxifahrt aus Guayaquil kostet hin und zurück rund 50 bis 60 US$.

Mehrere Tourveranstalter in Guayaquil bieten Touren in das Schutzgebiet an, darunter My Trip to Ecuador (S.303).

Machala

07 / 241791 EW.

Umgeben von Bananenplantagen – *oro verde* (grünes Gold) ist der Spitzname der Provinz – bildet Machala die wirtschaftliche und verwaltungstechnische Hauptstadt der Provinz El Oro. Die staubige Stadt ist ein Verkehrsknotenpunkt und hat wenig Sehenswertes zu bieten, ist aber ein praktischer Zwischenstopp auf dem Weg von Guayaquil südwärts zur peruanischen Grenze, um sich zu erholen und die Batterien aufzuladen, oder für Touren, die in die Berge direkt im Osten führen. Das nur 7 km entfernte Puerto Bolívar ist der internationale Hafen der Region und ihr Fischereizentrum.

Der Parque Juan Montalvo ist der Hauptplatz im Zentrum Machalas. Die Busbahnhöfe und die meisten Hotels und Restaurants liegen nicht weiter als sechs Straßenzüge von hier entfernt. Das **Weltfestival der Bananen** (Feria Mundial del Banano; 07-370-0300; www.facebook.com/feriabananoec) in der dritten Septemberwoche ist ein Fest, bei dem sich alles um Bananen dreht.

Schlafen

Hotel Bolívar Internacional HOTEL $

(07-293-0727, 02-293-887; Ecke Bolívar & Colón; EZ/DZ 20/30 US$; P) Das saubere, freundliche Hotel ist nur einen kurzen Weg von den Terminals mehrerer Busunternehmen entfernt. Einige der gefliesten Zimmer mit Kabelfernsehen blicken auf einen kleinen Park. Zum Hotel gehören auch ein Restaurant und ein Konferenzzentrum.

Veuxor Executive Hotel HOTEL $$$

(07-293-2423; http://hotelveuxor.com.ec; Ecke Bolívar & Juan Montalvo; EZ 69–92 US$, DZ 83–104 US$; P) Veuxor, eines der feinsten Hotels im Stadtzentrum, ist mit seinen geräumigen, schön eingerichteten Zimmern, einige mit Blick über die Stadt, immer eine gute Wahl. Es hat einen Fitnessraum, ein Restaurant und ein gutes Frühstücksbüfett. Am Wochenende sinken die Zimmerpreise.

Essen & Ausgehen

Romero's ECUADORIANISCH $

(Sucre 1304, nahe Santa Rosa; Mittagsmenü 2,75 US$, Hauptgerichte abends 4–10 US$; 12–23 Uhr;) Das Romero's hat kein Schild und ist daher nicht so leicht zu finden, doch wer es schafft, wird froh sein. Es serviert abends leckeres Grillfleisch und tagsüber preisgünstige Tagesgerichte. Gegessen wird auf der winzigen Veranda vorne oder im adretten Gastraum.

Nutripan BÄCKEREI $

(www.facebook.com/nutripandelicias; Guayas, zw. Av 25th de Junio & Sucre; Schnecken 0,50 US$; Mo–Sa 7–20, So 8–18 Uhr) Wenn man Lust auf einen kleinen Snack zwischendurch bekommt, sind die heißen, süßen Schnecken und das Gebäck mit Dulce de leche nicht zu schlagen.

★ **Zona Refrescante** INTERNATIONAL $$

(Guayas, nahe Pichincha; Hauptgerichte 6–12 US$; 9–22.30 Uhr) Dieses einladende klimatisierte Restaurant, das auf Grillfleisch spezialisiert ist, ist das beste der Stadt. Das *seco de pollo* (Maracuja-Hühnchen) mit frischer Avocado, Reis, Kochbananen und Pommes ist umwerfend. Daneben gibt es kubanische Sandwiches, gegrilltes Schwein und Hühnchen (mit Salat, Pommes mit Salsa und Kochbanane) und *churrasco ecuatoriano* (Steak in Knoblauch und Kreuzkümmel mit Pommes und Salat).

Es ist auch prima für einen abendlichen Drink (an den Straßentischen).

Sir Café CAFÉ

(07-600-1262, 09-9324-5070; www.facebook.com/sircafemachala; Ayacucho, nahe Av 25 de Junio; 11–23 Uhr) Das winzige Café im klassischen europäischen Stil (mit Polsterstühlen, Kronleuchtern, einem Bild vom Schiefen Turm von Pisa, einem kleinen Modell eines Hochrads und putzig bemalten Teekannen) ist einer der wenigen Orte der Stadt, wo man richtig guten Kaffee bekommt. Die Heißgetränke werden in bemalten Teetassen serviert.

Praktische Informationen

Ein paar Filialen der großen Banken mit Geldautomaten finden sich rund um den Parque Juan Montalvoo, darunter die **Banco Pichincha** (Guayas nahe Rocafuerte).

Post (Correos del Ecuador; Ecke Bolivar & Juan Montalvo; Mo–Fr 9–18 Uhr)

Touristeninformation (Ecke Av 25 de Junio & Av 9 de Mayo, Carrera Central; Mo–Sa 8–13 & 14.30–17.30 Uhr) In diesem Büro gibt's Stadtpläne und Karten der Provinz, die Mitarbeiter sprechen aber nur Spanisch.

Machala

An- & Weiterreise

BUS

In Machala gibt's keinen zentralen Busbahnhof, aber die meisten Busunternehmen haben ihre Haltestellen etwa fünf Straßenblocks südöstlich des Parque Juan Montalvo.

FLUGZEUG

Flüge nach Quito (ab 27 US$, 1¼ Std.) der Fluggesellschaft **Tame** (☎ 07-2932-710; www.tame.com.ec; Montalvo, nahe Pichincha; ⏲ Mo–Fr 9–18 Uhr) starten am Flughafen Santa Rosa, 40 Minuten südlich von Machala. Zum Flughafen kommt man mit jedem Bus nach Huaquillas (den Fahrer bitten, am Flughafen zu halten) oder mit dem Taxi (30 US$).

MINIVAN

Eine Handvoll Minivan-Unternehmen säumt die Guayas zwischen der Pichincha und der Serrano, darunter **Coturcip SA** (☎ 07-296-2963; Ecke Guayas & Pichincha) und **Coop Turismo Oro Guayas** (☎ 07-293-4382; Ecke Guayas & Pichincha). Deren Minivans fahren stündlich nach Guayaquil (10–12 US$, 3 Std.).

Puerto Bolívar & Jambelí

☎ 07

Die nur 7 km von Machala entfernte Hafenstadt Puerto Bolívar und die Insel Jambelí sind eigentlich nur für Meeresfrüchteliebhaber und all jene interessant, die einen Blick auf die Mangrovenküste werfen wollen. Das Gebiet rund um den Pier ist zwar nicht besonders hübsch (es wirkt wie ein betriebsamer kleiner Fischereihafen), doch hier gibt's mehrere Restaurants, die Ceviche und Schalentiere servieren.

Die Insel Jambelí ist ein recht abgenutztes Touristenziel, die sonnigen Strände und die sandigen Wege sind aber noch immer ein Magnet für die Einwohner Machalas, die der Stadt entkommen wollen. An Wochenenden herrscht hier mehr Betrieb, doch meistens bewahrt sich die Insel ihre schläfrige Atmosphäre und ihren rauen, unordentlichen Charme. Jambelís Kanal eignet sich gut, um Vögel zu beobachten, denn im Gestrüpp nisten zahlreiche Pelikane, Reiher und Graureiher. Man sollte auch auf männliche Fregattvögel achten, die ihre großen roten Halsbeutel präsentieren.

Schlafen & Essen

Las Tórtolas HÜTTEN **$$**
(☎ 09-9929-7926; Jambelí; DZ 40 US$, FZ 60 US$; ❄📶) Las Tórtolas liegt am Strand, zehn Gehminuten nördlich vom Pier, und hat schöne Holzhütten mit farbenfrohen Textilien und Naturholzakzenten. Sie stehen um einen hübschen Innenhof und Garten mit Kokospalmen, Hängematten und einem Grill. Die ordentlichen, sauberen Zimmer verfügen alle über Kühlschrank und warmes Wasser, einige haben auch Fernseher.

Nuevo Eden FISCH & MEERESFRÜCHTE **$$**
(☎ 07-292-8236; Sucre, nahe Malecón; Hauptgerichte 11–15 US$; ⏲ 8.30–21.30 Uhr; ❄📶) In diesem sauberen, modernen Restaurant mit großen Fenstern und schicken Möbeln (hellgrüne Stühle, weiße Wände und Punktstrahler) plaudern Geschäftsleute beim Seafood-Mittagessen mit ihren Gästen. Hauptgerichte sind u. a. leckere Garnelen aus der Region, Fisch, Ceviche, Wolfsbarsch- und Krabbengerichte, serviert als Suppe, gemischter Reis oder gegrillt mit Reis, *patacones* (Kochbanane) und Salat.

An- & Weiterreise

Von **Machala** fahren die Busse 1 und 13 (0,30 US$) über die Sucre (es gibt eine Haltestelle einen Straßenblock nördlich des Parque Juan Montalvo) hierher. Man kann auch ein Taxi nehmen (3 US$, 20 Min.).

Die Passagierboote nach Jambelí (hin & zurück 4 US$, ca. 30 Min.) fahren zur vollen Stunde vom **Pier Muelle-De Cabotaje** (Malecón, nahe Ave Rocafuerte; ⏲ Mo–Fr 6–18, Sa & So bis 19.30 Uhr).

ABSEITS DER ÜBLICHEN PFADE

EL BOSQUE PETRIFICADO PUYANGO

Im größten versteinerten Wald Ecuadors und wahrscheinlich auch ganz Südamerikas, **El Bosque Petrificado Puyango** (Puyango; Erw./Kind 1/0,50 US$), findet man versteinerte Araukarienstämme, von denen einige unglaubliche 500 Millionen Jahre alt sind.

Naturfreunde werden von diesem 27 km² großen Schutzgebiet genauso begeistert sein wie Geologen. Der Wald ist die Heimat von über 130 Vogelarten, Rotwild, Ozeloten, Gürteltieren, Pumas und zahlreichen anderen Tieren.

Ein 4 km langer Plankenweg führt durch den versteinerten Wald (der Weg beginnt hinter dem Toilettengebäude; die unbefestigte Straße links führt auf Privatland).

Die Trockenzeit von Mai bis November ist die beste Zeit für einen Besuch, denn in der Regenzeit steigt der Wasserspiegel und einige Fossilien verschwinden dann im Fluss.

Wegen seiner Lage kommen nicht viele Besucher in den Park, möglicherweise hat man ihn sogar ganz für sich. Vom **Informationszentrum** (www.bosquepuyango.ec; Puyango; ⏲ 8–17 Uhr) führt ein 1,3 km langer Fußweg zum versteinerten Wald; die Mitarbeiter zeigen Besuchern den Weg.

Busse von **Loja Internacional** (Tarqui, nahe Bolívar) aus Machala oder Loja halten auf Wunsch in Puyango (3 US$, 3 Std. ab Machala), das 5 km vom Parkeingang entfernt ist. In der Stadt gibt's ein Taxi (die Einheimischen fragen), das einen zum Park bringt. Man kann aber auch laufen. Achtung: Unterwegs sind Passkontrollen möglich, denn der Park liegt sehr nah an der Grenze zu Peru. Taxis ab Machala kosten pro Strecke 60 bis 80 US$, vielleicht kann man aber mit dem Fahrer verhandeln, da es sich um eine recht teure Tour handelt.

Zaruma

07 / 23 000 EW. / HÖHE 1200 M

Diese charmante Goldgräberstadt (gegründet 1549) wirkt mit ihren engen, hügeligen Straßen, den mit Topfpflanzen geschmückten hölzernen Balustraden, der gepflegten Plaza und der hübschen Kirche **Virgen del Carmen,** die über der Stadt aufragt, wie eine Offenbarung. Die Fahrt nach Zaruma macht einen Teil des Reizes aus: Die Straße führt bergauf und über üppig grüne Berge, wo rauschende Wildbäche durchs dichte Grün strömen, und der letzte Anstieg hinauf zu der Kolonialstadt gleicht dem Ende einer Pilgerreise. Die meisten Minen sind zwar für die Öffentlichkeit geschlossen, doch eine, **La Mina el Sexmo** (El Sexmo; Di–So 8–12 & 13–16.30 Uhr, letzter Einlass 15.40 Uhr) GRATIS, kann man besuchen und mehr über die Industrie erfahren, die dieser Gegend einst Wohlstand brachte.

In der nahegelegenen abgeschiedenen Reserva Buenaventura – ein Nebelwaldschutzgebiet – gibt es Wanderwege und großartige Möglichkeiten zur Vogelbeobachtung.

Sehenswertes

Reserva Buenaventura NATURSCHUTZGEBIET

(02-505-129, 09-9997-2958; www.fjocotoco.org/buenaventura2; abseits der Av Angel Salvador Ocha; 15 US$; 8–15 Uhr) Das 27 km² große Nebelwaldschutzgebiet, das von der Fundación Jocotoco verwaltet wird, ist ein großartiges Gebiet, um Vögel zu beobachten. Es gibt mehrere kurze Wanderwege, einfache Holzhütten (inkl. VP 130 US$/Pers.) und ein Restaurant (Tagesbesucher sollten das Essen vor dem Besuch bestellen), in dem Kolibris herumschwirren. Auf dem Balkon sind ein halbes Dutzend Kolibri-Futterstationen, sodass man sie aus der Nähe sehen kann. In der Gegend leben außerdem Schirmvögel, Tukane und Sittiche.

Zur Zeit der Recherche lebte eine Nasenbär-Familie in der Nähe der Lodge. Von Piñas sind es 9 km auf einer unbefestigten Straße. Bei der Buchung sollte man nach der genauen Wegbeschreibung fragen, denn es kann schwer zu finden sein.

Schlafen & Essen

★ **Hostería El Jardín** HOSTERÍA $

(07-297-2706; www.hosteriaeljardinzaruma.com; Av Isidro Ayora, Barrio Limoncito; EZ/DZ ab 25/40 US$; @) Die Hostería außerhalb des Ortszentrums ist eine ruhige familiengeführte Pension mit einem hübschen Garten und komfortablen Zimmern. Vom Zentrum ist es eine kurze Taxifahrt (1,50 US$) hierher. Amerikanisches, kontinentales und ecuadorianisches Frühstück kosten 4 US$.

Zaruma Colonial HOTEL $

(07-297-2742; www.hotelzarumacolonial.com.ec; Sucre, nahe Sexmo; EZ/DZ/3BZ 15/30/45 US$; P) 35 schöne, moderne Zimmer in Braun- und Beigetönen, von denen die besten eine hübsche Aussicht haben, warten in diesem freundlichen vierstöckigen Hotel.

Pizza Pimini PIZZA $

(09-8789-6117, 09-5963-8611; El Sexmo; Pizzas ab 4 US$; 16.30–22.30 Uhr) Das schlichte kleine Café mit weißen Wänden und klobigen Kiefernholztischen serviert handgemachte Pizzas, z. B. klassische Pizza Margherita, Pizza mit Salami und Schinken, Pizza mit Thunfisch und Zwiebeln oder Pizza Hawaii. Alle werden mit frischer Tomatensoße und Mozzarella zubereitet. Ebenfalls auf der Karte: Spaghetti Carbonara und Spaghetti Bolognese, und zum Abschluss Bananen- und Nutella-Crêpes. Der Service ist manchmal langsam.

200 Millas/ Café Zarumeno ECUADORIANISCH $$

(07-297-2600; Alonso de Mercadillo; Hauptgerichte 5–10 US$; 8–22 Uhr;) Das Spitzenrestaurant Zarumas liegt zehn Gehminuten von der Plaza de la Independencia linkerhand den Berg hinab. Es ist teils Café, teils ecuadorianisches Restaurant und serviert Fleischgerichte auf verschiedene Weise zubereitet (paniert, gebraten oder gegrillt), Meeresfrüchte (Ceviche, mit Reis oder gegrillt) und eine Auswahl an Salaten. Auch das Frühstück und der Kaffee sind gut.

Praktische Informationen

In der Stadt gibt's mehrere Geldautomaten, u. a. bei der **JEP** (Sucre, nahe Sexmo).

Die freundliche **Touristeninformation** (07-297-3533; www.visitazaruma.com; 9 de Octubre; Mo–Fr 8.30–17.30, Sa 9–15 Uhr) befindet sich am Rand der Plaza de la Independencia. Die Mitarbeiter sprechen nur Spanisch.

An- & Weiterreise

Die zwei Busunternehmen (Piñas und TAC) befinden sich in der Nähe des Friedhofs ganz unten im Ort. Zur Plaza de la Independencia sind es 2 km steil bergauf (ein Taxi kostet 1,50 US$).

Eine formlose **Bushaltestelle** befindet sich neben der Tankstelle auf dem Weg in die Stadt.

Mit dem eigenen Fahrzeug sind es etwa zwei Stunden zwischen Zaruma und Machala. Einige Straßenparkpläze sind kostenlos, die meisten kosten aber 1,50 US$ für drei Stunden; Restaurants und Geschäfte verkaufen Parktickets.

Über Huaquillas nach Peru

Nach Huaquillas kommen Traveller nur, um hier die Grenze nach Peru zu überqueren – das ist die von Reisenden am häufigsten genutzte Route zwischen den beiden Ländern auf dem Landweg. Auf der Fernstraße, die durch Bananen- und Palmenplantagen und die staubigen Marktstädte **Santa Rosa** und **Arenillas** führt, sind es von Machala bis Huaquillas etwa 80 km.

Huaquillas ist eine recht bevölkerte Stadt, die wie die meisten Grenzstädte der Welt nicht besonders aufregend ist. Wer durch die staubigen Straßen spaziert, findet gleich abseits des Hauptplatzes einen lebhaften Markt sowie einige schlichte Hotels und Lokale.

An- & Weiterreise

GRENZÜBERGANG

Es gibt zwei Möglichkeiten, die Grenze zu überqueren: eine Straße für Busse und Autos und eine Fußgängerbrücke. Grenzbehörden gibt's nur an der Straße.

Am einfachsten überquert man die Grenze nach Peru mit einem der internationalen Busse, die am Hauptbusbahnhof in **Guayaquil** starten. Täglich fahren Busse von **Cruz del Sur** (S. 313), **CIVA** (S. 313), **Expreso Internacional Ormeño** (S. 313) und **Rutas de America** (Karte S. 307; ✆ 04-223-8673; www.rutasenbus.com; La Garzota, Camilo Nevarez Vasquez) nach Lima. Diese Busse sind sehr praktisch, denn sie fahren zum Büro der ecuadorianischen Einreisebehörde und warten dort, bis die Fahrgäste ihre Grenzformalitäten erledigt haben.

Alternativ kann man die Grenze auch auf der Fußgängerbrücke über den Río Zarumilla im Zentrum von **Huaquillas** überqueren. Die grenzüberschreitende Brücke führt über ein fast trockenes Flussbett von Huaquillas nach **Aguas Verdes** in Peru. Das Wachpersonal und die Polizei auf der Brücke behelligen Fußgänger nicht. Man kann so oft hin und her gehen, wie man will, aber Achtung: Wer sich keinen ecuadorianischen Ausreise- und peruanischen Einreisestempel besorgt, bekommt beim Verlassen Perus an einem anderen Grenzübergang oder am Flughafen Probleme.

Die offizielle **ecuadorianische Einreisebehörde** (⏲ 24 Std.) und die **peruanische Einreisebehörde** befinden sich ca. 4 km nördlich der Brücke in neuen Komplexen an der Panamericana. Hier werden alle Ein- und Ausreiseformalitäten (auch das Abstempeln der Pässe) durchgeführt. Wer die Grenze nicht mit einem internationalen Bus überquert, fährt am besten bis Huaquillas und nimmt dort ein Taxi zu den Einreisebehörden. Für die Hin- und Rückfahrt verlangen die Taxifahrer etwa 5 US$.

Auf der peruanischen Seite der Fußgängerbrücke in Aguas Verdes warten *colectivos* (Sammeltaxis; 3 US$) und *mototaxis* (5 US$), die nach Tumbes in Peru fahren, wo es reichlich Hotels und auch Verkehrsverbindungen weiter nach Süden gibt. **Transportes Flores** (http://floreshnos.pe) fährt viermal täglich von der peruanischen Grenze mit Zwischenstopps südwärts nach Lima (30 US$, 20 Std.). Möglicherweise fahren auch komfortablere Premiumbusse, die ein paar Dollar mehr kosten.

Wer von Peru nach Ecuador einreist, kommt nach Überquerung der internationalen Brücke auf die Hauptstraße, die von Marktständen gesäumt ist und sich bis hinter Huaquillas erstreckt. Von hier empfiehlt sich ein Taxi (5 US$; das Doppelte, wenn es warten und zurückfahren soll) zu den peruanischen und ecuadorianischen Einreisebehörden. Für die Weiterreise nach Norden muss man dann nach Huaquillas zurückkehren, wo Busse und Minivans abfahren.

Wer in Ecuador weiterreisen will, steuert eines der Busunternehmen an, die sich dicht beieinan-

> **GELD WECHSELN**
>
> Die inoffiziellen Geldwechsler auf beiden Seiten der Grenze sollte man meiden. Probleme mit Falschgeld sind hier häufig, und die Geldwechsler erzählen einem immer, dass die Geldautomaten nicht funktionieren. Die Banken in Huaquillas oder Aguas Verdes tauschen normalerweise keine Devisen, aber versuchen kann man es trotzdem. Alternativ gibt es sowohl auf der ecuadorianischen als auch auf der peruanischen Seite Geldautomaten.
>
> Bei der Ausreise aus Peru sollte man noch vor Verlassen des Landes so viele peruanische Sol wie möglich loswerden. Bei der Ausreise aus Ecuador lassen sich die dort gültigen US-Dollar in Peru leicht wechseln, größere Mengen sollte man aber nicht an der Grenze, sondern erst weiter südlich eintauschen.

der im Umkreis einiger Straßen in der Nähe der Fußgängerbrücke befinden.

CIFA (www.cifainternacional.com; Ecke Santa Rosa & Machala) fährt mindestens stündlich nach Machala (2 US$, 2 Std.), wo man nach Cuenca, Loja, Piñas, Zaruma und Guayaquil umsteigen kann, und sechsmal täglich nach Guayaquil (7 US$, 4 Std.).

Transfrosur (☎07-299-5288; http://transfrosur.com; Santa Rosa; ⏲Mo–Fr 5–20, So ab 7 Uhr) bietet stündlich klimatisierte Minivans mit WLAN nach Guayaquil (20 US$, 4 Std.).

Panamericana (www.panamericana.ec; Ecke Teniente Cordovez & 10 de Agosto) fährt elfmal täglich über Ambato oder über Santo Domingo nach Quito (15 US$, 11 Std.). Wer schnell nach Kolumbien weiterreisen will, kann den Bus nehmen, der täglich um 16.10 Uhr nach Tulcan (25 US$, 19 Std.) nahe der kolumbianischen Grenze fährt.

Galapagosinseln

Inhalt ➜

Gut essen

- Coco Surf (S. 362)
- Almar (S. 347)
- Garrapata (S. 347)
- Isla Grill (S. 347)

Schön übernachten

- Casa Blanca Galapagos (S. 354)
- Iguana Crossing Boutique Hotel (S. 361)
- Lodging House Casa del Lago (S. 345)
- Casa de Nelly (S. 355)

Auf zu den Galapagosinseln!

Nach einer Reise zu den Galapagosinseln ist es gut möglich, dass Traveller die Welt mit anderen Augen sehen. Die vielen tierischen Bewohner der Inseln – viele sind nirgendwo sonst zu finden – verhalten sich allesamt so, als wären die Menschen nicht mehr als etwas lästige Paparazzi.

Die Inseln sind nicht wie die Bahamas oder andere typische Tropenparadiese. Auf den meisten Inseln ist eigentlich gar keine Vegetation zu finden und manche erinnern eher an den Mond als an Hawaii. Dennoch leben hier mehr Menschen, als viele annehmen, und die Ortschaften sind auf einem überraschend hohen Entwicklungsstand und meist auf die blühende Tourismusindustrie eingestellt.

Dieser abgeschiedenen Gruppe von Vulkaninseln und ihrem fragilen Ökosystem kommt als Schaukasten der Artenvielfalt beinahe schon Legendenstatus zu. Um einen der letzten Orte gebührend würdigen zu können, an dem sich die Spuren der Menschen noch in Grenzen halten, muss man aber weder Evolutionsbiologe noch Vogelkundler sein.

Reisezeit

Galapagosinseln

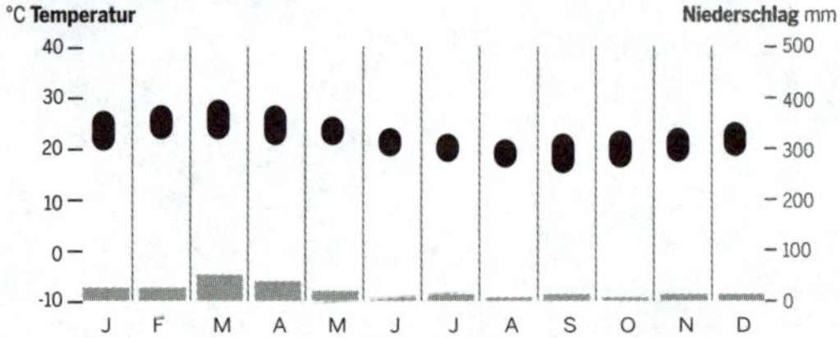

Jan.–Mai Sonnig, warm, hin und wieder Schauer. Das Wasser ist ruhiger, der Wind weniger stark.

Juni–Dez. Die kühlere Trockenzeit. Das Meer ist wegen des Humboldtstroms recht unruhig.

Juni–Dez. Meeressäugetiere und Landvögel sind zu dieser Zeit am aktivsten.

Galapagosinseln

1 **Los Túneles** (S. 358) In den tollen Lavaformationen Seepferdchen aus nächster Nähe betrachten.

2 **Punta Suárez** (S. 366) Die prächtige Vogelwelt auf der Isla Española bestaunen.

3 **Volcán Sierra Negra** (S. 357) In einer unwirklichen Landschaft zwischen Fumarolen wandern.

4 **Isla Bartolomé** (S. 364) Die spektakuläre Aussicht genießen und am Pinnacle Rock mit Meeresschildkröten schnorcheln.

5 **Rancho Primicias** (S. 338) Dösende Tiere im Hochland von Santa Cruz beobachten.

6 **Bahía Tortuga** (S. 341) Am weißen Sandstrand neben Meerechsen die Sonne anbeten.

7 **Isla Isabela** (S. 357) Tagsüber an Pinguinen vorbeipaddeln und abends am Strand Cocktails schlürfen.

8 **Puerto Baquerizo Moreno** (S. 352) Nur wenige Minuten von der Hafenstadt auf der Isla San Cristóbal entfernt surfen, schnorcheln, Kajak fahren, radeln oder tauchen.

9 **Isla Floreana** (S. 365) Nach einem aktiven Tag an einem hübschen, ruhigen Strand ausspannen.

ISLA SANTA CRUZ (INDEFATIGABLE)

Auf der Insel Santa Cruz liegt der größte und am besten entwickelte Ort der Galapagosinseln. Beinahe jeder Besucher kommt hier durch, selbst wenn er nur auf dem Weg vom Flughafen auf der nahegelegenen Isla Baltra zu einem der Kreuzfahrtschiffe im Hafen von Puerto Ayora ist. Aber auch für diejenigen, die länger bleiben, ist Santa Cruz weit mehr als nur eine Wegstation oder ein Außenposten der modernen von Menschen gemachten Welt. Die Insel an sich ist schon einen Besuch wert und voller sehenswerter Orte, leicht zugänglicher Strände und mit einem einsamen Hochland im Landesinnern. Zudem ist sie der perfekte Ausgangspunkt für Abenteuer weitab der ausgetretenen Touristenpfade.

Sehenswertes

Verschiedene interessante Orte im Hochland von Santa Cruz liegen an der Straße, die über die gesamte Insel führt, und werden zudem bei vielen Touren angesteuert.

★ El-Chato-Schildkrötenreservat — TIERRESERVAT

(5 US$; ⌚ 8–17 Uhr) Das Schildkrötenreservat El Chato, in dem Riesenschildkröten in freier Natur beobachtet werden können, liegt südlich von Santa Rosa. Es ist ein beeindruckender Anblick, wenn diese geradezu apathischen, prähistorisch anmutenden Riesen ihren Ziehharmonikahals zum Fressen ausstrecken. Im Naturschutzgebiet kann man auch prima Sumpfohreulen, Darwinfinken, Goldwaldsänger, Galapagos-Rallen und Goldschnabel-Sumpfhühner (die letzten beiden sind im hohen Gras oft schwer zu erkennen) beobachten. Da das Reservat Teil des Nationalparks ist, muss ein Führer mit von der Partie sein.

Rancho Primicias — TIERRESERVAT

(3 US$; ⌚ 8–17 Uhr) Neben El Chato befindet sich die Farm der Familie Devine. Hier leben Dutzende Riesenschildkröten und man kann ungehindert umherstreifen. Der Eingang liegt hinter Santa Rosa, abseits der Hauptstraße; Einheimische können den Weg dorthin erklären. Nicht vergessen, jedes Gatter, durch das man geht, auch wieder zu schließen! In einem Café werden kalte Getränke und Tee verkauft, der besonders willkommen ist, wenn der Nebel des Hochlands die Kleidung klamm gemacht hat.

Lavatunnel — TUNNEL

(5 US$; ⌚ 8–17 Uhr) Die beeindruckenden unterirdischen Lavatunnel südöstlich des Orts Santa Rosa sind über 1 km lang und entstanden, als sich die äußere Haut eines Lavastroms verfestigte. Als der Lavastrom verebbte, floss die geschmolzene Lava im Innern weiter und ließ eine feste Hülle in Form eines Tunnels zurück. Da sie sich auf privatem Gelände befinden, können die Röhren ohne einen offiziellen Führer besichtigt werden. Die Tunnel sind elektrisch beleuchtet (es können zusätzlich Taschenlampen ausgeliehen werden). In Puerto Ayora werden geführte Touren zu den Lavatunneln angeboten.

Playa El Garrapatero — STRAND

Nach einer 30-minütigen Taxifahrt ab Puerto Ayora über das Hochland und einem 15-minütigen Fußmarsch ist dieser wunderschöne Strand erreicht. Hier gibt es Gezeitenbecken, in denen man an Tagen mit ruhigem Wetter mit Schnorchelausrüstung auf Erkundungstour gehen kann, sowie ei-

INSEL-EINMALEINS

Die Inseln liegen im Pazifischen Ozean am Äquator, etwa 90° westlich von Greenwich. Die Inselgruppe besteht aus 13 Hauptinseln (mit einer Fläche von 14 bis 4588 km^2), sechs kleinen Inseln (1 bis 5 km^2) und unzähligen kleinen Inselchen, von denen nur die wenigsten einen Namen haben.

Fünf der Inseln sind bewohnt. Etwa die Hälfte aller Einwohner lebt in Puerto Ayora auf der Isla Santa Cruz in der Mitte des Archipels. Puerto Baquerizo Moreno auf der Isla San Cristóbal (die östlichste der Inseln) kommt aus touristischer Sicht an zweiter Position, gleich nach Puerto Ayora.

Die anderen bewohnten Inseln sind Isla Isabela (die größte der Inseln; sie nimmt die Hälfte der Landmasse des Archipels ein) mit dem kleinen, immer beliebter werdenden Ort Puerto Villamil, Isla Baltra und Isla Santa María mit Puerto Velasco Ibarra. Die restlichen Inseln sind zwar unbewohnt, können aber im Rahmen einer Tour besucht werden.

Die meisten der Inseln haben zwei, wenn nicht sogar drei Namen. Auf den ersten Seekarten wurden die Inseln mit sowohl spanischen als auch englischen Bezeichnungen versehen (viele von ihnen tragen die Namen von Piraten oder englischen Adeligen), die ecuadorianische Regierung verpasste den Inseln 1892 dann ihre offiziellen Namen. Diese werden auch in diesem Kapitel in den meisten Fällen benutzt.

Isla Santa Cruz

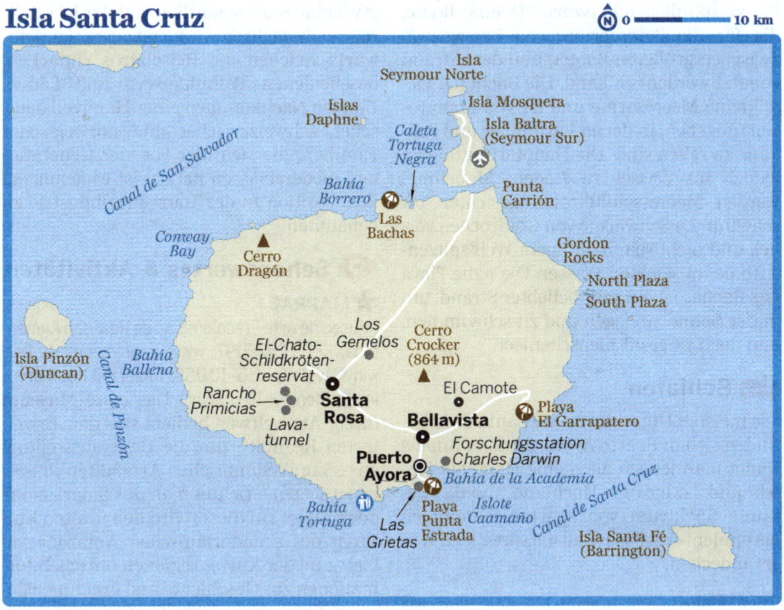

ne Lagune mit Flamingos, Bahamaenten und Schwarznacken-Stelzenläufern.

Cerro Crocker WANDERN

Nördlich von Bellavista führt ein Pfad in Richtung Cerro Crocker (864 m) und zu anderen Hügeln und erloschenen Vulkanen. Eine Wanderung hier ist eine gute Möglichkeit, die Vegetation aus Scalesia- und Miconia-Wäldern und Gebieten mit Farnen und Riedgräsern zu erkunden und nach Vögeln wie dem Rubintyrann, der scheuen Galapagos-Ralle und dem Goldschnabel-Sumpfhuhn Ausschau zu halten. Von Bellavista aus sind es etwa 5 km bis zum halbmondförmigen Hügel **Media Luna** und weitere 3 km zum Fuß des Cerro Crocker. Beide liegen im Nationalpark, weshalb ein Führer mit von der Partie sein muss.

Los Gemelos NATURPHÄNOMEN

Die Zwillingssenken (keine Vulkankrater) liegen in dem Teil des Hochlands, das von der Straße aus erreicht werden kann, und sind von Scalesia-Wäldern umgeben. Hier werden oft Rubintyranne und seltener auch Sumpfohreulen gesichtet. Los Gemelos liegt etwa 2 km hinter Santa Rosa an der über die Insel führenden Straße. Obwohl die zwei Erdfälle nur 25 bzw. 125 m von der Straße entfernt liegen, werden sie von üppiger Vegetation verdeckt, sodass man den Fahrer bitten muss, am Ausgangspunkt des Weges zu halten.

Playa Punta Estrada STRAND

Der kleine Strand vor dem Finch Bay Hotel ist ein hübscher Ort, um sich ein paar Stunden die Zeit zu vertreiben. Das Wasser ist klar, und nicht selten lassen sich Haie bei ihrem Streifzug durch die Bucht beobachten.

An der Küste

Die übrigen interessanten Stätten auf Santa Cruz sind nur mit einem Boot und Führer zu erreichen. An der Westküste sind das die **Bahía Ballena** (Whale Bay) und die **Conway Bay**, an der Küste im Norden die **Caleta Tortuga Negra** (Black Turtle Cove) und **Las Bachas**. In der Conway Bay gibt es einen 1,5 km langen Pfad, der an einer Lagune mit Flamingos vorbeiführt. Nördlich davon liegt der **Cerro Dragón**, in dessen beiden Lagunen manchmal Flamingos zu sehen sind. Hier gibt es auch einen Weg von 1,75 km Länge, der durch einen Wald aus Palo-Santo-Bäumen (heiliges Holz) und Feigenkakteen zu einem kleinen Hügel mit schönem Ausblick führt. Dort leben einige riesige ausgewilderte Galapagos-Landleguane.

In der Caleta Tortuga Negra gibt es keine Bootsanlegestelle. In der Bucht geht man für gewöhnlich mit *pangas* (kleine Boote, die für die Beförderung von Passagieren zwischen größeren Booten und dem Strand genutzt werden) an Land. Die Bucht hat viele kleine Meeresarme und ist von Mangroven umgeben, in denen Lavareiher und Pelikane zu sehen sind. Die Hauptattraktion ist jedoch im Wasser zu finden: Manchmal werden Meeresschildkröten gesichtet, oft schwimmen Schwärme von Goldrochen vorbei, und nicht selten dümpeln Weißspitzenriffhaie im seichten Wasser. Die nahe Playa Las Bachas ist ein sehr beliebter Strand, um in der Sonne zu liegen und zu schwimmen, und doch ist er oft menschenleer.

Schlafen

Die meisten Unterkünfte auf Santa Cruz befinden sich in Puerto Ayora, darüber hinaus findet man jedoch auch eine Handvoll Hotels und Lodges im Hochland, die das gesamte Spektrum von spartanisch-einfach bis opulent-luxuriös (und entsprechend teuer) abdecken.

Royal Palm HOTEL **$$$**
(05-252-7408; www.royalpalmgalapagos.com; Zi. ab 300 US$) Wem die „grellen Lichter der Großstadt" von Puerto Ayora zu viel werden, der mietet sich am besten im Royal Palm Hotel ein, einem Luxushotel mit wunderschönem Design im Hochland bei Santa Rosa.

Casa Natura LODGE **$$$**
(05-450-6016; www.casanaturahotel.com; Via al Camote; Zi. inkl. 3 Mahlzeiten ab 285 US$) In dem umweltfreundlichen Hotel ein paar Kilometer von Bellavista lässt sich prima die Beschaulichkeit des Hochlands genießen. Die Zutaten fürs Essen, das im Garten serviert wird, stammen aus eigenem Anbau. Auch Touren werden angeboten.

Puerto Ayora

05 / 20 000 EW.

Viele Besucher, die auf den Inseln nichts als Pflanzen und Tiere erwarten, sind von der sowohl flächenmäßig größten als auch bevölkerungsreichsten Stadt der Galapagosinseln überrascht. Puerto Ayora könnte auch ein wohlhabender Küstenort auf dem ecuadorianischen Festland sein – wären da am Ufer nicht die Seelöwen und Pelikane. Die meisten Hotels, Restaurants und touristischen Einrichtungen säumen die Avenida Charles Darwin, der Flughafen befindet sich etwa eine Stunde nördlich auf der Isla Baltra. Nach mehreren Querstraßen landeinwärts weichen die Reisebüros einfachen, bescheidenen Wohnhäusern und Läden. Einigen Nachkommen einer Handvoll deutscher, schweizerischer und norwegischer Familien, die sich hier vor vier Generationen niedergelassen haben, ist es gelungen, ihre Position in der Tourismusindustrie zu behaupten.

Sehenswertes & Aktivitäten

★ **MAPRAE** MUSEUM
(Museo de Arte Precolombino de Realidad Aumentada; 05-252-5197; www.maprae.com; Av Darwin & Av Binford; 5–10 US$, Tablet mit Kopfhörern inbegriffen; 10–22 Uhr) Das erste Museum dieser Art weltweit bedient sich der „Erweiterten Realität", um die Dauerausstellung aus 55 präkolumbischen Artefakten in Szene zu setzen – richtet man das Smartphone oder Tablet auf diese, wird den uralten Kulturen des ecuadorianischen Amazonasgebiets und der Küstenregionen mittels Informationen zur Geschichte und dreidimensionaler Bilder, die auf dem Display erscheinen, Leben eingehaucht.

Forschungsstation Charles Darwin TIERRESERVAT
(05-252-6146; www.darwinfoundation.org; Av Darwin; 8–12.30 & 14.30–17.30 Uhr) GRATIS Gleich nordöstlich von Puerto Ayora liegt diese berühmte Forschungsstation, in der sich über 200 Wissenschaftler und Freiwillige mit Forschung und Naturschutz befassen. Das bekannteste Projekt ist ein Zuchtprogramm für Riesenschildkröten. Pfade durch die Trockenzonenvegetation führen an Schildkrötengehegen vorbei, in denen sich die Galapagos-Riesen aus der Nähe betrachten lassen. Es gibt auch ein **Babyschildkrötenhaus** mit Brutkästen (sobald die Schildkröten 1,5 kg wiegen bzw. vier Jahre alt sind, werden sie auf ihren Heimatinseln ausgesetzt).

Die Forschungsstation beherbergt Vertreter einiger der verbleibenden elf Schildkrötenunterarten. Weitere Attraktionen sind u.a. ein kleines Gehege mit mehreren **Landleguanen**. Erklärungen auf Spanisch und Englisch erläutern die Bemühungen, sie wieder auf den Inseln anzusiedeln, wo ihr Bestand bis an den Rand des Aussterbens dezimiert wurde. Pfade schlängeln sich durch Trockengebietsvegetation in Form von Melden, Mangroven und Kaktusfeigen. Dort tummeln sich Darwinfinken und andere Vögel. Die Forschungsstation wird durch Spenden an das Galápagos Conservancy (www.galapagos.org) getragen.

Bahía Tortuga STRAND

Wenn endlos schöner, weißer Sand gefragt ist, ist dieser Strand einer der besten in Südamerika. Er befindet sich am Ende eines 2,5 km langen geteerten Pfads südwestlich von Puerto Ayora, der bei einheimischen Joggern sehr beliebt ist. Neben der Möglichkeit, zu schwimmen (eine Landzunge schützt vor der starken und gefährlichen Strömung auf der ausgesetzten Seite), zu surfen oder sich einfach nur zu sonnen, können auch Haie, Meerechsen, Pelikane und vereinzelt auch Flamingos beobachtet werden. Es gibt weder Trinkwasser noch andere Annehmlichkeiten. Vom Beginn des Weges, an dem man sich zwischen 6 und 18 Uhr eintragen muss, ist die *playa* nach einem 30-minütigen Fußmarsch erreicht.

Centro Comunitaria de Educación Ambiental Miguel Cifuentes Arias MUSEUM

(Mo–Fr 7.30–12.30 & 14–17, Sa 8–12 Uhr) Am Fuß des Hügels, vor dem Ausgangspunkt des Pfads zur Bahía Tortuga, befindet sich dieses Bildungszentrum, in dem man viel über Umweltschutzmaßnahmen und über Probleme in den Gewässern rund um den Archipel erfährt. Zu erreichen ist das Zentrum 500 m über die Straße ab Puerto Ayora bis zu einem asphaltierten Pfad, der auf einer Hügelkuppe beginnt und bis zur Bahía Tortuga verläuft.

Playa Mansa LAGUNE

Wer die Bahía Tortuga komplett entlangläuft, erreicht eine malerische von Mangroven gesäumte Lagune. Hier tummeln sich u. a. Meerechsen, Pelikane und Blaureiher. In den nahen Dünen legen Meeresschildkröten ihre Eier. Das sanfte, flache Wasser ist ideal für Kinder. **Kajaks** (pro Pers./Std. 10 US$; 9–18 Uhr) werden hier verliehen.

Laguna de las Ninfas LAGUNE

GRATIS An der stillen Lagune gibt es einen kurzen Steg, von dem man die Mangroven betrachten und manchmal auch Stachelrochen, junge Haie, Meeresschildkröten und andere Tiere entdecken kann.

Tauchen

Da mehrtägige Tauchausflüge mit dem Boot hier sehr teuer und die Plätze begrenzt sind, entscheiden sich die meisten Taucher dafür, die Wunder der Unterwasserwelt der Galapagosinseln in Tagesausflügen ab Puerto Ayora zu erkunden. Das Tauchgebiet ist nicht für Anfänger geeignet, da die Strömung teilweise sehr stark ist und bei den meisten Tauchgängen Strömungstauchen angesagt ist.

Beliebte Taucherziele sind die Gordon Rocks, die Islote Caamaño, La Lobería, Punta Estrada, Punta Carrión und die Isla Seymour Norte, die eine kurze Bootsfahrt von der Isla Baltra entfernt liegt. Devil's Crown, Enderby oder Champion vor der nördlichsten Spitze der Isla Santa María sind die besten Stellen, um Barrakudas, Rochen und Haie zu sehen. Eine gute Anlaufstelle für etwas erfahrenere Taucher ist die Bahía de la Academia vor Puerto Ayora.

Der Standardpreis für zwei Tauchgänge vom Boot aus liegt bei 180 US$ (160 US$ für Last-Minute-Buchungen). Alle Anbieter haben PADI-Anfängerkurse im Programm und Englisch sprechende Tauchlehrer.

Scuba Iguana TAUCHEN

(05-252-6497; www.scubaiguana.com; Av Darwin; Mo–Fr 9–12 & 15–18, Sa 15–18 Uhr) Wird von zwei der erfahrensten Taucher der Galapagosinseln betrieben.

Nauti Diving TAUCHEN

(05-252-6982; www.nautidiving.com; Avs Baltra & Darwin; Mo–Sa 10–20 & So 15.30–20 Uhr) Im Angebot sind sowohl Tauchurlaube mit Übernachtung im Hotel als auch Tagestouren. Ab 185 US$ pro Person aufwärts für ei-

ABSTECHER

LAS GRIETAS

Diese mit Wasser gefüllte Felsspalte bietet tolle Schwimm- und Schnorchelmöglichkeiten. Oft erklimmen talentierte, furchtlose Einheimische die nahezu vertikal ansteigenden Wände, um dann elegant (teilweise aber auch ungelenk) ins Wasser zu springen. Um die *grietas* zu erreichen, nimmt man ein Wassertaxi (0,60 US$/Pers.; 6–19 Uhr) bis zur Anlegestelle am Restaurant Angermeyer Point und geht dann zu Fuß am Finch Bay Hotel und an einer interessanten Salzmine vorbei und schließlich über einen mit Lavagestein übersäten Pfad zum Wasser. Gutes Schuhwerk ist für den 700 m langen Weg vom Anleger empfehlenswert. Die Wertsachen, die am Ufer zurückgeblieben sind, im Auge behalten!

Puerto Ayora

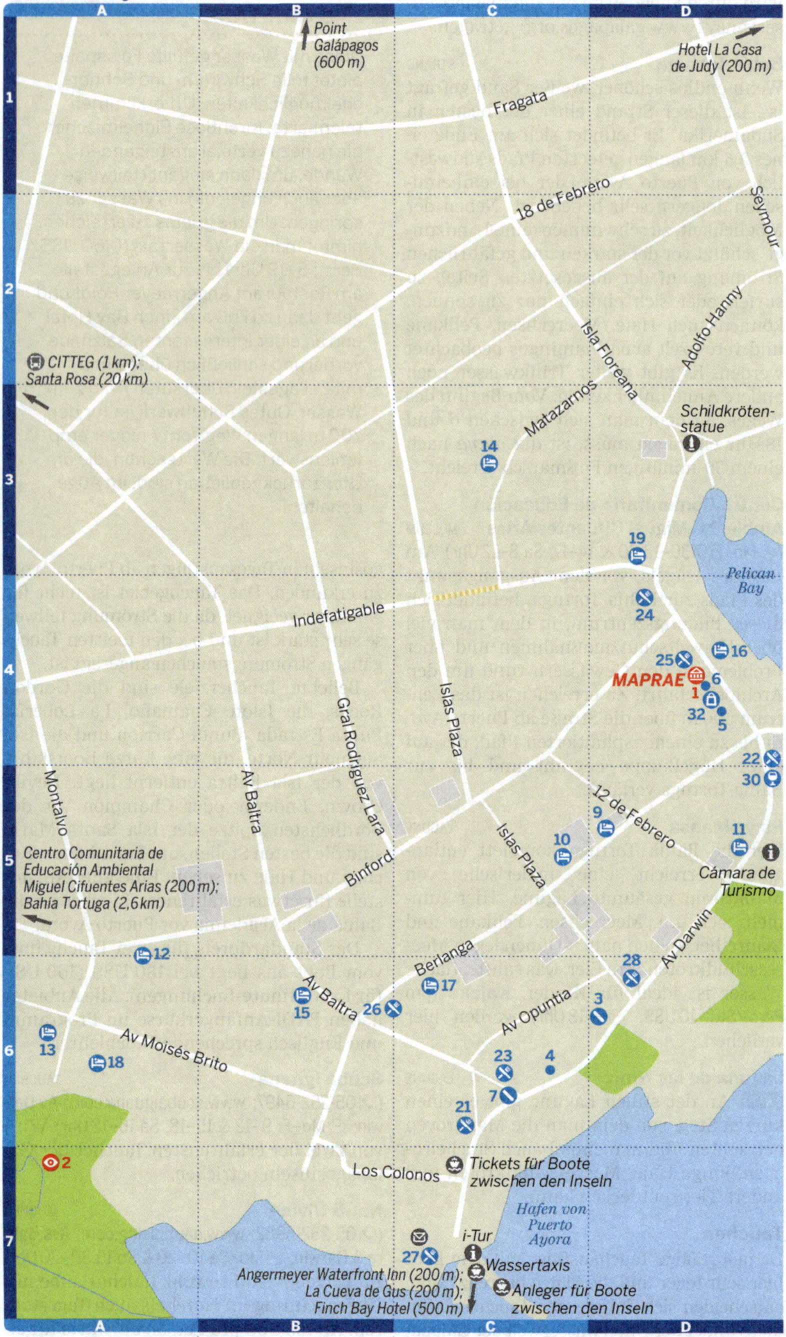

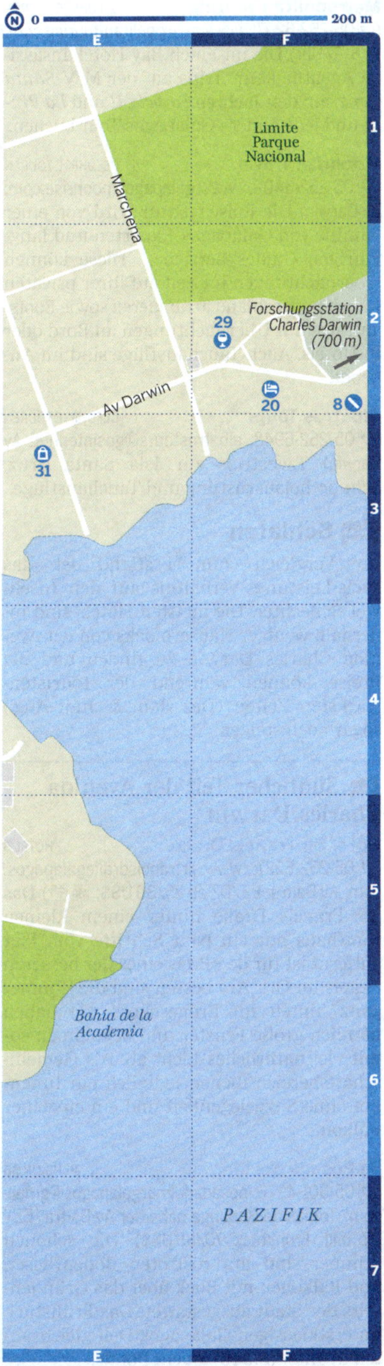

Puerto Ayora

Highlights
1 MAPRAE D4

Sehenswertes
2 Laguna de las Ninfas A7

Aktivitäten, Kurse & Touren
3 Academy Bay Diving D6
4 Albatros Tours C6
5 Aquatours D4
6 Moonrise Travel D4
7 Nauti Diving C6
8 Scuba Iguana F2

Schlafen
9 Galapagos Native D5
10 Hostal Gardner C5
11 Hostal Los Amigos D5
12 Hotel Crossman A5
13 Hotel Fiesta A6
14 Hotel Mainao C3
15 Hotel Sir Francis Drake B6
16 Hotel Sol y Mar D4
17 La Posada del Mar C6
18 Lodging House Casa del Lago A6
19 Peregrina B&B D3
20 Red Mangrove Aventura Lodge F2

Essen
Almar .... (siehe 20)
Casa del Lago Café Cultural ... (siehe 18)
21 Descanso del Guia C6
Galápagos Deli .... (siehe 17)
22 Garrapata D4
23 Hernan Café C6
24 Il Giardino D4
25 Isla Grill D4
26 Lo & Lo B6
27 Proinsular-Supermarkt C7
28 Rock D6

Ausgehen & Nachtleben
29 Bar Tolomé F2
30 Bongo Bar D5
La Panga .... (siehe 30)

Shoppen
31 Galería Aymara E3
32 Tortoise Gallery D4

nen Tauchgang inkl. Ausrüstung, Mittagessen und Transfers.

Academy Bay Diving TAUCHEN
(☎ 05-252-4164; www.academybaydiving.com; Ecke Av Darwin & Islas Plaza; ⏲ Mo–Sa 8–19.30 & So 14–19.30 Uhr) Ob man nun Anfänger ist oder fortgeschritten, hier bekommt man alles, was das Taucherherz begehrt: Unterricht, Tagestouren und Tauchurlaube mit Übernachtung an Bord eines Boots.

Surfen

Rund um Puerto Ayora gibt es mehrere gute Breaks, zu denen auch **La Ratonera** und **Bazán** ganz in der Nähe des Strands der Charles-Darwin-Forschungsstation gehören. Wem es nichts ausmacht, sein Brett ein paar Kilometer weit zu schleppen, der könnte sich auch zur Bahía Tortuga aufmachen.

Mit dem Boot hat man nach etwa einer Stunde die **Punta Blanca** erreicht. Noch weiter nördlich liegen **Cerro Gallina**, **Las Palmas Chica** und **Las Palmas Grande**, die als die besten Breaks auf den Galapagosinseln gelten. Auch vor der Westküste der Isla Baltra gibt es einige gute Wellen.

Point Galápagos SURFEN
(05-822-1926; www.thepointgalapagos.com; 18 de Septiembre & Piqueros) Surfcamps, Yoga-Seminare, SUP, Kajakfahren und Schnorcheln sowie Tagestouren mit verschiedenen Abenteueraktivitäten rund um Santa Cruz und darüber hinaus.

Radfahren

Eine *ciclovía* (Fahrradweg) verläuft von Puerto Ayora hoch nach Bellavista und Santa Rosa. Es ist aber eine lange und harte Strecke bergauf ins Hochland. Eine schöne Abenteuertour auf eigene Faust ist, mit dem Taxi entweder nach Los Gemelos oder Ele Camote zu fahren und mit dem Leihfahrrad zurückzuradeln. Auf dem Rückweg von Los Gemelos lohnt sich ein Zwischenstopp in El Chato und den Lavatunneln. Ein prima Tagesausflug ist stattdessen, mit dem Taxi nach El Camote zu fahren und von dort mit dem Fahrrad zum Strand El Garrapatero hinunterzuradeln. In der Stadt gibt es viele Fahrradverleiher (Verleih pro Std., halbe oder ganze Tage).

Geführte Touren

Fast jedes Reisebüro hat täglich Ausflüge zu den Inseln Isla Santa María, Isla Isabela, Isla Bartolomé und Isla Seymour Norte sowie zur nahen Isla Santa Cruz im Programm. Manche schließen Schnorcheln und Landgänge zum Besuch der Tierreservate ein.

Aquatours GEFÜHRTE TOUREN
(05-252-7303; www.galapagosaquatours.com; Av Darwin) Rundfahrten in Glasbodenbooten durch die Bucht, einschließlich Schnorcheln und einem Ausflug (zu Fuß) nach Las Grietas.

Metropolitan Touring GEFÜHRTE TOUREN
(05-252-6297; www.metropolitan-touring.com; 8–17 Uhr) Die im Finch Bay Hotel ansässige Agentur kann Trips auf der M/V *Santa Cruz,* auf den Jachten *Isabela II* und *La Pinta* und jede andere Galapagos-Tour buchen.

Moonrise Travel GEFÜHRTE TOUREN
(05-252-6402; www.galapagosmoonrise.com; Av Darwin) Die Reiseagentur wird von einer Familie von Galapagos-Experten und langjährigen Guides betrieben. Diese können Übernachtungen im Zelt auf ihrer privaten Ranch im Hochland arrangieren sowie Bootsausflüge mit Übernachtungen an Bord oder in Hotels. Auch Tauchausflüge sind im Angebot.

Albatros Tours GEFÜHRTE TOUREN
(05-252-6948; albatrostours@gpsinter.net; Av Darwin) Tagestrips zur Isla Santa Cruz, Schnorchelausrüstung und Tauchausflüge.

Schlafen

Im Vergleich zum Festland ist das Preis-Leistungs-Verhältnis auf den Inseln viel schlechter. Die meisten Hotels sind innerhalb weniger Häuserblocks von der Avenida Charles Darwin zu finden und die Preise können während der touristenstärksten Zeiten (Dez.–Jan. & Juni–Aug.) sogar noch steigen.

Südlicher Teil der Avenida Charles Darwin

Hotel Sir Francis Drake HOTEL $
(05-252-6221; www.sirfrancisdrakegalapagos.com; Av Baltra; EZ/DZ ab 25/30 US$;) Das Sir Francis Drake hinter einem kleinen Kaufhaus nur ein paar Schritte vom Pier entfernt ist für den Preis eines der besseren Hotels im Ort. Am besten sind die Zimmer ganz hinten im Erdgeschoss, sie haben nämlich große Fenster und bekommen somit viel natürliches Licht ab. Als Gemeinschaftsbereich dienen lediglich ein Innenhof ohne Sitzgelegenheit und ein einzelner Balkon.

La Posada del Mar PENSION $$
(05-301-4976; posadadelmargalapagos@gmail.com; Tomás de Berlanga nahe der Av Baltra; EZ/DZ inkl. Frühstück 70/85 US$) Die schönen Zimmer sind mit rostroten Bodenfliesen und Balkonen mit Blick über das Grün jenseits der Stadt ausgestattet. Das Frühstück im erstklassigen Galápagos Deli gleich unten drunter (S. 346) ist ein Bonus.

Hotel Crossman HOTEL $$
(☎ 05-252-6467; www.crossmanhotel.com.ec; Ecke Juan Montalvo & Charles Binford; EZ/DZ 25/40 US$; ❄ 📶) Das hübsche von Bougainvillea überwucherte Haus mit rotem Dach hat recht nette, wenn auch schlichte Zimmer. Sie mögen zwar schmucklos sein, sind aber recht groß und haben Kabel-TV, eine gute WLAN-Verbindung und manche auch einen Balkon.

Galapagos Native PENSION $$
(☎ 05-252-4730; www.galapagosnative.com.ec; Tomás de Berlanga nahe der Av 12 de Febrero; EZ/DZ ab 25/30 US$) Die Unterkunft bietet für den Preis recht gute und saubere Zimmer mit Lehmziegelwänden. Die drei besten Zimmer sind hell und luftig und haben einen Balkon.

Hostal Gardner HOSTEL $$
(☎ 05-252-6979; Tomás de Berlanga; EZ/DZ ab 20/35 US$; ❄ 📶) Das preisgünstige Gardner hat einfache Zimmer und eine überdachte Dachterrasse mit Liegesesseln und Hängematten.

★ Lodging House Casa del Lago APARTMENT $$$
(☎ 05-252-4116; www.casadellagogalapagos.com; Ecke Moisés Brito & Juan Montalvo; DZ/3BZ inkl. Frühstück ab 99/170 US$; ❄ @ 📶) 🍃 Perfekt für lässige Kleingruppen und Familien. Die Suiten haben voll ausgestattete Küchen und hübsche eigene Terrassen oder Veranden. Alles ist aus wiederverwerteten Materialien hergestellt und mit farbenfrohen Fliesen und Textilien ausgestattet. Die Pension liegt einen kurzen Fußmarsch vom Hafen entfernt, gleich an der Laguna Las Ninfas. Es wird von einem umweltbewussten Besitzer geführt, der auch das bezaubernde zugehörige Café betreibt.

Hotel Fiesta HOTEL $$$
(☎ 05-252-6440; www.galapagoshotelfiesta.com; Av Moisés Brito nahe der Juan Montalvo; Zi. inkl. Frühstück 125 US$; ❄ @ 📶 🏊) Das Hotel an der Laguna las Ninfas hat saubere, moderne Zimmer um einen Innenhof mit Kakteen, Palmen, Scalesia-Bäumen und einem Pool. Das Frühstück ist klasse.

Nördlicher Teil der Avenida Charles Darwin

Hostal Los Amigos HOSTEL $
(☎ 05-252-6265; hostal.losamigos@gmail.com; Av Darwin; EZ/DZ ohne Bad 15/30 US$; 📶) Wahrscheinlich die beste Budgetunterkunft im Ort. Die fehlenden eigenen Badezimmer (abgesehen vom Vierbettzimmer) werden durch die zentrale Lage und die sauberen Zimmer mit Holzfußboden – die zugegebenermaßen klein sind – wettgemacht. Es gibt eine Küche und einen Aufenthaltsraum mit TV.

Peregrina B&B HOTEL $$
(☎ 05-252-6323; www.laperegrinagalapagos.com.ec; Ecke Av Darwin & Indefatigable; EZ/DZ inkl. Frühstück 45/70 US$; ❄ 📶) Ein typisches B&B ist das in einem edlen Gebäude untergebrachte Peregrina wahrlich nicht. Einige der einfachen Zimmer sind größer und hübscher ausgestattet als andere. Ein paar Hängematten im kleinen Kakteengarten verstärken den Eindruck eines entspannten Rückzugsorts noch.

Hotel La Casa de Judy HOTEL $$$
(☎ 05-252-7343; www.hotellacasadejudy.com; Ecke Fragata & Scalesia; EZ/DZ 77/95 US$, mit Meerblick 119/150 US$; ❄ 📶 🏊) Der unschlagbare Meerblick von der Dachterrasse und die sonnenverwöhnten Zimmer mit Balkon im oberen Stockwerk sind die große Attraktion in dem Hotel, das auch unter dem Namen Hotel Galápagos Inn bekannt ist. Einige der kleineren Standardzimmer (nicht empfehlenswert) liegen zu einer Terrasse mit einem hübschen Pool hin. Das Hotel befindet sich in einem ruhigen Häuserblock fast am Stadtrand, dennoch ist es bis zum *malecón* (Pier) nur ein kurzer Fußweg.

Hotel Mainao HOTEL $$$
(☎ 05-252-7029; www.hotelmainao.com; Matazarnos; Zi. inkl. Frühstück ab 140 US$; ❄ @ 📶) Der weiß verputzte Komplex, eine Mischung aus griechischer Insel und marokkanischer Kasbah, verfügt über einen schön gestalteten blumenreichen Innenhof und saubere, geräumige, wenn auch für den Preis recht unspektakuläre Zimmer.

Am Wasser

Angermeyer Waterfront Inn HOTEL $$$
(☎ 05-252-6561; www.angermeyer-waterfront-inn.com; Zi. ab 240 US$; ❄ @ 📶) Auf der gegenüberliegenden Seite des Hafens (mit einem Wassertaxi zu erreichen) befindet sich dieser sonnenverwöhnte Komplex mit einfachen Zimmern und einem außergewöhnlichen Blick von der Gartenterrasse und von den Zimmern mit Balkon im neueren mehrstöckigen Anbau.

Finch Bay Hotel RESORT $$$
(☎ 05-252-6297; www.finchbayhotel.com; Zi. ab 379 US$; ❄@📶🏊) In dieser umweltbewussten Unterkunft auf der anderen Seite der Bucht von Puerto Ayora können Traveller runterkommen und abschalten. Beim Pool machen es sich auch Lavamöwen und Reiher gemütlich und jedes Detail passt zur Philosophie des Ortes. Die Zimmer sind nicht besonders groß oder luxuriös, aber das Gelände an sich, der Whirlpool und das Restaurant lohnen eine Übernachtung.

Das im Hotel ansässige Metropolitan Touring (S. 344) kann jede nur denkbare Art von Outdooraktivität organisieren.

Red Mangrove Aventura Lodge HOTEL $$$
(☎ 05-252-6564; www.redmangrove.com; Av Darwin; Zi. inkl. Frühstück ab 350 US$; ❄@📶) In einer schattigen, von Mangroven gesäumten Bucht am nördlichen Ende der Stadt liegt diese Unterkunft aus roten Lehmziegeln. Sie ist zauberhaft gestaltet und versprüht den Charme eines geheimen Rückzugsorts. Die Standardzimmer sind angemessen komfortabel, und damit liegt die Lodge mit ihren Veranden im Freien und den gefliesten Badezimmern, was Größe, Luxus und Sonnigkeit angeht, ganz klar eine Klasse über den meisten anderen Unterkünften. Am Ufer gibt's ein hervorragendes Restaurant, Almar, und zudem können alle Arten von Tagesausflügen und Trips mit Übernachtungen gebucht werden.

Hotel Sol y Mar HOTEL $$$
(☎ 05-252-6281; www.hotelsolymar.com.ec; Av Darwin; Zi. inkl. Frühstück ab 250 US$; ❄@📶🏊) An einem heiß begehrten Fleckchen direkt am Wasser und mit Pelikanen, Seelöwen und Meerechsen als Nachbarn befindet sich dieses Hotel, das (man mag es gut oder schlecht finden) stark an einen Apartmentkomplex in Florida erinnert. Die Zimmer sind pragmatisch, effizient und komfortabel gestaltet und haben einen kleinen Balkon. Was dieses Hotel aber von anderen abhebt, sind der Whirlpool direkt am Meer und der Bar- und Restaurantbereich.

Essen

In der Charles Binford, gleich östlich der Avenida Baltra, verkaufen über ein halbes Dutzend Imbissstände preisgünstiges und herzhaftes Essen, hauptsächlich Meeresfrüchte. Abends ist hier am meisten los, besonders am Wochenende, wenn an den Straßentischen eine Partyatmosphäre herrscht.

Proinsular-Supermarkt SUPERMARKT $
(Av Darwin; ⏱ Mo–Sa 7–20, So 9–17 Uhr) Der Supermarkt nur ein paar Schritte vom Pier entfernt führt Lebensmittel, Bier, Wein, Toilettenartikel, Sonnenschutz und andere Notwendigkeiten. Und nicht zu vergessen die guten Zimtschnecken und Croissants (links hinter dem Eingang). Das Café treppauf gewährt einen netten Blick auf den Pier.

Galápagos Deli DELI, PIZZERIA $$
(Tomás de Berlanga; Hauptgerichte 5–9 US$; ⏱ Di–So 7–22 Uhr; 📶) Wer vom ganz typischen *almuerzo* (Mittagstisch) erst mal genug hat, der kann sich in diesem eleganten und modernen Restaurant eine Pizza aus dem Ziegelofen (klein 5 US$) oder ein Deli-Sandwich holen. Es gibt auch Fish 'n' Chips, Espresso und köstliches Eis. Da sich der Laden in einem ruhigen Block versteckt, ist er so etwas wie ein Geheimtipp.

Rock ECUADORIANISCH, INTERNATIONAL $$
(Ecke Av Darwin & Islas Plaza; Hauptgerichte 8–23 US$; ⏱ Di–So 11–23 Uhr; 📶) Das lebhafte Restaurant an der Hauptstraße serviert Meeresfrüchte und Grillgerichte, z. B. gebratenen Thunfisch mit Pfeffer, Schweinerippchen mit Ananas-Salsa und Linguine mit Kokosnuss und Hummer. Leichtere Gerichte aus dem großen Angebot sind Pasta, *quesadillas* und Sandwiches.

Lo & Lo ECUADORIANISCH $$
(Berlanga; Hauptgerichte 9–19 US$; ⏱ Mi–Mo 7–15.30 Uhr; 📶) Ein kleines halb offenes Lokal mit Ceviche, gegrilltem Fisch, *seco de chivo* (Ziegeneintopf) und *balones* (Bällchen aus Kochbananenbrei).

Casa del Lago Café Cultural CAFÉ $$
(Ecke Moisés Brito & Montalvo; Hauptgerichte 7–9 US$; ⏱ Di–Sa 7–19 Uhr; 📶🌿) Das szenige Café hat drinnen und draußen ein paar Tische stehen. Es gibt ein hervorragendes Frühstück, Sandwiches, Empanadas und Salate sowie hausgemachte Kuchen, Fruchtdrinks und Filterkaffee.

Descanso del Guia ECUADORIANISCH $$
(Av Darwin nahe der Los Colonos; Hauptgerichte 7–17 US$; ⏱ 6–20 Uhr) Die trubelige Cafeteria in der Nähe des Passagieranlegers ist praktisch für einen schnellen Imbiss (Tagesgerichte 4,50 US$).

Hernan Café ECUADORIANISCH, INTERNATIONAL $$
(Av Baltra; Hauptgerichte 8–20 US$; ⏱ 8–22 Uhr; 📶) Das lebhafte Hernan Café ist dank der Lage an der verkehrsreichsten Kreuzung der

Stadt oft proppenvoll. Es serviert recht gute (wenn auch etwas langweilige) Pasta, Pizza, Fisch- und Fleischgerichte.

Isla Grill GRILL, INTERNATIONAL **$$$**
(Av Darwin; Hauptgerichte 13–25 US$; ⏲ Di–So 12–22 Uhr) In dem quirligen Grillrestaurant gibt's üppige Teller mit Grillfleisch und Meeresfrüchten. Die Hits: *costillitas* (Schweinerippchen), *mariscada* (gegrillte Garnelen, Tintenfische und Calamari) und *churrasquito de mimi* (ein besonders zartes Steak). Die Salate sind ebenfalls klasse.

Il Giardino INTERNATIONAL, EISCREME **$$$**
(Ecke Av Darwin & Binford; Hauptgerichte 16–32 US$; ⏲ 8–22 Uhr; 📶) Die Open-Air-Trattoria bietet eine schöne Speiseterrasse und gute Fleisch- und Fischgerichte sowie himmlische Desserts. Zum Lokal gehört auch eine *heladería* (Eissalon).

Almar JAPANISCH **$$$**
(Av Darwin, Red Mangrove Aventura Lodge; Hauptgerichte ab 16–24 US$; ⏲ 8–22 Uhr; 📶) Das Almar befindet sich in der Red Mangrove Aventura Lodge. Die Gerichte mit Fisch und Meeresfrüchten stammen von hiesigen Fischern. Die besten Sitzplätze sind auf der hinteren Terrasse am Ufer, wo Seelöwen frei umhertollen.

Garrapata ECUADORIANISCH **$$$**
(Av Darwin; Hauptgerichte 15–30 US$; ⏲ Mo–Sa 11–22.30 Uhr) Gute Musik, eine kühle Brise und leckere ecuadorianische und internationale Gerichte (scharf angebratener Thunfisch, gemischte gegrillte Meeresfrüchte, Fisch in Kokosnusssoße) locken fast jeden Abend eine fröhliche Gästeschar an. Das Restaurant mit offenen Seiten und Kieselboden ist teuer, aber zwanglos.

La Cueva de Gus INTERNATIONAL **$$$**
(☎ 05-252-6561; Hauptgerichte ab 15–30 US$; ⏲ 17–22 Uhr) Das malerische Freiluftrestaurant über dem Wasser serviert leckeren Fisch und Hummer, Pizza und Bistrogerichte. Es gehört zum Angermeyer Point Hotel und ist vom Pier mit dem Wassertaxi zu erreichen.

Ausgehen & Nachtleben

Bongo Bar BAR
(Av Darwin; ⏲ 19–2 Uhr; 📶) Das bisschen Nachtleben, das in Puerto Ayora zu finden ist, konzentriert sich vor allem auf diese Location. Die trendige, zweistöckige Bar wartet mit Flachbildfernsehern, Musik und einer alkoholschwangeren Mischung aus hippen Einheimischen, Guides und Touristen auf. Überraschenderweise gibt's hier auch das beste Sushi der Inseln (10–14 US$).

La Panga CLUB
(Av Darwin; ⏲ 20–3 Uhr) In dieser Disco unter der Bongo Bar kann durch die Nacht getanzt werden.

Bar Tolomé BAR
(Av Darwin; ⏲ Mo–Sa 10–24 Uhr; 📶) Die Outdoor-Lounge am nördlichen Ende der Stadt ist mit Lichterketten und Sofanischen ausgestattet. An Wochenenden gibt's manchmal Livemusik, in der Küche werden Tapas zubereitet.

Shoppen

In Puerto Ayora wird jeder erdenkliche Gegenstand mit dem Logo der Galapagosinseln oder einem inseltypischen Tier versehen und verkauft.

Tortoise Gallery SCHMUCK
(Av Darwin; ⏲ 9.30–13.30 & 15–22 Uhr) Der Schmuckladen verkauft Unikate, nämlich erlesene, handgemachte Arbeiten ecuadorianischer Kunsthandwerker. Einige sind mit Lavagestein gemacht, andere haben Motive aus der präkolumbischen Kunst oder der in Ecuador beheimateten Tierwelt.

Galería Aymara GALERIE, SCHMUCK
(www.galeria-aymara.com; Ecke Av Darwin & Seymour; ⏲ Mo–So 8–12 & 15–19 Uhr) Eine edle Künstlerboutique, in der es Kunsthandwerk, Schmuck und Keramikwaren in einzigartigen Designs zu kaufen gibt.

Praktische Informationen

GELD

Nahe dem Pier und vorm Supermarkt Proinsular findet man zwei Geldautomaten.

Banco del Pacífico (Av Darwin nahe der Isla Floreana; ⏲ Mo–Fr 8–15.30, Sa 9.30–12.30 Uhr) Hat einen Geldautomaten und wechselt Reiseschecks.

INTERNETZUGANG

In den meisten Mittel- und Spitzenklassehotels hat man in den Gemeinschaftsbereichen WLAN-Empfang, auf den Zimmern nicht ganz so oft. Alternative Adressen zum kabellosen Surfen sind viele Restaurants und Cafés. Die Avenida Charles Darwin ist von mehreren Internetcafés gesäumt, die gewöhnlich um die 2,50 US$ pro Stunde berechnen. Manchmal stehen Kopfhörer zur Verfügung (z. B. zum Skypen).

POST

Postamt In Hafennähe.

TOURISTENINFORMATION

Cámara de Turismo (S. 47) Hat Infos zu Hotels und Karten; einige der Angestellten sprechen Englisch. Hier kann man seine Beschwerden über Boote, geführte Touren, Guides oder Crewmitglieder loswerden.

i-Tur (Av Darwin, am Eingang zum Wassertaxi-Pier) Ein kleiner Kiosk mit Flyern, Karten und Basisinfos für Touristen.

An- & Weiterreise

FLUGZEUG

Drei Fluglinien fliegen die Galapagosinseln an (S. 375). Es wird empfohlen, die Abflugzeiten in den Büros der **Avianca** (S. 313), **Lan** (05-269-2850; Av Charles Darwin; Mo–Sa 8–18, So 10–13 Uhr) oder **Tame** (05-252-6527; Ecke Av Charles Darwin & Av 12 de Febrero; Mo–Fr 8–12 & 14–17, Sa 8–13 Uhr) bestätigen zu lassen. Flüge sind oft ausgebucht, sodass es schwierig sein kann, einen Flug umzubuchen oder überhaupt ein Ticket zu bekommen.

Emetebe (S. 375) und **Fly Galápagos** (S. 375) haben kleine Flugzeuge, die zwischen der Isla Baltra, Isla San Cristóbal und Isla Isabela hin und her fliegen.

SCHIFF/FÄHRE

Lanchas (Schnellboote) fahren täglich zur Isla Isabela (30 US$, 2–2¼ Std.) und Isla San Cristóbal (30 US$, 2 Std.). Beide fahren um 7 und um 14 Uhr ab. Des Weiteren fährt ein Boot zur Isla Floreana (8 Uhr; 30 US$, 1¾ Std.), der Service ist aber unzuverlässig, deshalb erkundigt man sich am besten in Puerto Ayora nach dem aktuellen Fahrplan und richtet sich danach. Die Überfahrten können sehr unruhig und für manche somit recht unangenehm sein. Es ist zwar nicht notwendig, im Voraus zu buchen, aber es ist sinnvoll, das Ticket am Vortag zu kaufen. In den Büros nahe dem Pier können Tickets für Überfahrten nach San Cristóbal, Isabela und Floreana gekauft werden.

Bootspier für Überfahrten zu den anderen Inseln Mindestens 30 Minuten vor Abfahrt da sein.

Boote zu den anderen Inseln Fahrkarten für die Schnellboote kann man in einem der diversen Büros nahe dem Pier besorgen.

Unterwegs vor Ort

Hotels, Reiseagenturen, Tourveranstalter und einige Cafés verleihen Fahrräder (2 US$/Std.). Zu den Booten im Hafen oder zu einem Hotel oder einem anderen Ziel südwestlich der Stadt kommt man mit einem **Wassertaxi** (Av Charles Darwin). Sie kosten von 6 bis 19 Uhr 0,60 US$ pro Person und von 19 bis 6 Uhr 1 US$.

BUSSE & TAXIS

Vom CITTEG-Busbahnhof in Puerto Ayora fahren zwischen Montag und Samstag vier Busse pro Tag nach Santa Rosa (ca. 2 US$), sonntags sind es weniger.

Wer das Landesinnere erkunden will, ohne zwischendurch festzusitzen, mietet am besten mit anderen Travellern zusammen ein Taxi für den Tag.

Alle Taxis sind Pick-ups. Wer also den Rückweg nach Puerto Ayora mit dem Fahrrad antreten möchte, kann es auf der Hinfahrt einfach hinten aufladen. Eine Taxifahrt nach Bellavista kostet etwa 4 US$, nach Santa Rosa sind es etwa 6 US$ (jeweils für die einfache Strecke). Taxis können entlang der Avenida Charles Darwin angehalten werden.

VOM/ZUM FLUGHAFEN

Der Flughafen befindet sich auf der Isla Baltra, einer kleinen Insel, die den nördlichsten Zipfel der Isla Santa Cruz fast berührt. Wer schon im Voraus eine Tour gebucht hat, wird bei der Ankunft von einem Vertreter des Bootsanbieters abgeholt und mit dem Bus zu dem Kanal gebracht, der die beiden Inseln voneinander trennt. Die Fahrt zum Bootsanleger dauert zehn Minuten.

Wer unabhängig reist, nimmt den öffentlichen Bus (kostenlos) mit der Aufschrift „Muelle". Die Fahrt zum Fähranleger dauert zehn Minuten, ebenso wie die Fahrt mit der Fähre zur Isla Santa Cruz (1 US$). Dort wartet ein CITTEG-Bus, der die Passagiere ins 45 bis 60 Minuten entfernte Puerto Ayora (2 US$) bringt. Diese Fahrt (auf asphaltierter Straße) vermittelt einen guten Einblick ins Landesinnere und das Hochland von Santa Cruz.

Busse (2 US$) von Puerto Ayora zur Isla Baltra (über die Fähre) fahren morgens um 6.30, 7.15, 8 und 8.30 Uhr (die Zeiten können sich ändern, also vorher checken!) vom CITTEG-**Busbahnhof** (Av Baltra) etwa 2 km nördlich des Hafens los; eine Taxifahrt dorthin kostet 1 US$. Wer am Flughafen einen Flug erwischen muss, sollte für den kompletten Weg aus der Stadt 90 Minuten oder mehr einrechnen.

Eine Taxifahrt ab der Stadt bis zum Kanal (noch auf Isla Santa Cruz) kostet 18 US$ (35–40 Min.).

RUND UM DIE ISLA SANTA CRUZ

Islas Seymour & Mosquera

Die Isla Seymour (1,9 km²) kann trockenen Fußes erreicht werden. Es gibt einen felsigen Rundweg (etwa 2,5 km lang), der um eine der größten und meistgenutzten

Brutstätten von Meeresvogelkolonien der gesamten Inselgruppe führt. Die Hauptattraktion sind die Fregattvögel und Blaufußtölpel. Zu jeder Jahreszeit gibt's hier was zu sehen: Balz, Paarung, Brut oder Aufzucht der Jungvögel. Es ist kein Problem, nahe an die Nester heranzukommen, da es immer mindestens ein sorgloses Tölpelpaar gibt, das sein Nest mitten auf den Weg baut. Oft bekommt man auch Seelöwen, Landleguane und Meerechsen zu Gesicht, Seebären, Lavaechsen und Galapagos-Schlangen sind seltenere Gäste.

Die Isla Mosquera ist eine winzige Insel (ca. 120x600 m) zwischen der Isla Baltra und der Isla Seymour. Einen Wanderweg gibt es nicht; Besucher kommen hierher, um die Seelöwenkolonie zu sehen (oder sogar mit den Tieren zu schwimmen). Dabei ist es wichtig, gebührenden Abstand von den Seelöwen zu halten. Die Männchen verteidigen ihr Territorium, und wenn man zu nahe an die Weibchen oder Jungtiere heranschwimmt, könnten sie angreifen.

Islas Plazas

Die zwei kleinen Inseln unmittelbar vor der Ostküste von Santa Cruz können im Rahmen eines Tagesausflugs ab Puerto Ayora besucht werden. Sie bildeten sich infolge einer Anhebung des Meeresgrunds aufgrund von Verwerfungen. Boote ankern zwischen den beiden Inseln, und Besucher können auf der gerade einmal 0,13 km² großen **Plaza Sur** an Land gehen, der größeren Insel der beiden. Ein Anlegesteg sorgt für eine Trockenlandung und führt Traveller zu einem Opuntienwald, in dem viele Landleguane zu sehen sind. Ein 1 km langer Rundweg führt durch Seelöwenkolonien und oben an einer Klippe entlang, an der Gabelschwanzmöwen und andere Arten nisten. Die 25 m hohen Felsen sind ein hervorragender Aussichtspunkt, um verschiedene Meeresvögel wie Rotschnabel-Tropikvögel, Fregattvögel, Pelikane und Schuppensturmtaucher zu beobachten. Es ist auch möglich, zwischen Seelöwen zu schnorcheln.

Islas Daphne

Die beiden Vulkaninseln liegen etwa 10 km westlich der Isla Seymour. Während **Daphne Minor** stark erodiert ist, hat **Daphne Mayor** größtenteils die typische vulkanische Form (Tuffkegel genannt) beibehalten. Ein kurzer, aber steiler Weg führt zum 120 m hohen Gipfel dieser winzigen Insel. Oben auf dem Kegel befinden sich zwei kleine Krater, in denen Hunderte Nester von Blaufußtölpeln zu finden sind. Nazca-Tölpel nisten am Kraterrand, und einige Rotschnabel-Tropikvögel haben ihre Nester in den Felsspalten der steil abfallenden Klippen der Inseln gebaut.

Die Insel ist schwer zu besuchen, da für die Anlandung eine gewisse akrobatische Leistung gefordert ist: Besucher müssen von einem schaukelnden *panga* auf eine schräge Klippe springen und über die Felsen nach oben kraxeln. Für den Besuch ist eine Sondergenehmigung erforderlich.

Isla Santa Fé (Barrington)

Diese 24 km² große Insel liegt etwa 20 km südöstlich von Santa Cruz und ist ein beliebtes Ziel für Tagesausflüge. In einer hübschen Bucht an der Nordostküste gibt es einen sehr guten Ankerplatz, und nach einer Nasslandung haben Besucher die Wahl zwischen zwei Wegen. Ein 300 m langer Pfad führt zu einem der höchsten Opuntienbestände der Galapagosinseln – einige Kakteen sind über 10 m hoch. Ein etwas anstrengender, 1,5 km langer, unwegsamer Pfad führt ins Hochland, wo man mit etwas Glück den **Santa-Fé-Landleguan** (den es sonst nirgendwo auf der Welt gibt) zu Gesicht bekommt. Weitere Attraktionen sind eine Seelöwenkolonie, hervorragende Schnorchelreviere, Meerechsen und, natürlich, Vögel.

ISLA SAN CRISTÓBAL (CHATHAM)

Stolze Einheimische nennen San Cristóbal gerne die Hauptstadt des Paradieses – und praktisch trifft das eigentlich auch zu, da ihre Hafenstadt Puerto Baquerizo Moreno politischer Sitz der Provinz Galapagos ist. San Cristóbal ist die einzige Insel mit Süßwasservorkommen und einem Flughafen in der Stadt, und sie wartet mit mehreren leicht erreichbaren Besuchermagneten auf, was dazu führt, dass hierher fast so viele Touristen kommen wie nach Santa Cruz. San Cristóbal ist die fünftgrößte Insel des Archipels und hat die zweithöchste Einwohnerzahl. Die San-Cristóbal-Spottdrossel ist auf der Insel weit verbreitet, sonst aber nirgendwo auf der Welt zu finden.

Isla San Cristóbal

Geschichte

Obwohl San Cristóbal schon 1880 besiedelt wurde, markierte erst die Errichtung einer Zuckerfabrik durch Manuel J. Cobos im Jahr 1891 den Startpunkt für eine erwähnenswerte Präsenz des Menschen auf der Insel. Cobos warb Häftlinge vom Festland an, die in seiner Fabrik in El Progreso arbeiten sollten. Er importierte Eisenbahnwaggons und prägte sein eigenes Geld, das er Cobo nannte. Das utopische Experiment ging 13 Jahre lang gut, bis die Arbeiter rebellierten und ihn 1904 meuchelten. Daraufhin übernahm sein Sohn das Geschäft, war aber nicht sonderlich erfolgreich. Jene Stätte ist heute ein kleiner Ort, in dem noch die Fabrikruinen und die Stelle zu sehen sind, an der Cobos beerdigt wurde.

Sehenswertes & Aktivitäten

Der Süden von San Cristóbal

Eine Tour im Süden auf eigene Faust ist mit einer Fahrt im Pick-up-Taxi zur Laguna El Junco, nach Galapaguera und Puerto Chino durchaus machbar. Die Fahrer verlangen rund 60 US$ hin und zurück ab Puerto Baquerizo Moreno.

★ León Dormido — INSEL

Eine etwa einstündige Bootsfahrt nordöstlich von Puerto Baquerizo Moreno liegt der León Dormido (Kicker Rock), der seinen Namen der Ähnlichkeit mit einem schlafenden Löwen verdankt. Der León Dormido ist ein beeindruckender steilwandiger Tuffkegel, der sich durch Erosion geteilt hat. Kleinere Boote können zwischen den beiden Felsen hindurchschippern. Da es keine Anlandemöglichkeit gibt, bleibt meist nur die Option, die Insel beim Schnorcheln, aus dem vorbeifahrenden Boot oder vom Gipfel des Cerro de las Tijeretas außerhalb von Puerto Baquerizo Moreno zu bestaunen – besonders bei Sonnenuntergang ein toller Anblick! Tagesausflüge hierher ab Puerto Boquerizo Moreno kosten um die 80 US$.

Laguna El Junco — SEE

Etwa 10 km über die Hauptstraße ostwärts von El Progreso liegt die Laguna El Junco, ein Süßwassersee etwa 700 m über dem Meeresspiegel. Er ist einer der wenigen permanenten Süßgewässer auf den Galapagosinseln. Hier sind Fregattvögel zu sehen, die sich das Salz aus ihrem Gefieder waschen, des Weiteren Bahamaenten und Amerikanische Teichhühner sowie die typische Miconia-Vegetation des Hochlands und endemische Baumfarne. Oft ist es neblig oder regnerisch. Ein Taxi hin und zurück kostet etwa 30 US$.

Cerro Brujo STRAND

Dies ist vielleicht einer der schönsten Strände der Galapagosinseln. Der riesige, weiße Cerro Brujo liegt an der Westseite der Insel, und der Sand hier fühlt sich an wie Puderzucker. Hier sind eine Seelöwen- und eine Blaufußtölpelkolonie beheimatet. In der Lagune hinter dem Strand kann man Silber- und Kanadareiher beobachten. Das türkisfarbene Wasser eignet sich außerdem hervorragend zum Schnorcheln.

Playa Ochoa STRAND

An der Westseite der Insel befindet sich diese hufeisenförmige Bucht mit weißem Sandstrand und flachem Wasser, das zum Schnorcheln einlädt. Seelöwen, Fregattvögel, Pelikane und Blaufußtölpel tollen hier herum, man braucht aber ein Boot und einen Führer, um in die Bucht zu kommen. Alternativ paddelt man mit dem Kajak hierher.

Galapaguera TIERRESERVAT

Galapaguera gehört zum Nationalpark am südwestlichen Zipfel von San Cristóbal, in dem Riesenschildkröten unter annähernd natürlichem Bedingungen leben. Ein Taxi ab Puerto Baquerizo Moreno und wieder zurück kostet etwa 35 US$.

El Progreso DORF

Eine Straße führt von der Hauptstadt nach El Progreso, das etwa 8 km östlich am Fuß des 896 m hohen Cerro San Joaquín liegt, der höchsten Erhebung San Cristóbals. El Progreso ist ein verschlafenes Dorf, in dem es nicht viel zu sehen gibt. Es wird mehrmals täglich von Bussen aus Puerto Baquerizo Moreno angefahren; eine Taxitour kostet 3,50 US$.

Die **Casa del Ceibo** (☎ 099-934-1524; Eintritt 2 US$, Aufstieg 3,50 US$, Zi. 25 US$ pro Pers.; ⌚ 9–12.30 & 13.30–17.30 Uhr) in der Nähe des Ortseingangs ist jedoch ungemein originell. Auf einem riesigen Kapokbaum befindet sich auf halber Höhe ein Baumhaus (über eine schmale Hängebrücke zu erreichen), wo man übernachten kann. Es ist auch möglich, einfach den Baum hochzuklettern oder einen kühlen Drink in der Snackbar darunter zu genießen.

Puerto Chino STRAND

Die Straße zur Laguna El Junco führt weiter über die Insel bis zum einsamen Puerto Chino, einem der besser für Surfanfänger geeigneten Strände, da die Wellen hier über Sandbänken brechen. Mit einer Genehmigung (muss man vorher erwerben) darf gecampt werden.

Isla Lobos INSEL

Eine halbstündige Bootsfahrt nordöstlich von Puerto Baquerizo Moreno befindet sich die winzige Felseninsel Isla Lobos. Die hier lebenden Seelöwen- und Blaufußtölpelkolonien werden häufig von Besuchern der Isla San Cristóbal angesteuert. Auf dem 300 m langen Weg, der über die Insel führt, werden oft auch Lavaechsen gesichtet. Bootsfahrt und Weg sind oft rau bzw. unwegsam, und es gibt andere Orte, an denen Tierpopulationen besser zu sehen sind.

Der Norden von San Cristóbal

Los Galápagos TIERRESERVAT

Am nördlichen Zipfel von San Cristóbal befindet sich Los Galápagos, wo nicht selten Galapagos-Riesenschildkröten in freier Wildbahn beobachtet werden können. Allerdings ist das Hochlandgebiet, in dem sie leben, nur schwer zu erreichen.

Eine Möglichkeit, nach Los Galápagos zu gelangen, ist es, in der Bucht am nördlichen Ende der Insel zu ankern und dann hinauf ins Hochland zu wandern. Der Weg in das Schildkrötengebiet dauert etwa zwei Stunden. Man kann Glück oder Pech haben und ganz viele oder keine Schildkröte sehen.

Puerto Grande STRAND

Puerto Grande ist kleiner, als der Name vermuten lässt. Die gut geschützte Bucht liegt an der Nordwestküste San Cristóbals. Der hübsche Sandstrand eignet sich zum Schwimmen, und es können einige Meeresvögel beobachtet werden. Die kleine Bucht ist mit dem Kajak erreichbar und Campen mit vorheriger Genehmigung gestattet.

Bahía Tortuga TIERRESERVAT

Hier können Flamingos, Meeresschildkröten und andere Tiere beobachtet werden. Sowohl die Bahía Tortuga als auch der Cerro Brujo können im Rahmen eines Ausflugs zur Punta Pitt und Los Galápagos besucht werden.

Punta Pitt VOGELBEOBACHTUNG, SCHNORCHELN

Der nordöstlichste Punkt der Insel, die Punta Pitt, weckt mit vulkanischen Tuffformationen das Interesse von Geologen (und ist selbst auch ein hübscher Anblick). Das Einzigartige an der Punta ist aber, dass dies der einzige Ort ist, an dem alle Galapagos-Tölpelarten an einer Stelle nisten. Der Fußweg ist zwar anstrengend, lohnt sich aber durchaus.

An- & Weiterreise

Montags bis samstags bestehen Flugverbindungen zwischen San Cristóbal, Balta und Isabela. Die Schnellboote zwischen Puerto Ayora und Puerto Baquerizo Moreno (30 US$, 2¼ Std.) verkehren täglich.

Puerto Baquerizo Moreno

05 / 7000 EW.

Trotz des großen Angebots an Restaurants und Hotels hat sich Puerto Baquerizo Moreno den Charme eines verschlafenen Fischerdorfs bewahrt, in dem die Zeit stillzustehen scheint. Und obwohl immer mehr Ausflüge hier beginnen oder enden, steht es doch weiterhin im Schatten von Puerto Ayora, seiner größeren, prominenten Schwesternstadt. Die Surfmöglichkeiten hier haben Weltklasseniveau, und viele Orte der Insel können von hier aus auf eigene Faust erkundet werden.

Sehenswertes

Centro de Interpretación MUSEUM

(05-252-0358; Av Alsacio Northia; 8–17 Uhr) GRATIS In dem modernen Bildungszentrum werden die Geschichte und Bedeutung der Galapagosinseln leicht verständlich und besser erklärt als irgendwo sonst in Ecuador. Die Darstellungen behandeln Themen wie Biologie, Geologie und die Besiedelung der Inseln – unbedingt sehenswert, selbst wenn man schon reichlich Input durch den Bootsführer erhalten hat. Vom Zentrum führen viele gut ausgezeichnete Wege durch die Kaktus- und Buschvegetation auf dem Cerro de las Tijeretas (Fregattvogelhügel).

Cerro de las Tijeretas HÜGEL

(Fregattvogelhügel) Der 1,7 km nordöstlich von Puerto Baquerizo Moreno gelegene Cerro de las Tijeretas, zu erreichen über einen Pfad, gewährt einen schönen Blick. Unterwegs erreicht man ein Nationalpark-Informationsbüro. Auf der Meerseite des Hügels herrschen erstklassige Schnorchelbedingungen.

La Lobería STRAND

Südwestlich des Orts führt eine Straße über 2,5 km (etwa 30 Minuten zu Fuß) bis La Lobería, einem felsigen Strand mit trägen Seelöwen. Zum Surfen eignet er sich das ganze Jahr über und am Weg, der vom Strand weiterführt, gibt es viele Leguane. Wasser (reichlich) und Sonnenschutz nicht vergessen! Eine Taxifahrt hierher kostet etwa 3 US$. Zurück geht's zu Fuß. Am Klippenpfad vom Strand aus sind Meeres- und Lavaechsen sowie in der Luft Fregattvögel zu sehen. Zu Fuß ist der Strand über die Avenida Alsacio Northia Richtung Flughafen, dann nach dem Stadion (die Wandbilder nicht verpassen!) links und dann die erste Straße rechts zu erreichen.

Aktivitäten

Tauchen

In der näheren Umgebung finden sich einige gute Tauchreviere. Adlerrochen, Meeresschildkröten, Seelöwen, Hammer- und Weißspitzenriffhaie sind rund um den León Dormido (Kicker Rock) anzutreffen. Makrelenschwärme, Adlerrochen, Stachelrochen und Seepferdchen tummeln sich am Stephanie's Rock. Roca Ballena ist eine in einer Tiefe von etwa 23 bis 24 m gelegene Höhle mit Korallen, Papageienfischen und Rochen. Aufgrund der starken Strömung ist sie aber nur für erfahrene Taucher zugänglich. Auch Wracktauchen ist hier möglich, z. B. um die *Caragua*, einen 100 m langen Frachter in der Nähe der Stelle, an der sich die Ölkatastrophe mit der *Jessica* ereignete. Mehrere Betreiber im Ort bieten Tauchausflüge an.

Dive & Surf Club TAUCHEN

(08-587-7122; www.divesurfclub.com; Ecke Hernán Melville & Ignacio Hernández) Diese PADI-Tauchschule hat Tauch- und Surfunterricht im Angebot. Darüber hinaus können Camping-Touren und Ausritte organsiert werden.

Surfen

Baquerizo Moreno ist zweifellos der beste Surfspot auf den gesamten Galapagosinseln. Von Dezember bis März sorgt eine Strömung im Norden für fantastische Wellen und im Januar zieht es über 100 Surfer, vorwiegend aus Brasilien, hierher. Die Wellen sind das ganze Jahr über gut, die beste Zeit ist aber von Dezember bis April. Erstklassige Reefbreaks in Ortsnähe sind **El Cañon** und **Tongo Reef**. Sie sind beide zu Fuß durch das Militärgebiet zu erreichen. Wer ein Surfbrett dabeihat und sich entsprechend ausweisen kann (mit dem Reisepass), wird vom Wachmann durchgelassen.

Puerto Baquerizo Moreno

Puerto Baquerizo Moreno

Aktivitäten, Kurse & Touren
- 1 Cañon Point ... A3
- 2 Chalo Tours ... C2
- 3 Dive & Surf Club ... C2
- Galakiwi ... (siehe 13)
- 4 Sharksky Tours ... B2

Schlafen
- 5 Casa Blanca ... C2
- 6 Casa de Laura Hostal ... A4
- 7 Casa de Nelly ... D1
- 8 Casa Iguana Mar y Sol ... D1
- 9 Casa Opuntia ... C2
- 10 Hostal León Dormido ... B3
- 11 Hostal San Francisco ... B2
- 12 Hotel Mar Azul ... B4
- 13 Miconia ... C2

Essen
- 14 Cabaña Mi Grande ... B2
- 15 Calypso Restaurant ... A3
- Casa Blanca Café ... (siehe 5)
- 16 Cuencan Taste ... C2
- 17 El Descanso Marinero ... C2
- La Zayapa ... (siehe 13)
- 18 Lucky's ... B3
- Miconia ... (siehe 13)
- 19 Rosita ... B3
- Supermercado Galamaxi ... (siehe 21)

Ausgehen & Nachtleben
- 20 El Barquero ... B4
- 21 Iguana Rock ... C4

Auch **La Lobería** (S. 352) und **Punta Carola** haben hervorragende Reefbreaks. **Cañon Point** (Av de la Armada; Fahrrad halb-/ganztags 15/25 US$; ⌚ Mo–Do & So 8–19, Fr & Sa bis 22 Uhr) verleiht Surfbretter (pro Tag 20 US$) und gibt halbtägige Kurse (50 US$ pro Pers. oder 45 US$ pro Nase in einer Gruppe ab 2 Pers.).

ABSTECHER

CERRO DE LAS TIJERETAS

Vom **Informationszentrum** (S. 352) aus führen mehrere gut markierte und geteerte Wege um den von Büschen bewachsenen **Cerro de las Tijeretas** (S. 352) herum. Einer der Pfade geht über den Hügel bis zur kleinen Bucht Las Tijeretas, wo man hervorragend **schnorcheln** kann. Einen Strand gibt es hier nicht – der Zugang zum Wasser geht über die Felsen. Andere Pfade führen zu atemberaubenden **Aussichtspunkten** und einer hinab zur malerischen **Playa Baquerizo** (2 km vom Aussichtspunkt entfernt); die letzte Hälfte ist von großen, scharfkantigen Steinen übersät, feste Schuhe sind also ratsam.

Direkt vor dem Informationszentrum liegt die **Playa Mann**, ein kleiner Strand, der sowohl bei Einheimischen als auch bei Touristen sehr beliebt ist, besonders bei Sonnenuntergang und am Wochenende. In dem großen Gebäude auf der gegenüberliegenden Straßenseite ist das Galápagos Academic Institute for the Arts & Sciences untergebracht, das ein Austauschprogramm für Studenten aus aller Welt und spezielle Meeresökologie- und Freiwilligenprogramme anbietet.

Vom Ende der unbefestigten Straße, die vor dem Informationszentrum vorbeiführt, geht ein kurzer Pfad zur **Playa Punta Carola**, einem schmalen Strand, der den Beinamen „Playa del Amor" (Liebesstrand) trägt, da die schützenden Mangroven ein beliebter Rückzugsort für Paare sind (die Seelöwen hier scheinen sich wenig dafür zu interessieren, was die Paare dort treiben). An der nahegelegenen Landspitze bieten sich hervorragende Surfmöglichkeiten.

Rad- & Kajakfahren

Radfahrer mit guter Kondition können den steilen Anstieg zum El Junco, 16 km östlich (und 700 m aufwärts) von Puerto Baquerizo Moreno, in Angriff nehmen. Vom El Junco sind es weitere 10 km bergab bis Puerto Chino. Wer beides schaffen will, muss fit sein und sehr früh starten. Eine andere Möglichkeit ist, mit dem Pick-up-Taxi eine Strecke zu fahren und die andere zu radeln. In der Stadt gibt es mehrere Fahrradverleiher. Die gepflegtesten Räder gibt's bei Cañon Point (S. 353).

Wer aufs Wasser will, kann sich bei Cabañas Don Jorge (S. 355) für 20 US$ (4 Std.) ein Zweierkajak leihen und vor der nahen Playa Mann paddeln.

Geführte Touren

Sharksky Tours SCHNORCHELN, TAUCHEN
(☎ 05-252-1188; www.sharksky.com; Av Darwin; ⏱ Mo–Sa 8–18, So 8–12 Uhr) Dieses Unternehmen hat vier- bis achttägige Insel-Hopping-Touren in Verbindung mit Abenteuersport im Angebot. Darüber hinaus können längere Fahrten auf einem der Galapagos-Ausflugsboote organsiert werden.

Chalo Tours TAUCHEN
(☎ 05-252-0953; chalotours@hotmail.com; Av Alsacio Northia) Hat ein- und mehrtägige Tauchtrips mit Übernachtung im Programm, außerdem Tagesausflüge auf San Cristóbal und zu nahegelegenen Inseln. Es werden zudem Schnorchel- und Fahrradausrüstungen verliehen.

Galakiwi GRUPPENTOUREN
(☎ 05-252-1770; www.galakiwi.com; Av Darwin; ⏱ 9–17 Uhr) Das von zwei Neuseeländern gegründete Galawiki unternimmt sechs- und zehntägige Abenteuertouren mit Aktivitäten wie Kajak- und Radfahren, Yoga, Paddleboarding und Schnorcheln.

Schlafen

Am Wasser

★**Casa Blanca** HOTEL $$
(☎ 05-252-0392; www.casablancagalapagos.com; Av Darwin; EZ/DZ inkl. Frühstück ab 70/90 US$; ❄ 📶) Die beste Unterkunft im ganzen Ort. Das Gebäude aus weiß getünchten Lehmziegeln hat zauberhaft eingerichtete Zimmer mit Fliesenböden und liegt dazu noch am *malecón* direkt gegenüber der Passagieranlegestelle. Somit hat man aus den Zimmern mit dem Meer zugewandten Balkonen eine traumhafte Aussicht. Es gibt sogar unter der Dachkuppel eine Suite mit eigenem Balkon.

Hostal León Dormido HOSTEL $$
(☎ 05-252-0169; www.leondormidogalapagos.com.ec; Av Villamil; EZ/DZ 25/40 US$; ❄ 📶) Das freundliche León Dormido, einen halben

Straßenblock vom *malecón* entfernt, hat saubere geflieste Zimmer in fröhlichen Gelbtönen. Die meisten haben Fenster zum Innenhof (Nr. 7 hat jedoch ein Fenster nach außen – beim Rauslehnen ist das Meer zu sehen). Im Erdgeschoss gibt's einen Fahrradverleih und ein Tourunternehmen.

Hostal San Francisco HOSTEL **$$**
(☎ 05-252-0304; Av Darwin; EZ/DZ 15/30 US$ pro Pers.; 📶) Das Hostal San Francisco, die beste von mehreren Budgetunterkünften am Wasser, hat einfache, aber saubere Zimmer mit Bad und Warmwasser und freundliche Besitzer, die auch den Laden im Erdgeschoss betreiben.

Casa Opuntia HOTEL **$$$**
(☎ 02-604-6800; www.opuntiahotels.com; EZ/DZ inkl. Frühstück ab 175/200 US$; ❄ 📶 🏊) Die weiß getünchte Villa steht an einem Ende des *malecón*. Die Zimmer sind luftig und spartanisch eingerichtet, manche sind mit Korbwaren und Insel-Schnickschnack dekoriert. Einige der Zimmer haben einen Balkon mit Blick auf den Pool hinterm Haus, während andere Zimmer Meerblick bieten und über den hübschen Hof mit den Hängematten vor dem Haus blicken.

Miconia HOTEL **$$$**
(Av Darwin; EZ/DZ ab 95/165 US$; ❄ 📶 🏊) Das Hotel Richtung östliches Ende der Uferpromenade bietet unterschiedliche Zimmerkategorien. Die besten sind die sieben Suiten im Originalgebäude: Sie haben große Fenster, Bogendecken und eine moderne Einrichtung. Die kleine Terrasse hinter dem Haus und der Pool sind weitere Pluspunkte.

Landeinwärts

★ **Casa de Laura Hostal** HOSTEL **$**
(☎ 05-252-0173; hostalcasadelaura@hotmail.com; Av de la Armada; Zi. 20 US$ pro Pers.; ❄ @ 📶) Das freundliche familiengeführte Haus ist eine der preiswertesten Unterkünfte im Ort. Das zweistöckige Gebäude aus Lehmziegeln verfügt über moderne Zimmer mit Warmwasseranschluss. Außerdem gibt es einen hübsch angelegten Hof und Hängematten im winzigen Kakteengarten vor dem Haus. Die Casa de Laura liegt am westlichen Ende der Avenida Charles Darwin.

Casa de Nelly PENSION **$$**
(☎ 05-252-0112; www.casadenellygalapagos.com.ec; Av Alsacio Northía nahe der Manuel Agama; EZ/DZ ab 50/70 US$; ❄ 📶) Die freundliche dreistöckige Pension befindet sich am Stadtrand Richtung Playa Mann. Die besten Zimmer sind hell und luftig und haben einen schönen Blick aufs Wasser. Am Eingang ist eine kleine Terrasse mit ein paar Palmen.

Cabañas Don Jorge HÜTTE **$$**
(☎ 05-252-0208; eco.donjorge@gmail.com; Av Alsacio Northia; EZ/DZ 25/35 US$ pro Pers.; ❄ 📶) Ein buntes Durcheinander aus rustikalen, alternden Hütten, die an eine Rangerstation mitten in der Wildnis erinnern. Die Küchen sind voll ausgestattet, sodass Selbstversorgung kein Problem ist. Das Don Jorge liegt auf dem Weg zur Playa Mann auf der rechten Seite. Fahrräder sind für Gäste kostenlos.

Hotel Mar Azul HOTEL **$$**
(☎ 05-252-0139; galapagosmarazul@gmail.com; Av Alsacio Northia & Esmeraldas; EZ/DZ 50/75 US$; ❄ @) Eine überraschend gute Unterkunft, dabei sieht das Mar Azul aus wie ein Schulgebäude aus den 70ern. Die Zimmer sind komfortabel, modern und mit warmem Wasser und Kabelfernsehen ausgestattet. Am schönsten sind die, die auf den kleinen sonnendurchfluteten Hof samt Hängematte hinausgehen; eine Handvoll liegt direkt an der Straße (Lärm!). Der WLAN-Empfang ist nicht sehr zuverlässig.

★ **Casa Iguana Mar y Sol** HOTEL **$$$**
(☎ 05-252-1788; www.casaiguanamarysol.com; Zi. 135–285 US$; ❄) Alles an diesem Hotel, das sich nur wenige Minuten vom *malecón* entfernt in Richtung Playa Mann befindet, ist mit Liebe und Sorgfalt von Hand gefertigt – vom Treppengeländer bis hin zu dem Leguan, der in die Eingangstür geschnitzt ist. Die Zimmer sind große Suiten in Boutiquequalität mit überraschenden Schnörkeln. Es gibt eine Lounge/Bar/Frühstücksecke im Erdgeschoss und die Dachterrasse ist ideal für einen Sundowner.

Cabañas Pimampiro HOTEL **$$$**
(☎ 05-252-0323; www.hotelcabañaspimampiro.com; Av Quito & Tulcan; EZ/DZ inkl. Frühstück 61/95 US$; ❄ 📶 🏊) Es ist ein langer Marsch bergauf (1 km) bis zu diesem kleinen ummauerten Komplex oberhalb der Stadt. Wenn das kein Problem ist, sind die aus Stein gebauten Hütten, eigentlich Ferienhäuser, mit Hängematten auf der Veranda eine exzellente Wahl. Und der Pool ist an heißen Tagen eine schöne Erfrischung.

Essen

Casa Blanca Café INTERNATIONAL $
(Av Darwin; Hauptgerichte 5–12 US$; ⌚ tägl. 8–13 & Mo–Sa 16.30–22 Uhr) Das Open-Air-Café nicht weit vom Anleger ist eines der beliebtesten Lokale im Ort. Hier gibt's Thunfisch- oder Hühnchen-Sandwiches, Hamburger, Empanadas, Cappuccino und andere Snacks.

Cuencan Taste BÄCKEREI $
(Av Alsacio Northia; Snacks ab 0,50 US$; ⌚ 6–22 Uhr) Am Nachmittag ist hier der Teufel los, denn die frischgebackenen Köstlichkeiten wie Schoko- oder Zimtbrot, Empanadas, süße Teilchen und Obst- und Puddingtörtchen sind heiß begehrt.

La Zayapa CAFÉ $
(☎ 099-482-0384; www.lazayapahotel.com; Av Darwin; Snacks 4–10 US$; ⌚ 9–20.30 Uhr) Das lässige Café hat den besten WLAN-Anschluss an der Uferpromenade. An den Straßentischen lässt es sich schön bei einem Eiskaffee, Sandwich oder Dessert sitzen. Hinten werden auch preiswerte Zimmer vermietet (pro Pers. 40–50 US$).

Cabaña Mi Grande CAFÉ $
(Villamil; Hauptgerichte 4 US$; ⌚ 6–15 & 18–22 Uhr) In dem Café im 1. Stock gibt's leckere Smoothies sowie Hamburger, getoastete Sandwiches und gutes Frühstück, z. B. Müsli mit Obst und Joghurt.

Lucky's ECUADORIANISCH $
(Ecke Villamil & Hernández; Hauptgerichte 4 US$; ⌚ tgl. 12–14, Mo–Fr 18–20 Uhr) Das zwanglose, beliebte Restaurant bietet Tagesgerichte und Abendmenüs zu günstigen Preisen.

Supermercado Galamaxi SUPERMARKT $
(Ecke Flores & Av Quito; ⌚ Mo–Fr 7.30–21, Sa & So bis 18 Uhr) Der beste Supermarkt der Stadt.

Calypso Restaurant ECUADORIANISCH, INTERNATIONAL $$
(Av Darwin; Hauptgerichte 9–20 US$; ⌚ 9.30–23 Uhr) Das Calypso serviert gute Gerichte mit Meeresfrüchten (wie das *festival calypso*, ein gemischter Meeresfrüchteteller mit Kokosnuss-Ingwer-Soße) sowie Hamburger, Pizza und Salate. Es ist ein entspanntes Lokal mit Straßentischen und auch gut für einen Kaffee, einen Saft oder ein leckeres Stück Schokoladenkuchen.

Rosita ECUADORIANISCH $$
(Ecke Hernández & Villamil; Hauptgerichte 6–12 US$; ⌚ 8–20 Uhr) Im Rosita gibt's beliebte Tagesgerichte (6 US$) in einem netten, an allen Seiten offenen Lokal mit Holzeinrichtung und eigentümlichem Dekor (Fußballtrikots hängen von den Deckenbalken, präparierte Fische und Surfbretter an der Wand).

Miconia INTERNATIONAL, ECUADORIANISCH $$
(Av Darwin; Hauptgerichte 15–20 US$) Der 1. Stock des gleichnamigen Hotels beherbergt ein zu den Seiten hin offenes Restaurant. Nettes Ambiente, das Essen (Meeresfrüchte, Fleisch, Pasta, Pizza) erhält jedoch gemischte Kritiken.

El Descanso Marinero FISCH & MEERESFRÜCHTE $$$
(Av Alsacio Northia; Hauptgerichte 15–18 US$; ⌚ Di–So 9–21 Uhr) Ceviche, Hummer und andere frisch gefangene Meeresbewohner werden in einem hübschen Garten an Picknicktischen verzehrt.

Ausgehen & Nachtleben

Iguana Rock BAR
(Ecke Flores & Quito; ⌚ Mo–Do 20–24, Fr & Sa bis 2 Uhr; 📶) Ausgelassene und tanzwütige Leute tummeln sich am Wochenende im Iguana Rock, aber werktags geht es ruhig zu. Es gibt hier einen Billardtisch, Salsa dröhnt und manchmal treten auch Bands von außerhalb auf.

El Barquero BAR
(Hernández ; ⌚ Mo–Sa 21–3 Uhr) Das Barquero hat eine einladende, lässige Atmosphäre und Tische auf einer kleinen mit Lavakies bestreuten Terrasse. Billardtische und nordamerikanische Musik sorgen fürs Ambiente, eine *cerveza grande* und die schrägen Wandbilder sorgen für die richtige Entspannung.

Praktische Informationen

GELD

Banco del Pacifico (Ecke Melville & Hernández; ⌚ Mo–Fr 8–16 Uhr) Die Bank nur ein paar Schritte vom Pier hat einen Geldautomaten.

INTERNETZUGANG

Iguana Rock WLAN-Empfang nachts.
La Zayapa WLAN-Empfang tagsüber.

POST

Postamt (Av Darwin & Cobos)

TOURISTENINFORMATION

Städtische Touristeninformation (☎ 05-252-0119; www.turismosancristobal.com; Avs Darwin & 12 de Febrero; ⌚ Mo–Fr 7.30–12.30 & 14–17 Uhr) Karten, Unterkunftsvermittlung und Infos zu Verkehrsverbindungen.

An- & Weiterreise

FLUGZEUG

Der Flughafen liegt 700 m vom Ort entfernt; zu Fuß sind das zehn Minuten, ein Taxi berechnet 1,50 US$ (Taxis sind weiße Pick-ups). Unabhängig davon, mit welcher Fluglinie man fliegt, sollte man sein Gepäck immer mindestens zwei Stunden im Voraus abgeben. Danach kann man immer noch in die Stadt zurückgehen und die letzten Stunden auf der Insel ganz entspannt verbringen. Avianca, Emetebe, Lan und Tame haben Schalter am Flughafen.

Fly Galápagos (S. 375) Bietet Flüge von Insel zu Insel und Chartertouren an.

SCHIFF/FÄHRE

Boote fahren täglich um 7 und 15 Uhr nach Puerto Ayora (30 US$, 2¼ Std.). Die meisten Tourunternehmen in Puerto Baquerizo Moreno buchen Tickets für diese Boote. Man muss sich 30 Minuten vor Abfahrt am **Bootsanleger** einfinden.

Unterwegs vor Ort

Die Pick-up-Taxis der **Cooperativa de Transporte Terrestre** (☎ 05-252-0477) sind in Puerto Baquerizo Moreno entlang dem *malecón* zu finden. Beispiele für Fahrpreise (einfach): La Lobería (3 US$), El Progreso (3,50 US$), Laguna El Junco (15 US$) und Puerto Chino (30 US$). Es können mit dem Fahrer auch Tagesrouten zu mehreren Orten ausgehandelt werden. Ein Halbtagestrip nach El Junco, Galapaguera und El Chino kostet 60 US$.

ISLA ISABELA (ALBEMARLE)

Isabela ist mit 4588 km² die größte Insel des Archipels. Trotz ihrer Größe und ihrer beeindruckenden Silhouette aus aktiven Vulkanen sind es die kleineren Reize, welche die Besucher begeistern, beispielsweise die Fregattvögel, die in den Wolken schweben, oder die Pinguine, die vorsichtig am Rand der Klippen entlangwatscheln.

Es handelt sich um eine relativ junge Insel, die aus einer Kette von fünf zeitweise aktiven Vulkanen besteht, darunter der Volcán Sierra Negra, der Ende 2005 ausbrach und eine 20 km hohe Rauchsäule in die Luft spie. Einer der Vulkane der Insel, der Volcán Wolf, ist mit einer Höhe von 1707 m (andere Quellen geben 1646 m an) die höchste Erhebung der Galapagosinseln. Es gibt noch einen kleinen älteren Vulkan, nämlich den Volcán Ecuador (610 m).

Als Reaktion auf die Bedrohung des gesamten Ökosystems und die schwindende Schildkrötenpopulation auf Isabela und besonders rund um den Volcán Alcedo (1097 m) aufgrund eingeschleppter verwilderter Ziegen haben die Charles-Darwin-Forschungsstation und die Verwaltung des Galapagos-Nationalparks erfolgreich ein Projekt durchgeführt, bei dem Zehntausende Ziegen vom Boden und aus der Luft gejagt wurden.

Sehenswertes

Volcán Sierra Negra VULKAN

Nordwestlich des winzigen Dörfchens Tomás de Berlanga erhebt sich der mächtige Volcán Sierra Negra (1490 m), der Ende 2005 zum letzten Mal ausbrach. Ein 8 km langer Pfad führt an der Ostseite des Vulkans entlang. Es besteht die Möglichkeit, bis ganz nach oben zur Caldera des Vulkans zu wandern, der Weg verläuft sich aber irgendwann.

Unterwegs können oft Galapagos-Bussarde, Sumpfohreulen, Finken, Fliegenschnäpper und andere Vögel beobachtet werden. Der Gipfel ist häufig nebelverhangen (besonders in der kälteren, trockeneren *garúa*-Saison von Juni bis Dezember), und man kann sich schnell verlaufen. Die Aussicht vom nahen Volcán Chico, einem Nebenkrater mit Fumarolen, ist spektakulär. Mehrere Unternehmen in den Orten bieten ganztägige Touren (pro Pers. 35 US$) an. Sie enthalten den Transport auf den Vulkan mit anschließender Wanderung über 11 km. Mitzubringen sind eine Regenjacke, Wasser und Snacks (ein Lunchpaket wird bereitgestellt).

Bitte darauf achten, nur in einem geschlossenen Fahrzeug mitzufahren (und den Sicherheitsgurt anzulegen); eine *chiva* (Bus mit offenen Seiten) sollte auf keinen Fall bestiegen werden. Bei einem tragischen Unfall 2014 wurden auf dieser Tour mehrere Touristen schwer verletzt, als der Fahrer der *chiva* bei der Fahrt bergab die Kontrolle verlor.

★ **Volcán Alcedo** VULKAN

Der Gipfel dieses Vulkans (1097 m) ist bekannt für seine 7 km breite Caldera und die rauchenden Fumarolen. Besonders von Juni bis Dezember können hier Hunderte von **Riesenschildkröten** beobachtet werden, und Jungbussarde schweben in den thermalen Aufwinden. Die Aussicht ist fantastisch. Die Wanderung ist lang und steil, und es gibt nirgendwo Wasser. Um sie in Angriff nehmen (man braucht zwei Tage) und in der Nähe des Gipfels campen zu dürfen, braucht man eine Genehmigung.

Isla Isabela & Isla Santiago

Lago Darwin SEE

Ein 2 km langer Pfad führt vorbei an dieser traumhaften Salzwasserlagune. Der Ausgangspunkt kann mit dem Boot (Trockenlandung) erreicht werden. Die Lagune, ein Tuffkegel des Hauptvulkans, der wie ein Schornstein aussieht, hat einen doppelt so hohen Salzgehalt wie das Meer. Der Pfad führt zu den unteren Lavahängen des Volcán Darwin (1280 m), wo es mehrere vulkanische Gesteinsformationen und einen tollen Ausblick auf die Umgebung gibt. Unterwegs gilt es ein paar steile Abschnitte zu bewältigen. Bei einer Fahrt entlang der Klippen in einer *panga* zur Caleta Tagus sind historische Graffiti und verschiedene Meeresvögel zu sehen, darunter meist auch Galapagos-Pinguine und Galapagos-Scharben. In der Bucht kann auch geschnorchelt werden.

Caleta Tagus HISTORISCHE STÄTTE

Unmittelbar südlich der Punta Tortuga befindet sich diese Bucht, in der früher oft Matrosen ankerten und die Namen ihrer Schiffe in die Klippen ritzten. Die Felsritzungen (die älteste von 1836) sind angesichts der unberührten Umgebung mit einigen trägen Seelöwen ein sonderbarer Anblick.

Volcán Wolf VULKAN

Die Isla Isabela ist nicht nur die größte Insel des Archipels, sondern hat auch – den brodelnden Vulkanen sei Dank – die beeindruckendste Skyline. Der höchste Punkt und zugleich einer der aktivsten Vulkane der Galapagosinseln ist der Volcán Wolf (1707 m) an der Nordspitze von Isabela. Junge Lava bedeckt den Boden der Caldera. Zwischen 1797 und 1982 ereigneten sich zehn Vulkaneruptionen.

Aktivitäten

★ **Los Túneles** SCHNORCHELN

Eine rund 30- bis 40-minütige Bootsfahrt von Puerto Villamil entfernt befindet sich dieses herausragende Schnorchelrevier aus verschachtelten Lavaformationen, die zwischen den Mangroven und dem offenen Meer im Wasser liegen. Wer die Augen offenhält, kann Weißspitzenriffhaie, Mantarochen, Adlerrochen, Seelöwen, Meeresschildkröten und sogar Seepferdchen im seichten Wasser entdecken. Tourunternehmen in Puerto Villamil bieten täglich fünfstündige Ausflüge für rund 75 US$ an.

Punta García VOGELBEOBACHTUNG

Einige Kilometer nördlich des Anlandungsplatzes für den Alcedo befindet sich die Punta García, die vorwiegend aus gezackten Lavabrocken besteht (sehr scharfkantig!). Echte Wege verlaufen hier nicht, aber ein Anlegen ist möglich. Dies ist einer der wenigen Plätze, an denen die endemische Galapagos-Scharbe (Kormoran) beobachtet werden kann, ohne dass man den weiteren Weg bis zur Westseite auf sich nehmen muss (Sichtungen sind aber nicht garantiert).

Punta Albemarle VOGELBEOBACHTUNG

Am nördlichsten Punkt der Isla Isabela befindet sich die Punta Albemarle, die den USA im Zweiten Weltkrieg als Radarstation diente. Wege gibt es nicht, aber der Ort ist bekannt für die Galapagos-Scharbe. Weiter westlich gibt es mehrere Stellen, an denen Galapagos-Scharben, Galapagos-Pinguine und andere Meeresvögel gesichtet werden können. Aussichtspunkte für Besucher gibt es nicht, also müssen die Tiere vom Boot aus beobachtet werden.

Punta Vicente Roca SCHNORCHELN

Am westlichen Zipfel des nördlichen Arms der Isabela befindet sich der kleine alte Volcán Ecuador, der fast bis zum Meer reicht. Die Punta Vicente Roca an seinem Fuß ist eine felsige Landspitze mit guten Schnorchel- und Tauchplätzen. Einen offiziellen Landungsplatz gibt es aber nicht.

Punta Tortuga VOGELBEOBACHTUNG

Dieser von Mangroven umgebene Strand am Fuß des Volcán Darwin ist der erste offizielle Landungsplatz für Besucher am westlichen Ende der Isla Isabela. Es gibt zwar keine Wege, aber man kann am Strand anlegen und die Mangroven nach dem Mangrove-Darwinfinken absuchen – er ist zwar da, aber nicht immer leicht zu entdecken. Dieser Fink ist nur auf der Isla Isabela und der Isla Fernandina heimisch.

Bahía Urbina VOGELBEOBACHTUNG, WANDERN

Die Bucht liegt etwa in der Mitte der Westküste der Isla Isabela und ist ein flaches Gebiet, das 1954 durch eine tektonische Hebung aus dem Meer entstanden ist. Von dem Ereignis zeugt u.a. das Korallenriff, das auf dem Trockenen liegt. An Land können Galapagos-Scharben, Pelikane, Riesenschildkröten, Landleguane und Meerechsen beobachtet werden, in der Bucht sind oft Rochen und Meeresschildkröten unterwegs. Nach einer Nasslandung am Strand führt ein 1 km langer Pfad zum Korallenriff. Der Blick auf den Volcán Alcedo ist von hier sehr schön.

Bahía Elizabeth TIERBEOBACHTUNG

Nahe der Stelle, wo die westliche Küstenlinie der Isla Isabela scharf zum unteren Arm der Insel abknickt, befindet sich eine Stelle, die für ihre Meereslebewesen bekannt ist. Da es in der Bahía Elizabeth keine Landungsplätze gibt, besucht man sie am besten mit einer *panga*. Im Wasser können gewöhnlich Meeresschildkröten und Rochen gesichtet werden und auch verschiedene Meeres- und Küstenvögel sind unterwegs. Auf den Islas Mariela am Eingang zur Bucht sind häufig Pinguine zu sehen.

Punta Moreno VOGELBEOBACHTUNG

Westlich der Bahía Elizabeth befindet sich die Punta Moreno, wo eine Trockenlandung auf Lava an einigen Brackwasserbecken möglich ist. Manchmal sichtet man Flamingos, Bahamaenten und Amerikanische Teichhühner. In der Umgebung sind diverse Pionierpflanzen und -insekten zu finden.

Puerto Villamil

☎05 / 2600 EW.

Puerto Villamil (am südöstlichsten Ende der Isla Isabela) verkörpert das sprichwörtliche „Ende der Welt" – und zwar im positiven Sinne, sodass dieser Ort müde Städter aus allen Winkeln der Erde anlockt. Das verschlafene Dorf mit sandigen Straßen und kleinen Häuschen liegt vor einer Lagune samt Flamingos und Meerechsen an einem wunderschönen weißen Sandstrand. Dennoch droht auch hier die Überentwicklung, und in den letzten Jahren gab es einen kleinen Bauboom.

Als General José Villamil 1832 in der Hoffnung hierherkam, eine Mustergesellschaft vorwiegend aus Walfängern zu gründen, fand er diesen Ort zweifellos ebenso betörend wie der moderne Besucher. Unglücklicherweise entpuppte sich der Traum vom friedlichen Zusammenleben der Zugezogenen als reine Utopie, und am Ende wurde die Kolonie zerstört. Später brachte Villamil Kühe, Pferde und Esel hierher, die sich schnell vermehrten und heute das empfindliche Ökosystem der Insel bedrohen.

Vom *muelle* (Pier) sind es 1 km zu Fuß zum Ortszentrum (ein Taxi kostet 2 US$). Die Avenida Antonio Gil ist die Hauptstraße, wo sich viele Hotels, Restaurants und der zentrale Platz befinden. Der *malecón* ist nur einen Straßenblock weiter südlich.

Sehenswertes

Muro de las Lágrimas HISTORISCHE STÄTTE

Gut 7 km westlich von Puerto Villamil liegt der Muro de las Lágrimas (Tränenmauer), eine 100 m lange Mauer aus Lavasteinen, die von Gefangenen unter härtesten Bedingungen erbaut wurde. Die Strafkolonie wurde 1959 geschlossen, die Mauer steht aber heute noch als Mahnmal für ein unrühmliches Kapitel der Geschichte dieser Insel. Am besten ist die Mauer mit dem Fahrrad zu erreichen, da es unterwegs noch andere schöne Stellen gibt (Mangroven, Strände, Aussichtspunkte). Wasser und Sonnenschutz gehören ins Gepäck, da es kaum Schatten gibt. Ein Taxi hierher kostet rund 10 US$.

Pozo Villamil TIERRESERVAT

(Pfad 6–18 Uhr) Hinter dem Dorf in Richtung Westen geht es zu dieser Lagune, die für die hier lebenden Meerechsen und Zugvögel bekannt ist, darunter vor allem Sumpfvögel, von denen hier schon über 20 verschiedene Arten gesichtet wurden. Unmittelbar hinter dem Iguana Crossing Hotel beginnt ein etwas über 1 km langer **Pfad**. Der Bohlenweg führt über die Lagune und durch Mangroven und dichte Vegetation, bis er im **Centro de Crianza de Tortugas** (Aufzuchtstation für Riesenschildkröten) endet.

Freiwillige erklären hier gerne, was für den Schutz der Riesenschildkröten auf der Isla Isabela unternommen wird. Pick-ups aus dem Ort (1 US$) setzen Besucher am Eingang an der Straße ins Hochland ab. Hinter der Aufzuchtstation geht es zu Fuß über die Hauptstraße (400 m nordwärts) bis zu einer kleinen **Lagune**, wo oft rosa Flamingos zu sehen sind.

Iglesia Cristo Salvador KIRCHE

(Las Fragatas) Die Kirche am zentralen Platz wartet mit einzigartigen Galapagos-Motiven auf. Die Buntglasfenster zeigen einheimische Tiere (Meerechsen, Tölpel, Pinguine, Flamingos) und die Wandbilder neben dem Altar einen Jesus, der über Puerto Villamil schwebt, während Fregattvögel, eine Meerechse und Blaufußtölpel zuschauen. Eine Riesenschildkröte behält das Ganze von der Kanzel aus im Blick.

Pozo Salinas LAGUNE

Um das Ufer der kleinen Lagune um die Ecke vom Hauptplatz führt ein Steg, der ideal zum Beobachten der Flamingos und Stelzenläufer ist, die hier manchmal nach Futter suchen.

Aktivitäten

Schnorcheln

Um Puerto Villamil gibt es mehrere herausragende Schnorchelreviere. Abgesehen von Los Túneles (S. 358) und Los Tintoreras ist Schnorcheln auch in der Concha de Perla möglich, wo sich manchmal Pinguine blicken lassen. Sie ist über einen Steg durch die Mangroven in der Nähe des Hafens zu erreichen.

★ Los Tintoreras SCHNORCHELN

Mit dem Boot sind es vom Ort bis zu diesem traumhaften Schnorchelplatz nur etwa fünf Minuten. Los Tintoreras ist eine kleine Vulkaninsel mit Meerechsen, Pinguinen, Tölpeln und anderen Vögeln, an der Rochen, Meeresschildkröten und der eine oder andere Weißspitzenriffhai beobachtet werden können. Besonders viel Spaß macht es, zwischen den engen Felsspalten hindurchzuschwimmen, die wie mit Pflanzen und Korallen verzierte Unterwasserkorridore erscheinen. Tourunternehmen verlangen 40 US$ für den 2½-stündigen Trip.

Surfen

Für erfahrene Surfer gibt es in Ortsnähe eine Handvoll guter Surfbreaks, von denen einige nur mit dem Boot zu erreichen sind. Ein Brett kann bei **Isabela Discovery** (05-252-9303; jacibruns@hotmail.com; Av Conocarpus; 9–19 Uhr oder nach vorheriger Anmeldung) gemietet werden.

Radfahren

Es gibt mehrere Fahrradverleiher im Ort. Beliebte Radtourziele sind die Strände östlich des Orts und der Muro de Lágrimas.

Geführte Touren

Touren werden von vielen Unterkünften sowie von einigen Agenturen angeboten. Zu den Standardausflügen gehören eine Halbtagestour in die Sierra Negra (zu Fuß

35 US$, mit dem Pferd 60 US$) und Schnorchelausflüge zu Los Túneles (60 US$) und Los Tintoreras (25 US$).

Schlafen

In Puerto Villamil sind ein paar der schönsten Strandhotels und -pensionen des Galapagos-Archipels zu finden. Ein Stück abseits vom Wasser, in den verschlafenen Straßen der Stadt, stehen einige bescheidenere Unterkünfte.

Am Strand

Brisas del Mar PENSION $

(☎ 05-301-6800; Av Conocarpus; Zi. mit Ventilator/Klimaanlage 15/20 US$ pro Pers.) Die nette Budgetunterkunft ein paar Straßenblöcke vom zentralen Platz hat helle, geflieste Zimmer mit großen Fenstern, Warmwasser und TV (mit nur einem Kanal). Zum Faulenzen laden die schattigen Hängematten im Garten ein.

Caleta Iguana HOSTEL $$

(Casa Rosada; ☎ 05-252-9405; claudiahodari@gmail.com; Av Antonio Gil; 40 US$ pro Pers.) Wer Lust auf eine lebendige, aber entspannte Atmosphäre hat, ist hier, am westlichen Ende von Puerto Villamil, genau an der richtigen Adresse. Die Strandbar, Casa Rosada, wartet mit Hängematten, Lagerfeuern, Livemusik und einer Terrasse zum Meer auf.

Isabela Beach House PENSION $$$

(☎ 05-252-9303; theisabelabeachhouse@gmail.com; Av Vía Al Embarcadero; Zi. ab 99 US$;) Das kleine Haus am Strand hat nur eine Handvoll Zimmer, alle hell, hübsch und ganz in Holz. Die beiden Zimmer oben teilen sich einen Balkon mit herrlichem Meerblick. Eine einladende umweltbewusste Pension mit Solarzellen auf dem Dach. Die Besitzer bieten diverse Touren an und vermieten auch ein ganzes Haus nebenan.

Hotel Albemarle HOTEL $$$

(☎ 02-252-9489; www.hotelalbemarle.com; Malecón; Zi. inkl. Frühstück ab 220 US$;) Die zweistöckige mediterran anmutende Villa in erstklassiger Strandlage im Ortszentrum hat stilvolle Zimmer mit hohen Decken und edlen steinernen Badezimmern (mit Doppelwaschbecken) sowie nette Extras wie Wasserkühler und TVs mit DVD-Player (mit Filmen zum kostenlosen Ausleihen). Die teuersten Zimmer haben einen Balkon mit Meerblick.

Iguana Crossing Boutique Hotel LUXUSHOTEL $$$

(☎ 05-252-9484; www.iguanacrossing.com.ec; Av Antonio Gil; Zi. inkl. Frühstück 278–531 US$;) Das feinste Hotel auf Isabela hat schöne Zimmer mit hübschen Holzterrassen (mit Blick auf die Lagune oder das Meer). Das ganze Haus ist geschmackvoll und edel ausgestattet. Es gibt zudem einen Pool, einen Whirlpool und ein Restaurant, das eine der besten Küchen der Insel zu bieten hat. Das Hotel liegt am Ortsrand auf der anderen Seite der sandigen Strandstraße.

La Casa de Marita GÄSTEHAUS $$$

(☎ 05-252-9301; www.casamaritagalapagos.com; EZ/DZ inkl. Frühstück ab 110/125, Zi. mit Meerblick ab 170 US$;) Das schöne Haus, das letzte am Strand Richtung Hafen, hat attraktiv eingerichtete und mit Kunst geschmückte Zimmer mit jeweils unterschiedlicher Farbgestaltung (einige haben auch eine Kochnische). In der Casa de Marita gibt es oben auch ein Restaurant mit Aussicht und eine hübsche Veranda direkt am Meer mit Hängematten und Liegestühlen.

Volcano Hotel HOTEL $$$

(☎ 098-831-8842; www.neotropicexpeditions.com; Ecke Avs Antonio Gil & Los Flamingos; Zi. inkl. Frühstück 129–243 US$;) Das attraktive Haus mit Holz- und Steindetails in schöner Lage bietet saubere, helle und luftige Zimmer und eine Gästeküche. Die besten Zimmer haben Meerblick.

La Casita de la Playa HOTEL $$$

(☎ 05-252-9103; www.neotropicexpeditions.com; Malecón; Zi. inkl. Frühstück 130–188 US$;) Das weiße Lehmziegelhaus mit orangefarbenen Akzenten liegt am Strand in Zentrumsnähe und hat reinliche geflieste Zimmer, die besten mit Meerblick. Einige haben nur Fenster zum Hof (und sind dafür ziemlich teuer). Auf der kleinen palmengesäumten Wiese an der Meerseite gibt es Liegestühle und eine Hängematte.

Sierra Negra HOTEL $$$

(☎ 05-252-9046; Malecón; DZ ab 150 US$;) Das schmucklose moderne Gebäude steht direkt am Strand und nur ein paar Straßen vom zentralen Platz entfernt. Der fehlende Charakter wird von den großen Fenstern in den Zimmern zum Meer raus mehr als wettgemacht – sie bieten einen ungehinderten Blick auf den Sonnenuntergang. Die Zimmer haben große Betten und sehr gute Duschen.

Im Ort

La Posada del Caminante HOSTEL $

(05-252-9407; www.posadadelcaminante.com; Cormoran; Zi. 20–25 US$ pro Pers.;) Die freundliche familiengeführte Hostería (nur Barzahlung möglich!) ist eine der Budgetoptionen mit dem besten Preis-Leistungs-Verhältnis. Sie steht einige Häuserblocks hinter der Poza Salinas und westlich der Kreuzung von Avenida 16 de Marzo und Avenida Cormoran. Eine Handvoll Zimmer ist hier um einen schmalen Hinterhof mit mehreren Hängematten angeordnet. Es stehen jederzeit Bananen und anderes Obst bereit.

Coral Blanco Hotel HOSTERÍA $$

(05-252-9125; www.coralblanco.com.ec; Av Antonio Gil; EZ/DZ inkl. Frühstück 40 US$ pro Pers.;) Hat kleine, einfache Zimmer und steht einige Häuserblocks vom zentralen Platz entfernt auf der dem Strand gegenüberliegenden Straßenseite. Es werden alle Arten von geführten Touren angeboten.

Wooden House LODGE $$$

(05-252-9235; www.thewoodenhouselodge.com; Av Vía Al Embarcadero; Zi. inkl. Frühstück 105–140 US$;) An der staubigen Straße zwischen dem Pier und dem Ort liegt dieses sorgfältig ganz in Holz eingerichtete Haus (im fast schon balinesischen Stil). Wer nicht unbedingt direkt am Strand wohnen muss, trifft mit dieser Unterkunft eine hervorragende Wahl. Neben den geschmackvoll dekorierten und gemütlichen Zimmern mit Regenduschen gibt es hier auch einen palmengesäumten Vorgarten mit Hängematten und kleinem Pool.

La Laguna de Galápagos HOTEL $$$

(02-244-0241; www.lalagunagalapagoshotel.com; Av Los Flamingos; EZ/DZ 61/102 US$) Das Hotel an der Lagune Pozo Salinas hat nette Zimmer mit hohen Decken und modernen Möbeln und Bädern. Die besten Zimmer haben einen großen Balkon mit Blick auf die Lagune. Auf der Dachterrasse befindet sich ein solarbeheizter Whirlpool.

Hotel San Vicente HOTEL $$$

(02-244-0241; www.hotelsanvicentegalapagos.com; Ecke Escalecias & Cormoran; Zi. 91–153 US$;) Das effizient geführte Hotel liegt mehrere Straßenzüge nördlich vom zentralen Platz (weitab vom Strand). Es hat große, helle Zimmer mit weißem Gipsverputz und vorne einen schönen Garten mit Whirlpool.

Außerorts

Campo Duro ZELTPLATZ $$$

(05-545-3045, 05-301-6604; www.campoduroecolodge.com.ec; inkl. Frühstück 60 US$ pro Pers.) Der voll ausgestattete Campingplatz wird vom Red Mangrove in Puerto Ayora betrieben. Die Tarife beinhalten den Transport nach/ab Puerto Villamil.

Essen

An der Avenida Antonio Gil sind einige Restaurants angesiedelt. Hauptgerichte mit Meeresfrüchten kosten zwischen 10 und 20 US$.

Shawerma Hot NAHÖSTLICH $

(Av Antonio Gil; Hauptgerichte 7–12 US$; 10–23 Uhr;) In der rustikalen strohgedeckten Hütte nur ein paar Schritte östlich des Hauptplatzes gibt's leckere Hühnchen-Schawarma, Falafel-Wraps und *salchipapas* (Kartoffeln und Wurst).

Panaderia Fragatas BÄCKEREI $

(Av Antonio Gil; Snacks 1 US$; 6.30–10 & 16.30–19.30 Uhr) Die winzige Bäckerei gleich nach dem Hauptplatz verkauft Bananenbrot, *orejas* (große Kekse) und andere Leckereien.

Restaurante El Cafetal ECUADORIANISCH, INTERNATIONAL $$

(05-301-6775; Las Fragatas; Hauptgerichte 8–16 US$; 24 Std.) Das moderne kleine Café am zentralen Platz bietet kreative, sorgfältig zubereitete Gerichte, zu denen wechselnde Hits wie Ceviche (gibt's auch vegetarisch), gegrillter Fisch, Huhn mit Pilzen und *cazuela* (Meeresfrüchtetopf) gehören. Serviert werden aber auch Süßspeisen und Espressogetränke.

★ Coco Surf FISCH & MEERESFRÜCHTE $$$

(05-252-9465; Avs Antonio Gil & 16 de Marzo; Hauptgerichte 15–24 US$; 12–21.30 Uhr) In dem Café gibt's die so ziemlich leckersten Meeresfrüchte- und Fischgerichte des gesamten Archipels. Wenn die Liveband zu spielen beginnt, hat man die hohen Preise rasch vergessen. Sehr zu empfehlen sind das Thunfisch-Tatar und die *patanachos mar y terra* (Vorspeisenplatte mit Fisch, Meeresfrüchten und Fleisch).

Oasis FISCH & MEERESFRÜCHTE $$$

(05-252-9054; Ecke Cormoran & Escalecias; Hauptgerichte 15–35 US$; abends nach Vereinbarung) Die aus Esmeraldas stammende Geanny Bennett Valencia kocht die wohl besten Gerichte im Ort. Köstliche *encocados* (Schmorgerichte mit Kokosnuss) sind die beliebtesten und kommen in Versionen wie *camarones* (Garnelen), *langosta* (Hummer) oder *pescado* (Fisch). Der Haken: Das Restaurant öffnet nur bei Reservierung, sei es telefonisch oder tagsüber persönlich.

Ausgehen & Nachtleben

Casa Rosada BAR
(☎ 05-252-9405; claudiahodari@gmail.com; Av Antonio Gil; ⌚ 6.30–24 Uhr) Highlight des Inselnachtlebens ist diese lässige Strandbar neben dem Caleta Iguana Hotel & Surf Camp. Junge Leute sitzen an den Tischen draußen (oder abends um die Feuerstelle), lauschen tropischer Musik oder werfen sich bei regulären Volleyballspielen in den Sand. Es gibt Frühstück, Mittag- und Abendessen und manchmal auch Livemusik.

Iguana Point Bar BAR
(☎ 05-301-6801; Málecon; ⌚ 16–19 & 20–2 Uhr) Nahe dem Hauptplatz, direkt am *málecon*, liegt diese stimmungsvolle Bar mit hohem Unterhaltungsfaktor. Der perfekte Ort für einen Happen zu essen und einen Drink bei Sonnenuntergang.

Praktische Informationen

Es gibt keinen Geldautomaten, der ausländische Karten akzeptiert, also muss man ausreichend Bargeld mitbringen.

Die Wäsche kann man in einigen *lavanderías* (Wäschereien) in der Hauptstraße waschen und trocknen lassen.

An- & Weiterreise

Bei einer Überfahrt zum westlichen Teil der Isla Santa Cruz dominieren die Vulkane der Isla Isabela die Aussicht gen Westen, die Insel selbst wird aber nur selten von kleineren Booten angesteuert – nur ein paar mehrtägige Bootstouren führen in diese Gefilde. Die für Touristen sehenswertesten Ecken befinden sich auf der Westseite der Insel, ein ordentliches Stück (mehr als 200 km) von Santa Cruz entfernt. Reisende, die Isabela im Rahmen mehrerer Tagesausflüge erkunden wollen, können Schnellboote bzw. Flüge ab Puerto Ayora und Puerto Baquerizo Moreno nach Puerto Villamil nehmen.

FLUGZEUG

Emetebe (☎ in Guayaquil 04-230-1277; www.emetebe.com.ec; Ecke Av Antonio Gil & Las Fragatas; ⌚ Mo–Fr 8–12 & 14–18, Sa bis 13 Uhr) und **Fly Galápagos** (S. 375) verbinden Isabela mit San Cristóbal und Baltra. Die einfache Strecke kostet 135 US$ (hin & zurück 270 US$). Bei der Ankunft am Flughafen von Puerto Villamil muss man 10 US$ Flughafensteuer zahlen.

SCHIFF/FÄHRE

Jeden Morgen um 6 Uhr fahren in Puerto Villamil Boote nach Santa Cruz (30 US$, 2¼ Std.) ab. In Santa Cruz legen diese Boote zur Isabela um 14 Uhr ab. Fahrkarten gibt es am Hafen oder bei **Transmartisa** (☎ 05-252-9066; www.transmartisa.com.ec; Ecke Av Antonio Gil & Las Fragatas) in der Nähe des Hauptplatzes. Bei der Ankunft am Passagierpier östlich des Orts wird eine Gebühr von 5 US$ fällig.

Unterwegs vor Ort

Puerto Villamil kann man innerhalb von einer Stunde erkunden. Rund um den Hauptplatz können Taxis angehalten werden. Eine Fahrt zum Flughafen oder Hafen kostet 5 US$.

ISLA FERNANDINA (NARBOROUGH)

Selbst für Galapagos-Verhältnisse ist Fernandina einzigartig. Hier leben Tausende träge Meerechsen, und – besonders für Vulkanfans interessant – sie ist außerdem die Insel, auf der ein Vulkanausbruch am wahrscheinlichsten ist: Der letzte fand im September 2017 statt. Fernandina ist mit 642 km^2 nicht nur das drittgrößte, sondern auch das westlichste und jüngste Eiland der Hauptinseln. Anders als in anderen Teilen der Galapagosinselgruppe konnten sich hier keine eingeführten Arten ansiedeln – zu den hiesigen endemischen Arten gehören Meerechsen, Galapagos-Pinguine, Seelöwen und Galapagos-Scharben.

Die einzige für Besucher interessante Stätte an der **Punta Espinoza**, gleich gegenüber der Bahía Tagus auf der Isla Isabela, wird so schnell keiner vergessen. Hier sonnen sich Meerechsen – es sind zu viele, um sie zu zählen – auf den schwarzen Lavaformationen. Der dramatische Anblick gleicht einem Dinosaurierdiorama in einem Museum, das plötzlich zum Leben erwacht ist. Ganz in der Nähe nisten Galapagos-Scharben, Bussarde segeln durch die Lüfte und manchmal tollen auch Galapagos-Pinguine, Meeresschildkröten und Seelöwen in bewundernswerter Artentoleranz in der Lagune nahe dem Landungsplatz herum.

An der Trockenlandestelle beginnen zwei Pfade. Der eine ist 250 m lang und führt zur Landspitze, der andere (750 m lang) zu den kürzlich erst entstandenen Lavafeldern.

Dort sind Pionierpflanzen wie der *Brachycereus*-Kaktus sowie Formationen aus *Pahoehoe*- und Brockenlava zu bestaunen. Hier wurden schon mehrere Filmszenen gedreht, die bekannteste davon ist im Film *Master & Commander* zu sehen, durch den die Weiße Mangrove bekannt wurde.

ISLA SANTIAGO (SAN SALVADOR ODER JAMES)

Die Isla Santiago war einst ein Versteck britischer Seeräuber und eine der Zwischenstationen auf Darwins Reiseroute. Sie ist die viertgrößte der Galapagosinseln. Ihre rauen Lavafelder sind beispielhaft für die faszinierende Schönheit der Insel. Santiago wird häufig von Tourbooten angesteuert, weil die hiesige Tierwelt artenreich ist und es mehrere interessante Besucherattraktionen gibt.

In der **Bahía Sullivan**, an der Ostküste der Isla San Salvador, ist ein riesiger, schwarzer, an die 100 Jahre alter Lavastrom zu einer Fläche erstarrt, die bis ans Wasser reicht. Eine Trockenlandung ermöglicht es den Besuchern, die Lavamasse zu betreten. Von dort kann man auf der Lava einem 2 km langen Rundweg folgen, der durch weiße Pfähle gekennzeichnet ist. Unterwegs gibt es von der Erosion verschonte *Pahoehoe*-Lava, Lavablasen und in der Oberfläche Hohlräume von einst dort stehenden Bäumen zu sehen. Wer sich für Vulkanologie oder Geologie interessiert, kommt hier voll auf seine Kosten.

Eine der beliebtesten Stätten aller Inseln ist **Puerto Egas** in der James Bay an der Westküste der Isla Santiago. Ihren Namen verdankt sie Dario Egas, dem Besitzer eines Salzbergwerks auf der Insel, der einst aufgrund einer präsidialen Protektion der einzige Salzproduzent im ganzen Land war. Hier ist die Küste von ebener schwarzer Lava bedeckt, die zu Lavabecken, -höhlen und -einbuchtungen erodiert ist, welche eine große Vielfalt von Tieren beherbergen. Dies ist ein traumhafter Ort, um Kolonien von Meerechsen beim Sonnenbaden zu beobachten. In den Gezeitenbecken leben Hunderte Roter Klippenkrabben, die Vertreter aller hier vertretenen Reiherarten anlocken, weil sie den Vögeln als Nahrung dienen.

In den Einbuchtungen fühlen sich besonders die Galapagos-Seebären wohl, was wiederum eine hervorragende Möglichkeit darstellt, zwischen diesen überraschend wendigen Tieren sowie den vielen tropischen Fischarten, Muränen, Haien und Kraken zu schnorcheln.

Gleich hinter der mit schwarzer Lava bedeckten Küstenlinie erhebt sich der Zuckerhutvulkan, der über einen 2 km langen Pfad zu erreichen ist. An diesem Weg werden häufig Lavaechsen, Darwinfinken und Galapagos-Tauben gesichtet. Nahe dem 395 m hohen Gipfel verläuft sich der Weg, der Ausblick von hier ist aber umwerfend. Es gibt einen erloschenen Krater, in dem sich nicht selten wilde Ziegen tummeln (diese sind ein riesiges Problem auf Santiago), und Galapagos-Bussarde schweben oft nur wenige Meter über dem Vulkangipfel durch die Luft. In dem Krater nördlich des Vulkans befand sich einst das Salzbergwerk. Die Überreste können besichtigt werden. Einfach dem 3 km langen Weg ab der Küste folgen!

Am nördlichen Ende der Bahía James, etwa 5 km von Puerto Egas entfernt, liegt die braunsandige Playa Espumilla, die nach einer Nasslandung erreicht werden kann. Hier schwimmt es sich gut und in der kleinen Lagune hinter dem Strand sind verschiedene Sumpfvögel zu sehen, darunter manchmal auch Flamingos. Ein 2 km langer Pfad führt durch verschiedene Vegetationsformen, in denen ebenso verschiedene Finken und der Galapagos-Fliegenschnäpper leben, ins Landesinnere.

Am nordwestlichen Ende von Santiago befindet sich die Caleta Bucanero, ein weiterer Ort, der meist mit dem Boot angefahren wird. Sie verdankt ihren Namen „Seeräuberbucht" der Tatsache, dass im 17. und 18. Jh. Piraten hier gerne ihre Schiffe kielholten. Heutzutage sind die Klippen und Felsnadeln, die mehreren Meeresvögeln als Brutstätten dienen, die Hauptattraktion.

RUND UM DIE ISLA SANTIAGO

Isla Bartolomé

Ein herrlicher Ausblick und muntere Pinguine machen diese winzige Insel an der Bahía Sullivan vor der Isla Santiago zu einem beliebten Ziel bei Bootstouren. Vom Anleger (für Trockenlandungen) führt ein Pfad hinauf auf den 114 m hohen windgepeitschten

„Gipfel“ der Insel. Das atemberaubende Panorama hier schreit geradezu nach einem Gruppenfoto. Der Weg führt durch eine raue und unwirtliche Lavalandschaft, die von Bohlenwegen und Treppen durchzogen ist, um den Besuchern den Weg zu erleichtern und den Pfad vor Erosion zu schützen.

Ein zweites Touristenziel ist ein kleiner Sandstrand in einer Bucht (Nasslandung), an dem man seine Schnorchelausrüstung anlegen kann, um dann eine Runde mit den flinken Galapagos-Pinguinen zu schwimmen, die in dieser Bucht anzutreffen sind. Auch Meeresschildkröten und eine Vielfalt von farbenprächtigen tropischen Fischen werden hier oft gesichtet.

Die besten Pinguinschnappschüsse lassen sich von einer *panga* aus machen, die ihre Passagiere an beiden Seiten der Bucht nahe an die Felsen heranbringt, besonders rund um die Felsnadel mit dem passenden Namen „Pinnacle Rock“, die sich vom Meer aus gesehen auf der rechten Seite der Bucht befindet. So kommt man oft bis auf wenige Meter an diese faszinierenden Vögel heran – von Puerto Ayora aus betrachtet ist dies der nächstgelegene Ort, wo das möglich ist. Kolonien anderer Pinguine sind an der Westküste der Isla Isabela heimisch.

Vom Strand aus führt ein 100 m langer Pfad über den schmalsten Teil von Bartolomé zu einem Sandstrand auf der anderen Seite der Insel. Zwischen Januar und März legen hier möglicherweise Meeresschildkröten ihre Eier ab.

Isla Sombrero Chino

Diese winzige Insel liegt direkt am südöstlichsten Zipfel der Isla Santiago. Sie ist weniger als 0,25 km² groß und besteht aus einem relativ jungen Vulkankegel. Wie passend der Name der Insel („Chinesenhut“) gewählt ist, lässt sich am besten von Norden aus erkennen. An der Nordseite der Insel gibt es eine kleine Seelöwenbucht, an deren Besucherstätte man ankern und an Land gehen kann. Gegenüber von Sombrero Chino, an der felsigen Küste der nahe gelegenen Isla Santiago, sind oft Pinguine zu sehen.

Ein 400 m langer Pfad führt um die Bucht, in der die Möglichkeit zum Schwimmen und Schnorcheln besteht, und durch eine Seelöwenkolonie hindurch. Überall sieht man Meerechsen herumhuschen.

Isla Rábida (Jervis)

Die etwa 5 km² große Insel, auch unter dem Namen Jervis bekannt, liegt 5 km südlich der Isla Santiago. Es gibt eine Nasslandestelle an einem dunkelroten Strand, an dem Seelöwen faulenzen und Pelikane nisten. Es gibt einen 750 m langen Pfad, von dem aus man einen guten Blick auf den 367 m hohen, von Palo-Santo-Bäumen und Kaktusfeigen bewachsen Vulkangipfel hat. Am Ende des Pfades liegt ein toller Schnorchelplatz.

SÜDLICHE INSELN

Isla Floreana (Santa María oder Charles)

Die sechstgrößte Galapagosinsel ist für die mysteriöse Geschichte ihrer ersten Bewohner bekannt (eine kleine Gruppe europäischer Siedler verstrickte sich in Machtkämpfe, woraufhin Menschen „abhandenkamen“ und mutmaßlich ermordet wurden), aber auch für ihre tiefrosafarbenen Flamingos und die erstklassigen Schnorchelstellen.

Viele Tourunternehmen in Santa Cruz verkaufen Floreana als Tagesausflug, aber man sollte wissen, dass dann kein Cent an die Gemeinde geht und über vier anstrengende Stunden in einem Schnellboot verbracht werden müssen. Eine Übernachtung lohnt sich daher auf jeden Fall, da es im Dorf Puerto Velasco Ibarra schöne Unterkünfte gibt und eine Erkundung der Gegend faszinierend ist für all jene, die bereit sind, sich darauf einzulassen.

Das winzige Puerto Velasco Ibarra, die einzige Siedlung auf Floreana, liegt an einem schwarzsandigen Strand in einer geschützten Bucht. Reisende empfinden ihn als recht friedlichen und perfekten Abschluss nach einer aktionsreichen Tour um die Inseln. Es ist das Galapagos wie vor 40 Jahren: nur schmale Feldwege, keine Autos, aber dafür Tiere, die ohne Besuchermassen beobachtet werden können.

Sehenswertes & Aktivitäten

Bahía de Correos HISTORISCHE STÄTTE

Die meisten Gruppen verbringen der Form halber einige Minuten in der Bahía de Correos (an der Nordküste gelegen), in der ein paar Holztafeln mit eingeritzten Botschaften um ein paar vergammelte Fässer herumstehen. Im 18. Jh. diente dieser Ort britischen und amerikanischen Walfängern als Briefkasten. Heute sind es aber eher Touristen, die hier ihre Postkarten einwerfen und – wie bei einer Flaschenpost – hoffen, dass sie ankommen. Die Ernüchterung folgt aber sogleich, denn Besucher werden meist gebeten, ein paar davon mitzunehmen, wenn sie in ihre Heimat zurückkehren.

Etwa 300 m hinter den Fässern befindet sich eine **Lavahöhle**, in die man an einem kurzen Seil und mit einer Taschenlampe ausgestattet hinabklettern kann. Der Weg ist rutschig und an manchen Stellen muss man durch kaltes Wasser waten. Ganz in der Nähe liegt ein hübscher **Badestrand**, und es gibt die Überreste einer Konservenfabrik zu sehen. Hier ist eine Nasslandung angesagt.

★ Corona del Diablo — SCHNORCHELN

Dieser Halbkreis aus zackigen Felsen ragt nur einige Hundert Meter von der Punta Cormorant entfernt aus dem Wasser. Er ist eine der markantesten marinen Sehenswürdigkeiten der Galapagosinseln. Die starke Strömung spült Schnorchler in flottem Tempo an Tausenden schillernder tropischer Fische, einer kleinen Korallenformation, Seelöwen, Meeresschildkröten und gelegentlich einem Hai vorbei. Wer den halb versunkenen Vulkankegel mit einer *panga* umrundet, hat einen guten Blick auf die Rotschnabel-Tropikvögel, Pelikane, Reiher und Lavamöwen, die auf den Felsen nisten.

Lagune — VOGELBEOBACHTUNG

Zwischen den beiden Stränden liegt eine kleine Lagune, in der normalerweise mehrere Dutzend **Flamingos** zu sehen sind. Dies ist auch ein ausgezeichneter Ort, um nach anderen Sumpfvögeln wie dem Schwarznacken-Stelzenläufer, Austernfischern, Schlammtretern und Regenbrachvögeln Ausschau zu halten. Dazu bringt man sich am Holzgeländer am Rand der Lagune in Stellung – am besten mit Fernglas und dem stärksten Zoomobjektiv bewaffnet, das man besitzt, denn sonst sind die Flamingos nichts als verschwommene Punkte am Horizont. Auch Bahamaenten werden in der Lagune oft gesichtet, und in der Luft ziehen Galapagos-Bussarde ihre Kreise. Der Anblick ist besonders spektakulär, wenn die dunklen Schatten in der untergehenden Sonne den Eindruck einer ewigen Stille entstehen lassen.

Schlafen & Essen

Floreana wird regelmäßig von den Tourbooten, die die südliche Route nutzen, angesteuert; die meisten Besucher übernachten an Bord. Wer nicht mit einer organisierten Tour unterwegs ist, kann sich in einer Unterkunft in Puerto Velasco Ibarra einquartieren.

Dort gibt es auch eine Handvoll Restaurants – die einzigen auf Floreana.

An- & Weiterreise

Die meisten Reisenden besuchen Floreana als Teil einer Bootstour mit Übernachtung an Bord, man erreicht die Insel aber auch allein – mit einem Schnellboot ab Puerto Ayora (30 US$, 1¾ Std.), der Service ist aber unregelmäßig und die Fahrpläne ändern sich ständig. Um herauszufinden, ob es während des eigenen Aufenthalts einen Transfer nach Floreana gibt, wendet man sich am besten kurz nach der Ankunft auf den Galapagosinseln an einen der Touranbieter in Puerto Ayora, dann kann man entsprechend planen.

Isla Española (Hood)

Die 61 km² große Isla Española ist nicht nur die südlichste der Galapagosinseln, sondern zweifelsohne auch ein Eiland von außerordentlicher, dramatischer Schönheit. Da Española etwa 90 km südöstlich von Santa Cruz liegt, nehmen die Kapitäne mancher kleinerer Boote diesen langen Weg nur ungern auf sich.

Ein Besuch auf der Insel lohnt sich besonders zwischen Ende März und Dezember, denn dann ist hier die einzige Kolonie des Galapagos-Albatros, eines der spektakulärsten Meeresvögel des Archipels, anzutreffen.

Die Zahl der Opuntien und die Population der Riesenschildkröten – in den 1960er-Jahren durch eingeschleppte Ziegen und Jäger weitestgehend ausgerottet – sind dank eines offensiven Renaturierungsprogramms glücklicherweise wieder angewachsen. Schildkröten brauchen die Kakteen als Nahrungs- und Wasserlieferanten.

An der Westseite der Insel liegt die **Punta Suárez**. Nach einer Nasslandung führt von dort ein 2 km langer, felsiger Weg durch Kolonien von Masken- und Blaufußtölpeln bis zu einem Strand voller Meerechsen und – wirklich einzigartig – einer Kolonie von Galapagos-Albatrossen (Ende März–Anfang Dez., wenn der Großteil der weltweiten Albatrospopulation zum Brüten hierherkommt). Selbst im Alter von nur wenigen Monaten sind diese gigantischen Vögel ein spektakulärer Anblick, und ihre langen, gekrümmten gelben Schnäbel, ihre flauschigen Mauserfedern und die wachsamen Augen lassen sie verletzlicher erscheinen, als sie sind. Ebenso atemberaubend ist der Blick von den wellengepeitschten Klippen im Süden: Aus den Blowholes der Felsenküste darunter schießt einströmendes Meerwasser hoch in die Luft, und Meeresvögel, besonders der Rotschnabel-Tropikvogel, führen akrobatische Flugübungen und unbeholfene Starts und Landungen vor.

Weitere Vögel, die hier gesichtet werden können, sind die Hood-Spottdrossel (nirgendwo sonst zu finden), Gabelschwanzmöwen und Austernfischer. Es gibt hier drei Finkenarten: den Opuntiengrundfink, den Kleingrundfink und den Waldsängerfink. Sie alle gehören zur Familie der Darwinfinken und folgen Besuchern nicht selten in der Hoffnung, etwas von deren Trinkwasser abzubekommen. Der Opuntiengrundfink ist nur auf wenigen weiteren Inseln zu finden.

Nach einer Nasslandung erreicht man die **Bahía Gardner** am nordöstlichen Ende der Isla Española. Der wunderschöne weiße Sandstrand bietet gute Bademöglichkeiten; hier lebt aber auch eine große Seelöwenkolonie. Ein Spaziergang ist ein bisschen wie der Gang über ein Minenfeld (eines allerdings, das sich ab und zu bewegt) – besser macht man einen großen Bogen um die Bullen, damit die eigene Neugier nicht fälschlicherweise als Herausforderung interpretiert wird… Auf den Felsen am östlichen Rand des Strandes sind oft Meerechsen und Rote Klippenkrabben zu sehen. Eine nicht weit vor der Küste gelegene Insel bietet gute – wenn auch teils etwas ungemütliche – Möglichkeiten zum Schnorcheln und Tauchen. Dort gibt es einen Felsen, unter dem sich oft Weißspitzenriffhaie aufhalten, und nicht selten werden Hammerhaie, Meeresschildkröten, Rochen, Seesterne und Rotlippen-Fledermausfische gesichtet.

NÖRDLICHE INSELN

Isla Genovesa (Tower)

Egal wie man sie nun nennt – Isla Genovesa, Tower Island oder sogar Booby Island – Liebhaber des knuddeligen und manchmal auch etwas vertrottelt aussehenden Tölpels sollten sich diese Insel nicht entgehen lassen! Viele Traveller suchen hier den Horizont nach weit entfernten Pottwalen ab oder hoffen darauf, eine der nur sehr selten gesichteten Galapagos-Ohreulen zu erspähen, aber man sollte zwischendurch auch mal auf den Boden schauen, denn die flauschigen kleinen Babytölpel oder gut getarnte Leguane sind ziemlich leicht zu übersehen.

Diese nordöstlichste der Galapagosinseln ist nur 14 km² groß und die einzige regelmäßig besuchte Insel, die vollständig nördlich des Äquators liegt (der nördlichste Teil der Isla Isabela ragt ein kleines Stück über den Äquator hinaus). Dies gibt oft Anlass zu dem kleinen seemännischen Späßchen: „Festhalten! Wir fahren über die Delle!" Da die Isla Genovesa relativ weit abgelegen ist, liegt sie nur selten auf der Route kürzerer Bootstouren.

Sie ist der beste Ort, um Kolonien von Rotfußtölpeln zu sehen, bietet Besuchern aber auch die Möglichkeit, Bindenfregattvögel, Rotschnabel-Tropikvögel, Gabelschwanzmöwen, Nazca-Tölpel und darüber hinaus viele Tausende Wellenläufer zu beobachten. Weitere gefiederte Attraktionen sind die Galapagos-Tauben und die Sumpfohreulen. Auch Seelöwen und Galapagos-Seebären sind hier vertreten, und es ist durchaus möglich, mit einem Schwarm von Hammerhaien zu schnorcheln. Die Insel ist relativ flach und rund und hat an ihrer Südseite eine große, fast vollkommen landumschlossene Bucht mit dem Namen Darwin Bay.

Es gibt zwei Besucherziele, die sich beide in der Darwin Bay befinden. Die **Prince Philip's Steps**, ein steiler, felsiger Pfad, führen auf eine 25 m hohe Steilwand hinauf. Mitten auf dem schmalen Weg sind oft nistende Rotfuß- und Maskentölpel anzutreffen.

Am oberen Rand der Steilküste geht ein etwa 1 km langer Weg ins Landesinnere ab, der durch Trockenwälder und an mehreren Meeresvogelkolonien vorbei zu einer Fläche aus scharfkantigem Lavagestein führt, auf der Tausende von Wellenläufern ihre Nester bauen. Manchmal können auch Sumpfohreulen beobachtet werden.

Die zweite interessante Stätte hier, der **Darwin Bay Beach**, ist ein Korallenstrand mit Kolonien von Rotfußtölpeln und mehreren Gezeitenbecken. Er endet an einem Aussichtspunkt mit Ausblick auf die Steilküste.

CHARLES DARWIN: DER MANN HINTER DEM MYTHOS

In den Köpfen der meisten Menschen sind das Leben und die Arbeit von Charles Darwin so eng mit den Galapagosinseln verbunden, dass viele davon ausgehen, er habe einen beachtlichen Teil seines Lebens hier verbracht. Auch wird oft angenommen, dass ihm die Ideen, die er in *Die Entstehung der Arten* darlegt, in einem Aha-Moment kamen, während er über die Inseln reiste. Nichts davon trifft zu.

Darwin verbrachte lediglich fünf Wochen auf den Galapagosinseln, und zu Beginn war sein Interesse mehr geologischer als biologischer Natur. Sowohl seine spätere Beobachtung von Tauben als auch die Methoden der Hundezüchter in England hatten auf ihn einen größeren Einfluss als die Finken, die zu einer Art Aushängeschild für die Evolutionstheorie wurden.

Darwin lebte nach seiner Rückkehr von den Galapagosinseln noch fünf Jahre lang in London, bevor er sich auf dem Land zur Ruhe setzte. Von da an reiste er kaum noch, was teilweise auch seinen chronischen Leiden geschuldet war.

Schon in jungen Jahren hatten ihn religiöse Freidenker mehr inspiriert als säkulare Atheisten, und es war nie seine Absicht gewesen, die Existenz einer göttlichen Figur zu widerlegen. Nachdem er 22 Jahre seines Lebens dem Versuch gewidmet hatte, seine Theorie zu belegen, wandte er sich im mittleren Alter vom Christentum ab und beschrieb sich selbst als Agnostiker.

Darwin wurde ursprünglich nach Cambridge geschickt, um Pfarrer zu werden, dann waren es aber die Botanikkurse seines Mentors J. S . Henslow, die ihn inspirierten. Sein Hobby wurde es, Käfer zu sammeln, und er gründete einen Club, der sich dem Verzehr von Tieren widmete, die der europäischen Küche unbekannt waren. Erst nach der Einmischung seines Onkels Josiah Wedgwood erlaubte Darwins Vater seinem Sohn im Alter von 22 Jahren, auf eine Entdeckungsreise zu gehen. Darwin schlief auf der *Beagle* in einer Hängematte, ritt auf dem Rücken von Galapagos-Riesenschildkröten und verzehrte ihr Fleisch – was gemäß den heutigen Parkvorschriften ein Vergehen ist.

Die Mission der *Beagle* bestand von 1831 bis 1836 darin, die Küste Südamerikas zu vermessen und Häfen für die britische Marine ausfindig zu machen. Bei ihrer Reise machte sie in Brasilien, auf den Falklandinseln, in Argentinien und Chile Halt, bevor es auf die Galapagosinseln ging. Darwin kehrte mit über 1500 Proben zurück, wobei er allerdings bei denen, die er auf den Galapagosinseln gesammelt hatte, die korrekte Dokumentierung ihres Fundorts vernachlässigte.

Als das Schiff 1836 die brasilianische Stadt Bahía erreichte, blickte Darwin seiner Rückkehr sehnlich entgegen. Er schrieb in sein Tagebuch: „Ich hasse, ich verabscheue das Meer und alle Schiffe, die darauf fahren". *Die Entstehung der Arten* war 1859 am Tag seines Erscheinens schon ausverkauft. Nur 1 % des Buches ist Galapagos gewidmet.

Islas Marchena (Bindloe) & Pinta (Abington)

Die Isla Marchena ist mit 130 km^2 die siebtgrößte Insel des Archipels und die größte ohne offizielle Stätten für Besucher. Es gibt hier allerdings einige gute Tauchmöglichkeiten, sodass man vielleicht während eines Tauchausflugs doch noch recht nah an die Insel herankommt. Der 343 m hohe Vulkan im Zentrum der Insel war 1991 sehr aktiv. Der Guide sollte Auskunft über die aktuelle Aktivität geben können.

Die Isla Pinta ist die ursprüngliche Heimat des kürzlich erst verstorbenen Schildkrötenmännchens Lonesome George, welches das letzte Exemplar einer von Walfängern und Piraten stark dezimierten Unterart war. Vor gerade einmal 200 Jahren gab es von dieser Art noch etwa 5000 bis 10 000 Tiere. Im Jahr 2010 wurden 39 in Gefangenschaft aufgezogene Schildkröten einer Hybridspezies auf der Isla Pinta ausgesetzt (diese wurden sterilisiert, da das Ziel dieses Programms nicht die Wiederansiedlung ist).

Marchena liegt nördlicher als jede andere Insel von vergleichbarer Größe. Es gibt Landungsplätze, aber keine Besucherstätten, und selbst Forscher brauchen eine Genehmigung, wenn sie die Insel betreten wollen.

Isla Wolf (Wenman) & Isla Darwin (Culpepper)

Die nördlichsten Inseln der Galapagos-Region sind die Zwillingsinseln Isla Wolf und Isla Darwin, die etwa 100 km nordwestlich vom Rest des Archipels liegen. Sie werden, außer im Rahmen von Tauchausflügen (Schnorcheln kann man hier nicht), nur selten besucht. Beide haben annähernd vertikal abfallende Klippen, die eine Landung äußerst schwierig machen. Fregattenvögel, Tölpel, Tropikvögel und Möwen nisten auf beiden Inseln zu Tausenden. Die Isla Darwin wurde 1964 erstmals betreten, als eine Helikopterexpedition auf ihrem höchsten Punkt landete.

DIE GALAPAGOSINSELN VERSTEHEN

Geschichte

Der Galapagos-Archipel wurde 1535 zufällig entdeckt, als Tomás de Berlanga, der erste Bischof von Panama, bei einer Fahrt mit dem Boot von Panama nach Peru vom Kurs abkam. Der Bischof berichtete König Karl I. von Spanien von seiner Entdeckung. In seinem Bericht beschrieb er auch die Galapagos-Riesenschildkröten, denen die Inselgruppe ihren Namen verdankt, und kommentierte amüsiert, was jeder Besucher auch heute noch nachvollziehen kann: nämlich, dass die Vögel der Inseln so dümmlich seien, dass sie nicht einmal wüssten, wie man flieht, und viele mit der bloßen Hand gefangen werden können.

Es ist gut möglich, dass die indigene Bevölkerung Südamerikas schon vor 1535 von der Existenz der Inseln wusste, es gibt aber keine eindeutigen Aufzeichnungen darüber. Die Inseln tauchten erst 1570 auf der ersten Weltkarte auf, auf der sie als „Schildkröteninseln" bezeichnet wurden. Der norwegische Forschungsreisende Thor Heyerdahl entdeckte 1953 Tonscherben, die aus präkolumbischer Zeit stammen könnten; endgültig bewiesen werden kann dies allerdings nicht. Die ersten groben Seekarten des Archipels wurden im späten 17. Jh. von Seeräubern angefertigt, und die wissenschaftliche Erkundung begann erst im späten 18. Jh.

Die Galapagosinseln wurden nach ihrer Entdeckung über 300 Jahre lang von Seeräubern, Robben- und Walfängern als Stützpunkt genutzt. Sie boten geschützte Ankerplätze, Feuerholz, Wasser und reichlich frische Nahrungsmittel in Form von Galapagos-Riesenschildkröten, die zu Tausenden gefangen und lebendig in den Frachträumen der Schiffe aufgetürmt wurden. Schätzungen zufolge wurden zwischen 1811 und 1844 über 100 000 Exemplare von ihnen gefangen. Die Schildkröten konnten ein Jahr oder länger überleben und dienten den Matrosen so auch noch lange, nachdem sie die Inseln verlassen hatten, als Frischfleischlieferanten. Auch die Population der Galapagos-Seebären wurde stark dezimiert, da Tausende von ihnen wegen ihres kostbaren Fells getötet wurden.

Der erste Bewohner der Inseln war der Ire Patrick Watkins, der 1807 auf der Isla Santa María strandete und zwei Jahre lang dort lebte. Er baute Gemüse an und tauschte seine Erzeugnisse gegen Rum ein, den vorbeifahrende Schiffe an Bord hatten. Es heißt, er sei während des größten Teils seines Aufenthalts betrunken gewesen und habe irgendwann das Beiboot eines Schiffs gestohlen und sich in Begleitung von fünf Sklaven auf den Weg nach Guayaquil gemacht. Niemand weiß, was aus den Sklaven wurde, denn nur Watkins erreichte das Festland.

Ecuador beanspruchte den Galapagos-Archipel erstmals 1832 für sich, und General Villamil wurde zu seinem ersten Gouverneur ernannt – eigentlich verantwortete er nur eine einzige Kolonie von ehemals rebellischen Soldaten auf Floreana. Während der darauf folgenden etwa 100 Jahre wurden die Inseln nur von wenigen Siedlern bewohnt und als Strafkolonien genutzt. Die letzte Strafkolonie wurde 1959 auf der Isla Isabela geschlossen.

Der berühmteste Besucher der Galapagosinseln war Charles Darwin, der 1835 an Bord des britischen Marineschiffs *Beagle* hier ankam. Darwin blieb fünf Wochen, wovon er 19 Tage auf vier der größeren Inseln verbrachte, sich Notizen machte und Proben sammelte, die ihm wichtige Beweise für seine Theorie der Evolution lieferten. Es sollte aber noch mehrere Jahrzehnte dauern, bis er seine Beweise ausformulieren und veröffentlichen würde. Den Großteil seiner Zeit verbrachte er auf der Isla San Salvador, wo er Schildkröten beobachtete und verzehrte. Darwins Interesse an den

Tieren und den Meereslebewesen der Galapagos-Region war ebenso groß wie das an der Geologie und der Botanik.

Einige der Inseln wurden 1934 zu Naturschutzgebieten erklärt, und 97% des Archipels wurden 1959 zum Nationalpark. Der organisierte Tourismus hielt ab den späten 1960er-Jahren Einzug; 1986 gründete die Regierung das Meeresreservat.

Geologie

Die älteste der heute sichtbaren Inseln entstand vor etwa 4 bis 5 Mio. Jahren, als Vulkane unterhalb der Wasseroberfläche ausbrachen und sich bis nach oben auftürmten (die Inseln waren also nie mit dem Festland verbunden). Die Galapagos-Region ist vulkanisch sehr aktiv – seit ihrer Entdeckung 1535 wurden über 50 Ausbrüche registriert. Der letzte Ausbruch war der des Volcán La Cumbre im Februar 2009 auf der Isla Fernandina, der vermutlich aktivsten Insel des Archipels. Die Entstehung der Inselgruppe ist also ein fortlaufender Vorgang; aus geologischer Sicht ist sie ziemlich jung.

Geologen sind sich gemeinhin einig, dass die Entstehung der Inseln anhand zweier relativ neuer geologischer Theorien erklärt werden kann. Gemäß der Theorie der Plattentektonik besteht die Erdkruste aus mehreren festen Platten, die sich im Lauf der Zeit (in geologischen Dimensionen gesprochen) im Verhältnis zueinander bewegen. Die Galapagosinseln liegen am nördlichen Rand der Nazcaplatte und nahe der Stelle, wo diese an die Cocosplatte grenzt. Diese beiden Kontinentalplatten driften mit einer Geschwindigkeit von etwa 1 km in 14 000 Jahren voneinander weg, was für solche Platten ganz schön rasant ist.

Die Hotspot-Theorie hingegen besagt, dass es tief im Inneren der Erde (unterhalb der sich bewegenden Platten) bestimmte Bereiche mit extrem hohen Temperaturen gibt, die ihre Position nicht ändern. In relativ kurzen Abständen (natürlich wieder in geologischen Dimensionen) steigt die Temperatur dieser Hotspots so stark an, dass die Erdkruste schmilzt. Dies zieht einen Vulkanausbruch beträchtlichen Ausmaßes nach sich, der bewirkt, dass die geschmolzene Lava aus dem Meeresgrund austritt und schließlich auch bis über die Meeresoberfläche reicht.

Die Galapagosinseln bewegen sich über einem fixen Hotspot langsam in Richtung Südosten, sodass die Vermutung naheliegt, dass die südöstlichen Inseln zuerst entstanden und die nordwestlichen Inseln relativ jung sind. Das älteste bisher auf den Inseln entdeckte Gestein ist etwa 3,25 Mio. Jahre alt und stammt aus dem Südosten der Isla Española. Im Vergleich dazu sind die ältesten Felsstücke der Isla Fernandina und Isla Isabela weniger als 750 000 Jahre alt. Die nordwestlichsten Inseln befinden sich noch immer im Entstehungsprozess, und ihre Vulkane sind noch aktiv, ganz besonders die der Inseln Isabela und Fernandina. Zusätzlich zum allmählichen Abdriften der Nazcaplatte nach Südosten macht der Norddrall der Cocosplatte die Sache noch einmal komplizierter, sodass das Alter der Inseln von Nordwest nach Südost nicht einheitlich zunimmt.

Das Meer rund um die meisten Galapagosinseln ist sehr tief. Weniger als 20 km von der Küste der westlichen Inseln entfernt hat der Ozean schon eine Tiefe von über 3000 m. Besucher, die auf Booten um die Inseln schippern, sehen nur etwa das obere Drittel der Vulkane, der Rest ist vom Wasser bedeckt. Einige der ältesten Vulkane der Gegend befinden sich sogar komplett unterhalb der Wasseroberfläche. Die Carnegie Ridge, eine versunkene Bergkette, die sich von der Galapagos-Region nach Osten erstreckt, besteht u.a. aus den Überbleibseln ehemaliger Vulkaninseln, von denen manche 9 Mio. Jahre alt waren. Sie wurden vom Wasser komplett weggewaschen, liegen nun 2000 m über dem Meeresboden und erstrecken sich über etwa die Hälfte der Distanz zwischen den Galapagosinseln und dem Festland.

Der Großteil des Vulkangesteins, aus dem die Galapagosinseln bestehen, ist Basalt. Geschmolzener Basalt ist flüssiger als andere Vulkangesteine, sodass bei einer Eruption Basalt eher in Form von Lavaströmen als in Form von Explosionen austritt. Somit sind die Vulkane auf den Galapagosinseln keine Kegel, wie man sich gemeinhin einen Vulkan vorstellt, sondern sanft abgerundete Schildvulkane.

Ökologie & Umwelt

Jede Pflanze und jede Tierart auf den Galapagosinseln muss nach einer Reise von mehreren Hunderten oder Tausenden Kilometern auf einem zufälligen Wind-, Luft- oder Meeresstrom hier angekommen sein, die meisten aus Südamerika oder der Karibik. Teile der Flora und Fauna kamen spä-

DIE EVOLUTION IN AKTION

Als die Galapagosinseln entstanden, waren sie nichts als karge Vulkaninseln ohne jegliches Leben. Da die Inseln nie mit dem Festland verbunden waren, ist es am wahrscheinlichsten, dass alle heute hier vertretenen Arten irgendwie die 1000 km offenes Meer überquert haben. Die Arten, die fliegen oder über längere Strecken schwimmen konnten, hatten die besten Chancen, die Inseln zu erreichen, es gab aber auch andere Methoden der „Besiedlung".

Kleine Säugetiere, Landvögel und Reptilien sowie Pflanzen und Insekten könnten die Distanz auf organischem Treibgut zurückgelegt haben. Die Tiere, die die Reise überlebt hatten, können in ihren Mägen oder an ihren Federn Pflanzensamen oder Insekteneier oder -larven transportiert haben.

Als die ersten Zugvogelarten vor Millionen von Jahren auf den Inseln ankamen, fanden sie hier nur wenige andere Tiere vor, mit denen sie konkurrieren mussten. Einige Vögel konnten überleben, sich fortpflanzen und Nachkommen hervorbringen. Die Jungen gehörten derselben Art an wie ihre Eltern, einige hatten aber feine Unterschiede.

Ein klassisches Beispiel dafür ist ein Vogel, dessen Junges mit einem Schnabel auf die Welt kommt, der sich geringfügig von dem seiner Eltern oder Geschwister unterscheidet. In den unterschiedlichen Umgebungen der verschiedenen Inseln können sich manche Vogelküken mit geringfügig anderen Schnäbeln die äußeren Bedingungen besser zunutze machen. Diese Vögel gelten als besser angepasst und haben eine bessere Chance, zu überleben und ihre eigene Brut aufzuziehen.

Diese besser angepassten Überlebenden können günstige genetische Merkmale (in diesem Fall ein geringfügig besser angepasster Schnabel) an ihre Nachkommen weitergeben, und somit werden über viele Generationen hinweg bestimmte günstige genetische Merkmale „auserwählt" und andere weniger günstige genetische Merkmale „ausgesiebt". Irgendwann ist der Unterschied zwischen den ursprünglichen Kolonisten und ihren entfernten Nachkommen so groß, dass die Nachkommen als eine komplett andere Art betrachtet werden können. Dies ist die Kernaussage von Darwins Theorie der Evolution durch natürliche Selektion.

Bei einer großen Vielfalt von Inseln und Lebensräumen könnten verschiedene Arten von Schnäbeln Vögeln in verschiedenen ökologischen Nischen bestimmte Anpassungsvorteile verleihen. Aus einer „Ahnengattung" könnten somit mehrere moderne Arten hervorgehen – ein Prinzip, das als adaptive Radiation bezeichnet wird. Dieses Beispiel erklärt, warum es auf den Galapagosinseln 13 ähnliche und endemische Finkenarten, nämlich die Darwinfinken, gibt.

Viele Jahre lang rätselten Evolutionsbiologen darüber, wie sich auf den Galapagosinseln in der relativ kurzen Zeitspanne von rund 4 Mio. Jahren (das Alter der ältesten Insel) so viele einzigartige Arten entwickeln konnten. Die Antwort lieferten Geologen und Ozeanografen, die unter der Wasseroberfläche östlich der bestehenden Inseln die Überreste von 9 Mio. alten Inseln fanden. Vermutlich lebten die Vorfahren der heutigen Tierwelt auf diesen versunkenen Inseln und hatten dadurch 9 Mio. Jahre Zeit, sich zu entwickeln – das ist eine Zeitspanne, die für Evolutionsbiologen plausibel erscheint.

ter auf weniger natürlichem Wege auf die Inseln, nämlich durch Siedler und andere Besucher, die mit Schiffen oder Flugzeugen auf die Inseln gelangten. Große Landsäugetiere gibt es nicht, aber die Tierwelt der Inseln ist faszinierend.

Die Sorge um die Natur der Inseln ist nicht neu. Schon zu Beginn des 18. Jhs. zeigten sich einige Wissenschaftler beunruhigt. Die ecuadorianische Regierung erklärte 1934 einige der Inseln zwar zu Tierreservaten, aber erst 1959, im 100. Jahr der Veröffentlichung von *Die Entstehung der Arten*, wurden die Galapagosinseln offiziell zum Nationalpark erklärt (die UNESCO ernannte sie 1978 zur Welterbestätte). Kurz danach wurde mit dem Bau der Charles Darwin Forschungsstation auf der Isla Santa Cruz begonnen, die sich dem Erhalt der Umwelt widmet und ihre Arbeit als internationale Nichtregierungsorganisation 1964 aufnahm. Der Servicio Parque

National Galápagos (Galapagos-Nationalparkverwaltung, SPNG) ist die wichtigste ecuadorianische Regierungsinstitution, die für den Park zuständig ist. Sie nahm ihre Arbeit 1968 auf. Die beiden Einrichtungen verwalten die Inseln in Gemeinschaftsarbeit. Im Jahr 1986 rief die ecuadorianische Regierung das 133 000 km² große Galapagos-Meeresreservat (Reserva Marina de Galápagos) ins Leben und stellte somit die Inseln unter einen noch umfangreicheren Schutz. Ein 1998 verabschiedetes Gesetz gibt der Bewahrung der Inseln und des angrenzenden Meers durch den Nationalpark und das Reservat auch einen rechtlichen Rahmen. Es fördert zudem die Forschung zu Bildungs- und Wissenschaftszwecken und ermöglicht den Inseln eine nachhaltige Entwicklung als ecuadorianische Provinz.

Invasive Arten

Die Einschleppung domestizierter Tiere auf jeder Hauptinsel außer auf Fernandina ist eine der größten Herausforderungen, denen sich der Archipel gegenübersieht. Verwilderte Ziegen und Schweine sowie eingeschleppte Ratten dezimierten heimische Arten (oder verursachten ihr Aussterben) in nur wenigen Jahren. Es wird davon ausgegangen, dass die Ziegen allein für das Aussterben von vier oder fünf Arten verantwortlich zu machen sind. Es dauerte über 127 Jahre, bis die Population der verwilderten Hausschweine auf der Isla San Salvador ausgelöscht werden konnte.

Auch Vieh, Katzen, Hunde, Esel, Frösche und Ratten stellen eine Bedrohung für das Überleben endemischer Flora und Fauna dar. Es wurden zudem Hunderte von Insektenarten eingeschleppt, darunter auch eine Wespenart, von der befürchtet wird, dass sie für die rückläufige Zahl der Raupenlarven verantwortlich ist, die wiederum eine wichtige Nahrungsquelle für Finken sind. Auch fast 800 Pflanzenarten wurden auf die Inseln eingeschleppt. Als schlimmste davon gilt die Brombeere, da sie die Artenvielfalt um ganze 50 % verringert.

Überfischung

Eines der größten Probleme aller Weltmeere, die Überfischung, stellt auch auf den Inseln eine ständige Spannungsquelle dar. Fischer, die unzufrieden mit den Beschränkungen in manchen Fischereigründen sind, organisieren regelmäßige Proteste, und es gab teilweise auch schon schwerwiegende Zwischenfälle. Die Proteste betreffen meist den (äußerst lukrativen) Fang von Seegurken und Hummern. In bestimmten Küstengebieten wurden Fischfangverbotszonen eingerichtet; die industrielle Fischerei ist schon seit 1994 nicht mehr erlaubt. Die Gesetze werden allerdings regelmäßig von sowohl ecuadorianischen als auch ausländischen Schiffen missachtet. Den größten Schaden richten dabei die Langleinenfischer an (dabei hängen Hunderte oder Tausende von Haken mit Ködern an einer einzigen Leine, die oft mehrere Kilometer lang ist).

Obwohl Seegurken schon seit 1994 nicht mehr gefischt werden dürfen, werden jedes Jahr Hunderttausende von ihnen illegal exportiert, meist aufgrund ihrer angeblichen aphrodisischen Eigenschaften. Illegal ist u.a. auch das Abschneiden von Haiflossen für Haifischflossensuppen, die Tötung von Seelöwen für Köder oder die Überfischung von Hummern, um Touristen und Einheimische zu versorgen.

Erlaubt ist nur das „handwerkliche" Fischen in kleinen Booten. Diese Regulierung wurde allerdings auf eine sehr umstrittene Art und Weise ausgelegt, um den Touristen das Sportfischen zu ermöglichen. Nachdem es zuerst möglich, dann 2005 für kurze Zeit verboten war, ist es mittlerweile wieder erlaubt. Die wenigen lizenzierten Anbieter müssen sich aber an strengste Auflagen halten.

Weitere Probleme

Einige Inselbewohner sehen den Nationalpark als Hindernis dafür, von der Landwirtschaft leben zu können. Ihr Argument lautet, dass wenn mehr Lebensmittel vor Ort angebaut würden, weniger davon importiert werden müssten und die Einheimischen somit ihre Lebenshaltungskosten deutlich senken könnten (und gleichzeitig die Umweltbelastung geringer wäre). Deshalb gibt es Anstrengungen, den Anbau von qualitativ hochwertigen Biolebensmitteln auf den Inseln zu unterstützen. Landwirtschaft führt aber natürlich zum Verlust von Lebensräumen und zur Veränderung der Landschaft. Zusätzlich wird das Vorhaben durch die geringen Wasservorkommen erschwert – die meisten Quellen sind versiegt, das küstennahe Grundwasser kann verschmutzt sein und die geringen Mengen Wasser, die im Hochland zu finden sind, lassen sich nur schwer auf effiziente Weise nutzen.

Nachdem 2001 ein ecuadorianischer Öltanker in der Nähe von Puerto Baquerizo Moreno auf der Isla San Cristóbal auf Grund gelaufen war, arbeitete die Regierung gemeinsam mit dem World Wildlife Fund (WWF) an der Modernisierung und dem Wiederaufbau der größten Anlage für die Treibstofflagerung auf Baltra und brachte sie auf den neuesten Stand. In jüngerer Zeit hat die ecuadorianische Regierung gemeinsam mit der UN und einigen der weltweit größten Versorgungsunternehmen zugesichert, die Inseln bis zum Jahr 2020 durch den Einsatz von Solar- und Windkraft gänzlich von fossilen Brennstoffen unabhängig zu machen. Auf San Cristóbal existiert bereits eine groß angelegte Windkraftanlage.

Manche Arten, insbesondere die Galapagos-Pinguine, die Suppenschildkröten und die Meerechsen (die einzige im Meer lebende Echsenart der Welt), reagieren bei steigenden Wassertemperaturen und einem steigenden Meeresspiegel – beides hervorgerufen durch die globale Erwärmung – empfindlich. Jahre mit einem immer längeren und massiveren Auftreten der Meeresströmung El Niño (wenn verheerende Regenfälle auf Südamerika niedergehen) – 1998 war die schlimmste Saison in den letzten 50 Jahren – haben mehrere Ökosysteme der Galapagosinseln aus dem Gleichgewicht geraten lassen.

Umweltschutzmaßnahmen

Über 50% der Flora und Fauna sind bedroht oder gefährdet (bisher wurde keine Vogelart des Archipels für ausgestorben erklärt), darunter auch die Floreana-Spottdrossel und der Galapagos-Wellenläufer. Trotz dieser alarmierenden Zahlen haben bisher über 95% aller Arten, die die Inseln vor dem ersten Kontakt mit dem Menschen bewohnten, überlebt, und die einzigen in der Wildnis ausgestorbenen Spezies sind die Abingdon-Riesenschildkröte der Insel Pinta und die San-Salvador-Landleguane. Aufzucht- und Renaturierungsprogramme, das Ausmerzen von nicht einheimischen und invasiven Arten durch groß angelegte Jägerei, Nestschutz, Schutzzäune und Wiederaufforstung sind einige der wichtigsten Strategien der auf den Inseln arbeitenden Naturschützer.

Die vom Touranbieter Metropolitan Touring ins Leben gerufene Fundacion Galápagos (www.metropolitantouring.com/informacion-general-de-galapagos/fundacion-galapagos) hat sich mit verschiedenen Körperschaften und Reiseunternehmen zusammengetan und in Puerto Ayora eine Recyclingfabrik erbaut. Theoretisch hat nun jeder Haushalt der Inseln drei farbige Mülleimer für die Mülltrennung. Die Stiftung führt auch Freiwilligenprogramme zur Säuberung der Küsten durch und bezahlt einheimische Fischer dafür, dass sie den Müll im Meer einsammeln.

Es gibt verschiedene Lösungsansätze für die Probleme der Galapagosinseln. Dazu gehört auch ein verstärktes Augenmerk auf den nachhaltigen Tourismus zur Regulierung der Entnahme begrenzter Ressourcen aus dem Wasser und dem Erdboden, da diese Entnahmen die Umwelt irreparabel verändern könnten. Eine extreme Position ist es, jegliche Besiedlung und jeglichen Tourismus zu verbieten – eine Option, die nur wenig Zustimmung findet. Viele der Einwohner – etwa 30 000 Menschen leben hier permanent – verhalten sich verantwortungsvoll und setzen sich aktiv gegen die zerstörerischen oder gefährlichen Machenschaften anderer ein. Dies sichert auch ihre Arbeitsplätze in der boomenden Tourismusindustrie.

Nichtsdestotrotz verweist die Regierung regelmäßig Ecuadorianer der Inseln, die keine Aufenthalts- oder Arbeitsgenehmigung für den Archipel haben. Ecuadorianer haben nur drei Möglichkeiten, eine unbeschränkte Aufenthaltsgenehmigung für die Galapagosinseln zu erhalten: Entweder haben sie vor 1998 fünf Jahre dort gelebt, wurden dort geboren oder haben jemanden geheiratet, der eine unbeschränkte Aufenthaltsgenehmigung besitzt. Viele halten diese Herangehensweise für ungerecht und fragen sich, warum stattdessen nicht die Zahl der relativ reichen Touristen beschränkt wird. Die Tourismusbranche ist jedoch für die ecuadorianische Wirtschaft außerordentlich wichtig; sie generiert über 200 Mio. US$ pro Jahr – ein Viertel davon fließt in die kommunalen Kassen. Die Mehrheit der Interessenvertreter ist der Meinung, dass die Kombination aus Umweltbildung für Einwohner und Besucher und einem Programm für verantwortungsbewussten und nachhaltigen Tourismus die beste Lösung wäre, wobei Letzteres zwangsweise eine Reduzierung oder Deckelung der Besucherzahlen bedeuten würde.

PARKVORSCHRIFTEN

Die Regulierungen bezüglich der Reiserouten von Tourbooten wurden Anfang 2012 komplett überarbeitet. Grund hierfür war der Versuch, die Anzahl der Landungen an den beliebtesten Besucherstätten zu reduzieren, die Gesamtanzahl der Besucher zu verringern und den Baltra-Flughafen zu entlasten.

Es ist gesetzlich vorgeschrieben, dass Tourboote von einem zertifizierten, naturkundigen Guide begleitet werden müssen, der von der Nationalparkverwaltung ausgebildet wurde. In der Realität haben die Guides auf den günstigeren Booten jedoch oft keinerlei Zertifizierung und es gibt auch nur eine beschränkte Anzahl von naturkundlichen Guides der Kategorie III (hoch qualifizierte, meist mehrsprachige Biologen mit Hochschulabschluss, deren Anliegen es ist, die Tierwelt zu schützen und sie den Besuchern näherzubringen).

Es dürfen nur die offiziellen Besucherstätten angesteuert werden (70 an Land, 79 auf dem Wasser). Die wichtigen Parkvorschriften schützen sowohl die Tierwelt als auch die Umwelt und haben vor allem etwas mit Höflichkeit und gesundem Menschenverstand zu tun: die Tiere weder berühren noch füttern, keinen Müll wegwerfen, keine natürlichen Gegenstände mitnehmen (ob lebendig oder nicht), keine Haustiere mitbringen und keine Gegenstände kaufen, die aus Pflanzen oder Tieren hergestellt worden sind. Der Zutritt zu den Besucherstätten ist nach Einbruch der Dunkelheit und ohne einen qualifizierten Guide nicht gestattet, und jedes Boot muss von einem Guide begleitet werden. Bei jedem Landgang ist ein Guide dabei, der Fragen beantworten kann und dafür sorgt, dass die Parkvorschriften eingehalten werden.

Tourismus

Bis Mitte der 1960er-Jahre kamen – abgesehen von Industriemagnaten, Prinzen mit Privatjachten und extrem unerschrockenen Abenteurern, die nicht davor zurückschrecken, sich den Platz auf einem Frachtschiff mit lebendem Vieh zu teilen – nur wenige Touristen auf die Inseln. Die Eröffnung der Forschungsstation und die Aufnahme der ersten Charterflüge waren der Startschuss für den organisierten Tourismus, der zu Beginn gerade einmal aus etwas mehr als 1000 Besuchern jährlich bestand. Diese Zahl sollte bald dramatisch ansteigen. Im Jahr 1971 boten schon sechs kleine Boote und ein großes Kreuzfahrtschiff ihre Dienste an. In weniger als zwei Jahrzehnten verzehnfachte sich die Anzahl der Besucher: In den frühen 1990er-Jahren kamen pro Jahr etwa 60 000 Touristen. Zahlen für das Jahr 2013 gehen von 203 000 Besuchern aus – sowohl ausländische Touristen (132 000) als auch Ecuadorianer (72 000). Heute gibt es etwa 85 Boote (mit Schlafgelegenheiten) für 4 bis 96 Passagiere; die meisten Boote bieten allerdings weniger als 20 Personen Platz.

Dies ist zwar gut für die ecuadorianische Wirtschaft, aber daraus haben sich Probleme für die Umwelt ergeben. Die ecuadorianische Regierung und Umweltorganisationen sind sich dieser Herausforderungen bewusst und arbeiten daran, die Entwicklung umzukehren oder sie zumindest zu stoppen (dazu gehören auch die Einstellung von Hochhausbauten und die Eindämmung der Nachfrage nach Kreuzfahrtschiffen), um die Flora, die Fauna und die Bewohner der Galapagosinseln zu schützen.

LESETIPPS

- *Postlagernd Floreana* von Margret Wittmer
- *Galapagos* von Kurt Vonnegut
- *Galapagos. Das Ende der Welt* von William Beebe
- *My Father's Island* von Johanna Angermeyer
- *Der Schnabel des Finken oder der kurze Atem der Evolution* von Jonathan Weiner
- *Verloren im Paradies* von John Treherne
- *Die Entstehung der Arten* von Charles Darwin
- *Die Fahrt der Beagle* von Charles Darwin

Praktische Informationen

GEBÜHREN & STEUERN

Die Eintrittsgebühr für den Galapagos-Nationalpark beträgt 100 US$. Sie muss an einem der Flughäfen unmittelbar nach der Ankunft in bar bezahlt werden oder, im Falle einer gebuchten Tour, im Voraus. Bevor die Gebühr nicht bezahlt ist, darf man den Flughafen nicht verlassen. Im Flughafen von Quito bzw. Guayaquil wird zusätzlich eine Transitkontrollgebühr von 20 US$ fällig. Diese muss am Schalter des Instituto Nacional Galápagos neben dem Ticketschalter bezahlt werden. Bei vielen vorgebuchten Bootstouren ist diese Gebühr schon im Preis enthalten.Wer das Flugzeug zur Isla Isabela nimmt, muss als Tourist bei der Ankunft 10 US$ zahlen.

GELD

Der Galapagos-Archipel ist um einiges teurer als das ecuadorianische Festland. Mit Bargeld kommt man hier generell weiter – in zahlreichen Restaurants und Geschäften werden keine Karten akzeptiert, das gilt z. T. auch für Unterkünfte.

- Deshalb: Bargeld vom Festland mitnehmen für den Fall, dass man nicht mit Kreditkarte zahlen kann bzw. die Geldautomaten leer sind.
- Geldautomaten gibt's übrigens nur in Puerto Ayora und Puerto Baquerizo Moreno; ausreichend Geld ziehen, bevor es weiter nach Isabela oder Floreana geht.
- Am praktischsten sind „kleine Scheine", idealerweise 5 und 10 US$. Vielerorts kann man nicht mit Scheinen in einem Wert von über 20 US$ zahlen.
- Die Kreditkarten, die am zuverlässigsten genommen werden, sind MasterCard und Visa, American Express hingegen weniger. Manchmal wird eine Gebühr in Höhe von 5 bis 10 % berechnet.
- Mit Reiseschecks kommt man nicht weit – besser auf Bargeld und Kreditkarten setzen.

AN- & WEITERREISE

Flugzeug

Flieger vom Festland landen auf einem von zwei Flughäfen: auf Isla Baltra unmittelbar nördlich von Santa Cruz oder auf Isla San Cristóbal. Baltra und San Cristóbal werden von annähernd derselben Zahl von Flugzeugen bedient.

Die Galapagosinseln werden von drei Fluggesellschaften angeflogen: Tame (www.tame.com.ec), Avianca (www.avianca.com) und LAN (www.latam.com). Alle bieten täglich zwei Flüge am Morgen von Quito über Guayaquil zum Flughafen der Isla Baltra an (2 Std.), der mit öffentlichen Verkehrsmitteln lediglich etwas mehr als eine Stunde von Puerto Ayora entfernt liegt. Dieselben Fluggesellschaften bieten jeden Morgen auch einen oder zwei Flüge zum Flughafen von San Cristóbal an (1½ Std.). Die Rückflüge starten jeweils am frühen Nachmittag.

Hin- und Rückflüge von Guayaquil kosten ab 400 US$, Hin- und Rückflüge ab Quito etwa ab 490 US$. Die Flieger ab Quito legen alle einen Zwischenstopp in Guayaquil ein, bei dem man das Flugzeug aber nicht verlassen muss. Es ist auch möglich, in Quito zu starten und auf dem Rückflug schon in Guayaquil auszusteigen oder umgekehrt. Oft ist es auch praktischer, nach Baltra zu fliegen und ab San Cristóbal wieder zurückzufliegen (oder umgekehrt). Wer schon vorab eine organisierte Bootstour gebucht hat, kann dies alles vom Reisebüro regeln lassen. Die Gepäckmenge für Flüge auf die Galapagosinseln ist für aufgegebenes Gepäck auf 20 kg pro Person begrenzt.

UNTERWEGS VOR ORT

Die meisten Touristen besuchen die Inseln im Rahmen einer organisierten Bootstour, es ist aber sehr einfach, die bewohnten Inseln auch auf eigene Faust zu besichtigen. Auf den Inseln Santa Cruz, San Cristóbal, Isabela und Floreana gibt es Unterkünfte und tägliche Bootsverbindungen zwischen den Inseln (einfach 30 US$) sowie teurere Flüge zwischen Santa Cruz, San Cristóbal und Isabela.

Flugzeug

Emetebe (☎ 05-252-4978; Av Darwin) und **Fly Galápagos** (☎ 05-301-6579; www.flygalapagos.net; Ecke Hernandez & Villamil) haben täglich Flugverbindungen in kleinen Fliegern für fünf Passagiere zwischen Baltra (Santa Cruz) und Isla Isabela (35 Min.), zwischen Baltra und San Cristóbal (35 Min.) sowie zwischen San Cristóbal und Isla Isabela (45 Min.). Die Tickets für einen einfachen Flug kosten im Schnitt 150 US$; bei Überschreitung der Gepäckbegrenzung von 11 kg pro Person muss etwas mehr gezahlt werden.

Schiff/Fähre

Private Schnellboote, die sogenannten *lanchas*, haben einen täglichen Passagierservice zwischen Santa Cruz und San Cristóbal, zwischen Santa Cruz und Isabela sowie zwischen Santa Cruz und Floreana. Für die Einzelstrecken benötigen die Boote jeweils ca. 2½ Stunden. Die Tickets kosten einheitlich 30 US$ und werden entweder am Tag vor der Fahrt oder am selben Tag erworben. Die Tickets gibt's bei den Agenturen in Hafennähe einer jeden Ortschaft. Nach der Ankunft nimmt man gewöhnlich ein kleines Wassertaxi vom Schnellboot zum Passagierpier (1 US$; dem Wassertaxifahrer geben).

Den ersten Entdeckern war Ecuadors berühmter Archipel als Las Islas Encantadas (Die verzauberten Inseln) bekannt. Der Name mag heute ein anderer sein, die Galapagosinseln ziehen die Besucher aber unverändert in ihren Bann. Die Kette kahler, abgeschiedener Vulkaninseln bietet unzähligen Tieren einen Lebensraum; viele Arten findet man ausschließlich hier. Es gibt nur wenige Orte weltweit, an denen man Wildtieren so nahe kommen kann, zu Lande wie zu Wasser.

Naturführer Galapagosinseln

Oben Meerechsen

Säugetiere

In den planktonreichen Gewässern rund um die Inseln tummeln sich einige der größten Säuger der Welt, darunter 25 Walspezies. Überall ist man „ganz nah dran" – an verspielten Seelöwen, Delfinen, die in der Bugwelle des Boots mitreisen, oder Walen, die plötzlich aus dem Wasser auftauchen.

Schwertwale (Orca)

Einen Schwertwal (Orca) in freier Natur zu sehen ist absolut spektakulär. Bei den Jägern handelt es sich eigentlich um eine Delfinart. Wenn sie Fische oder andere Wale verfolgen, erreichen sie Geschwindigkeiten von bis 55 km/h. Für Menschen geht von ihnen keine Gefahr aus. **Wo:** Canal Bolívar.

Galapagos-Seelöwen

Der Liebling fast aller Galapagos-Besucher ist weit verbreitet: Vertreter der Population mit ca. 50 000 Tieren findet man auf sämtlichen Inseln. Die liebenswerten Tiere liegen oft faul am Strand herum oder „begleiten" Schnorchler und Badende. **Wo:** Überall.

Galapagos-Seebären

Introvertierter als der Seelöwe ist der endemische Seebär mit seiner dichten isolierenden Pelzschicht. Im 19. Jh. hatten Jäger die Gattung fast ausgerottet, die Population hat sich aber sehr gut erholt und zählt heute rund 30 000 Tiere. **Wo:** Isla Santiago (Puerto Egas, S. 364), Isla Genovesa (S. 367).

Große Tümmler (engl. Bottlenose dolphin)

Die am häufigsten vertretene Walart des Archipels ist der Große Tümmler. Diese Delfine sind verspielt und neugierig und gehen normalerweise in Schulen von 20 bis 30 Tieren bis zu 500 m von der Küste entfernt auf Nahrungssuche. **Wo:** Überall.

1

1. Galapagos-Seebär **2.** Galapagos-Seelöwen **3.** Großer Tümmler

3

2

A. L. HOLMES/SHUTTERSTOCK ©

1. Kurzohreule 2. Galapagos-Bussard 3. Galapagos-Flamingos
4. Spottdrossel

AXEL FASSIO / GETTY IMAGES ©

Vögel

Um die hiesige Vogelvielfalt interessant zu finden, muss man kein Ornithologe sein. Man kann gefährliche Raub- und zierliche Singvögel beobachten, Goldwaldsänger, Spottdrosseln und Darwinfinken.

Galapagos-Bussarde

Der endemische Galapagos-Bussard jagt alles Mögliche, von kleinen Insekten bis hin zu kleinen Ziegen. **Wo:** Isla Española (S. 366), Isla Santa Fé (S. 349), Isla Fernandina (Punta Espinoza, S. 363).

Darwinfinken

Alle auf den Inseln lebenden Finken sollen auf einen gemeinsamen Ahnen zurückgehen. Heute gibt es 13 ungewöhnliche Arten wie den blutsaugenden Vampirfinken. **Wo:** Isla Santa Cruz (Los Gemelos, S. 339; Isla Media Luna, S. 339), Isla Española (Punta Suárez, S. 366), Isla Genovesa (S. 367).

Galapagos-Flamingos

Dies ist eine der größten der fünf Flamingoarten. In kleinen Gruppen bevölkern sie die seichten Lagunen. Es gibt nicht mehr als 500 Tiere auf den Inseln. **Wo:** Isla Floreana (Punta Cormorant, S. 366), Isla Rábida (S. 365), Isla Isabela (Puerto Villamil, S. 359).

Kurzohreulen

Anders als die meisten ihrer Verwandten jagt die Kurzohreule auch tagsüber. Die majestätischen Vögel schlagen langsam mit ihren Flügeln, während sie ihre Beute zerlegen. **Wo:** Isla Genovesa (S. 367), Isla Santa Cruz (Media Luna, S. 339).

Spottdrosseln

Spottdrosseln können wunderbar singen und sind oft die Ersten, die die Besucher am Strand in Augenschein nehmen, ihre Taschen „durchsuchen“ und sich auf Hüten niederlassen. **Wo:** Isla Santa Cruz (S. 337), Isla Santa Fé (S. 349), Genovesa (S. 367).

TRISTAN BROWN/GETTY IMAGES ©

1. Blaufußtölpel **2.** Galapagos-Albatross **3.** Stummelkormorane
4. Männlicher Fregattvogel

2

CHRISTIAN HANDL/GETTY IMAGES ©

4

Wasservögel

Auf den Inseln leben Meeresvögel wie der Galapagos-Albatros und der flugunfähige Kormoran, der überraschend agile Galapagos-Pinguin, der witzige Blaufußtölpel und der extrem wendige Fregattvogel.

Blaufußtölpel

Dies ist eine von vier Tölpelarten auf den Inseln. Die Brautwerbung in der Paarungszeit ist bezaubernd komisch. **Wo:** Isla Española (Punta Suárez, S. 366), Isla Genovesa (S. 367), Isla San Cristóbal (Punta Pitt, S. 351).

Galapagos-Albatrosse

Wenn kein Lüftchen weht, ist der Galapagos-Albatros geradezu hilflos. Er ist vom Südostpassat abhängig, um zu den Nahrungsplätzen zu gelangen. Der größte Vogel der Inselgruppe (5 kg schwer; Flügelspanne 2,4 m) ist der einzige Albatrosvertreter, der am Äquator brütet. **Wo:** Isla Española (Punta Suárez, S. 366).

Fregattvögel

Diese Luftakrobaten gleiten auf thermischen Aufwinden über den Felsen. Manchmal attackieren sie kleinere Seevögel so lange, bis sie ihre Beute fallen lassen, und schnappen sich diese dann noch im Fall. **Wo:** Seymour Norte (S. 341), Isla Genovesa (S. 367), Isla San Cristóbal (Punta Pitt, S. 351).

Galapagos-Pinguine

Keine andere Pinguinart der Welt lebt in den Tropen, und keine lebt weiter nördlich als der Galapagos-Pinguin. **Wo:** Isla Isabela (S. 357), Isla Fernandina (S. 363), Isla Bartolomé (S. 364).

Stummelkormorane

Mit Ausnahme der Pinguine ist der Stummelkormoran der einzige flugunfähige Wasservogel weltweit. Es handelt sich um eine endemische Art, von der es nur noch ca. 700 Paare gibt. **Wo:** Isla Fernandina (Punta Espinoza, S. 363), Isla Isabela (Caleta Tagus, S. 358; Bahía Urbina, S. 359).

Reptilien

Riesige prähistorisch anmutende Schildkröten und gefährlich aussehende Echsen können an Land und auch im Wasser beobachtet (z. B. beim Schnorcheln) und fotografiert werden.

Riesenschildkröten

Das berühmteste Reptil des Archipels ist die Riesenschildkröte oder auch Galápagos (span. für „Sattel"); sie ist die Namensgeberin der Inselgruppe und kann über 150 Jahre alt werden. **Wo:** Isla Santa Cruz (Hochland, S. 338), Isla Isabela (Bahía Urbina, S. 359), Isla San Cristóbal (Galapaguera, S. 351).

Galapagos-Landleguane

Drusenköpfe sehen gefährlich aus und sind sehr groß, aber harmlose Vegetarier. Die Männchen verteidigen ihr Revier mit Kopfnüssen. **Wo:** Plaza Sur (S. 349), Isla Isabela (S. 357), Isla Santa Cruz (Cerro Dragón, S. 339), Isla Fernandina (S. 363), Baltra und Seymour Norte (S. 341).

Lavaechsen

Die am weitesten verbreiteten Reptilien auf den Inseln sind die verschiedenen Lavaechsengattungen. Häufig sieht man sie über Steine flitzen oder auf dem Rücken von Leguanen hocken. **Wo:** Überall.

Meerechsen

Diese bemerkenswerte Echsenart ist die einzige, deren Lebensräume Land und Meer sind. Ihre Größe und Farbe ist von Insel zu Insel unterschiedlich. Die größten Tiere sind bis zu 1,5 m lang. **Wo:** Überall.

Grüne Meeresschildkröte

Grüne Meeresschildkröten (auch Suppenschildkröten genannt) können bis zu 150 kg schwer und 1 m lang werden. In ruhigen Gewässern sieht man sie zum Luftholen an der Wasseroberfläche. Schnorchler berichten häufig von Begegnungen. **Wo:** Isla Santa Cruz (Caleta Tortuga Negra, S. 339), Isla Fernandina (Punta Espinoza, S. 363), Isla Santiago (Playa Espumilla, S. 364), aber auch an anderen Stellen.

1

3

LONGJOURNEYS/SHUTTERSTOCK ©

1. Galapagos-Landleguan 2. Riesenschildkröte 3. Grüne Meeresschildkröte 4. Lavaechse

DON MAMMOSER/SHUTTERSTOCK ©

1

2

MICHELE WESTMORLAND/GETTY IMAGES ©

1. Hammerhai **2.** Rote Klippenkrabbe **3.** Gelbschwanz-Dokorfische

Unterwasserwelt

Der Archipel dient einer faszinierenden Vielfalt von Meeresbewohnern als Lebensraum, Zigtausenden von Arten aller Formen und Größen, u.a. 25 Delfin- und Walspezies und 400 Fischarten.

Tropische Fische

In den Gewässern rund um die Inseln leben mehr als 400 Fischspezies, bei etwa 50 von ihnen handelt es sich um endemische Arten. Beim Schnorcheln sieht man häufig Neon-Demoisellen, Engelfische, Gelbschwanz-Doktorfische, Wimpel-, Papagei- und Kugelfische. **Wo:** Überall.

Hammerhaie

Gruppen dieser bizarr anmutenden Geschöpfe wird man auch zu sehen bekommen, wenn man nicht taucht (obwohl das den Effekt natürlich noch verstärkt). **Wo:** Seymour Norte (S. 341), Isla Santa Cruz (Gordon Rocks, S. 341), Isla Floreana (Corona del Diablo, S. 366), Isla Santa Fé (S. 349), Isla Genovesa (S. 367), Isla Wolf (S. 369), Isla Darwin (S. 369).

Rote Klippenkrabben

Klippenkrabben gibt's en masse. Sie haben eine ausgefallene Färbung, hocken auf den Steinen sämtlicher Inseln und sind extrem agil: Sie springen von Stein zu Stein, und man hat den Eindruck, als könnten sie sogar auf dem Wasser laufen. **Wo:** Überall.

Mantarochen

Von den 15 hier heimischen Rochenarten ist der Manta der Größte – und einer der größten Fische überhaupt. Die Riesen unter ihnen haben eine Spannweite von 9 m, typischer sind aber 4 m. **Wo:** Canal Bolívar und andere tiefe Meeresgebiete.

Lebensräume

Der gesamte Archipel ist vulkanischen Ursprungs. Bei den Hauptinseln handelt es sich um die Gipfel riesiger Unterwasservulkane. In der (nach geologischen Maßstäben) kurzen Zeit seit Entstehung der Inseln haben sich die sterilen Lavaströme in komplexe Lebensräume verwandelt.

Küste

Die felsige Küste besteht aus erodierenden Lavaströmen. Hier fühlen sich Seelöwen, Meerechsen und Klippenkrabben wohl. In den Mangroven wird genistet und gebrütet. Außerdem dienen sie Vögeln, Seelöwen und Schildkröten als schattiger Rückzugsort.

Hochland

Die hohen Gipfel einiger der Inseln sind zu fruchtbaren vulkanischen Böden erodiert, und die Tropenvegetation ist dank gelegentlicher Regenfälle sehr üppig. Ein paar Pflanzenarten sind besonders faszinierend, z.B. die 15 m hohe Scalesie, deren Stamm und Zweige von Epiphyten wie Moosen, Farnen, Orchideen und Bromelien überzogen sind.

Trockengebiete

Die meisten Inseln sind von nährstoffarmen Vulkanböden bedeckt und Kakteen dominieren die umgebende Vegetation – kein besonders gastlicher Lebensraum, aber dennoch Heimat diverser Arten wie etwa des endemischen Lavakaktus', der seine Wurzeln in die Spalten kahler Lavaströme gräbt.

Meer

Strömungen transportieren das ganze Jahr über Nährstoffe in die Gewässer um die Inseln, und Plankton treibt auf der Wasseroberfläche – ein Festessen für die Fische, ihre Jäger (ein paar Stufen höher in der Nahrungskette) und die größten Tiere der Welt: die Wale.

1

2

1. Isla Santa Fé (S. 349) **2.** Roter Strand, Isla Rábida (S. 365)

Ecuador verstehen

Ecuador aktuell

Ecuador galt einst als hoffnungsloser Fall, hat unter der Führung des Ex-Präsidenten Rafael Correa jedoch in neue Straßen, Krankenhäuser, Schulen und das Sozialwesen investiert. Der hohe Ölpreis und Ecuadors Öl- und Mineralvorkommen trugen entscheidend zum Wohlstand des Landes bei. Als der Ölpreis 2008 einbrach, nahm Correa hohe Kredite auf, um den Aufwärtstrend beizubehalten. Nun steht Ecuador in der Kreide – bei China in Milliardenhöhe – und begleicht seine Schulden bei den Gebernationen in Form von Öl- und Mineralkonzessionen.

Bücher

The Farm on the River of Emeralds (Moritz Thomsen; 1978) Ein fesselnder Bericht über das Leben an der Küste Ecuadors.

Huasipungo – Unser kleines Stückchen Erde (Jorge Icaza; 1934) Eine Darstellung des harten Lebens der indigenen Andenbewohner.

Krieger des Jaguars (Joe Kane; 1995) Witziger und aufschlussreicher Bericht über den Kampf der Huaorani gegen die Ölindustrie.

Der Alte, der Liebesromane las (Luis Sepúlveda; 1992) Bewegende Geschichte von Liebe und Verlust im ecuadorianischen Amazonien.

Plumas: Aves in Ecuador (Murray Cooper & Rudy Geis; 2006) In dem tollen Bildband über die Vogelwelt Ecuadors erzählt jedes Bild eine Geschichte.

Filme

Wie weit noch? (2006) Roadmovie über zwei junge Frauen auf Selbstfindungsreise im Hochland der Anden.

Ratas, Ratones, Rateros (1999) Preisgekrönter Film über zwei Kleinkriminelle auf der Flucht in Quito und Guayaquil.

Under Rich Earth (Bajos Suelos Ricos) (2008) Dieser Dokumentarfilm über den Kampf der Einheimischen gegen die verheerenden Auswirkungen des Bergbaus im Intag-Tal ist sehr sehenswert.

Boomzeiten

Als „bürgerliche Revolution" bezeichnete Präsident Correa die Veränderungen während seiner Regentschaft. Der enorme Wohlstandszuwachs, den viele Bürger während seiner Regierungszeit erlebten, kann man kaum leugnen. Unter Correa wurden die staatlichen Ausgaben für den öffentlichen Sektor nahezu verdoppelt (von 21 % im Jahr 2006 auf über 40 % im Jahr 2014), vor allem im Gesundheits- und Bildungswesen. Das Ergebnis: Die Kindersterblichkeit ging zurück und dank der neu gebauten Schulen und Universitäten können mehr Schüler und Studenten als je zuvor Bildungseinrichtungen besuchen.

Es entstanden Infrastrukturprojekte, darunter Wasserkraft-Talsperren, nagelneue Straßen und Brücken und der Flughafen Mariscal Sucre in Quito. Weitere Vorhaben sind noch im Bau, etwa ein 23 km langes U-Bahnnetz in Quito.

Angesichts dieser Entwicklungen überrascht es nicht, dass Correa hochangesehen war – er zählte zu den beliebtesten Regierungschefs Lateinamerikas und war wohl der populärste Präsident in der Geschichte des Landes.

Doch er machte sich auch Feinde. Seine Gegner sahen ihn als halbautoritären Herrscher, der durch die Ausweitung der präsidialen Macht, die Einschränkung der Gerichtshoheit und Angriffe auf seine Widersacher die Demokratie untergrub. NGOs wie Human Rights Watch verwiesen auch auf Correas umfassende Befugnisse, mit denen er (vermeintliche) Feinde mundtot machen konnte.

Lenín Moreno, der unter Correa das Amt des Vizepräsidenten bekleidete, wurde im Mai 2017 zum Präsidenten gewählt. Er kündigte an, Correas Politik nicht fortzuführen und die Staatsausgaben zu drosseln, weshalb es zu einem Zerwürfnis zwischen ihm und Correa kam.

Schwarzes Gold

Ecuador besitzt nach Venezuela und Brasilien die drittgrößten Ölreserven in Südamerika. Sie machen über

30 % der Staatseinnahmen und die Hälfte aller Exporterträge aus. Das Öl hat zwar die Staatskassen gefüllt, bringt aber auch ökologische Gefahren mit sich.

Im Parque Nacional Yasuní, einem unberührten Gebiet am Amazonas, ruht eines der größten Ölvorkommen Ecuadors – mutmaßlich 846 Mio. Barrel (mit einem Schätzwert von 7 Mrd. US$). Der Nationalpark, eine UNESCO-Welterbestätte, zeichnet sich zudem durch seinen Artenreichtum aus und ist die Heimat verschiedener indigener Bevölkerungsgruppen. Die Forderungen verschiedener Umweltverbände nach einem Referendum über die Ölförderung in Yasuní lehnte die Regierung ab; Anfang 2016 begann die staatliche Erdölgesellschaft Petroamazonas Bohrungen vorzunehmen. Der Bau von Zufahrtsstraßen und Pipelines – ganz zu schweigen von möglichen Ölverschmutzungen – könnte verheerende Folgen für den Nationalpark haben.

Drei Anführer des indigenen Shuar-Stamms sind bereits im Kampf um die Hoheit über die Ressourcen des Amazonas-Gebiets getötet worden.

Correas Erbe

Correas Erbe ist durchwachsen. Zwar einte er das Land durch den Ausbau des Straßen- und Kommunikationsnetzes, dafür musste er jedoch nach dem Einbruch des Ölpreises 2008 auch Milliarden von Dollar leihen. Geldgeber Nummer eins, die chinesische Regierung, lässt sich diese Kredite teuer bezahlen, indem sie das Recht einfordert, Ecuadors reiche Mineralvorkommen und andere natürliche Ressourcen anzuzapfen. Ein riesiges Wasserkraftprojekt nahe der Küstenstadt Manta wird den höchsten Wasserfall des Landes mehrere Monate im Jahr austrocknen. Gewohnheitsgemäß setzt China seine eigenen Leute ein und Berichten zufolge ist das Verhältnis zwischen ecuadorianischen und chinesischen Arbeitern angespannt. Manchmal kommt es sogar zu gewalttätigen Ausbrüchen.

Correas Amtszeit mag auch von einem Korruptionsskandal überschattet werden: Im September 2017 wanderte Correas früherer Vize, Jorge Glas (der ehemalige Ölminister und bis dahin Vizepräsident unter Lenín Moreno), ins Gefängnis, da er in einen großen Bestechungsskandal im Zusammenhang mit dem brasilianischen Unternehmen Odebrecht verwickelt war. Dieses wiederum war in zahlreiche der großen nationalen Infrastrukturprojekte involviert. Bereits im Vormonat hatte Präsident Moreno Glas sämtliche Machtbefugnisse entzogen. Der Skandal betrifft nicht nur Ecuador, sondern ganz Südamerika.

Das Erdbeben im April 2016 war ein harter Schlag für die Tourismusbranche. Es richtete schwere Schäden an der Küste an (das Epizentrum war in Muisne) und forderte fast 700 Menschenleben; Tausende wurden verletzt. Nur ein Jahr zuvor hatte sich Ecuador in einer Werbung während des Super Bowls als internationales Reiseziel angepriesen. Das Erdbeben und die Panikmache im Zusammenhang mit dem ZIKA-Virus haben sich negativ auf die Besucherzahlen ausgewirkt.

BEVÖLKERUNG: **16,4 MIO.**

WIRTSCHAFTSWACHSTUM: **1 %**

BIP PRO KOPF: **5820 US$**

ARBEITSLOSENQUOTE: **6,5 %**

ARMUTSQUOTE: **22,5 %**

ALPHABETISIERUNGSRATE (ERW.): **94 %**

Gäbe es in Ecuador nur 100 Menschen, würden ...

93 Spanisch sprechen
4 Kichwa sprechen
1 eine andere indigene Sprache sprechen
2 eine Fremdsprache sprechen

Religionszugehörigkeit

(% der Bevölkerung)

Einwohner pro km²

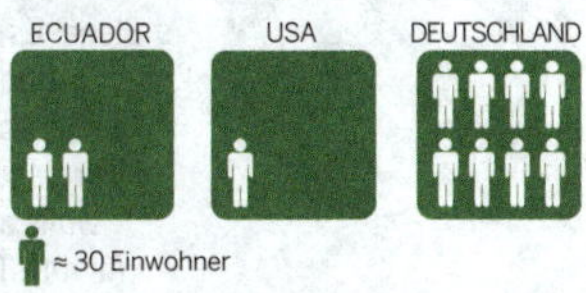

Geschichte

Das Land aus Feuer und Eis kann auf eine wahrhaft bewegte Vergangenheit zurückblicken. Seit seiner Unabhängigkeit 1830 hat Ecuador fast 100 Regierungswechsel und 20 Verfassungen erlebt – die letzte stammt aus dem Jahre 2008. Verschärft werden die Unsicherheiten des Staates durch Rivalitäten, intern (das konservative, von der Kirche getragene Quito gegen das liberale, weltliche Guayaquil) wie extern (Grenzstreitigkeiten mit Peru). Die unbesungenen Helden sind für Wissenschaftler Ecuadors widerstandsfähige indigene Gruppen, Nachfahren einiger der großen Kulturen, die einst auf dem amerikanischen Kontinent blühten.

Die frühen Kulturen

In ihrer Blütezeit zählten die Inka mehr als 12 Mio. Menschen auf einer Fläche von 1 Mio. km^2.

Die Mehrheit der indigenen Völker lebt heute im Hochland und im Oriente, vor dem Eintreffen der Spanier (und der Inka) konzentrierten sich die meisten Völker jedoch entlang der Küste. Die Küstenkulturen La Tolita, Bahía, Manta, Valdivia und Machalilla sind für die ecuadorianische Identität von größter Bedeutung und stellen in vielerlei Hinsicht sogar die Inka in den Schatten, die im heutigen Ecuador nur ein halbes Jahrhundert vor den Spaniern ankamen.

Es gilt als nahezu gesichert, dass Ecuador von Menschen bevölkert wurde, die von Brasilien aus gen Westen in die bewohnbaren Gegenden an der Küste zogen. Die erste sesshafte Kultur Ecuadors war die Valdivia-Kultur. Sie entstand vor mehr als 5500 Jahren auf der Halbinsel Santa Elena. Als eine der ältesten Kulturen in Amerika sind die Valdivia berühmt für ihre fein gearbeiteten Keramiken – insbesondere die Figuren der „Venus von Valdivia". Diese kleinen Frauenfiguren mit deutlich ausgeprägten Brüsten und Genitalien sind in den verschiedenen Stadien der Schwangerschaft und Niederkunft dargestellt und wurden höchstwahrscheinlich bei Fruchtbarkeitsritualen benutzt.

Die Valdivia-Kultur war zwar die erste Kultur in Ecuador, jedoch waren die Chorrera die am weitesten verbreitete und einflussreichste Gruppe in der sogenannten Gründungsperiode (4000–300 v. Chr.). Sowohl die Menschen der Chorrera- als auch der Machalilla-Kultur (die von 1500 bis 800 v. Chr. in Süd-Manabí und auf der Halbinsel Santa Elena lebten)

ZEITACHSE

3200 BC

Die Valdivia siedeln entlang der Küste der Halbinsel Santa Elena. Es sind Fischer und Bauern, die Mais, Yucca, Bohnen, Kürbisse und Baumwolle anbauen und für ihre Töpferwaren berühmt sind.

600 BC

Die indigenen Gemeinden werden mehrschichtiger. Stämme werden von einer Elitenkaste aus Schamanen und Kaufleuten angeführt, die Überseehandel bis ins entfernte Zentralamerika betreiben.

AD 800

Kulturen beginnen sich zu vermischen und werden zu größeren hierarchischen Gesellschaften. Hierzu gehören die Manteño, Huancavilca und Cara an der Küste und die Quitu, Puruhá und Cañari in der Sierra.

sind für ihre deformierten Köpfe bekannt. Sie nutzten Steine, um ihre Schädel langsam länger und flacher zu formen – eine Art Statussymbol. Um ihr Aussehen noch weiter zu verschönern, zogen sie sich des Öfteren auch zwei Vorderzähne.

Ungefähr um 600 v. Chr. wurden die Gesellschaften vielschichtiger: Sie wurden von einer aus Schamanen und Kaufleuten bestehenden Elitekaste regiert, die hoch geschätzten Fernhandel betrieben. Hierzu gehörten die Kulturen Bahía, Jama-Coaque, Guangala und La Tolita an der Küste und die Panzaleo-Kultur im Hochland. Wahrscheinlich war die Panzaleo-Kultur die erste, die die Technik der *tzantza* (Schrumpfköpfe) praktizierte, obwohl eigentlich die Shuar aus dem Süd-Oriente hierfür weitaus bekannter sind (sie übten diese Technik bis in die Mitte des 20. Jhs. aus).

Etwa 800 n. Chr. wurden die Kulturen langsam in größere, hierarchischere Gesellschaften integriert. Hierzu gehören die Manteño, Huancavilca und Cara an der Küste, die Quitu (der die Stadt Quito ihren Namen verdankt) im nördlichen Hochland, die Puruhá aus dem zentralen Hochland und die Cañari aus der Gegend um das heutige Cuenca. Ungefähr am Ende des 1. Jhs. n. Chr. besiegten die expansionswütigen Cara an der Küste die friedliebenden Quitu im Hochland. Die so verschmolzenen Kulturen wurden zusammen als Quitu-Cara- oder Shyri-Zivilisation bekannt. Diese war bis etwa ins 14. Jh. hinein die treibende Kraft im ecuadorianischen Hochland, dann wurden die Puruhá aus dem zentralen Hochland immer mächtiger. Die dritte wichtige Kultur waren die Cañari weiter im Süden. Auf diese Kulturen trafen die Inka, als sie begannen, sich in Richtung Norden auszubreiten.

Präkolumbianische Attraktionen

Ingapirca (S. 201), südliches Hochland

Museo Nacional (S. 67), Quito

Museo Guayasamín (S. 63), Quito

Museo del Banco Central „Pumapungo" (S. 189), Cuenca

Museo Arqueológico del Banco Central (S. 291), Manta

Das Inkareich

Bis zum Anfang des 15. Jhs. konzentrierte sich das Inkareich rund um Cusco in Peru. Das änderte sich unter der Herrschaft des Inka Pachacutec Yupanqui dramatisch, dessen expansionistische Politik die Erschaffung des riesigen Inkaimperiums Tahuantinsuyo in Gang setzte. In Quechua bedeutet dieser Name „Land der vier Himmelsrichtungen". Als die Inka Ecuador erreichten, wo sie auf heftigen Widerstand trafen, war Tupac Yupanqui, Pachacútecs Nachfolger, ihr Herrscher.

Die Cañari verteidigten sich mit all ihrer Kraft gegen die Inka, sodass Tupac Yupanqui mehrere Jahre brauchte, sie zu bezwingen, bevor er sein Augenmerk auf den Norden richten konnte. Dort erwartete ihn jedoch ein noch hartnäckigerer Widerstand. Einmal drängten die Cañari die Angreifer sogar zurück bis nach Saraguro.

Die Unterwerfung des Nordens dauerte viele Jahre. In dieser Zeit bekam der Inka Tupac einen Sohn mit einer Cañari-Prinzessin. Dieser Sohn, Huayna Capac, wuchs in Ecuador auf und folgte seinem Vater auf den Inkathron. Er reiste jahrelang durch sein Imperium – von Bolivien bis Ecuador – und

Der Inkaherrscher Huayna Capac hatte noch einen dritten Sohn, Manco Capac. Er war der letzte Inkaherrscher. Unter seiner Herrschaft kam es zu den größten Aufständen gegen die Spanier. Er wurde von einem Spanier umgebracht, dessen Leben er zuvor gerettet hatte.

1463

Die Inka beginnen unter der Herrschaft des Pachacútec Yupanqui mit der Eroberung Ecuadors. Sein Sohn Tupac leitet den Angriff und trifft dabei auf heftigen Widerstand.

1500

Tupacs Sohn Huayna Capac besiegt die Cañari (in der Gegend um das heutige Cuenca), die Cara (im Norden) und die Quitu (rund um das heutige Quito). Ecuador wird Teil des riesigen Inkareichs.

1526

Der Inkaherrscher Huayna Capac stirbt unerwartet (wahrscheinlich an Pocken oder Masern) und vermacht das Inkareich seinen beiden Söhnen Atahualpa und Huáscar. Ein erbitterter Kampf ist die Folge.

1532

Der spanische Konquistador Francisco Pizarro trifft mit 180 Männern im heutigen Ecuador ein. Als er von den sagenhaften Inkareichtümern hört, beschließt er, das Land für die spanische Krone zu erobern.

musste überall Aufstände unterdrücken. Die blutigen Schlachten setzten sich fort. Die Inka metzelten Tausende Cara nieder und warfen sie in der Nähe von Otavalo in einen See, dessen Wasser sich daraufhin rot gefärbt haben soll. Er wurde deshalb Laguna Yaguarcocha (Blutsee) genannt.

Wann immer möglich, stärkte Huyna Capac seine Stellung durch eine Eheschließung und bekam im Laufe der Zeit zwei Söhne: Atahualpa, der in Quito aufwuchs, und Huáscar, der in Cusco groß gezogen wurde.

Als Huayna Capac 1526 starb, vermachte er sein Reich nicht nach alter Sitte einem Sohn, sondern beiden. Das Inkareich wurde erstmals geteilt – ein Ereignis, das verhängnisvollerweise mit dem rätselhaften Auftauchen einer Gruppe bärtiger Männer auf Pferden in der heutigen Provinz Esmeraldas zusammenfiel. Die ersten Spanier waren in Ecuador

DAS LEBEN UNTER DEN INKA

Die Inka trafen nur kurze Zeit vor ihrem Sturz durch die spanischen Konquistadoren in Ecuador ein. Ihre Anwesenheit sollte sich aber nachhaltig auf die indigene Bevölkerung auswirken. Landwirtschaft, soziale Strukturen und Landbesitz erfuhren erhebliche Veränderungen. Die Inka führten neue Pflanzen – Kakao, Süßkartoffeln und Erdnüsse – und neue Anbaumethoden ein. Sie nutzten Lamas und bewässerten die Felder. Privater Landbesitz wurde abgeschafft. Das Land gehörte den neu geschaffenen Agrargemeinschaften *ayllu* gemeinsam. Jeder Familie wurde in der *ayllu* eine kleine Parzelle Ackerland zugewiesen. Staat und Hohepriester besaßen ansehnliche Grundstücke, auf denen die Untertanen des Kaisers den von ihnen verlangten Staatsdienst absolvieren mussten.

Das Inkareich war hoch organisiert. Es wurde die Sprache Quechua eingeführt, es wurden Steuern erhoben und ein umfassendes Straßennetz errichtet (das später mit verheerendem Erfolg von den berittenen Konquistadoren benutzt wurde). Neuigkeiten wurden durch ein System von Läufern übermittelt, wodurch sich wichtige Nachrichten innerhalb eines Tages über Hunderte Kilometer verbreiten konnten. Die Religion der Inka und mit ihr ein ganzes Pantheon voller Götter, u. a. Inti (der Sonnengott) und Viracocha (der Schöpfergott), verbreiteten sich. Von der einheimischen Bevölkerung wurde zwar verlangt, den Sonnengott anzubeten, ihr eigener Glaube wurde aber toleriert.

Die Wirtschaft basierte voll und ganz auf Landwirtschaft, vor allem Mais und Kartoffeln. Es wurden auch *cuy* (Meerschweinchen), Enten, Hunde, Lamas und Alpakas, deren Wolle zu Kleidungsstücken verarbeitet wurde, gezüchtet. Auch Baumwolle wurde angebaut.

Den Inka gefiel es in Ecuador recht gut. Der Kaiser Huayna Capac machte Quito zur zweiten Hauptstadt des Inkareichs und lebte dort bis zu seinem Tod im Jahr 1526. Die Einheimischen wurden im Großen und Ganzen in Ruhe gelassen, solange sie ihren Tribut zahlten und seine Göttlichkeit anerkannten. Wer sich gegen ihn stellte, wurde in die äußersten Zipfel des Reiches verbannt und durch andere Kolonisten ersetzt. Die zwangsweise Migration der Menschen trug auch dazu bei, Quechua (in Ecuador Kichwa genannt), die Sprache des Kaiserreichs, zu verbreiten.

1533

Atahualpa wird von den Spaniern getötet und das Inkareich steht ohne Herrscher da. Pizarro zieht gen Süden nach Cusco (im heutigen Peru) und plündert die einst großartige Hauptstadt von Tahuantinsuyo.

1542

Francisco de Orellana verbringt auf der Suche nach Gold acht Monate am Amazonas und wird der erste Europäer, der ihn in ganzer Länge befährt (anschaulich in Buddy Levys *River of Darkness* beschrieben).

1563

Die Spanier erklären Ecuador zur Audiencia de Quito und der Regierungssitz in Lima, Peru, wird aufgehoben. Das Gebiet erstreckt sich von Cali (Kolumbien) bis nach Paita (Peru).

1600

Die Escuela Quiteña entsteht – indigene Künstler und Kunsthandwerker stellen einige der schönsten religiösen Kunstwerke Amerikas her. In den nächsten 150 Jahren entstehen viele synkretische Meisterwerke.

angekommen. Unter der Leitung von Bartolomé Ruiz de Andrade zogen sie für Francisco Pizarro auf eine Erkundungsmission Richtung Süden. Pizarro selbst blieb vorerst im Norden.

Allmählich nahm die Rivalität zwischen den beiden Söhnen von Huayna Capac zu und mündete schließlich in einem Bürgerkrieg. Nach mehreren Jahren des Kampfes besiegte Atahualpa seinen Bruder Huáscar in der Nähe von Ambato und war der alleinige Herrscher eines geschwächten und noch immer geteilten Inkareichs, als Pizarro 1532 mit dem Ziel ins Land kam, es zu erobern.

Die spanische Eroberung

Pizarros Vorstoß war schnell und dramatisch. Seine berittenen, gepanzerten, mit Kanonen schießenden Konquistadoren wurden für gottgleich gehalten, und obwohl es nicht viele waren, verbreiteten sie doch Terror unter den Einheimischen. Ende 1532 wurde ein Gipfeltreffen zwischen Pizarro und Atahualpa arrangiert. Atahualpa war bereit, mit den Spaniern zu verhandeln, Pizarro hingegen hatte andere Vorstellungen. Als Atahualpa am 16. November am vereinbarten Treffpunkt (Cajamarca in Peru) ankam, wurde er von den Konquistadoren gefangen genommen, und die meisten seiner schlecht bewaffneten Wachmänner wurden niedergemetzelt.

Atahualpa wurde gegen Lösegeld als Geisel gehalten und unermessliche Mengen Gold, Silber und andere Wertsachen flossen nach Cajamarca. Statt aber den Inka nach der Zahlung des Lösegeldes freizulassen, wurde er vor ein fingiertes Gericht gestellt und zum Tode verurteilt. Atahualpa wurde der Inzucht (Ehen unter Geschwistern waren in der Inkakultur Tradition), der Vielweiberei, der Verehrung falscher Götter und des Verbrechens gegen den König beschuldigt. Am 29. August 1533 wurde er schließlich hingerichtet. Sein Tod bedeutete das Ende für das Inkareich.

Zum Zeitpunkt von Atahualpas Hinrichtung war sein Heerführer Rumiñahui vermutlich gerade mit dem Lösegeld – Gold und Schätze en masse – auf dem Weg nach Cajamarca. Der Legende nach soll Rumiñahui, als er von Atahualpas Tod hörte, den Schatz in den unzugänglichen Bergen des heutigen Parque Nacional Llanganates versteckt haben. Er wurde aber nie gefunden.

Rumiñahui kämpfte dann noch zwei weitere Jahre gegen die Spanier. Der General war so gnadenlos, dass er der Legende nach einen spanischen Kollaborateur (und möglichen Thronfolger von Atahualpa) tötete, indem er ihm alle Knochen einzeln in kleine Stücke brach, sie durch ein Loch im Körper entfernte und ihn – Kopf und Gliedmaßen waren noch intakt – durch eine Walze langzog. Als Pizarros Leutnant, Sebastián de Benalcázar, sich Ende 1534 seinen Weg nach Quito gebahnt hatte, war die Stadt bereits von Rumiñahui dem Erdboden gleichgemacht worden. Rumiñahui hatte es vorgezogen, die Stadt zu zerstören, statt sie in die

Inka & Konquistadoren: Bücher

The Conquest of the Incas (1973), John Hemming

River of Darkness: Francisco Orellana's Legendary Voyage of Death and Discovery Down the Amazon (2011), Buddy Levy

The Last Days of the Incas (2007), Kim MacQuarrie

Der von Bartolomé de Las Casas im 16. Jh. geschriebene *Kurzgefasste Bericht von der Verwüstung der Westindischen Länder* ist eine scharfe, lesenswerte Beschreibung darüber, wie die Spanier die indigene Bevölkerung in der Kolonialzeit misshandelten.

1690

In Ecuador wüten die Pocken und die Diphtherie, ein Drittel der Menschen stirbt. Die indigene Bevölkerung (die zu Zeiten der Eroberung auf 1 Mio. Menschen geschätzt wird) nimmt dramatisch ab.

1767

König Karl III. vertreibt die Jesuiten aus dem spanischen Königreich. Missionen im Oriente werden verlassen, einige der besten Schulen und Haziendas des kolonialen Ecuadors gehen zugrunde.

1790

Nach 100 Jahren wirtschaftlichen Missmanagements durch Spanien befindet sich die ecuadorianische Wirtschaft in einer schweren Krise. Die Städte liegen in Trümmern und selbst die Elite leidet an Armut.

1791

Der Vordenker der Unabhängigkeit, Eugenio de Santa Cruz y Espejo, wird Leiter der „patriotischen Gesellschaft“, die die Lebensumstände verbessern will. Seine Schriften bringen ihn ins Gefängnis, wo er 1795 stirbt

Hände der Konquistadoren fallen zu lassen. Quito wurde am 6. Dezember 1534 neu gegründet, Rumiñahui wurde schließlich gefangen genommen, gefoltert und im Januar 1535 hingerichtet.

Obwohl die Inka nur kurze Zeit (knapp über 100 Jahre) in Ecuador waren, haben sie ein unauslöschliches Erbe hinterlassen. Die Bevölkerung musste Quechua (Kichwa in Ecuador) sprechen, eine Sprache, die noch heute von einem Viertel aller Ecuadorianer gesprochen wird. Die Inka bauten ein ansehnliches Straßennetz und verbanden so Cusco im Süden mit Quito im Norden. Auf einem Teil der „Königsstraße" – des Inkawegs nach Ingapirca – kann man noch heute entlangwandern. Ingapirca selbst ist Ecuadors bedeutendste archäologische Inkastätte mit hervorragenden Beispielen von den mörtellosen Mauern der Inka.

Koloniale Meisterwerke

- *La Compañía de Jesús (S. 56), Quito*
- *Monasterio de San Francisco (S. 70), Quito*
- *Haziendas an der Laguna de San Pablo (S. 113), nördliches Hochland*
- *El Sagrario („alte Kathedrale", S. 187), Cuenca*
- *Numa Pompilio Llona (S. 298), Guayaquil*
- *Hacienda Guachalá (S. 104), Cayambe*

Die Kolonialzeit

Nach 1535 verlief die Kolonialzeit ohne größere Aufstände der indigenen Ecuadorianer. 1540 machte Francisco Pizarro seinen Bruder Gonzalo zum Gouverneur von Quito.

Während der ersten Jahrhunderte der Kolonialherrschaft war Lima in Peru der Regierungssitz von Ecuador. Ecuador war ursprünglich eine *gobernación* (Provinz) und wurde 1563 zur Audiencia de Quito (ein politisch bedeutenderer Bezirk). Sie gehörte zunächst zum Vizekönigreich Peru und wurde 1739 dann dem Vizekönigreich Kolumbien zugeführt (das damals Nueva Grenada hieß).

Ecuador blieb während dieser Zeit eine friedvolle Kolonie, in der Landwirtschaft und Künste florierten. Neue Produkte wie Rinder und Bananen, die auch noch für das moderne Ecuador von heute wichtig sind, wurden durch die Europäer eingeführt. Auf jedem heiligen Fleck der indigenen Kultur wurden Kirchen und Klöster gebaut und mit einzigartigen Schnitzereien und Malereien verziert, die spanische und indigene Einflüsse verbanden. Die sogenannte Escuela Quiteña (Quito-Schule) wird noch heute von den Besuchern Ecuadors bewundert. Sie hat sowohl die Kolonialgebäude dieser Zeit als auch Ecuadors einzigartige Kunstgeschichte stark geprägt.

Die Kolonialherren führten ein angenehmes Leben, aber die indigenen Bewohner (und später auch die *mestizos*, Menschen mit spanischen und indigenen Wurzeln) wurden miserabel behandelt. Zwangsarbeit wurde nicht nur geduldet, sondern auch gefördert. Und so überrascht es nicht, dass die indigenen Gruppen im 18. Jh. mehrere Aufstände gegen die spanischen herrschenden Klassen anzettelten. Soziale Unruhen und die Einführung von Kakao- und Zuckerplantagen im Nordwesten führten dazu, dass Grundbesitzer afrikanische Arbeitssklaven importierten. Ein Großteil der reichen afro-ecuadorianischen Kultur, die man heute in der Provinz Esmeraldas findet, stammt aus dieser Zeit.

1822

Zwei Jahre nach der Unabhängigkeitserklärung Guayaquils besiegt António Jose de Sucre die spanischen Royalisten in der Schlacht von Pichincha. Ecuador wird Teil Großkolumbiens.

1830

Ecuador verlässt Großkolumbien und wird unabhängig. Honoratioren aus Quito erstellen eine Verfassung und General Flores wird eingesetzt, um sich um militärische und politische Angelegenheiten zu kümmern.

1835

Der junge Naturforscher Charles Darwin verbringt fünf Wochen mit der Erforschung der Galapagosinseln – was sich später für seine bahnbrechende Evolutionstheorie als ausschlaggebend erweisen sollte.

1851

General José Maria Urbina befreit die Sklaven des Landes. Sein Nachfolger, General Francisco Robles, beendet die seit 300 Jahren bestehende jährliche Abgabepflicht der indigenen Bevölkerung.

MYTHOS AMAZONAS

Eines der bedeutendsten Ereignisse der frühen Kolonialzeit war die unglaubliche Reise von Francisco de Orellana entlang des Río Napo. Orellana machte sich im Dezember 1541 auf die Suche nach Essbarem für die hungrigen Männer von Gonzalo Pizarro, die mit viel Mühen die Cordillera Oriental überquert hatten. Als Orellana aber den dichten, üppig grünen Urwald am Flussufer sah, geriet seine ursprüngliche Mission schnell ins Vergessen und er begann, nach Gold zu suchen. In dieser Zeit sprachen die spanischen Konquistadoren von legendären verlassenen Goldstädten, und Orellana wollte unbedingt El Dorado finden. „Nachdem wir unsere Schuhe und Sattel mit einigen Kräutern gekocht und verzehrt hatten", schrieb Orellana, „machten wir uns auf den Weg zum Königreich des Goldes". Es war eine zermürbende Reise, die der Hälfte seiner Kameraden das Leben kosten sollte.

Am 5. Juni 1542, etwa fünf Monate nachdem sie Segel gesetzt hatten, erreichten Orellanas Schiffe einen großen, mit vielen geschnitzten „grimmigen Löwen" (wahrscheinlich Jaguare) geschmückten Ort. Einer der Dorfbewohner sagte, dass die Schnitzereien die Stammesherrin und ihren Herrscher darstellen würden. Als sein Schiff später aufs Heftigste angegriffen wurde (nachdem seine eigenen Männer andere Siedlungen am Fluss überfallen hatten), war Orellana davon überzeugt, dass diese Attacke von Kriegerinnen ausging. Er nannte den Fluss daraufhin nach den Amazonen, den mythischen Kriegerinnen im antiken Griechenland. Als er nach etwa acht Monaten den Atlantik erreichte, hatte er die Suche nach Gold aufgegeben. Er war der erste Europäer, der den ganzen Amazonas entlanggereist war – eine Meisterleistung, die sich in den nächsten 100 Jahren nicht wiederholen sollte. Dieses Ereignis wird in Ecuador alljährlich am 12. Februar mit dem Aniversario del Descubrimiento del Río Amazonas (Entdeckung des Amazonas) gefeiert.

Werner Herzogs Film *Aguirre, der Zorn Gottes* aus dem Jahr 1972 wurde inspiriert durch Orellanas erfolglose Suche und die anschließende Dokumentation des Chronisten Gaspar de Carvajal. Er bedient sich jedoch beider Reisen, der von Orellana und der von Aguirre.

Unabhängigkeit

Der erste ernsthafte Versuch, sich von den Spaniern zu befreien, fand am 10. August 1809 statt. Er wurde von einer von Juan Pío Montúfar angeführten Partisanengruppe unternommen. Sie konnte Quito einnehmen und eine Regierung einsetzen, aber die königstreuen Truppen erlangten innerhalb von nur 24 Tagen die Kontrolle zurück.

Unabhängig wurde das Land schließlich durch den venezolanischen Befreier Simón Bolívar, der von Caracas aus Richtung Süden zog, 1819 Kolumbien befreite und die Bewohner von Guayaquil unterstützte, als sie am 9. Oktober 1820 ihre Unabhängigkeit erklärten. Es dauerte jedoch weitere zwei Jahre, bis Ecuador sich endgültig von der spanischen Herrschaft befreien konnte. Die entscheidende Schlacht fand am 24. Mai 1822 statt, als einer der besten Offiziere Bolívars, Mariscal (Feldmarschall) An-

1859

García Moreno kommt an die Macht. Er wird von seinen Gegnern zwar als Diktator bezeichnet, trägt aber stark zur Bildung, zum Gemeinwohl und zur wirtschaftlichen Entwicklung bei. 1875 wird er ermordet.

1895

José Eloy Alfaro Delgado kommt an die Macht. Als Verteidiger des Liberalismus entzieht er der Kirche die Macht, legalisiert zivilrechtliche Ehen und Scheidungen und begründet die Rede- und Religionsfreiheit..

1920

Wirtschaftsprobleme legen Ecuador lahm. Pilzbefall und sinkende Nachfrage vernichten die Kakaobranche. Arbeiter protestieren gegen die rasende Inflation. Streiks werden brutal unterdrückt.

1930er-Jahre

Nach den Reformen Ende der 1920er-Jahre (z. B. Pensionen für Staatsangestellte) kommt es zum Crash der Wirtschaft. Die Arbeitslosigkeit schnellt in die Höhe, politische Instabilität erschüttert die Regierung.

tonio José de Sucre, die Royalisten bei Pichincha besiegte und Quito einnahm. An die Schlacht von Pichincha erinnert ein fantastisch gelegenes Denkmal am Volcán Pichincha mit Blick über die Hauptstadt.

Bolívar träumte von einem vereinten Südamerika und verschmolz Venezuela, Kolumbien und Ecuador zum unabhängigen Staat Großkolumbien (Gran Colombia). Aber schon nach acht Jahren war der Traum ausgeträumt, und 1830 erlangte Ecuador die vollständige Unabhängigkeit. Im selben Jahr wurde ein Vertrag mit Peru unterzeichnet, der die Grenze zwischen den beiden Nationen festlegte. Diese Grenze ist auf allen ecuadorianischen Karten eingezeichnet, die vor 1999 gedruckt wurden. Nach einem Krieg zwischen Ecuador und Peru wurde 1942 die Grenze neu gezogen. Sie wurde von den ecuadorianischen Behörden aber erst mit Unterzeichnung des Friedensvertrags mit Peru Ende 1998 anerkannt.

Politische Entwicklung

Nach der Unabhängigkeit von Spanien kam es in Ecuador zu ausufernden politischen Kämpfen zwischen Liberalen und Konservativen. Die Feindseligkeiten eskalierten oft in Gewalt. 1875 wurde der von der Kirche unterstützte konservative Diktator, Präsident García Moreno (der den Katholizismus zur Voraussetzung für die ecuadorianische Staatsangehörigkeit machen wollte), vor Quitos Präsidentenpalast mit einer Machete zerstückelt. 1912 wurde der liberale Präsident Eloy Alfaro, der versuchte, einen Großteil des Erbes von García Moreno rückgängig zu machen, in Quito von einem konservativen Mob getötet und verbrannt (ironischerweise wurde Alfaro mit genau der Bahnlinie nach Quito gebracht, für die er selbst den Weg bereitet hattet). Die Rivalitäten zwischen diesen Gruppen bestehen noch heute, wenngleich weniger gewalttätig. Quito ist noch immer Hochburg der kirchentreuen Konservativen, Guayaquil ist seit Jahrhunderten liberaler und manchmal auch sozialistisch angehaucht.

Robert McCracken Pecks Buch *Headhunters and Hummingbirds* ist ein schnelles, tolles 108 Seiten langes Buch über eine wissenschaftliche Expedition im Jahr 1984 in die Cutucu-Berge im Gebiet der Shuar, in dem Affen gegessen, Taranteln zerschnippelt und Kolibris mit Netzen eingefangen werden.

Ecuadors Politik war auch im 20. Jh. größtenteils unbeständig, aber es gab zu keiner Zeit Blutvergießen oder brutale Militärdiktaturen wie in anderen lateinamerikanischen Ländern. Das will aber nicht heißen, dass das Militär nie die Zügel in der Hand hatte – im 20. Jh. war das Militär genauso lange an der Macht wie die Zivilregierung. Präsident José María Velasco Ibarra wurde zwischen 1934 und 1972 fünfmal gewählt, wurde aber jedes Mal vor Ablauf seiner Amtszeit vom Militär abgesetzt. Ibarra war nicht der Einzige, dem dieses Schicksal widerfuhr: In den zehn Jahren zwischen 1930 und 1940 versuchten 17 Präsidenten Ecuador zu regieren, keiner von ihnen hielt seine Amtszeit durch.

Gelbes und schwarzes Gold

Bis in die 1970er-Jahre war Ecuador im wahrsten Sinne des Wortes eine „Bananenrepublik" – denn die Banane war das einzige wirklich wichtige

1941

Wegen umstrittener Amazonasgebiete marschiert Peru mit 13 000 Mann in Ecuador ein. Nach dem Friedensschluss tritt Ecuador fast die Hälfte seines Territoriums ab, erkennt die Grenzen aber nicht an.

1948

Galo Plaza wird Präsident, eine Ära des Fortschritts und Wohlstands beginnt. Die Inflation nimmt ab, der Haushalt wird saniert und es wird in Schulen, Straßen und sonstige Infrastruktur investiert.

1948–1952

Eine Krankheit bedroht die Plantagen Mittelamerikas. Ecuador wird einer der größten Bananenproduzenten der Erde. Die Exporte steigen zwischen 1948 und 1952 von 2 auf 20 Mio. US$.

1955

Ecuadorianische Beamte beschlagnahmen zwei US-amerikanische Fischereiboote und werfen ihnen vor, in der 200-Seemeilen-Zone Ecuadors gefischt zu haben – der Beginn der „Thunfischkriege".

Exportgut. Ecuador exportierte mehr Bananen als jedes andere Land der Welt. Bananen sind zwar immer noch das Hauptprodukt der ecuadorianischen Wirtschaft, sie bekamen aber eine starke Konkurrenz, als 1967 im Oriente Öl gefunden wurde. 1973 standen die Ölexporte an erster Stelle und Anfang der 1980er-Jahre waren sie für mehr als die Hälfte aller Exporterlöse des Landes verantwortlich. Das Öl hatte zweifellos einen Wirtschaftsboom zur Folge, jedoch behaupten linke Politiker, im Bündnis mit Vertretergruppen für die Rechte der indigenen Bevölkerung, dass sich ein Großteil des Reichtums noch immer in den Händen einiger weniger befindet und dass die meisten keinen Nutzen davon haben. Das zeigt auch die Statistik: Die Mehrheit der Landbevölkerung hat bestenfalls den gleichen Lebensstandard wie in den 1970er-Jahren, für viele ist er seitdem sogar gesunken.

Nach Entdeckung des Öls nahm Ecuador Kredite auf, im Vertrauen darauf, dass die Profite aus dem Ölexport für die Tilgung der Auslandsschulden reichen würden. Dies erwies sich aber aufgrund des starken Rückgangs der ecuadorianischen Ölexporte Mitte der 1980er-Jahre als Irrtum. 1986 fielen die Erdölpreise weltweit, und 1987 zerstörte ein verheerendes Erdbeben etwa 40 km einer Ölpipeline. Es kam nicht nur die Umwelt zu Schaden, auch die Wirtschaft litt unter den Auswirkungen. Die Entdeckung von Öl führte auch dazu, dass immense Gebiete des ecuadorianischen Amazonasbeckens für Probebohrungen freigegeben wurden. Darunter litten sowohl der Regenwald als auch die dort lebenden indigenen Stämme, von denen einige noch nie Fremde gesehen hatten.

Ecuadors Wirtschaft basiert noch immer hauptsächlich auf Öl, obwohl die Vorkommen nicht so groß wie erwartet sind. Auch das blinde Vertrauen in Erdölgewinne hat sich zuletzt (2008) verheerend auf die Wirtschaft ausgewirkt, als der Weltölpreis kräftig sank.

Die Vergabe von Bergbaukonzessionen an Unternehmen im Ausland (Japan, Kanada, China und Chile) hat in den letzten Jahren zu vielen Kontroversen geführt – zumal die meisten Zulassungen ohne Einbeziehung der Öffentlichkeit vergeben worden sind. Gruppierungen wie die DECOIN haben gegen diese Konzessionen protestiert: Sie sind nur dank eines Schlupflochs in der Verfassung möglich, welches dem Präsidenten gestattet, offenes Land für Bauvorhaben freizugeben.

Albert Franklins Buch *Ecuador: Portrait of a People* aus dem Jahr 1943 ist eine Mischung aus Mark Twain und *Gullivers Reisen* und bietet einen Einblick von außen in die regionalen Unterschiede der Bevölkerungsgruppen des Landes. Unter anderem enthält es originelle und ehrliche Beobachtungen berühmter Orte wie dem Park America in Guayaquil und Otavalos berühmtem Marktplatz. Lustig, interessant und sehr altmodisch.

Rückkehr zur Demokratie

Die 1980er- und frühen 1990er-Jahre waren ein ständiger Kampf zwischen Konservativen und Liberalen. Außerdem gab es Korruptionsskandale, die das Vertrauen der Bevölkerung in die herrschende Klasse schwächten. Die Kandidaten in der Wahl von 1996 waren zwei hitzköpfige Politiker aus Guayaquil, die für ihre Unverfrorenheit bekannt waren. Der Sieger, Abdala Bucaram, wurde auch „El Loco“ (Der Verrückte) genannt. Diesen

1959
Die Galapagosinseln werden zum ersten Nationalpark Ecuadors, 97 % des Archipels stehen unter Naturschutz. 1979 erklärt die UNESCO die Inseln zur Welterbestätte.

1970er-Jahre
Nach der Entdeckung von Erdöl im Oriente durchlebt Ecuador starke Veränderungen. Der Staatshaushalt, die Exporte und das Pro-Kopf-Einkommen steigen um 500 % und es entsteht eine kleine Mittelklasse.

1992
Tausende indigener Protestler, die für eine Landreform kämpfen, demonstrieren in Quito am 500. Jahrestag der Landung Kolumbus'. In den folgenden Verhandlungen erhalten sie über 1 Mio. ha Land in Amazonien.

1995
Ecuador und Peru haben einen weiteren Grenzstreit, 400 Menschen sterben. 1998 beendet ein Friedensvertrag die Feindseligkeiten und beide Seiten bemühen sich, die unzähligen Landminen zu beseitigen.

Tom Miller ging in den frühen 1980-er Jahren nach Ecuador, um die Ursprünge des bekanntesten Exportprodukts des Landes zu erforschen. The *Panama Hat Trail* ist eine lustige Recherche zu einem Produkt, das nach einem gänzlich anderen Land benannt worden ist, beleuchtet aber auch generelle Alltagsprobleme in fernen Ländern, z. B. mit Badezimmern und Bussen.

Der Ex-Präsident Abdala Bucaram (alias Der Verrückte) nahm eine CD auf mit dem Titel *El Loco Que Ama (Ein Verrückter, der liebt)*. Auf dem Cover dieser CD mit 18 Stücken ist er mit Präsidentenschärpe und Chaplin-Schnurrbart abgebildet.

Spitznamen verdankt er seiner feurigen, mit Flüchen gespickten Art zu reden und seiner Vorliebe, während des Wahlkampfs auf Rockkonzerten aufzutreten. Bucaram versprach bezahlbare Wohnungen, niedrigere Grundnahrungsmittelpreise und kostenlose medizinische Versorgung. Aber stattdessen wertete er die ecuadorianische Währung, den Sucre, ab und erhöhte die Lebenshaltungskosten. Auch wurde er von Einheimischen des Öfteren beim Feiern in Quitos Nachtclubs gesehen.

In nur wenigen Monaten legten Streiks, zu denen die Gewerkschaften und die Confederación de Nacionalidades Indígenas del Ecuador (CONAIE; Bündnis der indigenen Nationalitäten Ecuadors) aufgerufen hatten, das Land lahm. Der Kongress erklärte Bucaram für „geistig unfähig" und entließ ihn aus seinem Präsidentenamt. Bucaram floh nach Panama.

Nach Bucarams Rausschmiss bekleidete erstmals eine Frau dieses Amt. Seine Vizepräsidentin, Rosalía Arteaga, konnte sich aber kaum zwei Tage als Präsidentin Ecuadors behaupten. Der Kongress stimmte mit überwältigender Mehrheit für den Kongressvorsitzenden Fabián Alarcón. Er stand bis 1998 an der Spitze der Regierung. Dann wurde der *quiteño* Jamil Mahuad von der Demokratischen Volkspartei zum Präsidenten gewählt.

Mahuads politisches Geschick wurde sofort auf die Probe gestellt. Die verheerenden Folgen von El Niño und der schwächelnde Ölmarkt in den Jahren 1997 und 1998 brachten die Wirtschaft 1999 ins Trudeln. Im gleichen Jahr sanken die Garnelenexporte aufgrund einer verheerenden Krankheit dieser Tiere um 80 %. Als die Inflationsrate in Ecuador 60 % erreichte und somit die höchste in ganz Lateinamerika war, ergriff der unter Druck stehende Präsident drastische Maßnahmen: Das Überleben der ecuadorianischen Wirtschaft hing seiner Meinung nach von der Dollarisierung ab. Durch diesen Prozess sollte die instabile Währung Ecuadors durch den US-Dollar ausgetauscht werden.

Dollarisierung

Die Dollarisierung war in einigen wenigen ums Überleben kämpfenden Ländern, u. a. im nahe gelegenen Panama (wo der Dollar Balboa genannt wird), erfolgreich. Als Präsident Mahuad aber seinen Plan vorstellte, die nationale Währung abzuschaffen, kam es zu Streiks, Protesten und Straßensperren. Am 21. Januar 2000 legten Demos die Hauptstadt lahm. Die Protestierenden besetzten das Parlamentsgebäude und zwangen Mahuad zum Rücktritt.

Ihre Anführer waren Antonio Vargas, Oberst Lucio Gutiérrez und der ehemalige Präsident des Obersten Gerichtshofs, Carlos Solorzano, die ein kurzes Führungstrio bildeten. Zwei Tage später – und hauptsächlich aufgrund des internationalen Drucks, der auf den ersten Militärputsch in Lateinamerika in 20 Jahren folgte – übergab das Dreiergespann dem Vizepräsidenten Gustavo Noboa das Präsidentenamt. Noboa setzte die

2000

Wegen der starken Inflation und der Staatsschulden ersetzt Ecuador den Sucre (die Landeswährung) durch den US-Dollar. Die Wirtschaft erholt sich leicht, trotzdem rutschen viele Ecuadorianer in die Armut ab.

2008

Die Ecuadorianer beschließen eine neue Verfassung. Der Präsident erhält mehr Macht, das Budget für Sozialleistungen wird erhöht, und die Rechte der *indígenas* und der Umweltschutz bekommen Verfassungsrang.

2010

Ein neues Gesetz erweitert die staatliche Kontrolle über die Ölindustrie. Es besagt, dass das im Land produzierte Erdöl und Erdgas zu 100 % Eigentum Ecuadors ist.

2011

Nach 18 Jahren Gerichtsverfahren wird der Erdölgigant Chevron zur Zahlung von 18 Mrd. US$ verdonnert, um die Verschmutzungen im Oriente zu beseitigen. Chevron legt Berufung ein – 2017 wird das Urteil zurückgezogen.

Dollarisierung fort, und im September 2000 wurde der US-Dollar die offizielle Landeswährung. Nur ein Jahr zuvor kostete ein Dollar 6000 Sucre. Im Inflationsjahr 2000 mussten die Menschen dann für einen Dollar 25000 Sucre hinblättern. Ihre Verluste waren enorm.

Das 21. Jahrhundert

Zusammen mit dem Dollar führte Noboa Sparmaßnahmen ein, um vom Internationalen Währungsfond (IWF) und anderen internationalen Geldgebern eine Zwei-Milliarden-Dollar-Spritze zu bekommen. Ende 2000 schossen die Preise für Benzin und Brennstoff zum Kochen (hauptsächlich als Folge der Dollarisierung) in die Höhe, und das neue Jahr war von Streiks und Protesten der Gewerkschaften und indigenen Gruppen geprägt. Die Wirtschaft stabilisierte sich schließlich, und Noboa verließ sein Amt unter einigermaßen freundlichen Umständen.

Nach Noboa wurde der Ex-Putschist Lucio Gutiérrez im Jahre 2002 zum Präsidenten gewählt. Er hatte zwar ein populistisches Programm versprochen, aber stattdessen führte er Sparmaßnamen ein, um die erheblichen Schulden des Landes in den Griff zu bekommen. In der Hauptstadt kam es zu Protesten, und 2005 wählte der Kongress Gutiérrez mit überwältigender Mehrheit ab (der dritte ecuadorianische Präsident, der innerhalb von acht Jahren gestürzt wurde) und ersetzte ihn durch seinen Vizepräsidenten Alfredo Palacio.

Palacio, ein Newcomer auf der politischen Bildfläche, bezeichnete sich selbst als „einfachen Arzt". Er richtete sein Augenmerk schnell auf die sozialen Probleme, die sein Vorgänger vernachlässigt hatte. Um Gesundheits- und Bildungsprogramme zu finanzieren und die Wirtschaft wieder auf Vordermann zu bringen, kündigte Palacio an, dass er die Erdölprofite, die eigentlich für die Tilgung der Auslandsschulden gedacht waren, umverteilen würde. Bei diesem Vorhaben war Rafael Correa, ein in den USA ausgebildeter Ökonom, ein wichtiger Partner. Er wurde Palacios Finanzminister, setzte später nach seiner Wahl zum Präsidenten im Jahr 2006 noch rigorosere Sozialreformen durch und konnte so seine Macht festigen.

Correa beschrieb sich selbst als Humanisten, glühenden linken Katholiken und Verfechter eines Sozialismus des 21. Jhs. Nach seiner Amtsübernahme leitete er etliche großangelegte Veränderungen ein. 2008 schuf eine neue, durch ein Referendum abgesegnete Verfassung die Grundlage für eine neue Sozialpolitik: Die Ausgaben für das Gesundheitswesen und die Armen wurden erhöht, indigenen Gruppen mehr Rechte verliehen, neue Umweltschutzmaßnahmen bewilligt und sogar homosexuellen Paaren wurde erlaubt, eingetragene Partnerschaften einzugehen.

Eines der größten Angriffsziele Correas war die Ölindustrie: Er forderte höhere Steuern für Öleinkünfte, die den Armen Ecuadors zugutekommen sollten, und beschuldigte ausländische Ölkonzerne in Ecuador, sich

John Perkins behauptet in seinem Insider-Bericht *Bekenntnisse eines Economic Hitman – Unterwegs im Dienst der Wirtschaftsmafia*, die US-Regierung habe eine entscheidende Rolle dabei gespielt, dass Ecuador enorme Entwicklungskredite aufnahm und lukrative Projekte an US-amerikanische Unternehmen vergab.

O. Hugo Benavides' Werk *Making Ecuadorian Histories: Four Centuries of Defining Power* ist eine hervorragende wissenschaftliche Untersuchung über Staatenbildung, Bevölkerungsgruppen und Sexualität in Bezug auf die Schaltstellen der Macht in Ecuador.

2014

Ölbohrungen im Nationalpark Yasuni werden genehmigt. Neue Straßen, Bauarbeiten und die Gefahr von Ölverschmutzung bedrohen dieses artenreiche Naturschutzgebiet.

2014

Für über 280 Mio. US$ wird das Eisenbahnnetz Ecuadors saniert. Touristenzüge befahren nun spektakuläre Strecken zwischen Quito und Guayaquil.

2016

Ein verheerendes Erdbeben der Stärke 7,8 erschüttert die Pazifikküste Ecuadors und führt zu weitläufiger Zerstörung, knapp 700 Toten und Tausenden Verletzten.

2017

Lenín Boltaire Moreno, der ehemalige Vizepräsident, siegt in einer Stichwahl gegen Guillermo Lasso. Moreno, der seit einer Schießerei im Jahr 1998 gelähmt ist, wurde zum derzeit einzigen Staatsoberhaupt im Rollstuhl.

nicht an die geltenden Umweltschutzbestimmungen zu halten. Auch kritisierte er seinen Vorgänger Mahuad für die Einführung des US-Dollars als Landeswährung und deutete an, dass Ecuador zum Sucre zurückkehren werde, sobald es ökonomisch machbar sei. In jüngerer Zeit konzentrierte sich Correa auf die Schaffung einer digitalen Währung, die auf dem Markt bislang kaum Erfolg hatte. Seine Anhänger begrüßten Correas Fürsorge für die Armen und seine Konzentration auf wirtschaftliche Reformen.

Kritiker indes beschreiben Correa als eine Möchtegern-Version des verstorbenen Hugo Chávez, Venezuelas umstrittenem linken Präsidenten, der Großbetriebe wie die Telekommunikation verstaatlichte und versuchte, Präsident auf Lebenszeit zu bleiben (nach einem Referendum in Venezuela, das die Begrenzung der Amtszeit für Regierungsbeamte aufhob). Andere behaupteten, dass Correa seine Versprechen brach, die Umwelt zu schützen, insbesondere als er 2016 beginnen ließ, im Parque Nacional Yasuní, einer Region am Amazonas mit einer überwältigenden Artenvielfalt, nach Öl zu bohren.

Lenín Moreno, der einstige Vizepräsident unter Correa, wurde im Mai 2017 zum Präsidenten des Landes gewählt. Ein unvergesslicher Moment, wie Moreno zum weltweit einzigen Staatoberhaupt im Rollstuhl wurde – seit einem bewaffneten Raubüberfall im Jahr 1998 ist er gelähmt. In seiner Zeit als Vizepräsident hat er sich sehr für behinderte Menschen in Ecuador eingesetzt, u. a. hat er das Budget von Einrichtungen für Behinderte um das Fünfzigfache erhöht. 2012 war er für den Nobelpreis nominiert.

Wissenschafts- und Geschichtsfans sowie all jene, die gern gute (wahre) Abenteuergeschichten lesen, werden von Larrie D. Ferreiros Werk *Measure of the Earth: The Enlightenment Expedition That Reshaped Our World* (2011) begeistert sein. Darin beschreibt er die faszinierende Wissenschaftsexpedition von Europäern, die sich im 18. Jh. auf den Weg nach Quito machten, um die wahre Form unseres Planeten zu bestimmen.

Die indigenen Völker Ecuadors

Ecuadors indigene Bevölkerung setzt sich aus verschiedenen Gruppierungen zusammen und besteht aus fast 4 Mio. Menschen; das sind etwa 25% der Ecuadorianer (weitere 65% der Bevölkerung sind Mestizen mit indigenen und europäischen Vorfahren). Es gibt mehr als ein Dutzend unterschiedliche Gruppen in Ecuador, die etwa 20 verschiedene Sprachen sprechen. Die eingeborenen Völker Ecuadors litten während der europäischen Kolonialzeit schwer unter Diskriminierung und Misshandlung. Die heutigen Gruppen sehen sich ebenfalls beängstigenden Problemen gegenüber, vor allem durch den Landverlust aufgrund von Abholzung.

Heutige Probleme

Die indigenen Völker Ecuadors werden seit Jahrhunderten diskriminiert und stehen weiterhin am unteren Rand der Sozialstruktur Ecuadors. Es ist bekannt, dass die Mitglieder dieser Unterschicht meist arm und weniger gebildet sind und weniger Zugang zu medizinischer Grundversorgung haben. Nach einem Bericht der Weltbank sind 87% der Urbevölkerung Ecuadors arm; im ländlich geprägten Hochland sind es sogar 96%. Erschwerend kommt hinzu, dass Ölbohrungen, Bergbau und Abholzung zu einer umfassenden Vertreibung indigener Gruppen oder zur Verschmutzung ihrer Umgebung geführt haben – die Verurteilung von Texaco (das jetzt Chevron gehört) zu 18 Mrd. US$ Schadensersatz wegen fortgesetzter Verunreinigung des Amazonas mit Ölrückständen ist nur ein Beispiel.

Einsichten in die Bräuche und die Kosmologie der Shuar gibt *Spirit of the Shuar* (2001) von John Perkins und Shakaim Chumpi. Mithilfe von Interviews mit Mitgliedern des Amazonas-Stammes erforscht Perkins die Kriegerkultur der Shuar, ihre Heilkunst, sexuellen Praktiken, spirituellen Glaubensvorstellungen und die Herausforderungen angesichts eines rasanten Fortschritts der Moderne.

Trotz der Schwierigkeiten haben die *indígenas* Fortschritte an der politischen Front gemacht. Mit Demonstrationen und Volksaufständen hat die Confederación de Nacionalidades Indígenas del Ecuador (CONAIE) für größere Autonomie und Landreformen gekämpft und dabei besonders dagegen protestiert, dass Land der indigenen Völker an multinationale Konzerne übereignet wird. Seit ihrer Gründung in den 1980er-Jahren hat die politische Macht der CONAIE zugenommen und die Regierung einige Zugeständnisse gemacht – 1992 wurden indigenen Gruppen 16 000 km² Land zugesprochen, und in der neuen Verfassung von 2008 erhielten sie größere Autonomie und Anerkennung.

Kichwa

Zur größten ethnischen Gruppe, den Kichwa, gehören weit über 2 Mio. Menschen. Sie leben sowohl in der Sierra als auch am Amazonas und unterscheiden sich beträchtlich in ihren Sitten und Lebensstilen. In den Bergen leben sie auf kleinen Parzellen mit Ackerland, züchten Schafe und Rinder, und ihre fein gewebten Textilien sind eine wichtige Einnahmequelle.

Eine der bekanntesten Gruppierungen in der Kichwa-Gemeinschaft sind die Otavaleño. Wie andere Ureinwohner auch haben sie eine einzigartige Bekleidung, die sie von anderen Gruppen unterscheidet. Bei den Männern besteht sie aus einem blauen Poncho, einem weichen Filzhut, wadenlangen weißen Strümpfen und einem *shimba* (ein geflochtener Zopf, der fast bis zur Taille reicht). Das Haar auf diese Art zu tragen

LIEBE & KRIEG BEI DEN SHUAR

Die Shuar, eine der am besten erforschten Gruppen im Amazonasgebiet, waren früher als „Kopfjäger" gefürchtet und galten als grimmige Krieger – tatsächlich wurden sie von den Spaniern nie besiegt. Bis zur Mitte des 20. Jhs. waren sie berühmt für den aufwendigen Prozess des *tzantza*, mit dem sie die Köpfe ihrer getöteten Feinde schrumpften. Die Shuar glaubten, *muisak* (die Seele) des Opfers bliebe im Inneren des Kopfes, und den *tzantza* zu behalten, brächte dem Krieger Glück und besänftigte die Geister der Ahnen.

Männer der Shuar nehmen eine oder zwei Frauen, und die Mädchen werden oft schon zwischen zwölf und 14 Jahren verheiratet. Anders als in manch anderen Gesellschaften sind die Frauen in der Ehe autonom: Wenn sie mit ihren Ehemännern nicht zufrieden sind, können sie diese verlassen und zu ihren Familien zurückkehren. Die Männer können dagegen ihre Frauen nicht verlassen (wer davonläuft, wird von der Familie der Frau zurückgeholt!). Neben der Ehe haben manche Shuar Liebhaber oder Geliebte, was vom Ehepartner geduldet werden kann oder auch nicht. Ältere Ehefrauen nehmen es manchmal auf sich, junge, unverheiratete Männer in die Kunst der körperlichen Liebe einzuführen. Mehrere Partner zu haben wird nicht unbedingt missbilligt. Trotzdem sind Missverständnisse nicht selten, und so manche blutige, lang anhaltende Familienfehde hat ihre Ursachen in Seitensprüngen.

stammt wahrscheinlich aus Vor-Inka-Zeiten und hat eine lange, tief verwurzelte Tradition. Die Bekleidung der Frauen kommt von allem, was in den Anden getragen wird, der Inkatracht wohl am nächsten. Weiße Blusen, blaue Röcke, Umhänge und Schmuck dienen dazu, ihre ethnische Zugehörigkeit nach außen zu zeigen.

Ein eher ungewöhnlicher Führer in der Amazonasregion ist der über 50-jährige „Gringo Chief" Randy Borman. Als Sohn amerikanischer Missionare, die im Amazonasgebiet lebten, wurde er einer der einflussreichsten Anführer der Cofáns. Er spricht makelloses Cofán und hat dem Stamm geholfen, bedeutende Landkonzessionen zu gewinnen. Seinen Blog findet man unter www.cofan.org.

Huaorani

Die Huaorani sind ein Amazonasstamm, der im Oriente zwischen dem Río Napo und dem Río Curaray lebt. Die Menschen sind von kleiner Gestalt (die Männer sind durchschnittlich 1,50 m groß). Die Huaorani haben nicht mehr als 4000 Mitglieder und bleiben eine der isoliertesten indigenen Gruppen Ecuadors. Sie haben den Ruf, Krieger zu sein und ihr Territorium gegenüber Außenstehenden zu verteidigen, seien es nun rivalisierende Stämme oder Ölsucher. Sie haben eine komplexe Kosmologie – die keinen Unterschied macht zwischen der materiellen und der spirituellen Welt – und ein tiefgehendes Verständnis für den Regenwald, in dem sie ihre Medizin, Gifte zur Verteidigung und Halluzinogene für ihre spirituellen Riten anbauen. Manche nennen sie immer noch Auca, was in der Sprache der Kichwa „Wilde" bedeutet. Die Huaorani finden das äußerst beleidigend.

Shuar

Bis in die 1950er-Jahre hinein waren die Shuar, die im Amazonastiefland leben, eine Gesellschaft männlicher Jäger und weiblicher Gärtner. Um ihre Kultur und ihre Ländereien zu erhalten, gründeten die Shuar (die heute 40 000 Menschen zählen) 1964 das erste ethnische Bündnis in Ecuador und dem Amazonasgebiet. Traditionell waren sie Halbnomaden, die im kleinen Rahmen Brandrodung betrieben, Feldfrüchte anbauten (wie Maniok und Süßkartoffeln) und weiterzogen, bevor der Boden ausgelaugt war. Wie andere Gruppen Amazoniens verabreichen auch die Schamanen der Shuar *ayahuasca*, einen psychoaktiven Aufguss, mit dem sich bei spirituellen Übungen höhere Bewusstseinsstufen erreichen lassen.

Chachi

Die Chachi lebten ursprünglich im Hochland Ecuadors, flohen jedoch infolge der Eroberungszüge von Inka und Spaniern zur Pazifikküste (der heutigen Provinz Esmeraldas). Die rund 4000 Menschen wohnen in Hütten aus Palmwedeln, reisen mit dem Kanu durch eine wasserreiche Landschaft und pflanzen Kakao und tropische Früchte an. Sie sind hochqualifizierte Kunsthandwerker und besonders bekannt für ihre Hängematten.

Cofán

Die etwa 1200 Cofán leben im Grenzgebiet zwischen Ecuador und Kolumbien im Nordosten, etwa die Hälfte in Ecuador. Wie andere Amazonas-Stämme mussten sie einen erheblichen Verlust ihres Landes und eine Verschlechterung ihrer natürlichen Umwelt hinnehmen, zum großen Teil wegen der Ölförderung. In den letzten Jahren haben sie aber eine erfolgreiche Kampagne für Landrechte geführt und kontrollieren derzeit 4000 km² Regenwald (das hört sich nach viel an, ist jedoch nur ein Bruchteil der 30 000 km², die ihnen ursprünglich gehörten).

Kunst, Kultur & Musik

Die Poncho tragenden, Flöte spielenden Musiker aus den Anden sind in so ziemlich jeder größeren Stadt der Welt anzutreffen. Die musikalischen und künstlerischen Traditionen dieses kulturell reichen Landes sind aber sehr viel komplexer. Hier warten fantastische Kolonialarchitektur, beeindruckende Kunstwerke von gefeierten ecuadorianischen Malern und ein reicher Schatz an Volksliedern, die auf die afrikanischen und indigenen Wurzeln des Landes zurückgreifen.

Die Filmbiografie *Ruisenor de America* (1996) fängt die Brillanz und Dekadenz der lateinamerikanischen Musiklegende Julio Jaramillo fantastisch ein. In seiner über 20-jährigen Karriere nahm er mehr als 4000 Songs auf, lebte ein von Alkohol geprägtes, unkonventionelles Leben und hinterließ zahlreiche Liebhaberinnen (und Dutzende von unehelichen Kindern).

Architektur

In Sachen Kolonialarchitektur ragen zwei Städte haushoch über den Rest des Landes heraus: Quito und Cuenca. Beide haben so umwerfende historische Stadtkerne, dass sie zum Weltkulturerbe der UNESCO erklärt wurden (Quito 1978 und Cuenca 1999). Die Kirchen von Quito gehören zu den prächtigsten und spektakulärsten Kolonialbauten ganz Südamerikas. Viele Kirchen Quitos belegen mit ihren auffallenden maurischen Einflüssen, dem Mudéjar-Stil, dass Spanien jahrhundertelang von den Mauren beherrscht wurde.

Zahlreiche Kirchen in Quito wurden auf heiligen indigenen Stätten errichtet und fügen somit der kulturellen Vermischung einen weiteren Aspekt hinzu. Die Gesamterscheinung der kolonialen Kirchen der Stadt ist überwältigend ornamental und von fast erdrückender Opulenz.

Malerei & Bildhauerei

Der bedeutendste künstlerische Beitrag Ecuadors ist die Escuela Quiteña, die ihren Zenith zwischen 1600 und 1765 erreichte. Das 19. Jh. war durch die Republikanische Periode geprägt, deren beliebteste Motive Helden der Revolution, blühende Landschaften und wichtige Mitglieder der Oberschicht der jungen Republik waren.

Im 20. Jh. entwickelte sich die *indigenista*-Bewegung, angeführt von indigenen Künstlern, deren Thema die Unterdrückung und Beschwerlichkeiten der indigenen Bewohner Ecuadors war. Vorreiter dieser Bewegung war Camilo Egas (1899–1962), der zusammen mit dem Maler Eduardo Kingman (1913–1998) die moderne ecuadorianische Kunst international bekannt machte. Der berühmteste *indigenista*-Maler des Landes ist jedoch Oswaldo Guayasamín (1919–1999), dessen eindringliche und bewegende Werke sich um Themen wie Folter, Armut und Verlust drehen. Seine Bilder hängen in Galerien der ganzen Welt, doch der beste Ort, um sein Werk zu sehen, ist zweifellos Quito.

Keine Diskussion über ecuadorianische Malerei ist jedoch vollständig, ohne *tigua* zu erwähnen, ein komplexer, farbenfroher Malstil, der meist indigene Gruppen der Anden abbildet. Der wichtigste Vertreter dieser Kunstform ist der international bekannte Alfredo Toaquiza.

Literatur

Es gibt zwar mehrere nennenswerte Schriftsteller in Ecuador, aber keiner ist außerhalb des Landes ein Begriff. Juan Montalvo (1832–1889) war ein erfolgreicher Essayist aus Ambato, der häufig die diktatorischen Politiker seiner Zeit angriff. Sein bekanntestes Werk ist das Buch *Siete tratados* („Sieben Abhandlungen", 1882), das einen Vergleich zwischen Simón Bolívar und George Washington enthält. Juan León Mera (1832–1894), ebenfalls aus Ambato, ist für seinen Roman *Cumandá* (1891) berühmt, der das indigene Leben im 19. Jh. beschreibt.

Der vielleicht bekannteste ecuadorianische Schriftsteller des 20. Jhs. ist der *quiteño* Jorge Icaza (1906–1979), der zutiefst von der *indigenista*-Bewegung beeinflusst war. Sein berühmtester Roman *Huasipungo* (1934; 1955 übersetzt als *Huasipungo. Unser kleines Stückchen Erde*) ist eine brutale Geschichte über indigene Ecuadorianer, die Beschlagnahmung ihres Landes und das grausame Massaker an jenen, die sich widersetzten.

Eine gute Einführung in die ecuadorianische Literatur ist *Diez cuentistas ecuatorianos* (1990), eine Anthologie mit Kurzgeschichten von zehn ecuadorianischen Schriftstellern, die in den 1940er-Jahren geboren wurden. Die Geschichten sind auf Spanisch mit englischer Übersetzung geschrieben.

Música Folklórica

Eine der bekanntesten Melodien der *música folklórica* (traditionelle Musik) ist Simon and Garfunkels Version von *El Cóndor Pasa* (*If I Could*). Sie war schon lange eine klassische Andenmelodie, als sie von dem beliebten Duo ins Repertoire aufgenommen wurde (komponiert hat sie 1913 der Peruaner Daniel Alomía Robles).

Typisch für solche Anden-Songs sind gehaucht-schwermütig klingende Panflöten, die in Ecuador *rondador* heißen. Sie bestehen aus einer einzigen Reihe Bambuspfeifen mit pentatonischer (Fünfton-) Tonleiter und werden als Nationalinstrument Ecuadors angesehen. Die *rondador* unterscheidet sich von den anderen in den Anden benutzten Instrumenten wie die aus zwei Rohrreihen bestehende *zampoña* (die ihren Ursprung im Hochland rund um den Titicaca-See hat) sowie die *quena* und die *pingullo* (große und kleine Bambusflöte). Ein weiteres traditionelles Musikinstrument ist die *charango,* ein an eine Mandoline erinnerndes Instrument mit zehn Saiten und einem Resonanzkörper, der ursprünglich aus dem Panzer eines Gürteltiers bestand.

Pasillo

Wer an Ecuador denkt, hat wohl zuerst *folklórica* im Sinn. Die beliebteste Musik hier ist aber *pasillo,* der seine Wurzeln im Walzer hat. *Pasillo* wurde schon im 19. Jh. gespielt, als Ecuador (zusammen mit Kolumbien,

DIE QUITOER SCHULE

Die Schönheit der Escuela Quiteña liegt in ihrer faszinierenden Mischung aus indigenen Konzepten und Stilen mit europäischen Kunstformen. Glaube und Traditionen der Kunsthandwerker flossen in ihre Arbeiten ein. Wer sich die Gemälde in Quitos vielen Museen und Kirchen genauer ansieht, wird viele nichteuropäische Motive erkennen: Christus, der ein *cuy* (gebratenes Meerschweinchen) verspeist, oder die zwölf Apostel, deren Abendmahl aus *humitas* (einer Art Maiskloß) besteht. Religiöse Figuren werden häufig mit dunklerer Hautfarbe oder stärkerem Körperbau dargestellt – beides steht für indigene Ecuadorianer. Die Decken der Kirchen sind mit Sonnenmotiven und astrologischen Symbolen verziert, die an maurische Muster erinnern.

Die Escuela Quiteña wurde durch ihre herausragende Realitätstreue bekannt. Im 18. Jh. benutzten die Künstler für ihre Skulpturen Glasaugen sowie echte Haare und Wimpern. Sie setzten bewegliche Gelenke ein und legten winzige Spiegel in den Mund, die Speichel imitieren sollten; berühmt wurde ihre gekonnte polychrome Malerei (die Anwendung mehrfacher Farben). Einige Skulpturen, vor allem die des Bildhauers Manuel Chili (Spitzname „Caspicara") aus dem 18. Jh., sind so realistisch, dass sie fast lebendig wirken. Namhafte Maler der Escuela Quiteña sind u. a. Miguel de Santiago (dessen riesige Leinwände die Wände des Klosters San Agustín in Quito zieren), Manuel Samaniego, Nicolás Goríbar und Bernardo Rodríguez. Caspicaras Werke können im Kloster San Francisco in Quito bewundert werden.

Top-Songs

A Mi Lindo Ecuador – Pueblo Nuevo

Algo Así – Fausto Miño

Andarele – Grupo Bambuco

Ayayay! – Tomback

Caderona – Papá Rincón

Codominio de Cartón – Rocola Bacalao

De Mis Manos – Manolo Criollo

Homenaje a Mis Viejos – Raíces Negras

Entiendo Lo Que Hice Para Ti – Fausto Miño

Venezuela und Panama) ein Teil von Großkolumbien war. Die ergreifenden Lieder mit ihren melancholischen Melodien handeln oft von Enttäuschungen, vergangener Liebe und unstillbarer Sehnsucht nach der guten alten Zeit, seltener von der Schönheit der ecuadorianischen Landschaft (oder der Ecuadorianerinnen), der Tapferkeit der ecuadorianischen Männer (*pasillo* war im ecuadorianischen Unabhängigkeitskrieg recht beliebt) oder dem Charme der Städte und Orte.

Die berühmteste *pasillo*-Stimme ist die von Julio Jaramillo, der liebevoll „JJ" (auf Spanisch *jota jota*) genannt wird. Der attraktive, 1935 geborene Sänger aus Guayaquil machte dieses Genre mit seinen gefühlvollen Liedern in ganz Lateinamerika populär. Leider starb er nach einem ausschweifenden Leben schon mit 42 Jahren (an Leberzirrhose). Er verschied als Legende, und mehr als 250 000 Trauernde erwiesen ihm das letzte Geleit.

Afro-ecuadorianische Musik

Der Nordwesten Ecuadors, vor allem die Provinz Esmeraldas, ist das Zentrum der afro-ecuadorianischen Bevölkerung. Hier – und in afro-kolumbianischen Gemeinden im benachbarten Kolumbien – unterscheidet sich die traditionelle Musik deutlich von der in anderen Teilen Ecuadors.

Das wichtigste Instrument ist die *marimba* (ein Schlaginstrument ähnlich einem Xylofon, aber mit Holzklangstäben), die helle, weiche Töne hervorbringt. Sie wird begleitet von der einer Congatrommel ähnelnden *cunuco*, der größeren *bomba* (große Schaffelltrommel) und der einer Maraca ähnelnden *guasá*. Die einfachen Chor-Arrangements werden von westafrikanischen Rhythmen untermalt. Oft wird die Musik von traditionellen Tänzen wie dem stilisierten *bambuco* begleitet.

Auch im Chota-Tal im Norden gibt es eine afro-ecuadorianische Gemeinde, die einzige ihrer Art im Hochland. Dort ist die Musik eine Mischung aus indigenen Elementen (u. a. Panflöten) und afrikanischen Rhythmen – sie heißt *bomba* nach der großen Trommel, die für die harten Beats verantwortlich ist.

Eine der sehr populären afro-ecuadorianischen Musik- und Tanzgruppen ist Azúcar, die ihren Namen ihren auf Zuckerrohrplantagen arbeitenden Urahnen verdankt. Die tanzbare Musik der Grupo Bambuco aus Esmeraldas erhält durch zusätzliche Bläser einen besonderen Drive.

Weitere Musikstile

In den letzten 200 Jahren florierten zahlreiche musikalische Mischformen in Ecuador und es entstanden neue Genres aus traditionellen spanischen Stilen und indigenen Einflüssen.

Der *sanjuanito* (was so viel wie „kleiner hl. Johannes" bedeutet) ist ein beschwingter Tanz- und Musikstil mit traditionellen Rhythmen und Instrumenten aus den Anden (aber auch er hat einen Touch Melancholie). Sein Ursprung liegt in religiösen Feierlichkeiten des 24. Juni. Dieser Tag ist sowohl für Katholiken (Johannistag) als auch für die indigene Bevölkerung (das Inti Raymi bzw. das Sonnenfest für die Inka) von Bedeutung.

Anfang des 20. Jhs. entstand der *pasacalle*, ein entfernter Verwandter des spanischen *pasodoble*, eine Art Marschmusik, die vorwiegend bei Stierkämpfen gespielt wird. Auch die ecuadorianische Variante ist flott und hat dramatische Elemente sowie einen klaren Zweivierteltakt.

Wenn es in diesem Andenland eine unvermeidliche Musikform gibt, so ist es *cumbia*. Ihr Rhythmus erinnert an ein dreibeiniges trottendes Pferd. Ursprünglich stammt *cumbia* aus Kolumbien; die ecuadorianische Version klingt rauer (fast amateurhaft) und melancholisch und wird von einem elektronischen Keyboard dominiert. Busfahrer lieben diese Musik, vielleicht weil sie die Fahrten über die Nebenstraßen der Anden so seltsam schön untermalt (und hoffentlich den Fahrer wach hält).

Natur & Umwelt

Trotz seiner geringen Ausdehnung besitzt Ecuador eine der vielfältigsten Landschaften der Welt. Das Land von der ungefähren Größe Großbritanniens umfasst die Berge der Anden, Regen- und Nebelwälder des Amazonas und nicht zu vergessen jene spektakulären Vulkaninseln 1000 km vor der Küste. In solch unterschiedlichen geografischen Gegebenheiten birgt Ecuador eine außerordentlich reichhaltige Tierwelt. Vom winzigen Erzfischer bis zum majestätischen Jaguar lebt hier eine umwerfende Menagerie aus allen möglichen Kreaturen.

Geografie

Ecuador erstreckt sich entlang der südamerikanischen Pazifikküste auf beiden Seiten des Äquators und grenzt im Norden an Kolumbien und im Süden und Osten an Peru. Das Land lässt sich in drei Regionen unterteilen: Die Anden bilden das Rückgrat Ecuadors, das Küstentiefland liegt westlich der Berge und der Oriente im Osten besteht aus den Dschungeln des oberen Amazonasbeckens.

In nur 200 km Vogelfluglinie geht es von der Küste hinauf zu schneebedeckten Bergen und wieder hinab in den Dschungel im Ostteil des Landes. Die Galapagosinseln liegen am Äquator 1000 km westlich der ecuadorianischen Küste und bilden eine der 21 Provinzen des Landes.

Die Anden (in Ecuador Hochland genannt) ragen hoch über die Landschaft empor, mit dem 6310 m hohen Volcán Chimborazo als höchstem Gipfel Ecuadors. Das zentrale Hochland umfasst zwei parallel verlaufende vulkanische Gebirgsketten, die jeweils etwa 400 km lang sind. Der deutsche Entdecker Alexander von Humboldt, der das Land 1802 besuchte, taufte das zwischen ihnen eingebettete Tal passenderweise „Straße der Vulkane". Quito liegt in diesem Tal und ist mit 2850 m nach La Paz in Bolivien die zweithöchste Hauptstadt der Welt. Im zentralen Hochland befinden sich auch zahlreiche Ortschaften und winzige Dörfer, die für die Märkte und Fiestas der *indígenas* bekannt sind. In dieser Region ist die Bevölkerungsdichte landesweit am höchsten.

Als Kalmen bezeichnen Seeleute den windstillen Gürtel um den Äquator. Er entsteht durch die intensive Erwärmung entlang des Äquators, die dazu führt, dass die Luft eher nach oben steigt als zu strömen, was für Segelschiffe fatale Folgen hat.

Das Küstentiefland im Westen war einst stark bewaldet, aber die Ausweitung der Landwirtschaft führte dazu, dass die Wälder durch Obstplantagen ersetzt und die Mangroven für die Aufzucht von Garnelen abgeholzt wurden. Die Strände sind ganzjährig mit warmem Wasser gesegnet, und es gibt gute Surfmöglichkeiten. Allerdings können die Strände hier nicht mit denen in der Karibik mithalten.

Im Tiefland des Oriente im Osten existiert immer noch ein großer Teil des unberührten Regenwaldes, aber Kolonisierung und Ölbohrungen haben dem empfindlichen Lebensraum geschadet. Die Bevölkerung des Oriente hat sich seit den späten 1970er-Jahren mehr als verdreifacht.

Tiere

Ökologen haben Ecuador als einen der weltweiten „Hotspots der Mega-Artenvielfalt" ausgezeichnet. Die winzige Nation gehört zu den Ländern der Erde mit dem größten Artenreichtum. Die erstaunliche Vielfalt ergibt sich aus der großen Anzahl von Lebensräumen innerhalb seiner Landesgrenzen mit einer beeindruckend unterschiedlichen Fauna in den Anden, den tropischen Regenwäldern, den Küstenregionen und den zahlreichen Übergangsgebieten. Daraus geht eine Fülle von Biotopen, Ökosystemen sowie Tieren und Pflanzen hervor.

Vögel

Vogelbeobachter aus der ganzen Welt strömen aus einem einfachen Grund nach Ecuador: Das Land ist die Heimat von mehr als 1600 Vogelarten – das sind doppelt so viele wie auf dem europäischen und nordamerikanischen Kontinent zusammen – und steht auf Platz vier der weltweit vogelreichsten Staaten (nach Brasilien, Kolumbien und Peru)! Eine genaue Zahl kann nicht genannt werden, da häufig Arten gemeldet werden, die zuvor noch nicht beobachtet wurden, und ab und zu sogar eine neue Spezies entdeckt wird – ein unglaublich seltenes Ereignis in der Vogelwelt.

Kolibris schlagen bis zu 80-mal pro Sekunde mit ihren Flügeln und bewegen diese dabei in Form einer Acht. Dadurch können sie auf der Stelle oder sogar rückwärts fliegen.

Die Vögel können das ganze Jahr über hervorragend beobachtet werden, und jeder Teil des Landes bietet einzigartige Biotope. Im beliebten Mindo werden bei Audubons alljährlicher „Weihnachtszählung" oft die meisten Arten gemeldet. Ein besonderer Liebling der dortigen Einwohner ist der Andenklippvogel, ein Schreivogel mit leuchtendem Gefieder.

Viele Besucher finden es am reizvollsten, die winzigen Kolibris, die überall in Ecuador zu finden sind, zu beobachten. Etwa 130 Arten wurden bisher in Ecuador gefunden, und ihre herausragende Schönheit geht mit extravaganten Namen einher, wie etwa Grünschwanz-Goldkehlchen, Glanzelfe, Braunbauch-Brillant und Amethystsonnennymphe.

FEIN & GEFIEDERT: ECUADORS BERÜHMTE VÖGEL

In den einzig- und verschiedenartigen Lebensräumen Ecuadors sind erstaunlich viele große und kleine Vogelarten beheimatet. Zu den ewigen Favoriten gehören u.a. folgende Arten:

Andenkondor Mit seiner Flügelspannweite von 3 m ist der Wappenvogel von Ecuador einer der größten fliegenden Vögel weltweit. 1880 schrieb der britische Bergsteiger Edward Whymper, dass er für gewöhnlich ein Dutzend Kondore gleichzeitig fliegen sah. Heutzutage gibt es nur noch einige wenige Hundert Paare im Hochland von Ecuador, einen einzigen zu sehen ist daher ein aufregendes Erlebnis.

Hellroter Ara Diese farbenprächtigen Vögel mit ihren blauen, roten und gelben Federn sind ein grandioser Anblick und gehören zu den über 40 Papageienarten in Ecuador. Sie sind häufig paarweise unterwegs und haben eine Lebenserwartung von über 40 Jahren.

Harpyie Dieser Raubvogel mit einer Flügelspannweite von bis zu 2 m und einem Gewicht von bis zu 10 kg ist einer der größten Raubvögel der Welt. Er hat mächtige Krallen, mit denen er Rüsselbären, Faultiere, Affen und andere auf Bäumen lebende Säugetiere erbeuten kann.

Leistenschnabeltukan Tukane gehören zu den bekanntesten lateinamerikanischen Vögeln und haben riesige (aber meist hohle) Schnäbel, die ideal dafür geeignet sind, reife Früchte von Zweigen abzuknabbern. Diese besondere Art mit ihrem schwarzen und elfenbeinfarbenen Schnabel kommt an den westlichen Berghängen der Anden vor und macht mit grellen Lauten, die man bis zu 1 km weit hören kann, ganz schön viel Krawall.

Erzfischer Dieser winzige Vogel, der gerade einmal 18 g wiegt und nur etwa 12 cm groß wird, hat das typische Aussehen eines Eisvogels (langer Schnabel und kurzer Schwanz), wird aber, wenn er vorbeihuscht, fälschlicherweise häufig für einen Kolibri gehalten.

Andenklippvogel Ein Muss auf der Liste vieler Ornithologen ist dieser rotgefiederte papageiengroße Vogel, ein echter Star mit mehr als 20 „Songs" (die meisten ziemlich laut). Männchen sammeln sich in sogenannten Balzarenen mit zehn bis 20 Artgenossen, um potenzielle Partner zu beeindrucken. Gute Guides wissen, wo man sie findet.

Säugetiere

Etwa 300 Säugetierarten sind in Ecuador dokumentiert. Die Bandbreite reicht von Affen im Amazonastiefland bis zu den seltenen Brillen- oder Andenbären im Hochland.

Von allen Säugetieren sind Affen für viele am unterhaltsamsten zu beobachten. Zu den ecuadorianischen Arten gehören Brüllaffen, Klammeraffen, Wollaffen, Springaffen, Kapuzineraffen, Totenkopfäffchen, Tamarine und Marmosetten. Unter den Orten, in denen man sie am besten in ihrem natürlichen Lebensraum beobachten kann, sind die Reserva Producción Faunística Cuyabeno, der Parque Nacional Yasuní im Amazonastiefland und der selten besichtigte Tieflandabschnitt der Reserva Ecológica Cotacachi-Cayapas in der Nähe der Küste. Eine Gruppe von schelmischen Kapuzineraffen hat die zentrale Plaza in der Stadt Misahuallí im Oriente eingenommen. Hier erlebt man sie garantiert hautnah (und manchmal auch zu nah). Im Oriente kommt es nicht selten vor, dass die Brüllaffen schon deutlich zu hören sind, bevor man sie sieht. Das schaurige Gebrüll der Männchen ist über große Entfernungen zu vernehmen und kann sich wie das Schreien eines Babys oder wie heulender Wind in den Bäumen anhören.

Das exzellente zweibändige (aber unhandliche) Werk *The Birds of Ecuador* von Robert Ridgely und Paul Greenfield ist die kompetenteste Arbeit zur Vogelbeobachtung überhaupt. Ein praktischerer Naturführer ist das (viel schmalere) *Fieldbook of the Birds of Ecuador* von Miles McMullan und Lelis Navarrete.

Zu den anderen tropischen Besonderheiten gehören zwei Faultierarten: die tagaktiven Dreifingerfaultiere und die nachtaktiven Zweifingerfaultiere. Es ist gut möglich, dass man Erstere bei einer Wanderung durch das Amazonasgebiet erblickt. Sie hängen gewöhnlich regungslos von Bäumen herab oder bewegen sich verblüffend langsam über einen Ast in Richtung eines Büschels besonders saftiger Blätter, ihrer Hauptnahrungsquelle.

Im Hochland gibt es weit weniger Säugetierarten als im Tiefland. Dazu zählen auch Rehe und Kaninchen, die man häufig sieht, und der Andenfuchs, der seltener gesichtet wird. Eines der Symbole der Anden ist das Lama, das domestiziert ist und in erster Linie als Lasttier eingesetzt wird. Sein wilder Verwandter, das anmutige Vikunja, wurde im Chimborazo-Gebiet wieder angesiedelt – wer mit dem Auto, dem Bus oder zu Fuß im Park unterwegs ist, kann sich fast sicher sein, eines zu erspähen. Weitere Säugetiere, die man möglicherweise zu Gesicht bekommt, sind etwa Ameisenbären, Gürteltiere, Agutis (große Nagetiere), Capybaras (noch größere Nagetiere, einige wiegen bis zu 65 kg), Pekaris (wilde Schweine) und Otter. Flussdelfine werden gelegentlich in Nebenflüssen des Amazonas gesichtet. Andere exotische Säugetiere, wie Ozelots, Jaguare, Tapire, Pumas und Brillen- oder Andenbären, sieht man nur sehr selten. Der erste dokumentierte *olinguito* (Anden-Makibär), ein waschbärähnliches Tier, wurde 2013 bei der Bellavista Lodge zwischen Quito und Mindo entdeckt. Es war das erste „neue" Säugetier seit 35 Jahren.

Niemand weiß, was es mit den peniblen Toilettengewohnheiten des Faultiers auf sich hat: Einmal pro Woche klettert es von seinem Baum herunter, gräbt ein Loch, in dem es sein Geschäft verrichtet, und schüttet es anschließend wieder zu. Dadurch setzt sich das Faultier der Gefahr von Raubtieren aus – der Baum wird die nährstoffreiche Einlagerung aber sicherlich zu würdigen wissen.

Amphibien & Reptilien

Die Mehrheit der rund 460 Amphibienarten in Ecuador sind Frösche. Es gibt Baumfrösche, die ihr ganzes Leben in Bäumen verbringen und ihre Eier in dem Wasser ablegen, das sich in Bromelien (eine Art epiphytische Pflanze) sammelt. Die Pfeilgiftfrösche mit ihren gruseligen Namen zählen zu den Froschfamilien mit den knalligsten Farben überhaupt. Ihre Farben decken das Spektrum von leuchtendem Rotorange mit rabenschwarzen Punkten bis hin zu Neongrün mit schwarzen, wellenförmigen Linien ab. Einige Pfeilgiftfrösche haben Hautdrüsen, über die sie Gifte ausscheiden, die bei Tieren und Menschen Lähmungen auslösen und zum Tod führen können.

Zwei im letzten Jahrzehnt neu entdeckte Arten, der *Hyloscirtus princecharlesi* und der *Atelopus longirostris*, eine Schönheit in Gelb und Schwarz, haben dafür gesorgt, dass das Intag-Tal genauer untersucht wird. Inzwischen wurden in der Reserva Jama-Coaque bei Canoa seit

DER UNSICHTBARE REICHTUM DES REGENWALDS

Der Regenwald im Amazonasgebiet scheint mit seinen giftigen Schlangen, Pflanzen und fleischfressenden Fischen (ganz zu schweigen von den räuberischen Kaimanen und Jaguaren) nicht gerade der einladendste Lebensraum der Erde zu sein. Aber für die indigene Bevölkerung, die schon immer hier lebt, bietet er alles, was sie zum Überleben braucht. Er dient als Supermarkt, Apotheke, Baumarkt und Kathedrale.

Wer sich nicht vorstellen kann, ohne die moderne Medizin der westlichen Welt auszukommen, wird es ungemein spannend finden, etwas mehr über das Leben im Oriente zu erfahren, wo Dorfschamanen noch immer als Heiler fungieren, indem sie sich die potenten Extrakte des Regenwaldes für alle Arten von Beschwerden zunutze machen. Es gibt Medikamente gegen Kopfschmerzen, Fieber, Insektenstiche, Verstopfung, Muskelschmerzen, Nervenleiden, Durchfall, Asthma, Epilepsie, Geschwüre und Darmparasiten – und es werden sogar Pflanzen als Verhütungsmittel benutzt. Neben der medizinischen Verwendung dienen die Pflanzen und Tiere des Regenwaldes auch vielen anderen Zwecken. Die winzigen, aber äußerst tödlichen Pfeilgiftfrösche – von denen ein einziger so giftig ist, dass er etwa ein Dutzend Menschen töten könnte – spielen für die Jagd eine wichtige Rolle, während die psychotrope Pflanze *ayahuasca* ein wirkungsvolles Halluzinogen ist, das bei spirituellen Zeremonien zum Einsatz kommt.

2009 mehr als 40 neue Froscharten gemeldet. Ganz offensichtlich gibt es hier noch viel mehr zu entdecken.

Unter den Reptilien in Ecuador gibt es vier Arten, von denen die Besucher wirklich beeindruckt sind. Drei von ihnen – die Landschildkröte, der Landleguan und die Meerechse – leben auf den Galapagosinseln und die Wahrscheinlichkeit, sie zu sehen, ist hoch. Die vierte Art ist der Kaiman, der Lagunen im Oriente bewohnt. Mit ein wenig Geduld und einem guten Kanuführer kann man auch diese unheimlichen Wesen entdecken.

Die größte Ameise im südamerikanischen Regenwald ist die Conga-Ameise oder 24-Stunden-Ameise, die so genannt wird, weil die heftigen Schmerzen, die das lähmende Nervengift verursacht – sie sind mit denen einer Schussverletzung vergleichbar –, bis zu 24 Stunden anhalten können.

Schlangen, über die viel gesprochen wird, denen man aber selten begegnet, machen den Großteil der Reptilien in Ecuador aus. Normalerweise schlängeln sie sich beim Geräusch herannahender Menschen ins Unterholz, sodass nur einige wenige glückliche Besucher sie zu Gesicht bekommen. Die extrem giftige Lanzenotter ist die vielleicht am meisten gefürchtete Schlange in Ecuador. Besucher werden selten von Schlangen gebissen, aber aufpassen sollte man durchaus. Wer eine Schlange sieht, hält besser einen respektvollen Abstand und provoziert das Tier nicht.

Lebensräume

In den verschiedenen Lebensräumen Ecuadors sind 25 000 Arten von Gefäßpflanzen beheimatet (im Vergleich zu 17 000 Arten in Nordamerika), und jedes Jahr werden neue Arten entdeckt. Nebelwälder, Regenwälder, *páramo*-Gebiete (Graslandschaften in den Höhenlagen der Anden) und Mangrovensümpfe sind allesamt Schauplätze, an denen man die fotogenen Naturwunder Ecuadors entdecken kann.

Regenwälder

Der Oriente ist der auf ecuadorianischem Territorium gelegene Teil des Amazonasgebiets, des größten Regenwaldbiotops der Welt. Er ist die Heimat einer erstaunlichen Vielfalt von Pflanzen und Tieren, die hier viel dichter angesiedelt sind als in den Wäldern der gemäßigten Klimazonen.

Lianen (dicke, baumelnde Kletterpflanzen) hängen von den Baumkronen hoch oben herunter, und die enormen Wurzeln von Würgefeigen umschlingen andere Bäume und nehmen ihnen allmählich Licht und Leben. Überall auf dem Waldboden finden sich die Brettwurzeln von tropischen Hartholzbäumen, die häufig so gewaltig sind, dass man zwischen ihren rippenartigen Verzweigungen fast verschwindet. Ebenso beeindruckend sind die riesigen Blätter des Waldes, die dick und wachsartig sind und eine spitz zulaufende „Abtropfrinne" haben, über die das Wasser bei Regengüssen besser ablaufen kann.

Der Großteil des Lebens von Pflanzen und Tieren im Regenwald spielt sich eher in den Baumkronen als auf dem Waldboden ab, der beim erstmaligen Besuch überraschend leer erscheinen mag. Wer in einer Urwaldhütte übernachtet, sollte herausfinden, ob es dort auch einen Baumkronenturm gibt. Dann heißt es nämlich in die Baumkronen klettern und den spektakulären Ausblick genießen!

Tropische Nebelwälder

Einer der bezauberndsten Lebensräume Ecuadors ist der tropische Nebelwald *(bosque nebludo)*. Dieses feuchte Biotop befindet sich in den höheren Lagen und verdankt seinen Namen den Wolken, die hier abgefangen werden (und zu deren Bildung es beiträgt) und den Wald in einen feinen Dunstschleier hüllen. Diese stetige Feuchtigkeit ermöglicht es den besonders empfindlichen Vertretern der Pflanzenwelt zu überleben. Dichte Baumkronen mit kleinen Blättern und moosbedeckte Zweige bilden einen Lebensraum für zahlreiche Pflanzen – darunter Orchideen, Farne und Bromeliengewächse. Die dichte Vegetation auf allen Ebenen dieses Waldes verleiht ihm ein geheimnisvolles und ein wenig märchenhaftes Erscheinungsbild. Manche Menschen finden den Nebelwald sogar

NATIONALPARKS

PARK	BESONDERHEITEN	AKTIVITÄTEN	REISEZEIT
Cajas (S. 200)	*páramo*, Seen, kleine *Polylepis*-Bäume, Wälder	Wandern, Angeln, Vogelbeobachtung	ganzjährig
Cayambe-Coca (S. 105)	*páramo*, Seen, Nebelwald, heiße Quellen, Andenkondore, Tapire, indigene Gemeinschaften	Wandern, Baden in heißen Quellen, Camping	ganzjährig
Cotopaxi (S. 142)	*páramo*, Volcán Cotopaxi, Andenkondore, Rotwild, Kaninchen	Wandern, Klettern	ganzjährig
Galápagos (S. 337)	vulkanisch geformte Inseln, Seevögel, Leguane, Schildkröten, vielfältige Unterwasserwelt	Tierbeobachtung, Schnorcheln, Tauchen	Nov.–Juni
Llanganates (S. 158)	*páramo*, Nebelwald, Tieflandwald, Rotwild, Tapire, Jaguare, Brillenbären	Wandern	ganzjährig (schwer zugänglich)
Machalilla (S. 317)	Küstentrockenwald, Strände, Inseln, Wale, Seevögel, Affen, Reptilien	Wandern, Tierbeobachtung	ganzjährig
Podocarpus (S. 212)	*páramo*, Nebelwald, tropischer Feuchtwald, Brillenbären, Tapire, Rotwild, Vögel	Wandern, Vogelbeobachtung	ganzjährig
Sumaco-Galeras (S. 227)	Volcán Sumaco, subtropischer und Nebelwald	Geländewandern	ganzjährig (schwer zugänglich)
Sangay (S. 169)	Vulkane, *páramo*, Nebelwald, Tieflandwald, Brillenbären, Tapire, Pumas, Ozelots	Wandern, Klettern	ganzjährig
Yacuri	immergrüner Wald, Hochebenen, Nebelwald, Seen, Brillenbären, Tapire	Wandern, Klettern	ganzjährig
Yasuní (S. 241)	Regenwald, Flüsse, Lagunen, Affen, Vögel, Faultiere, Jaguare, Pumas, Tapire	Wandern, Tierbeobachtung	ganzjährig

noch schöner als den Regenwald, da viele der Pflanzen näher am Boden wachsen. Dadurch entsteht ein noch viel üppigeres Umfeld, in dem die artenreiche Tierwelt gedeiht – und leichter zu beobachten ist.

Raupen sind Meister der Tarnung: Einige von ihnen ahmen Zweige nach, andere einen Schlangenkopf oder sogar ein Vogelkothäufchen – alles zu ihrem eigenen Schutz.

Páramo

Über den Nebelwäldern befindet sich die Gras- und Buschlandschaft in den Höhenlagen der Anden, die *páramo* genannt wird. Der *páramo* zeichnet sich durch ein raues Klima, starke UV-Strahlung und nasse, moorige Böden aus. Er ist ein äußerst spezialisierter Lebensraum, der in den Neotropen (tropisches Amerika) einzigartig ist und der nur in dem Gebiet zwischen dem Hochland von Costa Rica und dem Norden Perus vorkommt.

Im *páramo* gibt es vorwiegend Polsterpflanzen, Hartgräser und kleine krautige Pflanzen, die sich gut an die raue Hochlandumgebung angepasst haben. Die meisten Pflanzen hier oben sind klein und kompakt und wachsen nah am Boden. Eine Ausnahme ist die riesige *Espeletia*, einer der merkwürdigsten Anblicke dieser Region. Die seltsam aussehenden Pflanzen sind mannshoch und haben in der Gegend den Spitznamen *frailejones* (graue Mönche) bekommen. Sie sind ein unverwechselbares Merkmal des nördlichen ecuadorianischen *páramo*, vor allem in der Gegend um El Ángel, hoch über Ibarra.

Der *páramo* zeichnet sich auch durch ein fast undurchdringliches Dickicht aus kleinen Bäumen aus, häufig aus der Gattung der *Polylepis*, die zusammen mit den Himalaja-Tannen die Bäume sind, die in der größten Höhe gedeihen. Sie waren einst weit verbreitet, Feuer und Beweidung haben sie aber in kleine Nischen zurückgedrängt.

Mangrovensümpfe

Mangroven sind Bäume, die sich angepasst haben und die die bemerkenswerte Fähigkeit besitzen, im Salzwasser zu wachsen. Die Rote Mangrove ist in Ecuador am weitesten verbreitet und besitzt, wie andere Mangroven auch, ein weit verzweigtes System von ineinander greifenden Stelzwurzeln, die den Baum auf den instabilen Böden der Ufer stützen. Diese Wurzeln fangen Ablagerungen auf und lassen einen reichhaltigen organischen Boden entstehen, der einen geschützten Lebensraum für viele Pflanzen und Fische sowie Weichtiere, Krustentiere und andere wirbellose Tiere darstellt. Die Zweige bieten Seevögeln wie Pelikanen und Fregattvögeln Nistplätze. Ausgedehnte Mangrovengebiete an der Küste Ecuadors wurden zugunsten von Garnelenfarmen beseitigt; die meisten Mangroven findet man nun in den entlegenen nördlichen und südlichen Küstenregionen. Die größten Mangroven der Welt befinden sich in der Reserva Ecológica de Manglares Cayapas Mataje.

Unabhängig vom vorhandenen (oder fehlenden) wissenschaftlichen Hintergrund ist der unterhaltsame und äußerst lesenswerte Klassiker *Tropical Nature* von Adrian Forsyth und Kenneth Miyata eine hervorragende Lektüre vor oder während einer Reise in den Regenwald.

Tropische Trockenwälder

Dieser faszinierende Lebensraum verschwindet in einem rasanten Tempo und ist in erster Linie in den heißen Küstengebieten in der Nähe des Parque Nacional Machalilla und im Südwesten der Provinz Loja auf dem Weg nach Macará zu finden. Die Pflanzenart, die ihn auszeichnet, ist der majestätische Flaschenbaum (auch Kapokbaum genannt), ein prächtiger Baum mit einem enorm bauchigen Stamm und – in der entsprechenden Jahreszeit – weißen Blüten, die wie Glühbirnen von den nackten Ästen herabhängen.

Nationalparks & Naturschutzgebiete

Ecuador hat über 30 staatlich geschützte Parks und Naturschutzgebiete (von denen neun den Titel „Nationalpark" tragen) sowie zahlreiche privat geführte Naturschutzgebiete. Insgesamt befinden sich 18 % des Landes in geschützten Gebieten. Allerdings fallen viele dieser Gebiete trotz ihres Schutzstatus immer noch Ölbohrungen, Abholzungen, dem Bergbau, der Viehwirtschaft und der Kolonisierung zum Opfer.

In vielen Parks leben indigene Gruppen, die schon lange vor dem modernen Park- oder Schutzgebietstatus einen Bezug zu dem Gebiet hatten. Im Fall der Parks im Oriente pflegen die indigenen Bewohner traditionelle Jagdrechte, die auch die Ökologie beeinträchtigen. Die Frage, wie die Nationalparks vor Schäden durch die Schwerindustrie (Öl, Holz und Bergbau) geschützt werden können, während gleichzeitig die Rechte der indigenen Bewohner anerkannt werden – all dies vor dem Hintergrund, die Zahlungsfähigkeit des Landes aufrechtzuerhalten –, bleibt in Ecuador ein brandheißes Thema.

Die ecuadorianische Küche

Die ecuadorianische Küche wird von der geografischen Vielfalt des Landes begünstigt, die tropische Früchte, frische Meeresfrüchte und klassische Rezepte vom *campo* (Land) zum reich gedeckten Andentisch beiträgt. Viele Gerichte entstanden im Lauf der Zeit aus der Verbindung von spanischen und indigenen Einflüssen. Es mag zwar außerhalb des Landes kaum bekannt sein, aber die ecuadorianische Küche bietet mit Rezepten und Zubereitungsarten, die von Region zu Region völlig unterschiedlich sind, beste Gelegenheiten für kulinarische Abenteuer.

In der Karwoche essen die Ecuadorianer eine köstliche und herzhafte Suppe namens *fanesca*. Die beste *fanesca* besteht aus Stockfisch und mindestens einem Dutzend Getreidearten und ist ziemlich arbeitsaufwendig. Sollte unbedingt probiert werden, wenn man zu dieser Zeit im Land ist.

Ein altes ecuadorianisches Sprichwort lautet: „*Amor sin besos es como chocolate sin queso*" („Liebe ohne Küsse ist wie Schokolade ohne Käse). Es basiert auf einem beliebten Snack in Ecuador.

Hochland-Highlights

Ohne Erwähnung der einst hochgeschätzten Kulturpflanze, des *maíz* (Mais), ist die Küche des Hochlands nicht denkbar. Der Mais ist in seinen zahlreichen Arten seit tausend Jahren das Grundnahrungsmittel in den Anden und bildet heute den Hauptbestandteil zahlreicher Hochlandspezialitäten. Die Maiskörner werden zu *tostada* geröstet, zu *cangil* (Popcorn) erhitzt, gekocht zu *mote* (Maisgrütze) verarbeitet und zu Maismehl gemahlen. Letzteres wird gewürzt oder mit Zutaten angereichert, in Maiskolbenhülsen oder dunkelgrüne Achira-Blätter gewickelt und gedünstet. Heraus kommen einige der feinsten Leckerbissen des Hochlands, z. B. *tamales* (ähnlich wie in Mexiko), *humitas* (erinnern an *tamales*) und *quimbolitos* (süßere und kuchenartigere Maisklößchen).

Kartoffeln stammen bekanntlich aus den Anden und sind ein weiteres wichtiges Nahrungsmittel des Hochlands. Neben zahlreichen winzigen Kartoffeln in verschiedenen Farben gibt es auch Kreationen wie *llapingachos*, Kartoffel-Käse-Pfannkuchen, die oft als Beilage zu gebratenen Eiern gereicht werden. Quinoa, ein extrem proteinreiches Getreide, ist ein Grundnahrungsmittel der indigenen Bevölkerung des Hochlands und gehört mittlerweile in ganz Ecuador zur modernen Küche.

Eines der berühmtesten Gerichte des Hochlands ist *cuy* (gebratenes Meerschweinchen). *Cuy* ist eine indigene Spezialität, die noch aus der Inkazeit stammt und angeblich proteinreich und cholesterinarm ist. Die Tiere werden meist in Gänze am Spieß gebraten – die hervorstehenden Pfötchen und Zähnchen können ein bisschen verstörend sein, aber für Fleischliebhaber lohnt es sich, einmal zu kosten, am besten in Cuenca oder Loja.

Eine weitere augenfällige Spezialität ist das ganze gebratene Schwein, das *hornado* (wörtlich „gebraten"), eines der beliebtesten Gerichte im Hochland. Auf den Märkten wird das saftige Fleisch für Kunden direkt von dem goldbraunen Tierkörper gezupft. *Hornado* ist fast so beliebt wie *fritada*, gebratene Schweinefleischstücke, die fast ausnahmslos mit *mote* serviert werden. In Latacunga gibt es eine berühmte Variante zu diesem Gericht, nämlich *chugchucara*, das sich als tolle (wenn auch nicht gesunde) Schlemmerei fürs Wochenende eignet.

Wie überall in Ecuador spielen Suppen in der Hochlandküche eine wichtige Rolle. Es gibt sie in zahllosen Varianten, z. B. als *caldo* (Bouillon), *sopa* (reichhaltigere Brühe), *locro* (cremigere und generell deftigere Suppe), *sancocho* (eintopfartige Suppe) und *seco* (Eintöpfe, die meist auf Reis ser-

BANANENREPUBLIK

Bananen spielen in Ecuador eine wichtige Rolle. Sie halten die Wirtschaft am Laufen (Ecuador exportiert 5 Mio. Tonnen pro Jahr und ist somit der größte Bananenexporteur der Welt) und bilden die Grundlage für zahllose Rezepte. Bananen sind sogar Teil der Popkultur. Das größte jährliche Ereignis in der Küstenstadt Machala ist die Feira Mundial del Banana (Weltbananenfest) mit der Krönung einer *reina del banano* (Bananenkönigin) als Höhepunkt.

Bananen und Kochbananen sind hier auf vielerlei Art zu finden. Auf folgende beliebte Gerichte sollte man also achten:

Chifles Getrocknete und gesalzene Kochbananenchips; ein prima Snack oder eine Beilage für Suppen und Ceviche.

Empanadas de verde Teigtaschen aus grünen Kochbananen, oft mit Käse gefüllt.

Majado de verde Kartoffelpüree, Paprika und Käse, häufig mit einem Spiegelei serviert. Beliebtes Frühstücksgericht.

Patacones Dicke, geklopfte Scheiben grüner Kochbananen, die frittiert werden.

Bolones de verde Frittierte Klößchen aus Kochbananenbrei, oft gefüllt mit Käse oder Fleisch.

Tigrillo Ein reichhaltiges Gericht aus Kochbananenbrei, das mit Eiern und Käse und oft Wurst oder Rindfleisch serviert wird.

viert werden). *Seco de chivo* (Ziegeneintopf) ist ein ecuadorianischer Klassiker, der sich im ganzen Land großer Beliebtheit erfreut. Wer nicht auf Ziegenfleisch steht, bekommt auch *seco de pollo*, das gleiche Gericht, aber mit Huhn. Eine wärmende Köstlichkeit an einem nebligen Hochlandtag ist *locro de papa*, eine sämige Kartoffelsuppe mit Avocado und Käse.

Küstenküche

An der Küste entfaltet sich die ecuadorianische Küche erst wirklich. Sie ist mit kulinarischen Reichtümern gesegnet und köstliches, gesundes Essen ist allerorten zu finden. Besonders die Küche der Provinz Manabí zählt zur besten des Landes und ist ein gewichtiger Grund, warum so viele Exil-Ecuadorianer Heimweh haben.

Grundnahrungsmittel an der Küste sind natürlich Fisch und Meeresfrüchte, die in allen Hafenorten frisch vom Boot kommen. Das häufigste Fischgericht ist *corvina*, was wörtlich „Seebarsch" heißt, aber meist irgendein beliebiger weißfleischiger Fisch ist, der gerade zum Tagesfang gehört. Wenn es wirklich eine *corvina* ist, lohnt es sich allemal.

Ceviche ist in Ecuador erstklassig. Das köstliche Gericht besteht aus rohem Fisch und Meeresfrüchten, die in Zitronensaft mariniert und mit dünn geschnittenen Zwiebeln und Kräutern gewürzt werden. Es wird kalt serviert und ist an heißen Nachmittagen himmlisch mit Popcorn und einem kalten Bier. Zubereitet wird Ceviche mit *pescado* (Fisch), *camarones* (Garnelen), *calamares* (Calamari), *concha* (Muscheln), *cangrejo* (Krebsen) oder in jedweder Kombination *(mixto)*. Nur die Garnelen werden vor dem Marinieren gekocht.

In der Provinz Esmeraldas mit ihrer großen afro-ecuadorianischen Bevölkerung gibt es einige leckere afrikanisch beeinflusste Spezialitäten, darunter das herrliche *encocado*, Garnelen oder Fisch in einer reichhaltigen, scharfen Kokosnusssoße. Die Provinz Guayas, besonders der Ort Playas, ist berühmt für ihre Krebse, die in Gänze gekocht und in so großen Haufen serviert werden, wie es der Appetit verlangt, einschließlich eines Holzhammers, um die Schalen aufzubrechen. Es ist

Appetitanregende ecuadorianische Gerichte und Informationen zu kulinarischen Traditionen mit schönen Fotos bietet die Website www.laylita.com von Layla Pujol, die aus Vilcabamba stammt. Sie lebt im Pazifischen Nordwesten der USA, hat Ecuador aber immer in ihrem Herzen (und Backofen).

eines der vergnüglichsten kulinarischen Erlebnisse des Landes (mit hoher Kleckergefahr!).

Kochbananen und Bananen spielen in der Küstenküche eine große Rolle. Eines der leckeren und faszinierenden Gerichte ist die *sopa de bolas de verde*, eine dickflüssige Erdnusssuppe mit gewürzten Klößchen aus Kochbananenbrei. Auf der Busfahrt entlang der Nordküste steigen oft Kinder ein und verkaufen aus großen Körben *corviche* (eine Teigtasche aus Kochbananen, gefüllt mit Fisch oder Garnelen).

Die Fischsuppen sind oft hervorragend. Eine der beliebtesten (und billigsten) ist der *encebollado*, eine Fisch- und Zwiebelsuppe, die über Maniok gegossen und mit *chifles* (gebratenen Bananenchips) und Popcorn serviert wird. Das Gericht wird meist morgens oder als frühes Mittagessen verspeist. Eine weitere fantastische und delikate Suppe ist die *sopa marinera* mit viel Fisch, Schalentieren, Garnelen und manchmal Krebsen, die von klar bis sämig und erdnussig serviert wird.

Praktische Informationen

Allgemeine Informationen

Arbeiten in Ecuador

Ecuador hat zwar eine niedrige Arbeitslosenquote, aber die Unterbeschäftigung ist hoch (über 50 %). Es ist also nicht einfach, Arbeit zu finden. Offiziell braucht man dafür in Ecuador ohnehin ein Arbeitsvisum. Abgesehen von Aushilfsjobs in einer Touristenlodge oder in einer von Ausländern betriebenen Bar gibt es wenig Aussicht auf bezahlte Arbeit, außer als Deutschlehrer.

Die meisten bezahlten Jobs als Sprachlehrer werden in Quito und Guayaquil zu finden sein. Die Schulen suchen manchmal per Annoncen auf den Schwarzen Brettern von Hotels und Restaurants nach Lehrern. Die Bezahlung reicht manchmal gerade zum Leben, außer man wurde im Heimatland für eine Vollzeitstelle angeworben. Wer ein Sprachlehrerzertifikat vorweisen kann, hat es leichter. Schulen wie die American School in Quito stellen oft Lehrer für Mathematik, Biologie und andere Fächer ein und helfen auch bei der Beschaffung eines Arbeitsvisums. Sie zahlen auch wesentlich besser als die Sprachschulen. Lehrerjobs werden oft in den Zeitungen oder in den Hotels vor Ort annonciert. Eine der besten Infoquellen für Englischlehrer im Netz ist Dave's ESL Café (www.eslcafe.com), wo es auch Stellenangebote gibt.

Botschaften & Konsulate

Die Öffnungszeiten sind begrenzt und ändern sich regelmäßig – am besten vor dem Besuch anrufen!

Deutsche Botschaft, Quito (☎02-297-0820; www.quito.diplo.de; Naciones Unidas E10-44 nahe República de El Salvador, Edificio Citiplaza, 12. OG, Quito; ⏰Mo–Do 8–13 & 14–16, Fr 8–13 Uhr)

Deutsches Konsulat, Guayaquil (☎04-263-0674; Francisco de Orellana 111, World Trade Center, Tower B, 11. OG, Guayaquil)

Kolumbianische Botschaft, Quito (☎02-333-0268; http://quito.consulado.gov.co/; Catalina Aldaz N34-131 nahe Portugal, 2. OG; ⏰Mo–Sa 8–13.30 Uhr)

Österreichisches Konsulat, Quito (☎02-246-9700; przibra@interactive.net.ec; Gaspar de Villaroel No. E9-53 zw. Av de los Shyris und 6 de Diciembre)

Österreichisches Konsulat, Guayaquil (☎04-238-4886; sotomay@gye.satnet.net; Av Jorge Perez Concha 718, Urdesa)

Peruanisches Konsulat (☎04-228-0114, 04-228-0135, 04-228-0183; Av Francisco de Orellana 501, 14. OG, Guayaquil)

Schweizerische Botschaft, Quito (☎02-243-4113; www.eda.admin.ch; Juan Pablo Sanz & Av Amazonas N35-17, Edificio Xerox)

Schweizerisches Konsulat, Guayaquil (☎593 42 681 900; guayaquil@honrep.ch; Av Juan Tanca Marengo km 1,8 & Santiago Castillo, Edificio Conauto)

Essen

Ecuador hat für jeden Gaumen etwas zu bieten, vor allem die Städte Guayaquil und Quito, wo internationale Küche, Fastfood und Gerichte aus ganz Südamerika erhältlich sind. Die Landesspezialitäten variieren von Region zu Region, aber eines

REISEWARNUNGEN DER REGIERUNGEN

Vor der Abreise sollte man sich in seinem Heimatland über eventuelle Reisewarnungen informieren.

Deutschland (www.auswaertiges-amt.de/DE/Laenderinformationen/01-Reisewarnungen-Liste)

Österreich (www.bmeia.gv.at/reise-aufenthalt/reisewarnungen/)

Schweiz (www.eda.admin.ch/eda/de/home/vertretungen-und-reisehinweise)

ist sicher – alle Ecuadorianer lieben Kochbananen. Typische Gerichte bestehen aus Fleisch oder Fisch, kohlehydrathaltigen Beilagen sowie Gemüse oder Salat. Zu den meisten Mahlzeiten werden zwei verschiedene kohlehydrathaltige Beilagen gereicht (in der Regel Reis mit Bohnen, Linsen, Kochbananen oder Kartoffeln).

PREISKATEGORIEN ESSEN

Ecuador hat eine vielfältige Restaurantszene (S. 416). Die folgenden Preisklassen beziehen sich auf ein Standard-Hauptgericht. Gehobene Restaurants schlagen noch eine Steuer von 10 % und eine Servicegebühr von 10 % auf die Rechnung drauf.

**$** unter 8 US$

**$$** 8–15 US$

**$$$** über 15 US$

Feiertage

An allgemeinen Feiertagen sind Banken, Büros und andere Dienstleistungsbereiche geschlossen. Die Verkehrsmittel sind überfüllt – also Busfahrkarten vorab kaufen! Große Feiertage werden manchmal mehrere Tage lang gefeiert. Fällt ein Feiertag aufs Wochenende, sind die Büros manchmal am vorangehenden Freitag oder am folgenden Montag geschlossen.

Neujahr 1. Januar

Dreikönigstag 6. Januar

Semana Santa (Osterwoche) März/April

Tag der Arbeit 1. Mai

Schlacht am Pichincha 24. Mai

Geburtstag von Simón Bolívar 24. Juli

Unabhängigkeitstag von Quito 10. August

Unabhängigkeitstag von Guayaquil 9. Oktober

Tag des Kolumbus/Día de la Raza 12. Oktober

Allerheiligen 1. November

Allerseelen 2. November

Unabhängigkeitstag von Cuenca 3. November

Heiligabend 24. Dezember

1. Weihnachtsfeiertag 25. Dezember

Frauen unterwegs

Im Allgemeinen ist Ecuador für Frauen ein sicheres, angenehmes Reiseziel, obwohl der Machismo hier noch blüht. Ecuadorianische Männer machen oft kokette Bemerkungen und pfeifen sowohl ecuadorianischen als auch ausländischen Frauen, die alleine unterwegs sind, hinterher. Am besten ignoriert man sie einfach.

Die Anmache an der Küste ist zudringlicher. Alleinreisende Frauen sollten deshalb Vorsicht walten lassen, sich von Bars und Discos fernhalten, in denen sie sehr wahrscheinlich angemacht werden, abends nicht zu Fuß gehen, sondern ein Taxi nehmen, etc. Drinks von Fremden sollten keinesfalls angenommen und das Getränk auch nicht unbeaufsichtigt stehen gelassen werden. Es gibt gelegentliche Berichte von Drogenbeimischungen.

Lonely Planet hat schon Berichte von Frauen erhalten, die während einer organisierten Tour belästigt wurden. Frauen, die alleine unterwegs sind, sollten unbedingt einige Infos einholen, bevor sie sich für eine Tour entscheiden, z. B. herausfinden, wer der Tourleiter ist, welche Teilnehmer mitkommen etc. Manchmal gibt es auch Reisegruppen nur mit weiblichen Teilnehmern und Guides.

Freiwilligenarbeit

Zahlreiche Organisationen suchen nach der Mithilfe von Freiwilligen. Die meisten verlangen aber, dass sie zumindest etwas Spanisch können, mindestens einige Wochen oder Monate zur Verfügung stehen und für Kost und Logis (10 US$/Tag–700 US$/Monat) selbst aufkommen. Freiwillige können in Umweltschutzprogrammen arbeiten, Straßenkindern helfen, unterrichten, Naturpfade anlegen, Websites einrichten oder im medizinischen oder im landwirtschaftlichen Bereich arbeiten – die Möglichkeiten sind endlos. Auch die Inhaber vieler Urwald-Lodges akzeptieren Freiwilligenarbeiter für längere Aufenthalte. Um die Kosten niedrig zu halten, ist es das Beste, wenn man sich direkt in Ecuador nach einem Job umschaut.

Unter den Kleinanzeigen auf der Seite Ecuador Explorer (www.ecuadorexplorer.com) findet man eine lange Liste mit Organisationen, die Freiwillige suchen.

AmaZOOnico (www.selvaviva.ec/en/amazoonico) Sucht Freiwillige für die Tierrettungsstation.

Andean Bear Conservation Project (www.andeanbear.org) Das Bärenschutzprojekt bildet Freiwillige zu Bärensuchern aus. Sie marschieren durch entlegene Nebelwälder, um den seltenen Brillenbären aufzuspüren, dessen Vorliebe für Zuckermais sein natürliches Verhalten verändert. Weitere Jobs hier sind die Instandhaltung von Wanderwegen und die Zusammenarbeit mit lokalen Bauern, um die Maisfelder wieder zu bepflanzen, die von Bären verwüstet wurden (um die Bärenjagd zu verhindern). Freiwillige können auch nur eine Woche bleiben, aber ein Monat (700 US$) wird empfohlen.

Bosque Nublado Santa Lucia (www.santaluciaecuador.com) Gemeindeorientiertes Ökotourismusprojekt in den Nebelwäldern

PRAKTISCH & KONKRET

Adressen In ecuadorianischen Adressen steht „s/n" für *sin numero* (ohne Hausnummer).

Gewichte & Maße Ecuador benutzt das metrische System.

Zeitungen Quitos größte Tageszeitung ist *El Comercio* (www.elcomercio.com). Die Zeitungen von Guayaquil heißen *El Telégrafo* (www.eltelegrafo.com.ec) und *El Universo* (www.eluniverso.com). Das bekannteste Nachrichtenmagazin Ecuadors ist *Vistazo* (www.vistazo.com). Ausländische Zeitungen, z. B. die lokale Ausgabe des *Miami Herald*, sind in Quito erhältlich.

Zeitschriften Für Reiseinspirationen empfiehlt sich die wunderschön gestaltete zweisprachige Zeitschrift *Ñan* (www.nanmagazine.com), die am Flughafen, in Buchläden und größeren Supermärkten erhältlich ist.

DVD-Region Für DVDs gilt in Ecuador der Regionalcode 4, der auch im übrigen Lateinamerika üblich ist.

Rauchen In geschlossenen öffentlichen Räumen und öffentlichen Verkehrsmitteln verboten, obwohl es keine Kontrollen gibt und Rauchen in Bars und Clubs akzeptiert wird.

im Nordwesten. Verpflichtet regelmäßig Freiwillige, die bei der Aufforstung helfen, Wanderwege aufbauen und instand halten, Englisch unterrichten u. v. m.

FEVI (www.fevi.org) Die Stiftung für Bildung & internationale Freiwilligenarbeit unterstützt Kinder, Senioren, Frauengruppen und indigene Gemeinden überall in Ecuador.

Inti Sisa (www.intisisa.org) Das Hostel in Guamote hat Infos zu Freiwilligenjobs in der Kleinkindpädagogik.

Jatun Sacha Foundation (www.jatunsacha.org) Diese Stiftung betreibt vier biologische Forschungsstationen in vier Regionen Ecuadors: an der Küste, im Hochland, in Amazonía und auf den Galapagosinseln. Sie akzeptiert freiwillige Mitarbeiter, die aber mindestens zwei Wochen bleiben müssen.

Junto con los Niños (www.juconi.org.ec) Die Organisation arbeitet mit Straßenkindern in den Slums von Guayaquil. Mindestaufenthalt von einem Monat erwünscht.

Merazonia (www.merazonia.org) Refugium für verletzte Tiere im zentralen Hochland.

New Era Galápagos Foundation (www.neweragalapagos.org) Gemeinnützige Stiftung mit Freiwilligenjobs in der Gemeindearbeit und im nachhaltigen Tourismus auf den Galapagosinseln. Freiwillige wohnen und arbeiten auf der Isla San Cristóbal.

Progreso Verde (www.progresoverde.org) Nimmt Freiwillige für Wiederaufforstung, Biolandbau, Lehrtätigkeit und andere Bereiche.

Reserva Biológica Los Cedros (www.reservaloscedros.org) Das Reservat in den Nebelwäldern der westlichen Andenausläufer braucht oft Freiwillige.

Río-Muchacho-Biobauernhof (☎05-302-0487; www.riomuchacho.com; über Canoa Jama Km 10, Troncal del Pacifico, nordöstlich von Canoa) Gäste und Einheimische können sich hier die Hände schmutzig machen und nachhaltige Anbaumethoden kennenlernen. Es gibt kurze Programme von ein bis drei Tagen Dauer sowie einwöchige bis einmonatige Kurse (300 bis 1200 US$). Freiwillige können gegen ein Entgelt von 300 US$ auf dem Bauernhof arbeiten. Die meisten Leute kommen im Rahmen einer dreitägigen Tour mit zwei Übernachtungen hierher (172 US$ p. P., Gruppen erhalten Rabatt).

Übernachtet wird in rustikalen Hütten mit Gemeinschaftsduschen und Komposttoiletten. Heiß begehrt ist das Baumhaus mit Stockbetten. Zum Biobauernhof am gleichnamigen Fluss führt eine 7 km lange, unbefestigte Piste, die von der Straße nördlich von Canoa landeinwärts abzweigt.

Siempre Verde (☎Apparat 1460 in den USA 404-262-3032; www.siempreverde.org; N 0 22' 18) Die kleine kommunale Forschungsstation Siempre Verde ist von der Straße kurz vor Santa Rosa nach einem zweistündigen Marsch zu erreichen. Sie fördert Erziehung zum Umweltschutz in den Tropen mit exzellenten Wanderungen und Vogelbeobachtung. Studenten und Wissenschaftler sind nach vorheriger Absprache willkommen.

Yanapuma Foundation (Karte S. 56 f.; ☎02-228-7084; www.yanapuma.org; Guayaquil E9-59 nahe Oriente, Quito) Hat eine Reihe von Freiwilligenjobs: Englisch unterrichten, in abgelegenen Gemeinden Häuser bauen, bei Aufforstungsprojekten helfen oder an der Säuberung der Küsten teilnehmen. Infos gibt's in Quito im Hauptbüro und in der Sprachschule.

Geld

Ecuadors offizielles Zahlungsmittel ist der US-Dollar. Abgesehen von Euro, peruanischen *soles* und kolumbianischen *nuevos soles* ist es sehr schwierig, in Ecuador ausländische Währungen umzutauschen.

Bargeld

Offizielles Zahlungsmittel sind US-Dollar – sie sind identisch mit denen in den USA. Die Münzen zu einem, fünf, zehn, 25 und 50 Cent sind in Form, Größe und Farbe ebenfalls identisch mit denen in den USA, haben aber auf der Kopfseite Porträts berühmter Ecuadorianer. In Ecuador sind sowohl ecuadorianische als auch US-Münzen im Umlauf. Weit verbreitet ist die 1 US$-Münze.

Geldautomaten

Bargeld bekommt man am einfachsten an Geldautomaten. Diese gibt es in den meisten Städten und sogar in kleineren Ortschaften; hin und wieder sind sie aber außer Betrieb. Man sollte darauf achten, dass die PIN nicht mehr als vier Zahlen hat, weil viele ecuadorianische Geldautomaten nur vierstellige PINs annehmen.

Geld wechseln

Am besten tauscht man Geld in größeren Städten wie Quito, Guayaquil und Cuenca um, wo die Wechselkurse am günstigsten sind. Weil die Banken nur begrenzte Öffnungszeiten haben, sind manchmal die *casas de cambio* (Wechselstuben, Mo–Fr 9–18, Sa min. bis 12 Uhr) die einzige Möglichkeit, Geld umzutauschen.

Kreditkarten

Kreditkarten sind eine gute Rückversicherung. Visa, MasterCard und Diners Club sind die am häufigsten akzeptierten Kreditkarten. In Spitzenrestaurants, Hotels, Souvenirshops und Reisebüros kann man normalerweise auch mit MasterCard oder Visa bezahlen, in kleineren Hotels, Restaurants und Läden nicht. Selbst wenn eine Einrichtung einen Kreditkartenaufkleber am Fenster hat, muss das nicht heißen, dass man auch wirklich mit Karte zahlen kann. In Ecuador schlagen Händler, die Kreditkarten annehmen, oft noch zwischen 5 % und 10 % auf die Rechnung drauf. Daher ist es oft günstiger, bar zu zahlen.

Trinkgeld

Restaurants Bessere Restaurants schlagen 10 % Servicegebühr auf die Rechnung drauf. Wenn die Bedienung zufriedenstellend war, sollte man für den Kellner noch weitere 5 % hinzufügen.

Taxis Taxifahrer bekommen normalerweise kein Trinkgeld, aber man kann auf das Wechselgeld verzichten.

Guides Bei geführten Touren wird ein Trinkgeld erwartet. In einer Reisegruppe legt man für einen erstklassigen Guide rund 5 US$ pro Person und Tag zusammen. Der Fahrer bekommt etwa die Hälfte. Wer einen privaten Guide engagiert, zahlt etwa 10 US$ Trinkgeld pro Tag.

Galapagos-Rundfahrten 10–20 US$ pro Teilnehmer und Tag.

Gesundheit

In den größeren Städten ist medizinische Versorgung verfügbar, in ländlichen Gebieten ist das nicht so einfach. Apotheken heißen in Ecuador *farmacias*. Es kann schwierig werden, importierte Medikamente zu finden; wichtige Arzneimittel und Hygieneartikel sollten mitgebracht werden, da sie in Ecuador im Allgemeinen mehr kosten.

Verfügbarkeit & Kosten der Gesundheitsversorgung

Die öffentliche Gesundheitsversorgung ist für alle Ecuadorianer und Besucher kostenfrei, obwohl die Qualität der Dienstleistungen variiert.

Private medizinische Dienstleistungen sind relativ preiswert in Ecuador, und in Großstädten wie Quito, Guayaquil und Cuenca praktizieren englischsprachige Ärzte, die im Ausland ausgebildet wurden.

Nach der Behandlung muss der Patient den Arzt bezahlen. Wer dringend medizinische Hilfe benötigt, sollte seine Botschaft/sein Konsulat kontaktieren und sich einen guten Arzt empfehlen lassen.

Gesundheitsrisiken

HÖHENKRANKHEIT

Höhenkrankheit kann entstehen, wenn Reisende sich zu schnell in Höhen von über 2500 m begeben; das betrifft auch jene, die direkt nach Quito fliegen. Symptome sind z. B. Kopfschmerzen, Übelkeit, Erbrechen, Schwindel, Unwohlsein, Schlafstörungen und Appetitlosigkeit. In schweren Fällen kann sich Flüssigkeit in den Lungen (Höhenlungenödem) oder im Gehirn (Höhenhirnödem) ansammeln. Die meisten Todesfälle werden durch Höhenlungenödeme verursacht.

Um eine Höhenkrankheit zu vermeiden, sollte man sich nur schrittweise in größere Höhen begeben, sich nicht überanstrengen, leicht essen und auf alkoholische Getränke verzichten.

Infektionskrankheiten

CHOLERA

Die Cholera verursacht extremen Durchfall und muss behandelt werden. Meist wird über Choleraausbrüche in den Medien berichtet, sodass man problematische Gebiete meiden kann. Die wichtigste Maßnahme ist der ausreichende Ersatz von Flüssigkeit. Ansonsten droht die Dehydration, weil man bis zu 20 l Wasser pro Tag verliert. Wer sich nicht gleich in ein Krankenhaus begeben kann, sollte mit der Einnahme von Tetracyclin (Erw. 4-mal tgl. 250 mg) beginnen.

DENGUEFIEBER

Anders als die Malariamücke ist die Ägyptische Fiebermücke *(Aedes aegypti)*, die den Denguevirus überträgt, vor allem tagsüber aktiv und findet sich überwiegend in urbanen Gebieten und menschlichen Behausungen.

Anzeichen des Denguefiebers sind plötzliches Auftreten von hohem Fieber, Kopfschmerzen, Muskel- und Gliederschmerzen (daher auch „Knochenbrecherfieber"), Übelkeit und Erbrechen. Umgehend in ärztliche Behandlung begeben!

GELBFIEBER

Diese Virusinfektion tritt in Südamerika auf und wird durch Stechmücken übertragen. Symptome sind Fieber, Kopfschmerzen, Bauchschmerzen und Erbrechen. Dringend medizinische Hilfe aufsuchen und viel trinken!

MALARIA

Malaria wird durch die Stechmücke übertragen, die in der Regel von Sonnenuntergang bis Sonnenaufgang aktiv ist. Das Hauptsymptom ist plötzliches hohes Fieber, oft mit Schüttelfrost, Schweißausbrüchen, Kopfschmerzen, Gliederschmerzen, Kraftlosigkeit, Übelkeit oder Durchfall. In schweren Fällen ist das zentrale Nervensystem betroffen, was zu Krampfanfällen, Verwirrtheit, Koma und sogar zum Tod führen kann.

Für alle ländlichen Gebiete unterhalb von 1500 m Höhe wird die Einnahme von Malariatabletten empfohlen. Am höchsten ist das Risiko an der nördlichen Küste und im nördlichen Oriente. Im Hochland besteht kein Malariarisiko.

TYPHUS

Typhus ist eine gefährliche Darminfektion und wird durch verunreinigtes Wasser und Essen verursacht. Medizinische Behandlung ist unabdingbar.

Die ersten Stadien der Erkrankung verlaufen wie eine starke Erkältung oder Grippe mit Symptomen wie Kopf- und Gliederschmerzen und jeden Tag etwas stärker ansteigendem Fieber bis zu 40 °C oder mehr. Je mehr das Fieber steigt, desto niedriger wird der Puls – anders als bei normalem Fieber, bei dem der Puls steigt. Auftreten können auch Erbrechen, Bauchschmerzen, Durchfall oder Verstopfung.

Internetzugang

WLAN ist weit verbreitet, da Pensionen im ganzen Land Zugang anbieten (meist kostenlos). In den Adressen in diesem Buch ist der WLAN-Zugang mit dem Symbol 📶 gekennzeichnet.

Internetcafés verschwinden allmählich in Ecuador, aber in den meisten größeren Orten gibt es noch ein paar. Sie verlangen rund 1,50 US$ pro Stunde. Einige Hotels stellen ihren Gästen auch ein oder zwei Computer zur Verfügung. In diesem Buch sind Unterkünfte mit internetfähigen Computern mit dem Symbol @ gekennzeichnet.

Öffnungszeiten

Öffnungszeiten sind dann angegeben, wenn sie von den folgenden üblichen Geschäftszeiten abweichen:

Restaurants Mo–Sa 10.30–23 Uhr

Bars Mo–Do 18–24, Fr & Sa 18–2 Uhr

Geschäfte Mo–Fr 9–19, Sa 9–12 Uhr

Banken Mo–Fr 8–14 oder 16 Uhr

Postämter Mo–Fr 8–18, Sa 8–13 Uhr

Telefon-Callcenter tgl. 8–22 Uhr

Post

Ecuadors Post ist zuverlässig. Ein Brief oder ein Paket braucht etwa eine bis zwei Wochen bis zum Ziel. Kurierdienste wie FedEx, DHL und UPS gibt es in größeren Ortschaften, sie sind aber teuer.

Rechtsfragen

Ecuador hat vor Kurzem jeglichen Besitz von Drogen verboten. Vorher wurde der Besitz von bis zu 10 g Cannabis und bis zu 2 g Kokain wird nicht unter Strafe gestellt. Dies ist jedoch nicht mehr der Fall – der Gebrauch von oder Handel mit Drogen gilt als schwere Straftat, die zu Gefängnisstrafen führen kann. Bei der Straffindung wird zwischen Drogennutzern, Kleindealern und Großdealern unterschieden.

Autofahrer sollten Pass und Führerschein dabeihaben. Im Falle eines Unfalls – außer bei Bagatellschäden – müssen die Fahrzeuge an Ort und Stelle stehen bleiben, bis die Polizei eintrifft und einen Unfallbericht aufnimmt. Das ist auch für eventuelle Versicherungsansprüche unbedingt notwendig. Gibt es bei dem Unfall Verletzte, man selbst ist aber unverletzt, sollte man das Opfer in ein Krankenhaus fahren, insbesondere wenn es sich um einen Fußgänger handelt. Als Autofahrer wird man für die Verletzungen eines Fußgängers haftbar gemacht, auch wenn man den Unfall nicht verursacht hat, und wer nicht bezahlt, landet schnell im Gefängnis. Also: Vorsichtig fahren!

Reisen mit Behinderung

Leider gibt es in Ecuador so gut wie keine Infrastruktur für behinderte Traveller. Rollstuhlrampen sind nur spärlich vorhanden, und die Bürgersteige sind häufig übersät mit furchtbaren Schlaglöchern und Rissen. Die Badezimmer und Toiletten sind oft zu klein für Rollstühle. Beschilderungen in Blindenschrift oder Telefone für Hörgeschädigte gibt es praktisch gar nicht.

Trotzdem kommen behinderte Ecuadorianer irgendwie zurecht – meistens mithilfe von anderen. Es ist gar nicht so ungewöhnlich, dass behinderte Traveller beispielsweise in einen Bus gehoben werden. Gesetzlich ist eigentlich vorgeschrieben, dass Behinderte kostenlos in Bussen befördert werden. Die Stadtbusse, die immer überfüllt sind, tun das sicher nicht, aber Fernbusse halten sich manchmal daran. Reisende mit Behinderung erhalten 50 % Ermäßigung bei Inlandsflügen.

In Sachen Unterkunft findet man wirklich rollstuhlgerechte Zimmer eigentlich nur in den internationalen Kettenhotels in Quito und Guayaquil.

Unter http://lptravel.to/AccessibleTravel kann

man sich den kostenlosen Lonely-Planet-Führer „Accessible Travel" herunterladen.

Reisen mit Kindern

Ausländische Touristen (vor allem Europäer), die mit Kindern unterwegs sind, ziehen in Ecuador immer noch viel Aufmerksamkeit auf sich, und ein weinendes oder lachendes Kind lässt schnell die Herzen der Einheimischen schmelzen. Eltern werden extrafreundlich und zuvorkommend behandelt. Wie fast überall auf der Welt lieben die Menschen auch in Ecuador Kinder. Eine gute Infoquelle ist Lonely Planets *Travel with Children*.

Praktisch & konkret

Für Kinder wird in Bussen der volle Fahrpreis fällig, wenn sie einen Sitzplatz belegen; sitzen sie aber auf dem Schoß der Eltern, können sie oft kostenlos mitfahren. Kinder unter zwölf Jahren zahlen für Inlandsflüge die Hälfte (dafür bekommen sie einen eigenen Sitzplatz), Kleinkinder unter zwei Jahren 10 % des regulären Flugpreises (ohne Sitzplatz). In Hotels kann man es mit Feilschen versuchen.

In Restaurants gibt es oft zwar keine Kindergerichte, aber es ist völlig akzeptabel, eine Portion zu bestellen und sie zwischen zwei Kindern oder einem Erwachsenen und dem Kind aufzuteilen.

Wickelräume sind außerhalb der Spitzenrestaurants rar. Das Stillen in der Öffentlichkeit gilt hier nicht als anstößig. Babynahrung bekommt man nur in den Supermärkten größerer Städte, aber Einwegwindeln werden auf den meisten Märkten überall im Land verkauft.

Bei Autovermietern sind Kindersitze prinzipiell schwer zu bekommen (rechtzeitig bestellen!), und in Taxis gibt's gar keine. Nicht vergessen: Dies ist ein Land, in dem oft eine vierköpfige Familie auf einem Motorrad durch die Stadt rast.

Schwule & Lesben

Gleichgeschlechtliche Paare sollten in Ecuador in der Öffentlichkeit keine Zärtlichkeiten austauschen. In der neuen Verfassung von 2008 wurden gleichgeschlechtliche Partnerschaften für legitim erklärt und für die meisten Ecuadorianer sind die Schwulenrechte in politischer Hinsicht nach wie vor kein Thema. Bis 1998 war Homosexualität jedoch verboten und es herrschen noch immer viele Vorurteile.

Es gibt in Ecuador mehrere Feste mit Umzügen, bei denen Männer als Frauen verkleidet sind. Das ist eher spaßig gemeint und bedeutet nicht, dass alternative sexuelle Orientierungen akzeptiert werden. Aber immerhin ist so eine kulturelle Situation gegeben, in der die Leute (ob schwul oder hetero) sich amüsieren können, ohne anzuecken.

Nützliche Websites & Organisationen

FEDAEPS (☎02-255-9999; www.fedaeps.org; Av 12 de Octubre N18-24, oficina 203) Gemeindezentrum für Lesben, Schwule, Bi- und Transsexuelle. Macht sich auch als AIDS-Hilfsorganisation verdient.

Gay Guide to Quito (www.quitogay.net)

Zenith Travel (☎02-252-9993; www.galapagosgay.com; Ecke Juan Leon Mera N24-264 & Luis Cordero, Quito) Touren für Schwule und Lesben.

Sicherheit

Kein Grund zur Sorge; mit gesundem Menschenverstand lassen sich die meisten unangenehmen Vorfälle vermeiden. Gleichgültig, wohin man reist, es ist auf jeden Fall eine gute Idee, eine Reiseversicherung abzuschließen.

Diebstahl

Bewaffnete Raubüberfälle sind selten in Ecuador, aber manche Teile von Quito und einige Küstengegenden sind gefährlich. Konkrete Infos finden sich im jeweiligen Regionalkapitel.

Diebstähle kommen häufiger vor. An Busbahnhöfen, in vollen Stadtbussen und auf geschäftigen Märkten immer auf die eigenen Siebensachen (und die Gesäßtaschen) achten! In Bussen sind Diebstähle keine Seltenheit, vor allem in Nachtbussen und bei Fahrten zwischen Quito, Latacunga, Baños und Riobamba im zentralen Hochland. All diese Orte sind Tummelplätze von Taschenaufschlitzern und -dieben. Wer clever ist, kann vermeiden, eines ihrer Opfer zu werden.

Es ist ratsam, im Portemonnaie in der Tasche nur wenig Geld mitzuführen und wichtige Dinge versteckt direkt am Körper unter der Kleidung in einer Brusttasche zu tragen.

Normalerweise ist es sicher, wenn man sein Geld im Hotelschließfach lässt – aber man sollte es in einen versiegelten, zugeklebten Umschlag packen. Einige Leser haben sich beschwert, dass ihnen in billigeren Hotels Geld aus dem Schließfach gestohlen wurde.

Drogen im Drink

Es ist ratsam, Vorsicht bei Essens- und Getränkeangeboten von Fremden walten zu lassen. Es könnten Drogen beigemischt sein, mit der Absicht, das ahnungslose Opfer zu betäuben und auszurauben.

Entführung

Es ist zwar sehr unwahrscheinlich, aber es gab in Städten gelegentliche Vorfälle von „Express-Kidnapping" *(secuestro exprés)*. Das heißt, bewaffnete Diebe (die meist ein nicht lizensiertes Taxi fahren) zwingen ihr Opfer, Geld aus einem Automaten abzuheben, und setzen es dann am Stadtrand aus. Um das zu vermeiden, sollte man das Hotel oder Restaurant beten, ein Taxi zu rufen, oder die Easy-Taxi-App benutzen.

Taxis sollten nun eigentlich auf dem Rücksitz einen mit GPS verbundenen Alarmknopf an der seitlichen Armstütze haben, der automatisch die Polizei ruft und Video- und Audioaufnahmen startet. Diese Taxis tragen die Beschriftung *„transporte seguro"*.

Gefahrenzonen

Aufgrund gelegentlicher bewaffneter Auseinandersetzungen im benachbarten Kolumbien können die Gebiete an der kolumbianischen Grenze (insbesondere im nördlichen Oriente) gefährlich sein. Die Touren im Oriente sind prinzipiell sicher, aber es gab auch schon vereinzelt bewaffnete Überfälle.

Überfälle

Wenn möglich, sollte man bei Tagesausflügen keine Wertsachen dabeihaben, vor allem wenn es in überwiegend von Touristen besuchte Gebiete geht.

Hotelzimmer in der Nähe von Busbahnhöfen sind oft preiswert, aber auch gefährlich und dienen oft auch als Stundenhotels.

Autofahrer sollten ihr Fahrzeug in Ecuador niemals auf einem unbeaufsichtigten Parkplatz abstellen. Auch sollte man keine Wertsachen sichtbar darin zurücklassen – selbst auf bewachten Parkplätzen kann das Fenster eingeschlagen und der Wagen geplündert werden.

Im seltenen Fall, dass man ausgeraubt wird, sollte man umgehend Anzeige bei der Polizei erstatten – auch wenn es unwahrscheinlich ist, dass die das gestohlene Eigentum wiederbeschaffen kann. Der Polizeibericht ist notwendig, um bei der Versicherung Ansprüche geltend machen zu können.

Sprachkurse

Ecuador ist toll, um Spanisch zu lernen. Das hiesige Spanisch ist deutlich und präzise und dem mexikanischen und mittelamerikanischen Spanisch ähnlich. Sprachkurse sind hier preiswert. Quito (S. 69) und Cuenca (S. 191) sind die besten Orte, weil es hier viele Sprachschulen gibt. Für eine Privatstunde zahlt man etwa 10 US$. Auch die Unterbringung bei Gastfamilien kann arrangiert werden. Wer lieber in eine Kleinstadt will, findet in Baños (S. 164) und Otavalo (S. 107) ebenfalls Sprachschulen.

Strom

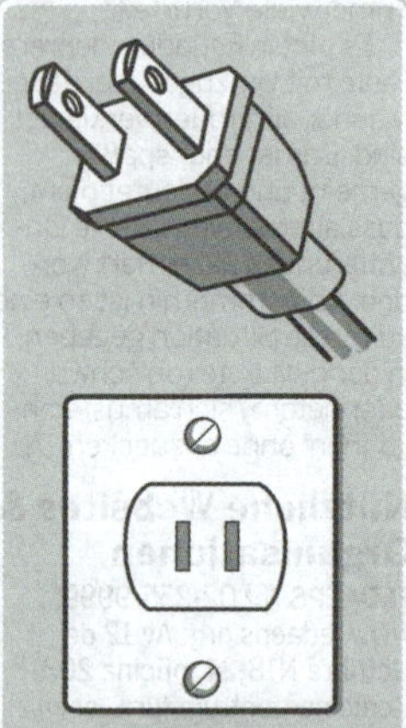

Typ A
120V/60Hz

Typ B
120V/60Hz

Telefon

In einem Land, in dem Handys weit verbreitet sind, verschwinden Münztelefone und Telefonzentren ziemlich schnell von der Bildfläche. Wer kein Handy hat und telefonieren muss, macht das am besten über Skype, wenn WLAN vorhanden ist. Wer keinen Computer zur Verfügung hat, findet in den meisten Städten einige Internetcafés.

Einige Telefonzellen funktionieren mit Telefonkarten, die u. a. in Zeitungsläden erhältlich sind, andere akzeptieren nur Münzen. Sämtliche Hotels – bis auf die einfachsten – gestatten ihren Gästen, Ortsgespräche zu führen.

Hotels, in denen man Auslandsgespräche führen kann, berechnen oft horrende Gebühren.

Alle ecuadorianischen Telefonnummern sind (nach der Ortsvorwahl) siebenstellig – mit Ausnahme von Handynummern; sie bestehen aus zehn Ziffern einschließlich der 0 am Anfang.

Handys

Ecuadorianische Handynummern beginnen immer mit 09. Wer sein eigenes Handy mitbringen will, sollte sich bei einem der lokalen Netzbetreiber eine SIM-Karte („Chip" genannt, 5–10 US$) kaufen. Das Guthaben kann in Gemischtwarenläden, Supermärkten und Apotheken aufgeladen werden.

Vorwahlen

Die zweistelligen Ortsvorwahlen beginnen überall in Ecuador mit einer „0". Die Ortsvorwahl fällt bei Ortsgesprächen weg, es sei denn, man telefoniert von einem Handy aus.

Die Landesvorwahl Ecuadors lautet 593. Um vom Ausland eine Nummer in Ecuador anzurufen, wählt man zunächst die internationale Vorwahl (00), dann die Landesvorwahl Ecuadors, gefolgt von der Ortsvorwahl *ohne* die

„0" und der siebenstelligen Telefonnummer (oder die neunstellige Handynummer – ebenfalls ohne die 0).

Toiletten

Wie überall in Südamerika ist der Wasserdruck der sanitären Anlagen auch in Ecuador sehr niedrig. Deshalb darf man auch keinesfalls Toilettenpapier in die Schüssel werfen – höchstens vielleicht in den Luxushotels und am Flughafen Quito. Das gebrauchte Toilettenpapier immer in den Abfalleimern entsorgen (das ist besser als eine verstopfte und überlaufende Toilette). Ein gutes Budgethotel erkennt man auch daran, dass täglich die Eimer geleert und die Toiletten gereinigt werden.

Öffentliche Toiletten gibt es nur an Busbahnhöfen, Flughäfen und in Restaurants. WCs heißen hier *servicios higiénicos* und sind in der Regel mit einem „SS. HH" gekennzeichnet. Meist ist ein Wärter vor Ort, dem man 0,10 oder 0,15 US$ gibt und dafür eine Ration Toilettenpapier bekommt. Man kann in einem Restaurant auch einfach nach dem *baño* (Bad) fragen. Toilettenpapier ist nicht immer vorhanden; erfahrene Traveller haben deshalb immer ihr eigenes Klopapier dabei. Achtung: Das „M" an der Tür bedeutet *mujeres* (Frauen), nicht „Männer"! Manchmal steht auch ein „D" für *damas* (Damen) an der Tür. Die Männertoilette ist mit dem „H" für *hombres* (Männer) oder mit einem „C" für *caballeros* (Herren) gekennzeichnet.

Touristeninformation

Das Netz der staatlichen Touristeninformationen in Ecuador ist bisher noch nicht sonderlich ausgereift, wird aber besser. Die Touristeninformationen in Quito und Cuenca sind exzellent.

Viele Ortschaften haben eine Art städtische oder provinziale Touristeninformation. Meistens können die Angestellten den Großteil der Fragen zufriedenstellend beantworten.

Ministerio de Turismo (http://ecuador.travel) Touristeninformation für alle Regionen des Landes.

Unterkunft

In Ecuador gibt es Unterkünfte vielerlei Art – von schlichten Holzschuppen in den Mangroven über erstklassige Urwald-Lodges im Amazonasgebiet. Abgesehen von Fest- und Markttagen muss man nicht im Voraus buchen.

B&Bs Eine bewährte Option in Ecuador.

Hotels Von einfachen bis hin zu Luxushotels ist alles dabei.

Hostels Die Zahl an Hostels ist begrenzt, nur in Quito gibt's jede Menge davon.

Lodges Die Tier- und Pflanzenwelt Ecuadors genießen.

Haziendas & Hosterías Renovierte historische Familienhöfe.

Privatunterkünfte Hier kommen Traveller in Kontakt mit einheimischen Familien.

Camping Auf dem Land fast überall erlaubt.

B&Bs

B&Bs sind besonders beliebt in touristischen Orten wie Quito, Baños, Cuenca und Otavalo. Auf dem Land gibt es kaum einen Unterschied zwischen B&Bs und *hosterías*.

Camping

Campen kann man auf dem Gelände mancher ländlicher Hotels, auf dem Land und in den meisten Nationalparks. In Städten gibt es keine Campingplätze. *Refugios* (Berghütten) gibt es auf einigen der wichtigsten Berge in manchen Nationalparks – Schlafsack mitbringen!

Gastfamilien

Die spanischen Sprachschulen arrangieren auf Wunsch Privatunterkünfte. So können Traveller bei einer ortsansässigen Familie übernachten, mit ihr essen und sich austauschen. Privatunterkünfte werden in Quito und Cuenca angeboten, sind anderswo aber schwer zu finden.

In manchen ländlichen Gemeinden, in denen es keine Hotels gibt, kann man herumfragen und findet so oft eine Familie, bei der man übernachten darf. Das passiert aber nur in den abgelegensten Orten, und man sollte immer eine Bezahlung anbieten (auch wenn sie vielleicht nicht angenommen wird).

Haziendas & Hosterías

Im ecuadorianischen Hochland gibt es ein paar tolle Haziendas (renovierte historische Farmen, die Touristen aufnehmen). Sie fallen in der Regel in die höhere Preisklasse. Dafür sind im Preis aber oft auch das hausgemachte Essen und Aktivitäten wie Reiten oder Angeln enthalten. Die bekanntesten Haziendas befinden sich im nördlichen und im zentralen Hochland.

Hosterías sind ähnlich, aber oft kleiner und intimer. Ihre Preise verstehen sich in der Regel mit Vollpension (VP) und/oder Aktivitäten.

Hotels

Budgethotels nehmen 10–40 US$ pro Person. Sie können schlicht (nur mit Bett und vier kahlen Wänden), aber trotzdem gepflegt, sehr sauber und preisgünstig sein. Die billigsten Hotels haben Gemeinschaftsbäder, aber oft findet man fast zum gleichen Preis auch Zimmer mit eigenem Bad.

In Mittelklassehotels zahlt man für ein Doppelzimmer 40–90 US$. In der Regel bieten sie mehr Charme und Komfort wie Kabel-TV, vernünftige Warmwasserversorgung und eine bessere Lage als die Budgethotels.

Spitzenklassehotels gibt es nur in den größeren Städten und touristischen Gebieten. Sie bieten prinzipiell etwas mehr Luxus – große oder historische, schick designte Zimmer, tolle Aussicht, erstklassigen Service etc.

Aber egal, wo man absteigt: Immer erst einen Blick ins angebotene Zimmer werfen!

Lodges

Öko- und Urwald-Lodges bieten eine fantastische Möglichkeit, Ecuadors Natur zu entdecken. Besonders beliebt sind Lodges im Oriente und in den Nebelwäldern der westlichen Andenhänge. Die Lodges im Oriente sind prinzipiell nur im Rahmen von drei- bis fünftägigen Touren buchbar, bei denen normalerweise auch Essen und Aktivitäten im Preis enthalten sind. Das Lodge-Personal kann auch den Weitertransport über den Fluss oder durch den Urwald arrangieren. Bis zur nächsten Stadt, in der man abgeholt werden kann, muss man eventuell aber selbst kommen.

Preise

Am höchsten sind die Preise für ein Zimmer in Ecuador zu Weihnachten und Silvester, während der Semana Santa (Osterwoche) und im Juli und August sowie während der lokalen Feste. Die Hotels an der Küste verlangen am Wochenende manchmal höhere Preise (und sind dann ganz sicher besser besucht). Die Hotels müssen eine Mehrwertsteuer von 12 % (IVA genannt) erheben; oft ist sie bereits im vom Hotel angegebenen Preis enthalten. Bessere Hotels schlagen häufig eine zusätzliche Servicegebühr von 10 bis 15 % drauf (vorher nachfragen, ob das der Fall ist!).

Viele Hotels geben ihre Preise pro Person an.

Reservierung

Die meisten Hotels nehmen Reservierungen auch ohne Kreditkartennummer an. Falls keine Vorauszahlung erfolgt ist, sollte man sich die Reservierung bestätigen lassen, wenn man später am Tag ankommt, damit das Zimmer nicht doch noch anderweitig vergeben wird oder die Rezeption geschlossen ist und man nicht in sein Zimmer kommt. Teurere Hotels könnten auf Vorauszahlung bestehen.

Buchungsdienste

Columbus Ecuador (www.columbusecuador.com) Hilft bei der Buchung von Gästehäusern in ganz Ecuador.

Ecuador for All (www.ecuadorforall.com) Unterstützt bei der Buchung von Unterkünften für Reisende mit Behinderung.

Lonely Planet (www.lonelyplanet.com/ecuador/hotels) Hier sind Empfehlungen für Gästehäuser zu finden.

True Ecuador Travel (www.true-ecuador-travel.org) Spezialist für Bildungsreisen.

Preiskatagorien Unterkünfte

Die folgenden Preisklassen beziehen sich auf ein Doppelzimmer in der Hauptsaison. Normalerweise haben die Zimmer ein eigenes Bad (Ausnahmen sind vermerkt).

**$** unter 40 US$

**$$** 40–90 US$

**$$$** über 90 US$

Versicherung

Neben der Kranken- und der Autoversicherung sollte man auch eine Versicherung für Gepäck und Wertsachen wie Kameras und Camcorder abschließen. Versicherungspapiere getrennt aufbewahren, für den Fall, dass man sie braucht.

Weltweit geltende Reiseversicherungen gibt es auch unter www.lonelyplanet.com/travel-insurance. Hier kann man jederzeit online Policen abschließen, verlängern oder Ansprüche geltend machen – auch wenn man bereits unterwegs ist.

UNTERKUNFT ONLINE BUCHEN

Weitere Hotelbeschreibungen von Lonely Planet Autoren gibt's unter http://lonelyplanet.com/hotels/ireland. Dort findet man unabhängige Kritiken und Empfehlungen zu den besten Unterkünften, außerdem kann man gleich online buchen.

Visa

Die meisten Traveller, die als Touristen nach Ecuador einreisen, brauchen für einen Aufenthalt von bis zu 90 Tagen kein Visum. Dazu zählen auch Deutsche, Österreicher und Schweizer. Bei der Einreise erhält man eine 90 Tage gültige T-3-Aufenthaltskarte.

Aufenthaltsverlängerungen

Aufgrund neuer Bestimmungen ist es aufwendig, eine Visumsverlängerung zu bekommen. Wenn man nicht gerade aus einem Land der Andengemeinschaft kommt, sind Touristenvisa nicht verlängerbar. Wer länger als 90 Tage bleiben will, muss ein 12-IX-Visum beantragen. Das ist auch vor Ort möglich; es ist aber zeitaufwendiger, als wenn man dieses Visum noch vor der Abreise im Heimatland beim ecuadorianischen Konsulat beantragt. Man muss die nötigen Unterlagen für ein 12-IX-Visum zusammenstellen und beim **Ministerio de Relaciones Exteriores y Movilidad Humana** (☎02-299-3200; www.cancilleria.gob.ec; Carrión E1-76 & Av 10 de Agosto, Quito) eine Gebühr von 230 US$ bezahlen. Eine Schritt-für-Schritt-Anleitung für den Visumsantrag ist in einem exzellenten Beitrag auf dem Blog eines kanadischen Travellers nachzulesen: roamaholic.com/tourist-visa-ecuador.

Auf keinen Fall warten, bis das Visum abgelaufen ist, um die Unterlagen zusammenzusammeln, denn für die Zeitüberschreitung werden happige Geldstrafen zwischen 200 und 2000 US$ fällig!

Zeit

Das ecuadorianische Festland hinkt der MEZ sechs Stunden hinterher, und die Galapagosinseln liegen sieben Stunden hinter der MEZ. Die Zeit auf dem Festland stimmt mit der Eastern Standard Time in Nordamerika überein. Wenn es in Quito 12 Uhr ist, dann ist es in Berlin, Wien und Bern 18 Uhr, in New York hingegen ist es ebenfalls 12 Uhr mittags. Weil Ecuador am Äquator liegt, sind die Tage und Nächte das ganze Jahr über gleich lang. Deshalb gibt es hier auch keine Sommerzeit.

Verkehrsmittel & -wege

AN- & WEITERREISE

Einreise

Die Einreise geht recht fix vonstatten: Vor allem an den Flughäfen fertigen einen die Grenzbeamten zügig ab. Bei Einreise auf dem Landweg lassen sie sich für die Passkontrolle eventuell etwas mehr Zeit. Offiziell müssen ein Rückflug- bzw. Anschlussticket und ausreichende Geldmittel vorhanden sein. Dies wird jedoch kaum überprüft. In der Regel reicht es, eine Kreditkarte oder 20 US$ für jeden Reisetag vorweisen zu können. Bei Quito-Flügen lassen einen internationale Airlines aber eventuell nur gegen Vorlage eines Rückflug- bzw. Anschlusstickets oder Aufenthaltsvisums an Bord – zwar ist auch das eher unwahrscheinlich, theoretisch aber möglich. Der Nachweis einer Schutzimpfung gegen Gelbfieber ist nicht obligatorisch, wird aber dennoch manchmal von Touristen gefordert, die aus einem entsprechenden Risikogebiet nach Ecuador einreisen.

Geführte Touren, Flug- und Zugtickets lassen sich online unter www.lonelyplanet.com/bookings buchen.

Reisepass

Alle Touristen benötigen bei Einreise einen Reisepass, der ab dem Einreisedatum noch mindestens sechs Monate gültig ist. Man ist per Gesetz verpflichtet, seinen Pass jederzeit bei sich zu tragen. Viele Leute haben nur eine Kopie dabei, wenn Sie unterwegs sind, als Ausweis wird die jedoch nicht anerkannt.

Flugzeug

Flughäfen & Fluglinien

In Ecuador gibt es zwei internationale Flughäfen.

Aeropuerto Internacional Mariscal Sucre (☎02-395-4200; www.aeropuertoquito.aero) Quitos Flughafen liegt etwa 38 km östlich des Stadtzentrums.

Aeropuerto José Joaquín de Olmedo (GYE; Karte S. 307; ☎04-216-9000; www.tagsa.aero; Av de las Américas) Guayaquils Flughafen ist nur ein paar Kilometer von der Innenstadt entfernt.

TAME (☎1-700-500-800; www.tame.com.ec) ist die größte Fluglinie Ecuadors. Sie hatte in den vergangenen Jahren ein gutes Sicherheitsprotokoll und besitzt eine moderne Flugzeugflotte von Boeing, Airbus und Embraer sowie mehrere Turboprop-ATR-Maschinen.

LATAM (☎1-800-000-527; www.latam.com) Fliegt internationale Strecken nach New York und verschiedenen Städten in Peru, Argentinien, Chile, Brasilien und Bolivien.

Flugtickets

Während der touristischen Hochsaison (Mitte Juni–

KLIMAWANDEL & REISEN

Jede Form des Reisens, die auf Brennstoff auf Kohlenstoffbasis beruht, erzeugt CO_2, das für den von Menschen verursachten Klimawandel hauptverantwortlich ist. Modernes Reisen ist von Flugzeugen abhängig, die zwar pro Kilometer und Person weniger Kraftstoff als die meisten Autos verbrauchen, aber sehr viel weitere Strecken zurücklegen. Auch die Höhe der Luftschichten, in die Flugzeuge Treibhausgase (darunter CO_2) und Schadstoffe ausstoßen, trägt zum Klimawandel bei. Viele Websites bieten „Emissionsrechner", mit denen Reisende die CO_2-Emissionen ihrer Reise ausrechnen und die Auswirkung dieser Treibhausgase mit einem Beitrag für klimafreundliche Projekte in der ganzen Welt ausgleichen können. Lonely Planet gleicht die CO_2-Bilanz aller Reisen seiner Mitarbeiter und Autoren aus.

Anfang Sept., Dez.–Mitte Jan.) sind die Ticketpreise am höchsten. Unterstützung durch ein Reisebüro mit Spezialisierung auf Lateinamerikatrips ist immer von Vorteil.

Auf dem Landweg

Auto & Motorrad

Die Einfuhr von Privatfahrzeugen nach Ecuador kann extrem nervig sein – je nach aktueller Laune der jeweiligen Grenzbeamten. Offiziell erforderlich sind hierzu ein Carnet de Passage en Douane (CPD) und ein international anerkanntes Dokument, das den vorübergehenden „Fahrzeugimport" nach Ecuador ohne Entrichtung einer Einfuhrsteuer erlaubt. Dieses Dokument gibt's bei Automobilclubs des Landes, in dem das Auto zugelassen ist – unbedingt rechtzeitig besorgen! Motorräder scheinen an der Grenze weniger Stress zu verursachen.

Bus

Bustrips von Kolumbien oder Peru nach Ecuador gehen zügig vonstatten. In der Regel durchquert man dabei einen der internationalen Grenzübergänge zu Fuß und nimmt jenseits davon einen anderen Bus (in Huaquillas ist es etwas komplizierter). Einige internationale Busunternehmen bieten Direktverbindungen ab Großstädten wie Lima oder Bogotá an.

Grenzübergänge

Ecuador grenzt nur an Peru und Kolumbien. Die Ein- bzw. Ausreiseformalitäten gehen recht zügig, wenn alle Papiere in Ordnung sind. Bei Ein- oder Ausreise auf dem Landweg müssen Touristen keine Steuern entrichten.

Bei Überschreiten der Aufenthaltsdauer des T3-Visums (90 Tage pro Jahr ab dem Einreisedatum, egal ob am Stück oder mit Unterbrechungen) muss man entweder ein deftiges Bußgeld bezahlen oder nach Quito zurückreisen. Auch Reisende ohne *entrada*- bzw. Einreisestempel werden zurückgeschickt.

KOLUMBIEN

Tulcán im nördlichen Hochland ist der wichtigste Grenzübergang nach Kolumbien und momentan auch die einzige sichere Option für die Einreise in dieses Land. Schmuggel und bewaffnete Konflikte in Kolumbien machen den Übergang nördlich von Lago Agrio im Oriente aktuell sehr gefährlich.

PERU

Ecuador und Peru teilen sich drei Hauptgrenzübergänge.

Huaquillas Der Übergang südlich von Machala verzeichnet den stärksten Grenzverkehr zwischen den beiden Ländern. Er besteht aus direkt nebeneinander liegenden Grenzposten an der Straße ein paar Kilometer nördlich der Stadt. Busse nach Huaquillas halten nicht an dieser Grenzstation, internationale Busse (Ecuador–Peru) allerdings schon; sie warten auch, bis alle ihre Grenzformalitäten erledigt haben. Eine andere Möglichkeit ist ein Taxi von Huaquillas zur Grenzstation und zurück.

Macará Wird immer beliebter, da ruhiger als Huaquillas und mit einer herrlichen Anreise ab Loja im südlichen Hochland verbunden. Von Loja aus fahren Direktbusse über Macará nach Piura (Peru; 8 Std.). Sie warten an der Grenze, während man seine Formalitäten erledigt – völlig stressfrei.

La Balsa Richtung Zumba Dieser entlegene, interessante Übergang südlich von Vilcabamba ist nur wenig frequentiert. Vor der Weiterreise gen Zumba und Peru verbringen viele Traveller ein paar Tage in Vilcabamba.

Schiff/Fähre

Es ist möglich – wenn auch zeitaufwendig –, auf dem Río Napo (mündet bei Iquitos in den Amazonas) von Ecuador aus nach Peru hinunterzuschippern. Die Grenzformalitäten sind dabei minimal; allerdings verkehren Boote nur unregelmäßig auf dieser Route. Rein geografisch ist es auch möglich, auf dem Río Putumayo nach Kolumbien und Peru zu reisen. Davon sollten Touristen aber unbedingt absehen: Drogenschmuggel und Terrorismus machen diese Region gefährlich!

UNTERWEGS VOR ORT

Auto & Motorrad

Schlaglöcher, unübersichtliche Kurven und verrückt rasende Busse bzw. Lastwagen machen Auto- oder Motorradreisen durch Ecuador zu einer gewissen Herausforderung. Nun die gute Nachricht: Die Infrastruktur hat sich enorm verbessert (u.a. neue Straßen und Brücken und bessere Beschilderung) und erleichtert Selbstfahrern das Vorankommen inzwischen deutlich.

Automobilclubs

Der ecuadorianische Automobilclub **Aneta** (☎1-800-556-677; www.aneta.org.ec) bietet einen Teil seiner Serviceleistungen auch Mitgliedern ausländischer Partnerorganisationen (z.B. ADAC) an. Aneta-Mitglieder erhalten Pannenhilfe rund um die Uhr.

Autovermietung

Nur wenige Leute mieten sich in Ecuador ein Auto, hauptsächlich weil man mit öffentlichen Verkehrsmitteln gut herumkommt. Vor Ort sind die meisten internationalen Autovermieter wie **Avis** (www.avis.com), **Budget** (www.budget.com), **Hertz** (www.hertz.com) und **Localiza** (www.localiza.com) vertreten. Außerhalb von Quito, Guayaquil oder Cuenca lassen sich Mietwagenfirmen aber nur schwer finden.

Fahrer müssen mindestens 25 Jahre alt sein sowie eine Kreditkarte, einen gültigen Führerschein und einen Reisepass vorlegen können. Gelegentlich werden auch Interessenten zwischen 21 und 25 Jahren akzeptiert, gegebenenfalls gegen Entrichtung einer höheren Kaution. Kleinwagen sind im Durchschnitt ab 40 US$ pro Tag zu haben, Allradfahrzeuge können dagegen über 100 US$ pro Tag kosten (bei Trips durch entlegene Regionen erweist sich ein Allradantrieb potenziell als Lebensretter). Unbedingt nachfragen, ob der Tarif *seguro* (Versicherung), *kilometraje libre* (unbegrenzte Fahrtkilometer) und IVA (Mehrwertsteuer) beinhaltet – höchstwahrscheinlich tut er das nicht.

Motorräder mietet man am besten in Quito. **Freedom Bike** (☎02-250-4339; www.freedombikerental.com; Finlandia N35-06 nahe Suecia) in der Mariscal verleiht neben Touren- oder Geländebikes mit Ausrüstung auch Motorroller und Fahrräder.

Motorräder werden auch in Baños verliehen, etwa Enduros mit 250 ccm (pro Stunde/Tag ca. 10/40 US$). Biker, die ihre eigenen Maschinen mitbringen wollen, finden nützliche Infos bei **Horizons Unlimited** (www.horizonsunlimited.com).

Benzin

Herkömmliches Benzin wird in Ecuador pro Gallone (3,78 l) verkauft und fällt in zwei Oktan-Kategorien: „Extra" (82 Oktan; ca. 1,90 US$/Gallone) und „Super" (92 Oktan; ca. 2,25 US$/Gallone). Achtung: Super ist im ländlichen Raum nicht immer erhältlich und die Preise variieren.

Führerschein

Ausländische Kraftfahrer haben grundsätzlich ihren nationalen Führerschein und ihren Reisepass mitzuführen. Eine internationale Fahrerlaubnis (International Driving Permit; IDP) ist zwar nicht offiziell vorgeschrieben, kann sich aber bei Autovermietern als praktisch erweisen.

Straßenzustand & Gefahren

Zu den Gefahren auf Ecuadors schlecht ausgeschilderten Straßen zählen Schlaglöcher, unübersichtliche Kurven und vor allem Bus- bzw. Lastwagenfahrer, die ihre Kollegen in scheinbar völlig aussichtslosen Verkehrssituationen überholen. Zudem muss man stets auf stehende Fahrzeuge, plötzliche Straßensperren und vereinzeltes Nutzvieh auf der Fahrbahn gefasst sein. Die Beschilderung ist generell schlecht.

Versicherung

Die Versicherungsofferten von Autovermietern können je nach Firma eine hohe Selbstbeteiligung (1000–3500 US$) beinhalten – darum unbedingt immer sorgfältig das Kleingedruckte durchlesen. Selbst bei Schäden durch unverschuldete Unfälle wird wahrscheinlich die Selbstbeteiligung fällig.

Bus

Busse sind das Hauptverkehrsmittel der meisten Ecuadorianer und fahren garantiert überallhin. Bustrips können aufregend, beengt, bequem, übelriechend, spaßig, angsteinflößend, gesellig oder anstrengend sein – je nach eigener Wahrnehmung, Ziel und Chauffeur.

In den vergangenen Jahren gab es einige tragische Busunfälle. Die meisten Busse haben keine Sicherheitsgurte; sind sie aber vorhanden, sollten sie auch unbedingt angelegt werden.

Die meisten Großstädte haben einen Hauptbusbahnhof *(terminal terrestre)*. In einigen kleineren Ortschaften gibt's stattdessen mehrere Terminals von Privatfirmen. In diesem Fall muss man den richtigen Abfahrtspunkt zum jeweiligen Ziel herausfinden. Busbahnhöfe sind meist zu Fuß oder mit kurzer Taxifahrt ab dem Stadtzentrum erreichbar. Kleinere Orte werden gelegentlich von vorbeifahrenden Bussen bedient. Deren Passagiere müssen dann von der Landstraße zum Zentrum laufen – normalerweise aber nur ein kurzes Stück, da nur die kleinsten Nester keine Haltestellen haben.

Größere Gepäckstücke werden im Gepäckraum unten im Bus verstaut und sind in der Regel sicher. Diebstahl ist eher ein Problem bei Sachen, die in den Bus mitgenommen werden. Um nicht beklaut zu werden, sollte alles, was in den Bus mitgenommen wird, auf dem Schoß behalten werden (nicht auf dem Boden oder in der Gepäckablage).

Buspassagiere bezahlen in der Regel etwas über 1 US$ pro Fahrtstunde. Unbedingt immer den Reisepass griffbereit haben: Vor allem im Oriente werden Busse mitunter zwecks Insassenkontrolle angehalten.

Fernbusse

Zu den entsprechenden Zeiten halten Fernbusse in der Regel für 20-minütige Imbisspausen. Wegen der teils etwas einfachen Kost in Busbahnhofsrestaurants sollten Reisende, die diätische Anforderungen oder spezielle Bedürfnisse haben, am besten eigenen Proviant dabeihaben.

Klassen

Busklassen stehen kaum zur Auswahl – was gerade verfügbar ist, wird eben genommen. Die meisten *autobuses*

AUSREISESTEUER

Die Ausreisesteuer ist mittlerweile im Ticketpreis enthalten und muss nicht mehr direkt am Flughafen bezahlt werden.

Inlandsflüge

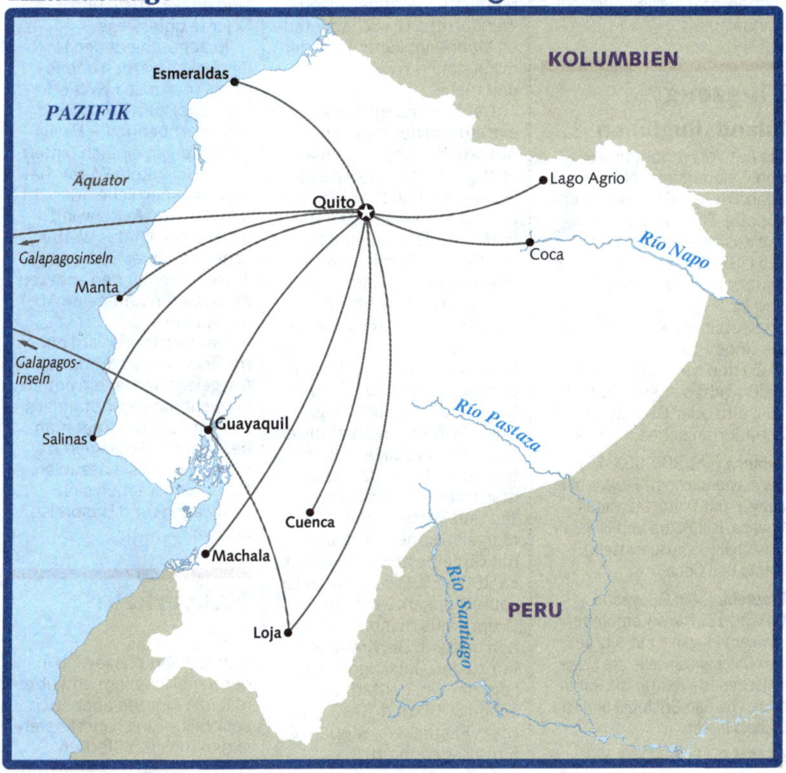

(Busse) sind unscheinbare Passagierbusse und unterscheiden sich z. B. von Schulbussen. Bordtoiletten gibt's so gut wie nie, sofern die Reisezeit nicht über ca. vier Stunden liegt. Klimaanlage und Bordtoilette bieten nur ganz wenige Fernbusse zwischen Großstädten.

Reservierungen & Fahrpläne

Die meisten Busfirmen haben Fahrpläne, aber die ändern sich oft und werden nicht immer eingehalten. Bereits voll besetzte Busse starten eventuell früher. Andererseits rollen fast leere Fahrzeuge mitunter eine halbe Stunde lang willkürlich durch die Gegend *(dando vueltas)*, während der Assistent des Chauffeurs laut zur Tür hinausschreit, um weitere Passagiere anzulocken.

An vielen größeren Busbahnhöfen liefern Infostände aktuelle Details zu Routen, Preisen und Abfahrtszeiten.

Außer am Wochenende oder zur Ferienzeit bekommt man Fahrkarten in der Regel problemlos. Es schadet aber nie, sie schon ein oder zwei Tage zuvor zu kaufen oder eine bis zwei Stunden vor Abfahrt zu erscheinen.

Fahrrad

Radfahren in den Anden ist anstrengend, nicht nur wegen der Steigungen, sondern wegen der Höhe an sich. Verkehrsregeln gibt es kaum und im ganzen Land nur wenige Radwege. Nach massiven Investitionen in die Infrastruktur sind die Straßen in Ecuador in gutem Zustand und viele größere Städte haben ausgewiesene *ciclovias* (Radwege), von denen einige sonntags für den Autoverkehr gesperrt sind, vor allem in Quito.

Außerhalb von Quito sind Fahrradfachgeschäfte selten. Die wenigen vorhandenen Läden haben normalerweise auch nur eine sehr begrenzte Auswahl an Ersatzteilen. Deshalb sollte man alle wichtigen Teile und Werkzeuge von zu Hause mitbringen. Die besten Mountainbike-Tourveranstalter befinden sich in Quito und Riobamba.

Fahrradverleih

Fahrräder werden hauptsächlich für Kurztouren

verliehen, meist von Quito, Riobamba, Cuenca und Baños aus.

Flugzeug

Inlandsfluglinien

Bis auf Verbindungen zu den Galapagosinseln sind Inlandsflüge allgemein recht günstig: Die einfache Strecke kostet kaum mehr als 125 US$. Alle Festlandsflüge dauern nicht mal eine Stunde und sind vor allem wegen der unglaublichen Aussicht auf die Anden toll.

Zu den meisten Inlandszielen geht's ausschließlich ab Quito oder Guayaquil. Ecuadorianische Fluglinien:

Avianca (☎1-800-003-434; www.avianca.com) Flugverbindungen mit Quito, Guayaquil, Cuenca, Isla Baltra und Isla San Cristóbal (Galapagosinseln), Manta und Coca.

Emetebe (☎in Guayaquil 04-230-1277; www.emetebe.com.ec) Fluglinie mit Sitz auf den Galapagosinseln, die Flüge zwischen Isla Baltra, Isla Santa Cruz, Isla San Cristóbal und Isla Isabela bietet.

LATAM (☎1-800-000-527; www.latam.com) Fliegt von Quito nach Cuenca, Guayaquil und zu den Galapagosinseln (San Cristóbal und Isla Baltra) sowie nach New York und in verschiedene Städte in Peru, Argentinien, Chile, Brasilien und Bolivien.

TAME (☎1-700-500-800; www.tame.com.ec) Flugverbindungen mit Coca, Cuenca, Esmeraldas, Isla Baltra und Isla San Cristóbal (Galapagosinseln), Guayaquil, Lago Agrio, Loja, Manta, Quito, Salinas sowie mit Bogotá und Cali (Kolumbien), Lima (Peru), New York und Fort Lauderdale (USA) und Caracas (Venezuela).

Geführte Touren

Reisende mit wenig Zeit buchen geführte Touren am besten in Quito oder in Guayaquil. Zahllose Veranstalter aller Preisklassen organisieren dort z. B. Kreuzfahrten zu den Galapagosinseln, Klettertrips, Wanderungen, Wanderritte, Urwaldabenteuer, Mountainbiketouren oder Exkursionen zu Haziendas und mehr.

Der Preis hängt dabei extrem von den eigenen Ansprüchen ab. Die günstigsten Städtetouren gibt's teilweise schon für 65 US$ pro Person; eine Bananen- und Kakaotour beginnt bei 98 US$ pro Person und Tag; eine Amazonas-Campingtour mit zwei Übernachtungen bei 68 US$ pro Person (ab zwei oder mehr Personen). Die teuersten Lodges verlangen dagegen über 200 US$ pro Nase und Übernachtung (inkl. Vollpension & geführten Touren). Bei Vulkanklettertouren in Nationalparks ist man mit rund 95 US$ pro Tag und Person dabei, zweitägige Vulkanklettertouren mit Gipfelbesteigung kosten ca. 190 US$. Die Preise vieler Touren sinken, wenn die Gruppe aus mehreren Personen besteht. Bei Kreuzfahrten zu den Galapagosinseln liegt der Wochentarif zwischen 3000 und 7000 US$ (zzgl. Flugtickets, Steuern & Eintrittsgebühren).

Lastwagen (Ranchera & Missionary)

In einigen Orten, insbesondere in entlegenen Gebieten, in denen es viele unbefestigte Straßen gibt, dienen *camionetas* (Lastwagen) als Taxis. Wer unterwegs zu einem Nationalpark, einer Wanderhütte oder einem Wanderweg ist, kommt oft am besten mit einem solchen Lastwagen dorthin – einfach herumfragen.

In solchen Gebieten fungieren Lastwagen zudem oft als Busse. Manchmal kommen dabei große Pritschenfahrzeuge mit Blechdach, offenen Holzwänden und unbequemen Sitzbänken aus Holzplanken zum Einsatz. Diese seltsamen „Busse" alias *rancheras* oder *chivas* sind an der Küste und im Oriente unterwegs.

In abgeschiedenen Hochlandecken werden *camionetas* (normale LKWs oder Pick-ups) zum Personentransport benutzt – Passagiere steigen einfach hinten drauf. Bei gutem Wetter hat man eine herrliche Aussicht und frischen Andenwind im Gesicht. Ist das Wetter schlecht, kauert man sich zusammen mit den anderen Passagieren unter eine Abdeckplane.

Der Fahrtpreis wird normalerweise vom Chauffeur festgelegt und ist ein entfernungsabhängiger Standardtarif. Am besten fragt man bei anderen Passagieren nach, wie viel sie bezahlen. Meist entsprechen sich Lastwagen- und Buspreise in etwa.

Nahverkehr

Bus

Nahverkehrsbusse sind in der Regel langsam und überfüllt, die Fahrten aber auch sehr billig. Eine Fahrt kosten in den meisten Städten 0,25 US$ und oft fahren die Busse auch in benachbarte Dörfer. Mit örtlichen Bussen kann man eine Gegend daher oft gut und günstig erkunden.

Außerhalb Quitos sind feste Bushaltestellen so gut wie nicht vorhanden. Die Busse stoppen oder werden zumindest langsamer, wenn Mitfahrwillige das durch Winken an der Straße signalisieren. Wer aus einem Nahverkehrsbus aussteigen möchte, ruft einfach *¡Baja!* („herunter!"). Der Ruf *¡Gracias!* („Danke!") ist eine weitere beliebte und obendrein unverkennbar höfliche Methode, den Fahrer zum Anhalten zu bewegen.

Taxi

Ecuadorianische Taxis sind verschieden groß und unterschiedlich geartet, aber allesamt gelb. Sie haben meist ein beleuchtetes Taxischild auf dem Dach oder einen entsprechenden Aufkleber an der Windschutzscheibe. In Quito und anderen größeren Städten haben lizenzierte Taxis ein oranges oder orange-gestreiftes Nummernschild und die ID-Nummern sind an den Seiten deutlich gekennzeichnet.

Um nicht abgezockt zu werden, sollte man den Fahrpreis stets im Voraus aushandeln. Taxameter sind außer in Quito, Guayaquil und Cuenca selten. Längere Fahrten kosten in diesen Städten selten mehr als 5 US$ (außer zu den Busbahnhöfen in Quito, die eine ganze Ecke vom Zentrum entfernt liegen). Fast überall liegt der Mindesttarif bei 1,25 US$. In Quito hat man diesen Betrag auch zu bezahlen, wenn der Gebührenzähler nur 0,80 US$ anzeigt. Am Wochenende und bei Dunkelheit sind die Taxipreise immer 25–50 % höher.

Ein Taxi lässt sich für 40–60 US$ pro Tag mieten. Eine mehrtägige Mietdauer entspricht dem Preis eines Leihautos. Dann muss man zwar nicht selbst steuern, aber für Essen und Unterkunft des Chauffeurs aufkommen. Einige Tourveranstalter in Quito verleihen Geländewagen mit erfahrenen Fahrern.

In ländlicheren Ecken sind auch *ecotaxis* (Fahrradrikschas bzw. dreirädrige Drahtesel mit kleinem, überdachtem Zweipersonenabteil) und *taxis ecológicos* (Motorradrikschas mit Zweipersonenabteil) unterwegs.

Schiff/Fähre

Transport in Wasserfahrzeugen ist in einigen Teilen Ecuadors üblich. Es gibt verschiedene Kategorien.

Kanu

Am häufigsten sind Kanus mit Außenbordmotor, die auf den großen Oriente-Flüssen (vor allem auf dem Río Napo) und an Teilen der Nordküste als Wassertaxis bzw. -busse dienen. Die meisten Leute erleben diese ungewöhnliche Transportart im Rahmen einer Amazonastour, da Lodges im Regenwald oft nur mit motorisierten Kanus erreichbar sind.

Die meist langen und unkomfortablen Boote transportieren oft bis zu 36 Passagiere, die in der Regel jeweils zu zweit nebeneinander auf harten, niedrigen Holzbänken sitzen. Die meisten Flusslodges statten ihre Boote mit Sitzkissen aus. Wer mit öffentlichen Transportkanus unterwegs ist, sollte unbedingt eine Art *Sitzpolster* (zusammengelegter Pullover, zusammengelegtes Handtuch) mitbringen! Das sorgt unterwegs für deutlich mehr Bequemlichkeit.

Andere Wasserfahrzeuge

Rund um den Galapagos-Archipel reicht das Angebotsspektrum von kleinen Segelbooten bis hin zu Kreuzfahrtschiffen mit eigenen Bädern in klimatisierten Kabinen. Die unregelmäßig verkehrenden Inselfähren sind die günstigsten Transportmittel zwischen den einzelnen Eilanden. Sie spielen aber nur eine Rolle, wenn man die Inseln auf eigene Faust und nicht im Rahmen einer Tour erkundet.

Zusätzlich zu den Einbaumkanus des Oriente schippert ein einziges relativ luxuriöses Flussschiff namens *Anakonda* den Río Napo hinunter.

Trampen

Trampen ist nirgendwo auf der Welt völlig ungefährlich und daher grundsätzlich nicht zu empfehlen. Wer dennoch den Daumen ausstreckt, sollte sich des geringen, aber potenziell gefährlichen Risikos bewusst sein. Tramper erhöhen ihre eigene Sicherheit, wenn sie mindestens zu zweit losziehen und Dritte über ihr jeweiliges Ziel informieren.

Drei Gründe machen Anhalterreisen durch Ecuador kaum praktikabel: Erstens gibt's hier nur wenige Privatfahrzeuge. Zweitens sind die öffentlichen Verkehrsmittel recht günstig. Und drittens wickeln Lastwagen in entlegenen Regionen den Nahverkehr ab. Der Versuch des Gratis-Trampens per Lkw entspricht daher der Idee, kostenlos mit einem Bus mitzufahren. Viele Chauffeure *aller* Fahrzeugtypen nehmen einen durchaus mit, verlangen dafür aber eine (normalerweise geringe) Entlohnung.

Zug

Zur großen Freude von Zugenthusiasten wurde Ecuadors Schienennetz endlich wieder instandgesetzt. Leider ist es für Reisen nicht hilfreich, da die Strecken ausschließlich für touristische Tagesausflüge genutzt werden. Die Züge fahren meist am Wochenende auf kurzen Strecken, die Rückfahrt ist oft per Bus. Am berühmtesten ist die spektakuläre Strecke, die von Alausí aus bergab an La Nariz del Diablo (Teufelsnase) entlangführt. Dieser dramatische Abschnitt zählte einst zu den Weltwundern des Eisenbahnbaus. Die zweite Strecke ist der Wochenendtrip von Quito zur Area Nacional de Recreación El Boliche bei Cotopaxi.

Weitere Züge fahren ab Durán (bei Guayaquil), Ibarra, Ambato, Riobamba und El Tambo (bei Ingapirca).

Fahrpläne, Fahrpreise und Streckeninformationen gibt es bei Tren Ecuador (www.trenecuador.com).

Sprache

Die Aussprache des lateinamerikanischen Spanisch ist einfach, da es die meisten Laute auch im Deutschen gibt. Außerdem wird alles ziemlich genau so ausgesprochen, wie es geschrieben wird – einfach an der Aussprachehilfe in blauer Schrift orientieren! Das v und das b spricht man wie ein weiches, angehauchtes „b", eher wie „w", aus, das r wird gerollt.

In Südamerika gibt es viele Regiolekte, die sich im Sprachgebrauch z. T. deutlich voneinander unterscheiden. Auffällig ist die Aussprache der Laute *ll* und *y*. Je nachdem, wo man gerade ist, werden sie ausgesprochen wie das „j" in „ja", das „lli" in „Million", das „g" in „Hotelpage", das „sch" in „Schule" oder das „g" in „Gentleman". In unserer Aussprachehilfe haben wir sie mit dem Buchstaben j gekennzeichnet, denn in Ecuador entspricht ihre Aussprache dem „j" in „ja" (wie in vielen anderen Ländern Lateinamerikas auch).

Die betonten Silben werden im Spanischen durch einen Akzent kenntlich gemacht (z. B. in *días*), in der Aussprachehilfe haben wir sie durch Kursivierung hervorgehoben.

In diesem Kapitel wird im Allgemeinen die Höflichkeitsform verwendet, manchmal sind aber sowohl die „Sie"-Form (höfl.) als auch die „Du"-Form (fam.) aufgeführt. Wo es nötig war, wurden sowohl die männliche als auch die weibliche Form angegeben; das Maskulinum kommt zuerst, das Femininum nach dem Schrägstrich, z. B. *perdido/a* (m./f.).

BASICS

Hallo.	*Hola.*	o·la
Auf Wiedersehen.	*Adiós.*	a·*djos*
Wie geht's?	*¿Qué tal?*	ke tal
Gut, danke.	*Bien, gracias.*	bjen *gra*·sjas
Entschuldigung.	*Perdón.*	per·*don*
Es tut mir leid.	*Lo siento.*	lo *sjen*·to
Bitte.	*Por favor.*	por fa·*wor*
Danke.	*Gracias.*	*gra*·sjas
Gern geschehen.	*De nada.*	de *na*·da
Ja.	*Sí.*	si
Nein.	*No.*	no

Ich heiße ...
Me llamo ... — me *ja*·mo ...

Wie heißen Sie?
¿Cómo se llama Usted? — ko·mo se *ja*·ma u·*ste* (höfl.)
¿Cómo te llamas? — ko·mo te *ja*·mas (fam.)

Sprechen Sie Englisch?
¿Habla inglés? — a·bla in·*gles* (höfl.)
¿Hablas inglés? — a·blas in·*gles* (fam.)

Ich verstehe nicht.
No entiendo. — no en·*tjen*·do

ESSEN & TRINKEN

Kann ich die Speisekarte sehen, bitte?
¿Puedo ver el menú, por favor? — *pue*·do wer el me·*nu* por fa·*wor*

Was empfehlen Sie?
¿Qué recomienda? — ke re·ko·*mjen*·da

Haben Sie vegetarische Speisen?
¿Tienen comida vegetariana? — *tje*·nen ko·*mi*·da we·che·ta·*ria*·na

Ich esse kein (rotes Fleisch).
No como (carne roja). — no *ko*·mo (*kar*·ne *ro*·cha)

Das war köstlich!
¡Estaba buenísimo! — es·*ta*·ba bue·*ni*·si·mo

Prost!
¡Salud! — sa·*lu*

Die Rechnung, bitte.
La cuenta, por favor. — la *kuen*·ta por fa·*wor*

Ich hätte gern einen Tisch für ...	*Quisiera una mesa para ...*	ki·*sje*·ra *u*·na *me*·sa *pa*·ra
(acht) Uhr	*las (ocho)*	las (o·tscho)
(zwei) Personen	*(dos) personas*	(dos) per·*so*·nas

Wichtige Begriffe

Abendessen	*cena*	*se*·na
Flasche	*botella*	bo·*te*·ja
Frühstück	*desayuno*	de·sa·*ju*·no
Gabel	*tenedor*	te·ne·*dor*
Glas	*vaso*	*va*·so
heiß	*caliente*	kal·*jen*·te
Hochstuhl	*trona*	*tro*·na
(sehr) kalt	*(muy) frío*	(mui) *fri*·o
Kinderkarte	*menú infantil*	me·*nu* in·fan·*til*
Löffel	*cuchara*	ku·*tscha*·ra
Messer	*cuchillo*	ku·*tschi*·jo
mit/ohne	*con/sin*	kon/sin
Mittagessen	*almuerzo*	al·*muer*·so
Restaurant	*restaurante*	res·tau·*ran*·te
Schüssel	*bol*	bol
Teller; Gericht	*plato*	*pla*·to

Fleisch & Fisch

Fisch	*pescado*	pes·*ka*·do
Huhn	*pollo*	*po*·jo
Kalb	*ternera*	ter·*ne*·ra
Lamm	*cordero*	kor·*de*·ro
Rind	*carne de vaca*	*kar*·ne de *va*·ka
Schwein	*cerdo*	*ser*·do
Truthahn	*pavo*	*pa*·wo

Obst & Gemüse

Ananas	*ananá*	a·na·*na*
Apfel	*manzana*	man·*sa*·na
Aprikose	*damasco*	da·*mas*·ko
Artischocke	*alcaucil*	al·*kau*·sil
Banane	*banana*	ba·*na*·na
Bohnen	*chauchas*	*tschau*·tschas
Erbsen	*arvejas*	ar·*we*·chas
Erdbeere	*frutilla*	fru·*ti*·ja
Gemüse	*verdura*	wer·*du*·ra
Gurke	*pepino*	pe·*pi*·no
Kartoffel	*papa*	*pa*·pa
Kirsche	*cereza*	se·*re*·sa
Kohl	*repollo*	re·*po*·jo
Kürbis	*zapallo*	sa·*pa*·jo
Linsen	*lentejas*	len·*te*·chas
Mais	*choclo*	*tscho*·klo
Möhre	*zanahoria*	sa·na·*o*·ria
Nüsse	*nueces*	*nue*·ses
Obst	*fruta*	*fru*·ta
Orange	*naranja*	na·*ran*·cha
(rote/grüne) Paprika	*pimiento (rojo/verde)*	pi·*mjen*·to (*ro*·cho/*wer*·de)

KICHWA

Die meisten *indígenas* sprechen sowohl Kichwa (als Muttersprache) als auch Spanisch. Das in Ecuador geläufige Kichwa unterscheidet sich von den in Peru und Bolivien gängigen Varietäten.

Folgende Begriffe und Wendungen sind ganz praktisch in Gegenden, in denen ecuadorianisches Kichwa gesprochen wird. Es gelten dieselben Ausspracheregeln wie im Spanischen. Der Apostroph (') steht für einen „Verschlusslaut" und entspricht einer kurzen Pause, z. B. zwischen zwei Vokalen (etwa bei dem Ausruf „Oh, oh!").

Hallo.	*Napaykullayki.*
Bitte.	*Allichu.*
Danke.	*Yusulipayki.*
Ja./Nein.	*Ari./Mana.*
Wie sagt man ...?	*Imainata nincha chaita ...?*
Es heißt ...	*Chaipa'g sutin'ha ...*
Bitte noch einmal (wiederholen)!	*Ua'manta niway.*
Wie viel?	*Maik'ata'g?*
Essen	*mikíuy*
Fluss	*mayu*
Mutter	*mama*
schneebedeckter Gipfel	*riti-orko*
Vater	*tayta*
Wasser	*yacu*
1	*u'*
2	*iskai*
3	*quinsa*
4	*tahua*
5	*phiska*
6	*so'gta*
7	*khanchis*
8	*pusa'g*
9	*iskon*
10	*chunca*

Pfirsich	*melocotón*	me·lo·ko·*ton*
Pflaume	*ciruela*	si·*rue*·la
Pilz	*champiñón*	tscham·pi·*njon*
(Kopf-)Salat	*lechuga*	le·*tschu*·ga
Rote Beete	*remolacha*	re·mo·*la*·tscha
Sellerie	*apio*	*a*·pjo
Spargel	*espárragos*	es·*pa*·ra·gos
Spinat	*espinacas*	es·pi·*na*·kas
Tomate	*tomate*	to·*ma*·te
Wassermelone	*sandía*	san·*di*·a
Weintraube	*uvas*	*u*·was
Zitrone	*limón*	li·*mon*
Zwiebel	*cebolla*	se·*bo*·ja

Weitere Lebensmittel

Brot	*pan*	pan
Butter	*manteca*	man·*te*·ka
Ei	*huevo*	*ue*·wo
Essig	*vinagre*	vi·*na*·gre
Honig	*miel*	mjel
Käse	*queso*	*ke*·so
Marmelade	*mermelada*	mer·me·*la*·da
Öl	*aceite*	a·*sei*·te
Pfeffer	*pimienta*	pie·*mjen*·ta
Reis	*arroz*	a·*ros*
Salz	*sal*	sal
Zucker	*azúcar*	a·*su*·kar

Getränke

Bier	*cerveza*	ser·*we*·sa
Kaffee	*café*	ka·*fe*
Milch	*leche*	*le*·tsche
(Orangen-) Saft	*jugo (de naranja)*	*chu*·go (de na·*ran*·cha)
Tee	*té*	te
(Mineral-) Wasser	*agua (mineral)*	*a*·gua (mi·ne·*ral*)
(Rot-/Weiß-) Wein	*vino (tinto/ blanco)*	*vi*·no (*tin*·to/ *blan*·ko)

Notfall

Hilfe!	*¡Socorro!*	so·*ko*·ro
Verschwinde/ Hau ab!	*¡Vete!*	*we*·te
Rufen Sie ...!	*¡Llame ...!*	*ja*·me ...
einen Arzt	*a un médico*	a un *me*·di·ko
die Polizei	*a la policía*	a la po·li·*si*·a

Fragewörter

Wann?	*¿Cuándo?*	*kuan*·do
Warum?	*¿Por qué?*	por ke
Was?	*¿Qué?*	ke
Wer?	*¿Quién?*	kjen
Wie?	*¿Cómo?*	*ko*·mo
Wo?	*¿Dónde?*	*don*·de

Ich habe mich verlaufen.
Estoy perdido/a. — es·*toi* per·*di*·do/a (m./f.)

Ich bin krank.
Estoy enfermo/a. — es·*toi* en·*fer*·mo/a (m./f.)

Ich habe hier Schmerzen.
Me duele aquí. — me *due*·le a·*ki*

Ich reagiere allergisch auf (Antibiotika).
Soy alérgico/a a (los antibióticos). — soy a·*ler*·chi·ko/a a (los an·ti·*bjo*·ti·kos) (m./f.)

Wo sind die Toiletten?
¿Dónde están los baños? — *don*·de es·*tan* los *ba*·njos

SHOPPEN & DIENSTLEISTUNGEN

Ich möchte gern ... kaufen.
Quisiera comprar ... — ki·*sje*·ra kom·*prar* ...

Ich sehe mich nur um.
Sólo estoy mirando. — *so*·lo es·*toi* mi·*ran*·do

Kann ich es ansehen?
¿Puedo verlo? — *pue*·do *ver*·lo

Es gefällt mir nicht.
No me gusta. — no me *gus*·ta

Wie viel kostet es?
¿Cuánto cuesta? — *kuan*·to *kues*·ta

Das ist zu teuer.
Es muy caro. — es mui *ka*·ro

Könnten Sie mit dem Preis runtergehen?
¿Podría bajar un poco el precio? — po·*dri*·a ba·*char* un *po*·ko el *pre*·sjo

Die Rechnung ist nicht korrekt.
Hay un error en la cuenta. — ei un e·*ror* en la *kuen*·ta

Geldautomat	*cajero automático*	ka·*che*·ro au·to·*ma*·ti·ko
Internetcafé	*cibercafé*	si·ber·ka·*fe*
Kreditkarte	*tarjeta de crédito*	tar·*che*·ta de *kre*·di·to
Markt	*mercado*	mer·*ka*·do
Post	*correos*	ko·*re*·os
Touristen-information	*oficina de turismo*	o·fi·*si*·na de tu·*ris*·mo

UHRZEIT & DATUM

Wie viel Uhr ist es?	¿Qué hora es?	ke *o*·ra es
Es ist 10 Uhr.	Son las diez.	son las *djes*
Es ist halb elf.	Son las diez y media.	son las *djes* i *me*·dia
Morgen	*mañana*	ma·*nja*·na
Nachmittag	*tarde*	*tar*·de
Abend	*noche*	*no*·tsche
gestern	*ayer*	a·*jer*
heute	*hoy*	oi
morgen	*mañana*	ma·*nja*·na

Montag	*lunes*	*lu*·nes
Dienstag	*martes*	*mar*·tes
Mittwoch	*miércoles*	*mjer*·ko·les
Donnerstag	*jueves*	*chue*·wes
Freitag	*viernes*	*wjer*·nes
Samstag	*sábado*	*sa*·ba·do
Sonntag	*domingo*	do·*min*·go
Januar	*enero*	e·*ne*·ro
Februar	*febrero*	fe·*bre*·ro
März	*marzo*	*mar*·so
April	*abril*	a·*bril*
Mai	*mayo*	*ma*·jo
Juni	*junio*	*chun*·jo
Juli	*julio*	*chul*·jo
August	*agosto*	a·*gos*·to
September	*septiembre*	sep·*tjem*·bre
Oktober	*octubre*	ok·*tu*·bre
November	*noviembre*	no·*wjem*·bre
Dezember	*diciembre*	di·*sjem*·bre

UNTERKUNFT

Ich hätte gern ein ...	*Quisiera una*	ki·*sje*·ra *u*·na
Zimmer	*habitación ...*	a·bi·ta·*sjon* ...
Einzelzimmer	*habitación individual*	a·bi·ta·*sjon* in·di·vi·*dual*
Doppelzimmer	*habitación doble*	a·bi·ta·*sjon* *do*·ble

Wie viel kostet es pro Nacht/Person?
¿Cuánto cuesta por noche/persona? — *kuan*·to *kues*·ta por *no*·tsche/per·*so*·na

Ist das Frühstück inbegriffen?
¿Incluye el desayuno? — in·*klu*·je el de·sa·*ju*·no

Campingplatz	*terreno de cámping*	te·*re*·no de *kam*·ping

Schilder

Abierto	Geöffnet
Cerrado	Geschlossen
Entrada	Eingang
Hombres/Varones	Männer
Mujeres/Damas	Frauen
Prohibido	Verboten
Salida	Ausgang
Servicios/Baños	Toiletten

Hotel	*hotel*	o·*tel*
Jugendherberge	albergue juvenil	al·*ber*·ge chu·ve·*nil*
(kleines) Hotel/ Landgasthof	*hostal/ hostería*	os·*tal*/ os·te·*ri*·a
Pension	pensión	pen·*sjon*
Bad	*baño*	*ba*·njo
Bett	*cama*	*ka*·ma
Fenster	*ventana*	ven·*ta*·na
Klimaanlage	*aire acondicionado*	*ai*·re a·kon·di·sjo·*na*·do

VERKEHRSMITTEL & -WEGE

Boot	*barco*	*bar*·ko
Bus	*autobús*	au·to·*bus*
(einfacher) Bus	*chiva/ ranchera*	*tschi*·va/ ran·*tsche*·ra
Flugzeug	*avión*	a·*vjon*
(Gemeinschafts-)Taxi	*colectivo*	ko·lek·*ti*·vo
Zug	*tren*	tren
Transporter/ Pickup	*camioneta*	ka·mjo·*ne*·ta
erster	*primero*	pri·*me*·ro
letzter	*último*	*ul*·ti·mo
nächster	*próximo*	*prok*·si·mo
Eine Fahrkarte ..., bitte.	*Un boleto de ... por favor.*	un bo·*le*·to de ... por fa·*wor*
1. Klasse	*primera clase*	pri·*me*·ra *kla*·se
2. Klasse	*segunda clase*	se·*gun*·da *kla*·se
einfache Fahrt	*ida*	*i*·da
Hin- & Rückfahrt	*ida y vuelta*	*i*·da i *wuel*·ta

Ich möchte nach ... fahren/reisen.
Quisiera ir a ... — ki·*sje*·ra ir a ...

Zahlen

1	*uno*	u·no
2	*dos*	dos
3	*tres*	tres
4	*cuatro*	*kua*·tro
5	*cinco*	*sin*·ko
6	*seis*	seis
7	*siete*	*sje*·te
8	*ocho*	*o*·tscho
9	*nueve*	*nue*·we
10	*diez*	djes
20	*veinte*	*we in*·te
30	*treinta*	*tre in*·ta
40	*cuarenta*	kua·*ren*·ta
50	*cincuenta*	sin·*kuen*·ta
60	*sesenta*	se·*sen*·ta
70	*setenta*	se·*ten*·ta
80	*ochenta*	o·*tschen*·ta
90	*noventa*	no·*wen*·ta
100	*cien*	sjen
1000	*mil*	mil

Hält er (z. B. der Bus) in …?
¿Para en …? — *pa*·ra en …

Welche Haltestelle ist das?
¿Cuál es esta parada? — kual es *es*·ta pa·*ra*·da

Wann kommt er (z. B. der Bus) an/fährt er ab?
¿A qué hora llega/sale? — a ke o·ra *je*·ga/*sa*·le

Geben Sie mir Bescheid, wenn wir in … sind?
¿Puede avisarme cuando lleguemos a …? — *pue*·de a·wi·*sar*·me *kuan*·do je·*ge*·mos a …?

Ich möchte hier aussteigen.
Quiero bajarme aquí. — *kie*·ro ba·*char*·me a·*ki*

annulliert	*cancelado*	kan·se·*la*·do
Bahnhof	*estación de trenes*	es·ta·*sjon* de *tre*·nes
Busbahnhof	*terminal terrestre*	ter·mi·*nal* te·*res*·tre
Bushaltestelle	*parada de autobuses*	pa·*ra*·da de au·to·*bu*·ses
Fahrkarten-schalter	*taquilla*	ta·*ki*·ja
Fahrplan	*horario*	o·*ra*·rio
Flughafen	*aeropuerto*	a·e·ro·*puer*·to
Platz am Fenster	*asiento junto a la ventana*	a·*sien*·to *chun*·to a la wen·*ta*·na
Platz am Gang	*asiento de pasillo*	a·*sien*·to de pa·*si*·jo
(Bus-/Bahn-) Steig	*plataforma*	pla·ta·*for*·ma
verspätet	*retrasado*	re·tra·*sa*·do

Ich möchte … mieten.	*Quisiera alquilar…*	ki·*sje*·ra al·ki·*lar*…
ein Auto	*un carro*	un *ka*·ro
ein Fahrrad	*una bicicleta*	*u*·na bi·si·*kle*·ta
ein Motorrad	*una moto*	*u*·na *mo*·to
einen Wagen mit Allrad-antrieb	*un todo terreno*	un to·do·te·*re*·no
Benzin	*gasolina*	ga·so·*li*·na
Diesel	*petróleo*	pet·*ro*·le·o
Helm	*casco*	*kas*·ko
Kfz-Mecha-niker	*mecánico*	me·*ka*·ni·ko
Kindersitz	*asiento de seguridad para niños*	a·*sjen*·to de se·gu·ri·*da* pa·ra *ni*·njos
Lastwagen	*camion*	ka·*mjon*
Tankstelle	*gasolinera*	ga·so·li·*ne*·ra
trampen	*hacer botella*	a·*ser* bo·*te*·ja

Ist das die Straße nach …?
¿Se va a … por esta carretera? — se va a … por *es*·ta ka·re·*te*·ra

(Wie lange) Kann ich hier parken?
¿(Cuánto tiempo) Puedo aparcar aquí? — (*kuan*·to *tjem*·po) *pue*·do a·par·*kar* a·*ki*

Das Auto ist liegen geblieben (in …).
El carro se ha averiado (en …). — el *ka*·ro se a a·we·*ria*·do (en …)

Ich hatte einen Unfall.
He tenido un accidente. — e te·*ni*·do un ak·si·*den*·te

Ich habe kein Benzin mehr.
Me he quedado sin gasolina. — me e ke·*da*·do sin ga·so·*li*·na

Ich habe einen Platten.
Se me pinchó una rueda. — se me pin·*tscho u*·na *rue*·da

WEGWEISER

Wo ist …?
¿Dónde está …? — *don*·de es·*ta* …

Wie lautet die Adresse?
¿Cuál es la dirección? — kual es la di·rek·*sjon*

Könnten Sie das bitte aufschreiben?
¿Puede escribirlo, por favor? — *pue*·de es·kri·*bir*·lo por fa·*wor*

Können Sie mir das (auf der Karte) zeigen?
¿Me lo puede indicar (en el mapa)? — me lo *pue*·de in·di·*kar* (en el *ma*·pa)

an der Ampel	*en el semáforo*	en el se·*ma*·fo·ro
an der Ecke	*en la esquina*	en la es·*ki*·na
gegenüber ...	frente a ...	*fren*·te a ...
geradeaus	todo recto	*to*·do *rek*·to
hinter ...	*detrás de ...*	de·*tras* de ...
links	*izquierda*	is·*kjer*·da
nahe	cerca	*ser*·ka
neben ...	al lado de ...	al *la*·do de ...
rechts	derecha	de·*re*·tscha
vor ...	*enfrente de ...*	en·*fren*·te de ...
weit (entfernt)	*lejos*	*le*·chos

GLOSSAR

AGAR – Asociación de Guías de Águas Rápidas del Ecuador (Ecuadorianische Vereinigung der Wildwasser-Guides)

aguardiente – Zuckerrohrschnaps

ASEGUIM – Asociación Ecuatoriana de Guías de Montaña (Ecuadorianische Vereinigung der Bergführer)

balneario – wörtlich "Spa", tatsächlich jede Form von Schwimm- oder Badeort

cabaña – Hütte, zu finden an der Küste und im Oriente

camioneta – kleiner KLW

campesino – Bauer

capitanía – Hafenkapitän

casa de cambio – Wechselstube

centro comercial – Einkaufszentrum; abgekürzt „CC"

chifa – chinesisches Restaurant

chiva – Bus oder Lieferwagen mit offenen Seiten und ungemütlichen schmalen Sitzbänken; auch *ranchera* genannt

colectivo – Sammeltaxi

comedore – günstiges Restaurant

comida típica – traditionelles ecuadorianisches Essen

cuencano – Bewohner Cuencas

curandero – Medizinmann

ejecutivo – 1. Klasse in Bussen

folklórica – traditionelle andinische Volksmusik

guayaquileño – Bewohner Guayaquils

hostal – kleines und recht günstiges Hotel; keine Jugendherberge

hostería – kleines Hotel, in der Regel mittelpreisiges Landgasthaus; oft, aber nicht immer in ländlichen Regionen zu finden

IGM – Instituto Geográfico Militar, die ecuadorische Regierungsagentur, die topografische und andere Karten herstellt

indígena – indigene Person

lavandería – Wäscherei

malecón – Promenade

mestizo – Nachfahre der indigenen Bevölkerung und von Spaniern

otavaleño – Bewohner Otavalos

paja toquilla – Stroh der *toquilla* (kleine Palme), das zur Herstellung von Kunsthandwerk und von Hüten verwendet wird

Panamericana – Panamerikanische Schnellstraße, die Hauptverbindungsroute zwischen den lateinamerikanischen Ländern; in manchen Ländern Interamericana genannt

panga – kleines Boot, das zur Beförderung von Personen eingesetzt wird, vor allem auf den Galapagosinseln, aber auch auf den Flüssen und Seen des Oriente und an der Küste

páramo – Andinisches Hochland in Ecuador, das sich nach Norden nach Kolumbien hinein erstreckt und dessen Ausläufer sich in den höheren Teilen Costa Ricas verlaufen.

parque nacional – Nationalpark

pasillo – Ecuadors Landesmusik

peña – Bar oder Club mit Live-Folkloremusik

playa – Strand

puente – Brücke

quinta – schönes Haus oder Villa auf dem Land

quiteño – Bewohner Quitos

ranchera – siehe *chiva*

refugio – einfache Unterkunft in den Bergen zum Übernachten

residencial – günstiges Hotel

río – Fluss

salsateca – (auch *salsoteca*) Nachtclub, in dem vor allem Salsa getanzt wird

serranos – Menschen aus dem Hochland

shigra – kleines Einkaufsnetz

Taguanuss – wächst an Palmen in regionalem Wald; die "Nüsse" sind eigentlich harte Samen, aus denen zahlreiche verschiedene Ornamente geschnitzt werden

terminal terrestre – zentraler Busbahnhof für mehrere Busgesellschaften

tzantza – Schrumpfkopf

Hinter den Kulissen

WIR FREUEN UNS ÜBER FEEDBACK

Post von Travellern zu bekommen ist für uns ungemein hilfreich – Kritik und Anregungen halten uns auf dem Laufenden und helfen, unsere Bücher zu verbessern. Unser reiseerfahrenes Team liest alle Zuschriften genau durch, um zu erfahren, was an unseren Reiseführern gut und was schlecht ist. Wir können solche Post zwar nicht individuell beantworten, aber jedes Feedback wird garantiert schnurstracks an die jeweiligen Autoren weitergeleitet, rechtzeitig vor der nächsten Auflage.

Wer uns schreiben will, erreicht uns unter **www.lonelyplanet.de/kontakt**.

Hinweis: Da wir Beiträge möglicherweise in Lonely Planet Produkten (Reiseführer, Websites, digitale Medien) veröffentlichen, ggf. auch in gekürzter Form, bitten wir um Mitteilung, falls ein Kommentar nicht veröffentlicht oder ein Name nicht genannt werden soll. Wer Näheres über unsere Datenschutzpolitik wissen will, erfährt das unter www.lonelyplanet.com/privacy.

DANK VON LONELY PLANET

Vielen Dank an die folgenden Leser, die mit der letzten Ausgabe unterwegs waren und uns wertvolle Hinweise, Tipps und interessante Anekdoten geschickt haben:

Alfredo Martí Albiol, Bert Waslander, Carlos Manrique de Lara Cadiñanos, Christopher Shingleton, Claudia Baldwin, Eize & Geeske Siegersma, Elise van Vliet, Esther Kalabis, Eva Franc, Geoff Goodwin, Ginny Sutcliffe, Heather Scott, Heather Utteridge, Ingrid Astfalk, Linda E Bayless, Manuela Casanova, Mark White, Maya Wodnicka , Michael Ten Bhomer, Ned Cresswell, Oliver Hiller, Renata Kolar, Sarah Astfalk, Shanelle Reilly, Theresa Astfalk, Tim Urban, Yolanda Guaman

DANK DER AUTOREN

Isabel Albiston

Herzlichen Dank an alle, die ich auf meinen Reisen getroffen habe und die meine Recherche so bereichert haben – vor allem Jamie Mitchell und ihre Familie, Galo Brito und Carlos von Pro Bici, Luis von Julio Verne, Anibal Tenemasa, Joaquín Andino, Belén Arellano, Jazmín Arellano, Jesús Alcalá, Anita Hughes und Fernando Vallejo. Danke auch an MaSovaida Morgan und an meine Autorenkollegen.

Jade Bremner

Gracias an die verantwortliche Redakteurin MaSovaida Morgan für dieses Projekt und die Unterstützung währenddessen. Danke auch an den lokalen Experten Mario Xavier für sein herausragendes Wissen und seine Leidenschaft für Ecuador sowie für seine Tipps und Empfehlungen. Und schlussendlich möchte ich allen danken, die hinter den Kulissen hart gearbeitet haben, darunter auch Cheree Broughton und Neill Coen.

Brian Kluepfel

Ich danke MaSovaida Morgan, Sandra Patiño, Cesar „La Tortuga" Soledispa (bester *taxista* aller Zeiten), Ingo, Carlos Zorrilla, Sandra Statz, Polivio Perez, Diana und Vlady, Ignacio de la Torre im La Roulotte, Goyon Benchwick und meiner großartigen Frau Paula Zorrilla, die mir erlaubt, auf großartige Abenteuertouren zu gehen, solange ich ihr nur coole Geschenke von den Flughäfen mitbringe.

MaSovaida Morgan

Aus tiefstem Herzen danke ich den unzähligen Menschen, die mir geholfen haben, mich in diesem magischen Land zurechtzufinden– vor allem Jaci Bruns, Regis St Louis, Jackie Vazquez, Erick Ortiz, Luis Jaramillo und dem Galaven-Team. Ich danke auch meinen Autorenkollegen für den reibungslosen Ablauf, während ich mich um zwei Projekte gleichzeitig kümmern musste, Simon Williamson, der Gnade walten ließ, und Evan Godt, der seine Verbindungen hat spielen lassen, damit gewisse Dinge schneller gingen. Wie immer gilt meine Dankbarkeit und Liebe Ny, Ty und Haj, die mich immer unterstützen.

Wendy Yanagihara

Herzlichen Dank an Jerry, Edgar, Carlos und Gennaro in Cuenca, Lauro in Saraguro und Rodrigo in Baeza sowie an all meine fantastischen Führer im Amazonas: Andrés, Gabriel, Fabricio, Livio, Victor, Carlos und Sergio. Am dankbarsten bin ich Luis Hernández und Fernando Vaca für ihre unschätzbare Hilfe und Erfahrung bei der Logistik. Mein Dank geht auch an Laura, Victoria und John, die mich zu Hause unterstützen.

QUELLENNACHWEIS

Klimakartendaten von Peel MC, Finlayson BL & McMahon TA (2007) 'Updated World Map of the Köppen-Geiger Climate Classification', Hydrology and Earth System Sciences, 11, 163344.

Titelfoto: Baby-Seelöwe auf der Isla Santiago, Galapagosinseln, MindStorm/Shutterstock©

ÜBER DIESES BUCH

Dies ist die 3. deutsche Auflage von *Ecuador & Galapagosinseln*. Sie basiert auf der 11. englischen Auflage der Autoren Isabel Albiston, Jade Bremner, Brian Kluepfel, MaSovaida Morgan und Wendy Yanagihara, Isabel hat den Band auch redaktionell betreut. Die vorige Auflage schrieben Regis St Louis, Greg Benchwick, Michael Grosberg und Luke Waterson. Dieser Reiseführer wurde produziert von:

Verantwortliche Redakteurin MaSovaida Morgan

Produktmanagerin Sandie Kestell

Leitende Kartografin Corey Hutchison

Layout Gwen Cotter

Redaktionsassistenz Katie Connolly, Samantha Forge, Lou McGregor, Sarah Reid, Sarah Stewart, Sam Wheeler, Simon Williamson

Kartografieassistenz James Leversha

Umschlaggestaltung Naomi Parker

Dank an Jessica Ryan, Saralinda Turner, Maureen Wheeler

Register

N

Kartenverweise **000**
Fotoverweise **000**

Kartenlegende

Sehenswertes
- Strand
- Vogelschutzgebiet
- Buddhistisch
- Burg/Festung
- Christlich
- Konfuzianisch
- Hinduistisch
- Islamisch
- Jainistisch
- Jüdisch
- Denkmal
- Museum/Galerie/Hist. Gebäude
- Ruine
- Shintoistisch
- Sikhistisch
- Taoistisch
- Weingut/Weinberg
- Zoo/Tierschutzgebiet
- Andere Sehenswürdigkeit

Aktivitäten, Kurse & Touren
- Bodysurfen
- Tauchen
- Kanu-/Kajakfahren
- Kurs/Tour
- Sentō/Onsen
- Skifahren
- Schnorcheln
- Surfen
- Schwimmen/Pool
- Wandern
- Windsurfen
- Andere Aktivität

Schlafen
- Unterkunft
- Campingplatz
- Hütte/Schutzhütte

Essen
- Restaurant

Ausgehen & Nachtleben
- Bar/Kneipe/Club
- Café

Unterhaltung
- Theater/Kino/Oper

Shoppen
- Geschäft/Einkaufszentrum

Praktisches
- Bank
- Botschaft/Konsulat
- Krankenhaus/Arzt
- Internet
- Polizei
- Post
- Telefon
- Toilette
- Touristeninformation
- Noch mehr Praktisches

Landschaften
- Strand
- Schranke
- Hütte/Unterstand
- Leuchtturm
- Aussichtspunkt
- Berg/Vulkan
- Oase
- Park
- Pass
- Rastplatz
- Wasserfall

Städte
- Hauptstadt
- Landeshauptstadt
- Stadt/Großstadt
- Ort/Dorf

Transport
- Flughafen
- Grenzübergang
- Bus
- Seilbahn/Standseilbahn
- Fahrradweg
- Fähre
- Metro/MRT-Bahnhof
- Einschienenbahn
- Parkplatz
- Tankstelle
- S-Bahn-/Skytrain-Station
- Taxi
- Bahnhof/Eisenbahn
- Tram/Straßenbahn
- U-Bahn-Station
- Anderes Verkehrsmittel

Verkehrswege
- Mautstraße
- Autobahn
- Hauptstraße
- Landstraße
- Verbindungsstraße
- Sonstige Straße
- Unbefestigte Straße
- Straße im Bau
- Platz/Fußgängerzone
- Stufen
- Tunnel
- Fußgängerbrücke
- Spaziergang/Wanderung
- Wanderung mit Abstecher
- Pfad/Wanderweg

Grenzen
- Staatsgrenze
- Bundesstaaten-/Provinzgrenze
- Umstrittene Grenze
- Regionale Grenze/Vorortgrenze
- Meeresschutzgebiet
- Klippen
- Mauer

Gewässer
- Fluss/Bach
- Periodischer Fluss
- Kanal
- Gewässer
- Trocken-/Salz-/Periodischer See
- Riff

Gebietsformen
- Flughafen/Start- & Landebahn
- Strand/Wüste
- Christlicher Friedhof
- Sonstiger Friedhof
- Gletscher
- Watt
- Park/Wald
- Sehenswertes Gebäude
- Sportanlage
- Sumpf/Mangroven

Hinweis: Nicht alle Symbole kommen in den Karten dieses Reiseführers vor.

UNSERE AUTOREN

Isabel Albiston
Quito, Zentrales Hochland Nach sechs Jahren beim *Daily Telegraph* verließ Isabel London, um mehr Zeit auf Achse zu verbringen. Erst schrieb sie für eine Zeitschrift im australischen Sydney, dann machte sie eine fünfmonatige Überlandreise durch Asien und lebte und arbeitete im Anschluss fünf Jahre im argentinischen Buenos Aires. 2014 begann Isabel, für Lonely Planet zu schreiben, und hat seitdem an 10 Reiseführern mitgearbeitet. Derzeit lebt sie in Madrid. Isabel schrieb auch das Kapitel "Reiseplanung" für dieses Buch.

Jade Bremner
Südküste Jade arbeitete über 10 Jahre lang als Journalistin. Sie hat in vier verschiedenen Regionen gelebt und von dort aus berichtet. Wo sie sich auch aufhält, sie findet immer Action-Sportarten zum Ausprobieren, je verrückter, desto besser. Es ist kein Zufall, dass so mancher ihrer liebsten Lieblingsorte in Gegenden mit der besten Brandung der Welt liegen. Jade hat mehrere Reisemagazine und Teile von Time Out und Radio Times redaktionell betreut und für die Times, CNN und den Independent geschrieben. Sie empfindet es als Privileg, Geschichten von unserem wunderbaren Heimatplaneten mit anderen teilen zu dürfen, und sucht immer nach neuen Abenteuern.

Brian Kluepfel
Nordküste & Tiefland, Nördliches Hochland Als er neun Jahre alt war, hatte Brian schon in drei Staaten und sieben verschiedenen Bleiben gelebt, und seitdem hat er auch nicht aufgehört, umzuziehen: Berkeley, Bolivien und die Bronx waren nur einige seiner Zwischenstopps. Seine Arbeit als Journalist hat ihn vom Fußballturnier Copa America in Paraguay bis zu einem Akkordeon-Festival in Quebec durch ganz Amerika geführt. Er hat an mehreren Ausgaben von Lonely Planet mitgearbeitet, darunter Venezuela, Costa Rica, Belize & Guatemala und Bolivien. Brian ist ein begeisterter Vogelbeobachter und Musiker und beschäftigt sich mit beidem auch auf Reisen; sein Gesang wurde auf offenen Bühnen von Sámara (Costa Rica) bis Peking (China) geduldet. Brian schrieb auch das Kapitel „Ecuador verstehen" dieses Reiseführers.

MaSovaida Morgan
Galapagosinseln Nach knapp vier Jahren als verantwortliche Redakteurin für Südamerika und die Antarktis bei Lonely Planet veranlasste die spontane Recherchereise zu den Galapagosinseln für diese Ausgabe MaSovaida dazu, ihren Posten als Redakteurin endgültig an den Nagel zu hängen. Als frisch gebackene Reisebuchautorin hat sie für Lonely Planet über ihre Heimatstadt Savannah im US-Bundesstaat Georgia und über Korea geschrieben. Mehr Infos über sie gibt's auf www.masovaida.com, Instagram, Twitter und auch sonst @MaSovaida.

Wendy Yanagihara
Cuenca & Südliches Hochland, Oriente Wendy landete 2003 zufällig in ihrem Traumjob als Autorin für Lonely Planet und hat seitdem an zahlreichen Ausgaben mitgearbeitet, darunter an den Bänden Südostasien für wenig Geld, Vietnam, Japan, Mexiko, Costa Rica, Indonesien und Grand Canyon National Park (auf Englisch). Zu Recherchezwecken durchwanderte sie abgelegene Täler in Westpapua, erforschte winzige Ecken und Gassen im weitläufigen Tokio, bestieg einen Gletscher in Patagonien und übte sich im Wildwasser-Rafting auf dem Colorado River. Wendy hat auch für BBC Travel, den Guardian, das Lonely Planet Magazine und lonelyplanet.com Beiträge geschrieben und arbeitet zwischendurch auch als Grafikdesignerin, Illustratorin und Künstlerin. Für diese Ausgabe hat sie auch den Teil Praktische Informationen verfasst.

DIE LONELY PLANET STORY

Ein uraltes Auto, ein paar Dollar in den Hosentaschen und Abenteuerlust, mehr brauchten Tony und Maureen Wheeler nicht, als sie 1972 zu der Reise ihres Lebens aufbrachen. Diese führte sie quer durch Europa und Asien bis nach Australien. Nach mehreren Monaten kehrten sie zurück – pleite, aber glücklich –, setzten sich an ihren Küchentisch und verfassten ihren ersten Reiseführer *Across Asia on the Cheap*. Binnen einer Woche verkauften sie 1500 Bücher und Lonely Planet war geboren. Heute unterhält der Verlag Büros in Franklin und Oakland (USA), London, Melbourne (Australien), Beijing (Cina) und Delhi (Indien) mit über 600 Mitarbeitern und Autoren. Sie alle teilen Tonys Überzeugung, dass ein guter Reiseführer drei Dinge tun sollte: informieren, bilden und unterhalten.

Lonely Planet Global Limited
Digital Depot
The Digital Hub
Dublin D08 TCV4
Ireland

Verlag der deutschen Ausgabe:
MAIRDUMONT, Marco-Polo-Straße 1, 73760 Ostfildern,
www.lonelyplanet.de, www.mairdumont.com, lonelyplanet-online@mairdumont.com

Chefredakteurin deutsche Ausgabe: Birgit Borowski

Redaktion: Meike Etmann, Julia Rietsch, Kai Wieland
Juliane Hansen, Marion Krause; Verlagsbüro Wais & Partner, Stuttgart
Mitarbeit: Max Maucher
Übersetzung: Anne Cappel, Stefanie Gross, Britt Maaß, Claudia Riefert, Katja Weber
(An früheren Auflagen haben zusätzlich mitgewirkt: Petra Dubilski, Berna Ercan, Tobias Ewert, Laura Leibold, Marion Matthäus, Silvia Mayer, Ute Perchtold, Dr. Christian Rochow, Inga-Brita Thiele)
Technischer Support: Primustype, Notzingen

Ecuador
3. deutsche Auflage November 2018,
übersetzt von *Ecuador 11th edition*, August 2018
Lonely Planet Global Limited

Printed in Poland